증보정음발달사

증보정음발달사

홍기문 원저
이상규 외 주해

역락

증보 서문

훈민정음에 대한 최초의 현대적 연구 이론서인 홍기문 선생의 『정음발달사』(상)(하)는 1946년 8월 30일 서울신문사 출판국에서 초판을 발행하였다. 초판 발행 이후 그 이듬해인 1947년 5월 10일 재판이 발행된 것을 보면 당시로는 매우 인기 있는 책이었음을 짐작할 수 있다. 연유는 알 수 없으나 이 책의 판권 난에는 저작자가 '홍기문'이 아닌 3~40년대 여성 노동운동가로 이름 날렸던 '심은숙'으로 되어 있다.

이 책은 홍기문 저 『정음발달사』(상)(하)라는 책을 합본한 영인본을 지난해 내 연구실 제자들인 천명희, 왕민, 쨩쩐 군과 함께 정독을 하며 정성을 쏟아 주해하고 증보한 결과물이다.

1940년 『훈민정음』 해례본이 경북 안동에서 발견된 이후 해례본을 처음으로 한글로 옮긴 이가 바로 홍기문 선생이며, 그 후 많은 훈민정음 연구는 바로 이 『정음발달사』에서 시작되었다고 할 수 있다. 오늘날과 달리 참고 자료를 열람하기 어려웠던 40년대에 이처럼 많은 관련 서적을 독파하여 훈민정음 연구의 든든한 기초를 놓은 큰학자의 숨결을 이 책을 통해 느낄 수 있다. 이 책이 출간된 이후 훈민정음에 대한 연구 논저는 매우 많이 쏟아져 나왔다. 지금까지 훈민정음 연구는 상당한 이론적 진전이 이루어졌으나 종합적인 연구 성과물로써 이 책은 연구사적인 면에서도 결코 소홀하게 다룰 수 없다.

이와 같은 훈민정음 연구의 현대 고전 가운데 하나인 홍기문 선생의 『정음발달사』를 가로 판형으로 바꾸고 문체를 포함한 증보 내용을 본문 및 각주 형식으로 보충하여 현대인들이 쉽게 읽을 수 있도록 체제를 전면적으로 바꾸었다. 본문은 그대로 최대한 살리는 한편 현대어에 어울리게 낱말이나 문장을 일부 수정했으며, 그동안의 새로운 연구 성과는 주석으로 보완하였다. 그리고 원저의 한문 인용문은 전부 우리말로 번역하여 싣고 그 한문 원문은 작은 글씨로 처리하였다. 본문의 내용을 일부 수정하는 과정에서 원저의 목차나 편차를 더 늘렸거나 옮겨서 그 순서가 다소 달라진 부분이 있음을 밝혀둔다.

앞으로『훈민정음』연구의 진전을 위해 평소에 생각하던 몇 가지 문제점과 앞으로 나아가야 할 과제에 대해 지적해 둘 필요가 있을 것 같다. 그동안 훈민정음 연구 성과는 질량적으로 매우 풍부했으나 실속 있는 연구 성과는 그렇게 많지 않다고 생각한다.

지금까지의 '훈민정음'의 연구는 사료 중심의 실증적 연구와 이에 대한 현대적 재해석이라는 큰 흐름을 이루고 있다. 그런데 사료 중심의 실증적 연구에서조차 신뢰성이 떨어지는 2차 사료를 논증자료로 끌어오거나 연구자들이 가정한 신기루 같은 전제를 가지고 훈민정음 연구를 왜곡된 방향으로 이끌어 가는 연구자들이 있다. 예를 들면 훈민정음의 '창제'와 '반포'라는 용어 가운데 '반포'라는 용어는 사료에서는 전혀 확인할 수 없는 사실임에도 불구하고 훈민정음 창제 과정에서 마치 반포 과정을 거친 것처럼 왜곡시키고 있지는 않는지? 또 결정적인 논거 없이 훈민정음 창제가 세종이 극비로 추진한 과제였다는 발상이나 훈민정음 창제 목적을 순전히 한자음 표기를 위해 많든 것, 한글 자모의 글꼴이 파스파 문자에서 따온 것이라는 등의 털끝처럼 가벼운 단순 논리에 기반 한 주장들이 그러하다.

훈민정음 창제자에 대한 세종 친제설, 세종 협찬설 등 여러 가지 이설이 있다. 사료를 중심으로 세종 친제설을 부정할 결정적인 근거가 없음에도 불구하고 이견들이 분분한 까닭이 어디에 있는가? 상상력에 의존한 실증방법에서 벗어난 연구방법 때문이다.

전면적인 우리말 표기의 수단에서 부차적으로 한자음을 비롯한 한어와 여진어를 포함한 외국어 표기 수단으로써 훈민정음이 창제되었음에도 불구하고 한자음 교정 통일이라는 측면만을 지나치게 부각시키려는 연구 방향도 실증적인 사료를 근거로 하지 않는 일면이다. 식민주의 문화사관을 극복하기 위한 철저한 고증학적 탐색이 요청된다.

훈민정음의 관련 사료 부족으로 연구자들이 지나친 상상력에 의존함으로써 훈민정음의 본질을 왜곡시켜서는 안 될 것이다. 그러기 위해서는 텍스트에 대한 온전한 해독과 아울러 그와 관련된 송나라의 『성리대전』이라는 배경을 단순한 장식물로만 이해해서는 안 된다. 조선조 후기까지 이어져 온 성리학 사상에 기반을 둔 체계적인 연구 방법에 대한 당대의 현실을 언어과학의 관점에서 부정해 버리는 것도 물론 금물 가운데 하나이다. 『훈민정음』 해례의 제자해 부분을 현대 언어학적 관점에서만 접근하다가 보니 당대의 성리학의 우주생성 변화의 구조적 기술 태도를 폄하하는 경향 또한 없지 않다. 역학, 악학, 상수학, 성운학, 지리학 등 동아시아의 인문학적 사유의 기반인 음양오행의 논리체계로 재구성된 결과이다. 따라서 『훈민정음』의 연구는 당대 지식인들이 지녔던 융합적 성리학의 사유 기반과 연계시킨 민족문화의 한 원형으로서 그 가치를 새롭게 평가하는 방향으로 발전되어야 할 것이다.

훈민정음은 우리말을 소리나는 대로 표기하는 동시에 외국어를 표음할 수 있도록 만들었지만 한문이나 한자의 위세에 떠밀려 있었다. 그러나 '한문 학습의 보조적 수단'이나 '비주류 문자'로 혹은 '여성 중심으로 사용된 문자'로 폄하하는 것은 편협한 판단이다. 중종조 이후 전국적으로 계층을 뛰어넘은 한자 학습을 위한 '매개문자'로서 또 백성들의 '소통문자'로서 그 실용적인 기능이 점차로 확대되어 고종대에는 소통자가 급격히 늘어나 나랏글자로 자리를 잡게 된 것이다.

이 책을 마무리하면서 앞으로의 훈민정음 연구는 관련 사료들을 더 많이 발굴하는 동시에 사료 중심의 합리적인 해독과 해석을 통한 연구의 외연을 넓혀 나아가야 한다는 점을 무엇보다 강조하지 않을 수 없다. 앞으로 훈민정음에 대한 현대 언어학적 재해석이라는 관점도 매우 중요하지만 철저한 텍스트 해석의 바탕 위에서 고증학적 이론의 수준을 높이는 방향으로 발전시킬 필요가 있다.

엄밀하게 말하면 이 책은 홍기문 선생의 저서이지만 주해자가 공동 작업으로 증보한 훈민정음 연구 결과라고 해야 할 것이다. 원저자인 홍기문 선생도 원저서 서문에서 기회가 있는 대로 개정을 도모하겠다고 밝혔듯이 이제 그 개정의 기회를 얻어 새로 개편 증보한 결과물이다. 특히 한문 원문의 번역 교감과 교정을 위해 고생한 내 연구실 제자인 천명희 선생과 중국에서 유학을 온 쨩쩐張珍, 왕민王民, 석사과정 한송이 군에게도 감사한다. 끝으로 어려운 출판 여건에서도 원고를 보고 선뜻 출판에 동의해 준 역락 이대현 사장님, 그리고 편집과 교정에 힘을 쏟은 편집부 직원 여러분께 이 자릴 빌려 감사드린다.

새롭게 증보한 이 책이 설계를 새롭게 하여 지은 집이 아니고 있던 집을 보수 증축한 결과여서 여기저기 허점이 있을 것으로 생각한다. 독자 여러분의 질정을 기다리면서 머리말을 거둔다.

2016년 새해 아침에
여수서제 如水書齋
이상규李相揆

서문

외우畏友 대산袋山이 그의 저서 정음발달사를 상제함에 이르러 나더러 서문을 쓰라한다.

언어학에 완전 문외한인 나로서 형의 부탁에 응한다는 것은 어느 모로 보나 잠월潛越하다는 느낌이 없는바 아니었으나 형이 나에게 기대하는 바가 결코 세련된 문장이나 전문적인 비평이 아니라는 것을 잘 알기 때문에 이에 내 우졸愚拙함을 무릅쓰고 쾌히 붓을 들기로 한 것이다.

이 저서는 형이 기미독립운동 직후 약관의 몸으로 집필에 착수하여 이래 수십 년을 두고 연구를 거듭하였으며 그 후 조선일보의 기자생활을 하다가 동 보가 폐간된 뒤에는 꼭 1년 동안을 그야말로 두문불출杜門不出하고 불면불휴不眠不休로 이 원고를 완성하기에 전력을 다한 학생의 역작이니 형은 이 저작의 연구를 위하여 성리학을 비롯하여 아직까지 조선에서 아무도 큰 관심을 가져보지 못한 중국의 음운학이며 만주어, 몽고어, 범어 등에 이르기까지 섭렵하지 않은 것이 없다.

그리고 그간 형은 훈민정음 원본을 얻어 보려고 동분서주 여러 해 고심하였으나 세간에 유전하는 것으로는 겨우 『월인석보』에 있는 언해본 뿐으로서 원본이라 할 만한 것이 발견되지 못하여 형의 연구가 과연 정곡을 잃지 않았다 하려는지 알지 못하던 중 우연히 해례가 있는 『훈민정음』의 원본이 발견되어 형의 기쁨은 무어라 말할 수 없었을 것이다.

더구나 형의 연구의 핵심이 되는 문제가 이 해례와 우연히도 일치됨을 발견할 적에 형은 광희작약狂喜雀躍 아니할 수 없었다는 것이다.

그러나 이 해례본의 원본은 형에게 연구의 겨를을 줄 여지없이 불행히도 학문에 이해가 없는 모 골동가(간송 전형필)의 농속으로 깊이 들어가고만 채 영영 나오지 않아서 이 수집가는 한때 어학자들에게 비난의 초점이 된 일도 있었다.

그러던 중 그 후 얼마 되지 아니하여 천행으로 이 원본을 모인(송석하)이 영사해 두었던 영사본이 입수되어 드디어 형의 저서는 탈고를 보게 된 것이다.

나는 어학자가 아니므로 유감이나 이 저서의 내용을 여기에 소개할 수는 없다. 그러나 근자 맞춤법통일안이 조선어학회에서 결정되고 가로쓰기 문제와 한자 철폐 문제가 대두되고 있는 오늘날 과연 우리 국어 문제는 이로써 완전한 해결이 되었다고 볼 수 있을 것인가. 세종대왕께서 28자로서 정음을 창제하시고 "欲使人人而習하여 便於日用耳"라고 하신 본지가 이런 문제의 낙착으로서 단락을 지으리라고 믿을 수 있을 것인가. 우리는 다시 한 번 심사숙고하지 않으면 안될 줄 안다.

이때에 대산이 그 해박한 학문과 탁월한 식견과 정밀한 문장으로서 십수 성상을 두고 심혈을 경주해서 종횡으로 얽어 놓은 이 저서야말로 반드시 정음의 원칙적인 본지를 구명해주는 관건이 될 것이며 동시에 형의 『조선문법연구』와 아울러 조선어학사 상에 획기적인 출판물로서 이래 조선에서 간행되고 또 앞으로 간행될 학술연구서적 중 최고봉의 위치를 점유할 귀중한 저작이 될 것을 믿어 의심치 않는다.

위에서도 말하였거니와 나는 이 저서에 서문을 쓸 아무런 지식도 갖추지 못한 사람이다. 다만 대산이 나에게 부탁한 동기가 우정에서 나온 것이오, 내가 형을 위하여 사족을 가하게 되는 뜻이 또한 우정에서 출발한 것이란 것만 말해 둔다.

1946년 병술 유하榴夏
의정부 우거에서 김용준金瑢俊

원저자 서문

이 저작은 한 학문을 온전히 이룬 사람이 아니라 이 학문, 저 학문으로 헤매어 어디나 반락군으로 떨어진 사람이 지은 것이다. 그가 그렇게 된 데는 그 성격보담 차라리 그 환경에 죄가 있는 것이리라마는 가시덤불의 그 험한 길을 또 다시 새삼스럽게 논란하기조차 싫을 것이다.

하여튼 이 저자가 반락군임을 증거로 들기 위해서는 그 스스로 5~6종의 저서를 가지고 있으니 우선 이 저서가 그중의 하나다. 그가 왜 자기의 저서를 아끼고 위하고 그래서 세상에 내놓게 까지 하느냐고 묻는다면 불구의 자식을 가진 어머니나 아버지가 그를 대신해서 변명해 주기 바라는 바다.

이 저서의 내용을 이루는 자료는 저자가 34살서부터 37~8살까지 신문기자의 직업을 가지고 있으면서 수집해 놓은 것이요, 저서로 만들기는 민간 신문(조선일보)이 폐간됨에 따라 저자가 오히려 다행히 실직한 직후다. 그로부터 또 5~6년 동안 자료를 좀 더 많이 모았고 견해 상 다소의 차위差違도 없지 않지만은 신문기자로 다시 나온 그로서는 그 전편을 손댈 겨를을 얻기 어려웠던 것이다. 종이나 활자 상이 모든 점으로 불만한데다가 오자까지 적지 아니 한듯하다. 만일 고료의 문제만 아니든들 이처럼 시급히 낼 것도 아닐는지 모른다. 기회가 있는 대로 개정을 도모하여 보겠다. 보는 분들에게 인사 대신으로 몇 마디 적어 둔다.

1946년 6월
저자 홍기문洪起文

차 례

일러두기

‖ 이 책은 홍기문의 『정음발달사』(상)(하)를 전면 증보 개편하였다.

‖ 본문에 인용된 모든 한문 지문은 현대어로 옮기고 원문은 작은 글씨로 처리하였다.

‖ 본문 문체도 오늘날의 모습으로 바꾸었으며 보조적으로 필요한 지식 정보는 각주로 처리
  하였다.

‖ 편차와 제목도 일부 수정하였으며 본문 가운데에 내용도 일부 수정하거나 증보하였다.

‖ 예의, 해례, 언해의 판독과 구두점은 원본(간송본・문화재청 복원본)에 따라 수정하였으며
  현대어로 옮긴 부분도 현대 감각에 맞도록 수정하였다.

‖ 국내외 연구 성과를 최대한 반영하였으며 이는 일일이 각주 처리를 하면 너무나 번잡하기
  때문에 대부분 인용의 방식으로 처리하였고 꼭 필요한 부분은 각주로 처리하였다.

제1편 고전의 해석

1. 예의

『훈민정음』 해례본 정인지鄭麟趾, 1396~1456의 서문 가운데 "계해 겨울에 우리 전하가 간략한 예의를 들어 보이시고 그 이름을 훈민정음이라 하시었다癸亥冬。我殿下略揭例義而示之。名曰訓民正音。"란 말이 있어서 예의例義라고 일컫는 것이다. '예例'란 『좌전』 서문에 "무릇 말로서 예를 펴며發凡而言例"라고 하여 동일한 사물의 준칙이 됨을 이르는 것이고, '의義'란 『석명釋名』의 <석언어釋言語>에 "사물을 마름하려면 마땅히 들어맞아야 한다.裁制事物。使合宜也。"라고 하여 일정한 사물의 해당한 조처를 이르는 것으로서 곧 기준 법칙을 이루는 규정이라는 뜻이다.

그런데 이 예의는 '훈민정음' 문헌으로서 가장 먼저 발표된 것이요 또 더구나 세종이 지은 어제이다. 어떤 의미로는 해례나 언해와 비교하지 못할 만큼 중요한 하나의 성전이다.1)

---

1) 홍기문(1946)은 해례본의 앞 본문 전체를 '예의'로 규정하였다. 곧 세종 어제 서문을 '서론장', 문자와 용법을 설명한 예의 부분을 각각 '문자장'과 '용법장'으로 구분하였다. 안병희(2007 : 81) 교수의 경우 세종 어제 서문을 '본문'이라고 하고 문자와 용법을 설명한 부분만 '예의'로 명명하기도 한다. 이 책에서 예의는 세종의 어제 서문을 포함한 한글 28자의 예시와 발음 설명에 이어 종성, 순경음, 병서와 합자, 사성에 대한 핵심적인 원론을 요

그럼에도 불구하고 이전에는 언해諺解의 존재에 파묻혀 그 독자적인 위치가 불명료했지만 이제는 해례解例의 발견2)으로 인하여 그 존귀한 가치가 절하될 염려가 없지 않다. 언해는 물론 예의에 대한 언해요, 해례도 또한 예의를 토대로 삼은 해례이므로 일단 예의로부터 출발하여 다시 두 문헌에 미치는 것이 사리의 당연한 순서일 것이다.

예의, 그 자체는 성질상 간략하게 될 수밖에 없지만 용법의 원칙과 편법 어디에서나 구애되지 않기 위해 더욱이 명확한 단정을 피하였다. 정인지의 "간단하나 요긴하고 세밀하되 두루 통하니簡而要。精而通。"라는 말은 비단 훈민정음에 대해서 뿐만이 아니라 예의의 문장에 대해서도 적절한 평이다. 그러나 그 실지 용례를 떠나서 본다면 칠규七竅(일곱 가지의 관건)3)를 뚫기 전, 일개 혼돈 이외 더 나가지 못한다. 용례에 비추어 정당하게 칠규를 뚫는다고 해도 그 자체는 이미 죽었거늘 각기 각자의 주장대로 칼질을 가하니 그 실로 처참한 시신이 되고 만 것이다.

예의는 어디까지 예의 그대로 보아야 한다. 그러한 의미로 '해례'나 '언해'와는 따로 한 편의 연구가 필요하다.4)

약해서 설명한 글을 뜻한다.

2) 세종 28년(1446)에 간행된 이 책은 오랜 시간 자취를 감추었다가 1940년 안동에서 발견되었다. 현재 간송미술관에서 소장하고 있다. 이『훈민정음』해례본은 1940년, 경북 안동군 와룡면 주하동 이한걸(李漢杰) 씨의 셋째 아들 용준(容準) 씨의 소개로 김태준 교수를 통해 학계에 알려지게 되었다. 발견될 당시에 원본의 표지와 앞의 2장이 떨어져 나간 상태였기 때문에『세종실록』본의 본문을 참고하여 보사를 하는 과정에서 실수하여 '편어일용이(便於日用耳)'를 '편어일용의(便於日用矣)'로 잘못을 범하였을 뿐만 아니라 구두점과 권점의 오류도 있다. 보사한 상태로 현재 간송미술관에 소장되어 있으며, 이 책은 1962년 12월 20일 국보 제70호로 지정되었고 1997년 10월 9일 유네스코 세계기록문화유산으로도 등재되었다. 그러나 이『훈민정음』해례본의 원 소장처에 대한 논란이 없지 않다. 잔본 상주본『훈민정음』해례본도 알려졌으나 그 원본이 현재 어디에 있는지 알 수 없다.

3) 칠규(七竅), 사람의 얼굴에 있는 일곱 개의 구멍을 뜻하는 것으로 문맥에서는 연구의 관건을 의미한다.

4) 이상규,「『세종실록』분석을 통한 한글 창제 과정의 재검토」,『한민족어문학회』제65집, 2013. 한글 창제 경위에서 적어도 2단계에 걸친 과정을 전제해야 할 것이다. 곧 첫 단계

예의는 맨 처음 문자 제작의 목적을 세종의 어제로 간단히 설명하였으니 그를 '서론장'라고 하고, 그 다음 28자와 거기에 대한 설명이 있으니 그것을 '문자장'라고 하고, 또 그 다음 용법을 그 역시 간단히 설명하였으니 그를 '용법장'라고 하려 한다. 이 이외 언해에는 다시 한음 치성齒聲의 한 절이 추가되어 있는데 그 역시 용법에 속하나 다소 그 위의 용법과는 성질이 다르므로 '치성장'을 따로 세울 수밖에 없다.

전문의 글자 수는 서론이 54자, 문자가 29자, 용법이 79자로 앞의 3장만 402자이다. 또 치성이 42자로 뒤의 1장까지 넣어서 444자이다. 혹 '御製曰'의 3자를 본문 앞에 넣은 것이 있으니 이것은 본래 세종 자신이 발표할 때 추가하였으리라고는 생각되지 않는 자구이다.

2. 해례

정인지의 서문에는 "삼가 여러 해석과 예를 지으니謹作諸解及例"라고 하였는데 임원준任元濬, 1423~1500의 『보한재집』 서문에는 "해례를 지으니作爲解例"라고 하였다. 즉 그 내용이 여러 종의 해解와 또 예例로 구성된 것이라 해례解例라고 일컬었던 모양이다.

한 편의 '예의'로서 훈민정음의 오묘한 제자의 원리나 복잡한 용법을 일일이 설명할 수도 없거니와 발표 직후 그 이론이 전부 체계가 세워졌을 것

는 세종 25(1443)년 『세종실록』에서 표방한 '언문 28자'를 창제한 시기, 곧 언문 28자 창제는 분명하게 세종이 한 것이라고 할 수 있다. 둘째 단계에서는 집현전을 중심으로 세종 친제 언문 28자에 대한 이론적 골간을 세우는 과정에서는 세종이 직접 진행 과정을 일일이 확인하면서 이론의 틀을 고정시키는 과정이 있었다. 세종이 창제한 한글 28자를 성리 이론이나 성운학 이론에 기반하여 중국 운서의 번역과 중국 한자음의 통일로 발전시킨 과정은 곧 세종과 집현전의 신예 학사 8명이 공동으로 추진한 것이다. 곧 '훈민정음'의 창제 원리를 담고 있는 예의는 세종이 그리고 『훈민정음』 해례본의 완성은 세종과 집현전 학사들이 함께 이루어낸 결과이다.

도 아니다. 여기서 세종은 이름난 선비 8명을 친히 선발해서 한편으로 이론을 정비시킨 동시에 다른 한편으로 그 정비된 이론을 저술하게 한 것이다.

언문청이 설치된 세종 26년(1444) 갑자 2월로부터 해례가 나온 세종 28년(1446) 병인 9월까지는 실로 2년 반이니 그만한 이름난 선비들이 그만한 시일 동안 공을 들였다는 점으로서도 그 얼마나 힘들인 저술인지 알 수 있다. 오히려 이 해례는 오묘함에 치우치고 복잡함에 지나쳐서 예의를 해석하였다기보다 예의를 더 난해하게 만든 혐의가 없지 아니하나 그것은 훈민정음의 제자나 용법의 그 자체로부터 오는 부득이한 현상이다.

하여튼 해례란 '훈민정음'을 제작한 세종의 이론이다. 뒷사람들의 공연한 논쟁을 향한 일종의 지상 명령이 되지 아니할 수 없다. 혹자는 오래 전하지 않던 서적이 돌연히 출현한데 대하여 의아함을 금치 못하는지 모르나 종이나 판각이나 서지학 상 문외한의 눈에도 일견 그 당시의 고간본임을 추측케 한다.5) 또 설사 서지학의 구구한 증명을 빌지 않더라도 내용이 각 문헌으로부터 고증한 바와 완전 일치하고 또 그 내용은 그 이후 누구도 조작贋造(안조)했을 수 없는 것이다.

불행히 그 원본은 발견 당시 제1면과 제2면 두 장이 떨어져 나가 붓으로 보사하였으나 다행히 예의의 서론장과 문자장의 반설음半舌音까지이므로 큰 지장이 될 것은 없다. 그 보사 과정에 '便於日用耳'의 '耳'자를 '矣' 자로 쓰고 '半舌音.'의 구두점圈點을 '半舌。音' 아래 찍었는데 그것은 물론 보사의 오류이다.6)

---

5) 해례본은 현재 간송미술관본과 상주본 두 종류가 있다. 이상규, 「잔본 상주본『훈민정음』」, 『한글』 제298집, 한글학회, 2012. 참조

6) 안병희, 「『훈민정음』 해례본의 복원」, 『훈민정음연구』, 서울대학교출판부, 21쪽, 2007.
御製訓民正音
國之語音。異乎中國。與文字
不相流通。故愚民有所欲言。
而終不得伸其精者多矣。予

맨 위에 '訓民正音'이라는 제목[7) 아래 예의의 전문(세종의 서문과 예의)을 얹고 그 다음 '訓民正音解例'라는 제목 아래 제자해, 초성해, 중성해, 종성해, 합자해, 용자례 등 각각 소제목을 세워서 오해五解와 일례—例를 싣고 맨 끝으로 해례와 접속해서 제목 없이 정인지의 서문을 붙였다. 오해에는 반드시 본문의 끝부분에 '결왈訣日'을 받아서 칠언고시체의 결訣이 있고 오직 용자례 일례에만 그 결이 없다.[8)

예의는 매 행 11자, 매 장 14행으로 4장이다. 해례와 서문은 매 행 13자, 매 장 16행으로 29장이다. 전권을 합하면 33장이다. 단지 그중에서 오해의 결만은 1구 1행으로 상하 각 3자를 띄웠고 정인지의 서문은 위에서 1자씩 낮추었다.[9)

해례는 제자해 2,312자, 초성해 166자, 중성해 280자, 종성해 484자, 합자해 682자, 용자례 428자로 4,352자이니 예의의 402자와 정인지 서문의 558자를 더하여 전권의 총 글자 수는 5,312자다.[10) 물론 2개의 대제

爲°此憫然新制二十八字。欲

使人人易°習。便於日用耳

ㄱ。牙音。如君字初發聲。並書。

如叫字初發聲

7) 권두 제명에 대해서는 두 가지 견해가 있다. 곧 '訓民正音'이라는 견해(홍기문 : 1946, 정우영 : 2001)와 '御製訓民正音'이라는(안병희 : 1986) 양론이 있다. 곧 '御製'라는 관칭이 붙었는지 혹은 붙지 않았는지에 대한 문제는 동일 이본이 발견되면 이는 쉽게 판정이 날 문제이다.

8) '결(訣)'은 신민(信敏) 작으로 추정(박해진 : 2015)하거나 후대에 추가된 것으로 추정(권재선 : 1998)하기도 한다. 『절운지장도』 <변자모청탁가>에서도 자모의 청탁 관계를 7언시의 형식으로 설명한 내용과 흡사하다.

9) 『훈민정음』 해례본의 글씨체는 세종 30년(1448) 효령대군과 안평대군이 소헌왕후의 추천을 빌며 『묘법연화경』(보물 제766호)를 간행했는데 권말에 안평대군이 쓴 발문이 있는 『묘법화경』과 글씨체가 완전 일치하고 있어 안평대군의 글씨임을 알 수 있다. 안병희, 『훈민정음연구』, 서울대학교출판부, 2007, 40~42쪽. 대왕의 어제를 신하가 대필하는 경우 대개 해서체로 썼는데 현재 해례본의 본문(서문, 예의)의 2장은 그 뒷부분의 집현전 학사들이 지은 해례가 해행서체인 것과 서로 대조가 된다. 최근 남권희 교수가 발굴한 『당송팔대가시선』(1444년) 서문 <몽유도원도>에 실린 안평대군의 글씨체와 대비해 보더라도 흡사하게 같다.

10) 이상규, 『한글공동체』, 박문사, 37~39쪽, 2015년 참조 책의 크기는 32.2×16.3cm 또는

목과 6개의 소제목 외에 또 끝으로 다시 '訓民正音'이라는 대제목이 있으니까 그 제목까지 합쳐서는 32자가 더 늘어야 한다.[11]

3. 언해

언해는 예의의 전문에 역주를 가한 것이다. 예의나 해례와 구별하기 위하여 편의상 언해라고 불러 둔다.

본래 언해는 『용비어천가』나 『석보상절』보다도 후에 된 것이요,[12] 그 초간의 원본조차 전하지 못하나 '훈민정음', 그 자체에 관한 것이라는 점에서 보통의 다른 문헌과 동일하게 말할 수는 없다. 또 첫째로 『용비어천가』와 달리 한자의 주음이 있고, 둘째로 『월인석보』[13]나 기타의 불경언해

29×20cm으로 보고 되어 있는데 뒤의 것은 개장한 뒤에 측정한 크기이다. 반곽의 크기는 23.2×16.5cm 또는 23.3×16.8cm, 29.3×20.1cm 등으로 들쭉날쭉하다. 대체로 반곽의 크기는 22.6×16cm 정도라고 볼 수 있다.

11) 『훈민정음』의 글자 수 : 『훈민정음』 해례본의 글자 숫자는 아래와 같다. 예의편은 총 405자인데 어제 서문이 53자이며, 예의는 총 348자이다. 초성 자형 음가를 밝힌 내용은 203자, 중성 자형 음가는 66자, 종성 규정은 6자, 기타 운용에 대한 내용은 73자이다. 한편 해례편은 본문 곧 어제 서문과 예의편이 438자이며 해례 부분의 제자해는 2,320자, 초성해는 169자, 중성해는 283자, 종성해는 487자, 합자해는 673자, 용자례는 431자, 정인지 서문은 558자이다. 세종의 서문의 한자수는 53자이고 언해문은 108자인데 이 숫자에 맞추기 위하여 언해나 한자 사용에 인위적인 조절이 있었다는 주장도 있다. 예를 들면 김광해, "훈민정음의 우연들", 『대학신문』(서울대학교) 1982년 11월 19일자, 및 "훈민정음과108" 『주시경학보』(탑출판사) 제4호(1989), pp.158~163의 논설이 있다.

12) 언해본은 『석보상절』과 판형의 유사성을 근거로 하여 『월인석보』 서두에 실렸듯이 『석보상절』의 서두에 이 언해본이 실렸을 것으로 추측하고 있다. 그렇다면 언해가 『석보상절』과 적어도 동시대에 나온 것으로 봐야 할 것이다.

13) 세조 5년(1459)에 간행된 『월인석보』의 이본은 모두 영본으로 전해지고 있다. 현전하는 『월인석보』의 초간본은 권1, 권2, 권7, 권8, 권9, 권10, 권11, 권12, 권13, 권14, 권15, 권17, 권18, 권19, 권20, 권23, 권25의 17권이고, 중간본은 권1, 권2, 권4, 권7, 권8, 권17, 권21, 권22, 권23의 9권으로 초간본과 중간본을 다 합쳐도 권3, 권5, 권6, 권16, 권24의 5권이 결권(缺卷)이 된다. 초간본과 중간본이 모두 전하는 경우는 권1, 2, 7, 8, 17, 23의 6권이다. 『월인석보』의 전체 규모는 『석보상절』로 미루어서 과거 모두 24권으로 추정되

와 달리 내용이 간단하고, 셋째로 그 자체가 훈민정음의 역주요, 또 세종 어제의 글이므로 다른 문헌에 비하여 그 내용에 비교적 힘들인 자취가 있는 등 그 당시의 용례를 연구하는 데 표준을 삼기에 가장 적당한 책이다.14)

그리고 언해에는 치음장齒音章이 추가되어 있는데 그 역시 세종 자신의 것임은 의심할 바가 없다. 그것은 군왕의 어제를 신하가 건드리지 못하였을 것같이 선왕의 친제를 후대의 임금도 손대지 못했을 것인 까닭이다. 물론『사성통고』<범례>에도 치음의 구별이 기록되어 있지 아니한 것은 아니지만 신숙주申叔舟, 1417~1475, 성삼문成三問, 1418~1456 등의 편찬인 그 <범례>가 아무래도 세종의 말씀만 못할 것은 사실이다. 치음장의 그 한 대문만 가지고라도 언해가 귀중한 문헌이라는 위치를 잃지 않는다.

그런데 언해에는 첫째, 언독諺讀이라고 부르려는 부분이 있으니 그것은 어제 서문과 예의를 각 절로 나누어서 별행으로 만들고는 한자의 매 글자 아래 음을 달고 또 토가 떨어지는 곳에 토를 단 것이요, 둘째, 언주諺註라고 부르려는 부분이 있으니 그 절 내에 새로 나오는 한자를 주해한 것이요, 셋째, 언역諺釋이라고 부르려는 부분이 있으니 그 절을 다시 우리말로 새겨 놓은 것이다. 언독과 언역은 다 각각 별행이요, 똑같은 대자로서 오직 언독이 언역보다 위에서 한 자 낮추어 있을 뿐이나 언주는 소자 양 항으로서 언독과 바로 접속되어 있다.

언독과 언역은 월인본이 50절이요, 단행본(박승빈본)이 49절이니 그 1절의 차이는 전자가 '國之語音異乎中國'을 양절로 나누고 후자가 1절로 합한 데 있다. 언주는 어디서나 80항이지만은 실상 이편의 양 항이 저편에

────────

었지만, 1995년에 전남 장흥의 보림사(寶林寺)에서 권25가 발견되었다. 권25에는『석보상절』24권의 내용이 들어 있으며, 내용 구성상 마지막 부분에 속하므로 이에 따라『월인석보』의 총 권수를 25권으로 보는 것이 현재로서는 가장 설득력이 있다.

14) 언해본은 세조 5년(1459) 원간의『월인석보』와 선조 1년(1568) 희방사판『월인석보』에 실린 두 가지 이본이 있으며, 그 외에 박승빈본 등이 있다.

없는 대신으로 저편의 양 항이 이편에도 없어서 항수만 공교롭게 같아진 것이다.[15)]

4. 참고문헌

해례 중에 정인지의 서문이 들어 있다고 하지만은 그 자체가 해례와는 성질이 다른 것이다. 그래서 서문을 따로 뽑고 거기다가 신숙주의 『동국정운』의 서와 『홍무정훈역훈』의 서, 성삼문의 『직해동자습』 서, 또 『사성통고』 <범례>의 4종을 합해 참고문헌의 1장을 따로 만든 것이다.[16)]

이상 6편의 참고문헌은 훈민정음을 정당하게 규명하는 데 있어서 많은 계시를 포함하고 있건만 세간에서 지금까지 너무나 등한시해 왔다. 『훈민정음』의 세 고전을 해석하고 주석解詁하는 끝에 이 6편에까지 미치는 것은 사족이라기보다는 차라리 용청龍晴이 아닐까라고 생각한다.

최만리崔萬理, ?~1445 등의 반대 상소는 그 역시 참고문헌이 됨에도 불구하고 결코 이론 방면에 관한 것은 아니다. 그래서 제2편으로 넘겼다.

---

15) 언해본의 원간본 복원에 대해서는 문화재청, 『훈민정음 언해본 이본 조사 및 정본 제작 연구』, 2007. 참조. 먼저 언해본의 원간 연대에 대해 안병희(2007 : 92~93) 교수는 『석보상절』이 간행된 세종 29년(1447)으로 추정하고 있다. 그 근거로 첫째, 행격에서 언해본과 『석보상절』의 본문 언해가 1면 7행에 1행 16자이며, 『월인석보』 서문과 본문의 언해는 1면 7행, 1행 16자로 동일하다. 둘째, 『석보상절』의 본문이나 『월인석보』 서문의 언해와 마찬가지로 언해본은 본문을 구(口)점이나 두(讀)점 단위의 작은 대문으로 분절하여 언해하였다. 셋째, 구결과 한자 독음 표기에 있어서 언해본이나 『석보상절』은 구결을 본문 한자와 같은 크기로 하고 독음은 협주 글자의 크기로 처리하였으나 『월인석보』 서에서는 구두나 한자 독음 모두 협주 글자 크기로 하였다. 넷째, 협주는 세 가지 모두 본문 뒤에 나타난다. 그러나 『월인석보』 서에서는 언해에서도 나타난다. 다섯째, 언해본과 『석보상절』 서문에서는 '글왈(문)', '便安킈'와 같이 나타나지만 『월인석보』 서에서는 '글월', '-게'로 실현되어 차이를 보인다.

16) 정인지 서문은 해례에 합치고 『번역노걸대박통사』 <범례> 『사성통해』 서문과 <범례>와를 증보하였다. 그 결과 6편의 참고문헌이 된다.

제1절 서론장

1. 원문과 현대어

訓民正音

國之語音。異乎中國。與文字不相流通。[1] 故愚民[2]有所欲言。而終不

---

[1] 國之語音。異乎中國。與文字不相流通。: 이 대목은 여러 가지 의미로 해석이 가능하다. 먼저 '國之語音' 곧, '나라의 말은'이 뜻하는 바는 조선의 입말과 글말에서 입말만 있고 글말이 없음을 말한다. 당시 조선에서는 글말은 한자를 빌려 쓴 이두나 구결뿐이었다. '異乎中國'은 '異乎中國之語音'의 의미로 해석한다면 역시 중국의 입말과 글말을 뜻한다. 곧 조선과 중국의 입말도 다르고 글말은 중국의 한자밖에 없으니 조선의 글말을 한자로 적기에 부적당함을 말한다. 따라서 '與文字不相流通'은 중국 한자로는 조선의 입말을 적어서 소통할 수 없으며, 중국의 입말과 조선의 입말이 서로 소통되지 않음을 뜻한다.
『사성통고』 <범례>에 "이제 훈민정음은 우리말의 음을 바탕으로 해서 만든 것이라, 만일 한음을 나타내려면 반드시 변화시켜 써야만 곧 제대로 쓸 수 있다.(今訓民正音 出於本國之音。若用於漢音。則必變而通之。乃得無礙。)"라고 한 것은 훈민정음의 창제 목적이 일차적으로 우리말 표기에 있음을 말해준다.

[2] 우민(愚民) : 어리석은 백성. 곧 한문을 이해하지 못하는 백성. 『국조보감』 5권에 『삼강행실』을 반포한 <하교문>에서도 "어리석은 백성들이 쉽게 이해하지 못할까 염려되어 도형을 그려서 붙이고(尙慮愚夫愚婦未易通曉。附以圖形。)"라고 하고, 『세종실록』 갑자 2월조에

得伸其情者多矣。[3]　予爲°此憫然。新制二十八字[4]。欲使人人易°習。[5]　。便[6]
於日用耳。[7]

훈민정음

　나라의 말이 중국과 달라서 문자로 더불어 서로 유통하지 못함에 어리
석은 백성들은 말하고 싶은 바가 있건만 마침내 그 뜻을 펼 수 없는 자가
많은지라. 내가 이를 위해서 딱하게 여겨 새로 스물여덟의 글자를 만들었
으니 사람들로 하여금 쉽사리 익혀 일용日用(날마다 씀)에 편하게 하고자 할

는 "만일 『삼강행실』을 언문으로 옮겨 민간에 반포하면 우부우부가 모두 깨치기 쉽다(予
若以諺文譯三綱行實。頒諸民間。愚夫愚婦皆得易曉。)"라고 하였다. 즉 한문을 모르는 그 당
시의 문맹을 우부우부(愚夫愚婦)라 하였으며 이것을 줄여서 곧 우민의 뜻으로 우부라 하
였다.

3) 有所欲言而終不得伸其情者多矣。: 조선에서는 글자가 없었기 때문에 한자를 모르는 계층
에서는 말하고자 하는 바를 한문으로는 나타낼 수 없는 사람이 많다는 뜻을 말한다.

4) 新制二十八字。: '字'는 곧 글자 음소 문자로서 자모 28자를 말한다. 한자를 '文字'라고 한
반면에 한글 자모는 '字'로 표현하였고 어휘나 문장은 '諺字' 혹은 '諺文', '諺語'로 표현
하였다.

5) 欲使人人易°習 : 예의가 실린 <태백산사고본>과 <정족산사고본>에는 모두 '欲使人易習'
으로 되어 있어 해례본 서문에 실린 내용과 차이를 보여준다. 해례본의 '欲使人人易習'과
비교하여 『실록본』의 '欲使人易習'을 단순한 오류로만 단정하기 어렵다. 후대에 나타나는
이본에서 '欲使人易習'이 그대로 전습되어 온 것을 보면 해례본과 『실록본』은 두 갈래의
이본으로 후대에 전해진 결과였다. 이후 예의 이본에까지 이어져 온 것을 본다면 해례본
보다 『실록본』이 더 많은 영향력이 있었음을 알 수 있다. '欲使人易習'을 의미상의 차이는
있을지라도 문장상의 오류라고 판단한다면 후대의 이본 『배자예부운략』에까지 전습되어
온 것을 온전히 설명할 길이 없다. 정인지 서문에 세종이 "예의를 간략하게 들어 보이시
고(略揭例義以示之)"에서 세종이 게시한 수고본에는 '人' 한 글자가 누락되었을 가능성이
높다. 『월인석보』의 세조의 어제 서문에 "就譯以正音ᄒᆞ야 俾人人習曉케 ᄒᆞ야 正音으로 飜
譯ᄒᆞ야 사ᄅᆞᆷ마다 수비 알에 ᄒᆞ야"와 같은 표현이다.

6) 便於日用耳의 '便'의 사성 권점을 안병희(2007 : 18~19) 교수는 평성이어야 한다고 판단
하고 있다.

7) 耳 : 훈민정음 해례본이 발견된 이후 떨어져 나간 1-2엽에서 보사하는 과정에서 '耳'를 '矣'
자로 잘못 보사한 결과였다.

뿐이니라.

2. 주해

1 국國 : 권제權踶, 1387~1445 등의 <진용비어천가전進龍飛御天歌箋>『용비어천가』
에는 "노래는 나라 언어로 사용했다歌用國言"라 하였고 이파李坡, 1434~1486의
<신숙주묘지申叔舟墓誌>(『보한재집』)에는 "여러 나라가 모두 제 나라 글자를
가지고 제 나라의 말을 기록한다.列國皆有國字。以記國語."라고 하였다. '국國'
은 제 나라(곧 당시 조선)를 말하는 것이다.

2 국지어음國之語音 :『동국정운』서문에는 "우리나라 어음은 청탁의 구별이
중국과 다르지 않다.我國語音。其淸濁之辨。與中國無異."라고 하였고 강희맹姜希孟,
1424~1483의 <신숙주행장申叔舟行狀>(『보한재집』)에는 "우리나라 어음이 그릇
되어 정운이 제대로 전해지지 않는다.本國語音訛謬。正韻失傳."라고 하였다. 어
음語音은 한 언어의 성음聲音 부분을 가리키는 것으로 개인의 언성言聲 내지
어성語聲과 전혀 뜻이 다른 것이다. 신숙주의 <송의주역학훈도시送義州譯學訓
導詩>(『보한재집』)에는 "어음이 마땅히 서로 뜻이 통하도록 하고 미묘하고 오
묘함을 다듬어 마땅히 알아야 한다.須將語音通兩意。妍微奧妙宜當知."라고 하였
다. 차라리 언어言語라는 말과 가깝게 쓴 것이다. 또『동국정운』서문에는
"어음은 곧 사성이 매우 분명하며 자음은 곧 상성, 거성이 구별되지 않는
다.語音則四聲甚明。字音則上去無別."라고 하였다. 한자의 음을 자음字音이라고 한
것에 대하여 우리말의 음을 어음語音으로 구별한 것이다. 물론 그 당시에도
벌써 우리말 가운데에는 고유한 말 외에 한자로 된 말이 없지 않았다. 거기
에 따라서 우리말은 어음과 자음을 함께 포괄하고 있다고도 볼 수 있다.

3 여문자與文字 : 최만리 등의 반대 상소에는 "이두는 모름지기 문자에 의지해
서만 이에 뜻을 통달하는 까닭에因吏讀而知文字者頗多"라고 하고 또 "앞서 이두
는 문자(한자)에 벗어나지 않지만 유식한 사람은 항상 비루하게 여긴다.前此吏
讀。雖不外於文字。有識者尙鄙之."라고 하였다. 여기서 문자는 한자를 의미한다.

4 고우민故愚民 : 『국조보감』(5권)에 『삼강행실』을 반포한 <하교문>에서는 "우
  부우부(어리석은 백성)가 쉽게 이해하지 못할까 염려되어 도형을 그려서
  붙이고尚慮愚夫愚婦未易通曉。附以圖形。"라고 하고 『세종실록』 세종 26년(1444) 갑
  자 2월조에는 "만일 내가 『삼강행실』을 언문으로 옮겨 민간에 반포하면
  우부우부가 모두 깨치기 쉽다.矛若以諺文譯三綱行實。頒諸民間。愚夫愚婦皆得易曉。"
  라고 하였다. 한문을 모르는 그 당시의 문맹을 우부우부愚夫愚婦로 일컬은
  것이요, 이것을 다시 우민愚民으로 약칭한 것이다.

5 욕사인인이습欲使人人易習 : 『세종실록』 113권, 세종 28년(1446) 병인 9월 29일
  에 실린 세종 어제 서문은 "이 달에 훈민정음을 완성하였다. 어제에 말하
  기를 나라의 말이 중국과 달라서 문자로 더불어 서로 유통하지 못함에 어
  리석은 백성들은 말하고 싶은 바가 있건만 마침내 그 뜻을 펼 수 없는 자
  가 많은지라 내가 이를 위해서 새로 스물여덟 글자를 만들었으니 사람들로
  하여금 쉽게 익혀 날마다 씀에 편하게 하고자 할 뿐이니라.是月。訓民正音成。[8]
  御製曰。國之語音。異乎中國。與文字不相流通。故愚民有所欲言。而終不得伸其情者多矣。予爲
  此憫然。新制二十八字。欲使人易習。便於日用耳。"와 『훈민정음』 해례본에 실린 내용
  과 비교해 보면 『세종실록』에는 '欲使人易習'으로 해례본에는 '欲使人人易
  習'으로 되어 있어 차이를 보인다. '欲使人易習'을 오류로 평가하는 경우도
  있지만 의미상의 차이로 해석할 수 있다.

---

8) "是月, 訓民正音成"에서 '成(이루다, 짓다)'의 해석을 두고 『훈민정음』 해례본이 곧 한글의
   완성 시기로 삼고 그 날을 반포 기념일로 정한 조선어학회에 대한 1차 반론을 한 이는 바
   로 방종현 교수(1446)이다. 방종현 교수가 이 '成'자는 『훈민정음』 해례본이 완성된 시기
   이지 문자가 완성된 시기가 아니라고 지적한 것이 처음이며, 그 이후 이숭녕 교수(1976 :
   12)는 "요새 말로 하면 원고가 탈고되었던 것이지 아직 책으로 출판되지 않았다", "한글
   날 반포 운운라고 하는 것도 어불성설의 이야기가 아니냐."고 하면서 한글날 기념일을 이
   날을 기준으로 하는 것은 잘못되었다고 비판하였다.

3. 평해

이 어제 서론장에는 이두의 존재에 대해 한 마디도 언급하지 않았으나 실상 이두에 대해 엄정한 비판을 행하고 있다. 본래 우리의 어음은 한자와 유통되지 못하는 것이어서 이두는 억지로 그것을 유통시킨 것이다. 우민이 뜻을 펼치는데 이두로는 하등의 실효가 없다는 말이다.

또 이미 제 나라의 문자를 가지고 있는 열국에서도 겉으로 지적한 것은 아니나 언외에 그 정당성을 승인하고 있다. 즉 중국과 어음이 달라서 한자와 유통되지 않는 나라라면 부득이 독자적인 문자를 가지지 아니할 수 없다는 말이다.

처음에는 우민愚民이 뜻을 자유롭게 펼칠 수 있도록 위한다고 하고 나중에는 "사람마다 쉽게 익혀欲使人人易習"라고 고치어 말씀하였다. 이 '사람사람마다人人'란 반드시 우민만에 한하는 것도 아니다.

이러한 것으로 미루어 평이하면서도 극히 함축이 많은 글이다. 어떤 의미로는 훈민정음을 제작한 일체의 사정을 잘 설명한 것이라고도 보인다.

제2절 문자장

1. 원문

> ㄱ。牙音。如君字初發聲[9]
> 並書。[10]如虯[11]字初發聲[12]

---

9) ㄱ。牙音。如君字初發聲 : 'ㄱ'자는 아음 곧 연구개음으로 중국 운서의 오음(아, 설, 순, 치, 후)에 따라 배치한 다음 중국 운서의 성모 글자를 우리말에 맞도록 바꾼 '君'자의 첫소리

곧 [k, g]와 같다는 말이다.『동국정운』의 한자음으로는 '군(君, 평성)'이다.

10) 並書。如虯字初發聲 : 아음 'ㄱ'자를 나란히 쓰면(並書) 'ㄲ'자가 되고 이 글자의 음은 '虯'의 첫소리 곧 [k', g']가 된다는 말이다. 중국『광운』의 종도는 '전청(무성음)', '차청(유기음)', '불청불탁(유성음)', '전탁(경음)'으로 배열되는데, 여기서는 '전청-전탁-차청-불청불탁'의 순서로 되어 있다. 우리말 표기를 위한 글자였기 때문에 28자에서 6자(ㄲ, ㄸ, ㅃ, ㅉ, ㅆ, ㆅ)는 제외되었다.『동국정운』의 한자음으로는 '虯(평성)'이다.『동국정운』의 한자음에서 효(效)섭과 유(流)섭 한자는 음성운미 'ㅱ'을 부기하였다. '虯' 이하의 한자음은 언해의 한자음이지만 예의편이 완성된 세종 25년(1443)의 표기로 볼 수 없다.『훈민정음』해례편 편찬 시기까지는『동국정운』식 한자음이 확정되지 않았기 때문에 'ㅱ'의 표기나 중성으로 끝나는 한자음의 종성 표기 'ㅇ'은 반영되지 않았던 것으로 보인다.

11) '虯'자는『실록본』가운데 <태백산본>이나 <정족산본>에서 "如虯字初發聲"이라는 대목이 해례본에서는 "如蚪字初發聲"으로 되어 있다. 즉『실록본』에 '두(蚪)'자가 해례본에서는 '규虯'자로 되어 있는 것이다. 이 또한 박종국(1984)에서는 오류로 처리하고 있으나 고속동이(古俗同異)의 문제이다. 병와 이형상(1653~1733)의『자학』<고속동이>의 항에 '虯는 蚪로 쓰며'라고 하여 동음이체자로 사용할 수 있음을 분명히 밝히고 있다. 실록본에서 '蚪'자는 편방점획에 따라 '虫'변의 상단에 빗기 한 획을 추가하였다. 다만 예의편에서 '두(蚪)'자가 해례본에서 정속자인 '규(虯)'로 변개된 것이다. "如字初發聲"로 되어 있는 예의 계열의 전거로는『열성어제』,『배자예부운략』,『경세훈민정음』,『해동역사』에서 실록본과 동일하다. 이러한 점으로 미루어 보아 조선 후기 운학자들에게는 해례본보다『실록본』예의가 훨씬 더 큰 영향력을 미친 것으로 보인다.

12) 초성의 조음 위치(point of articulation)와 조음 방법(manner of articulation). 예의에서 자음의 배열 방식은 '아-설-순-치-후'로 되어 있으나 이를 해설한 해례본 초성 제자 해에서는 '후-아-설-치-순'으로 곧 목구멍에서 입까지 배열 순서로 되어 있어 세종의 창제 당시 예의의 내용이 해례본에서 변개된 것이다. 초성 17자는 당시 우리말의 음소를 나타내는 15자와 제한적 음소(제한적 변이음)를 표기하는 'ㆁ', 'ㅿ' 2자로 구성 되어 있기 때문에 완전한 음소문자가 아니라 제한적 음소문자(constrains phonemic letters)다. 초성 17자에 전탁글자 6자(ㄲ, ㄸ, ㅃ, ㅆ, ㅉ, ㆅ)를 기본자에 포함시키지 않은 것은 한자음 표기를 위한 것보다 고유어 표기를 우선한 세종의 한글 창제 정신을 읽을 수 있다. 따라서 창제 당시의 훈민정음은 음소문자인 동시에 음성문자적 성격을 함께 가진 음절 구성문자임을 알 수가 있다.

한편 "ㄱ。牙音。如君字初發聲 並書。如虯字初發聲"의 행관의 문제에 대해 안병희(2007 : 21) 교수는 교감 과정에서 병서 규정을 별행으로 처리하였으나 언해를 참조한다면 하나의 단락으로 처리하는 것이 옳다고 판단하고 있다.

13) ㅋ。牙音。如快字初發聲 : 'ㅋ'자는 아음의 차청 글자로 연구개음으로 중국 운서의 오음 아, 설, 순, 치, 후에 따라 배치한 다음 중국 운서의 성모 글자를 우리말에 맞도록 바꾼

'快'자의 첫소리 곧 [kʰ, gʰ]와 같다는 말이다. 『동국정운』의 한자음으로는 '쾡(거성)'이다. 『동국정운』에서는 역시 종성의 지(止)섭, 우(遇)섭, 과(果)섭, 가(假)섭, 해(蟹)섭에 속하는 한자음에는 종성에 'ㅇ'자를 표기하였다.

14) ㆁ。牙音。如業字初發聲 : 'ㆁ'자는 아음의 불청불탁의 연구개음으로 중국 운서의 성모 글자를 우리말에 맞도록 바꾼 '業'자의 첫소리 곧 [ŋ]과 같다는 말이다. 『동국정운』의 한자음으로는 '업(입성)'이다. 중국 한자음에서도 초성에서 [ŋ]은 오방언을 제외하고는 소멸되었는데 이를 반영한 이상적 표기의 하나이다.

15) 순음(脣音) : "脣音－脣音", "脣輕音－脣輕音" 등의 차이가 있음은 잘 알려져 있는 사실이다. 이 문제는 결코 글자의 오자로 인한 단순한 차이가 아니라 후대에 나타나는 각종 예의편 이본에까지 지속적으로 영향을 미치고 있다. 순음(脣音)의 '순(脣)'자가 '진(脤)'으로 나타나는 것은 『열성어제본』이나 『배자예부운략본』의 예의편뿐만 아니라 『경세훈민정음』과 『해동역사』, 『오주연문장전산고』의 예의편으로 이어져 오고 있다. 정우영(2000 : 31) 교수도 '脣 : 脤'을 현대적 관점에서 단순한 오류라고 판단할 문제가 아니라 속자와 정자의 차이로 이해하고 있다. 그 근거로 『능엄경언해』 권8:14에서 "脣(食倫切, 口也)"라고 반절을 근거로 하여 '쓘'이며, 그 뜻은 '口脣'으로 '입술'이라는 예를 들고 있다. 실제로 성운학자 명곡 최석정이나 자학 연구에 최고 경지를 이룩한 병와 이형상의 글에서도 '순(脣)'자와 '진(脤)'자를 많이 혼용하고 있다. 이형상의 『악학편고』 <성기원류>에는 오음과 오음계의 관계를 설명하는 대목에 "宮本喉, 商本齒, 角本牙, 徵本舌, 羽本脣, 韻家, 脣爲宮, 齒爲商"라고 하여 '脣'을 '脤' 대신에 속자로 사용하고 있다.

16) ㅂ。脣音。如彆字初發聲。 : 'ㅂ'자는 순음으로 전청의 글자로 '彆'자의 첫소리 곧 [p, b]와 같다. 『동국정운』의 한자음으로는 '볋(입성)'이다. 『훈민정음』 해례본에서는 '볃'으로 표기하였고 언해본에서는 『동국정운』의 한자음 표기와 동일한 '볋'로 표기하였다. 훈민정음 창제 이후 해례본과 『동국정운』의 운서를 제작하는 과정에서 종성 입성자의 표기 규정이 변개되었음을 확인할 수 있다. 한자음 표기에서 입성자의 처리 방식이 『월인천강지곡』에서는 음성 운미의 한자음은 곧 '-ㅇ'을 步뽕, 慈쭝, '-j' 快·쾌, '-w' 後:韸처럼 표기하여 언해본의 표기와 차이를 보여준다. 다만 입성자 '-p, -t, -k' 가운데 '-t'는 해례본에서는 'ㄷ'으로 『동국정운』에서는 '-ㄹㆆ'로 표기하다가 『육조법보단경언해』에서부터 'ㄹ'로 바뀌었다. '快(쾌)', '叫(ㅠ)'(해례 15ㄱ)과 '業(업)'(해례 15ㄱ), '卽(즉)'(해례 16

ㅍ。脣音。如漂字初發聲

ㅁ。脣音。如彌字初發聲

ㅈ。齒音。如卽字初發聲

並書。如慈字初發聲

ㅊ。齒音。如侵字初發聲

ㅅ。齒音。如戌字初發聲

並書。如邪字初發聲

ㆆ。喉音。如挹字初發聲

ㅎ。喉音。如虛字初發聲

並書。如洪字初發聲

ㅇ。喉音。如欲字初發聲

ㄹ。半舌音。如閭字初發聲

ㅿ。半齒音。[17]　如穰字初發聲

•。如吞字中聲[18]

ㅡ。如卽字中聲

ㅣ。如侵字中聲

ㄱ), '뼈(변)'(해례 17ㄴ)에서와 같이 해례본의 한자음 표기에는 일체의 방점이 생략되어 있다. 곧 해례본의 한자음 표기는 『동국정운』 한자음 표기 규정이 마련되기 이전의 모습 이라고 할 수 있다.

17) '半齒音。'을 해례본 발견 당시 앞 두 장이 떨어져 나갔기 때문에 이를 보사하는 과정에 서 '半齒。音'으로 구두 권점 표기의 오류를 범했다. 이를 수정하여 '半齒音。'으로 했다.

18) •。如吞字中聲 : 중성 '•'자는 '吞'자의 가운데 소리 곧 [ʌ]와 같다는 말이다. 중성은 기본자 하늘(天, •), 땅(地, ㅡ), 사람(人, ㅣ) 3자를 성수론에 근거하여 초출자 'ㅗ, ㅏ, ㅜ, ㅓ' 4자와 재출자 'ㅛ, ㅑ, ㅠ, ㅕ' 4자를 포함하여 11자만 제시한 것을 통해서도 우 리말을 표기하기 위한 최소한의 제한적 음소문자라는 사실을 확인할 수 있다. 이들 모음 11자를 가지고 합자를 하면 매우 다양한 표음문자로써 활용할 수 있다는 점을 세종은

ㅗ。如洪字中聲

ㅏ。如覃字中聲

ㅜ。如君字中聲

ㅓ。如業字中聲

ㅛ。如欲字中聲

ㅑ。如穰字中聲

ㅠ。如戌字中聲

ㅕ。如彆字中聲[19]

2. 현대어

ㄱ는 아음ㅥ音이니 君(군)자의 처음 나는 소리와 같으니, 병서竝書하면 虯
(뀰)자의 처음 나는 소리와 같으니라.

ㅋ는 아음이니 快(쾡)자의 처음 나는 소리와 같으니라.

예의를 창제할 때 미리 구상하고 있었던 것이다. 따라서 창제 당시 훈민정음은 음소문자의
관점에서 28자로 제한했으나 한자음이나 몽고어, 여진어 등 외국어 표기를 위한 수단으로
서 표음문자로서의 사용 가능성을 염두에 두고 포괄적으로 운용 규정으로 돌려놓았다.

19) 중성 11자에 대한 음가는 초성에서 사용한 성모 글자의 중성을 활용하여 그 음가를 표
시하였다. 초성의 음가를 밝히기 위해 사용한 성모 글자는 "君, 虯, 快, 業, 斗, 覃, 呑,
那, 鼈, 步, 漂, 彌, 卽, 慈, 侵, 戌, 邪, 挹, 虛, 洪, 欲, 閭, 穰" 24자이다. 그 가운데 종성이
있는 글자는 "君, 業, 覃, 呑, 鼈, 卽, 侵, 戌, 挹, 洪, 欲, 穰" 12자이고 종성이 없는 글자
는 "虯, 快, 斗, 那, 步, 漂, 彌, 慈, 邪, 虛, 閭" 11자이다. 종성이 있는 글자 12자 가운데
'挹'를 제외하고는 각각 초성과 종성에 각각 두 번씩 사용되었는데 중성에 사용된 글자
는 모두 "呑, 卽, 侵, 洪, 覃, 君, 業, 欲, 穰, 戌, 彆" 11자이다.

	상형자			초출자				재출자			
글꼴	•	―	ㅣ	ㅗ	ㅏ	ㅜ	ㅓ	ㅛ	ㅑ	ㅠ	ㅕ
음가	呑	卽	侵	洪	覃	君	業	欲	穰	戌	彆
	툰	즉	침	鬃	땀	군	업	욕	샹	슗	볋

ㅇ는 아음이니 業(업)자의 처음 나는 소리와 같으니라.

ㄷ는 설음舌音이니 斗(듕)자의 처음 나는 소리와 같으니, 병서하면 覃(땀)자의 처음 나는 소리와 같으니라.

ㅌ는 설음이니 呑(톤)자의 처음 나는 소리와 같으니라.

ㄴ는 설음이니 那(낭)자의 처음 나는 소리와 같으니라.

ㅂ는 순음脣音이니 彆(볋)자의 처음 나는 소리와 같으니, 병서하면 步(뽕)자의 처음나는 소리와 같으니라.

ㅍ는 순음이니 漂(푭)자의 처음 나는 소리와 같으니라.

ㅁ는 순음으니 彌(밍)자의 처음 나는 소리와 같으니라.

ㅈ는 치음齒音이니 卽(즉)자의 처음 나는 소리와 같으니 병서하면 慈(쯩)자의 처음 나는 소리와 같으니라.

ㅊ는 치음이니 侵(침)자의 처음 나는 소리와 같으니라.

ㅅ는 치음이니 戌(슗)자의 처음 나는 소리와 같으니 병서하면 邪(쌍)자의 처음 나는 소리와 같으니라.

ㆆ는 후음喉音이니 挹(흡)자의 처음 나는 소리와 같으니라.

ㅎ는 후음이니 虛(헝)자의 처음 나는 소리와 같으니 병서하면 洪(뽕)자의 처음나는 소리와 같으니라.

ㄹ는 반설음半舌音이니 閭(령)자의 처음 나는 소리와 같으니라.

ㅿ는 반치음半齒音이니 穰(상)자의 처음 나는 소리와 같으니라.[20]

•는 呑(톤)자의 가운데 소리와 같으니라.

ㅡ는 卽(즉)자의 가운데 소리와 같으니라.

ㅣ는 侵(침)자의 가운데 소리와 같으니라.

ㅗ는 洪(뽕)자의 가운데 소리와 같으니라.

---

20) 초성 17자에 대한 음가를 『동국정음』의 음으로 나타내면 아래의 도표와 같다.

ㅏ는 覃(땀)자의 가운데 소리와 같으니라.

ㅜ는 君(군)자의 가운데 소리와 같으니라.

ㅓ는 業(업)자의 가운데 소리와 같으니라.

ㅛ는 欲(욕)자의 가운데 소리와 같으니라.

ㅑ는 穰(샹)자의 가운데 소리와 같으니라.

ㅠ는 戌(슗)자의 가운데 소리와 같으니라.

ㅕ는 彆(볋)자의 가운데 소리와 같으니라.

3. 주해

1 여군자초발성如君字初發聲 : 『예기』<악기>의 정현鄭玄, 127~200 주에 "복잡한
것은 음이고, 단출한 것은 성이다.雜比曰音。單出曰聲。"라고 하고 또 『시경』서
문에 "정이 성을 발하고, 성은 문을 이룰 때 이것을 음이라고 한다.情發於
聲。聲成文謂之音"라고 하여 마치 성은 요소요, 음은 그 요소의 복합인 것같이

	전청	전탁	차청	불청불탁
아음	ㄱ : 君-군(평성)	ㄲ : 虯-뀨(평성)	ㅋ : 快-쾡(거성)	ㆁ : 業-업(입성)
설음	ㄷ : 斗-둫(상성)	ㄸ : 覃-땀(평성)	ㅌ : 呑-톤(평성)	ㄴ : 那-낭(평성)
순음	ㅂ : 彆-볋(입성)	ㅃ : 步-뽕(거성)	ㅍ : 漂-푱(평성)	ㅁ : 彌-밍(평성)
치음	ㅈ : 卽-즉(입성)	ㅉ : 慈-쭝(평성)	ㅊ : 侵-침(평성)	
	ㅅ : 戌-슗(입성)	ㅆ : 邪-썅(평성)		
후음	ㆆ : 挹-흡(입성)	ㅎ : 虛-헝(평성)	ㆅ : 洪-뽕(평성)	ㅇ : 欲-욕(입성)
반설음				ㄹ : 閭-령(평성)
반치음				ㅿ : 穰-샹(평성)

세종 25년(1443)에 창제한 언문 28자의 청탁에 따른 배열이 중국 운서와 달랐고 또 언
문 28자를 해설한 해례본에서도 역시 오음 음계가 중국의 운서와 다른 점이 있었다. 예
의에서의 'ㄱ-ㄲ-ㅋ-ㆁ'과 같은 초성의 배열은 "전청-전탁-차청-불청불탁"의 순
서인데 중국 각종 운서에서의 "전청-차청-전탁-불청불탁" 배열과는 달랐다.

논하였으되 『설문』에는 "성은 음이다聲音也。"라고 하고 또 "음은 성이다音聲也。"라고 주를 달았으며, 실지로도 많이 혼용되고 있다. 한자 어음에서 사성에 대하여 칠음七音을 일컬음에 다시 칠음에 대하여 초, 중, 종을 삼성으로 일컬은 것이니 아래 글의 한음 치성만 보더라도 두 글자를 혼용했음을 알 수 있다.

2 병서並書。: 『사기』<대완전大宛傳>에는 "남은 세월은 남산으로 함께 돌아왔다.留歲餘。還並南山。"라고 하고 『한서』<교사지郊祀志>에는 "6일에 내산에서 사직제를 위해 모두 제齊나라 북쪽 발해渤海에 함께 머물렀다.六日月主祠之萊山。皆在齊北。並渤海。"라고 하여 '並'이나 그 본 글자의 '竝'은 모두 접연接延의 뜻이다. 해례 합자해에는 "이들 합용병서는 왼쪽에서 오른쪽으로 쓰며 초, 중, 종성이 다 같다.其合用並書自左而右。初中終三聲皆同。"라고 하였다. 동일한 글자를 2자 이상 합용할 때 가로로 접서한 것이 곧 병서이다. 또 『훈민정음』해례에는 "초성을 두 글자, 세 글자로 아울러 쓰는 것은 가령 우리 말의 '싸'로 '지地'를, '빡'으로 '척隻'을, '뜸'으로 '극隙(사이, 틈'을 나타내는 따위이다. 각자병서는 가령 우리말의 '·혀'로 '설舌'을 '·혀'는 '인引(당기다'을 나타내며, '괴·여'는 "내가 남을 사랑한다"는 뜻인데 '괴·여'는 "남에게 내가 사랑받는다."는 뜻이며, '소·다'는 "물건을 덮고", '쏘·다'는 "무엇을 쏘다"라는 뜻이 되는 따위와 같은 것이다.初聲二字三字合用並書。如諺語·싸爲地。빡爲隻。·뜸爲隙之類。各自並書如·혀爲舌。而·혀爲引。괴·여爲我愛人。而괴·여爲人愛我。소·다爲覆物。而쏘·다爲射之類。"라고 하였다. 동일한 글자나 또 각자나 모두 병서이다. 『세종실록』세종 26년(1444) 갑자 2월에 최만리 등이 세종께 말씀드린 가운데는 "이제 언문은 여러 글자를 합하여 나란히 함께 써서 그 음과 뜻이 변한 것이지 글자의 형상이 아니다.今此諺文合諸字而並書。變其音釋。而非字形也。"라고 하였으니 그들은 초, 중, 종 3성이 부서附書되는 것까지도 병서並書로 말한 것이다. 그들의 말을 이론으로 인증하기는 다소 어렵다고 하더라도 그 당시 일반적으로 병서라는 말이 쓰인 그 범위를 참고하기에는 충분하다.

3 여규자초발성如虯字初發聲 : 초발성初發聲을 다시 줄여서 초성이라고 한 것으로 미루어 중성이나 종성은 애초부터 발發자가 생략되어 있는 것으로 해석

할 수 있다. 반절법에서 성모聲母의 음가를 말한다.

4. 평해

1) 초성자

맨 처음 아, 설, 순, 치, 후와 반설, 반치의 일곱 가지 부류로 음을 구별하여 전자는 각 3자, 후자는 각 1자를 제작하였다. 다시 병서의 음을 설정하여 아, 설, 순의 3음은 1자로 만들고 후의 1음은 2자로 만들고. 치음은 1, 2 음은 2자로 만든다. 그러니까 실상은 아, 설, 순, 후음은 초성이 4자요, 치음은 초성이 5자인 셈이다. 글자 수는 17자이지만 병서 6자의 초성을 넣어서 초성의 수는 23자이다.

2) 중성자

중성자는 초성자와 달라서 아무런 구별도 없지만 그 자획과 배열을 중심으로 3부류로 구분하고 있다. 즉 'ㆍ, ㅡ, ㅣ'의 3자는 한 획이요, 'ㅗ, ㅏ, ㅜ, ㅓ'의 4자는 두 획이요, 'ㅛ, ㅑ, ㅠ, ㅕ'의 4자는 세 획이다.

3) 한자 자모와의 비교

『광운』[21] 권말 <변자오음법辨字五音法>에 "무릇 말소리는 곧 순성, 설성, 아성, 후성, 치성 등 오음이 있다.凡呼吸文字卽有五音。脣聲舌聲牙聲喉聲齒聲等。"

---

21) 『광운』: 정식 이름은 『대송 중수광운(大宋重修廣韻)』이다. 수나라 육법언(陸法言)이 지은 『절운』(601)은 당나라 시대에 이르러 여러 차례 증정이 이루어졌는데, 이들 절운계 운서로 마지막으로 나온 5권으로 된 운서이다. 『광운』은 북송 대중상부 원년(1008)에 진팽년(陳彭年) 등이 칙명에 따라 찬정(撰定)한 것으로서 완본이 전하고 있다. 그 음계도 거의 『절운』과 같기 때문에 중고음의 연구에 있어서 그 기본 자료가 된다. 『광운』은 수록 글자가 성조에 따라서 분류되어 있으며, 각 권의 내부는 206운으로 구분되어 있다.

라고 하였으니 아, 설, 순, 치, 후가 이른 바의 오음이다. 『운회』 동東운 공公자 아래의 설명하는 글에 "아, 설, 순, 치, 후, 반설, 반치는 칠음의 성 이다.以牙舌脣齒喉半舌半齒定七音之聲。"라고 하였으니 오음에 다시 반설과 반치음 을 넣어서 이른 바 칠음이다. 오음보다도 칠음은 한자 자모의 독특한 분류 인 바, 지금 여기에서는 그 칠음의 분류를 취하여 사용하고 있는 것이다.

한자의 자모[22]라는 것은 곧

		전청	차청	전탁	불청불탁	전청	전탁
아음		見ㄱ	溪ㅋ	群ㄲ	疑ㅇ		
설음	설두(舌頭)	端ㄷ	透ㅌ	定ㄸ	泥ㄴ		
	설상(舌上)	知ㅈ	徹ㅊ	澄ㅉ	孃ㄴ		
순음	순중(脣重)	幫ㅂ	滂ㅍ	並ㅃ	明ㅁ		
	순경(脣輕)	非ㅸ	敷ㅹ	奉ㅹ	微ㅱ		
치음	치두(齒頭)	精ㅈ	淸ㅊ	從ㅉ		心ㅅ	邪ㅆ
	정치(正齒)	照ㅈ	穿ㅊ	牀ㅉ		審ㅅ	禪ㅆ
후음		影ㆆ	曉ㅎ	匣ㆅ	喩ㅇ		
반설					來ㄹ		
반치					日ㅿ		

이상과 같은 것이니 아, 설, 순, 후는 각 4자모요, 치음은 5자모요, 반 설음과 반치음는 각각 1자모이다. 이러한 칠음의 각 자모의 수도 한자 운 서 자모의 독특한 배열 순서인데 지금 여기서는 그 배열을 그대로 본받 고 있는 것이다.[23]

---

22) 한자의 음을 성모와 운모로 구성되는 반절체계로 규정하기 위해 성모 36자와 운모 108 자 내외로 지정한 글자를 한자의 자모라 한다. 이와 같이 정음으로 초성과 중성에 배당 하는 한자를 '대표자'라고 명명하기도 한다.

23) 한자 운서의 자모의 배열은 시대에 따라 달랐다. 여기서 『훈민정음』의 자모 배열을 중국 운서에서 그대로 본받았다고 한 것은 잘못이다. 예를 들어 『광운』에서는 "전청-차청-

이 두 가지가 한자 자모 외에서 찾을 수 없는 것이라면 그것만으로도 훈민정음의 초성과 그와의 관계는 천명하기 어렵지 않다. 구구하게 참고 문헌을 끌어와 증명할 것도 없는 일이다.

오직 한자 자모는 36자임에 대하여 훈민정음의 초성은 23자인 것이 서로 다르다. 한자 운서에서는 설음, 순음, 치음의 3음을 다시 두 부류로 세별하였지만 훈민정음에서는 그 상세한 구별을 없애버린 데에서 기인되는 것이다.

4) 자모의 명칭

훈민정음의 자모는 곧 'ㄱ, ㅋ, ㆁ' 등의 초성자이다. '君, 快, 業' 등의 한자는 편의상 그 음을 잠깐 표시하는 데 그치는 것으로 물론 자모와는 다른 것이다. 그러나 훈민정음의 초성자를 한자로 표시할 때는 역시 '君, 快, 業' 등의 글자를 취하여 사용할 수밖에 없을 것이다. 그 점에 있어서 아무래도 '見, 溪, 群, 疑' 등의 한자 자모와 대비되는 성질을 갖는다.

이제 그 양자를 대조하면

전탁-불청불탁"의 배열 순서이지만 『훈민정음』에서는 "전청-전탁-차청-불청불탁"과 같은 순서로 배열되어 있다. 그뿐만 아니라 아, 설, 순, 치, 후 오음계의 배치 등에서도 차이가 있다.

	아음	설음	순음	치음	후음	반치 반설
전청	君ㄱ	斗ㄷ	彆ㅂ	戌ㅅ, 卽ㅈ	挹ㆆ	
차청	快ㅋ	呑ㅌ	漂ㅍ	次ㅊ	虛ㅎ	
전탁	群ㄲ	覃ㄸ	步ㅃ	邪ㅆ, 慈ㅉ	洪ㆅ	
불청불탁	業ㆁ	那ㄴ	彌ㅁ		欲ㅇ	穰ㅿ, 閭ㄹ

	이음	설음	순음	치음	후음	반설	반치
전청	君(見)	斗(端/知)	彆(幫/非)	卽(精/照)	挹(影)	閭(來)	穰(日)
차청	快(溪)	呑(透/徹)	漂(滂/敷)	侵(淸/穿)	虛(曉)		
전탁	虯(群)	覃(定/澄)	步(並/奉)	慈(從/牀) 邪(邪/禪)	洪(匣)		
불청 불탁	業(疑)	那(泥/孃)	彌(明/微)	戌(心/審)	欲(喩)		

이상과 같은 바, 오직 우리 치음의 '사邪'자가 중국 운서에 치두의 '사邪'자와 공통되는 이외 완전 서로 다르다. 또 다시 훈민정음 자모의 근세 통용음을 보면

	이음	설음	순음	치음	후음	반설	반치
전청	君(군)	斗(두)	彆(별)	卽(즉)	挹(흡)	閭(려)	孃(양)
차청	快(쾌)	呑(톤)	漂(표)	侵(침)	虛(허)		
전탁	虯(규)	覃(담)	步(보)	慈(ㅈ) 邪(사)	洪(뽕)		
불청 불탁	業(엽)	那(나)	彌(미)	戌(슐)	欲(욕)		

이상과 같은 바 그 당시 문헌의 우리 음운과 비교하여 'ㆁ, ㅿ'의 두 초성은 후세에 음가를 잃어버렸다 하더라도 병서의 음과 '挹(흡)'자의 음만은 알 수 없는 바이다.

여기서 두 가지 문제가 제기될 수밖에 없다. 즉 첫째는 왜 중국 운서의 한자 자모를 그대로 쓰지 않았느냐는 문제요, 둘째는 새로 바꾼 자모는 어떤 근거로 뽑았느냐는 문제이다.

『동국정운』 서문에는 "국어에서는 계溪모 곧 ㅋ음을 많이 쓰나 우리 한자음에서는 오직 '夬(쾌)' 한 음뿐이니國語多用溪母。而字音則獨夬之一音而已。"라고

하였으니 현재로 'ㅋ' 초성을 가진 한자는 오직 '夬, 快' 등의 한 가지 음뿐이다.[24] 또 동 서문에는 "계溪모[k-]의 글자 태반이 견見모[k-]에 속하니溪母之字太半入於見母。"라고 하였으니 현재도 '溪'모의 '溪'자가 'ㄱ'의 초성으로 발음하고 있는 것이 사실이다. 그러면 '溪'자모를 '快'자로 바꾼 것은 우리의 통용음을 표준으로 한 것으로 보인다. 새로 만든 문자의 그 음을 표시하기 위하여 한자를 차용하는 이상 자연히 우리의 통용음을 중시하지 않을 수 없었을 것이다. 그러나 『동국정운』 서문에서는 "우리 어음도 그 청, 탁의 구별은 중국의 자음과 다름이 없으며 우리 한자음에는 오로지 탁성이 없으니我國語音。淸濁之辨與中國無異。而於字音。獨無濁聲。"라고 하였으니 탁성의 병서는 그 당시에도 현재와 같이 한자 통용음으로써 표시하기란 불가능하였다. 또 해례 합자해에 "초성의 ㆆ은 ㅇ과 서로 비슷하니 우리말에는 가히 통용이 가능하다.初聲之ㆆ。與ㅇ相似。於諺可以通用也。"라고 하였으니 'ㆆ'의 초성도 병서의 음이나 마찬가지로 한자의 통용음으로 표시할 수 없는 것이 사실이다.[25] 그러므로 위의 여러 음에 대해서는 그 글자가 표

---

24) 『동국정운』에서 우리나라 한자음을 고정할 당시 유기음 'ㅌ, ㅍ, ㅊ'는 존재했으나 'ㅋ'는 발생 초기였기 때문에 '夬', '快'자만 유기음으로 존재했을 따름이다. 'ㅋ'는 다른 유기음보다 늦게 등장하였던 것이다. 따라서 『동국정운』 서문에서도 "국어에서는 'ㅋ'를 많이 쓰고 있는데 한자음에서는 다만 '夬'의 한 종류이니 우스운 일이다"라고 하였다.

25) 훈민정음 초성 17자 가운데 소멸한 문자는 아래와 같다.
첫째, 예의에서 제시된 'ㆆ'는 『훈민정음』 용자례에서 제외되었다. 다시 말하면 'ㆆ'는 제한적 음소로 우리말의 어두에서는 음소적 시차성을 지니지 못한 문자여서 사잇소리로만 표기 되었으며 한자음의 표기에도 매우 불완전하게 사용된 문자였다. "先考ㆆ뜯 몯 일우시니(용가 12장)", "길히 업더시니(용가 19장)"에서와 같이 'ㆆ' 글자는 후음의 폐쇄음[?]으로 'ㅇ'과 대비하여 완급(緩急)의 차이가 있는 것으로 우리말에서는 'ㄹ' 아래의 사잇소리 'ㅭ'로 표기할 수 있다. 또 초성에서는 'ㅇ'과 'ㆆ'이 서로 비슷하여 우리말에서는 통용할 수 있다고 규정하였다.
둘째, 'ㆁ'는 초성에 자주 사용되었으나 그 사례가 점차 줄어들어 16세기 초엽에는 몇몇 예만 보이다가 'ㅇ'으로 바뀌어 종성에서만 사용되었다. 『훈민정음』 해례에서는 "ㆁ은 비록 혀뿌리로 목구멍을 막고 소리는 코로 통하므로 그 소리가 ㅇ과 서로 비슷하기 때문에 운서에서는 疑(ㆁ)와 喩(ㅇ)가 서로 다수 혼용하고 있다(ㆁ雖舌根閉後之聲氣出鼻而其聲與ㅇ相似, 故韻書疑與喩多相混用)."라고 하여 우리말에서나 한자음에서나 이 둘은

시하는 초성이 본래부터 통용음과 달랐던 것으로 보인다. 한자의 통용음에서는 찾을 수 없는 초성인 이상 그 역시 불가피한 현상이다.

그런데 중성음을 표시한 11자는 초성에 썼던 글자를 다시 썼을 뿐 아니라 본래 초성에 쓴 그 23자에는 'ㅇ, ㄴ, ㅂ, ㅁ, ㄹ' 등 한자로서 내는 종성음의 전부가 포함되어 있다. 즉 23자의 한자로서 오직 초성에 한정하지 않고 중성·종성의 양 성까지 표시하려고 노력한 자취를 엿볼 수 있다.[26)]

시차성이 없는 글자임을 말하고 있다. 곧 체계를 구성하는 문자로서 이음표기에 필요했던 문자가 아닌가? 이와 같은 관점에서 김동소(2003)는 'ㅿ'나 'ㆍ'도 절충적 문자로서 우리말의 지역적 변이형을 통합하는 문자로 설명하고 있다. 문자 제정의 초기적 상황에서 초성이나 종성 모든 환경에서 음소적 시차성 유무에 따라 음소인지를 가려내어야 할 것이다.

셋째, 병서 가운데 각자병서는 한자음 표기에 사용되었기 때문에 예의의 28자에는 포함되지 않았다. 다만 15세기 초기 문헌에는 ㄲ, ㄸ, ㅃ, ㅉ는 매우 제한적으로 사용되었고 'ㅆ, ㆅ'은 우리말의 어두에 'ㅇㅇ'는 우리말의 어중에 나타났으나 'ㆅ'과 'ㅇㅇ' 곧 소멸되었고 16세기에 들어서서 'ㅆ'은 부활되었다.

넷째, 합용병서 ㅅㄱ, ㅅㄷ, ㅅㅂ, ㅂㄷ, ㅂㅅ, ㅂㅄ, ㅂㅌ, ㅄㅌ, ㅄㄷ 등은 우리말의 어두에서 사용되었며 드물게 'ㅅㄴ'와 여진어에 'ㅾ'가 사용되기도 하였다.

다섯째, 연서 글자로 'ㅸ'는 우리말에서 'ㅱ, ㆄ, ㅹ'는 한자음(ㅱ)이나 여진어(ㆄ)에서 사용되었다.

여섯째, 종성 규정에서 예의에서는 "종성은 다시 초성으로 쓸 수 있다(終聲復用初聲)"이라고 하여 종성에 초성을 모두 쓸 수 있는 것으로 규정하였지만 해례에서는 "8종성으로 가히 쓸 수 있다(八終聲可足用也)"라고 하여 사실상 8종성(ㄱ, ㆁ, ㄷ, ㄴ, ㅂ, ㅁ, ㅅ, ㄹ)으로 제한을 두고 있다. '빗곶'과 '엿의갗'을 모두 '빗곳'과 '엿의갓'으로 'ㅈ, ㅊ, ㅿ'을 모두 'ㅅ'으로 쓸 수 있음을 밝히고 있다.

일곱째, 사잇소리 규정. 이것은 적어도 예의에서 해례에 이르는 과정에서 매우 중대한 규정의 변개라고 아니할 수 없다.

여덟째, 종성에서 합용병서는 'ㄱㅅ, ㄴㅅ, ㄹㄱ, ㄹㅁ, ㄹㅂ'뿐이다. 그런데 "사룺 ㅄ드리리잇가(용가 15)"의 예에서처럼 종성의 'ㄹㅂ'은 'ㅂ' 뒤에 사용되는 사잇소리의 표기일 뿐이다.

아홉째, 예의에서는 모든 글자가 반드시 합하여 음을 이룬다고 규정하고 종성이 없는 글자에서도 'ㅇ'을 표시하도록 규정하였으나 해례에서는 "ㅇ은 소리가 맑고 비어서 바드시 종성으로 쓰지 않아도 종성이 가히 음을 이룰 수 있다"고 하여 빈자리 종성에 'ㅇ'를 표기하지 않아도 된다는 규정으로 변개하였다.

이와 함께 우리말은 초성자나 중성자 하나만이 떨어져 쓰일 수 없다는 것이 예의의 원칙이지만『훈민정음』해례의 <합자해>에서는 중성과 종성의 보충적 편법인 한자와 함께 쓰는 경우 "補以中終"으로 규정하고 있다. 곧 '孔子ㅣ', '魯ㅅ 사룸'의 예에서와 같이 중성이나 종성의 글자가 따로 떨어져서 사용되고 있다.

아마 이것이 한자 운서의 자모를 취하지 않고 새로운 글자로 바꾼 근본적 동기였을지 모른다. 이왕 바꾸는 바에 가능한까지 우리의 통용음과 맞추기에 이른 것이다.[27]

---

26) 성모 23자모도 중국의 전통적인 성모 한자를 그대로 채택하지 않고 중성과 종성에 배치할 것을 미리 고려하여 초, 중, 종성에 두루 사용할 수 있도록 새롭게 정한 것이다. 곧 '呑(•), 慈(•)/卽(一), 揖(一)/侵(ㅣ), 彌(ㅣ)/步(ㅗ), 洪(ㅗ)/覃(ㅏ), 那(ㅏ)/票(ㅛ), 欲(ㅛ)/穰(ㅑ), 邪(ㅑ)/君(ㅜ), 斗(ㅜ)/虛(ㅓ), 業(ㅓ)/虯(ㅠ), 戌(ㅠ)/彆(ㅕ), 閭(ㅕ)/快(ㅙ)'는 초성자에서 사용한 23의 한자음을 중성에 거듭 사용할 수 있도록 하기 위한 조치였다. '快(ㅙ)' 한 자만 제외하면 22자를 중성 11자에 골고루 2자씩 배치한 것이다. 안병희 교수가 재론한 바와 같이 두 글자 가운데 종성이 있는 앞의 한자를 모음에 배치하였다. 『훈민정음』 예의에서는 초성 23자 가운데 중성에 각각 2자씩 배당된 초성 자모의 주음 가운데 다음의 순서와 같이 중성의 주음 한자를 선택하였다. '훈민정음' 예의의 중성 글자의 배열은 '呑(ᄐᆞᆫ), 卽(즉), 侵(침), 洪(萼), 覃(땀), 君(군), 業(업), 欲(욕), 穰(샹), 戌(슗), 彆(볋)'로 곧 '•, ㅡ, ㅣ, ㅗ, ㅏ, ㅜ, ㅓ, ㅛ, ㅑ, ㅠ, ㅕ'의 순서이다. 그러나 『훈민정음』의 제자해에서는 중성을 오음과 자형의 위수(位數)와 함께 합벽(闔闢)과 동출(同出) 및 재출(再出)에 따라 기술하고 있다. 다만 상수합용(相隨合用)의 글자에 대한 것은 초성의 합용의 원리와 마찬가지이기 때문에 예시를 하지 않은 것이다. 이상규, 「잔엽 상주본 『훈민정음』 분석」, 『한글』 298호, 한글학회, 2012.

27) 이숭녕 교수(1976 : 52)는 "훈민정음은 『동국정운』의 이해를 위한 연습장의 구실을 한 것이다. 그러고 보면 한자음의 개신을 둘러싸고 문제점이 많으며, 세종의 언어 정책의 진의가 어디에 숨겨져 있는가가 의심될 것이다."라고 하여 전혀 다른 관점에서 접근하고 있다. 이러한 논점은 "훈민정음의 창제가 『동국정운』보다 선행되었다고 단언할 수 없다"(정경일, 2002 : 65), "『동국정운』은 훈민정음 창제의 이론적 바탕을 만든 것이다." (이동림, 1968), "훈민정음은 『동국정운』을 이해시키기 위한 연습장적 구실을 했다."(남성우, 1979), 강규선·황경수(2006 : 74)에 "『동국정운』을 만드는 것도 한자음 개신책으로 한글을 만든 것으로 예단할 수 있다."라는 논의로 번져갔다. 이러한 논의가 잘못임을 확인할 수 있는 하나의 단서가 될 수 있다.

제3절 용법장

1. 원문

종성법

終聲復°用初聲。[28]

연서법

○連書[29]脣音之下。則爲脣輕音。

병서법

初聲合用則並書。[30]終聲同。

부서법

• ㅡ ㅗ ㅜ ㅛ ㅠ。附書[31]初聲之下。

---

28) 終聲復°用初聲。: "종성은 초성의 글자로 다시 쓸 수 있다."는 훈민정음 창제 당시의 매우 간략한 종성 규정이다. 이는 오늘날과 같이 기본형을 밝혀 적는 형태음소론적인 표기법 규정이다. 곧 모든 초성을 종성에서 쓸 수 있다고 규정했으나 이어쓰기 방식 때문에 철자법이 매우 혼란스러울 염려가 없지 않았던 탓인지 『용비어천가』와 『월인천강지곡』에서만 '영잊갗'처럼 시험 운용을 한 뒤 훈민정음 해례본에서는 "然ㄱㆁㄷㄴㅂㅁㅅㄹ八字可足用也。"라고 하여 종성에 여덟 글자(ㄱ, ㆁ, ㄷ, ㄴ, ㅂ, ㅁ, ㅅ, ㄹ)만 쓸 수 있도록 규정을 변개하였다. 다만 '빗곶(梨花)', '영의갗(狐皮)'에서처럼 종성의 마찰음(ㅅ, ㅿ)이나 파찰음(ㅈ, ㅊ)을 'ㅅ'으로 통용할 수 있는 예외 규정으로 "ㅅ字可以通用。故只用ㅅ字。"(훈민정음 해례본)을 두었다. 종성에서 '잇ᄂᆞ니>인ᄂᆞ니'와 같은 자음동화의 예외적인 사례를 근거로 하여 /ㄷ/ : /ㅅ/이 변별되었다는 논거를 삼는 것은 적절한지 의문이다. 당시 종성 'ㅅ'의 표기가 'ㄷ'으로 혼기되는 예가 많기 때문에 8종성 표기법의 규정에 적용된 사례라고 할 수 있다. 한편 해례본 22ㄱ, 31ㄴ에 '復'가 권점없이 나타나는 예도 있어 해례본의 원본도 완벽하지 않으며, "終聲復°用初聲。" 규정을 "종성 제자에 관한 규정"으로서 그리고 "종성 표기"에 관련한 것을 겸한 중의적인 규정으로 해석한 논의(정우영, 2014 : 11)도 있다.

ㅣ ㅏ ㅓ ㅑ ㅕ。附書於右。

성음법

凡字必合而成音。[32]

사성법

左加一點則去聲。二則[°]上聲。無則平聲。入聲加點同而促急[33]

29) 連書。: 'ㅇ'를 순중음(ㅂ, ㅍ, ㅃ, ㅁ) 아래에 이어쓰면 순경음(ㅸ, ㆄ, ㅹ, ㅱ)이 된다는 규정이다. 중국 한음에서는 순중음과 순경음이 변별적이지만 조선에서는 고유어에서만 'ㅸ'이 사용되었고 『동국정운』과 『홍무정운』 한자음에서 음성운미 표기로 'ㅱ'이 사용되었을 뿐이다. 훈민정음 합자해에 반설경음 'ㄹ'을 만들 수 있다는 설명은 있었지만 실제로 사용되지는 않았다. 훈민정음 해례에서 "반설은 경중 두 가지 음이 있으나 운서의 자모에서도 오로지 하나만 있고 우리말에서는 경중이 구분하지 않아도 다 소리가 이루어진다. 다만 만약의 쓰임을 위해 'ㅇ'을 'ㄹ' 아래에 쓰면 반설경음이 되며 혀를 입천장에 살짝 닿는 소리(半舌有輕重二音。然韻書字母唯一。且國語雖不分輕重。皆得成音。若欲備用。則依脣輕例。ㅇ連書ㄹ下。爲半舌輕音。舌乍附上腭。)"로 규정하고 있다.

30) 並書 : 병서는 왼쪽에서 오른쪽으로 어울러 쓰는 것을 말하는데 동일한 초성자를 어울러 쓰는 것을 각자병서(ㄲ, ㄸ, ㅃ, ㅆ, ㅉ, ㆅ), 다른 글자를 초성에 어울어 쓰는 것을 합용병서(ㅅㄱ, ㅅㄷ, ㅂㄱ, ㅄㄱ)라고 한다.

31) 附書 : 부서는 위쪽에서 아래쪽 혹은 왼쪽에서 오른쪽으로 초성자와 중성자를 합하여 쓰는 것을 말한다. 'ㆍ'와 'ㅣ'가 어울러 'ㅓ'가 되거나 'ㆍ'와 'ㅡ'가 어울러 'ㅗ'가 되는 것을 부서라고 할 수 있다. 그러나 여기서는 음절의 초성과 중성 그리고 종성이 합자되는 것까지를 포괄해서 부서로 규정하고 있다. 『훈민정음』 해례본에서는 이 부서 규정을 합자 규정과 구분하고 있다. 곧 "초, 중, 종 3성은 합한 연후에 소리가 이루어지니 초성은 혹 중성 위에나 왼편에 어울러 쓴다.(初中終三聲。合而成字。初聲或在中聲之上。或在中聲之左。)"는 규정으로 변개가 이루어졌다. 최병수(2005), 『조선어 글자공학』, 사회과학원출판사, 11쪽에서는 모음 글자의 유형을 '세운형', '누운형', '혼합형'으로 구분하고 있다. 이에 따르면 연서와 병서는 낱글자의 결합 방식이라면 부서는 낱글자의 결합 방식을 포함한 모음을 중심으로 한 음절 구성 방식을 규정한 내용이다. 음절핵(syllable core)인 중성을 기준으로 하여 '위(上)－아래(下)', '앞(左)－뒤(右)'로 붙여 쓰는 음절합성 규정이다. 'ㆍ ㅡ ㅗ ㅜ ㅛ ㅠ'는 '누운형(張口之字,『사성통해』)'으로 '하늘(天, ㆍ)－땅(地, ㅡ)'의 오방과 성수 배치에 따라 만든 글자이고 'ㅣ ㅏ ㅓ ㅑ ㅕ'는 '세운형(縮口之字,『사성통해』)'으로 '사람(人, ㅣ)－하늘(天, ㆍ)'의 오방과 성수 배치에 따라 만든 글자이다. 모음 역시 음소 문자인 11자 이외에 음성표기를 위한 '혼합형'으로 'ㅚ, ㅟ, ㅢ, ㅘ, ㅠ, ㅙ, ㅖ' 등의 사용 가능성을 열어 두었다. 예의에서 부서는 V+V의 구성 방식만 의미하지만 해례의 합자해에서는 C+V 구성방식으로 확대된다. 넓은 의미에서 부서는 합자법 규정의 일부이다.

2. 현대어

[종성법]

종성에는 다시 초성을 쓰나니라.

[연서법]

ㅇ을 순음 아래 연서하면 순경음이 되나니라.

[병서법]

초성을 합용하려면 병서할 것이니 종성도 같으니라.

[부서법]

•, ㅡ, ㅗ, ㅜ, ㅛ, ㅠ는 초성 아래 부서하고

ㅣ, ㅏ, ㅓ, ㅑ, ㅕ는 오른 편에 부서하나니라.

[성음법]

무릇 글자란 반드시 합해서 음을 이루나니

[사성법]

왼 편에 한 점을 가하면 거성이요, 둘이면 상성이요 없으면 평성이요, 입성은 점을 더함이 같으나 촉급促急하니라.[34]

---

32) 成音 : "무릇 모든 글자는 합한 연후에 소리가 이루어진다."는 음절 구성에 대한 규정이다. 여기서 '字'는 음소를 나타내는 개념이다. 이 음소를 나타내는 글자는 초성과 중성 그리고 종성이 합해야 곧 음절이 구성된다는 의미이다. 한글은 이처럼 음소문자이면서 음절문자의 성격을 띤 것이다.

33) 四聲 : 사성을 규정하는 "左加一點則去聲。 二則°上聲。無則平聲。入聲加點同而促急" 이 문장은 "左加一點則去聲。 左加二點則°上聲。左加無點則平聲。左加點則入聲。左加點同而促急"이라는 문장으로 재구성할 수 있다.

3. 주해

1 연서連書 : 가로로 접서(이어쓰기)하는 것을 병서라고 하는 것에 비해 세로로 접서하는 것을 연서라고 하였다.

2 부서어초성지하附書於初聲之下。: 윗 구절의 "초성의 아래初聲之下"를 받아서 "초성의 오른편初聲之右"을 생략하여 쓴 것이다.

3 부서어우附書於右。: 병서와 연서에 대하여 초, 중, 종성 등의 접서하는 것을 부서라고 하였다.

4 입성가점入聲加點 : 윗 구절 가운데 "왼편에 한 점을 더하는 것은 곧 거성左加一點則去聲"이 주된 구절임으로 "점을 더하는 것은 같다加點同"의 점 더함은 그 주된 구절을 받아서 한 점을 의미하는 것이다.

4. 평해

1) 용법의 분류

간단해 보이기만 하는 이 용법장에는 적어도 여섯 항에 대한 규정이 포괄되어 있다. 첫째는 종성에 대한 것, 둘째는 순경음에 대한 것, 셋째는 합용병서에 대한 것, 넷째는 초, 중성을 접서하는 것에 대한 것, 다섯

---

34) 사성(四聲) : 신기(神琪)의 『사성오음구롱반세도(四聲五音九弄反細圖)』 서문에는 『대광익회옥편』 "보에 이르면 평성은 애이안(哀而安, 애잔하며 안정됨), 상성은 여이거(厲而擧, 갈며 들림), 거성은 청이원(淸而遠, 맑으며 멈), 입성은 직이촉(直而促, 곧으며 촉급함)(譜曰平聲者。哀而安。上聲者厲而擧。去聲者淸而遠。入聲者直而促。)"이라고 하였는데 『원화보(元和譜)』의 사성론을 다소 수정한 뒤에 다시 사시(四時)와 대비시켜 놓은 것이다. 정초의 『칠음약(七音略)』 서문에는 "사성은 날줄이 되고 칠음은 씨줄이 된다. 강좌의 선비들은 평, 상, 거, 입이 사성이 있음을 알고 있으니 궁, 상, 각, 치, 우, 반치, 반상이 가로로 칠음을 이루는 것을 알지 못하고 세로로 날줄이 되고 가로로 씨줄이 되니 날줄과 씨줄이 서로 엇갈리지 않는 때문에 운을 세우는 근원을 잃지 않게 된다.(四聲爲經。七音爲緯。江左之儒。知縱有平上去入爲四聲。而不知衡有宮商角徵羽半徵半商爲七音。縱成經。衡成緯。經緯不交。所以失立韻之源。)"라 하였다.

째는 성음에 대한 것, 여섯째는 사성에 관한 것 등이다. 본래는 끝으로 성음과 사성을 한 항으로 삼은 듯하나 편의상 두 항으로 나누는 것만 같지 못하다.

종성은 3성 중의 하나임으로 용법의 첫머리를 차지한 것이요, 초, 종성의 증가를 의미하는 순경음이 그 다음이다. 초, 종성의 합용인 병서가 그 다음이요, 초, 중성의 접서가 그 다음이요, 다시 총괄적인 성음과 사성으로서 마무리된 것이다. 자세히 그 내용을 살펴본다면 용법을 기술한 그 순서에도 정연한 조리가 있음을 알 수 있다.

2) 종성법

성聲으로는 초, 중, 종성의 셋이지만은 종성은 초성을 도로 쓰는 까닭에 문자로는 초, 중성 둘뿐이다. 이미 문자장에서 초, 중성 두 글자를 보았으니 종성은 자연히 용법의 한 항으로 설명할 수밖에 없는 것이다.

그런데 멋처럼 설명한 이 종성법은 불과 여섯 글자다. 초성 전부를 종성에 쓸 것이란 말인지, 초성의 어느 일부분만을 종성에 쓸 것이란 말인지 심히 명확하지 못하다.[35] 단지 그 규정이 매우 불명확함에도 불구하고 명확한 사실 한 가지가 있다. 그것이 무엇인가 하면 굳이 그 규정을 명확히 하지 않은 것이 그 점이다. 비단 종성법뿐만이 아니요, 다른 용법의 설명에서도 다수 이러한 태도로 쓰여 있다. 먼저 이 점을 주의해야 한다.

3) 연서법

훈민정음의 초성자는 결국 한자 자모에서 설음, 순음, 치음 3음의 두 부류를 합병시킨 것이 특징이라고 보았는데 이제 용법에 이르러 순음의

---

35) 종성 규정은 곧 '제자 규정'인지 종성이 '표기법 규정'인지 분명하지 않다. 만일 전자라면 용법으로 설명할 수 없게 된다.

두 부류만은 다시 부활되고 있다. 순음에 ㅇ를 연서한 것이 순경음라고 하니까 그냥 순음이라는 것은 물론 순중음에 해당한 것임에 벗어나지 않는다. 그런데 순경음은 왜 다른 음이나 마찬가지로 따로 글자를 만들지 않고 순음에 ㅇ를 연서하여 만들었을까? 그것도 의심스럽거니와 그 역시 순음이나 마찬가지로 네 종의 음(ㅱ, ㅸ, ㆄ, ㅹ)을 갖춘 것일까? 그것도 의심스럽다. 나중의 의심은 오히려 첫째 순음과 유사한 음이요, 둘째 병서의 초성도 있음으로 풀 수가 있지만 먼저의 의심은 거기에 대한 하등의 명시가 없음으로 해결할 길이 없다.

이제 그 당시 문헌의 용례를 살펴보면 우리말에는 '쉬볼씨라'나 '굴봐쓰면'과 같이 오직 'ㅸ'은 초성으로 쓰이어 있고 한자음에는 '斗'자의 음 '둫'이나 '漂'자의 음 '푷'와 같이 오직 'ㅱ'의 종성으로 쓰이고 있을 뿐이다.[36] 『홍무정운역훈』 서문에는 "7음은 36자모로 되나 설상 4모와 순경음의 차청인 1부敷는 세상에서 쓰이지 않은 지가 오래되었다. 또 앞선 분이 이미 바꾼 것이니 억지로 36자모를 존속시켜 옛것에 사로 잡혀서는 안 되는 것이다.七音爲三十六字母。而舌上四母脣輕次清一母世之不用己久。且先輩己有變之者。不可强存而泥古。"라고 하였으니 훨씬 후일에 이르러 한자의 한음으로 인하여 'ㅹ'의 한 음이 더 사용됨에도 불구하고 의연 차청의 1부敷 [ㆄ]만은 결락

---

36) ㅱ : 『동국정운』식 한자음 표기에서 종성이 없는 'ㅱ'는 운미음 [w]을 표기한 것이다. 훈민정음 창제 이후 한자음의 표기는 『동국정운』이 제정되기 이전과 그 이후 기간 동안 차이를 보인다. 특히 -p, -t, -k 입성운미의 표기가 『훈민정음』 해례본에서는 '-t' 운미인 '彆'을 '볃'으로 표기하였고 '-w' 운미 글자인 '虯'도 '뀨'로 '-j' 운미인 '快'도 '쾌'로 표기하여 'ㅇ'을 표기하지 않았다. 그러나 『훈민정음』 언해본에서는 해례본과 달리 지섭(止攝), 우섭(遇攝), 과섭(果攝), 가섭(假攝)과 해섭(蟹攝)의 '-j' 운미에 'ㅇ'을 표기하고 효섭(效攝), 유섭(流攝)에는 'ㅱ'표기로 진섭(臻攝)과 산섭(山攝)의 '-t'운미인 경우 '-ㄹㆆ'을 표기하여 입성 운미를 3성 체계에 따라 표기하였다. 중국 북방음에서는 이미 당나라와 오대에 입성운미가 약화되기 시작하여 14세기에는 성문패쇄음으로 바뀌었으며 송나라 시대에는 약화과정에 놓였던 것이다. 현대 중국어에서는 북방어에서는 완전 탈락하였고 남방 오방언권에서는 성문패쇄음으로 일부 잔존하고 있다. 따라서 조선에서는 이를 어떻게 받아들여야 할지 문제가 될 수밖에 없었다.

된 셈이다. 그러니까 순경음은 말하자면 실용상 불구不具의 음이다. 그렇다고 실용되는 그 음까지를 배제할 수도 없고, 또 그렇다고 실제 사용되지 않는 무용의 글자를 나열할 수도 없는 것이다. 마침내 순음에 'ㅇ'를 연서한다는 극히 합리적인 편법을 취하기에 이른 것이 아닐까 한다.

글자 수로는 네 음이 마련되었으나 실용에 쓰이지 않아도 무용의 글자가 남는 것은 결코 아니다. 이 한 가지 점에서만도 '훈민정음'을 제작한 세종의 비상한 고심이 짐작된다.

4) 병서법

문자장에서 이미 여섯 글자의 병서(ㄲ, ㄸ, ㅃ, ㅉ, ㅆ, ㆅ)에 대하여 말한 바가 있으나 이제 용법으로 또다시 병서를 논의하려는 것은 적어도 문자장의 그 이외에서 설명이 필요로 한 것임에 틀림이 없다. '합용合用'의 두 글자나 '종성도 같다終聲同'의 세 글자로 미루어 생각하더라도 문자장의 그 병서보다는 훨씬 광범위하여 결국 그 여섯 글자의 병서도 이 병서법의 일부분으로 포괄한 것임을 알 수가 있다. 지금 그 당시 문헌의 용례를 상고해 보면 우리말에는 초성으로 'ㆀ, ㅥ' 등의 병서, 'ㅺ, ㅼ, ㅄ, ㅳ' 등의 병서와 'ㅴ'의 병서가 있고 또 종성으로 'ㄺ, ㄻ, ㄳ, ㅄ' 등의 병서가 있다. 이러한 각종 각양의 병서가 있으므로 특별히 용법의 한 항에서 모든 병서를 다시 논한 것이다.

먼저 문자장에서 언급한 병서는 오직 각 음의 전탁음을 각 해당 글자의 병서로서 표시한다는 설명에 지나지 않는다. 그로서 병서의 초성이 6개밖에 없다고 생각하면 큰 착각이다. 또 언해에서 병서를 표시한 한자의 음이 전부 각자병서로 된 것도 오직 한자의 특질상 부득이한 것임에 지나지 않는다. 그로서 전탁음에 해당한 초성이 오직 각자병서에 한한다고 말하면 한자음과 우리말의 차이를 모르는 소리다.

즉 이 병서법은 병서로 쓰이는 모든 초, 종성을 포괄하여 설명한 것이다. 문자장의 병서는 그중에 전탁음이 되는 병서만을 설명한 것이다. 다시 문자장의 설명을 가져오면 'ㄱ, ㄷ, ㅂ, ㅈ, ㅅ, ㆆ'의 6자는 병서로 실현되는 초성이 곧 전탁음임을 알 수 있을 뿐이지만 그 병서의 형식은 반드시 각자병서에 한정된다는 것은 단정할 수는 없는 일이다.

물론 이런 오해는 다함께 언해의 한자음으로부터 생겼으나 예의와 언해는 선후가 있고 우리말과 한자음은 본질상 차이가 있다. 더구나 실제 용례 상 각종 각양의 병서가 있으니 그 모든 병서를 통하여 가장 합리적인 해석을 취하지 않으면 안 될 것이다.

본래 병서에는 각자병서(동자병서)도 있고 합용병서(이자병서)도 있는데 그 가운데 어떤 병서인지 문자장에서는 그것을 명시하지 않았고 또 초성이나 종성의 병서도 어느 범위로 쓰는 것인지 병서법에는 명시하지 않았다. 명시하지 아니한 때문에 종종 의혹을 일으키는 것도 무리는 아니지만 한 걸음 나아가 명시하지 아니한 그 이면을 탐색해 보면 그 의혹은 곧 풀려지리라 생각한다.

그런데 합용병서는 초, 종성에 대해서만 말하고 중성에 대해서는 일절 말이 없다. 중성의 합용병서는 초, 종성보다 이해하기 쉽기 때문에 짐짓 생략한 것일 것이다.

5) 부서법

여기서도 초성과 중성의 접서接書(이어쓰기)만 설명하였지 종성과의 접서는 설명하지 않았다. 그 역시 자명한 일로 생각하고 생략한 것으로 보인다.

6) 성음법

이 항은 언뜻 보아 자못 명료한 것 같으나 다시 생각하면 대단히 명료하지 않다. 왜 그러냐 하면 "반드시 합해야 소리를 이룬다必合而成音"의 합자가 종성까지를 포함하느냐 아니하느냐에 따라 중대한 차이가 생긴다. 물론 초, 중성의 부서를 합으로 말한 것 같이 초, 중, 종성의 부서도 합쳐서 말한 것은 사실이지만 맨 위에 얹힌 '必'의 한 글자가 문제이다. 즉 종성의 존재도 초성이나 중성과 같이 필수냐 아니냐 그 차이를 지적하는 말이다. 아무리 간단하고 정밀한 글이라고 하더라도 이와 같이 중대한 차이를 애매하게 할 수는 없다. 종성법, 병서법 등의 문구나 마찬가지로 이 역시 일부러 명료하게 하는 것을 피한 것이 아닐까 추정한다.

7) 사성법

본래 한자에는 초성에 해당한 부분을 자모字母(성모)라 하고 중성과 종성에 해당한 부분을 자운字韻(운모)이라고 하는데[37] 이 자운은 사성을 쫓아 모두 각각 따로 구분된다. 지금 사성을 떠나서 먼저 중성과 종성을 세우고 다시 방점을 가져와 사성을 구별하게 되니까 한자 자운에 비하여서는 여간 간편한 방법이 아니다.

그런데 사성 중에서도 입성은 상, 평, 거성보다 억양만이 다른 것이 아니라 'ㄱ, ㅂ, ㄹ' 등의 종성을 가지고 있어서 음으로까지 같고 다름이 없지 않다. 그러므로 거성과 똑같이 한 점을 찍더라도 그 종성으로 인한 촉급한 음을 갖게 되어 능히 거성과 구별할 수 있는 것이다.[38]

---

37) 중국의 성운학(聲韻學)에서는 성모(聲, onset)와 운모(韻, rhyme)로 반절을 구성하는데 운모는 다시 운복(韻腹, nucleus)과 운미(韻尾, coda)로 구성된다. 곧 2분법의 구성을 훈민정음에서는 성모를 초성으로 운모의 운복을 중성으로 운미를 종성으로 3분법으로 재구성한 것이다. 중국 성운학(聲韻學)에서도 운복을 '섭(攝)', 또는 '뉴섭(紐攝)'으로 분류하여 18개의 부류로 구분하였는데 훈민정음에서는 중국의 운복(韻腹)을 천지인 삼재(三才)에 따라 11개의 모음 곧 중성으로 제자한 것이다.

38) 결국 이 규정은 한자음 표기를 고려한 것으로 『동국정운』의 한자음 표기 규정에 그대로 적용되었으나 얼마가지 않아서 폐기처분될 수밖에 없게 되었다. 또 다른 한 편으로는 한

8) 용법의 본뜻

이상으로써 이 용법장에는 완전 설명되지 아니한 사실 두 가지와 설명이 불분명한 사실 세 가지가 있음을 밝혔다. 다시 한 번 요약해 말하면 설명하지 아니한 점이란 중성의 합용과 종성의 부서다. 설명이 불분명한 점이란 종성의 제한, 병서의 구별과 제한, 성음의 범위 등이다.

그러나 설명하지 아니한 것은 차라리 설명할 필요가 없다고 여긴 것으로 해석할 수 있지만 설명이 불분명한 것은 그 까닭을 얼른 추측하기가 어렵다. 혹시 옛사람의 문장이 소박한 탓으로 돌리어 중요하게 생각지 않았는지도 모르나 예의의 문장은 일자일획의 가감이 없을 만큼 빈구석이 없는 글이요, 또 아무리 소박한 글이더라도 중요한 곳만 골라서 호도몽롱하게 썼다고는 생각할 수 없는 것이다.

그런데 그 당시 문헌의 용례로 보아서 첫째, 한자음에는 종성이 없는 글자가 없지만 우리말에는 그렇지 않다. 즉 종성을 반드시 갖추어야 하는 용법도 있지만은 반드시 갖추지 않아도 무방한 용법도 있는 것이다. 현재 통용음으로 종성이 없는 한자에는 전부 'ㅇ' 내지 'ㅱ'의 종성을 붙였는데 우리말에는 대체로 'ㄱ, ㆁ, ㄷ, ㄴ, ㅂ, ㅁ, ㅅ, ㄹ'의 여덟자를 종성으로 쓰는데 그친다. 'ㅇ'이나 'ㅱ'과 같은 음까지도 종성으로 써서 종성의 제한이 없는 용법도 있지만 종성을 여덟자로 제한한 용법도 있는 것이다. 초성의 병서도 이미 말한 바와 같이 우리말에는 여러 가지가 있는데 비하여 한자음은 오직 동일한 글자의 각자병서에 한한다. 이 또한 용법의 차이를 의심하지 아니할 수 없는 일이다.

자음 입성 글자 가운데 음성 입성자 '-p, -t, -k'가 북방음에서는 이미 소실되었는데도 남방 고음을 그대로 반영시키게 되는 결과를 가져 왔다. 입성자 '-t'의 표기는 『동국정운』에서는 '-ㄹㆆ'으로 표기하다가 『훈민정음』 해례에서나 『홍무정운역훈』이나 『사성통해』 계열에서는 다시 'ㄷ'으로 표기되는 등의 혼란을 야기한 주요한 원인이 되었다.

이 용법을 규명하는 데는 두 가지의 길이 있을 것이니, 하나는 우리 음운과 한자음이 본질상 서로 다르지 아니할까 하는 것이요 다른 하나는 '훈민정음'의 제작자가 애초부터 원칙과 편법의 두 가지 용법을 마련하지 않았을까하는 것이다. 물론 전자는 있을 수 있는 일이며, 후자도 단지 불가능한 추정은 아니다. 이러한 관점 아래 실제 용례의 연구만으로도 충분히 용법의 비밀을 밝혀 낼 수가 있다. 오늘날 참고 문헌을 끌어와 증명하거나 해례의 출현을 기다려 비로소 거기에 대한 의논을 믿는다는 것부터 우스운 이야기다.

그것은 하여튼 이제 용법의 차이를 구명하여 놓고 다시 돌이켜 이 용법장을 한번 읽어볼 때는 불분명하다는 점에서 오히려 매우 고심한 흔적이 숨어 있다. 실로 복잡한 용법을 아주 간단한 문자로 서로 구애됨이 없도록 능히 잘 포괄한 것이다.

제4절 치음장

세종 25년(1443)에 세종이 언문 28자를 창제한 뒤에 어제 서문과 함께 예의의 내용에는 이 치음장은 없었던 것이다. 따라서 예의편에서 이 치음장을 다룬 것은 적절하지 않다고 판단된다. 그런데 이 예의편 부분만 한글로 번역한 언해본에 들어 있는데 아마 이 내용은 세종 29년(1447) 『석보상절』 간행 혹은 세종 32년(1450) 『월인석보』 간행 이후에 『홍무정운역훈』 간행과 더불어 한자음 표기를 위한 고려 아래에서 나온 추록된 규정으로 추정된다.

세종 25년(1443) 언문 28자를 창제하고 그 내용의 이론적 체계를 구축하는 동시에 이 언문 28자를 활용하여 한문 전적의 번역, 한국 한자음의 통일, 중국 운서의 번역 등의 실용화를 추진했다. 그 가운데 『월인석보』 권두에 어제 서문과 예의 부분을 우리말로 번역하여 싣게 되었는데 이것을 근거로 하여 세종이 언문 28자 제정 초기에 마치 치두와 정치음에 대응되는 글자가 있었던 것으로 판단하는 것은 잘못이다. 여기서 한걸음 더 나아가 "세종 생존 시에 『월인석보』가 간행되었고 권두에 훈민정음의 언해본을 붙였다면 이것이 바로 훈민정음의 반포로 보아야 한다."는 논리로 기술하는 것도 분명한 잘못이다.[39]

1. 원문과 번역

漢音齒聲有齒頭正齒之別。ᅎ ᅔ ᅏ ᅐ ᄽ字用於齒頭。ᅔ ᅕ ᅑ ᄾ ᄿ字用於正齒。牙舌脣喉之字通用於漢音。

한음의 치성은 치두齒頭와 정치正齒의 구별이 있으니 'ᅎ, ᅔ, ᅏ, ᅐ, ᄽ'자는 치두에 쓰이고 'ᅔ, ᅕ, ᅑ, ᄾ, ᄿ'자는 정치에 쓴다. 아, 설, 순, 후의 글자는 한음에 통용하나니라.

---

[39] 언문 28자모가 완성된 곧 새로운 문자가 창제된 시기를 그 기점으로 보지 않고 사료에 전혀 근거가 없는 '제정' 혹은 '반포'라는 용어를 만들어내어 창제 시점을 세종 28년(1446) 12월로 보고 이 날을 기준으로 하여 반포하였다는 관점은 문제점이 없지 않다. 앞에서도 살펴보았듯이 언문 또는 훈민정음이라는 새로운 문자를 세종이 창제한 이후 여러 단계에 걸쳐 지속적으로 보완한 것이다. 곧 세종 25년(1443) 12월의 창제에 이어 이를 이론적으로 졸가리를 세워 해설한 『훈민정음』 해례본의 완성 시기는 세종 28년(1446)이라는 점에 대해서는 어떤 이론도 있을 수 없다. 『세종실록』 세종 26년(1444) 갑자 2월 20일에 최만리가 올린 상소문에 "이제 넓게 여러 사람의 의논을 채택하지도 않고 갑자기 서리 무리 10여 인으로 하여금 가르쳐 익히게 하며, 또 가볍게 옛사람이 이미 이룩한 운서를 고치고 근거 없는 언문을 부회하여 공장 수십 인을 보아 각본 하여서 급하게 널리 '광포(廣布)'하려 하시니, 천하 후세의 공의에 어떠하겠습니까."라는 기사에 '광포'라는 말을 확대하여 '반포(頒布)'로 해석함으로써 마치 법률적 선포식을 행한 것으로 오인하게 된 것이다. 최근 김슬옹 해제/강신항 감수(2015), 『훈민정음 해례본』에서도 훈민정음 반포를 기정 사실화하고 있으나 실증적 근거를 찾을 수 없기 때문에 재고되어야 할 것이다.

2. 주해

1 치성齒聲 : '한음'의 음자를 피하여 '치음'의 '음音'자를 '성聲'자로 바꾼 것이다.

2 통용어한음通用於漢音。 : 치음은 우리 음운과 한음이 달라도 아, 설, 순, 후음은 마찬가지라는 뜻이다.

3. 평해

아, 설, 순, 후음의 글자는 그대로 한음에 통용되지만은 치음은 다시 빗금획斜畵의 왼쪽이 긴 것과 오른쪽이 긴 것으로서 치두와 정치를 구별한다는 말이다. 즉 치음은 전부 3종이 되는 셈이니, 우리 음운에 쓰는 좌우 길이가 같은 글자는 치두도 아닌 것같이 정치도 아니다. 『사성통고』 <범례>에는 "우리말의 치성은 치두와 정치 사이에 있다.我國齒聲在齒頭整齒之間"라고 하였다. 좌우 길이가 같은 것은 정히 왼쪽이 긴 것과 오른쪽이 긴 것 중간에 있음으로 추후에 변개한 교묘한 창의다.

그러나 『훈민정음』의 23자모에는 순경음이 들어가고 또 다시 치두와 정치의 구별이 추가되어 결국 32자모로 된다. 한자 자모에 비하여 오직 설상의 4모만이 없는 셈이다.

제1절 제자해

1. 원문과 현대어

> 訓民正音解例
>
> 制字解[1]
>
> 天地之道。[2]一陰陽[3]五行[4]而已。[5]坤復之間[6]爲太極。而動靜之後爲

---

[1] 제자해(制字解) : 훈민정음의 제자 원리, 곧 글자를 만든 원리를 성운학과 성리학적 관점에서 해설한 부분이다. 당시 동아시아의 통합적 우주관이 담긴 곧 송대 성리학의 자연철학적 순환 이론을 훈민정음 창제의 기본 원리로 활용하고 있다. 그런데 이숭녕(1976 : 50~51) 교수는 "세종 때에 명나라의 대표적인 사상전집이라 할 『성리대전』, 또는 그 속에 있는 『황극경세서』란 책의 사상이 그대로 옮겨졌다. <중략> 이것은 중국의 언어철학적인 설명으로 권위를 장식한 셈이다."라고 한 뒤 "오늘날 일면에서 언어 연구를 과학 운운 말하고 있는데, 성리학적 언어 연구란 도저히 성립될 수 없겠다고 하겠다."(이숭녕, 1976 : 112)라고 하여 당대의 한글 창제의 성리학적 기반을 서구 추수적인 입장에서 비과학적인 것으로 비판적으로 평가하고 있다.

2) 천지지도(天地之道) : 하늘과 땅의 도리. 하늘과 땅의 도리는 오직 하나 곧 태극의 도이며 이는 우주의 섭리를 말한다. 곧 하늘과 땅의 도가 태극인데 태극은 음과 양의 조화에 의해 상생 발전한다. 『태극도』에 의하면 오행은 "양이 변해 음에 합한다.(陽變陰合)"에서 생긴 것으로 "오행이 하나의 음양이다.(五行一陰陽)"인 것이다.

무극 無極	태극 太極	하늘天	음陰	오행五行	곤坤	동動	청淸	율律
		사람人						
		땅地	양陽		복復	정靜	탁濁	려呂

무극은 우주의 생성 이전이라면 하늘과 땅으로 그리고 음과 양으로 역학의 곤복으로 나뉜 시초를 태극이라 하며 태극의 상태에서 동정이 이루어지면서 우주의 만물이 생성 소멸하는 순환이 진행된다는 순환적 자연철학이 훈민정음 제자의 기본 철학이다. 『역경』 <계사> 상 제2장에 "육효의 변동이 천, 지, 인 삼재의 도리다(六爻之動 三極之道也)"라고 설명하였다. 천지는 하늘과 땅만이 아니고 우주 자연을 뜻하기도 한다. 정인지의 '훈민정음 서문'에서도 "천지 자연의 소리(天地自然之聲)"라고 한 바 있다.

3) 음양(陰陽) : 태극의 상태에서 하늘과 땅으로 나뉘면 동시에 음양과 오행이 갖추어진다. 주염계(周濂溪)의 『태극도설』에서는 태극(太極)이 '동(動, 움직임)'해서 '양(陽)'을 만들고 '동(動)'이 극에 달하면 '정(靜, 멈춤)'이 되고, '정(靜)'에서 '음(陰)'을 만들고 '정(靜)'이 극에 달하면 다시 '동(動)'한다는 순환이론이 기본이다. 『태극도설』에는 "양이 변해 음에 합쳐 수, 화, 목, 금, 토가 생성되며 오기가 두루 퍼져 사시로 나가니 오행이 하나의 음양이다(陽變陰合。而生水火木金土。五氣順布。四時行焉。五行一陰陽也。)"라고 하였다. 곧 한 번 동하고 한 번 정하는 것이 서로 뿌리가 되어 음으로 갈리고 양으로 갈리어 양의가 맞서게 된다고 한다. 이것이 우주만물의 대립되는 원리가 되는데, 다시 '양이 변하여 음에 합한다(陽變陰合)고 한'여 오행이 생긴다고 했고, 우주만물은 오행인 물(水), 불(火), 나무(木), 쇠(金), 흙(土)이 결부되어 있다.

4) 오행(五行) : 만물을 생성하는 5가지 원소, 곧 물(水), 불(火), 나무(木), 쇠(金), 흙(土). 『서경』 <홍범>에도 "오행의 하나가 물(水)이오, 둘은 불(火)이오, 셋은 나무(木)이오, 넷은 쇠(金)요, 다섯은 흙(土)이다(五行一曰水。二曰火。三曰水。四曰金。五曰土。)."라고 했다.

5) 천지지도。일음양오행이이(天地之道。一陰陽五行而已。) : 이 대목은 『황극경세서』 서에서도 "천지는 오로지 음양의 동정과 순환하는 것일 뿐(天地陰陽動靜循環而已)"의 내용과 같다. 천도(天道)인 '건은 하늘을 뜻한다. 곧 크게 형통하고 바르면 이롭다.(乾元亨利貞)"라는 말은 공영달(孔穎達, 574~648)의 『주역정의』에 네 덕으로 또는 사시로 해석한 것을 원용한 내용이다. 『역경』 <계사> 상 제5장 "일음 일양을 일러 도라고 하였다,(一陰一陽之謂道)"라도 한 것을 여기서는 "천지의 도는 일음양 오행의 도이다(天地之道, 一陰陽五行而已"라고 한 것이다.

6) 곤복지간(坤復之間) : 곤(坤)과 복(復)의 사이는 곧 태극이라는 말이다. 『주역』의 괘명(卦名) 곤괘는 64괘 중 2번째 괘이고 복괘는 24번째 괘이다. 그 사이를 무극 혹은 태극라고 한다. '坤'이나 '復'이나 역의 괘명인데, '곤복지간(坤復之間)'이란 역의 괘도 '상곤괘(上坤卦)'에서 '부괘(復卦)'에 이르는 사이이며 순서는 복괘에서 시작해서 곤괘로 끝난다. '곤과 복

陰陽。[7] 凡有生類在天地之間者。捨陰陽而何之。故人之聲音。[8]皆有陰
陽之理。[9]顧人不察耳。

사이(坤復之間)'이란 역의 괘도상 곤괘에서 복괘에 이르는 사이를 이름이다. 어떤 사람의 질문에 대한 주회암의 말(『역학계몽』집주)에 의하면 "어떤 사람이 묻기를 무극 앞을 어떻게 설명하면 좋겠는지를 물으니 주자가 말하기를 소옹은 괘도상에서 순환의 의미를 가지고 설명했다. 후에 구(姤)괘로부터 곤(坤)괘까지는 음이 양을 포함하나 복(復)괘로부터 건(乾)괘까지는 양이 음을 나누기 때문에 곤(坤)괘부터 복(復)괘까지의 사이는 무극이다. 곤(坤)괘로부터 구(姤)괘까지 되돌아오기까지가 무극이 모두 앞이다.(或問。無極如何說前。朱子曰邵子就圖上。說循環之意。自姤至坤是陰含陽。自復至乾是陽分陰。坤復之間乃無極。自坤反姤是無極之前。)"라고 하였으니 괘도 상 곤(坤)괘로부터 구(姤)괘까지 거꾸로 올라가는 그 사이가 '무극 앞(無極前)'임에 대하여 복괘까지 이르는 그 사이가 곧 무극이다.

7) 동정지후위음양(動靜之後爲陰陽) : 動(움직임)과 靜(멈춤) 이후에 음양이 되니. 이 말은 『태극도설』에서 "무극이면서 태극이다. 태극이 동해서 양을 생하고, 동이 극에 달하면 정해지니, 정하여서 음을 생하고, 정이 극에 달하면 다시 동해진다. 한 번 동하고 한 번 정하는 것이 서로 뿌리가 되어, 음으로 갈리고 양으로 갈리니 양의가 맞서게 된다.(無極而太極太極動而生陽。動極而靜。靜而生陰靜極復動。一動一靜。互爲其根。分陰分陽。兩儀立焉。)"라고 한 말을 요약한 것이다. 태극을 『황극경세서』서에서는 성수론과 관련하여 "1은 태극이다. 곧 일동과 일정 사이이다.(一者太極也。所謂一動一靜之間者也。)"라고 하였다.

8) 성음(聲音) : 세상 만물에는 모두 소리가 있음을 말한다. 『황극경세서』 <찬도지요> 하에서는 "하나의 물(物)이 있으면 하나의 성(聲)이 있다. 성(聲)이 있으면 음(音)이 있고 율(律)이 있으며 려(呂)가 있다.(有一物別有一聲。有聲則有音。有律則有呂。故窮聲音律呂以萬物之數。)"라고 하여 '성/율一음/려'의 대응관계로 파악하고 있다.

9) 개유음양지리(皆有陰陽之理) : 모두 음양의 이치가 있다. 여기서 하늘과 땅, 우주 사이 모든 것이 음양의 이치와 결부되어 있다고 설명하고 있으나 『태극도설』에서 "태극에는 일동과 일정의 양의로 나누어져 있으며 음양이 곧 한 번 변하고 합치는데 오행을 갖추지만 그러나 오행이라는 것은 바탕이 땅에서 갖추어지고 기는 하늘에서 행해지는 것이다.(有太極則一動一靜而兩儀分。有陰陽則一變一合而五行具。然五行者。質具於地而氣行於天者也。)"라고 하였고, 『성리대전』권27에서도 "주자가 말하기를 음양은 기(氣)이며, 오행은 바탕인데 이 바탕(質)이 있음으로써 물건과 일이 이루어져 나오는 것이다.(朱子曰 陰陽是氣 五行是質 有這質。所以做得物事出來。)"라고 한 것처럼 우주 만물을 음양과 오행의 순환으로 이루어지고 소멸하는 것으로 파악하고 있다. 언어의 생성 원리를 음양설로 설명하고 있는데 이는 역학 원리에 근원하고 있는 성리학의 이론을 그대로 받아들인 것으로, 우주와 인간사의 모든 생성 원리가 음양설로 구명된다면 언어 문자의 원리도 동일 범주 안에 포괄되는 것이다. 주염계(周濂溪)의 『태극도설』에서는 태극이 동(動)해서 양(陽)을 생(生)하고 동이 극에 달하면 정(靜)이 되고, 정(靜)해서 음(陰)을 생(生)하고 정이 극에 달하면 다시 동한다 하였다. 한 번 동하고 한 번 정하는 것이 서로 뿌리가 되어 음으로 갈리고 양으로 갈리어 양의(兩儀)가 맞서게 된다고 하고, 이것이 우주만물이 대립·생성되는 원리가 되

[제자해]10)

천지의 도는 한 음양오행일 따름이니 곤坤과 복復의 사이가 태극太極이
되고, 동動과 정靜의 뒤가 음양이 되나니라. 무릇 천지간에 있는 생류生類
로서 음양을 버리고 어디로 가리오. 그러므로 사람의 성음聲音도 다 음양
의 이치가 있는 것이거늘 사람이 살피지 못할 뿐이니라.

今正音11)之作。初非智營而力索。。12)　　但因其聲音而極其理而已。理
旣不二。13)則何得不與天地鬼神14)同其用也。15)

는데, 다시 양변음합(陽變陰合)해서 오행(五行)이 생긴다고 했고, 우주만물은 오행인 물
(水), 불(火), 나무(木), 쇠(金), 흙(土)와 결부되어 있다고 보았다.

10) 이숭녕(1972), 유창균(1989)은 송나라의『성리대전』에 실린 소옹(邵雍, 1011~1077)의『황
극경세서』의 어음관이 '훈민정음' 창제 이론에 결정적인 영향을 미친 것으로 간주하는
것은 재고의 여지가 있다. 소옹의『황극경세서』의 어음관은 15세기 당시 집현전 학사
들에게는 그 내용이 충분하게 연구되지 못했던 것인 바 17세기 조선 후기에 들어서서
서경덕, 최석정 등에 의해 새롭게 운도에 대한 연구가 부흥되면서 널리 알려지게 된 것
이다.

11) 정음(正音) : 훈민정음을 줄여서 쓴 말. 해례에서는 "正音二十八字。各象其形而制之。"(제
자해), "正音初聲, 卽韻書之字母也"(초성해), "殿下創制正音二十八字"(정인지 서) 등에서처
럼 '正音'이라고 한 경우가 많다. 여기서는 정음(正音)과 정성(正聲)의 개념으로도 해석할
수 있다.

12) 지영이력색(智營而力索) : 지혜로서 이루고 힘씀으로서 찾은 것이 아니다.『황극경세서』
<찬도지요> 상에서 "태극이 갈라져서 음과 양이 되고 음과 양 속에 또 음양이 있어 자
연이 나오게 되는 것이며 지혜로서 알게 되고 힘으로 찾아지는 것을 기다려야 하는 것이
다.(太極判而爲陰陽。陰陽之中又有陰陽出於。自然不待智營而力索也。)"라는 표현과 같다.

13) 이기불이(理旣不二) : 이치는 둘이 아니다. 천지간의 모든 이치는 이 제자해의 첫머리에
서 "천지의 도(道, 순환하는 우주의 원리)는 한 음양오행뿐이니(天地之道。一陰陽五行而
已。)"라고 말한 것처럼 둘이 아니라 '음양오행' 하나의 원리뿐이라는 뜻이다.

14) '鬼'와 '神'의 자형이 '鬼'는 머리에 점이 없으며 '神'은 점획이 하나 더 추가되어 있다.『훈
민정음』해례본은 일종의 상주문이기 때문에 사서의 기록과 달리 편방점획(偏旁點畫)이
나타난다. 이형상(1653~1733)의『자학』에서 "자획이 많고 적음은 모두『설문해자』를
기준으로 삼았는데 편방점획에 착오가 있는 것은 당시에 법으로 매우 엄격하여 이를 범
한 사람은 반드시 벌을 받았는데 그 후로는 점점 법의 적용이 느슨하게 되어 편방점획은
단지 임금에게 올리는 상주장(上奏章)에서만 쓰게 되었고"라는 기술과 같이『훈민정음』

이제 정음을 만드는 것도 애초부터 지혜로써 마련하고 힘씀으로써 찾은 것이 아니라 다만 그 성음에 인하여 그 이치를 다할 따름이니라.

이치가 이미 둘이 아니니 어이 천지 귀신으로 더불어 그 쓰임用을 같이 할 수 없으리오.

> 正音二十八字。各象其形而制之。16) 初聲凡十七字。17) 牙音ㄱ。象舌根閉喉之形。舌音ㄴ。象舌附上腭之形。脣音ㅁ。象口形。齒音ㅅ。象齒形。喉音ㅇ。象喉形。ㅋ比ㄱ。聲出稍厲。故加畫。ㄴ而ㄷ。ㄷ而ㅌ。ㅁ而ㅂ。ㅂ而ㅍ。ㅅ而ㅈ。ㅈ而ㅊ。ㅇ而ㆆ。ㆆ而ㅎ。其因聲加畫之

해례본은 어서로서 매우 엄격한 편방점획과 함께 서체나 문장 양식의 제약이 많았던 것이다. 해례본의 한자 자체를 정밀하게 분석해 보면 편방점획이나 옛 속자가 『실록본』과 상당한 차이가 난다. 예를 들면 '類'자에서 '犬'의 점을 가감하거나 '鬼'에서도 마찬가지로 한 점 삭제하였다. 곧 불길한 의미를 지닌 한자의 경우 이처럼 감획을 하거나 '中', '秋'의 경우 점을 가획하고 있다. '爲'의 경우에도 동일한 문장이나 연이어지는 문장에서 반복하여 사용하는 경우 '爲'와 '爲'를 번갈아 다른 서체로 바꾸어 씀으로써 도형의 단조로움을 피하고자 하였다. 그리고 '殿下'나 '명(命)' 글자 다음은 행간을 낮추거나 혹은 공격으로 하였으며, 신하의 이름을 나타내는 '臣申叔舟' 등에서 '臣'자나 이름 '叔舟'는 적은 글씨로 기록하고 있다. 이처럼 고도의 캘리그래프로서 기획된 글쓰기의 결과물이었음을 알 수 있다. 여기서 귀신은 천지간에 음양 변화의 굴신왕래(屈伸往來)를 표명하는 것을 뜻한다.

15) 용(用) : 송나라 성리학에서는 모든 사물의 근본이나 바탕이 되는 것을 '체(體, 근본 바탕)', 그 작용이나 응용, 활용을 '용(用, 쓰임)'라고 하는데, 해례에도 이 개념을 도입하여 '체(體)'와 '용(用)'이라는 용어를 사용하고 있다. 체(體)를 '본체(體)−하늘(天)−해(日)−달(月)−별(星)−별(辰)−물(水)−불(火)−흙(土)−쇠(金)'의 관계로 용(用)은 '쓰임(用)−땅(地)−추위(寒)−더위(暑)−낮(晝)−밤(夜)−비(雨)−바람(風)−이슬(露)−우레(雷)'의 관계로 파악하고 있다.

16) 각상기형이제지(各象其形而制之) : 다 그 형상을 모상하여 만든 것이다. 훈민정음의 글자 제작 원리를 분명히 밝힌 구절이다. 곧 '상형(象形)'을 훈민정음의 제자 원리로 삼고, 자음자는 조음기관 또는 자음을 조음할 때의 조음기관의 모양을 본떠서 만들고, 제자 순서는 먼저 아, 설, 순, 치, 후음별로 기본 글자 ㄱㄴㅁㅅㅇ를 제자 한 다음 이를 바탕으로 해서 '인성가획(因聲加劃)'의 원리에 따라 발음이 센(厲)음의 순서대로 획을 더하여 다른 자음 글꼴을 만들었다. 모음 역시 하늘(天), 땅(地), 사람(人)의 삼재를 상형한 · ㅡ ㅣ를

정음 28자는 각각 그 형상을 모상하여 만든 것이라. 초성은 무릇 17자이니 아음 ㄱ는 혀뿌리가 목구멍 막는 형상을 모상하고, 설음 ㄴ는 혀가 윗잇몸에 닿는 형상을 모상하고, 순음 ㅁ는 입 형상을 모상하고, 치음 ㅅ는 이의 형상을 모상하고, 후음 ㅇ는 목구멍 형상을 모상한 것인데 ㅋ는 ㄱ에 비하여 소리가 나는 것이 자칫 센 까닭에 획을 더 한 것으로 ㄴ에서 ㄷ, ㄷ에서 ㅌ, ㅁ에서 ㅂ, ㅂ에서 ㅍ, ㅅ에서 ㅈ, ㅈ에서 ㅊ, ㅇ에서 ㆆ, ㆆ에서 ㅎ은 그 소리로 인하여 획을 더한 뜻이 모두 같으나, 오직 ㆁ만은

기본으로 하고 합성의 원리에 따라 글꼴을 만들었다.

음성분류	기본자	상형 내용	가획자	이체자
어금니牙	ㄱ	象舌根閉喉之形	ㅋ	ㆁ
혀舌	ㄴ	象舌附上腭之形	ㄷ ㅌ	ㄹ
입술脣	ㅁ	象口形	ㅂ ㅍ	
이齒	ㅅ	象齒形	ㅈ ㅊ	△
목구멍喉	ㅇ	象喉形	ㆆ ㅎ	
不厲 → 厲				

17) 초성범십칠자(初聲凡十七字) : 전탁자(ㄲ, ㄸ, ㅃ, ㅆ, ㅉ, ㆅ) 6자를 제외한 17자를 초성 글자로 채택한 것은 한글 표기 중심으로 한글이 제작되었음을 의미한다. 한자음 표기 등 외래어 표기를 위해서는 합자 방식으로 운용한다는 기본원리이다. 한글 창제를 한자음 표기를 위해 만들었다는 논거의 타당성이 없음을 알 수 있다.

18) 가획지의(加劃之義) : 가획의 의미이다. 한자어에서도 '尸→戶, 心→必, 刀→刃'과 같은 가획의 원리가 적용되었다.

19) 유ㆁ위이(唯ㆁ爲異) : 다만 ㆁ은 이체이다. 다른 자음 글자들은 모두 기본 글자에다가 획을 더하여 만든 글자지만 ㆁ만은 기본인 ㄱ에 획을 더하여 만든 글자가 아니라는 뜻이다. 즉 ㆁ은 ㅇ에서 나온 이체(異體)라는 뜻이다.

20) 이기체(異其體) : ㆁ, ㄹ, △도 각각 그 기본 글자인 ㄴ과 ㅅ에 획을 더하여 만든 글자가 아닌 상형의 방법이나 가획의 방법에서 어긋나는 글자이다. 즉 체(體), 바탕 글자인 ㄱ, ㄴ, ㅅ을 바탕으로 한 것이 아니고 달리 제자하였다는 뜻이다. 여기의 체(體)를 자형으로 보고 '그 자형이 다르다'고 보는 견해도 있다.

다르고 반설음 ㄹ와 반치음 △은 또한 혀와 이의 형상을 모상하나 그 형체를 달리하여 획을 더한 뜻이 없나니라.

。夫人之有聲本於五行。[21]　故合諸四時而不悖。叶之五音[22])而不戾。喉邃而潤。水也。聲虛而通。[23]　如水之虛明而流通也。於時爲冬。於音爲

---

21) 부인지유성본어오행(夫人之有聲本於五行) : 제자해 첫머리에서 사람의 성음도 오행에 바탕을 둔 것이라고 하였으므로 여기서도 다음과 같이 『고금운회거요』나 『절운지장도』의 <변자모차제례> 등을 참고하여 오행, 오시, 오방 등과 결부하여 설명한 것이다. 다만 본문에서는 '합제사시(合諸四時)'라고 하였으나 실지로는 오시로 설명되어 있다. 오행(五行)을 기준으로 하여 오방위(五方位), 오상(五常)이나 오장(五臟) 등을 연계시킨 것은 대단히 관념적인 기술인 것처럼 보이지만 성리학에서는 이들 모두를 우주 생성과 소멸의 인자로 보고 순환하는 일련의 상관관계로 파악하고 있다.

五音聲	牙	舌	脣	齒	喉
五行	木	火	土	金	水
五時	春	夏	季夏	秋	冬
五樂	角	徵	宮	商	羽
五方	東	南	無定位中央	西	北
五常	仁	禮	信	義	智
五臟	肝	心	脾	肺	賢
四德	元	享		利	貞
五色	靑	赤	黃	白	黑

22) 협음(叶音) : 협운(叶韻)이라고도 한다. 협운은 당시의 음으로 고대의 운문을 읽을 경우 운이 맞지 않는 글자의 음을 운에 맞도록 임시로 고쳐 읽는 것을 협운이라 한다. 주자가 『시경』이나 『초사』를 해석할 때 협운을 적용한 것이 대표적인 사례이다. 고염무는 "옛날에는 문자가 같아서 소리(聲)와 형상(形象)이 통하였으므로 무릇 글자 곁에 어떤 글자가 따르면 음도 반드시 그대로 따랐는데, 후세에는 그 음이 그릇된 것을 깨닫지 못하고 도리어 고음이라 하여 원래 다른 운을 협운이라 하여 통용하는 것은 잘못이다. 그 까닭을 따지면 강동(江東) 사람들이 본디 사부만을 배우고 고훈(古訓)에 통달하지 못하였으므로 성음이 하나인데도 문자가 더욱 많아지게 되었고, 시부를 짓는 것은 정교하나 경전을 연구하는 데는 졸렬할 뿐 아니라 지금 사람과 옛날 사람을 마치 서로 알지도 못하는 딴 나라 사람들처럼 만들어서 협음설이 생긴 것이라고 하였다. 병와 이형상의 『자학제강』 <협운설>에서 통운은 한시를 지을 때 서로 통용될 수 있는 운부를 말한다. 예컨대 평성(平聲) 동운(東韻)과 동운(冬韻)에 속하는 글자들은 서로 운자로 통용될 수 있다.

羽。牙錯而長。木也。[24] 聲似喉而實。如木之生於水而有形也。於時爲春。於音爲角。舌銳而動。火也。聲轉而颺。如火之轉展而揚揚也。於時爲夏。於音爲°徵。齒剛而斷°。金也。聲屑而滯。如金之屑瑣而鍛成也。於時爲秋°於音爲商。脣方而合土也。聲含而廣。如土之含蓄萬物而廣大也。於時爲季夏°於音爲宮。然水乃生物之源。火乃成物之用。故五行之中。水火爲大。喉乃出聲之門。舌乃辨聲之管。故五音之中。喉舌爲主也。喉居後而牙次之。北東之位也。舌齒又次之。南西之位也。脣居末。土無定位而寄旺四季之義也。[25] 是則初聲之中。自有陰陽五行方位之數也。[26]

　　대저 사람의 소리가 있음도 오행에 근본이 되는 까닭에 사시四時에 어울러 어그러지지 않고 오음에 맞추어 틀리지 않는다.

　　목구멍은 입 안에서 깊고 젖어서 물水이라고 할 것이라. 소리가 비고

---

23) 성허이통(聲虛而通) : 소리가 비고 통하여. 오음을 아, 설, 순, 치, 후의 순으로 설명한 것이 아니라 목부터 목부터 조음기관의 순서에 따라 입술까지 조음기관의 모양 또는 각 조음기관에서 조음되는 각 음에 대하여 생리적 특징 곧 목에서 입까지 조음의 음상을 중심으로 설명한 부분이다. 여기서는 목과 목에서 발음되는 후음에 대하여 설명하였다.

24) 주자는 『주역본의』에서 "'원(元)'은 계절로써 봄(春)으로 사람의 덕성으로는 인(仁)이라 하면서 원은 사물을 낳는 시작이니 천지의 덕이 이것보다 앞서는 것이 없기 때문에 철(時)로는 봄이 되고 사람에게 있어서는 인(仁)이 되어 선(善)의 으뜸이 된다.(元者。生物之始。天地之德莫先於此。故於時爲春。於人則爲仁。而衆善之長也。)"라고 하여 '원형리정(元亨利貞)'을 4계로 설명하듯이 여기서는 오음을 오시로 대응시켜 설명하고 있다.

25) 기왕사계지의(寄旺四季之義) : 흙(土)은 중앙에 있으므로 사방에 배치되어 있는 4계절에 기댈 수 있다는 뜻이다. 『성리대전』 권27. <이기> 2의 오행조에는 "오직 토는 정한 방위가 없으며 사계에 기댈 수 있다.(惟土無定位, 寄旺於四季)"라고 하였다.

26) 초성의 제자 원리를 요약하면 사람의 오성(五聲)을 오행(五行), 오시(五時), 오방(五方) 등과 결부시켜 설명하고 있는데 주자학의 통합적 설명 방식이다. 본문에서는 '사시(四時)'라고 하였으니 '계하(季夏)'를 넣어 실제로는 오시(五時)로 설명하고 있다. 위의 본문에서 오음과 오행을 결부하여 설명하고 이를 다시 조음 작용면에서 음상과 관련하여 설명한 것을 정리하면 다음과 같다.

통通하여 물의 허명虛明하고 유통함과 같은 바 계절로는 겨울이요, 음으로는 우羽이다.

어금니는 착잡錯雜(어긋나고)하고 길어서 나무木라고 할 것이라. 소리는 목구멍소리와 비슷해도 여물어서 나무가 물에서 나도 형상形狀이 있음과 같은 바 계절로는 봄春이요, 음으로는 각角이다.

혀는 날카롭고 움직여 불火이라고 할 것이라. 소리가 구르고 날리어 불의 전전轉展(이글거리며)하여 양양함揚揚(활활 타오름)과 같은 바 계절로는 여름夏이요, 음으로는 치徵이다.

이는 단단하고 끊어서 쇠金라고 할 것이라. 소리가 부스러지고 걸리어 쇠의 소설瑣屑(잔부스러기)한 것이 단련鍛鍊되어 이루어짐과 같은 바 계절로는 가을秋이요, 음으로는 상商이다.

입술은 모지고 합合(다물어짐)하여 흙土라고 할 것이라. 소리가 머금고 넓어서 땅이 만물을 함축하여 광대함과 같은 바 계절로는 계하季夏(늦여름)요, 음으로는 궁宮이니라.

그러나 물水은 물건을 낳는 근원이요, 불火은 물건을 이루는 작용인지라, 오행 중에서도 물, 불이 큰 것이 되고 목구멍은 소리를 내는 문이요, 혀는 소리를 가래는 관인지라 오음 중에서도 후설이 주장이 되느니라.

목구멍은 뒤에 있고 어금니가 다음이므로 북과 동의 위치요, 혀와 이가 또 그 다음임에 남과 서의 위치요, 입술이 끝에 있으매 흙土은 정한 방위가 없이 사계절에 덧붙어 왕성한 뜻이니라. 이는 초성 중에 스스로 음

오성	조음기관 모양	오행	사시	오음	오방	설명내용	
喉	邃而潤	水	冬	羽	北	虛而通	如水之虛明而流通
牙	錯而長	木	春	角	東	似喉而實	如木之生於水而有形
舌	銳而動	火	夏	徵	南	轉而颺	如火之轉展而揚揚
齒	剛而斷	金	秋	商	西	屑而滯	如金之屑瑣而鍛成
脣	方而合	土	季夏	宮	無定位	含而廣	如土之含蓄萬物而廣大

양, 오행 방위의 수가 있는 것이다.[27]

又以聲音淸濁[28]而言之。ㄱㄷㅂㅈㅅ ㆆ。爲全淸。ㅋㅌㅍㅊㅎ。爲次淸。
ㄲㄸㅃㅉㅆㆅ。爲全濁。ㆁㄴㅁㅇㄹㅿ。爲不淸不濁。ㄴㅁㅇ。其聲最不
厲。故次序雖在於後。[29]而象形制字則爲之始。[30] ㅅㅈ雖皆爲全淸。而
ㅅ比ㅈ。聲不厲。故亦爲制字之始。惟牙之ㆁ。雖舌根閉喉聲氣出鼻。而

27) 초성 제자 원리를 요약하여 표로 나타내면 다음과 같다. 초성의 배열순서가 예의와 달라졌다. 예의에서는 '아→설→순→치→후'의 순서였는데 해례에서는 '후→아→설→치→순'의 순서로 배열한 것은 성문(出聲之門)인 목구멍에서 입(聲之出口)까지 조음위치(point of articulation)에 따라 순차적으로 배열하였다. 이 점은 당시 집현전 학사들이 『절운지장도』<변자모차제례>의 내용을 충분하게 인식하고 있었음을 말한다. 또한 세종이 창제한 초성 17자의 배열 구도가 해례에 와서 약간의 변개가 이루어진 사실도 알 수 있다.

오음(聲)	어금니 소리牙	혓소리舌	입술소리脣	잇소리齒	목구멍소리喉
오행	나무木	불火	흙土	쇠金	물水
오시	봄春	여름夏	늦여름季夏	가을秋	겨울冬
오성(樂)	각角	치徵	궁宮	상商	우羽
오방	동東	남南	중앙中央 무정위無定位	서西	북北

28) 성음청탁(聲音淸濁) : 중국 음운학에서는 중고한어의 어두자음을 조음위치별로 나누어 아, 설, 순, 치, 후의 오음으로 분류하고(반설음, 반치음까지 합하면 칠음), 같은 조음위치에서 발음되는 음들을 다시 음의 성질에 따라 다음과 같이 나누었다. 전청음은 무기무성자음(unaspirated surd)을 차청음은 유기무성자음(aspirated surd)을 전탁음은 무기유성자음(sonant)을 불청불탁음(nasal, liquid)이 있다. 이런 기준에 의하여 당말, 북송 초에 36자모를 선정하여 한어의 어두자음을 표시하는 음성기호처럼 사용해 왔다. 훈민정음은 이 36자모표와는 따로 15세기 중세국어에 맞는 자음을 선정하여 23자음자를 창제하였는데 그 분류방식은 중국 36자모표를 본받은 바가 있다. 그리하여 『훈민정음』해례에서도 이 분류법을 따라서 국어의 자음을 분류하였는데, 전탁음만은 한어 자음의 유성음과는 달리 국어의 된소리(硬音)에 해당된다고 볼 수 있다. 그래서 15세기 문헌에서는 전탁음이 두 가지 구실을 해서 『동국정운』식 한자음이나 『홍무정운역훈』의 한음 표기에는 한자음의 유성음을 나타내려 하였고, 국어를 표기할 때에는 된소리를 나타내기 위하여 쓰이었다. 다만 당시의 우리 선인들이 유성음의 음가를 된소리처럼 인식하고 있었는지는 모른다. 그렇다면 『동국정운』의 '전탁음'을 된소리 표기로 볼 수도 있다. 중국 36자

모표와 훈민정음 23자모표를 보이면 다음과 같다.

<중국 36자모표>

칠음	아음	설두음	설상음	순중음	순경음	치두음	정치음	후음	반설	반치
전청	見	端	知	幫	非	精	照	影		
차청	溪	透	徹	滂	敷	淸	穿	曉		
전탁	群	定	澄	並	奉	從	牀	匣		
부청부탁	疑	泥	孃	明	微			喩	來	日	
전청						心	審			
전탁						邪	禪			

<훈민정음 23자모표>

칠음	아음	설음	순음	치음	후음	반설	반치
전청	君ㄱ	斗ㄷ	彆ㅂ	卽ㅈ	挹ㆆ		
차청	快ㅋ	呑ㅌ	漂ㅍ	侵ㅊ	虛ㅎ		
전탁	虯ㄲ	覃ㄸ	步ㅃ	慈ㅉ	洪ㆅ		
부청부탁	業ㆁ	那ㄴ	彌ㅁ		欲ㅇ	閭ㄹ	穰ㅿ
전청				戌ㅅ			
전탁				邪ㅆ			

'청탁(淸濁)'은 자음의 자질 중 하나인데, 성운학에서는 오음(五音)과 함께 성(聲)을 분류하는 기준으로 삼아 왔다. 곧 오음의 각각을 다시 청탁에 따라 '전청, 차청, 전탁, 불청불탁'으로 분류한 것이다. 그런데 해례본에서는 '청탁'을 다시 소리의 세기인 '려(厲)'의 정도에 따라 '최불려(最不厲)'한 소리, '불려(不厲)'한 소리, '려(厲)'한 소리로 나누어 이를 『훈민정음』의 제자 과정에 반영하고 있다.

29) 次序雖在於後, 而象形制字則爲之始 : 전청, 차청, 전탁, 불청불탁의 순으로 보면 ㄴㅁㅇ은 불청불탁 소속음이라 그 순서가 뒤가 되지만, 각 조음기관에서 가장 약한 음을 골라 조음 상태를 상형하여, 제자 할 때의 순서는 이들 글자가 각 음의 맨 앞이라는 뜻이다.

30) 今亦取象於喉. 而不爲牙音制字之始 : 해례 편찬자들은 ㆁ자는 ㅇ자와 음가가 비슷하여 ㆁ자도 ㅇ자와 마찬가지로 목구멍 모양을 본떠서 글자를 만들었다고 생각하고 있었으므로, ㆁ자는 아음의 불청불탁 소속자이면서도 아음의 기본 문자가 되지 않았다고 설명한 것이다. 다른 조음위치에서 발음되는 글자들은 불청불탁자가 기본 문자가 되었다.

31) 의여유다상혼용(疑與喩多相混用) : '의(疑)'와 '유(喩)'는 각각 중국 등운학에서 말하는 36자모의 하나인데, 중국 음운학에서는 한어의 어두자음을 분류하여 36자모표를 만들고, 각 자모로 하여금 각 어두자음을 대표케 하였을 때, 의(疑)모는 [ŋ-]을, 유(喩)모는 [j-], [ɦ-]를 나타내게 하는 것이었다. 그러나 12세기경부터 한어의 어두 [ŋ-]음이 소실되어, 원래

牙音制字之始。盖喉屬水而牙屬木。ㆁ雖在牙而與ㅇ相似。猶木之萌芽 生於水而柔軟。尙多水氣也。[32] ㄱ木之成質。ㅋ木之盛 長。ㄲ木之老壯。 故至此乃皆取象於牙也。

또 성음의 청탁으로 말할 것이면 ㄱ, ㄷ, ㅂ, ㅈ, ㅅ, ㆆ는 전청이 되고 ㅋ, ㅌ, ㅍ, ㅊ, ㅎ는 차청이 되고 ㄲ, ㄸ, ㅃ, ㅉ, ㅆ, ㆅ는 전탁이 되고 ㆁ, ㄴ, ㅁ, ㅇ, ㄹ, ㅿ는 불청불탁이 되느니라. ㄴ, ㅁ, ㅇ는 그 소리가 가 장 거세지 아니한 까닭에 차서次序(차례)로는 비록 뒤에 있으나마 형상을 모 상해서 글자를 지음에 시초가 된 것이요. ㅅ, ㅈ는 비록 다 같이 전청이 라도 ㅅ가 ㅈ에 비해서 소리가 거세지 아니한 까닭에 또한 글자를 짓는 시초가 된 것이니라. 오직 아음의 ㆁ만은 비록 혀뿌리가 목구멍을 막아서 소리의 기운이 코로 나오되 그 소리가 ㅇ과 비슷해서 운서에도 의疑와 유 喩가 서로 혼용되는 것이라. 이제 또한 목구멍에서 모상함을 취하여 아음 의 글자를 짓는 시초를 삼지 아니한 바 대개 목구멍은 물水에 속하고 어 금니는 나무木에 속하는 터로 ㆁ이 아음에 있으면서도 ㅇ와 비슷한 것은

[ŋ-]음을 가졌던 한자들의 자음이 [j-], [ɦ-]을 가졌던 한자들과 같아졌으므로 여러 운서에 서 한어 자음을 자모로 표시할 때 '疑'모자와 '喩'모자를 엄격히 구별하여 표음하지 못하 고 '疑'모와 '喩'모의 사용에 혼동이 생기게 되었다. 이러한 사실을 알고 있었던 해례 편 찬자들은 훈민정음의 ㆁ자가 '疑'모에 해당되고, ㅇ자가 '喩'모에 해당되므로 의모계 자 음과 유모계 자음이 혼용되는 모습을 설명하기 위하여 ㆁ음과 ㅇ음이 '상사(相似, 서로 비슷하다)'라고 표현하고 있는 것이다. 그러나 중세국어에서 ㆁ자와 ㅇ자는 그 음가 면에 서 도저히 비슷할 수가 없다. 제자해에서 ㆁ의 음가를 '설근폐후성기출비(舌根閉喉聲氣出 鼻)'라고 해서 [ŋ]임을 말하였고, 종성해에서 ㅇ의 음가를 '성담이허(聲淡而虛)'라고 해서 zero임을 말하였으므로, 『훈민정음』 해례 편찬자들도 ㆁ과 ㅇ의 음가 차이를 알고 있었다.

32) ㆁ雖在牙而與ㅇ相似 … 尙多水氣也 : 여기서는 ㆁ와 ㅇ가 자형상 비슷하다는 뜻이며, ㆁ 자는 아음이라 오행으로는 나무(木)이고, ㅇ자는 후음이라 물(水)인데, 다른 아음자와는 달리 ㆁ자가 ㅇ자를 본받아 제자 되었으므로 마치 나무가 물에서 생겨났으나 아직 물기 가 있는 것과 같다는 뜻이다.

마치 나무의 움이 물에서 나와서 부드러워柔軟 아직 물의 기운이 많음과 같
으니라. ㄱ는 나무木의 성질이요, ㅋ는 나무의 성장이요 ㄲ는 나무의 노장
老壯(나이들어 씩씩하게 됨)임에 이에 이르러 모두 어금니에서 모상한 것이다.

全淸並書則爲全濁。33)以其全淸之聲凝則爲全濁也。唯喉音次淸爲全
濁者。蓋以ㆆ聲深不爲之凝。ㅎ比ㆆ聲淺。故凝而爲全濁也。34)35)

전청 글자를 병서해서 전탁 글자가 되는 것은 전청의 소리가 엉기어

---

33) 全淸之聲凝則爲全濁 : 『훈민정음』 해례의 이론적 기반이 비록 중국 음운학에 있었다고
하더라도 새 고유 문자인 훈민정음의 음가에 대한 설명 내용은 국어를 기반으로 하여
설명한 부분이 많다. 여기의 전탁음에 대한 설명도 중세국어의 된소리에 관한 것이다. 『동
국정운』(1447)의 서문에서 "우리나라 말소리는 그 청탁의 구별에 있어서 중국과 다를
바가 없다. 我國語音。其淸濁之辨。與中國無異。)"라 하여 '語音'의 '淸濁' 구분을 인식하
고 있었는데, 그 '濁'(여기서는 全濁)의 음가를 "그 전청의 소리를 가지고 엉기게 발음하
면 전탁음이 된다.(以其全淸之聲 凝則爲全濁也)"라 하여 '된소리'로 설명하고 있으니 '응
(凝)'은 성문폐쇄음을 설명한 것으로 볼 수 있다.

34) 고응이위전탁아(故凝而爲全濁也) : 전탁 글자 6자 가운데 'ㄲ, ㄸ, ㅃ, ㅉ'는 『동국정운』
한자음에서만 사용되고 'ㅆ, ㆅ'은 우리말 표기에도 사용되었는데 『원각경언해』(1465)에
서부터 'ㆅ'이 사용되지 않는다. 우리말 표기에서 'ㅂ롤 끼름, 수물 떠, 녀쑵고, 마쯔비'
와 같은 예외적 표기의 음가도 된소리 표기였던 것으로 보인다.

	어금닛소리(牙)	혓소리(舌)	입술소리(脣)	잇소리(齒)	목구멍소리(喉)
전청	ㄱ	ㄷ	ㅂ	ㅅ ㅈ	ㆆ
전탁	ㄲ	ㄸ	ㅃ	ㅆ ㅉ	ㆅ

35) 唯喉音次淸爲全濁者 : ㆅ자의 음가가 성문폐쇄음 [ʔ]임을 말하고 있다. 중국 음운학에서
어두자음을 조음 위치별로 분류하여 아, 설, 순, 치, 후음으로 하였으나 중국 36자모 가
운데 후음에 배열된 음들은 엄격히 말하면 모두 성문음이 아니어서, 영(影)모[ʔ]만이 성
문음이고 효(曉)모[x], 갑(匣)모[ɣ]는 아음(연구개음)라고 할 수 있으며, 유(喩)모는 zero
또는 반모음[j](일부는 [ɦ])로 볼 수 있다. 훈민정음의 후음을 挹ㆆ[ʔ], 虛ㅎ[h], 洪ㆅ[h²],
欲ㅇ[zero 또는 ɦ]으로 본다면 이들은 모두 성문음이라고 할 수 있다. 그러나 같은 후음
이라도 ㆆ음은 성문 그 자체에서 발음되는 폐쇄음이므로, 된소리 요소인 성문폐쇄음을
중복시켜 된소리를 만들 수 없고, 같은 성문음인 ㅎ[h]음에 된소리 요소를 더하여 성문
폐쇄 수반음인 ㆅ[h²]음이 되도록 한다는 설명이다.

전탁이 되는 것인데 오직 후음에서 차청으로 전탁이 되는 것은 대개 ㆆ은 소리가 깊어서 엉기지 않고 ㅎ는 ㆆ에 비하여 소리가 얕은 까닭에 엉키어 전탁이 되는 것이니라.

○連書脣音之下。則爲脣輕音者。以輕音脣乍合而喉聲多也。36)

○을 순음 아래 연서하면 순경음이 되는 바는 가벼운 소리로서 입술을 잠깐 합해서 목구멍 소리가 많기 때문이니라.37)

中聲凡十一字。38) •舌縮而聲深。天開於子也。形之圓。象乎天也。一舌小縮而聲不深不淺。地闢於丑也。形之平。象乎地也。ㅣ舌不縮而聲淺。人生於寅也。形之立。象乎人也。

---

36) 以輕音脣乍合而喉聲多也 : 순경음의 음가가 양순마찰음임을 말한 것이다. 『번역노걸대박통사』 <범례>(1510년경)에서는 "입술을 합하여 소리를 낼 때 ㅂ음이 되는 것을 순중음이라고 하고, ㅂ음을 낼 때에 입술이 합하는 듯 마는 듯하며, 날숨이 나오면서 ㅸ음이 되는 것을 순경음이라고 한다(合脣作聲 爲ㅂ而曰脣重音 爲ㅂ之時 將合勿合 吹氣出聲 爲ㅸ而脣輕音)."라고 더 구체적으로 설명하고 있다. 그러나 둘 다 순경음 ㅸ음이 유성음인지 무성음인지는 밝히지 않고 있는데 여러(초기 정음) 문헌의 용례로 보아 ㅸ음은 유성음인 [β]이었고, 한음을 표기한 ㅸ은 [f]이었을 것으로 보인다.

37) 최세진의 『번역노걸대박통사』 <범례>에도 순중음과 순경음에 대해 "입술을 닫아서 소리를 내면 'ㅂ'이 되는데 이를 순중음이라고 한다. 'ㅂ'이 될 때 입술을 닫으려 하다가 닫지 않고 공기를 불어서 소리를 내면 'ㅸ'이 되는데 이를 순경음이라고 한다. 글자를 만들 때 동그라미를 'ㅂ' 아래에 붙이면 곧 입술을 비워서 소리를 낸다는 뜻이다(合脣作聲。爲ㅂ而曰脣重音。爲ㅂ之時。將合物合吹氣出聲。爲ㅸ而曰脣輕音。制字加空圈於ㅂ下字。卽虛脣出聲之義也。)."라고 하였다.

38) 中聲凡十一字 : 15세기 중세국어의 단모음은 7개이었으나 훈민정음 창제 때에는 ㅛㅑㅠㅕ도 각각 단일 단위 문자로 생각하고 있었으므로, 중성자를 11자라고 한 다음, 역(易)의 천지인 삼재(三才)를 상형하여 국어 모음자의 기본자로 창제하고 다음과 같이 설명했다.

중성은 무릇 11자이니 ‧는 혀가 끌어들고 소리가 깊은지라 하늘이 자子에서 열린 바(‧자가 맨 먼저 생겨났다) 그 형상의 둥금은 하늘을 모상함이요. ㅡ는 혀가 조금 끌어들고 소리가 깊지도 얕지도 아니한지라 땅은 축丑에서 펼쳐진 바(ㅡ 자가 두 번째로 생겨났다) 그 형상이 평편함은 땅을 모상한 것이오. ㅣ는 혀를 끌어들지 아니하고 소리가 얕은지라 사람이 인寅에서 생긴 바(ㅣ 자가 세 번째로 생겨났다) 그 형상이 서 있는 모양은 사람을 모상함이니라.

> 此下八聲。一闔一闢。39) ㅗ與‧同而口蹙。40)其形則‧與ㅡ合而成。取天地初交之義也。ㅏ與‧同而口張。其形則ㅣ與‧合而成。取天地之用發於事物待人而成也。ㅜ與ㅡ同而口蹙。其形則ㅡ與‧合而成。亦取天地初交之義也。ㅓ與ㅡ同而口張。其形則‧與ㅣ合而成。亦取天地之用發於事物待人而成也。ㅛ與ㅗ同而起於ㅣ。41) ㅑ與ㅏ同而起於ㅣ。ㅠ與ㅜ同而起於ㅣ。ㅕ與ㅓ同而起於ㅣ。

기본자	자형	상형 내용	조음 때 혀 모양	혀의 전후 위치와 개구도의 차이에서 오는 느낌(음향감)	음양
‧	形之圓	天開於子	縮	深	양
ㅡ	形之平	地闢於丑	小縮	不深不淺	중
ㅣ	形之立	人生於仁	不縮	淺	음

39) 此下八聲 一闔一闢 : 소옹은 『황극경세서』 <성음창화도>에서 ‘合’을 ‘翕’자로, ‘開’를 ‘闢’자로 썼는데, 『훈민정음』에서는 ‘翕’자와 뜻이 같은 ‘闔’자를 써서 ‘闔, 闢’으로 표현했다. 또 합벽(闔闢)은 ‘구축(口蹙)’, ‘구장(口張)’과도 상호 연관 관계에 있으므로 이들은 모음을 원순성 여부와 개구도를 참고로 해서 분류한 기준으로 볼 수 있다. 『역경』 <계사> 상 11장에는 "이러한 때문에 합을 곤이라고 하고 벽을 건이라하며 일합 일벽은 이르기를 서로 변화한다.(是故闔戶謂之坤。闢戶謂之乾。一闔一闢謂之變。)"라는 구절이 있어서, 여기의 ‘一闔一闢’은 이를 따온 것으로 보인다.

40) 구축(口蹙, 입을 오므림)과 구장(口張, 입을 벌림) 그리고 합벽(闔闢, 입을 닫고 엶)에 따른 모음의 상관도는 아래 도표와 같다. 샘슨(Sampson, 1985) 교수는 "축(蹙)(back), 불축(不蹙)(front), 천(淺)(grave), 합(闔)(acute), 벽(闢)(round)와 같은 변별적 자질을 나타내는 문자이기 때문에 한글을 변별적 문자라고 규정하고 있다

이 아래의 8성은 하나가 합闔(원순모음)이면 하나가 벽闢(비원순모음)이니 ㅗ
는 •와 같으나 입이 오므라지는 바, 그 형상은 •가 ㅡ와 합하여 된 것
이라. 천지가 처음으로 사귀는 뜻을 취함이요. ㅏ는 •와 같으나 입이 벌
어지는 바, 그 형상은 ㅣ가 •와 합하여 된 것이라. 천지의 쓰임用이 사물
에 들어나되 사람을 기다려서 이루는 뜻을 취함이오. ㅜ는 ㅡ와 같으나
입이 오므라지는 바, 그 형상은 ㅡ가 •와 합하여 된 것이라. 또한 천지
가 처음으로 사귀는 뜻을 취함이요. ㅓ는 ㅡ와 같으나 입어 벌어지는 바,
그 형상은 •가 ㅣ와 합하여 된 것이라. 또한 천지의 쓰임이 사물에 들어
나되 사람을 기다려 이루는 뜻을 취함이요. ㅛ는 ㅗ와 같으나 ㅣ에서 일
어나고42) ㅑ는 ㅏ와 같으나 ㅣ에서 일어나고 ㅠ는 ㅜ와 같으나 ㅣ에서
일어나고 ㅕ는 ㅓ와 같으나 ㅣ에서 일어 나나니라.

> ㅗㅏㅜㅓ始於天地。爲初出也。ㅛㅑㅠㅕ起於ㅣ而兼乎人。爲再出
> 也。ㅗㅏㅜㅓ之一其圓者。取其初生之義也。ㅛㅑㅠㅕ之二其圓者。取其
> 再生之義也。ㅗㅏㅛㅑ之圓居上與外者。以其出於天而爲陽也。43) ㅜㅓ
> ㅠㅕ之圓居下與內者。以其出於地而爲陰也。 •之貫於八聲者。猶陽之統

자형	음성	제자방법	제자원리	음양	입술모양
ㅗ	•同而口蹙	•＋ㅡ	天地初交之義	양	합(闔)
ㅏ	•同而口張	ㅣ＋•	天地之用發於事物待人而成	양	벽(闢)
ㅜ	ㅡ同而口蹙	ㅡ＋•	天地初交之義	음	합(闔)
ㅓ	ㅡ同而口張	•＋ㅣ	天地之用發於事物待人而成	음	벽(闢)

41) 起於ㅣ：『훈민정음』해례본 제자해에서는 같은 이중모음인데도 ㅛㅑㅠㅕ는 ㅣ로 시작
되는 이중모음으로 설명하고, ㅘ쎄는 중성해에서 합용으로 설명하고 있다. 그러면서 다
시 역학 이론으로 ㅛㅑㅠㅕ를 설명하여 'ㅛㅑㅠㅕ起於ㅣ而兼乎人'라고 하여 ㅣ모음으
로 시작되는 이중모음은 ㅣ=사람(人)이므로 모두 사람이 들어있다고 하였다.

42) ㅣ에서 일어난다는 말은 y-활음의 상향적 이중모음(on-glide sound)을 말한다.

43) ㅗㅏㅛㅑ之圓居上與外者. 以其出於天而爲陽也：『역학계몽』에서 "양은 위에서 음과 교합

陰⁴⁴⁾而周流萬物也。ㅛㅑㅠㅕ之皆兼乎人者。以人爲萬物之靈而能參兩
儀也。⁴⁵⁾取象於天地人而三才之道備矣。⁴⁶⁾然三才爲萬物之先。而天又爲
三才之始。猶ㆍㅡㅣ三字爲八聲之首。而ㆍ又爲三字之冠°也。

ㅗ, ㅏ, ㅜ, ㅓ는 천지에서 비롯되므로 초출이 되고 ㅛ, ㅑ, ㅠ, ㅕ는 ㅣ
에서 일어나서 사람ㅅ을 겸함에 재출이 되니 ㅗ, ㅏ, ㅜ, ㅓ의 그 둥금圓을
하나로 한 것은 초생初生(처음 생김)의 뜻을 취함이요. ㅛ, ㅑ, ㅠ, ㅕ의 그 둥
금을 둘로 한 것은 재생의 뜻을 취함이며, ㅗ, ㅏ, ㅛ, ㅑ의 둥금이 위와
밖으로 놓인 것은 하늘天에서 나와서 양陽이 됨이요. ㅜ, ㅓ, ㅠ, ㅕ의 둥

하며 음은 아래에서 양과 교합한다(陽上交於陰 陰下交於陽)", 또는 『역경』<부괘록>에
있는 "안이 음이면 바깥은 양이다(內陰而外陽) 즉 내삼효(內三爻)는 음, 외삼효(外三爻)는
양이다. 이것은 외삼효는 양이기 때문에 건괘의 성격 건, 활동적으로 보이며, 내삼효는
음이기 때문에 곤의 성격 순, 즉 유순하게 보이지만 실은 내심 뼈가 없기 때문에 소인의
모습이다. 음은 소인, 양은 군자이기 때문에, 소인이 조정에 있고 군자가 밖에 내몰린 모
습이기도 하다."와 같은 사상을 응용한 설명이다.

44) 양지통음(陽之統陰) : 양이 음을 거느린다는 뜻. 『역학계몽』에서 "낙서에서는 5의 기수로
4의 우수를 통어하기 때문에 각각 그 자리에 있다. 대개 양을 주로 하여 음을 통어하며,
그 변수의 용(用)을 시작한다.(洛書以五奇數統四偶數。而各居其所。盖生於陽以統陰。而肇
其變數之用。)"을 응용한 설명이며, ㆍ는 하늘(天)을 상형한 것이나 하늘(天)은 또 양으로
본 데서 나온 것이다.

45) 능참양의(能參兩儀) : 양의는 하늘과 땅을 말한다. 『황극경세서』의 채원정 주에 있는 "천
지만물은 모두 음양, 강유의 구분이 있다. 사람은 음양, 강유를 겸비하고 있어서 만물보
다 영묘하기 때문에 천지에 참여할 수 있다.(天地萬物皆陰陽剛柔之分。人則兼備乎陰陽剛
柔。故靈於萬物。而能與天地參也。)"와 같은 내용의 설명이다. 『주역』<계사>에 "역에는
태극이 있으며 이것이 양의를 생성한다.(易有太極。是生兩儀)"의 '양의'는 천지(天地)를
이름이다.

46) 삼재지도비의(三才之道備矣) : 삼재의 시초가 되는 것과 같다. 『역경』<계사> 하 제10장
에서 "역이라는 책은 광대하여 모두 갖추어져 있어서, 여기에는 하늘의 도가 있으며 사
람의 도가 있고 땅의 도도 있다. 삼재를 겸하고 있어서 이것을 곱치기 때문에 육, 육이
란 딴 것이 아니고 바로 삼재의 도다.(易之爲書也。廣大悉備。有天道焉。有人道焉。有地道
焉。兼三才而兩之。故六。六者。非它也。三才之道也。)"라고 한 것을 여기서는 훈민정음의
기본 모음자와 결부하여 설명한 것이다.

금이 아래와 안으로 놓인 것은 땅地에서 나와서 음陰이 됨이라. •가 여덟 소리를 꿴 것은 양이 음을 통어統御(거느리고)하여 만물에 두루 흐름周流(미침)과 같고 ㅛ, ㅑ, ㅠ, ㅕ가 모두 사람人을 겸함은 사람이 만물의 영靈(영장)으로 능히 양의兩儀(음양)에 참여하기 때문이니라. 천, 지, 인에서 모상함을 취하여 삼재三才의 도道(이치)가 갖추어졌으나 삼재가 만물의 먼저가 되되 하늘天이 또 삼재의 시초가 되는 것 같이 •, ㅡ, ㅣ가 여덟 소리의 머리가 되되 또 •가 3자의 으뜸이 되는 것과 같으니라.[47]

ㅗ初生於天。天一生水之位也。ㅏ次之。天三生木之位也。ㅜ初生於地。地二生火之位也。ㅓ次之。地四生金之位也。ㅛ再生於天。天七成火之數也。ㅑ次之。天九成金之數也。ㅠ再生於地。地六成水之數也。ㅕ次之。地八成木之數也。水火未離°乎氣。[48]陰陽交合之初。故闔。木金陰陽之定質。故闢。•天五生土之位也。ㅡ地十成土之數也。ㅣ獨無位數者。蓋以人則無極之眞。二五之精。[49]妙合而凝。[50]固未可以定位成數論°也。是則中聲之中。亦自有陰陽五行方位之數也。[51]

47) 제출자의 제자원리와 그 음가를 요약하면 아래 도표와 같다.

재출자	입의 모양 변화		음양	입술모양
	시작모양 → 끝모양			
ㅛ	ㅣ → ㅗ		양	합
ㅑ	ㅣ → ㅏ		양	벽
ㅠ	ㅣ → ㅜ		음	합
ㅕ	ㅣ → ㅓ		음	벽

48) 水火未離乎氣 … 故闔：『위수도』에서 물(水)은 ㅗㅠ, 불(火)은 ㅜㅛ라고 하였으므로 ㅗㅠㅜㅛ는 합(闔, 원순모음)이요, 나무(木)는 ㅏㅕ, 쇠(金)는 ㅓㅑ라고 하였으므로 ㅏㅕㅓㅑ는 벽(闢, 평순모음)이라는 뜻이다.

49) 이오(二五)：이오의 2는 음양을 5는 오행을 말하는데 곧 이오는 음양오행을 뜻한다. 음양은 1, 2로 구성되고 오행은 1, 0, 2로 구성되는데 결국 오행의 중위(0, 무극)을 제외하

면 음양의 대립 곧 2원의 음양이론과 같다. 『태극도설』에 "무극은 진(眞, 참)이고 이오는 정(情, 본성)인데 묘하게 합하여 응긴다(無極之眞, 二五之情, 妙合而凝)"라 하였다. 오늘날 디지털의 기본 원리가 0, 1의 2원 대립으로 구성된 원리와 동일하다.

50) ㅣ獨無位數者 … 妙合而凝: 앞의 『위수도』에서 ㅣ모음은 아무데도 배정이 안 되었는데 그 이유를 설명한 부분이다. 중성자의 제자 원리를 설명할 때 ㅣ모음에 대하여 "형은 서 있는 꼴인데 사람의 형상이다(形之立 象乎人也)"라고 하였으므로, ㅣ모음은 사람(人)이 되는데, 이 사람(人)에 대해서는 『태극도설』의 다음과 같은 설명을 그대로 인용한 구절 이다. "무극의 참모습은 음양과 오행(五行)의 정(精)이 기묘하게 배합하여 응결하는 것이 다. 천도(天道)는 남(男)이 되며 지도(地道)는 여(女)가 된다. 음양의 이기(二氣)가 교감하 여 만물을 화생하며, 만물은 발육, 변화하여 그 변화는 무궁하다(無極之眞。二五之精。妙 合而凝。乾道成男。坤道成女。二氣交感。化生萬物。萬物生而變化無窮焉)."

51) ㅣ初生於天 … 地八成木之數也: 『역경』 <계사>에서는 1부터 10까지의 수에서 기수를 하늘(天)에, 우수를 땅(地)에 배합했는데, 정현의 『역법』에서는 "하늘과 땅(天地)의 수를 1에서 5까지를 생위, 6에서 10까지를 성수라 하고, 여기에다가 오행과 사계, 사방을 결 부하였으며, 기(奇)를 양, 우(偶)를 음으로 보았다. 『훈민정음』 해례본에서는 여기의 기 (奇)에 양성모음, 우(偶)에 음성모음을 배합시켰다. 건은 하늘(天), 곤은 땅(地), 하늘(天)은 양수, 지(地)는 음수이다. 양은 기수이기 때문에 1, 3, 5, 7, 9가 이에 속한다. 음은 우수 이므로 2, 4, 6, 8, 10이 이에 속한다. 하늘(天)의 수가 다섯, 땅(地)의 수가 다섯, 기수 · 우수의 오위가 1, 2, 3 4, 5 6, 7 8, 9, 10처럼 각각 가까운 것끼리 짝을 이루어 각각 화 합한다. 1과 6이 화합한 불(火), 3과 8이 화합한 나무(木), 4와 9가 화합한 쇠(金), 5와 10 이 화합한 흙(土) 등이다. 하늘天의 수인 1, 3, 5, 7, 9를 합하면 30, 하늘과 땅(天地) 수 의 총계는 55가 된다. 이 양수 · 음수가 음양의 변화와 진행 운행의 자취를 상징한다(天 一地二。天三地四。天五地六。天七地八。天九地十。天數五。地數五。五位相得而各有合。天 數二十有五。地數三十。凡天地之數五十有五。此所以成變化而行鬼神也)." 정현의 『역법』 에서도 "하늘(天) 1이 북에 있어서 물(水)을 낳아 ☵(坎), 땅(地) 2가 남에 있어서 불(火) 을 낳아 ☲(離), 하늘(天) 3이 동에서 나무(木)을 낳아 ☴(巽), 땅(地) 4가 서에서 쇠(金)를 낳아 ☱(兌), 하늘(天) 5가 중앙에서 흙(土)를 낳는다. 양과 음에 배우가 없으면 상성할 수가 없다. 땅(地) 6이 북에서 물(水)을 성생하고 하늘(天) 1과 나란히 서며, 하늘(天) 7이 남에서 불(火)을 성생하여 땅(地) 2와 나란히 서며, 땅(地) 8이 동에서 나무(木)을 성생하 여 하늘(天) 3과 나란히 서며, 하늘(天) 9가 서에서 쇠(金)을 성생하여 땅(地) 4와 나란히 서며, 땅(地) 10이 중앙에서 흙(土)을 성생하여 하늘(天) 5와 나란히 선다(天一生水於北。 地二生火於南。天三生木於東。地四生金於西。天五生土於中。陽無耦陰無配。未得相成。地六 成水於北。與天一並。天七成火於南。與地二並。地入成木於東。與天三並。天九成金於西。與 地四並。地十成土於中。與天五並)." 공영달(孔穎達)의 『역경정의』에서 "만물이 형성될 때 미소한 것부터 점점 나타나며, 오행의 전후도 또 미소한 것부터 먼저 나타난다. 물 (水)은 가장 미소한 것으로서 1이 되며, 불(火)은 점점 나타나서 2가 된다. 나무(木)의 형 체는 실지로는 3이 되며, 쇠(金)는 고체이기 때문에 4가 되며, 흙(土)는 바탕(質)이 크기 때문에 5가 된다(萬物成形以微著爲漸。五行先後亦以微著爲先。水最微爲一。火漸著爲二。 木形實爲三。金體固爲四。土質大爲五)."

ㅗ가 처음 하늘天에서 나니 천일생수天一生水(천수로는 1이고 물을 이루는)의 위치요. ㅏ가 다음이니 천삼생목天三生木(천수로는 3이고 물을 이루는)의 위치요. ㅜ가 처음 땅地에서 나니 지이생화地二生火(지수로는 2이고 불을 이루는)의 위치요. ㅓ가 다음이니 지사생금地四生金(지수로는 4이고 쇠를 이루는)의 위치요. ㅛ가 두 번째 하늘에서 나니 천칠성화天七成火(천수로는 7이고 불을 이루는)의 수요, ㅑ가 다음이니 천구성금天九成金(천수로는 9이고 쇠를 이루는)의 수요, ㅠ가 두 번째 땅에서 나니 지육성수地六成水(지수로는 6이고 물을 이루는)의 수요, ㅕ가 다음이니 지팔성목地八成木(지수로는 8이고 나무를 이루는)의 수이다.

수水(물)와 화火(불)는 기운에서 벗어나지 못하여 음과 양의 교합의 시초인지라. 합闔이요, 목木(나무)와 금金(쇠)은 음과 양의 정질定質(정해진 자질)인지라 벽闢이며, •는 천오생토天五生土(천수로는 5이고 흙을 이루는)의 위치요, ㅡ는 지십성토地十成土(지수로는 10이오 흙을 이루는)의 수이다.

ㅣ홀로 위치位나 수數가 없는 바는 대개 사람이란 무극의 참眞과 이오二五(음양과 오행)의 정精이 미묘히 합하여 엉켜서 진실로 정위正位와 성수成數를 가지고는 의논할 수 없나니라. 이는 중성 중에 또한 스스로 음양오행 방위의 수가 있는 것이다.52)

以初聲對中聲而言之。陰陽。天道也。剛柔。53)地道也。54) 中聲者。一

52) 이를 표로 정리하면 다음과 같다. 중성의 제자 원리와 음양, 상수, 오방, 오행의 관계를 표를 정리하면 다음과 같다.

	중성	음양(天地)	상수(象數)	오행, 오방
기본자	•	天-양	5	土-中
	ㅡ	地-음	10	土-中
	ㅣ	人-무	무	무

深一淺一闔一闢。是則陰陽分而五行之氣具焉。天之用也。[55] 初聲者。
或虛或實或颺或滯或重若輕。[56]是則剛柔著而五行之質成焉。地之功
也。[57] 中聲以深淺闔闢[58]唱之於前。初聲以五音清濁和之於後。而爲初
亦爲終。亦可見萬物初生於地。復歸於地也。

	중성	음양(天地)	상수(象數)	오행, 오방
초출자	ㅗ	初生於天－양	1	水－北
	ㅏ	初生於天－양	3	木－東
	ㅜ	初生於地－음	2	火－南
	ㅓ	初生於地－음	4	金－西
재출자	ㅛ	再生於天－양	7	火－南
	ㅑ	再生於天－양	9	金－西
	ㅠ	再生於地－음	6	水－北
	ㅕ	再生於地－음	8	木－東

방위(方位)	오행(五行)	생위(生位)		성수(成數)	
북(北)	물(水)	하늘(天)일(一)	ㅗ	땅(地)육(六)	ㅠ
남(南)	불(火)	땅(地)이(二)	ㅜ	하늘(天)칠(七)	ㅛ
동(東)	나무(木)	하늘(天)삼(三)	ㅏ	땅(地)팔(八)	ㅕ
서(西)	쇠(金)	땅(地)사(四)	ㅓ	하늘(天)구(九)	ㅑ
중(中)	흙(土)	하늘(天)오(五)	ㆍ	땅(地)십(十)	ㅡ

53) 강유(剛柔) : 강(剛, 강함)과 유(柔, 유연함, 약함)에 대해 『주역』에서는 음양이 서로 대립
한 개념인데 '양→강', '음→유'의 관계로 설명하고 있다. 입천의 도를 음과 양, 입지
의 도를 강유, 입인의 도를 인(仁)과 의(義)로 대응시키기도 한다. 곧 삼재의 도는 천도
→음양, 지도→강유, 인도→인의가 된다. 『역경』<설괘>(제2장)에 "천지의 도는 음
양에서 땅의 도리가 강유에서 사람의 도리는 인의에서 선다.(立天之道曰陰與陽。立地之道
曰剛與柔。立人之道曰仁與義。"라고 하였는데 <잡봉(雜封)>에는 "건은 강이고 곤은 음이
다.(乾剛坤柔)"라고 하여 강유(剛柔)는 결국 음양에 대비되는 성질의 것이다.

54) 以初聲 … 地道也 : 여기서는 소옹의 『황극경세서』<성음창화도>의 술어를 훈민정음과
결부하여 설명하였다. 소옹은 운모음을 천성(天聲), 성모음을 지음(地音)라고 했는데, 운
모음은 훈민정음의 중성(모음)과 관련이 있는 동시에 음양과 관련하므로 천도라 하였고,
성모음은 훈민정음의 초성(자음)과 관련이 있는 동시에 성음창화도에서 강유(剛柔)와 결
부하였으므로 여기서는 지도(地道)라 하였다.

55) 中聲者 … 天之用也 : 앞에서 설명하였던 모음의 모든 성질을 한 데 모아 설명한 것이다.

초성을 중성에 대비하여 말할진댄 음양은 하늘의 도요, 강유剛柔(강하고 부드러움)은 땅의 도라.59) 중성이란 하나가 깊으면深 하나가 얕음淺이요. 하나가 합闔이면 하나가 벽闢인 바 이는 음양이 나뉘어 오행의 기운이 갖추어진 것이니, 하늘의 쓰임이요 초성이란 혹 비虛고 혹 실實하며 혹 날리고颺 혹 걸리며滯 혹 무겁거나重 가벼운輕 바 이는 강유剛柔(강하고 부드러움)가 들어나서 오행의 성질을 이룸이니 땅의 공功이니라. 중성이 깊고 얕음深淺과 합벽闔闢으로 앞서 부르면 초성이 오음 청탁으로 뒤에서 화답하여 초성도 되고 또한 종성도 되나니 또한 가히 만물이 땅에서 나서 다시 땅으로 돌

예컨대 •는 심(深), ㅣ는 천(淺), ㅏ는 벽(闢)으로 나타난다. 소용은 운모음중성과 하늘을 결부하였으므로, 중성의 모든 성질을 '천(天)'의 '용(用)'으로 설명하고 있다.

56) 或虛或實或颺或滯或重若輕 : 초성의 자질을 설명한 대목이다. 이를 요약하면 다음 표와 같다.

초성의 자질	후음	허(虛)	聲虛而通	후음 자질
	아음	실(實)	聲似喉而實	아음 자질
	설음	양(颺)	聲轉而颺	설음 자질
	치음	체(滯)	聲屑而滯	치음 자질
	순중음	중(重)	脣重	순중음 자질
	순경음	경(輕)	脣輕	순경음 자질

57) 初聲者 … 地之功也 : 앞에서 설명하였던 자음의 모든 성질을 한데 모아 설명한 것이다. 예컨대 허(虛)는 후음, 실(實)은 아음, 양(颺)은 설음, 체(滯)는 치음, 혹중약경(或重若輕)은 순중음과 순경음인데 초성과 땅이 결부된 것으로 보고 초성의 모든 성질을 '지(地)'의 '공(功)'으로 설명한 것이다. 즉 여기서는 소용의 견해에 따라 초성을 地(지음)로 보고 설명한 것이다.

58) 중성의 '심천(深淺)'은 '•, ㅡ, ㅣ'를 구별하기 위한 자질인데 세 중성이 나는 자리에 따라 입의 뒤쪽 깊은 데로부터 입안의 앞쪽 얕은 데로 차례에 따라 벌인 것이다. '합벽(闔闢)'은 'ㅗ, ㅏ, ㅜ, ㅓ, ㅛ, ㅑ, ㅠ, ㅕ'의 여덟 중성을 '•, ㅡ, ㅣ'의 세 중성과 구별하기 위한 자질이다. '합벽'은 해례본에서 입의 오므림(口蹙)과 벌림(口張)으로 바꾸어 설명하기도 한다(임용기, 2010).

59) 『주역』 <설괘>에 "하늘의 도를 세워 음과 양이라 하고 땅의 도리를 세워 유와 강이라 하고 사람의 도리를 세워 인과 의라하니 천지인 삼재를 겸하여 둘로 겹쳤기 때문에 여섯획으로 괘를 이루었다.(是以立天地道曰陰陽。立地之道曰柔與剛。立人之道曰仁與義。兼三才而兩之。故易六畫成卦。分陰分陽迭用剛柔。故六位而成章。)"이라 하였다.

아가는 것을 볼 것이니라.

以初中終合成之字言之。亦有動靜互根陰陽交變之義焉。動者。天也。靜者。地也。兼乎動靜者。人也。[60]蓋五行在天則神之運也。在地則質之成也。[61]在人則仁禮信義智神之運也。肝心脾肺腎質之。成也。初聲有發動之義。天之事也。終聲有止定之義。地之事也。中聲承初之生。接終之成。人之事也。蓋字韻之要。在於中聲。初終合而成音。亦猶天地生成萬物。而其財成輔相則必[62]賴乎人也。

---

60) 以初中終 … 兼乎動靜者 人也 : 초성자, 중성자, 종성자를 각각 자소(字素)처럼 생각하고 이들이 합해져 하나의 문자 단위, 즉 음절문자처럼 쓰이는 것을, 천지인 삼재와 음양설을 가지고 설명한 것이다. 하늘(天)과 초성, 사람(人)과 중성, 땅(地)과 종성을 결부하여 생각하고, 『태극도설』에 있는 "태극이 움직여 양을 낳고, 동(動)이 극에 이르면 정(靜)이 되며, 정(靜)이 음(陰)을 낳는다. 정(靜)이 극에 이르면 또 동(動)이 된다. 한번 움직이고 한 번 멈춤(一動一靜)이 서로 그 뿌리가 되어 음을 나누고 양을 나누어서 하늘과 땅(天地)이 성립한다.(太極動而生陽。動極而靜。靜而生陰靜極復動。一動一靜。互爲其根。分陰分陽。兩儀立焉。)"라는 말을 요약한 다음, 하늘(天)은 동(動)이며 초성이고, 땅(地)는 정(靜)이며 종성이고, 사람(人)은 동과 정이 겸함(動兼靜)으로 중성임을 설명하고 있다.

61) 蓋五行 … 質之成也 : 『성리대전』 권24 『홍범황극내편』에는 "오행이 하늘(天)에서는 오기(五氣, 다섯가지 기운)가 된다. 곧 雨, 暘(晴), 燠(暖), 寒, 風이다. 땅(地)에서는 다섯 가지 바탕이 된다. 오질(五質)은 水, 火, 木, 金, 土이다.(五行在天則爲五氣雨暘。燠寒風也。在地則爲五。質水火木金土也。)"라 하고 있다. 권25 <오행인체성정도(五行人體性情圖)>에는 이음란(二陰欄)에 간(肝), 심(心), 비(脾), 폐(肺), 신(腎)이 배열되어 있으며, 권27 <오행조>에는 "주자가 말하기를 기의 정영이 신이다. 금(金), 목(木), 수(水), 화(火), 토(土)는 신이 아니다. 그래서 금, 목, 수, 화, 토를 신으로 보는 것은, 인간에 있어서는 이(理, 이치)가 된다. 그리하여 인(仁), 의(義), 예(禮), 지(智), 신(信)으로 보는 것이 이것이다.(朱子曰。氣之精英者爲神。金木水火土非神。所以爲金木水火土者是神。在人則爲理。所以爲仁義禮智信者是也。)" 등이 있어서 이를 종합하여 기술한 대목이다.

62) 其財成輔相 則必賴乎人也 : 『역경』 <태괘>에 "하늘(天)과 땅(地)이 교감하는 것이 태(泰)괘다. 군왕은 그것으로 하늘과 땅의 도를 재성하고, 하늘과 땅의 의(義)를 상보해서 백성을 부양한다.(象曰。天地交泰。后以。財成天地之道。輔相天地之宜。以左右民。)"에서 따온 내용이다. 재(財)는 재(裁)의 뜻이며, 상(相)은 좌(佐)의 뜻이고, 재성보상(財成輔相)은 재성은 천지의 도이며, 보상은 전지의 의(宜)인데 과요를 다스려 이루게 하고 부족한 것을 집어 돕는다는 것으로 곧 "잘 마름하여 지나치지 않도록 억제하고, 잘 도와서 미치지 않

초, 중, 종성의 합성된 글자로 말할진댄 또한 동정動靜(움직임과 멈춤)이 서로 근본되고 음양이 사귀어 변하는 뜻이 있나니 움직임動이란 하늘이요. 멈춤靜이란 땅이요. 움직임과 멈춤을 겸한 것이 사람이라. 대개 오행이 하늘에서 있어서는 신의 운행이요, 땅에 있어서는 성질의 이룸이며, 사람에 있어서는 인仁, 예禮, 신信, 의義, 지智가 신의 운행이요, 간肝, 심心, 비脾, 폐肺, 현腎이 성질을 이룬 것이다. 초성에는 발동의 뜻이 있으니 하늘의 일이요. 종성에는 멈춤과 정함止定의 뜻이 있으니 땅의 일이요. 중성은 초성이 생겨남을 잇고 종성의 이룸을 받드니 사람의 일이니라.63)

대개 자운字韻의 중요함이 중성에 있어서 초성이 합하여 음(음절)을 이루나니 또한 천지가 만물을 생성해도 그 재성財成(조정)과 보상輔相(보충)은 반드시 사람에게 힘입는 것과 같다.64)

> 終聲之復°用初聲者。以其動而陽者乾也。靜而陰者亦乾也。乾實分陰陽而無不君宰也。65)

은 바를 깁도록 한다."는 뜻이다.

63) '초성+중성+종성'의 결합도 '천+지+인'의 결합으로 대응시키고 있다.

64) 초, 중, 종성의 합성 원리를 요약하면 다음과 같으며 이는 현대 분절음운론(Syllable phonology) 이론과 부합한다.

	음성원리	삼재	역학원리		
초성	發動(on-set)	하늘(天)	動	天之事	神之運
중성	承接(core)	사람(人)	兼動靜	人之事	人之事
종성	止定(coda)	땅(地)	靜	地之事	質之成

65) 終聲之復用初聲者 … 無不君宰也 : 초성 글자가 그대로 종성 글자로 사용되는 것을 역리로 설명한 것이다. 『태극도설』에서는 "그래서 동(動, 움직임)하는 것은 양(陽), 정(靜), 멈춤인 것은 음의 본체다.(所以動而陽。靜而陰之本體也。)"라고 했고 『통서』 <순화> 제11에서는 "하늘은 양(陽)을 가지고 만물을 생성하며, 음(陰)을 가지고 만물을 육성한다.(天以陽生萬物。以陰成萬物。)"라고 하였으며, 『역학계몽』에서는 "건으로 나누어 동(動)하여 양이 되는 것은 건(乾)이며, 정(靜)하여 음이 되는 것도 역시 건(乾)이다. 건은 실로 음과

> 一元之氣。周流不窮。66)四時之運。循環無端。故貞而復°元。67)　冬
> 而復°春。初聲之復°爲終。終聲之復°爲初。亦此義也。

　종성을 다시 초성으로 쓰는 것은 움직여서動 양陽이 된 것도 건乾이요,
멈추어서靜해서 음陰이 된 것도 건乾이니, 건이 비록 음과 양으로 나뉜다
고 하더라도 주제主宰하지 않음이 없기 때문이다.

　한 가지 근원—元의 기운이 두루 흘러서 모자람窮이 없고 사시의 운행이
순환해서 끝이 없는 까닭에 정貞이 다시 원元되고 겨울이 다시 봄되는 것
이라. 종성이 다시 초성됨도 또한 이와 같은 뜻이라.

> 吁。正音作而天地萬物之理咸備。其神矣哉。是殆天啓
> 聖心而假手焉者乎。

　아아. 정음이 만들어짐에 천지만물의 이치가 모조리 갖추었으나 그 신

　양을 나누면서도 그것을 주재하지 않는 것이 없다는 것을 말한 것이다.(蜎乾以分之。則動
而陽者乾也。靜而陰者亦乾也。乾實分陰陽而無不君宰也。)"라고 한 것을 응용한 대목이다.
66) 一元之氣周流不窮 : '一元'은 큰 근본(大本), <관윤자(關尹子)>에 "먼저 하나의 원이 기라
고 생각하면 하나의 물을 갖추게 된다.(先想乎一元之氣。具乎一物。)'가있으며, 『황극경세
서』 <경세일원쇠장지수도(經世一元消長之數圖)>에서는 30년을 일세(一世), 12세를 일운
(一運), 30운을 일회(一會), 12회를 일원(一元)이라 하고, 천지는 일원을 단위로 해서 변천
한다고 하였으며, "궁극적으로 변화한다. 변화가 곧 생성하는 것이다. 생성은 다 함이 아
니다.(窮則變。變則生。盖生生而不窮也。)"라고 되어 있다.
67) 貞而復元 : 『성리대전』권26 <이기(理氣) 1조>에는 "주자가 이르되 모든 정이 다시 원
을 생성하며 이와 같이 무궁하다.(朱子曰…盖是貞復生元　無窮如此)"라는 말이 있다. 또
권27 <사시조>에는 "주자가 이르되 일세로 말하면 춘하추동이 있고 건으로 말하면 원
형이정이 있다.(朱子曰…以一歲言之。有春夏秋冬。以乾言之。有元亨利貞云云。)"라고 하여
"元=春, 亨=夏, 利=秋, 貞=冬"의 관계로 파악하고 있다.

령스러움인저! 이것은 하늘이 성상^{聖上}의 마음을 열어서 손을 빈 것이로다.

訣曰

天地之化本一氣⁶⁸⁾ 陰陽五行相始終

物於兩間有形聲 元本無二理數通

正音制字尙其象⁶⁹⁾ 因聲之厲每加畫

音出牙舌脣齒喉 是爲初聲字十七

牙取舌根閉喉形 唯業似欲取義別。⁷⁰⁾

舌迺象舌附上腭 脣則實是取口形

齒喉直取齒喉象 知斯五義聲自明

又有半舌半齒音 取象同而體則異

那彌戌欲聲不厲 次序雖後象形始

配諸四時與冲氣 五行五音無不協

維喉爲水冬與羽 牙迺⁷¹⁾春木其音角

°徵音夏火是舌聲 齒則商秋又是金

脣於位數本無定 土而季夏爲宮音

聲音又自有淸濁 要°於初發細推尋

全淸聲是君斗彆 卽戌挹亦全淸聲

若迺快呑漂侵虛 五音各一爲次淸

---

68) 天地之化本一氣 : 『역학계몽』에 "천지 사이에 하나의 기가 이미 갖추어져 있으니(天地之間 一氣而已)"라고 있어서 모든 것이 기(氣)로 이루어지는 듯이 이해되기 쉬우나, 제자해의 첫머리에 있는 "천지의 도는 하나의 음양과 오행으로 있으니(天地之道。一陰陽五行而已。)"의 내용과 같은 말을 한 것으로 봄이 좋을 것이다.

69) 상기상(尙其象) : 정음 창제 때 자음자는 발음기관을, 모음자는 천, 지, 인 삼재를 상형하여 제자한 것을 이렇게 표현한 것이다. 상기상(尙其象)은 그 모양 본뜨기를 주로 하였다고 보는 것이 좋을 듯하다.

全濁之聲虯覃步　　又有慈邪亦有洪

全清並書爲全濁　　唯洪自虛是不同

業那彌欲及閭穰　　其聲不清又不濁

欲之連書爲脣輕　　喉聲多而脣乍合

中聲十一亦取象　　精義未可容易觀

呑擬於天聲最深　　所以圓形如彈丸

卽聲不深又不淺　　其形之平象乎地

侵象人立厥聲淺　　三才之道斯爲備

洪出於天尙爲闔　　象取天圓合地平

覃亦出天爲已闢　　發於事物就人成

用初生義一其圓　　出天爲陽在上外

欲穰兼人爲再出　　二圓爲形見其義

君業戌彆出於地　　據例自知何湏評

呑之爲字貫八聲　　唯天之用徧流行

四聲兼人亦有由　　人參天地爲最靈

且就三聲究至理　　自有剛柔與陰陽

中是天用陰陽分　　初迺地功剛柔彰

中聲唱之初聲和　　天先乎地理自然

和者爲初亦爲終　　物生復歸皆於坤

陰變爲陽陽變陰　　一動一靜互爲根

初聲復有發生義　　爲陽之動主於天

---

70) 취의별(取義別) : 여기의 '의(義)'자는 ㆁ자의 상형 내용이 다른 아음자와 마찬가지로 ㄱ
에서 나온 것이 아니고 ㅇ에서 나왔으므로 혀뿌리가 목구멍을 막은 모양을 본뜬 아음과
는 그 제자 방식이 서로 다르다는 뜻이다.

71) 迺 : 乃(내), 곧.

終聲比地陰之靜　字音於此止定焉

韻成要在中聲用　人能輔相天地宜

陽之爲用通於陰　至而伸則反而歸

初終雖云分兩儀　終用初聲義可知

正音之字只廿八　。探賾錯綜窮深幾

指遠言近牗民易　天授何曾智巧爲

결訣에 가로되

천지(우주)의 화성化成(변화하여 이룸)은 본래 한 기운

음양과 오행이 서로 끝이며 또 처음

물건은 둘(하늘과 땅) 사이 형形과 성聲이 있으나

본원에는 둘 없으니 이理 수數가 통하도다.

정음 글자 지음에 제 형상을 모상하되

소리가 거세면 획 다시 더한 것.

아, 설, 순, 치, 후에서 소리가 나오니

그것이 초성이 되어 글자는 열일곱.

아음은 혀뿌리 목구멍 막는 꼴

ㆁ業은 오직 ㅇ欲과 비슷하나 뜻(제자 원리) 취함이 다르고

설음은 윗잇몸이 혓바닥 붙은 꼴

순음은 그 바로 입모습 취하고

치음과 후음은 곧 이齒와 목구멍 모상한 것

이 다섯 뜻(제자 원리) 알면 소리 환하리.

또 다시 반설과 반치음 있으니

모상함이 같아도 형체가 다르도다.

ㄴ那와 ㅁ彌, ㅅ戌와 ㅇ欲 소리가 거세지 않아

차서로는 뒤에 있건만 상형엔 시초라.

초성을 사철과 충기沖氣에 배합이 되어

오행과 오음에 안 어울림 없으니

후음은 물水이 되고 겨울冬이요 우음羽音이며

아음은 봄春과 나무木 그 음은 각음角音이며

치음徵音은 여름夏, 불火이요 설음이 그것이라.

치음은 상商이요 금金이요 다시 가을秋

순음은 자리位나 수數에 정함이 없어도[72]

흙土으로서 늦여름季夏이라 궁음宮音이 되도다.

성음엔 제 각기 청탁淸濁이 있는 바

첫소리가 거기서 세밀히 살피라.

전청全淸 소리는 ㄱ君과 ㄷ斗 또는 ㅂ彆이요

ㅈ卽·ㅅ戌·ㆆ挹 그 또한 전청의 소리요.

만약 ㅋ快·ㅌ呑·ㅍ漂와 ㅊ侵·ㅎ虛로 이르면

오음에서 각각 하나가 차청이 된 것이요.

전탁의 소리는 ㄲ虯와 및 ㄸ覃와 ㅃ步

또 다시 ㅉ慈·ㅆ邪 또다시 ㆅ洪인데

전청의 병서가 전탁이 되건만

다만 ㆅ洪은 ㅎ虛로서 그것이 다르고

ㆁ業와 ㄴ那, ㅁ彌과 ㅇ欲 그리고 ㄹ閭, △穰은

그 소리는 불청에 또한 불탁이로다.

---

72) 원문에는 "位나 數 脣音은 定함이 없어도"로 되어 있다.

ㅇ欲자의 연서로 순경음 된 까닭

그 얼핏 입술 합쳐서 후음소리 많은 것

열한 자 중성도 또한 형상을 취하니

중성을 만든 깊은 뜻은 쉽사리 보지를 못하리.

•呑은 하늘天 소리 그 가장 깊어서

둥근 글자 형상이 탄환(구슬)과 같으며

ㅡ即 소리는 깊지도 않고 얕지도 않아

평평한 그 형상 모상은 땅이며

사람 선 모상의 ㅣ侵 소린 얕으니

삼재三才의 도로서 갖추게 되었도다.

ㅗ洪자는 •(하늘)에서 나와 다시 합闔(원순모음)

하늘의 둥긂天圓과 땅의 평평함地平을 합해서 취하고

ㅏ覃 또한 •(하늘)에서 나오나 그것을 벽闢(장순모음)

사물에서 드러나 사람(즉 ㅣ모음)으로 이루다.

ㅗㅏ는 초생의 뜻에서 원圓 오직 하나로

하늘•에서 나와 양陽이라 위와 밖에 •(가 ㅗ와 ㅏ의) 있네.

ㅛ欲와 ㅑ穰는 사람人=ㅣ을 겸해 재출再出이 되므로

원 둘의 형상도 그 뜻을 보인 것

ㅜ君와 ㅓ業과 ㅠ戌와 ㅕ彆가 땅地=ㅡ모음에서 나옴도

예로 미루어 알거라 또 무얼 말하랴.

•呑이란 그 자로 여덟 자 모음八聲을 꿴 것을

하늘天, 즉 •의 쓰임用이 두루 유통케 됨이요

사성(ㅗ, ㅏ, ㅠ, ㅕ)이 사람人(ㅣ모음)을 겸한 까닭도 있으니

천지에 참찬參贊하여 사람人이 가장 신령스럽도다.

삼성(초·중·종 3성)에 나아가 이치를 살피면

스스로 강유剛柔와 음양이 있는바

중성은 곧 하늘天의 쓰임用이라 음양으로 나뉘고

초성은 곧 땅地의 공功이라 강유가 드러나네.

중성이 부르고 초성이 화답함은

땅地보다 하늘天이 앞선 자연의 이치라.

화답한 그것(즉 초성)이 처음 되고 또 나중 되니

만물이 생기니 되가나 모두 땅.

음은 변해 양이 되고 양은 변해 음이 되어

동과 정이 서로 뿌리가 되도다.

초성은 또다시 발생의 뜻이 있어서

양의 동動이 됨으로 하늘에다 받들고

종성은 땅地에 비기어 음의 정靜

자음은 여기서 그치어 정하나

운韻이룰 요점은 중성에 있으니

사람人이 능히 천지를 보상輔相도 함이라.

양이란 쓰임用됨이 음(종성)에도 통하여

음에 이르러 편 즉 돌이켜 양으로 되돌아가리니

초성, 종성이 양의(음과 양)로 나뉜다 일러도

종성에 초성을 쓰는 그 뜻을 알리라.

정음 그 단지 스물여덟 자로되

얽힌 것을 찾으며 깊은 것을 뚫은 것

뜻 멀되 간이해 알리기 쉬우니

하늘이 주어 지교智巧로 될 것이니.

2. 주해

1 일음양—陰陽 : 『역경』상 제5장 <계사>에는 "하나의 음과 하나의 양의 도一
陰一陽之道의 변화는 처음도 끝도 없고 그 운행은 멈추지 않으면서 상반하며,
상생하는 원리가 바로 도이다.一陰一陽謂之道"라고 하였는데 정이천程伊川(1033~
1107)은 『태극도』 제2절 집주) "도는 음양이 아니요, 일음 일양으로서 비로소 도
가 되나니道非陰陽。所以一陰一陽。道也。"라고 하고, 주회암朱晦庵(주희, 1136~1200)은
『역경』에서 "음양은 다만 음양이 되고 도는 태극이며, 일음으로서 일양이
되나니陰陽只是陰陽。道是太極。所以一陰一陽者也。"라고 하였다. 즉 정주학파에 의하
면 일음 일양 그것은 곧 도가 아니요, 일음 일양 되는 것은 곧 태극이고 곧
도(이치)라는 말이다.

2 오행五行 : 『서경』 <홍범洪範>에는 "오행의 하나가 물水이오, 둘은 불火이오,
셋은 나무木이오, 넷은 쇠金요, 다섯은 흙土이다.五行一曰水。二曰火。三曰木。四曰
金。五曰土。"라고 하였는데 『태극도』에는 "양이 변해 음에 합쳐 수, 화, 목,
금, 토가 생성되며, 오기가 두루 퍼져 사시로 나가니 오행이 하나의 음양이
다.陽變陰合。而生水火木金土。五氣順布。四時行焉。五行一陰陽也。"(『태극도』 제2절 <집주>)
라고 하였다. 『태극도』에 의하면 오행은 "양이 변해 음에 합한다.陽變陰合"
에서 생긴 것으로 "오행이 하나의 음양이다.五行一陰陽"인 것이다.

3 곤복坤復 : 곤坤이나 복復이나 모두 역의 괘명卦名인 바 "곤과 복 사이坤復之
間"란 역의 괘도상 곤괘에서 복괘에 이르는 사이를 이름이다. 어떤 사람의
질문에 대한 주회암의 말로(『역학계몽』 집주) "어떤 사람이 묻기를 무극 앞을
어떻게 설명하면 좋겠습니까라고 하니 주자가 말하기를 소옹은 괘도상에
서 순환의 의미를 가지고 설명했다. 후에 구후姤괘로부터 곤坤괘까지는 음이
양을 포함하나 복復괘로부터 건乾괘까지는 양이 음을 나누기 때문에 곤坤괘
부터 복復괘까지의 사이는 무극이다. 곤坤괘로부터 구후姤괘까지 되돌아오기
까지가 무극이 모두 앞이다.或問 無極如何說前。朱子曰邵子就圖上。說循環之意。自姤至
坤是陰含陽。自復至乾是陽分陰。坤復之間乃無極。自坤反姤是無極之前。"라고 하였으니 괘
도상 곤坤괘로부터 구후姤괘까지 거꾸로 올라가는 그 사이가 '무극 앞無極前'

임에 대하여 복復괘까지 이르는 그 사이가 무극이라는 말이다.

4 태극太極 : 『계사』에는(상 제11장) "역은 태극에 있으니 이것이 두 움직임이다. 易有太極。是生兩儀。"라고 하고 『공영달정의孔穎達正義』에는 "천지가 분화되기 이전에 원기가 섞인 하나이니謂天地未分之前元氣混而爲一。"라고 하였는데 『역학계몽』(원괘 제2)에는 "태극자는 상수로 형을 갖지 못하였으나 그 이치는 이미 갖추어졌으며 형체도 갖추어졌으나太極者象數未形而其理已具之稱。形器已具而其理旡朕之稱。"라고 하였다. 『태극도』에 "무극이 태극無極而太極。"이라고 하였음에 "곤복지간坤復之間"을 무극 대신에 태극으로 말한 것이다.

5 동정지후動靜之後 :『계사』(상 제1장)에는 "동정은 늘 있으나 강유는 끊임이 있다.動靜有常。剛柔斷矣。"라고 하고 또는 상 제6장에는 "건은 고요할 때는 둥근 원처럼 완전하고 움직일 때는 요동하고 곤은 고요할 때는 닫히고 움직일 때는 열리니 그리하여 (만물을) 크게 생성하며夫乾其靜也專。其動也直。是以大生焉。夫坤其靜也翕。其動也闢。是以廣生焉。"라고 하여 동정이란 말을 썼는데 『태극도』에는 "태극이 동하여 양을 생성하고 양이 정에 이르고 정이 음에 이르고 음이 다시 동에 이르니 일동일정이 서로 그 근원이 된다.太極動而生陽。陽極而靜。靜極而陰。陰極復動。一動一靜互爲其根。"라고 하여 태극에서 양이 생기고 양이 다시 음이 되고 음이 다시 양이 되는 그 계인으로 동정動靜을 들기에 이른 것이다.

6 천지귀신동기용야天地鬼神同其用也 :『계사』에는(상 제4장) "정기가 물이 되고 혼이 노니다가 변하는데 귀신은 그 정상을 안다.精氣爲物。遊魂爲變。知鬼神之情狀。"라고 하였는데 『주역』 본의에는 "음정 양기가 모여 사물을 이루니 신이 펼치는 바이며, 귀신의 혼이 내려와 흩어져 변하는 것은 귀신이 돌아감이라.陰精陽氣聚而成物。神之伸也。魂遊魄降散而爲變。鬼之歸也。"라고 하였다. 또 『역경』 건괘乾卦에 "대저 대인과 천지가 그 덕이 합쳐져 해와 달이 그 밝음을 주고, 사시가 합쳐 그 차례를 주며 귀신과 더불어 길흉을 준다.夫大人與天地合其德。與日月合其明。與四時合其序。與鬼神合其吉凶。"라고 하였는데 본의에는 "사람은 천지 귀신과 더불어 근본이 둘의 이치가 아니다. 人與天地鬼本旡二理。"라고 하였다.

7 각상기형各象其形 : 한자 제작의 원칙으로 육서를 드니 육서란 상형, 지사, 회의, 형성, 전주, 가차요. 상형이란 허신許愼의 『설문서說文叙』에서 이른바 (<설문해자주說文解字注> 제15편 상)에 "획이 그 물을 이루고 체에 따르니 일월이 이것이다.畫成其物。隨體詰詘。日月是也。"라고 한 것이다.

8 성출초려聲出稍厲 : 『예기』 <악기樂記>에는 "그 노하는 마음에 감동하는 자는 그 소리가 맹렬하다.其怒心感者其聲粗以厲。"라고 하고 『광운』에는 '厲'자를 주하여 "열렬하다, 맹렬하다烈也。猛也。"라고 하였다.

9 사시四時 : 『예기』 <월령>에서 맹중계孟仲季의 삼춘三春은 "그 음이 각이다.其音角"라고 하고 입춘은 "성한 덕이 나무에 있다.盛德在木"라고 하였으며, 맹중계의 삼하三夏는 "그 음이 치이다.其音徵"라고 하고 입하는 "성한 덕이 불火에 있다.盛德在火"고 하였으며, 맹중계의 삼추三秋는 "그 음이 상其音商"이라 하고 입추는 "성한 덕이 쇠金에 있다.盛德在金"고 하였으며 맹중계의 삼동三冬은 "그 음이 우이다.其音羽"라고 하고 입동立冬은 "성한 덕이 물水에 있다.盛德在水"고 하였다. 계하季夏와 맹추孟秋의 사이에 중앙토中央土가 "그 음은 궁이다.其音宮"라고 하였으나 여름夏은 이미 불火로 대비되고 또 가을秋은 이미 쇠金로 대비되었을 뿐 아니라 중앙은 오직 방위라 사계와 오행의 대비 중 흙土 하나는 자못 알지 못함을 면치 못 한다. 회남자淮南子(?~BC123) 『천문훈天文訓』에서는 중앙의 흙土이 사방에 닿고 『시측훈時則訓』에서는 맹중하孟仲夏만 불火로 되고 계하季夏는 흙土으로 되었다. 회남자 자체도 전후가 모순됨에도 불구하고 후자로써 흙土은 위선, 계하의 일개월一個月이나마 안접安接할 때를 얻은 셈이다. 『절운지장도』의 <변자모차제가辨字母次第歌>에는 "하나의 기가 나오면 청탁이 그 다음에 있고 경중이 다음 순서이고 이를 합하면 오음이 된다. 사시가 운전하는 데 있어서 아음은 봄春이고 그 음은 각角이고 오행으로는 나무木이다. 그 다음은 설음으로 여름夏이고 그 음은 치徵이며 오행으로는 불火이 된다. 다음은 순음은 늦여름季夏이고 그 음은 궁宮이며 오행으로는 흙土이다. 그 다음 치음은 가을秋이고 그 음은 상商이며 오행으로는 쇠金이다. 그 다음은 후음 겨울冬이고 오행으로는 물水이다. 소위 오음이 나타남은 오로지 사시의 운행 이와 같다.一氣之出。清濁有次。

輕重有倫。合之以五音。運若四時。牙音春之象也。其音角。其行木。次曰舌音。夏之象也。其音
徵。其行火。次曰脣音。季夏之象也。其音宮。其行土。次曰齒音。秋之象也。其音商。其行金。
次曰喉音。冬之象也。其音羽。其行水。所謂五音之出猶四時之運者此也。"라고 하였으니 계
하의 흙土은 회남자를 그대로 조술한 것이다. 『운회』(권1)의 동東운 공公자
아래의 설명에는 "근래 사마온공1019~1086이 『절운지장도』를 만들어 처음으
로 7음운에 따라 아, 설, 순, 치, 후, 반설, 반치음을 근거로 하여 7음의 소
리를 정했으며, 『예기』에서는 궁, 상, 각, 치, 우, 반상치, 반치상에 따라 사
시를 정했다.近司馬正公作切韻。始依七音韻。以牙舌脣齒喉半舌半齒定四聲之音。以禮記月
令四時定角徵宮商羽半商徵半徵商之次。"라고 하였으나 『절운지장도』는 『예기』 <월
령> 그 자체보다도 회남자 『시즉훈時則訓』의 그 해석에 의거한 것이다.

10 오음五音 : 아, 설, 순, 치 후도 오음이요, 궁, 상, 각, 치, 우도 오음으로 서
로 대비되어 흔히 동일하게 쓰이나 역시 전자는 성음聲音에 관한 분류요,
후자는 악음樂音에 관한 분류다. 이 오음은 곧 악음의 분류를 가리키는 것
이니 전자가 능히 후자에 대비되어 틀리지 아니함을 설명한 것이다.

11 기왕사계寄旺四季 : 중앙 토에 대비될 순脣이 최고 끝에 있는 것을 "기왕사
계寄旺四季하는 흙土의 특질로 말하였다. 논술에 "봄과 여름은 휴식하고 가
을과 겨울은 왕성함을 보인다.春夏休囚 秋冬旺相"라고 하고 또 음양가들은 오
행의 소장을 왕旺, 상相, 휴休, 인囚, 사死의 오태五態로 논하였는데 왕旺이란
결국 왕성의 뜻에서 벗어나는 것이 아니다. 그러나 전번에는 계하일월에
안접된 흙土이 이번에는 다시 '기왕사계'로 변한 것이다. 『홍범황극내편』[73]
에 『예기』의 <월령>[74]에서 토土항을 더해놓았으니, 비록 중앙토가 하월
의 뒤에 이어지니, 토가 화火에서 생긴다. 세 계절이 모두 일행하되, 여름
석달은 홀로 이행한다라고 하였다. 근대는 1년을 다섯으로 나누어 행하니

---

73) 『홍범황극내외편(洪範皇極內外篇)』: 송(宋) 나라 채침(蔡沈)이 지었다. 『서경(書經)』 홍범
에 의거하여 『주역(周易)』과 비슷하게 만든 것으로서 3편의 논(論)과 <구구원수도(九九
圓數圖)>·<범수지도(範數之圖)> 등 15도(圖)가 수록되어 있다. 범수는 모두 81수(數)로
되어 있으며 그 가운데 세 번째로 나오는 Ⅰ의 Ⅲ의 이름이 수(守)인데, 이것이 다시 81
개의 형태로 분류되고 있다.
74) 『예기(禮記)』의 한 편명.

각각 72일이 되니, 진술축미辰戌丑未의 토가 기왕寄旺의 월지방月之方이 된다. 그러나 오히려 각주구고의 완고함75)을 면할 수 없으니, 이 어찌 족히 조화의 징조라 말할 수 있으리오!月令增置土行。雖曰中央主。然繫於夏月之后。以土生於火矣。三季皆一行。而夏之三月獨二行。近代以一茅之日而五分之。行各七十有二日。以辰戌丑未爲土寄旺之月之方。然猶未免刻舟之固。是豈足語造化之徵也哉。"라고 하였는데 이로 보아서는 후세에 이르러 춘, 추, 동이 각 1행임에 대하여 하 홀로 2행임은 불합리하다고 생각하고 다시 일 년을 5분하는 동시에 그 5분의 1을 사계에 별러서 토의 기왕으로 고쳤던 모양이다.

12 의여유다상혼용疑與喩多相混用:『사성통고』<범례>에도 "본운에는 의疑, 유喩 두 자모는 서로 섞임이 많다.本韻疑喩兩母多相雜。"고 하였으니 여기서 본운은 『홍무정운』을 말한다.

13 전탁지성응全濁之聲凝:『설문』(<설문해자주> 제11편 하)에서는 의疑자를 "얼음처럼 응기다俗冰從疑。"라고 하고76) 또 빙冰자를 "물이 견고해지다.水堅也。"라고 하였는데 <단옥재주段玉裁注>에 "『주역』의 <상전象傳>에서 초육77)은 서리를 밟으면 음이 처음 응결하니 그 도를 점차 이루어 단단한 얼음에

---

75) 각주구고(刻舟求固) : 각주(刻舟). '각주구검(刻舟求劍)'이라는 뜻이다. 칼을 강물에 떨어뜨리자 뱃전에 그 자리를 표시했다가 나중에 그 칼을 찾으려 한다는 뜻으로, 판단력이 둔하여 융통성이 없고 세상일에 어둡고 어리석다는 뜻이다. 곧 각주지고는 시대의 변천을 모른다는 뜻이다.

76) <단주(段注)>.『설문해자(說文解字)』의 원본 10편에 대하여 하나하나 주해를 붙인 것으로 고증에 인용한 문헌 내용이 광범하며 『옥편(玉篇)』,『광운(廣韻)』 및 각 경전의 훈고와 『설문해자(說文解字)』와의 이동(異同)을 고루 고증하였는데, 그 논증이 아주 정확하며 전문(篆文)도 고친 데가 많다.

77) "음효(陰爻)를 육(六)이라 칭하니, 음(陰)이 성(盛)한 것이다. 팔(八)은 양(陽)이 낳은 것이니 순수하고 성(盛)한 것이 아니다. 음(陰)이 처음 아래에서 생겨나니 지극히 미약하나, 성인(聖人)은 음(陰)이 처음 생겨날 때에 그 음(陰)이 장차 자라날 것을 경계하였다. 음(陰)이 처음 응결(凝結)하여 서리가 되니, 서리를 밟으면 마땅히 음(陰)이 점점 성하여 단단한 얼음에 이를 것을 알아야 한다. 이는 소인(小人)이 처음에는 비록 매우 미약하나 자라나게 해서는 안되니, 자라나면 성(盛)함에 이르는 것과 같다.(陰爻稱六。陰之盛也。八則陽生矣。非純盛也。陰。始生於下。至微也。聖人。於陰之始生。以其將長。則爲之戒，陰之始。凝而爲霜。履則當知陰漸盛而至堅氷矣。猶小人。始雖甚微。不可使長。長則至於盛也。",『주역』<상권>.

이르는 것이다.初六。履霜陰始凝也。馴致其道至堅冰也。"[78]라고 하였는데, 고본古本
에는 마땅히 음이 얼기 시작하니, 단단한 얼음에 이른다.陰始冰也 至堅久冰的
古字也라고 되어 있다. 『이아』 <석기釋器>에서 매끄러운 얼음冰脂也라고 하
였는데, 손본孫本에서는 '빙冰'자가 '응凝'자로 적혀있다. 이를 근거로 증명
할 수 있으니, 『시경』에서 피부가 굳은 기름같이 윤택하다.膚如凝脂라고 하
였는데, 본래는 '응지凝脂'가 '빙지冰脂'라고 적혀있다. '빙冰'자로 '빙仌'자
를 대신한 것이다. 이에 '응凝'자를 별도로 만들었으니, 경전에서는 대체
로 '응凝'자를 '빙冰'자로 바꾸어 썼다.周易象傳[79]初六。履霜陰始凝也。馴致其道至
堅冰也。古本當作陰始冰也。至堅久也。釋器冰脂也。孫本冰作凝。按此可證。詩膚如凝脂本作冰
脂。以冰代仌。乃別製凝字。經典凡凝字皆冰之變也。"라고 하였다. 이에 따라 빙冰자
가 빙仌자에 대용되는 바람에 의擬자가 다시 빙冰자에 대용된 것으로 의擬
의 본자는 곧 빙冰인데 모두 사람과 엉킨다는 우리의 뜻풀이도 '결집' 내
지 '견고해짐堅化'을 표시함으로 본 글자의 뜻을 잃은 것은 아니다.

14 성심 : 한도소韓道昭 의 『오음집운』에는 후음의 4모를 다시 얕고 깊음淺深의
두 갈래로 갈라서 유喩의 1모를 깊은 후음深喉라고 하고 영影, 효曉, 갑匣의
3모를 얕은 후음淺喉라고 하였으니 다시 영影모는 유喩모에 가까움으로 깊
음深이요, 효曉모는 유喩모에 좀 더 멂으로 얕음淺라고 한 듯하다.

15 인생어인야人生於寅也 : 자子, 축丑, 인寅은 물론 십이지十二支의 첫 세 가지이
다. 근세 음력의 월수와 지지地支의 대비에 있어서 자는 11월, 축은 12월,
인은 정월에 해당한다. 『한서율력지』에서 "3자는 1원에서 통합된다. 따라
서 1원은 93으로 되는 것이 법이다.三統合於一元。故因一元而九三之。以爲法。"라
고 한데 대하여 맹강孟康의 주에는 "진은 12가 있으며 그 세 가지는 천,

---

78) 순치(馴致)는 점차로 진행하여 극성한 데에 이르게 됨을 뜻하는 말로, 『주역』 곤괘(坤卦)
상사(象辭)에, "서리를 밟으면 단단한 얼음이 곧 이르게 됨은 음이 비로소 얼기 시작함이
니, 그 도를 순조로이 점차로 익히어 가서 단단한 얼음에 이르는 것이다.(履霜堅冰。陰始
凝也。馴致其道。至堅冰也。)"라고 한 데서 온 말이다

79) 『주역』은 상경(上經), 하경(下經) 및 십익(十翼)으로 구성되어 있다. 십익은 단전(彖傳) 상
하, <상전(象傳)> 상하, <계사전(繫辭傳)> 상하, <문언전(文言傳)>, <설괘전(說卦傳)>,
<서괘전(序卦傳)>, <잡괘전(雜卦傳)> 등 10편을 말한다.

지, 인이다.辰有十二。其三爲天地人。"라고 하였고 소강절邵康節(1011~1077)의 『황극경세서』<경세일원소장수經世一元消長數>에서 제1 자子, 제2 축丑, 제3 인寅라고 하고 인寅 아래에 '개물開物'이라고 적은데 대하여 주회암의 해석은(『황극경세서집주』) "소자의 『황극경세서』에 원으로서 12회가 일원이 되며, 일만 팔백년이 이회이다. 일만 팔백 년의 처음 사이는 또 일만 팔백 년이 땅에서 이루어지며 또 일만 팔백 년은 사람이 태어나는 시작이며 소자는 인상방이 개물자의 시작이다.邵子皇極經世書。以元統十二會爲一元。一萬八百年爲一會。初間一萬八百年而天始開。又一萬八百年而地始成。又一萬八百年而人始生。邵子於寅上方始註一開物字。"라고 하였다. 자子를 천天, 축丑을 지地, 인寅을 인人에 대비하는 것은 정삭正朔의 삼통설과 함께 일어난 것이요, 다시 그로부터 한걸음 더나가 천개天開, 지개地開, 인생人生으로까지 말한 것은 추후에 덧붙인 것이다.

『역경』<설부>(제2장)에서는 "삼천 두 땅은 수에 따른다.參天兩地而倚數"라고 한 것을 『역학개몽』에는 "원자는 경 일이 위삼이요, 방자는 경일이 위사요, 위 삼자는 일로서 일이라. 그러므로 삼은 그 일 양이 삼이요, 위 사자는 이가 일이라 그러므로 그 양자는 일음이 이가 된다.圓者經一而圍三。方者經一而圍四。圍三者以一爲一。故參其一陽而爲三。圍四者以二爲一。故兩其一陰而爲二。"라고 하여 천원지방설天圓地方說로 해석하였다. 회남자에도 천도天道를 원圓이라고 하고 지도地道를 방方이라고 하여 본래부터 천원지방설의 유래는 실로 오래된 것이다. 그러나 하늘의 형을 둥근 땅의 형을 네모로 말함에 대하여 사람의 형을 말한 곳은 없다. 사람은 그 본래 독자의 형을 갖춘 터로 더 다른 설명이 필요하지 아니했던 것인지 모른다. 단지 설문에서 인人자에 대하여 '상비경지형象臂脛之形.'이라고 하였고 『운회』에서 설문을 인용하면서 '상인입형象人立形。'이라고 하였다. 사람의 형을 서 있음立에서 취한 것은 곧 『운회』의 설문 해석으로부터 유래된다고 볼 것이다.

16 일합일벽一闔一闢 : 『황극경세서』에서 정음正音은 청탁으로 나누고 정성正聲은 흡벽翕闢으로 나누었는데 흡翕은 '닫다合'의 뜻이요, 흡闢은 '열다閉'의 뜻으로 합벽闔闢은 흡벽翕闢과 동의어이다.[80]

17 구장口長 : 『광운』 권말 <변십사성예법辨十四聲例法>에는 14성의 이름 가운

데 하나로 개구성開口聲과 축구성蹴口聲이 있는데 『집운』에 축蹴은 '혹작축或作蹙'이요, '개開'와 '장張'도 뜻이 서로 통하는 글자다.

18 지이위음야地而爲陰也 : 『역경』 <부괘단否卦彖>에 "하늘과 땅이 섞이지 않으면 만물이 통하지 않는다.天地不交而萬物不通。"라고 하였고 『역학계몽』에는 "양은 위에서 음에 섞이고 음은 아래에서 양에 섞인다.陽上交於陰。陰下交於陽。"라고 하였다. 그런데 또 <부괘단>에는 "안이 음이고 바깥이 양이다.內陰而外陽。"라고 하였고 『역학계몽』에는 "소위 하늘은 양의 가볍고 맑음으로서 윗자리요, 소위 땅은 음의 무겁고 탁함으로 아래에 놓는다.所謂天者。陽之輕淸而位乎上者。所謂地者。陰之重濁而位乎下者。"라고 하였다.

19 유양지통음猶陽之統陰 : 석명釋名의 『석율려釋律呂』에는 "양은 족히 음을 안고 있는 즉 단언이 여섯 율이 되고 양은 족히 음을 통괄하는 즉 여를 율이라

---

80) 『황극경세서』 <성음창화도>에 성(聲)은 청(淸), 탁(濁)으로 구분하고 운(韻)은 흡(翕), 벽(闢)으로 구분하였다. 흡(翕), 벽(闢)은 곧 개구(開口)와 합구(合口)의 개념으로 개모 w의 유무에 따라 1등, 2등, 3등, 4등으로 구분하는데 소강절은 이를 일월성진으로 구분하였다. 훈민정음 제자해의 창제 원리에 이론적 근거를 만드는 데 큰 영향을 끼쳤다고 할 수 있다. 벽음(闢音)은 '闢 열 벽', 곧 개구음(開口音)이라는 뜻으로 쓴 것이며, 흡음(翕音)은 '翕 합할 흡', 곧 합구음(合口音)이라는 뜻으로 쓴 것이다. 벽흡(闢翕)은 곧 벽(闢)은 개(開)이고 흡(翕)은 합(合)인데, 운두(韻頭)나 운복(韻腹)의 모음을 분류할 때 개구(開口), 합구(合口)로 대분하는 까닭으로, 이러한 벽흡(闢翕) 등 술어로 사용한 것이다. 즉 벽(闢)은 개구(開口)의 뜻으로, 흡(翕)은 합구(合口)의 뜻으로 사용하고, 실지로 표를 보아도 이렇게 배열되어 있다. 『황극경세서』 <성음창화도>가 본격적으로 연구된 것은 17세기 이후 서경덕(徐敬德, 1489~1546) 이후였기 때문에 15세기 훈민정음 창제 당시에는 직접적인 영향을 미치지는 못했을 것이다. 15세기 훈민정음 창제 당시에 표면적으로 역학, 상수론, 악학 등의 전반에 걸쳐 영향을 끼친 문헌은 『성리대전』이라고 할 수 있다. 『훈민정음』 <제자해>에 반영된 문헌은 남송의 『절운지장도(切韻指掌圖)』(1176~1203) <변자모차제예>와 너무나 흡사하다. 다만 『절운지장도』에서는 오음의 배열이 "아-설-순-치-후"이지만 『훈민정음』 <제자해>에서는 "후-아-설-치-순"이라는 차이가 있지만 세종이 예의를 지을 때 결정적인 영향을 받았던 것으로 보인다. 또 『절운지장도』 <변자모청탁가>는 자모와 청탁의 관계를 7언 형식으로 설명하였는데 이것도 『훈민정음』 <제자해가결>과 거의 일치한다. 15세기 세종조 시대에 간행된 『훈민정음』, 『동국정운』, 『홍무정운역훈』의 청탁 배열도 『절운지장도』와 흡사하다. 따라서 세종이 훈민정음을 창제할 당시 가장 영향을 많이 받은 책이 『고금운회거요』와 『절운지장도』였음을 알 수 있다. '훈민정음'이라는 새로운 문자를 창제한 배경 철학이 송나라 성리학이라고 할 수 있지만 구체적으로는 『절운지장도』나 정초(鄭樵, 1104~1162)의 『칠음략(七音略)』과 같은 책이었던 것이다.

부른다.陽足以包陰。則單言六律。陽足以統陰。則呂亦稱律。"라고 하였고 『역학계몽』(『본도서』 제1)에는 "낙서는 다섯 기수로서 4우수를 통괄함으로 각기 그곳에 거하며 양이 주로 음을 통제하고 그 변화의 수로 쓰인다.洛書以五奇數統四偶數。而各居其所。盖主於陽以統陰。而肇其變數之用。"라고 하였다.

20 양의兩儀 : 『중용』에는(제21장) "세상은 지극한 정성에 이를 때 능히 그 천성을 다했다고 할 것이니, 그 천성을 다 해야 사람의 성품을 다 할 것이요, 사람의 성품을 다 해야 능히 만물의 성품을 다 할 수 있을 것이다. 만물의 성품을 다 하고서야 세상의 도움을 받아 만물을 길러 낼 수 있을 것이다. 세상의 도움을 받아 만물을 길러냄으로써 가히 세상과 더불어 화육에 참여할 수 있을 것이다.唯天下至誠爲能盡其性。能盡其性。則能盡人之性。能盡人之性。則能盡物之性。能盡物之性。則可以贊天地之化育。可以贊天地之化育。則可以與天地參矣。"라고 하였고 채원정蔡元定은(『황극경세서』 주에서) "천지만물은 다 음양과 강유의 분별이 있으며, 사람은 곧 음양과 강유를 겸비하고 있다. 그러므로 만물의 영장이며 천지에 참여할 수 있다.天地萬物皆陰陽剛柔之分。人則兼備乎陰陽剛柔。故靈於萬物。而能與天地參也。"라고 하였다. 양의는 곧 『계사』에서 "역에는 태극이 있으며 이것이 양의를 생성한다.易有太極。是生兩儀。"의 '양의'는 천지天地를 이름이다.

21 삼재지도三才之道 : 『계사』(하 제10장)에는 "하늘에는 도가 있으며 사람에도 도가 있고 땅에도 도가 있으니 이 삼제를 겸하면 둘이 된다.有天道焉。有人道焉。有地道焉。兼三材而兩之。"라고 하였으나 재才는 곧 재재로 천지인天地人을 이름이다.

22 목사음양지정질고벽木舍陰陽之定質故闢 : 공영달孔穎達의 『서경정의』에는 "만물이 형성될 때 미소한 것부터 점점 나타나며 5행의 전후도 또 미소한 것부터 먼저 나타난다. 물水은 가장 미소한 것으로서 1이 되며 불火은 점점 나타나서 2가 된다. 나무木의 형체는 실지로는 3이 되며 쇠金는 고체이기 때문에 4가 되며 흙土은 질質이 크기 때문에 5가 된다.萬物成形以徵著爲漸。五行先後亦以徵著爲先。水最微爲一。火漸著爲二。木形實爲三。金體固爲四。土質大爲五。"라고 하였고 유론劉惀은 『역학계몽집주』에서 "수와 화의 끝이 기로 분리

되니 음양이 서로 합치는 시초가 되고 그 기가 서로 근원의 묘함에 있으며 목은 양의 발달이고 금은 음의 바라는 바를 거두어들이니 그것은 정한 바탕이니 그것이 수와 화와 같지 않기 때문이다.蓋水火未離乎氣。陰陽交合之初。其氣目有互根之妙。木則陽之發達。金則陰之收斂。而其有定質矣。此其所以與水火不同也。"라고 하였다. 이 일절은 운장유雲莊劉씨가 즉 유론의 말을 그대로 인용한 것이라고 보인다.

23 천오생토지위야 일지십성토지수야天五生土之爲也 一之十成土之數也 : 『계사』(상 제9장)에는 "천 1이 지 2, 천 3이 지 4, 천 5가 지 6, 천 7이 지 8, 천 9가 지 10이요, 천수 5는 지수 5이다. 오위는 서로 이름을 얻어 합하게 된다. 천수 25와 지수 30은 무릇 천지수 55이다. 이러한 때문에 성분이 변하여 귀신이 된다.天一地二。天三地四。天五地六。天七地八。天九地十。天數五。地數五。五位相得而名有合。天數二十有五。地數三十。凡天地之數五十有五。此所以成變化而行鬼神也。"라고 하였다. 즉 일에서 십까지의 수에서 기수는 하늘天에 배합하여 합이 25요 우수는 땅地에 배합하여 합이 30이 되는 것이다. 그런데 정현鄭玄의 『역법』에는(고길강顧蛄剛·육황여陸隍如 공저 『삼황고』 제178항) "천 1이 북에 있어서 수를 낳아 감坎, 지 2가 남에 있어서 화를 낳아 리離, 천 3이 동에서 목을 낳아 손巽, 지 4가 서에서 금을 낳아 태兌, 천 5가 중앙에서 토를 낳는다. 양과 음에 배우가 없으면 상성할 수가 없다. 지 6이 북에서 수를 생성하고 천 1과 나란히 서면 천 7이 남에서 화를 생성하여 지 2와 나란히 서며, 지 8이 동에서 목을 생성하여 천 3과 나란히 서면 천 9가 서에서 금을 생성하여 지 4와 나란히 서며 지 10이 중앙에서 토를 생성하여 천 5와 나란히 선다.天一生水于北。地二生火于南。天三生木于東。地四生金于西。天五生土于中。陽無偶陰無配末得相成。地六成水于北。與天一並。天七成火于南。與地二並。地八成木于東。與天三並。天九成金于西。與地四並。地十成土于中。與天五並。"라고 하였다.

즉 다시 천지의 수를 일에서 오까지 생위生位, 육에서 십까지를 성수成數로 나누고 또 거기다가 오행과 사계를 배합시킨 것이다. 소위 하도河圖니 낙서洛書니 하는 것은 전부 여기서 부회된 것이지만 송유宋儒들은 오히려 이로써 도서圖書의 진정함을 믿기에 이르렀다. 『계사』의 숫자가 정현鄭玄

(127~200)에 이르러 다소 복잡해졌지만 그 본래의 출발점은 결국 음양을 천지에 배합하고 또 음양을 기우奇偶에 배합함에 따라서 기수는 하늘, 우수는 땅으로 돌린데 지나지 아니할 것이다.

24 이오지정묘합이응 음양천지도二五之精妙合而凝 陰陽天地圖：『태극도太極圖』에는 "무극의 참모습은 음양 곧 2와 5행의 정이 기묘하게 배합하여 응결하는 것이다. 건도는 남자가 되며 지도는 여자가 된다. 음양의 기가 교감하여 만물을 화생하며 만물을 발육 변화하여 그 변화는 무궁하다.無極之眞。二五之精。妙合而凝。乾道成男。坤道成女。二氣交感。化生萬物。萬物生生以變化無窮焉。"라고 하였고 또『통서』에는 "이기 오행이 만물을 낳고 5수가 2실인데 2가 본래 1이다.二氣五行化生萬物。五殊二實。二則本一。"라고 하였다. 이 일절은『태극도설』을 그대로 인용한 것으로 2는 음양이요 5는 오행이다.

25 음양천도야 강유지도야陰陽天道也 剛柔地道也：『역경』<설괘>(제2장)에 "천지의 도는 음과 양에서 또 땅의 도리가 강유에서 사람의 도리는 인의에서 선다.立天之道曰陰與陽。立地之道曰剛與柔。立人之道曰仁與義。"라고 하였는데 <잡봉雜封>에는 "건은 강이고 곤은 유이다.乾剛坤柔"라고 하여 강유는 결국 음양에 대비되는 성질의 것이다.

26 혹허혹실혹양혹체或虛或實或颺或滯：허虛는 후음의 "성은 후가 실하다.聲虛而逢。"고, '양颺'은 아서牙書의 "후음의 성은 실함聲似喉而實"이요 '양颺'은 설음의 "소리가 돌면서 정체되며聲轉而颺"요 '양颺'은 치음의 "소리가 가볍고 정체되며聲屑而滯"요. 무겁고 가벼움은 입술 소리의 가볍고 무거움이다.

27 동정호근음양교변지의언動靜互根陰陽交變之義焉：『태극도太極圖』에는 "한 차례 움직이고 한 차례 멈춤은 서로 그 근원이 되고 음과 양이 분리되어서 양의를 세운다.一動一靜互爲其根。分陰分陽兩儀立焉。"라고 하였다.

28 강심비현질지성야强心非賢質之成也：『한서漢書』<익봉전翼奉傳>에서 "오성은 서로 해를 끼치지 않고 육정은 다시 흥하거나 패한다.五性不相害。六情更興廢。"라고 한데 대하여 진작晉灼의 주에는 "익씨는 다섯 성인데 간의 성정을 가진 이는 고요하여 고요하게 지나는 사람과 같고, 갑기甲己가 주인 사람은 심성은 말라 성급히 행하는 몸이며, 병신丙辛이 주인 사람은 비장

의 성질을 힘으로 그 힘은 믿음으로, 무계戊癸가 주인인 사람은 폐질의 견고한 성질로 견고함으로 의를 행하고, 을경乙庚이 주인인 사람은 신장의 성질인 지혜를 가지고 지혜롭게 공경을 행하고 정임丁壬의 주가 된다. 翼氏五性。肝性靜。靜行仁。甲己主之。心性燥。燥行體。丙辛主之。脾性力。力行信。戊癸主之。肺性堅。堅行義。乙庚主之。腎性智。智行敬。丁壬主之。"라고 하였다. 그 후 거기다가 다시 오행을 명확히 붙여서 우선 『홍범황극내편』과 같은 데도 "일은 물이며 신장이고 그 덕은 지혜이다. 이는 마음이고 그 덕은 몸이다. 삼은 나무이며 간이고 그 덕은 어짐이다. 사는 금이며 폐이고 그 덕은 의로움이며 오는 흙이며 비장이며 그 덕은 믿음이다.一爲水而腎。其德智也。二爲火而心。其德體也。三爲木而肝。其德仁也。四爲金而肺。其德義也。五爲土而脾。其德信也。"라고 하였다.

29 재성보상財成輔相 : 『역경』 <태괘단>에 "천과 지가 교감하는 것이 태괘이다. 군왕은 그것으로 천지의 도를 재성하고 천지의 의를 상보해서 인민을 부양한다.天地交泰。后以財成天地之道。輔相天地之宜。以左右民。"라고 하였는데 재財는 재裁(마름)의 뜻이요, 상相은 좌佐의 뜻으로 그 과過(지남)를 제성裁成(마름) 하여 이루고 또 그 부족함을 보좌한다는 말이다.

30 음양이무개군재야陰陽而無个君宰也 : 『역경』에도 하늘天의 도를 음과 양으로 말할 뿐 아니라 『통서』에는 "하늘의 양이 만물을 생성하고 또 음으로서 만물을 생성한다.天以陽生萬物。以陰成萬物。"라고 하였는데 건乾은 곧 하늘天임에 음양으로 나뉘어서 군재하지 않는 바가 없다고 말한 것이다.

31 일원지기一元之氣 : 『관윤자關尹子』에는 "먼저 생각하면 일월의 기운을 갖추면 일물이 되고 애정을 갖추어 저것과 합치면 형이 되며 명상으로 바라보며 저것과 합치면 리理가 되어 곧 형상이 존재하게 된다.先想乎一元之氣具乎一物。執愛之以合彼之形。冥觀之以合彼之理。則象存焉。"라고 하였다.

32 고정이복원故貞而復元 : 『성리대전』제26 <이기편>에 주회암의 말로 "일세로 말하면 춘하추동이 있고 건으로 말하면 원형이정이 있다.以一歲言之。有春夏秋冬。以乾言之。有元亨利貞。"라고 하고 또 "정에서 다시 원이 됨과 같이 무궁함은 이와 같다는 말은 곧 모든 것이 두루 돌아 제자리로 다시 돌아감을

말함임.貞復生元。無窮如此。"이라고 하였다. 『훈민정음』 제자해에서 "끝소리에 다시 첫소리를 쓰는 것은, 그 움직이고 양인 것도 건이요, 고요하고 음인 것도 또한 건이니, 건은 실상 음과 양으로 나뉘어져서 주재하지 않음이 없기 때문이다. 일원의 기운이 두루 흘러서 막힘이 없고, 네 계절의 운행이 돌고 돌아 끝이 없으므로 정에서 다시 원이 되고, 겨울에서 다시 봄이 되는 것이니, 첫소리가 다시 끝소리가 되고, 끝소리가 다시 첫소리가 됨도 또한 이 뜻이다.終聲之復用初聲者。以其動而陽者乾也。靜而陰者亦乾也。乾實分陰陽而無不君宰也。一元之氣。周流不窮。四時之運。循環無端。故貞而復元。冬而復春。初聲之復爲終。 終聲之復爲初。亦此義也。"라고 하였다.

33 충기沖氣 : 주회암81)의 『태극도해설太極圖解說』에『성리대전』권1 "충기沖氣82)는 중앙에 위치하며, 수기水氣와 화기火氣가 위와 아래로 교차하여 연결된다.(土)沖氣故居中 而水火之交乂系乎上83)"라고 하였는데 도정度正이 다시 회암의 해설을 인용한데는 "중기中氣는 중앙에 위치하며, 수기水氣와 화기火氣가 위와 아래로 교차하여 연결된다.(土)中氣故居中。而水火之乂交系乎上。"라고 하였다. 전자의 충기沖氣가 혹 중기中氣의 잘못인지는 모르겠지만 "사철을 충기沖氣에 배합이 되어配諸四時與沖氣"의 뜻으로 미루어 보아『예기』<월령>의 사덕四德과 함께 '중앙토中央土'를 의미하는 것임에 틀림이 없다.

34 지원언근편민이指遠言近片民易 : 『시경』<대아판장大雅板章>에 "하늘이 민을 계도한다.天之牖民"란 구가 있으니 '용牖'은 '계도啓導하다'의 뜻이다.

35 천원하회지교위天援何會智巧爲 : 『절운지장도切韻指掌圖』의 사마광司馬光을 머릿글에 이름을 올릴 서문에 "이는 대게 하늘이 만들어 신에게 전수하여 배워 익히도록 한 것이니, 내가 감히 숨길 수 없다.是殆天造神授。以便學者。

---

81) 주회암(朱晦庵) : 주자(朱子). 중국 남송의 유학자. 이름은 희(熹), 자는 원회(元晦), 호는 회암(晦庵)이며 주자는 존칭이다. 신안(안휘성) 출신으로 주자학을 집대성하였다. 19세에 진사에 합격하여 관계에 들어갔으며 그 전후에 도학 외에 불교, 도교도 공부하였다. 24세에 이연평(李延平)과 만나 그의 영향 하에서 정씨학(程氏學)에 몰두하고 다음에 주염계, 장횡거(張橫渠), 이정자(二程子)의 설을 종합 정리하여 주자학으로 집대성하였다

82) 충화지기(冲和之氣), 곧 천지간의 조화된 기운.

83) 재물과 관계가 없고 벼슬길에서 청렴하고 정직하다(沒有財物牽涉 形容爲官淸正廉洁).

予不敢秘焉。"라고 하였으니 아마 그 말을 취하여 쓴 것 같다.

3. 평해

1) 음양오행설

그 당시 중국은 원나라의 통치로 인하여 한동안 침체함을 면치 못한 유학이 명나라에 들어오며 다시 번성하게 되는 형세나 왕수인王守仁, 1472~1528은 그 뒤니 말할 것도 없고 오직 진헌장陳獻章, 1428~1500이 바로 같은 시대인데 독자의 문호를 뚜렷이 세우기 조금 전이다. 백사양명白沙陽明의 일파가 아직 풍미하지 못한 시대라 유학을 말한다는 것도 결국 송유의 의논을 반추하는 도리밖에 없었다. 『성리대전』[84]은 곧 그 좋은 표본이다.

---

84) 『성리대전(性理大全)』은 성조(成祖, 영락제)의 명에 의해 호광(胡廣) 등 42명의 학자들이 송·원의 성리학설을 집대성하여 편찬한 『이학문집(理學文集)』, 『오경대전(五經大全)』, 『사서대전(四書大全)』과 같이 1415년(영락 13)에 완성되었으므로 이를 통틀어 <영락삼대전(永樂三大典)>이라고도 한다. 70권으로 되어 있으며 책머리에 성조의 어제서문(御製序文)과 호광이 지은 진서표(進書表), 선유성씨(先儒性氏), 목록(目錄)이 있다. 1~25권까지는 『태극도(太極圖)』, 주돈이(周敦頤)의 『태극도설(太極圖說)』, 장재(張載)의 『통서(通書)』·『서명(西銘)』·『정몽(正蒙)』, 소옹(邵雍)의 『황극경세서(皇極經世書)』, 주자(朱子)의 『역학계몽(易學啓蒙)』, 『가례(家禮)』, 『율려신서(律呂新書)』, 채침(蔡沈)의 『홍범황극내편(洪範皇極內篇)』 등 단행본을 수록하고 주석을 달았다. 26~70권까지는 이기(理氣), 귀신(鬼神), 성리(性理), 도통(道統), 성현(聖賢), 여러학사(諸儒), 학(學), 제자(諸子), 역대(歷代), 군도(君道), 치도(治道), 시문부(詩文賦) 등의 주제로 나누어 제가의 어록과 문장을 분류·수록했으며 이 책에 실린 학자는 118명에 이른다. 내용은 송원학으로 도학과 성리학의 근본 문제를 다루면서 이기성리를 중심으로 송원학의 정통성과 다른 학파에 대한 견해, 중국의 역사에 대한 인식과 정치의식 등을 체계적으로 이해할 수 있도록 편집했다. 특히 첫머리의 『태극도』와 『태극도설』은 천도론과 인성론을 종적으로 연결시켜 우주론의 이론 체계를 갖추게 한 점에서 송대 성리학의 선하(先河)로 일컬어진다. 편집 체계의 짜임새가 부족한 점이 많다는 비판도 일어났지만 방대한 분양으로 성리학의 권위적 체계를 확보하여 사상과 교육에서 통제력을 발휘할 수 있게 했다. 각 교육기관을 통해 널리 보급되었다. 청대에 강희제가 이광지(李光地) 등에게 명하여 『성리대전』의 정수를 발췌하여 『성리정의(性理精義)』를 편찬하게 했다. 우리나라에는 세종1년(1419)에 들어왔으며 국내에서 다시 간행되어 널리 보급되면서 성리학의 수준을 높였다.

이런 점으로 보아서 이 책이 중국 유학사상에 있어서도 하나의 기념물이라고 할 수 있다.

그런데 조선은 정몽주鄭夢周, 1337~1392나 권근權近, 1352~1409과 같은 이가 비로소 유학을 탐색하기 시작하여 그 역사가 아직 유치할 만큼 송나라 유학의 학설조차 일반의 호기심을 끌지 못하였을 것이다. 더구나 태종 이후 숭유의 정책에 따라 유학자 벼슬아치儒冠의 세력이 바야흐로 팽배하였음으로 유학으로 대표되는 그 학설이 가장 존엄하고 존중되고 위엄을 갖춘 것으로 평가되었을 것이다. 설사 양명백사陽明白沙의 일파가 좀 더 일찍이 대두하여 조선에 소개되었더라도 그 능히 송나라 유학에 대한 숭모를 말살시켰을지 모를 것이지만 황차 송나라 유학의 의논 이외 더 다른 것이 없으니 곧 유학의 전부로 되고 말 수밖에 없었다. 세종 당시 유학을 전공한 사람으로 김말金末, 1383~1464, 김반金泮, ?~?, 김구金鉤 등이 있다. 김구는 바로 세종이 『성리대전』의 연구하도록 명했던 그 사람이다. 그들의 후배로 점필제佔畢齋 김종직金宗直, 1431~1492이 나오고 다시 그 문하에서 한훤당寒暄堂 김굉필金宏弼, 1454~1504과 일두一蠹 정여창鄭汝昌, 1450~1504이 나온 바 을묘 제현의 수령인 정암靜庵 조광조趙光祖, 1482~1519는 곧 김굉필의 제자로 여기 이르러는 조선 유학이 정주적 농성籠城도 거의 모든 준비를 마친 셈이다. 앞으로 포은圃隱, 양촌陽村과 뒤로 점필제 사이에 있어 세종 때, 3김(김말, 김반, 김구)의 개인은 그다지 성가가 높지 못했음에도 불구하고 실상 조선의 정주학도 집현전의 배양으로부터 생장된 것이니 그것은 무엇보다도 세종 문화와 『성리대전』의 깊은 관계가 잘 증명하는 바다.

하여튼 해례의 음양오행설은 그 토대가 역시 정주의 성리설이다. 어느 편으로 보아서는 성음에 대한 음양오행설을 정주의 성리설 아래에 실로 교묘히 대성한 것이다.

본래 집현전 당시에는 전래의 여러 학사들이 다 각각 정주학에 대한 어느 정도의 소양을 가졌던 것이 아닌가 의심이 간다. 우선 해례의 편찬자 여덟 사람부터 그렇지 않고서는 그 편찬에 종사하기 불가능하였을 것임에 틀림이 없다. 그중의 한 사람인 이개李塏, 1417~1456의 <제희현당시권題希賢堂詩卷>이란 시(『육선생유고』권3『보한재집』부록)에 "혼돈이 나뉜 후에 삼재가 있으니 각기 태극을 구비하여 차별이 없었다. 태극의 이치는 성誠에 불과한 것이니 성은 태극과 하나는 아니지만 하늘은 성으로 하여 저절로 굳건하고 땅은 성으로 하여 만물을 싣고 있네. 성인은 천성이라, 성에 편안하니 이 때문에 천지와 그 덕이 합하고 현자는 성하기를 생각하여 스스로 지키니 이 때문에 덕의를 본받을 만한 것이다. 주나라가 쇠하고 도를 잃은 지 수천 년이 되었으니 중간에 삿된 길과 거짓이 멋대로 좀먹어서 온 세상 어릿어릿 어둠 속을 헤매어 성현의 길에 형극이 생기게 하였네. 진중한 주염계가 황무한 것을 김을 매어 환히 만고에 뭇 의혹을 풀었구나. 희천希天, 희성希聖, 희연希賢이란 말로 학자가 힘쓸 바를 지시하였네. 고양 재자 천품이 높건만 위로 고인을 벗하였어도 합한 데 적었구나. 안연과 이윤이 실로 바라는 바이니 성인은 과하고 현인이 미칠 것을 바라네. 아, 우리 삼재에 참례하였으니 어떻게 하면 하늘과 땅과 함께 참례하였을까. 정성 성, 한 글자가 성인 학문 꿰뚫으니 너희에게 분명히 고하노니 과연 확실한 것이구나.混沌旣分三才出。各具太極無差別。太極之理不外誠。誠也太極元是一。天以誠而能自健。地以誠而能載物。聖人性焉安於誠。所以天地合其德。賢者思誠能自守。所以德義爲可則。周衰道喪數千載。中間邪惡恣孟賊。擧世賢貿昧所之。遂令聖路生荊棘。珍重濂溪爲鋤蕪。昭然萬古開群惑。希天希聖希賢語。指示學者知所方。高陽才子天稟高。尙友古人猶寡合。維顔維尹實所希。維聖維賢過與反。于嗟我人備三才。何以能參天地立。誠之一字貫聖學。告爾丁寧果而確。"라고 하였으니 '희현希賢'이란 말이 『통서』에서 나온 것을 쫓아서 시의 전편을 '태극도설', '통서' 등의 말로 구성한 것이다. 이 한 수의 시만 미루어 보더라도 거기에 대한 그들의 소양이 결코 얕지 아니하였음을 짐작할 수 있을 것으로 생각한다.

　본래 천지만물을 모조리 음양과 오행에 배합시키지 않고는 거의 유지하지 못하는 중국인들이 유독 성음만을 그 예외로 두었을 리는 만무한 일이다. 중국의 음운학은 오히려 음양오행의 부질없는 껍질에 혼란되어 그 진정한 핵심을 찾기 어려울 때조차 드물지 않다. 그러나 사실에 있어서 그것은 다 각각 어느 한 부분에 한한 것으로 어음 전체를 통하여 체계가 정연한 이론은 거의 없다고 보아도 좋다. 가령 자모를 오행과 오음에 대비하였다고 하지만은 그것은 자모에 한한 것뿐이요. 또 가령 사성을 오음에 대비하였다고 하지만은 그것은 자운에 한한 것뿐이다. 오직 『황극경세서』[85]만이 어음 전체를 통하여 한 체계를 수립하였는데 그것은 애초부터 어음 본위의 저서가 아니었음으로 어음이 너무나 무시되어 있다. 즉 거기는 첫째로 자모나 운부韻部의 명칭이 완전 표시되어 있지 않고, 둘째로 전자를 천간수天干數, 후자를 지지수地支數에 부합시키기 위하여 성음의 무리한 분류를 행하였고, 셋째로 후자는 비교적 간이하게 된 반면에 전자는 아, 설, 순, 치, 후의 구별을 없애어 도리어 혼효케 된 등이다. 그뿐 아니라 『황극경세서』는 역수易數에 맞추기 위하여 금, 목, 수, 화, 토의 오행을 수, 화, 토, 석의 사행으로 고쳤다. 그 점에 있어서 그 이론이 음양설은 될지언정 음양오행설은 되지 못 하는 것이다.

---

85) 『황극경세서』: 역학의 원리를 성운학과 결합시킨 이는 송나라 소옹인데 그는 『황극경세서』에서 천지 사이에 생성되는 만물을 수리와 역의 쾌와 효로 생성과 소멸의 구성을 체계적으로 기술하였다. 그는 체와 용의 개념을 설정하여 성음의 생성원리를 설명하고 수리로서 만물의 원리를 찾고자 하였다. 한편 성성 10성과 정음 12음으로 된 <성음창화도>를 만들었다. 『황극경세서』 <성음창화도>에서 성은 청(淸), 탁(濁)으로 구분하고 운은 흡(翕), 벽(闢)으로 구분하였다. 흡(翕), 벽(闢)은 곧 개구(開口)와 합구(合口)의 개념으로 개모 w의 유무에 따라 1등, 2등, 3등, 4등으로 구분하는데 소강절은 이를 일월성신으로 구분하였다. 훈민정음 제자해의 창제 원리에 이론적 근거를 만드는 데 가장 큰 영향을 끼쳤다는 견해가 있으나 이는 재고될 소지가 있다.

그런데 해례의 음양오행설은 그것으로서 초성자가 설명되고 또 중성자가 설명되고 또 초, 중, 종 삼성의 합성이 설명된다. 단편의 음양오행설과 소강절邵康節(소옹, 1011~1077)의 음양설을 합하여 능히 독자적 체계를 크게 이루게 된 것이다.

① 초성자

『운회』음례에는 "음학音學은 오래 전에 잃어버렸다. 운서가 뒤바뀌고 서로 뒤섞여 전습되어 왔으나 사마온공의 『절운』으로서 제가의 운서를 참고하여 각, 치, 궁, 상, 우, 반치상, 반상치의 순서를 바르게 지었다.音學 久失。韻書謬舛相襲。令以司馬溫公切韻。參考諸家聲音之書。定著角徵宮商羽半徵商半商徵之序。"라고 하여 소위 『예기』월령의 사시와 배합한 『절운지장도』의 순서가 가장 정당하다고 인식하고 그것을 좇은 모양인데 그 배합의 이유는 먼저 그것을 시작한 곳이나 나중 거기에 추수追隨한 곳이나 다 함께 아무 설명이 없다. 『절운지장도』에서 왜 하필 그렇게 배합하였는지도 의심스럽거니와 그보다 『운회』에서 왜 하필 그 배합을 정당하다고 인정했는지 더 한층 모를 일이다.[86] 그러나 해례는 아, 설, 순, 치, 후가 각각 목, 화, 토, 금, 수에 배합된 이유와 또 후, 아, 설, 치, 순이 각각 북, 동, 남, 서, 중에 배합되는 이유가 갖추어져 있다. 전자에는 늦여름季夏의 1월에 안접된 흙土이 후자에 이르러는 기왕 사계로 달라져서 이론상 자가 모순의 일하一瑕, (옥의 티)가 있음에도 불구하고 『절운지장도』의 그 배합은 이에서 비로소 합리화됨을 얻은 것이다.[87] 그 이외에도 전청을 1행의 성질, 차청을 그

---

86) 중국의 운도나 운서마다 성, 운, 도를 궁상각치우나 오음, 청탁 또는 사시나 오방 등의 용어와 배합할 때 배합방식이 차이를 보인다. 이러한 배합은 인위적이기 때문에 운서의 영향관계를 파악하는 데 이용될 수 있다.

87) 『훈민정음』해례의 오음계 배치가 『훈민정음』해례본과 『홍무정운역훈』, 『사성통해』와 차이가 난다는 점을 구체적으로 지적하게 되었다. 곧 음양오행의 동아시아의 사상 체계

성장, 전탁을 그 노장으로 말하여 오행소장설五行消長說을 끌어들였고 아음의 ㆁ과 후음의 ㅇ와 유사함을 지적하여 오행상생설五行相生說을 적용하였다. 이러한 부분은『절운지장도』그 자체에서도 일찍 말하지 못했던 것이다.

② 중성자

『홍무정운』의 송렴宋濂, 1310~1381의 서문에서 "사마광이 말씀하시되 만물의 근원이 '체體(바탕)'와 그 작용인 '용用(쓰임)'을 갖추고 있는 것은 글자보다 더한 것이 없고, 모든 글자의 형과 성을 포괄하고 있는 것은 '운'보다 더한 것이 없다고 하였으니 이른바 천天(하늘), 지地(땅), 인人(사람) 삼재의 도리 곧 주역의 이치와 생명과 도덕의 심오한 이치와 예, 악, 형정의 근원이 모두 이와 연계되어 있으니 참으로 신중히 하지 않으면 아니 됩니다.司

로 만든 훈민정음의 제자의 원리를 밝힌 제자해에서 제시한 '脣-宮'의 배합과 '喉-羽'의 배합이 문제가 있음 지적하였다. 곧 "元和韻譜及神珙。喉音爲宮土。"라고 하여 '喉-宮'의 배합이 옳으며, 이어서 "韻譜及沈約神珙。皆以脣爲羽音。"라고 하여 '脣-羽'의 배합이 옳다고 규정한 내용이다. 오음, 오성, 오계, 오시 등에서 뿐만 아니라 특히 율려와 성음의 이치를 성운학과 통합한 곧 전체를 하나의 원리로 관통하고 하나를 곧 전체로 일관하는 통합적 구조주의의 원리에서 오성과 오음(또는 칠성과 칠음)의 배합 원리가 심약의 『원화운보』〈오음지도(五音之圖)〉의 "宮。舌居中(喉音)。角。舌縮却(牙音)。徵。舌拄齒(舌頭, 舌上)。商。口開張(齒頭, 正齒)。羽。口撮聚(脣重, 脣輕)。"로 기술한 내용과 다른 점을 지적한 것인데 이것은 『훈민정음』창제 당시 세종께서 원나라 북방음이 반영된 『고금운회거요』를 기준으로 오음과 오성을 결정했던 결과이다. 그 이후 명나라에서도 심약의 『원화운보』를 기준으로 한 『홍무정운』의 운도에서 이들 배치가 달라졌다는 사실도 이와 관련이 있다. 이상의 내용을 요약하면 다음 도표와 같다. 이상규, 『상주본 『훈민정음』 해례본과 그 출처", "훈민정음 해례본과 학가산 광흥사", 주제 발표문, 21~22쪽, 2014. 참조

五音-五聲	출전	참고
宮-脣, 羽-喉	『切韻指掌圖』중 〈五音五聲 辨字母次第例〉 『四聲等子』, 『夢溪筆談』, 『古今韻會擧要』	『훈민정음』 〈제자해〉
宮-喉, 羽-脣	『切韻指掌圖』중 〈辨五音例〉, 『玉篇』의 〈廣韻指南〉, 『洪武正韻』	

馬光有云。備萬物之體用者莫過於字。包衆字之形聲者莫過於韻。所謂三才之道。性命道德之奧。禮樂刑政之原。皆有繫於此。誠不可不愼也。"라고 하여 어음 그것과 삼재의 도가 관련이 있는 것같이 말하였다고 하더라도 그 말에 하등의 근거가 있는 것은 아니다. 오직 어음의 중요성을 과장하기 위하여 성명性命을 들추고 도덕을 들추고 예악을 들추고 형정을 들추는 마당에 실로 우연히 삼재의 도에까지 미쳤던 것뿐이다. 그러나 해례에는 중성의 3자가 삼재로부터 형성되고 그 외의 8자가 음양이 서로 교류陰陽相交하는 이치로부터 자생되고 다시 그 전부가 역의 천지수에 배합되어 각기 오행과 사방에 분속되고 있다. 초성자는 기존한 이론을 다소 확충한데 지나지 못 함에 대하여 중성자는 완전 새로운 이론의 창설인 것이다. 물론 천지수는 10밖에 없고 중성자는 11이라 그 배합에 있어서의 한 자는 부득이 배제되지 아니할 수 없다. 이 점에 있어서 그 배합은 약간의 무리를 면치 못하되 삼찬양의參贊兩儀하는 인人(사람)의 특수 지위로서 그 역시 전 체계의 파탄破綻을 면하기에는 충분한 이론을 세워 놓았다.

③ 삼성(三聲)의 합성

초성을 땅地, 중성을 하늘天에 배합한 것은 『황극경세서』에서 바른 소리正音와 바른 음正聲을 천지天地로 댄 것과 다름이 없으나 초성을 하늘天, 중성을 사람人, 종성을 땅地에 배합한 것은 중성자의 삼재설과 함께 완전 조술한 바 없는 것이다. 전자와 후자에 있어 하늘과 땅이 통으로 전도되는 것은 일종의 결함이며, 양의와 삼재의 관계를 갖추지 못함으로써 그 역시 부득이한 결함이다. 그런데 초성이 다시 종성되는 것은 양성 합성으로 보아 "만물은 땅에서 처음 생성되며 다시 땅으로 되돌아간다.物初生於地。復歸於地。"는 것이요 삼성 합성으로 보아 "건은 실제로 음양으로 나누어지며, 임금이 관장하지 못한다.乾實分陰陽。而無不君宰。"라고 하였다. 하늘과 땅은 전도되어 초성이 종성되는 이유는 언제나 성립될 수 있다.

이상과 같이 초성자에는 초성자대로 음양오행 방위의 수가 있고, 중성자에는 중성자대로 음양오행 방위의 수가 있으며, 그것이 다시 합성되는 데는 또 그대로 천지음양의 배합이 있으니, 이 순서를 한번 뒤집어서는 『태극도』의 이른바 "음과 양으로 나누어져 양의가 세워지며, 음이 변하여 양에 합쳐져 수화목금토가 생성되며 오기가 두루 퍼지며 사시가 다섯이 된다.分陰分陽。兩儀立焉。陰變陽合。而生水火木金土。五氣順布。四時行焉。"는 말에 들어맞는 것이다. 여기서 더 한 걸음 나가서 건과 복의 사이가 태극이 되고 동과 정의 뒤가 음양이 된다고 하였으니 그것은 곧 『태극도』의 이른바 "무극이면서 태극이다. 태극이 동해서 양을 생성하고 동이 극에 달하면 정해지니 정하여서 음을 생성하고 정이 극에 달하면 다시 동해진다. 한번 동하고 한번 정하는 것은 서로 뿌리가 되어 음으로 갈리고 양으로 갈리니 양의가 맞서게 된다.無極而太極。太極動而生陽。動極而靜。靜而生陰。靜極復動。一動一靜。互爲其根。"을 의미하는 데 벗어나지 않는다.

해례에서 음양오행설의 부분만 추려서 모은다면 한 편의 『태극도』이다. 그중에도 태극 곧 무극으로 해석한 등 정주파의 색채가 심히 분명하다.

2) 초성의 제자

초성의 제자에는 세 종류가 있다. 첫째는 각 음의 상형을 취한 기본자요. 둘째는 그 기본자를 놓고서 다시 이체취상異體取象, 이음취상異音取象, 가획加劃 등을 취한 기성자요. 셋째는 병서, 연서 등을 취한 합체자다.

① 기본자

자형	음별	청탁별	상형
ㄱ	아음	전청	혀뿌리로 목구멍을 막는 모양
ㄴ	설음	불청불탁	혓바닥이 윗 입천장에 닿는 모양
ㅁ	순음	불청불탁	입술 모양
ㅅ	치음	전청	이 모양
ㅇ	후음	불청불탁	목구멍 모양

② 기성자

ㄱ에서	가획의 ㅋ(차청)	
ㄴ에서	가획의 ㄷ(전청) ㅌ(차청)	이체의 ㄹ(반설음)
ㅁ에서	가획의 ㅂ(전청) ㅍ(차청)	
ㅅ에서	가획의 ㅈ(전청) ㅊ(차청)	이체의 △(반설음)
ㅇ에서	가획의 ㆆ(전청) ㅎ(차청)	이체의 ㆁ(아음)

③ 합체자

병서	ㄲ ㄸ ㅃ ㅉ ㅆ(전청 병서)	ㆅ(차청 병서)
연서	ㅸ ㆄ ㅃ ㅱ(순경)	

3) 초성의 음리

'ㄱ'자의 상형을 "혀뿌리로 목구멍을 막는다.舌根閉喉"라고 하였으니 곧 그 한 부류는 폐쇄음閉塞音(stop sound)이라는 말이요 'ㆁ'자의 설명을 "혓뿌리로 목구멍을 막고 소리는 코로 낸다.舌根閉塞。聲氣出鼻。"라고 하였으니 곧 그 것은 폐쇄음 중에서 다시 비음(nasal sound)이란 말이다. 또 'ㄴ'자의 상형은 "혀를 입천장에 닿는다.舌附上腭"이고, 순음의 설명은 "입을 열고 닫는다.脣方而合"이다. 아음이 설근으로 폐쇄함에 대하여 설, 순 양 음이 "혀를 윗

입천장에 닿는다.舌附上腭"와 합순으로 폐쇄하는 것을 지적한 것이다. 치음에 이르러는 "소리가 부스러져 막힌다.聲屑而滯"라고 설명하였다. 이 '체滯'자는 마찰음(fricative sound)의 그 성질을 잘 형용한 것이라고 보인다.

만일 상기의 말을 종합하여 본다고 하면 그 얼마나 현대 음성학과 가까운 거리에 있다는 사실은 매우 놀라운 일이다.

오직 복잡한 음양오행설 속에 한두 마디 흩어져 있을 뿐으로 체계를 갖춘 설명을 이루지 못하므로 후인으로 하여금 결국 그들의 음성학의 단편 이상 더 알지 못 하게 한 것은 실로 유감되는 바이다.

		설근폐후	설부상악	합순
닫힌소리	구강음	ㄱ ㅋ	ㄷ ㅌ	ㅂ ㅍ
열린소리	비음	ㆁ	ㄴ	ㅁ
막힌소리		ㅈ ㅊ ㅅ		

실상은 상기의 도표만 보아도 그 이전의 것을 추측하기에 충분하다. 반드시 그 전부의 설명을 가다릴 것도 없는 일이다.

그런데 'ㄴ, ㅁ'에서 'ㄷ, ㅂ'이나 'ㅅ'에서 'ㅈ'이나 'ㄱ, ㄷ, ㅂ, ㅈ'에서 'ㅋ, ㅌ, ㅍ, ㅊ'는 소리가 '가는소리厲'라고 설명하고 'ㄱ, ㄷ, ㅂ, ㅈ, ㅅ, ㆆ'에서 'ㄲ, ㄸ, ㅃ, ㅉ, ㅆ, ㆅ'는 소리가 '엉킨다凝'고 설명하였다. '凝(응, [+fortis])'은 한 종류의 성음 차이를 형용함에 지나지 못하여서 오히려 단순하지만 '厲(려, [+aspirate], [+fricative], [+stop])'는 세 종류의 성음 차이를 함께 포괄하여 복잡함을 면치 못한다. 그러나 이것은 각 음을 분석하여 그 공통의 요소를 든 것이 아니다. 음양을 비교하여 그 공통의 인상을 든 것이다. 이런 의미로서는 세 종류의 성음 차이가 '厲(려)'의 한 글자로 포괄된 것도 무리하게 생각할 것은 없다.

4) 중성의 제자

중성의 제자에도 세 종류가 있다. 첫째는 삼재의 상형을 취한 기본 3자요 둘째는 그 3자의 일차 합체로 된 초출자요. 셋째는 그 3자의 이차 합체로 된 재출자다.

① 기본자

자형	·	ㅡ	ㅣ
舌	縮 [−B]	小縮 [±B]	不縮 [+B]
聲	深 [−H][+L]	不淺不深 [−H][−L]	淺 [+H][−L]
象形	天圓	地平	人立

② 초출자

자형	ㅗ	ㅏ	ㅜ	ㅓ
입 모양	蹙 [+R]	張 [−R]	蹙 [+R]	張 [−R]
동음	·	·	ㅡ	ㅡ
합체자	· ㅡ	ㅣ ·	ㅡ ·	· ㅣ

③ 재출자

자형	ㅛ	ㅑ	ㅠ	ㅕ
기본 음	ㅣ	ㅣ	ㅣ	ㅣ
동음	ㅗ	ㅏ	ㅜ	ㅓ
합자체	ㅕ	ㅑ	ㅠ	ㅕ

5) 중성의 음리

먼저 성의 깊고 얕음深淺, [±H], [±L]과 혀의 오므림과 폄縮不縮, [±B]의 정도를 가지고 중성을 세 종류로 나누어 거기서 기본 3자가 나오고, 그 기본자와 비교하여 입의 오무림蹙과 폄張, [±R]을 구별하니 거기서 초출자가 증가되는 것이다. 초출자에 대해서는 성의 깊고 얕음과 혀의 오무림과 오무리지 않음이 설명되지 아니하였으나 '·, ㅡ'와의 동음이란 곧 그를 표시하는 것이요 기본자에 있어서는 입의 오무림과 폄이 설명되지 아니하였으나 '오무림蹙'도 아니요 '폄張'도 아닌 점에서 그 중간 형태라는 사실이다.

요컨댄 상기 중성의 일곱 자는 결국 혀의 축과 불축縮不縮과 입의 축장蹙張을 달리함에서 서로 구별되는 것이라고 본 것 같다. 재출의 넉자는 오직 초출자에다가 ㅣ의 기음(on-glide sound)을 가한 것임으로 그 역시 마찬가지일 것이다.

『훈민정음』의 제작자가 음성학에 대하여 높은 식견을 가졌던 것은 무엇보다도 중성의 분류가 잘 설명해 준다. 오히려 놀라움을 금치 못 할만큼 치밀하고 세심한데 이르러 있는 것이다.

위수位數와 합벽闔闢88)은 음양오행설의 잔재나 음성 방면에도 다소의 참

---

88) 소옹은 『황극경세서』에서 '합(合)'을 '합(翕)'자로, '개(開)'를 '벽(闢)'자로 썼는데, 『훈민정음』 해례본에서는 "이 아래 8성은 일합 일벽(此下八聲。一闔一闢。)"에서처럼 '흡(翕)'자와 뜻이 같은 '합(闔)'자를 써서 '합(闔), 벽(闢)'으로 표현했다. 또 합벽(闔闢)은 '구축(口蹙)', '구장(口張)'과도 상호 연관 관계에 있으므로 이들은 모음을 원순성 여부와 개구도를 참고로 해서 분류한 기준으로 볼 수 있다.

ㅗ	ㅜ		합(闔) ㅗ ㅜ ㅛ ㅠ구축(口蹙)
↑	↑	구축(口蹙)	
·	ㅡ		벽(闢) ㅏ ㅓ ㅑ ㅕ구장(口張)
↓	↓	구장(口張)	
ㅏ	ㅓ		초출(初出) 재출(再出)

『역경』 <계사> 상11장에는 "이러한 고로 합을 곤이라 하고 벽을 건이라 하며 일합일벽을 변화라고 한다(是故闔戶謂之坤。闢戶謂之乾。一闔一闢謂之變。)"라는 구절이 있어서, 여기의 '一闔一闢'은 이를 따온 것으로 보인다.
구축(口蹙, 입을 오므림)과 구장(口張, 입을 벌림) 그리고 합벽(闔闢, 입을 닫고 엶)에 따른 모음의 상관도는 아래 도표와 같다. 샘슨(Sampson, 1985) 교수는 "축(蹙)(back), 불축(不蹙)(front), 천(淺)(grave), 합(闔)(acute), 벽(闢)(round)와 같은 변별적 자질을 나타내는

고가 되는 점이 없지 않다. 그 두 가지를 도표로 만들어서 아래에 부기하
여 둔다.

① 위수도(位數圖)

오행사방	북수	남화	동목	서금	중토
정위	천1 ㅗ	지2 ㅜ	천3 ㅏ	지4 ㅓ	천5 ·
성수	지6 ㅠ	천7 ㅛ	지8 ㅕ	천9 ㅑ	지10 ―

※ ㅣ의 ―자는 무소속

② 합벽도(闔闢圖)

闔	ㅗ	ㅜ	ㅛ	ㅠ	蹙口
闢	ㅏ	ㅓ	ㅑ	ㅕ	張口

※ · ― ㅣ의 3자는 무소속

문자이기 때문에 한글을 변별적 문자라고 규정하고 있다.

자형	음성	제자방법	제자원리	음양	입술모양
ㅗ	同而口蹙	＋―	天地初交之義	양	합(闔)
ㅏ	同而口張	ㅣ＋	天地之用發於事物待人而成	음	벽(闢)
ㅜ	一同而口蹙	―＋	天地初交之義	음	합(闔)
ㅓ	一同而口張	＋ㅣ	天地之用發於事物待人而成	음	벽(闢)

제출자의 제자원리와 그 음가를 요약하면 아래 도표와 같다.

재출자	입의 모양 변화	음양	입술모양
	시작모양 → 끝모양		
ㅛ	ㅣ → ㅗ	양	합
ㅑ	ㅣ → ㅏ	양	벽
ㅠ	ㅣ → ㅜ	음	합
ㅕ	ㅣ → ㅓ	음	벽

제2절 초성해

1. 원문과 해석

初聲解

正音初聲。卽韻書之字母也。[89]聲音由此而生。故曰母。[90]如牙音君字初聲是ㄱ。ㄱ與ㅡㄴ而爲군。快字初聲是ㅋ。ㅋ與ㅙ而爲‧쾌。虯字初聲是ㄲ。ㄲ與ㅠ而爲뀨。業字初聲是ㆁ。ㆁ與ㅓ而爲업之類。舌之斗吞覃那。脣之彆漂步彌。齒之卽侵慈戌邪。喉之挹虛洪欲。半舌半齒之閭穰。皆倣此。

[초성해]

정음의 초성은 곧 운서의 자모字母, 聲母다. 성음(말소리)이 이로부터 생겨 나므로 이르기를 모母라 한 것이니. 아음牙音인 군君자의 초성은 곧 ㄱ인데

---

89) 正音初聲。卽韻書之字母也。: 중국 성운학(음운학)에서 말하는 36자모가 한자음의 모든 두자음(頭子音)을 조음위치와 조음방식 그리고 음의 성질에 따라서 분류 정리하고 하나의 한자로서 하나의 자음을 표시하도록 마련된 것이므로, 그 성격에 있어서는 표음문자인 훈민정음의 초성 글자와 같기에 이렇게 표현한 것이다.

	전청	차청	전탁	불청불탁
어금닛소리(牙)	君	快	虯	業
혓소리(舌)	斗	吞	覃	那
입술소리(脣)	彆	漂	步	彌
잇소리(齒)	卽	侵	慈	
	戌		邪	
목구멍소리(喉)	挹	虛	洪	欲
반혓소리(反舌)				閭
반잇소리(反齒)				穰

90) 聲音由此而生。故曰母。: 여기서는 해례 편찬자들이 자모에 대하여 설명한 것은 사실을 반대로 설명한 것이다. 자모란 각 어두자음을 분류해서 하나의 어두자음을 나타내도록 그 대표로 정해진 것을 말하는 것이지, 자모가 먼저 있어 거기서 성음이 생겨나는 것이 아니므로, ‘故曰母’라는 표현은 정당하지 않다. ‘故曰字母’로 되어야 한다.

ㄱ이 ㄴ과 어울려 '군'이 되고, 쾌快자의 초성은 곧 ㅋ이니 ㅋ이 ㅙ와 어울려 '·쾌'가 된 것이고, ㅠ虯자의 초성은 ㄲ인데 ㄲ이 ㅠ와 합하여 'ㅠ'가 되고, 업業자의 초성은 ㅇ인데 ㅇ이 ㅓㅂ과 어울려 '업'이 되는 것과 같다. 설음 ㄷ斗 ㅌ吞 ㄸ覃 ㄴ那, 순음 ㅂ彆 ㅍ漂 ㅃ步 ㅁ彌, 치음의 ㅈ卽 ㅊ侵 ㅉ慈 ㅅ戌 ㅆ邪, 후음 ㆆ挹 ㆅ洪 ㅇ欲, 반설음(유음), 반치음(양순유성마찰음)의 ㄹ閭 △穰 도 모두 이와 같다.

訣曰
君快虯業其聲牙　舌聲斗吞及覃那
彆漂步彌則是脣　齒有卽侵慈戌邪
挹虛洪欲迺喉聲　閭爲半舌穰半齒
二十三字是爲母[91]　萬聲生生皆自此

결訣에,

ㄱ君과 ㅋ快, ㄲ虯와 ㅇ業 그 소리는 어금니

혓소리 ㄷ斗와 ㅌ吞 그리고 ㄸ覃 ㄴ那

ㅂ彆 ㅍ漂와 ㅃ步 ㅁ彌는 곧 입술소리며

치음에 ㅈ卽 ㅉ慈 ㅊ侵 ㅅ戌 ㅆ邪이 있으며

ㆆ挹과 ㅎ虛 또 ㆅ洪(와) ㅇ欲 목구멍 소리인데

ㄹ閭(라는)건 반혓소리半舌에, △穰은 반치半齒라.

스물세 글자로 자모字母가 되어서

만 가지 소리가 다 여기서 나도다.

---

91) 二十三字是爲母 : 훈민정음의 자음子音은 제자해에서 '初聲凡十七字'라고 했으나 전탁(全濁 : 각자병서)까지 합하면 23자이므로 여기에서 이렇게 말하였다.

2. 주해

1 운서韻書 : 운서란 『광운』, 『집운』, 『오음집운』,[92] 『운회』 등의 서적을 가리
킨다. 실상 운서 중에서 자모를 표시한 것은 『오음집운』이 처음이고, 그 뒤
『운회』에서 『오음집운』을 본 땄다. 그러나 그 당시는 진짜처럼 만들었음膺
作으로서 『절운지장도』를 사마광司馬光의 저작으로 오인하였는데 그 서문에
는 『집운』에 따라서 자모를 토구討究하기에 이른 것이 적혀 있다. 여기서 『절
운지장도』의 자모를 곧 『집운』의 자모로 인정해야 했을 것이다. 운서의 자모
란 말은 반드시 『오음집운』이나 『운회』의 자모에 한하는 것은 결코 아니다.

2 자모字母 : 자모란 말은 본시 『화엄경』이나 『혜림일절경음의慧琳一切經音義』
중의 『열반경편涅槃經編』 등 불경 서문에서 시작된 말인데 정초는 『칠음약
七音略』 <서문>에서 "중국의 유자들은 설문해자를 알고 있으나 자는 모에
서 생성됨에 따라 모에 따라 글자가 생겨나는 글자의 자모는 알지 못한다.
漢儒知以說文解字。而不知文有子母。生字爲母。從母爲子。"라고 하였다.

3 끃ᄞ : 한자음의 다른 용례로 미루어서는 당연히 '끃'아래 'ᄝ'와 '쾌' 아래
'ㅇ'의 종성이 있어야 한다. 여기서는 오직 간편함을 취하여 짐짓 생략한
것으로 보인다.[93]

3. 평해

아음 넉 자에 대한 실례를 들어 그 다음을 유추하도록 한 것이다. 끃ᄞ, 쾌快
두 글자의 음의 종성을 쓰지 아니한 것은 자못 주의를 요하는 점이다.

---

92) 금나라 태화 8년(1208)에 한도소(韓道昭)는 부친인 한효언(韓孝彦)이 쓴 『사성편해(四聲
篇海)』를 편집하여 『오음집운(五音集韻)』 15권을 편찬하였다. 이 운서는 오음과 자모의
순서대로 소운을 36자모에 따라 배열하고 같은 자모의 소운 안에 개합을 구분하여 배열
함으로써 확연히 종전과는 다른 편재 방식을 만들었다.

93) 『동국정운』 한자음을 확정하기 이전의 한자음 표기 방식으로 이해해야 한다. 일종의 과
도기적 조선의 한자음 표기 방식이다.

제3절 중성해

1. 원문과 해독

中聲解

中聲者。居字韻之中。合初終而成音。94) 如呑字中聲是・95)。・居ㅌㄴ
之間而爲톤。卽字中聲是ㅡ。ㅡ居ㅈㄱ之間而爲즉。侵字中聲是ㅣ。ㅣ居
ㅊㅁ之間而爲침之類。洪覃君業洪穰戌彆。皆倣此。二字合用96)者。ㅗ
與ㅏ同出於・・故合而爲ㅘ。ㅛ與ㅑ又同出於ㅣ・故合而爲ㆇ。ㅜ與ㅓ同
出於ㅡ。97)故合而爲ㅝ。ㅠ與ㅕ又同出於ㅣ。故合而爲ㆊ。以其同出而
爲類。故相合而不悖也。一字中聲之與ㅣ相合者十。・ㅣㅢㅚㅐㅟㅔㅛㅒ
ㆌㅖ是也。二字中聲之與ㅣ相合者四。98)ㅙㅞㆈㆋ是也。ㅣ於深淺闔闢之
聲99)。並能相隨者。以其舌展聲淺而便於開口也。亦可見人之參贊開
物100)而無所不通也。

---

94) 中聲者 居字韻之中 合初終而成音 : 여기에서는 중성이 자운의 초, 종성 가운데 있다고 설
명하였으나 자음 중에는 반모음 j・w로 끝내는 快/k'waj/, 好/xaw/ 같은 것도 있는데, 훈민
정음 창제자들은 음절말의 j도 중성에 포함시켰다(-w는 ㅱ로 표기하고 종성으로 처리하
였음). 따라서 여기의 설명이 중성의 개념과 꼭 일치하는 것은 아니다. '자운'은 하나의
음절을 구성하는 한자음을 가리키며 '성음'은 음절을 이룬다는 뜻으로 쓰이고 있다. 흔
히 말하는 '운'이란 하나의 음절을 이루는 자음에서 어두자음을 제외한 나머지 요소 전
부를 가리키는데, 해례 편찬자들은 중성해와 종성해에서 '居字韻之中'이니 '成字韻'이라
해서 '字韻'이라는 술어를 하나의 음절을 이루는 한자음처럼 쓰고 있다.

95) '・'는 『해례본』, 『동국정운』, 『용비어천가』, 『석보상절』, 『월인천강지곡』까지 사용하였
으나 『언해본』, 『월인석보』에서는 '、'자로 바뀌었다.

96) 합용(合用) : 두 글자 이상을 합해서 쓰는 것을 『훈민정음』 해례본에서는 초성에서와 마
찬가지로 중성에서도 합용이라고 했다.

97) 同出而爲類 : 두 가지 모음 글자를 아울러 쓸 때에도 원래 ・모음을 바탕으로 해서 만들
어진 양성모음은 양성모음끼리, 원래 ㅡ모음을 바탕으로 해서 만들어진 음성모음은 음
성모음끼리 결합됨을 설명한 글이다. 그래서 ㅗ+ㅏ→ㅘ, ㅜ+ㅓ→ㅝ가 되었다.

98) 與ㅣ相合者四 : 『훈민정음』 중성해에서는 단모음과 중모음을 합해서 29개 모음자를 제

[중성해]

중성이란 것은 자운字韻, 韻母의 한가운데에 있어서 초성, 종성과 음音節을 이루는 것이니. 톤吞자의 중성은 •인데 •가 ㅌ과 ㄴ사이에 있어서 '툰'이 되고, 즉卽자의 중성은 ─인데 ─는 ㅈ과 ㄱ사이에 있어서 '즉'이 되고, 침侵자의 중성은 ㅣ인데 ㅣ가 ㅊ과 ㅁ사이에 있어서 '침'이 되는 유와 같다. 夢洪 땀覃 군君 업業 욕欲 양穰 슐戌 볟彆도 모두 이와 같다. 두 자를 합용合用하며 ㅗ와 ㅏ가 함께 •에서 나왔으며 합하는 데는 ㅘ가 되고, ㅛ와 ㅑ가 또 함께 ㅣ에서 나왔으며 합하며 ㆇ가 되고, ㅜ와 ㅓ가 함께 ─에서 나왔으므로 합하며 ㅝ가 되고, ㅠ와 ㅕ가 또한 함께 ㅣ에서 나왔으므로 어울려서 ㆊ가 되는 것이니(같은 것으로부터) 함께 나와서 같은 유類가 되므로 서로 합해서 어그러지지 않는다. 한 글자의 중성으로서 ㅣ와 더불어 서로 합한 것은 열이니 '•ㅣ, ㅢ, ㅚ, ㅐ, ㅟ, ㅔ, ㅒ, ㅖ, ㆌ'가 그것이요, 두 글자의 중성으로 ㅣ와 더불어 서로 합한 것은 넷이니 'ㅙ, ㅞ, ㆋ, ㆎ'가 그것이다. ㅣ가 심천합벽深淺闔闢의 소리에 어울려서 능히 서로 따르는 바는, 혀가 펴지고 소리가 얕아서 입을 여는 데 편하기 때문이다(ㅣ모음이 모든 모음과 어울리는 것을 보고서). 또한 가히 사람人이 사람의 지식을 개발하여開物을 參贊하여 통하지 않는 바가 없음을 알 수 있다.101)

─────────

시하였으나 이들 가운데 'ㆇ, ㆊ' 등 2개 모음은 국어나 한자음 표기에도 쓰이지 않았다.

99) 深淺闔闢之聲 : 제자해에서 각 모음의 성격에 대하여 따로따로 설명한 것을 여기에서 한꺼번에 종합하여 설명한 것이다. 예를 들면 •는 심(深), ㅗ는 합(闔)임. 그러나 ㅣ모음은 천(淺)이나 여기서는 ㅣ모음과 결합되는 중모음을 설명한 것이므로 여기의 천(淺)모음은 불심불천(不深不淺)인 ─모음을 가리킨다.

100) 開物 : 개발한다는 뜻. 또 『역경』<계사> 상에는 '개물성무(開物成務)'라 하여 "태고 시대에 인지(人知)가 발달하기 전에 사람으로 하여금 복서(卜筮)에 의하여 길흉을 알고, 해(害)를 피하는 지혜를 계발하여, 이로써 사업을 이루게 하는 일"이라는 뜻으로 쓰이고 있었으나, 후에 "사람의 지식을 계발하여 사업을 달성시킨다"는 뜻으로 쓰이게 되었다. 물(物은 사람을 무(務는 사업을 뜻한다.

101) 중성의 음절 구성 방식을 설명한 내용이다. 이를 요약하면 다음 표와 같다. 중성자의

訣曰

毎[102]字之音各有中　須就中聲尋闢闔

洪覃自吞可合用　君業出卽亦可合

欲之與穰戌與彆　各有所從義可推

侵之爲用最居多　於十四聲徧相隨

결訣에 가로되

음音마다 제각기 중성이 있으니[자모의 음마다 제각기 중성이 있으니]
모름지기 거기서 합벽闔闢을 찾으라.

ㅗ洪와 ㅏ覃는 ·吞로부터 합용하고

ㅡ卽에서 난 ㅜ君 ㅓ業 또한 가히 합하리.

ㅛ欲과 ㅑ穰이나 ㅠ戌와 ㅕ彆이나

기본자와 합용 방식을 설명한 내용이다. 이를 요약하면 다음 표와 같다.

		중성 글자		제자방법
기본자	상형자	· ㅡ ㅑ	3자	상형
	초출자	ㅗ ㅏ ㅜ ㅓ	4자	합성
	재출자	ㅛ ㅑ ㅠ ㅕ	4자	
합용	2자상합	ㅘ ㅓ ㅑ ㅖ	4자	초출자＋재출자
		ㆎ ㅢ ㅚ ㅐ ㅓ ㅔ ㅚ ㅒ ㅟ ㅖ	10자	1자 중성＋ㅣ
	3자상합	ㅙ ㅖ ㅙ ㆒	4자	2자 중성＋ㅣ

중성음절핵	초성	중성	종성	자운음절
·	ㅌ	·	ㄴ	呑
ㅡ	ㅈ	ㅡ	ㄱ	卽
ㅣ	ㅊ	ㅣ	ㅁ	侵

---

102) '母'자의 오류임. 방종현(1946)과 함께 '毎'로 판독하였다. 여기서 '母'는 '字母'를 줄인 글자이다.

제각기 좇는 바 미루어 뜻(이치) 알라.

ㅣ侵자의 쓰임用됨이 가장 많아서

열넷의 소리(모음)에 두루 따르네.

2. 주해

1 운서韻書 : ㅗ와 ㅏ는 •의 동음자요 ㅜ와 ㅓ는 ㅡ의 동음자요. ㅛ, ㅑ는 ㅣ
의 기음起音으로 ㅗ와 ㅏ의 동음자요. ㅠ와 ㅕ는 ㅣ의 기음으로 ㅜ와 ㅓ의
동음자임을 가리키는 것이다.

2 운서지자모야韻書之字母也 : 깊고 얕음深淺은 '•, ㅡ', 합闔은 'ㅗ, ㅜ, ㅛ, ㅠ',
벽闢은 'ㅏ, ㅓ, ㅑ, ㅕ'를 가리키는 것이다.

3. 평해

먼저 기본 세 글자에 대한 실례를 들어 그 이하를 유추하도록 하였다. 그
것에 대해서는 별달리 논의될 거리가 없다. 그러나 중성 합용은 일찍이 예
의에서 논급하지 아니한 것으로 거기에 대한 일종의 보충적 설명이다. 이
설명을 미루어서는 예의에서 언급하지 아니한 것도 실상 자명한 사실로 판
단하여 생략했던 것임에 틀림이 없다. 그런데 여기서는 중성 합용을 동출합
용同出合用과 상수합용相隨合用으로 나누고 다시 상수합용을 2자 합용과 3자 합
용으로 나누었다. 두 가지 합용을 다 각각 도표로 나타내면 다음과 같다.

① 동출합용

자형	동출처	합용자
ᅪ	·	ㅗ ㅏ
ᆅ	ㅣ	ㅛ ㅑ
ᅯ	ㅡ	ㅜ ㅓ
ᆎ	ㅣ	ㅠ ㅕ

② 상수합용

심천류深淺類		합벽류闔闢類
2자합용	ㆎ ㅢ	ㅚ ㅐ ㅟ ㅔ ㆉ ㅒ ㆌ ㅖ
3자합용		ㅙ ㅞ ᆇ

제4절 종성해

1. 원문과 역문

終聲解

終聲者。承初中而成字韻。如卽字終聲是ㄱ。ㄱ居ᄌᆞ終而爲ᄌᆞᆨ。洪字終聲是ㆁ。ㆁ居ᅘᅩ終而爲ᅘᅩᇰ之類。舌脣齒喉皆同。聲有緩急之殊。故平°上去其終聲不類入聲之促急。[103]不淸不濁之字。其聲不厲。故用於終則宜於

103) 聲有緩急之殊 … 入聲之促急 : 원래 한어의 성조는 음절 전체의 높낮이를 말하는 것인데, 음절 말음이 -p, -t, -k이었던 음절(자음)들을 입성이라고 해 왔으므로, 여기서도 우선 종성만을 가지고 평·상·거성(緩)과 입성(急)으로 구분하여 설명하였다.

平上去。全淸次淸全濁之字。其聲爲厲。故用於終則宜於入。所以ㆁㄴㅁ
ㅇㄹㅿ六字爲平上去聲之終。而餘皆爲入聲之終也。然ㄱㆁㄷㄴㅂㅁㅅㄹ
八字可足用也。104)如빗곶爲梨花。영·의갗爲狐皮。而ㅅ字可以通用。
故只用ㅅ字。且ㅇ聲淡而虛。不必用於終。105)而中聲可得成音也。ㄷ如볃
爲彆。ㄴ如군爲君。ㅂ如업爲業。ㅁ如땀爲覃。ㅅ如諺語·옷爲衣。ㄹ如
諺語:실爲絲之類。

[종성해]

종성이란 초성과 중성을 받아서 자운을 이루나니 '卽'자의 종성은 ㄱ
인데 '즈'의 끝에 있어서 '즉'이 되고 '洪'자의 종성은 ㆁ인데 堃의 끝에
있어서 '뽕'이 되는 유와 같으며 설, 순, 치, 후도 같으니라.

소리에는 완緩과 급急의 다름이 있는지라 평, 상, 거는 그 종성이 입성
의 촉급促急함과 같지 아니한 바, 불청불탁의 글자는 그 소리가 거세지 못
한 까닭에 종성으로 쓰면 평, 상, 거에 해당하고 전청, 차청, 전탁의 자는
그 소리가 거센 까닭에 종성으로 쓰면 입성에 해당하니, 그러므로 'ㆁ,
ㄴ, ㅁ, ㅇ, ㄹ, ㅿ'의 여섯 자는 평, 상, 거의 종성이 되고 그 나머지는 모

---

104) 八字可足用也 : 국어의 자음은 예를 들면 어두에서는 ㄷ(t-)과 ㅌ(t'-)이 구별되나 음절말
에서는 중화 작용을 일으켜 다 같이 ㄷ(-t)로 발음되어 ㄷ와 ㅌ가 구별되지 않는다. 『훈
민정음』해례 편찬자들도 이 현상을 파악하고 있어서 예의에서는 '終聲復用初聲'라고
하였으나 종성해에서는 23초성자 가운데에서 8자만 필요하다고 해서 '八字可足用也'라
고 하였고, 초기의 '정음' 문헌에서도 몇 문헌을 제외한 모든 문헌에서 팔종성만 가지
고 표기했다.

105) ㅇ聲淡而虛 不必用於終 : 모든 자음(字音)은 초·중·종성을 갖추고 있어야 된다고 하
여 이른바 『동국정운』식 한자음 표기에서는 중성으로 끝난 한자음에도 ㅇ종성을 표기
했었는데, 여기에서는 국어 표기를 설명한 것이므로 이렇게 말하고 국어 표기에서는
중성으로 끝난 음절 밑에 일일이 ㅇ자를 표기할 필요가 없다고 한 것이다. 한어의 자
음(字音)을 기록한 『홍무정운역훈』(1455)에서도 종성 표기에 'ㅇ'은 쓰이지 않았다.

두 입성의 종성이 된다. 'ㄱ, ㆁ, ㄷ, ㄴ, ㅂ, ㅁ, ㅅ, ㄹ'의 8자만으로 쓰기에 족하니 이화梨花가 '빗곶'이 되고 호피狐皮가 '엿·의갗'이 되건만 'ㅅ'자로 통용할 수 있는 까닭에 오직 'ㅅ'자를 쓰는 것과 같으니라. 또 ㅇ는 소리가 담淡하고 허虛하여 반드시 종성으로 쓰지 않더라도 중성이 음을 이룰 수 있나니라. ㄷ는 '볃'이 '별彆'됨과 같고 ㄴ는 '군君'이 됨과 같고 ㅂ는 '업業'이 됨과 같고 ㅁ는 '땀覃'이 됨과 같고 ㅅ는 언어諺語로 '·옷'이 '의衣'가 되는 것과 같고 ㄹ는 언어로 ':실'이 '사絲'됨과 같은 유인 바

五音之緩急。亦各自爲對。如牙之ㆁ與ㄱ爲對。而ㆁ促呼則變爲ㄱ而急。ㄱ舒出則變爲ㆁ而緩。舌之ㄴㄷ。脣之ㅁㅂ。齒之△ㅅ。喉之ㅇㆆ。其緩急相對。亦猶是也。且半舌之ㄹ。當用於諺。而不可用於文。如入聲之彆字。終聲當用ㄷ。[106] 而俗習讀爲ㄹ。盖ㄷ變而爲輕也。若用ㄹ爲彆之終。則其聲舒緩。不爲入也。[107]

오음의 완緩(slow)과 급急(fast)이 또한 각기 제대로 대응이 되는 것이라. 아음의 ㆁ는 ㄱ와 대비되어 ㆁ를 빨리 부르면 ㄱ로 변해서 급急하고 ㄱ를

---

[106] 終聲當用ㄷ : 중국에서 들어온 한자음 가운데, -t 입성이었던 것이 우리나라에서는 모두 −ㄹ(l)로 발음되어 여기에서는 원래의 음대로 −ㄷ(-t)음으로 발음하라고 규정한 것인데, 1447년(세종 29)에 편찬 완료된 『동국정운』에서는 소위 '이영보래(以影補來)'식 표기법을 택하여 한자음의 −ㄷ입성 표기에 'ㄹㆆ'을 사용했다.

[107] 반설음 'ㄹ'은 우리말에서 종성으로 쓰고 한자음에서는 'ㄹ'을 사용하지 못하도록 한 규정이다. 한자음 입성 t가 우리말에서는 비입성자 'ㄹ'로 대응되기 때문에 『동국정운』에서도 "질운(質韻)과 물운(勿韻) 등 여러 운에서 마땅히 단모로써 종성을 삼아야 하지만 세속에서는 래모(來母)로서 종성을 삼고 있다. 다라서 그 소리가 느려 입성으로 마땅하지 않으니 사성이 변한 것이다. 質勿諸韻宜以端母爲終聲 以俗用來母. 其聲徐緩 不宜入聲 此四聲之變也."라고 하여 곧 우리말에서 ㄹ종성에는 ㆆ을 덧붙이는 이영보래(以影補來) 규정을 만들었다.

펴서 내면 ㅇ로 변해서 완緩하며 설음의 'ㄴ, ㄷ' 순음의 'ㅁ, ㅂ' 치음의 'ㅿ, ㅅ' 후음의 'ㅇ, ㆆ'도 그 완급의 서로 대응되는 것이 또한 이와 같으니라. 또 반설음의 ㄹ는 마땅히 언어諺語에나 쓸 것이요. 문자에는 쓸 수 없는 것이니 입성의 별彆자와 같은 것도 종성에 마땅히 ㄷ를 써야 할 것이지만 속습에 ㄹ로 읽는바 대개 ㄷ가 변하여 가볍게 된 것이려니와 만약에 ㄹ로 별彆자의 종성을 삼는다면 그 소리가 서서히 느려서舒緩하여 입성이 되지 않느니라.

訣曰

不淸不濁用於終　爲平上去不爲入
全淸次淸及全濁　是皆爲入聲促急
初作終聲理固然　只將八字用不窮
唯有欲聲所當處　中聲成音亦可通
若書卽字終用君　洪彆亦以業斗終
君業覃終又何如　以那彆彌次第推
六聲通乎文與諺　戌閭用於諺衣絲
五音緩急各自對　君聲迺是業之促
斗彆聲緩爲那彌　穰欲亦對戌與挹
閭宜於諺不宜文　斗輕爲閭是俗習

결訣에 가로되
불청불탁음을 종성에 쓰니
평, 상, 거 되어서 입성이 안되고
전청과 차청과 그리고 전탁은

이 모두 입성돼 촉하고 급해라.

초성이 종성됨 이치가 그런데

팔자만 가지고 막힐 바 없도다.

그 오직 욕欲자가 해당한 곳에는

중성이 그대로 음 이뤄 통하리.

즉卽 자를 쓰려면 종성에 군君 이요

뽕洪, 삠彆은 흡業과 또 두斗로써 끝나니

군君과 업業 및 땀覃의 종성은 어떨꼬.

낭那, 삠彆, 밍彌 차제로 미루어 알지라.

육성은 문文(한문)과 언諺(언문) 어디나 통하되

슗戌은 옷 령閭는 :실 언어의 그 종성.

오음의 완급이 다 각각 대가 되매

군君 소린 흡業 소릴 촉促하게 낸 것이오.

둫斗, 삠彆이 완緩해선 낭那와 밍彌 될 것이오.

썅穰, 욕欲은 그 또한 슗戌, 령閭의 대로다.

문에는 안 쓰고 언에만 쓰는 령閭

둫斗 소리 가볍게 령閭된 건 곧 속습.

3. 주해

1 완급緩急 : 소리 그 자체로 보아서는 완緩이오 급急이나, 소리를 내는 사람으로 보아서는 촉호促呼요 서출舒出이다. 입성을 촉급促急으로 형용한 것은 그 양 편을 겸해서 이름인데 그 촉급에 대하여 입성이 아닌 종성을 다시 서완舒緩으로 형용한 것이다.

2 언諺 : 언어諺語의 약어다.

3 문文 : 문자의 약어로 한자를 이름이다.

4 입성入聲 : 불청불탁不清不濁의 종성을 평, 상, 거성으로, 그 이외의 종성을 전부 입성으로 잡고 보면 '질質, 물勿' 등의 입성운이 우리 음에 있어서 ㄹ 종성으로 되는 것은 확실히 어떠한 다른 종성의 와전이라고 볼 수밖에 없다. 여기서 그 'ㄹ' 종성을 곧 'ㄷ' 종성이 가볍게 변한 것이라고 단정하여 별彆자의 음도 '볃'으로 교정하기에 이른 것이나 나중에 『동국정운』 서문에는 "이영보래는 습속에서 따라 바른 음으로 귀속하였다.以影補來。因俗歸正。"라고 하여 다시 '별'과 같이 고치어 쓰게 된 것이다.

그러나 오직 추상적 이론만을 이유로 'ㄹ' 종성이 'ㄷ' 종성의 잘못임을 주장한 것은 아니다. 그 당시 중국의 남방음을 참고해서 'ㄹ' 종성의 우리 음이 전부 'ㄷ' 종성으로 나타나는 것을 알고 있었기 때문에 드디어 그와 같은 단정을 내린 것이라고 보인다.

『사성통고』 <범례>에는 "입성이 종성인 여러 운은 지금 중국의 남방음에서는 아주 분명하게 손상되었고, 북방음은 느리게 흘렀다. 몽고운은 북방음에 기인하여 종성을 쓰지 않았다.入聲諸韻。今南音傷於太白。北音流於緩弛。蒙古韻亦因北音。故不用終聲"라고 하였고 또, "입성의 여러 운에 아음, 설음, 순음의 종성은 구별하여 섞지 않았으므로 이제 ㄱ, ㄷ, ㅂ으로 종성을 삼아 그대로 ㄱ, ㄷ, ㅂ으로 발음하고 또 이른바 남방음처럼 되기 쉬우나 다만 가볍게 쓰되 급히 발음하여 분명하게 발음하지 않아야 한다.入聲諸韻。牙舌脣終聲皆別而不雜。令以ㄱㄷㅂ爲終聲。直呼以ㄱㄷㅂ。則又似所謂南音。但微用而急終之。不至太白可也。"라고 하였다. 이로써 미루어서 그들은 입성이 보존되어 있는 남방음도 참고한 것이 사실이요 또 왕방王方의 『중국언어학개설支那言語學槪論』에는(佐藤三郎治역 제39항)

입성의 운미 p, -t, -k의 구별
-p-t 執質 蝶迭 帖鐵 納捺 蠟辣 笠栗 濕失
-p-k 立方 及極 劫結 習席 歙隙 汁織 十食
-t-k 畢壁 末莫 密覓 七戚 實蝕 室釋 瑟塞

관화官話 오어吳語 대다수가 완전히 구별되지 않는다. 민어閩語, 오어奧語, 객가어客家語 대다수가 완전히 구별되지 않는다고 하였다. 이로 미루어 현재까지도 복건福建, 광동廣東 등지에는 입성의 음을 내고 있는 중 우리 음의 'ㄹ'종성은 전부 -t음으로 되어있는 것이다.

그런데 위에서와 같이 남방음을 참고해서 자기네의 입성 이론을 증명하는 것까지는 좋으나, 우리 음의 'ㄹ' 종성을 곧 우리 속습의 잘못으로만 돌리는 것은 좀 더 고려할 점이 아닐까 한다. 우리 음으로 보아서는 그 수입 당초의 음이 어떠했던 가를 모를 뿐 아니라 남방음으로 보아서는 반드시 고음古音에 비추어 우리 음보다 더 정확하다는 것도 믿을 수 없는 일이다.

3. 평해

이 대문을 통하여 일찍이 예의에서는 자못 명료하지 못했던 두 가지의 사실을 명료하게 알 수 있게 되었다. 즉 첫째는 종성에 관한 것이요, 둘째는 성음聲音에 관한 것이다.

전청, 차청, 전탁의 글자를 종성으로 쓰면 입성이 된다고 하였으니 'ㅋ, ㅍ, ㅊ, ㅎ'나 'ㄲ, ㄸ, ㅃ, ㅉ, ㆅ'도 종성으로 쓸 수 있다는 말이다. 'ㆁ, ㄴ, ㅁ, ㅇ, ㄹ, ㅿ'의 6자가 평, 상, 거성의 종성으로 된다고 하였으니 'ㅇ'나 'ㅿ'도 결국 종성으로 쓸 수 있다는 말이다. 그러고 보면 초성의 전부가 종성으로 쓸 수 있게 된다. 거기에 제한이 없는 것이다.

그러나 'ㄱ, ㆁ, ㄷ, ㄴ, ㅂ, ㅁ, ㅅ, ㄹ'의 8자로 쓰기에 충분하다고 하였으니 다른 한편으로 다시 종성의 제한을 의미하는 것이다. '빗곶'의 'ㅈ' 종성이나 '엿의갗'의 'ㅿ, ㅊ' 종성을 'ㅅ'자로 통용할 수 있다고 하였으니 그 8자로써 제한 외의 종성은 대용될 수 있음을 지적한 것이다. 즉 종성으로 쓸 수 있는 모든 초성에서 오직 여덟 자만을 뽑아서 통용한다는 뜻으로 해석된다. 전부 쓸 수 있는 것은 원칙임에 대하여 여덟 자로 제한한

것은 편법이다.108)

'ㅇ'는 소리는 소리가 담淡하고 허虛하여 반드시 종성으로 쓰지 않아도 중성이 제대로 음을 이룬다고 하였는데 그 말을 뒤집어 해석하면 중성이 제대로 음을 이루지만은 거기에는 담淡하고 허虛한 'ㅇ'음의 종성이 있는 것으로 된다는 뜻이다.109) 결訣의 "여덟 자만 가지고도 막힐 바가 없도다. 중성이 그대로 음을 이루어 통하리只於欲字所當處。中聲成音亦可通。"란 말은 곧 뒤집은 해석 바로 그것이다. 종성이 없다고 생각되는 글자는 실상 'ㅇ'의 종성이 있다는 견해이다.

그러니까 음은 3성이 반드시 갖추어 있는 것이지만 종성 제한 아래 오

---

108) 예의에서는 종성을 "終聲復用初聲"이라고 규정하여 초성의 자음 글자를 종성에 다시 쓴다는 원칙이었으나 해례의 종성해에서는 전청, 차청, 전탁의 글자는 입성의 종성이 되고 불청불탁의 글자는 평성, 상성, 거성의 종성이 되지만 ㄱ, ㆁ, ㄷ, ㄴ, ㅂ, ㅁ, ㅅ, ㄹ 8자면 가히 종성으로 쓸 수 있다는 팔종성가족용법(八終聲可足用也)의 편법을 규정하였다. 그러나 『동국정운』에서는 ㅇ, ㆆ(ㆆ), ㅱ이 『용비어천가』나 『월인천강지곡』 등에서는 더 많은 종성글자가 사용되었다. 한글 창제 직후 "終聲復用初聲" 규정에서 실험 기간을 거쳐 "八終聲可足用也"로 정착된 것이다.

109) 의여유다상혼용(疑與喩多相混用) : '의(疑)'와 '유(喩)'는 각각 중국 등운학에서 말하는 36자모의 하나인데, 중국 음운학에서는 한어의 어두자음을 분류하여 36자모표를 만들고, 각 자모로 하여금 각 어두자음을 대표케 하였을 때, 의(疑)모는 [ŋ-]을, 유(喩)모는 [j-], [ɦ-]를 나타내게 하는 것이었다. 그러나 12세기경부터 한어의 어두 [ŋ-]음이 소실되어, 원래 [ŋ-]음을 가졌던 한자들의 자음이 [j-], [ɦ-]을 가졌던 한자들과 같아졌으므로 여러 운서에서 한어 자음을 자모로 표시할 때 '疑'모자와 '喩'모자를 엄격히 구별하여 표음하지 못하고 '의疑'모와 유'喩'모의 사용에 혼동이 생기게 되었다. 이러한 사실을 알고 있었던 해례 편찬자들은 훈민정음의 ㆁ자가 '疑'모에 해당되고, ㅇ자가 '喩'모에 해당되므로 의모계 자음과 유모계 자음이 혼용되는 모습을 설명하기 위하여 ㆁ음과 ㅇ음이 '상사(相似, 서로 비슷하다)'라고 표현하고 있는 것이다. 그러나 중세국어를 기록한 ㆁ자와 ㅇ자는 그 음가 면에서 도저히 비슷할 수가 없다. 제자해에서 ㆁ의 음가를 '설근폐후성기출비(舌根閉喉聲氣出鼻)'라고 해서 [ŋ]임을 말하였고, 종성해에서 ㅇ의 음가를 '성담이허(聲淡而虛)'라고 해서 [zero] 혹은 [ɦ]임을 말하였으므로, 훈민정음 해례 편찬자들도 ㆁ과 ㅇ의 음가 차이를 알고 있었다. 해례 편찬자들은 ㆁ자가 ㅇ자와 마찬가지로 목구멍 모양을 본떠서 글자를 만들었다고 생각하고 있었으므로, ㆁ자는 아음의 불청불탁 소속자이면서도 아음의 기본 문자가 되지 않았다고 설명한 것이다. 다른 조음위치에서 발음되는 글자들은 불청불탁자가 기본 문자가 되었다.

직 'ㅇ'의 종성을 사용하지 아니할 뿐이다. 초, 중의 양 성만으로 글자를 짓는 것은 일종의 편법일 뿐 결코 원칙이 아니다.

제5절 합자해

1. 원문과 현대어

> 合字解
> 初中終三聲。合而成字。[110]　初聲或在中聲之上。或在中聲之左。如君字ㄱ在ㅜ上。　業字ㅇ在ㅓ左之類。

[합자해]

초, 중, 종의 3성을 합하여 글자를 이루니 초성 혹 중성 위에도 있고 혹 중성 왼쪽에도 있는바 君자의 ㄱ가 ㅜ의 위에 있고 業자의 ㅇ가 ㅓ의 왼쪽에 있는 유와 같으며

> 中聲則圓者橫者在初聲之下。・ㅡㅗㅛㅜㅠ是也。。縱者在初聲之右。ㅣㅏㅑㅓㅕ是也。如呑字・在ㅌ下。卽字ㅡ在ㅈ下。侵字ㅣ在ㅊ右之類。終聲在初中之下。如君字ㄴ在구下。業字ㅂ在어下之類。

---

110) 初中終三聲 合而成字 : 훈민정음에서는 초, 중, 종성과 초, 중, 종성자를 동일시한 듯하여, 여기의 '성'도 '자'를 뜻하며 '成字'의 '字'는 초, 중, 종성이 합해서 이루어지는 음절을 뜻함.

중성인 즉 둥근 것과 가로된 것은 초성 아래에 있는 터로 '·, ㅡ, ㅗ, ㅛ, ㅜ, ㅠ'가 곧 그것이요 세로된 것은 초성의 오른 쪽에 있는 터로 'ㅣ, ㅏ, ㅑ, ㅓ, ㅕ'가 곧 그것인 바 '呑'자의 '·'는 'ㅌ' 아래 있고 '卽'자의 'ㅡ'는 'ㅈ' 아래 있고 '侵'자의 'ㅊ'는 'ㅣ'의 오른쪽에 있는 유와 같으며

初聲二字三字合用並書。111)如諺語·따爲地。짝爲雙。·쁨爲隙之類。各自並書。如諺語·혀爲舌而·혀爲引。괴·여爲我愛人而괴·여爲人愛我。소·다爲覆物而쏘·다爲射之之類。中聲二字三字合用。如諺語·과爲琴柱。·홰爲炬之類。終聲二字三字合用。如諺語흙爲土。·낛爲釣。돐·빼爲酉時之類。其合用並書。自左而右。初中終三聲皆同。文與諺雜用則有因字音而補以中終聲者。112)如孔子ㅣ魯ㅅ:사롬之類。

종성은 초성과 중성 아래에 있는 바 '君'자의 'ㄴ'가 'ㅜ' 아래 있고 '業'자의 'ㅂ'가 '어' 아래에 있는 유와 같으니라. 초성의 두 자나 석 자나 합용하여 병서함은 언어에 '·따'가 '땅地'가 되고 짝이 '쌍雙'이 되고 '·쁨'이 '틈隙'이 되는 유와 같으며 각각 저희끼리 병서함은 언어에 '·혀'가 '혀舌'이 되는데 '·혀'가 '끌다引'가 되고 '괴·여'가 '내가 좋아한다我愛人'이 되는데 '괴·여'가 '사람이 나를 좋아한다人愛我'가 되고 '소·다'가 '쏟다覆物'이 되는데 '쏘·다'가 '활을 쏘다射之'가 되는 유와 같으며 중성의 두 자나 석 자를 합용함은 언어에 '·과'가 '금주琴柱'가 되고 '·홰'가 '거炬'가

---

111) 並書 : 두 가지 이상의 다른 글자를 아울러 쓰는 것을 합용병서(合用並書), 똑같은 글자를 합해서 쓰는 것을 각자병서(各自並書)라고 구별했다. 합용(合用)은 중성, 종성의 경우에도 해당된다.

112) 보이중종법(補以中終法)에 대한 규정인 바 훈민정음 창제 때부터 한글이 단순히 우리말을 표기하기 위한 것이 아니라 국한문 혼용체를 쓰는 것을 전제로 하여 제작하였다는 사실을 알 수 있다.

되는 유와 같으며 종성의 두 자나 석 자를 합용함은 언어에 'ᄒᆞᆰ'이 '토土'가 되고 'ᆞᄂᆞᆽ'이 '조釣'이 되고 'ᄃᆞᆰ·ᄣᅢ'가 '유시酉時'가 되는 유와 같은바 그 합용병서는 왼쪽에서부터 오른쪽으로 나오니 초, 중, 종의 삼성이 모두 마찬가지라. 문文(한문)과 언諺(언어)을 섞어 쓰자면 자음을 따라서는 중성이나 종성으로써 보족補足할 것이 있으니 '孔子ㅣ魯ㅅ:사ᄅᆞᆷ'의 유와 같으니라.

諺語平°上去入。113) 如활爲弓而其聲平。:돌爲石而其聲°上。·갈爲刀而其聲去。·붇爲筆而其聲入之類。凡字之左。加一點爲去聲。二點爲°上聲。無點爲平聲。而文之入聲。114)與去聲相似。諺之入聲無定。115) 或似平聲。如긷爲柱。녑爲脅。或似°上聲。如:낟爲穀。:깁爲繒。或似去聲。如·몯爲釘。·입爲口之類。其加點則與平°上去同。平聲安而和。春也。萬物舒泰。°上聲和而擧。夏也。萬物漸盛。去聲擧而壯。秋也。萬物成熟。入聲促而塞。。冬也。萬物閉藏。116)

---

113) 諺語平上去入 : 종성해에서와 마찬가지로 여기에서도 우선 종성만 가지고 중세국어의 성조를 설명했다. 그래서 ':돌' 등은 상성이고, '·붇'은 입성라고 했다.

114) 文之入聲 : 12세기경 이후 중국 북방음의 입성이 소실되고, 입성으로 발음되던 자음들이 거성으로 많이 변했던 것을 알고 있어서 여기에서 '而文之入聲 與去聲相似'라고 한 것으로 보인다. 또 '『동국정운』 서문'(1447)에서 '字音則上去無別'라고 하고, 15세기의 한국 한자음에 대하여 입성자에 거성과 마찬가지로 1점을 찍은 것으로 보아 이 설명이 한국 한자음에 해당하는 것으로 볼 수도 있다.

115) 諺之入聲無定 : 앞에서는 종성만 가지고 중세국어의 성조를 설명했으나, 여기에 와서 비로소 중세국어의 성조를 실태대로 설명하고 있다. 중세국어에는 입성이라는 성조(調値)는 없고, 비록 종성으로 보아서는 입성이라도 실지로는 평성·상성·거성의 3성조 가운데 어느 하나로 발음되고 있었음을 설명한 것이다. 즉 '긷(柱)'은 종성만 보아서는 입성이지만 실지 성조로는 평성라고 하였으며 그래서 '其加點則與平上去同'라고 했다.

116) 平聲安而和 … 萬物閉藏 : 중국에서 평(平), 상(上), 거(去), 입(入) 네 개 성조의 특성을 설명할 때 흔히 이런 식으로 표현하나 이런 설명을 근거로 해서 실제적인 조치(調値)를 알기는 어렵다.
몇 예를 들어보겠다.
① 『원화운보(元和韻譜)』(당나라 처충(處忠))

언어의 평, 상, 거, 입이란 '활'은 '궁弓'으로 그 성이 평성 되고 ':돌'은
'石'으로 그 성이 상성 되고 '·갈'은 '도刀'로 그 성이 거성 되고 '붇'은
'필筆'로 그 성이 입성 되는 유와 같은 바 무릇 글자의 왼쪽에 한 점을 더
하면 거성이 되고, 두 점이면 상성이 되고, 점이 없으면 평성 되거니와,
입성은 거성과 서로 같고 언어諺의 입성은 정함이 없어서 혹 평성과 같으
니 '긷'이 柱가 되고 '녑'이 脅이 됨과 같으며 혹 상성과 가트니 ':낟'이
곡穀가 되고 ':깁'이 회繪가 됨과 같으며 혹 거성과 같으니 '·몯'이 정釘이
되고 '·입'이 구口가 됨과 같은 유로서 그 점을 더함은 평, 상, 거와 마찬
가지니라. 평성은 안정安靜하고 화和하니 봄이라 만물이 태서泰舒하고 상성
은 화和하고 들리니 여름이라. 만물이 점점 성하고 거성은 들리고 장壯하
니 가을이라. 만물이 성숙하고 입성은 촉급急促하고 막히니 겨울이라 만물
이 패장閉藏하나니라.

初聲之ㆆ與ㅇ相似。117)於諺可以通用也。半舌有輕重二音。118)　然韻書
字母唯一。且國語雖不分輕重。皆得成音。若欲備用。則依脣輕例。ㅇ連
書ㄹ下。爲半舌輕音。舌乍附上腭。·一起ㅣ聲。於國語無用。兒童之言。
邊野之語。或有之。當合二字而用。如ㄱㅣㄱㅣ之類。119)其先。縱後橫。與他不同。

平聲哀而安　上聲厲而擧(평성은 애처로우면서도 편안하며, 상성은 거세면서 들리며)
去聲淸而遠　入聲直而促(거성은 맑으면서 幽遠하며, 입성은 곧바로 촉급하다)
② 『옥약시가결(玉鑰匙歌訣)』(명나라 진공(眞空))
平聲平道莫低昇(평성은 평탄하므로 높낮이가 있으면 안 된다)
上聲高呼猛烈强(상성은 거세고 높으며 맹렬하고 세다)
去聲分明哀遠道(거성은 분명하며 애처롭고 幽遠하다)
入聲短促急收藏(입성은 짧으며 급히 끝난다)
③ 『음론(音論)』(청나라 고염무(顧炎武))
平聲輕遲　上去入之聲重疾(평성은 가볍고 느리며, 상·거·입성은 무겁고 빠르다)
117) ㆆ與ㅇ相似 : ㆆ자의 음가는 ʔ이고 ㅇ자의 음가는 [zero], 또는 [ɦ]이었으므로, 이 두 음

초성의 ㆆ는 ㅇ와 더불어 서로 비슷하여 언어諺에서는 통용할 수 있나니라. 반설에도 경중의 두 음이 있으나 운서의 자모는 오직 하나요. 또 우리말도 비록 경중을 구별하지 아니하되 모두 음을 이룰 수는 있으니 만약 갖추어 쓰고자 할진댄 순경脣輕의 예에 의해서 ㅇ를 ㄹ 아래 연서하여 반설경음 ᄛ을 만들 것인데 혀를 잠깐 윗입천장上腭에 붙이니라. ·, ㅡ가 ㅣ소리에서 일어나는 것은 우리말에 소용이 없고 아동의 말이나 변야邊野의 말에 혹 있나니 마땅히 두 자를 합하여 쓸 것으로 'ㄱㅣ, ㄱㅣ'의 유와 같은 것인 바 그 세로된 것을 먼저하고 가로된 것을 나중에 함이 다른 것과 다르니라.

訣曰

初聲在中聲左上　挹欲於諺用相同

中聲十一附初聲　圓橫書下右書。縱

欲書終聲在何處　初中聲下接着。寫

初終合用各並書　中亦有合悉自左

諺之四聲何以辨　平聲則弓上則石

을 구별하기 어려워 '相似'라고 한 것이다.

118) 半舌有輕重二音 : 국어의 'ㄹ'은 음절 초에서 [ɾ](설탄음), 음절 말에서는 [l](설측음)로 실현되는데, 중세국어에서도 이런 현상이 있어서 이것을 표기하려면 반설중음 'ㄹ'과 반설경음 'ᄛ'(혀를 윗잇몸에 잠깐 대어서 발음함)로 구별하여 제자할 수 있음을 말한 것이다. 그러나 'ᄛ'자는 실용에 쓰이지는 않았다.

119) ㄱㅣㄱㅣ之類 : 중세국어에 [jʌ][ji]와 같은 중모음이 있었음을 설명한 것이다. 즉 ·와 ㅣ 모음과 결합된 중모음은 ㅣ모음이 이들 모음의 뒤에 와서 ㅓㅢ 등과 같이 되고, ㅣ모음이 앞에 오는 중모음은 ㅑㅕㅛㅠ 등인데 ·와 ㅡ모음의 경우에도 ㅣ모음이 앞에 올 수 있음을 설명한 것이다. 여기의 설명은 훈민정음 해례 편찬자들이 얼마나 세밀히 중세국어의 음성을 관찰하고 있었던가 하는 점을 보여 주는 것이다. 현대 영남방언에서는 '여물다(熟)', '야물다(硬)'가 변별되듯이 [*yɔ]가 잔존해 있으며, 충청방언에서 '영:감'이 '웽:감'으로 장모음이 고모음화한 변이형들이 확인된다.

刀爲去而筆爲入　觀此四物他可識
音因左點四聲分　一去二上無點平
語入無定亦加點　文之入則似去聲
方言俚語萬不同　有聲無字書難通
一朝
制作侔神工　大東千古開矇矓

결訣에 가로되
초성은 중성의 위든지 왼쪽에
흡挹과 욕欲 언諺에서 쓰임이 같도다.
중성의 열 하나는 초성에 붙는데
원圓과 횡橫 아래로 종縱만이 오른쪽
종성을 쓰자면 그 어디 될 것인고?
초, 중성 아래에 이어 쓸 것이라.
초 종을 합용하고 중성도 합용하되
각기 다 병서로 왼쪽에서부터라.
언諺에는 사성을 어떻게 가릴까?
평성은 '활'이요 상성은 '돌'이요.
'붓'이란 입入되고 '갈'이란 거去되니
이 넷을 보아서 다른 것은 알리라.
왼쪽의 점으로 사성을 나누어
하나는 거 둘은 상 없으면 평인데
언어諺語의 입성은 각 성에 흩어져 있고
문자의 입성은 거성과 같도다.

방언과 이어俚語가 만가지 다름에

성이 있고 자가 없어 글을 통하지 못하거늘

하루 아침에

만드시니 신공에 견주니

동편 땅 천고에 어두움 열으셨다.

2. 주해

1 아애인我愛人 : '我愛人'은 능동을 가리키는 것이요. '人愛我'는 수동을 가리키는 듯하다.

2 언지입성무정諺之入聲無定 : 결국 우리말에는 입성이 없기 때문에 입성에 해당한 글자가 평, 상, 거에 흩어져 있다는 말이다.

3 만물폐장萬物閉藏 : 신기神琪의 『사성오음구롱반세도四聲五音九弄反紐圖』 서문에는 「대광익회옥편」 "당우에 양녕陽甯과 남양에 스님 처충處忠이 있어 두 사람이 또 『원화운보』를 찬하였는데 <중략> 보에 이르기를 평성은 애이안哀而安하고 상성은 여이거厲而擧하고 거성은 청이원清而遠하고 입성은 직이촉直而促하다고 하였다.唐又有陽甯公。南陽釋處忠。此二公者又撰元和韻譜。<中略> 譜曰平聲者哀而安。上聲者厲而擧。去聲者清而遠。入聲者直而促。"라고 하였는데 『원화보元和譜』의 사성론을 다소 수정한 뒤에 다시 사시와 대비시켜 놓은 것이다. 아직까지 상고한 바로는 중국 음운의 문헌 속에는 이 같은 사성론이 없으니 아마 이 역시 해례의 특유한 것이 아닌가 의심한다.

4 설사부상악舌乍附上腭 : "혀를 윗입천장에 살짝 붙인다.舌作附上腭"의 설명으로 들어서는 반설경음이란 결국 유음의 일종인 것 같이 생각된다.

3. 평해

1) 병서의 내용

이 대문을 통하여 일찍이 해례에서 완전 논급하지 않았던 한 가지의 사실을 마저 알게 되었다. 그것은 곧 종성의 부서되는 위치다. 그러나 그것은 거의 분명한 일로서 반드시 그 설명이 필요한 것은 아니다. 중성의 합용이나 마찬가지로 짐짓 생략한 것이라고 보는 편이 정당하다.

그보다도 이 대문을 통해서는 예의에서 명료하지 못한 나머지의 한 가지도 또한 알 수가 있다. 그것은 곧 병서에 관한 모든 의문이다. 여기에 따라 첫째, 초, 중, 종의 3성을 통하여 합용은 전부 병서로 되는 것이요, 둘째, 초, 종성도 중성이나 마찬가지로 2자 내지 3자의 병서가 가능한 것이요, 셋째, 초성에는 다른 자가 서로 병서되는 합용병서와 동일한 자가 병서되는 각자와 같은 문에 두 종이 있는 것 등이다. 결국 예의 용법장의 병서는 초종성의 일체 병서를 포괄한 것이나 문자장의 병서는 초성의 각자병서에 한하는 것이요. 각자병서 중에도 한자 자모의 전탁음에 해당한 그 6개의 병서에 한하는 것이다.

물론 한자음에는 초성에서 오직 전탁음에 해당한 6개의 각자병서 외에 더 쓰이지 않는다고 하더라도 우리말에는 2자 3자의 각종 합용병서며 'ㆀ'와 같은 각자병서가 모두 쓰이고 한자에서는 병서를 제한해도 무방하나 우리말에서는 그 제한이 불가능한 것이다.

이로써 병서의 구별과 제한의 문제는 더 다른 의문이 없을 것이다. 아직 의문이 남아 있는 점은 단지 한자음의 각자병서와 우리말의 합용병서와의 관계 그것뿐이다.

그러나 문자장에서 설명한 병서는 그것이 한자음으로 표시될 때 각자병서로 나타날망정 반드시 각자병서로 명기되어 있는 것은 아니다. 만일 각자병서와 합용병서를 따라서 그 초성의 음이 달라진다고 하면 덮어 놓고 병서로만 쓸 수는 없지 않을까 생각한다.

또 치음장에서 아, 설, 순, 후가 한음에 통용된다고 밝힌 것을 보아서는 그 본래 우리의 음운으로 내는 것이 가능한 음이요 또 해례에서 'ㆆ'와 'ㅇ'가 서로 비슷하다고 밝힌 것을 보아서는 그 이외 모두 우리의 음운으로 명확히 구분되는 것임에 틀림이 없다. 만일 전탁음의 각자병서가 합용병서 외의 전혀 다른 음이라면 당연히 거기에 대한 설명이 있어야 할 것이 아닌가라고 본다.

이상으로서도 우리 음운의 소위 된시옷 또는 된비읍이 곧 전탁음에 해당한 것임을 방증할 수 있는 것이다. 거기 대하여는 조그마한 의문도 남겨 둘 여지가 별로 없을 것 같다.

그런데 '성천聲淺'의 이유 아래 'ㆆ'은 '疑(ᅌ)'치 않는다고 하여 그 대신 'ㅎ'의 병서로써 후음의 전탁음을 삼더니 이제 이르러 우리말에는 'ㅇ'의 병서까지 쓰고 있다. 만일 각자병서 중에도 전탁음의 6개와 그 외의 병서가 본질상 서로 다른 것이 아니라면 스스로의 모순을 면하기 어려울 것이다. 본래 전탁음의 초성은 다른 초성과 같이 어두에나 어중에나 어디에서나 쓰이는데 대하여 'ㅇㅇ, ㄴㄴ' 등의 초성은 오직 어중에 한하고 어두에 오르지 못한다. 결국 상자 종성의 자리를 빌어서 비로소 자기의 음을 완전히 낸다는 자체의 불완전함을 고백한 것에 지나지 않는 바다.

또 'ㄱ, ㄷ, ㅂ, ㅈ, ㅅ' 등은 한자음으로 전탁의 병서가 있고 우리말로 각종의 합용병서가 있는데 유독 'ㅎ'에 한하여 쌍방으로 오직 전탁의 병서가 통용될 뿐이다. 그것을 우연한 현상으로 돌리기보다는 두 글자의 본질적 차이에서 그 이유를 찾아야할 것이 아닌가 한다. 사실로 'ㄱ, ㄷ, ㅂ, ㅈ, ㅅ' 등 초성은 소위 된시옷 또는 된비읍의 음을 내는 것이 가능함에 대하여 'ㅎ'의 초성은 결코 가능치 않다. 결국 어떠한 음에 있어서 'ㄱ, ㄷ,

ㅂ, ㅈ, ㅅ'의 다섯 초성은 서로 연관을 가지고 그 연관으로부터 'ㆆ'의 초
성은 배제된다는 의미다.

이상을 종합해서 각자병서 중에서 완전히 한 개의 초성으로 낼 수 있
는 것은 6개의 전탁음인데 그중에 'ㄱ, ㄷ, ㅂ, ㅈ, ㅅ'의 다섯 초성은 각
자병서나 호상의 합용병서나 마찬가지의 전탁음이다. 오직 우리말과 한자
음은 그 본질적 차이로 인하여 전탁의 표시를 하나는 호상의 합용병서로
다른 하나는 각자병서로 서로 달리하는 것이다.

2) 사성의 구별

정초鄭樵, 1103~1163의 『칠음약』 서문에는 "사성은 날줄이 되고 칠음은 씨
줄이 된다. 강동의 선비들은 평, 상, 거, 입이 사성이 있음을 알고 있으니
궁, 상, 각, 치, 우, 반치, 반상이 가로로 칠음을 이루는 것을 알지 못하고
세로로 날줄이 되고 가로로 씨줄이 되니 날줄과 씨줄이 서로 엇갈리지
않는 때문에 운을 세우는 근원을 잃지 않게 된다.四聲爲經。七音爲緯。江左之儒。
知縱有平上去入爲四聲。而不知衡有宮商角徵羽半徵半商爲七音。縱成經。衡成緯。經緯不交。所以失立
韻之源。"라고 하였는데 팽장경彭長庚의 말에도 "지금 『황극경세서』를 보면
성聲이 율律이 되고 음音이 여呂가 되고 율律이 창唱이 되고 여呂가 화和가
되니 하나의 경經이 하나의 위緯, 하나의 종縱, 하나의 형衡으로 성음의 전
체를 갖추게 된다.今見皇極經世書。聲爲律。音爲呂。律爲唱。呂爲和。一經一緯一縱一衡。而聲
音之全數具矣。"라고 하고 『홍무정운』 서문에도 "강좌(남북조 시대 남조)에서 처음
으로 운서를 편찬할 때(운서의 운목을 정할 때)에 다만 운모에 4성이 있는 줄만
알고 성모에 7음이 있는지를 몰랐으므로 운도에 경(가로, 운모과) 위(세로, 성모)
가 잘 결합되지 않아 운(운목을 세운)의 근원을 잃어버렸거늘江左制韻之初。但知縱
有四聲。而不知衡有七音。故經緯不交。而失立韻之原。"라고 하였다. 즉 정초 이하로 그
들은 사성을 경經, 칠음을 위緯로 잡아서 그중의 하나만 없어도 소위 경위

불교經緯不交(씨줄과 날줄이 교차되지 않는)로 입운의 본원을 잃는다고 생각한 것이다. 물론 한자 음운에는 자모에 대하여 운부가 있으나 그 운부란 사성의 구별을 떠나서 제대로 서지 못한다. 운부와 함께 사성의 구별이 음운의 '경經'으로까지 간주되는 것이라. 그 '경'을 잃어서는 7음의 '위緯'도 바르지 못하다고 생각되는 것이 모두다 무리가 아니다.

그러나 언어학이 설명하는 바에 따라 사성이라는 복잡한 억양은 중국어와 같은 언어의 특유한 현상이니 우리말에까지 적용할 것이 못 된다. 현재의 우리말에 사성이 없는 것은 물론이려니와 4~5백년 전에라고 현재에 없는 그 사성이 있을 수는 없는 일이다. 그런데 여기서는 우리말에 있어서도 사성을 구별하였고 그 당시 문헌에는 모든 우리말에 대하여 사성의 방점을 표시하였다. 물론 그 한자 음운에서 받아온 일종의 오해에 지나지 못 할 것이다.

그렇다고 해서 그들의 사성 구별과 거기에 따르는 방점 표시가 완전 아무 근거도 없이 맹랑한 것이냐 하면 물론 그럴 것은 아니다. 요컨대 한자의 사성 바로 그것은 아니겠지만 거기 대비되기에 이른 그 어떠한 차이가 아닐까 생각는 바다.

3) 어법의 연구

능동태가 '괴여'임에 대하여 수동태가 '괴여'인 것을 능히 구별하고 또 '孔子ㅣ 魯ㅅ 사롬'과 같이 중성이나 종성의 보충(사잇소리)이 필요한 경우를 능히 지적하였다. 이로써 우리말의 어법이 상당히 세밀한 데까지 연구되었음을 알 수가 있다.

대개 우리 말이 '말(어휘부)'과 '토(형태부)'의 두 가지로 대별되는 것은 이두와 함께 오래된 상식이다. '흙', '낛' 등의 종성이 병서로 된 것이나 '곳', '엿', '갖' 등의 종성이 서로 다른 것을 발견하기는 오히려 쉬웠을 것이다. 그러나 이와 같이 종성의 복잡한 내용을 알면서도 다시 종성의 8자 제한이 가능하다는 사실을 지적하였다. 그것은 오직 그 제한이 가능한 철자 방법을 전제로 한 것으로 그 철자 방법은 어느 정도의 어법 연구를 기다려서 비로소 통일될 수 있는 것이다.

그 이외에도 사잇소리를 윗말의 종성에 따라서 'ㆁ'에 'ㄱ', 'ㄴ'에 'ㄷ' 등으로 달리한 것이라든지 또 한자음의 전탁 초성은 각자병서를 취함에 대하여 우리말의 전탁 초성은 합용병서를 취한 것이라든지 그 모두 언어와 음운에 대하여 상당히 세밀한 연구를 증명한 것이다. 또 사성의 방점도 매 어절을 일일이 비교 연구하여 그 호상의 차이를 밝히지 않고서는 그와 같은 표시가 가능할 수 없으리라고 생각한다.

그러나 불행히도 이 문제에 대하여는 하등의 기록도 남아 있지 않다. 과연 어떠한 정도의 연구가 있었는지 현재 그것을 구명하기가 어렵다.

4) 문자의 추증

초성으로 반설경음과 중성으로 'ㆍ, ㅡ'의 'ㅣ'에서 일어나는 음起ㅣ音'은 예의에서 일찍이 설명하지 않았던 것이다. 아마 예의를 발표한 후에 음성에 대한 것을 더 정밀히 연구하여 추증한 것이 아닌가 생각한다.

제6절 용자례

1. 원문과 해독

用字例[120)

初聲ㄱ。如:감爲柿。·골爲蘆。ㅋ。如우·케爲未舂稻。콩爲大豆。ㆁ
。如러·울爲獺。서·에爲流澌。ㄷ。如·뒤爲茅。·담爲墻。ㅌ。如고·티
爲繭。두텁爲蟾蜍。ㄴ。如노로爲獐。납爲猿。ㅂ。如불爲臂。:벌爲蜂。
ㅍ。如·파爲葱。·풀爲蠅。ㅁ。如:뫼爲山。·마爲薯藇。ㅸ。如사·ᄫᅵ爲
蝦。드·ᄫᅵ爲瓠。ㅈ。如·자爲尺。죠·ᄒᆡ爲紙。ㅊ。如·체爲籭。·채爲
鞭。ㅅ。如·손爲手。:셤爲島。ㆆ。如·부형爲鵂鶹。·힘爲筋。ㅇ。如·비
육爲鷄雛。·ᄇᆡ얌爲蛇。ㄹ。如·무뤼爲雹。어·름爲氷。ㅿ。如아ᅀᆞ爲弟
。:너ᅀᅵ爲鴇。

[용자례]

초성 ㄱ은 ‘:감’이 ‘감柿’이 되고 ‘·ᄀᆞᆯ’이 ‘갈대蘆’121)가 되는 것과 같고,

ㅋ은 ‘우·케’122)가 ‘벼未舂稻’가 되고 ‘콩’이 ‘대두大豆’가 되는 것과 같고,

---

120) 용자례에서는 단음절 54개와 이음절어 40개 총 94개의 고유 어휘를 표기하는 실재적 용례를 들어 보이고 있다. 초성 용례는 34개, 중성 용례 44개, 종성 용례 16개로 당시 표기법의 시행안라고 할 수 있다. 먼저 초성 용례는 예의의 자모 순서에 따라 아-설- 순-치-후의 방식으로 배열하였고, 우리말 표기에서 제외될 전탁자 6자와 후음 ‘ㆆ’가 제외되고 ‘ㅸ’이 순음 위치에 추가되었다. 중성 용자의 예는 상형자(·, ㅡ, ㅣ)와 초 출자(ㅗ, ㅏ, ㅜ, ㅓ), 재출자(ㅛ, ㅑ, ㅠ, ㅕ) 순으로 고유어 각 4자씩 중성 11자에 각각 4개의 어휘를 중성 제자 순서에 따라 제시하였다. 다만 중모음이었던 이자 합용 14자 가운데 동출합용 4자(ㅘ, ㆇ, ㅝ, ㆊ)와 이자 상합합용자 10자(ㆍㅣ, ㅢ, ㅚ, ㅐ, ㅟ, ㅔ, ㆍㅣ, ㅖ, ㆌ, ㅖ)와 삼자 상합합용 4자(ㅙ, ㅞ, ㆋ, ㅞ)의 용례는 제시하지 않았다. 종성 용 례는 16개 어휘의 예를 밝혔는데, 예의의 ‘종성부용초성(終聲復用初聲)’ 규정과 달리 해 례의 ‘팔종성가족용아(八終聲可足用也)’ 규정에 따른 ‘ㄱ, ㆁ, ㄷ, ㄴ, ㅂ, ㅁ, ㅅ, ㄹ’ 순 으로 각 2개의 용례를 밝혔다. 결국 고유어의 사용 예만 94개를 들고 있다. 이 용자의 예 를 보면 훈민정음의 창제 목적이 단순히 한자음의 표기나 외래어 표기보다는 고유어의 표기에 중점을 둔 것으로 볼 수 있다. 체언류에서 고유어의 어휘만 제시한 것은 훈민정 음의 창제 목적이 단순히 한자음의 통일만을 목표로 하지 않았다는 명백한 증거가 된다.

121) ‘ᄀᆞ대(蘆)’, ‘ᄀᆞᆯ(蘆)’. 갈대.

122) ‘우·케(未舂稻)’는 탈곡하지 않은 벼. 대체로 종자로 쓸 벼를 남부방언에서는 아직 ‘우

ㅇ은 '러·울'이 '수달獺(너구리)'123)가 되고 '서·에'가 '성에流澌'가 되는 것과 같고, ㄷ은 '·뒤'가 '잔디茅'124)가 되고 '·담'이 '담墻'125)이 되는 것과 같고, ㅌ은 '고티'가 '고치繭'126)가 되고 '두텁'이 '두꺼비蟾蜍'127)가 되는 것과 같고, ㄴ은 '노로'가 '노루獐'128)이 되고 '납'이 '원숭이猿'129)이 되는 것과 같고, ㅂ은 '불'이 '팔臂'130)이 되고 ':벌'이 '벌蜂'이 되는 것과 같고,

<hr>

케'라는 방언형이 잔존해 있다. 남방계열의 어휘로 추정된다.

123) '너구리(獺, 水獺, 貉, 山狗, 貂, 獾)'에 대응되는 용례 '러·울'(훈정 용자례)의 '러울'의 예는 16세기에는 '넝우리'(훈몽, 상:18)와 '너구리'(신유 상:13)가 보인다. '넝우리'는 15 세기에 보이는 '러울'에 접미사 '-이'가 결합된 어형으로 추정된다. 그리고 '너구리'는 '넝우리'에서 모음간 자음 'ㅇ'의 'ㄱ'으로의 변화, 즉 비자음의 구개음화(입소리되기) 를 겪은 어형으로 간주된다. 16세기의 '너구리'는 18세기에 '너고리'(동유 하:39)에 나 타난다. 근대국어 이후『국한회어』,『조선어사전, 163』등에도 '너구리'가 표제어로 등 장한다. 결국 현대국어의 '너구리'는 '러울』>넝우리』>너구리'의 과정을 거쳐 왔음을 알 수 있는데 '러울'의 어원은 불명확하다.

124) '잔디'는 원래 '*쟌뛰'와 같은 형태였을 것으로 짐작된다. '쟌뛰/쟘뛰>쟌쒸/쟘쒸>잔 쒸>잔쯰>잔듸>잔디'와 같은 역사적 변화 과정을 겪은 것으로 추정할 수 있다. '띠 (茅)'를 뜻하는 '뛰'는 17세기에는 'ㅼ'과 소리가 같았기 '쟌뛰/쟘뛰', '쟌쒸/쟘쒸'로 표 기된다.

125) '담(墻)'과 '책(柵)'은 경계를 나타내는 가리개라는 의미인데 전자는 보이지 않는 벽이라 면 후자는 내부가 보이는 경계를 나타낸다.

126) '고치'는 '고티>고치' 변화이다.

127) '두텁이'는 '두텁이'는 '*두티-+-업(형용사접사)-+-이(명사화접사)'이 구성인데 15세 기 문헌에는 '두텁다'만 나오지만 16세기 이후에는 '둗텁다', '둣텁다' 등도 보인다. 이 들은 '두텁다'에서 변형된 표기에 불과하다. '둣텁다'가『조선어사전』에까지 보인다. 한편 16세기의 '둗거비'가 보이는데 이 형태는 '둗겁(厚)-+-이(명사화접사)'의 구성형 과 경쟁에서 '두터비>두거비'로 어형이 바뀐 결과이다.

128) '노로(獐)'는 '노로'가 모음 앞에서 '놀ㅇ'로 실현된다. '노로>노로'의 변화.

129) '납(猿)'은 해례본 용자례에 처음 보인다. 그 후 "그 뫼해 늘근 눈 먼 獼猴ㅣ 잇더니 獼 猴는 납 ㄱ톤 거시라"『월인석보』, "그르메는 납 우는 남긔 브텟노니"『두언초』, "獼 납 미, 猴 납 후, 猢 납 호, 猻 납 손"『훈몽』, '납 원 猿'『백련』, '猿 猨 납 원 猴 납 후"『신 유 상』에서 그 예를 찾아 볼 수 있다. 17세기초에 와서 '납'은 사라지고 '진나비'가 등 장한다. "猿申 猿狌 원싱이"『국한』, '원싱이 셩(猩), 원싱이 원(猿), 원싱이 미(獼), 원싱 이 후(猴)"『초학요선』의 예에서처럼 다시 18세기 말경 '원숭이'가 처음 나타나면서 어 형이 교체된 결과이다.

130) '불'은 '불/풀'의 'ㅎ' 곡용은 19세기까지 이어진다.

ㅍ는 '·파'가 '파蔥'가 되고 '·ᄑᆞᆯ'이 '파리蠅'131)가 되는 것과 같으며, ㅁ은 ':뫼'가 '산山'이 되고 '·마'가 '마薯蕷'가 되는 것과 같고, ㅸ는 '사·ᄫᅵ'가 '새우蝦'가 되고 '드·ᄫᅴ'가 '뒤웅박瓠'132)이 되는 것과 같고, ㅈ은 '·자'가 '자尺'133)가 되고 '죠·히'가 '종이紙'가 되는 것과 같고, ㅊ은 ':체'가 '체篩'가 되고 '·채'가 '채찍鞭'이 되는 것과 같고, ㅅ는 '·손'이 '손手'이 되고 ':셤'이 '섬島'이 되는 것과 같고, ㅎ는 '·부헝'이 '부엉이鵂鶹'가 되고 '·힘'이 '힘줄筋'134)이 되는 것과 같고, ㅇ는 '·비육'이 '병아리鷄雛'135)가 되고 '·ᄇᆡ얌'이 '뱀蛇'이 되는 것과 같고, ㄹ은 '·무뤼'가 '우박雹'이 되고 '어·름'이 '얼음氷'이 되는 것과 같고, ㅿ는 '아ᅀᆞ'가 '아우弟'136)가 되고 ':너ᅀᅵ'가 '너새鴇'가 되는 것과 같다.

중성용례

中聲 ·。如·ᄐᆞᆨ爲頤。·ᄑᆞᆺ爲小豆。ᄃᆞ리爲橋。·ᄀᆞ래爲楸。ㅡ。如·믈爲水。·발·측爲跟。그력爲鷹。드·레爲汲器。ㅣ。如·깃爲巢。:밀爲蠟。·피爲稷。·키爲箕。ㅗ。如·논爲水田。·톱爲鉅。호·ᄆᆡ爲鉏。벼·로爲硯。ㅏ。如·밥爲飯。·낟爲鎌。이·아爲綜。사·ᄉᆞᆷ爲鹿。ㅜ。如숫爲炭。·울爲籬。누·에爲蚕。구·리爲銅。ㅓ。如브ᅀᅥᆸ爲竈。:널爲板。서·리爲霜。

131) 'ᄑᆞ리'는 'ᄑᆞᆯ-+-이(명사화접사)'의 구성이다. 12세기 『계림유사』에 "蠅曰蠅, 『계림유, 4b』"에 보인다. '蠅 ᄑᆞ리 승'『훈몽, 상-11ㄴ』의 예에서 'ᄑᆞᆯ>ᄑᆞᆯ이'로 변화하여 오늘의 '파리'로 정착한 것이다.

132) '뒤웅박'은 15세기에는 '드ᄫᅴ'였다. '드ᄫᅴ-+-박(瓠)'의 구성. '드ᄫᅴ'는 '둡(蓋)-+-ㅢ'의 구성형으로 '드ᄫᅴ>드뵈'로 변화한 밥 뚜껑의 방언형이 '밥 드웨'가 아직 잔존해 있다.

133) 자ㅎ(尺). "다ᄉᆞᆺ 자히러라"『석보 상-11:11ㄱ』, "火光이 다 기릐 두ᅀᅥ 자히로ᄃᆡ"『능엄, 9, 108ㄴ>, "사ᄅᆞᄆᆞᆫ 周尺으로 ᄒᆞᆫ 자히오"『월석, 9-53ㄴ』

134) '힘줄'은 '힘(筋)-+-줄'의 구성.

135) '비육+-아리(접미사)'의 구성.

136) '아ᅀᆞ>아ᄋᆞ>아으>아우'의 변화.

버·들爲柳。ㅛ。如:죵爲奴。·고욤爲梬。·쇼爲牛。삽됴爲蒼朮菜。ㅑ。
如남샹爲龜。약爲龜鼈。다·야爲匜。쟈감爲蕎麥皮。ㅠ。如율믜爲薏苡
。쥭爲飯㭻。슈·룹爲雨繖。쥬련爲帨。ㅕ。如·엿爲飴餹。·뎔爲佛寺。··
벼爲稻。:져비爲燕。

　　중성 ·는 '·특'이 '턱顧'137)이 되고 '·퐃'이 '팥小豆'138)이 되고 'ᄃ리'가
'다리橋'가 되고 '·ᄀ래'가 '개래나무 열매楸'가 되는 것과 같고, ㅡ는 '·믈'
이 '물水'이 되고 '·발·측'이 '발꿈치근跟'이 되고 '그력'이 '기르기雁'가
되고 '드·레'가 '두레박汲器'139)이 되는 것과 같고, ㅣ는 '·깃'이 '깃巢'이
되고 ':밀'이 '밀랍蠟'이 되고 '·피'가 '피稷'가 되고 '·키'가 '기箕'가 되는
것과 같고, ㅗ는 '·논'이 '무논水田'이 되고 '·톱'이 '톱鉅'이 되고 '호·미'
가 '호미鉏'가 되고 '벼·로'가 '벼루硯'가 되는 것과 같고, ㅏ는 '·밥'이
'밥飯'이 되고 '·낟'이 '낫鎌'이 되고 '이·아'가 '잉아綜'가 되고 '사·슴'이
'사슴鹿'이 되는 것과 같으며, ㅜ는 '·숫'이 '숯炭'140)이 되고 '·울'이 '울타
리籬'가 되고 '누·에'가 '누에蠶'141)가 되고 '구·리'가 '구리銅'가 되는 것
과 같고, ㅓ는 '부·섭'이 '부엌竈'142)이 되고 ':널'이 '판板'이 되고 '서·리'가

137) '특>턱'의 변화는 'ᄋ'가 어두 음절에서는 '아'로 변화되는 것이 일반적인데, '어'로 변
　　화되었다는 점에서 예외적인 변화라 할 수 있다. '블(重)>벌', '일ᄏ(稱)->일컫-', '남
　　(他人)>넘', 'ᄒ(爲)>허-' 등의 예도 있다. 이와 같은 'ᄋ>어'의 변화는 'ᄋ'의 두 단계
　　에 걸친 변화에서도 'ᄋ'가 여전히 고수되다가 '어'의 후설화에 따라 '어'로 흡수된 것
　　으로 추정되는 어형들이다.
138) '팥'의 15세기 형태는 '퐃ㄱ, 퐃, 퐃'이었다.
139) '드레박'은 '드레(擧)-+박(瓢)-'으로 구성되어 있다. 『역어유해』에 '鐵落 텨로'와 '드레'가 대
　　응되어 있는데, 몽고어였던 '텨로'와 '드레'의 발음이 비슷하다는 점에 주목할 필요가 있다.
140) '숯炭'은 '숡'에서 'ㄱ'이 탈락한 '숫>숯'의 변화를 거친 것이다. 경북 방언의 방언형
　　'수껑'을 통해서 지금까지 남아 있는 '숡'의 모습을 확인할 수 있다.
141) '누에'의 기원형은 '*누베'이다. '*누베>누웨>누에'로 변화하였다.
142) '부엌'은 '블>븕(火)-+셥/섭'의 합성어이다. ㄹ 탈락과 함께 ㅅ>ㅿ으로 변한 '브섭'과

'서리霜'가 되고 '버·들'이 '버드나무柳'가 되는 것과 같고, ㅛ는 '·죵'이 '노奴'가 되고 '·고욤'이 '고욤梬'이 되고 '·쇼'가 '소牛'가 되고 '삽됴'가 '삽주蒼朮菜'[143]가 되는 것과 같고, ㅑ[144]는 '남샹'이 '남생이龜'[145]가 되고 '약'이 '구벽龜鼊(거북의 일종)'이 되고 '다·야'가 '대야匜(손대야)'[146]가 되고 '쟈감'이 '메밀껍질蕎麥皮'가 되는 것과 같고, ㅠ는 '율믜'가 '율무薏苡'가 되고 '·쥭'이 '밥주걱飯枲'[147]이 되고 '슈·룹'이 '우산雨繖'[148]이 되고 '쥬련'이 '수건걸이帨'[149]가 되는 것과 같고, ㅕ는 '·엿'이 '엿飴餹'[150]이 되고 '·뎔'이 '불사佛寺'가 되고 '·벼'는 '벼稻'가 되고 ':져비'가 '제비燕'[151]이 되는 것과 같다.

종성용례

終聲ㄱ。如닥爲楮。독爲甕。ㅇ。如:굼벙爲螬蠐。·올창爲蝌蚪。ㄷ。如·갇爲笠。싣爲楓。ㄴ。如·신爲屨。·반되爲螢。ㅂ。如섭爲薪。·굽爲蹄。ㅁ。如:범爲虎。:심爲泉。ㅅ。如:잣爲海松。·못爲池。ㄹ。如·둘爲月。·별爲星之類

'브쇡'이 중세어에서 나타난다. '거붑>거북'(龜). "흔 눈 가진 거붑과『석보 상-21:40ㄱ>, '솝>속'(內)『훈몽, 하-15ㄱ>의 예들처럼 p/k의 대응은 방언의 차에 따른 교체형이다.

143) '삽주'는 '삽됴>삽듀>삽주'의 변화 결과이다.
144) 'ㅑ'가 쓰여야 할 자리에 'ㅕ'가 잘못 쓰임.
145) '남생이'는 '남샹/남싱-+-이(명사화접사)'로 분석된다.
146) '다야/대야(이(匜), 치(卮), 우(盂), 선(鐥), 분(盆), 관(盥))'가 '술그릇'을 포함한 다양한 의미를 가진 어휘이다. 여기에서는 세수를 하는 그릇의 용기를 가리킨다.
147) '주걱'을 '쥭'『훈정, 용자례』이 17세기에 오면 '쥬게'라는 형태로 나타난다. '쥬게'는 '쥭(粥)-+-억(명사화접사)'의 구성형이다.
148) 한자어 '우산(雨傘)'에 대응되는 고유어가 '슈·룹'이다.
149) 수건걸이(帨)
150) '엿'은 중세어에서부터 현재까지 변화 없이 '엿'으로만 나타난다.
151) '제비'는 '져비>졔비>제비'로 17세기 ㅣ움라우트와 단모음화를 거친 어형이다. 『한청문감』에 '자연(紫燕)'을 '치뷘'이라 하였는데, 같은 계통의 어휘로 추정된다.

종성 ㄱ은 '닥'이 '닥나무楮'가 되고 '독'이 '독甕'이 되는 것과 같고, ㅇ는 '·굼벙'이 '굼벵이蜻蟏'152)가 되고 '·올창'이 '올챙이蝌蚪'153)가 됨과 같고, ㄷ은 '·갇'이 '갓笠'154)이 되고 '싣'이 '단풍나무楓'가 되는 것과 같고, ㄴ은 '·신'이 '신雁'이 되고 '·반되'가 '반딧불이螢'가 됨과 같고, ㅂ은 '섭'이 '땔나무薪'이 되고 '·굽'이 '발굽蹄'이 되는 것과 같고, ㅁ은 ':범'이 '범虎'155)이 되고 ':심'이 '샘泉'이 되는 것과 같으며, ㅅ은 ':잣'이 '잣나무海松'가 되고 '·못'이 '못池'이 되는 것과 같고 ㄹ은 '·돌'이 '달月'이 되고 ':별'이 '별星'이 됨과 같으니라.

2. 주해

1 달獺은 『운회』에 '他達切'이요, 『전운옥편』에 음이 '달'이니 『설문』에 '작은 개로 물고기를 먹는다.如小狗食魚'(수달)라고 하였다.

2 시澌는 『운회』에 '相支切'이요, 『전운옥편』에 음이 '싀'이니 『설문』에 '流冰也(얼음물이 흐르다.)라고 하였다.

3 보鴇는 『집운』에 '補抱切'이요, 『전운옥편』에 음이 '보'이니 『설문』에 '鳥也(새)'라고 하였다.

4 구벽龜璧의 구의 본자는 '龜'요 속자로도 쓰고 『집운』에 '其俱切'이며 '벽璧'은 『운회』에 '必歷切'이요, 『전운옥편』에 음이 '벽'이니 '구벽龜璧'은 『운회』에 "似龜而漫胡無指瓜。其中有珠文如玭璣"라고 하였다.

---

152) '굼벵이'는 '굼벙-+-이(명사화접사)'의 구성이다.

153) '올챙이'는 '올창-+-이(명사화접사)'의 구성이다. '올창+-이 → 올창이>올창이>올챙이'의 변화를 경험했다.

154) '갓'은 '갇>갓'으로 변화했는데 18세기 후반부터 모음 앞에서도 연철되어 말음이 'ㄷ'에서 'ㅅ'으로 바뀌었다.

155) '범(虎)'은 15세기부터 20세기까지, 모두 동일하게 '범'으로 나타난다. 이와 동의어로는 '호랑이'가 있는데, 이는 18세기부터 사용되기 시작하였다고 한다. 『계림유사』에서도 "虎曰監浦南切"(*범)/(*범)/(*pəm), (*p'am)이라고 하였다.

5 '초栗'는 본시 초栗자요 초栗는 소栗자의 속자인 모양이니 『훈몽자회』에 '밥
   죽쵸'라고 하고 '亦作栗卽飯栗'라고 하였다.

6 '산繖'은 '산傘'의 통용자.

7 '세帨'는 『운회』에 '輕芮切'이요, 『전운옥편』에 음이 '세'이니 '의례주儀禮注'
   에 '패건야佩巾也수건'라고 하였다.

3. 평해

해례 전편에 실려 있는 우리말 숫자는 용자례의 94개와 종성해의 4개,
합자해의 25개를 포함하면 모두 123개어다. 그 전부를 아래에 드는 동시
에 『훈몽자회』와 및 현대어로써 비교하여 다소 그 변천의 자취를 살펴
보고자 한다.

1) 빗곶梨花 : 『훈몽』 '리(梨)'는 '비', '花'는 '곶'이다. (현) '리(梨)'는
   '배', '화(花)'는 '꽃'이다. '빗'의 'ㅅ'는 소위 사잇소리이다.

2) 엿·의갗狐皮 : 『훈몽』 '호(狐)'는 '여스', '피(皮)'는 '갗'이다. (현)
   '호(狐)'는 '여우'나 방언에 '여수'로 실현되는 곳이 많고 '피(皮)'는
   '가죽'이나 '초리(草履)'의 '갖신', '피장(皮匠)'의 '갖바치' 등의 말에는
   역시 '갗'이다.

3) ·옷衣 : 『훈몽』, (현) 동일.

4) :실絲 : 『훈몽』, (현) 동일.

5) 싸地 : 『훈몽』 '싸'이다. (현) '땅'이나 지(地)자의 의훈은 역시 '땅'이다.

6) 짝雙 : 『훈몽』 '쌍(雙)'의 의훈은 '외짝'이요 '대(對)'의 의훈이 '짝'
   인데 말은 마찬가지일 것이요 (현) '짝'이다.

7) ·뜸隙 : 『훈몽』 '씀'으로 'ㅂ'의 음이 탈각되었고 (현) '틈'이나 간극
   (間隙)이란 뜻의 '씀새'가 있다. '뜸>씀>끔(틈)'의 변화.

8) ·혀舌 : 『훈몽』, (현) 동일.

9) ·혀引-:『훈몽』'혀'요 (현) '톱을 켠다'든지 '불을 켠다'든지의 '켜'가 여기서 유래된 말인 듯한데 '불을 켠다'는 '켜'가 방언에 '써'로 내는 곳이 있다.

10) 괴·여我愛人 : 부녀자의 말에 아직도 많이 사용되고 있다.

11) 괴·여人愛我 : 현재도 수동의 경우는 전자의 능동과 달리 '여'의 음이 약간 강도를 가하는 듯이 느껴진다. 비단 이 말에 한한 것이 아니요, '쥐여', '매여', '쓰여' 등의 말이 능동과 수동을 따라서 전부 그러하다.

12) 소·다覆物 : (현) '쏟다'. 솓-+-아>쏟아. 솟다.

13) 쏘·다射之 :『훈몽』'쏘' (현) '쏘다'

14) ·과栔柱 : 거문고 현을 받치는 대.『훈몽』에서는 '금(琴)'을 '고'라고 하였다.

15) ·홰炬 :『훈몽』, (현) 동일.

16) 흙土 :『훈몽』'흙'이요 (현) '흙'이다.

17) ·낛釣 :『훈몽』구(鉤)의 의훈이 '낛'. '이(餌)'에 있어 '낛밥曰釣餌' 라고 하였고 현 명사로 '낚시', 동사로 '낚'이다.

18) 둙·째酉時 :『한몽』계(鷄)는 '둙'이다. (현)계(鷄)는 '닭', 시(時)는 '때'다.

19) :사룸 :『훈몽』, (현) 사람.

20) 활弓 :『훈몽』, (현) 동일.

21) :돌石 :『훈몽』, (현) 동일.

22) ·갈刀 :『훈몽』'갈'이요 (현) '칼'이다.

23) 붇筆 :『훈몽』'붇'이요 (현) '붓'이다.

24) 긴柱 :『훈몽』, (현) '기둥'

25) 녑脅 :『훈몽』'녑구레' (현) '옆구리'

26) ·낟穀 :『훈몽』'낟'이요 (현) 방언에 '나달' 내지 '나락'은 모두 여기서 유래된 말인 듯 하다.

27) :깁繒 :『훈몽』, (현) 동일.

28) ·몬釘 :『훈몽』, (현) 동일하나 단지 후자에 이르러는 '못'이 오히려 많이 통용된다.

29) ·입口 : 『훈몽』, (현) 동일.

30) :감柿 : 『훈몽』, (현) 동일.

31) ·굴蘆 : 『훈몽』 '굴' (현) '갈'

32) 우·케未舂稻 : 필자의 12대 조모가 그 아드님에게 보낸 편지에 '우케 한 바리'란 말이 있다. 그는 선조의 따님이요 숙종 초까지 생존하였셨던 분이므로 그 당시까지는 이 말이 통용되었던 것이라고 보인다. (현) 찧지 않은 벼.

33) 콩大豆 : 『훈몽』, (현) 동일.

34) 러·울獺 : 『훈몽』 '넝우리' (현) '수달'이나 '너구리'란 말과 동원이 아닌가 추정한다.

35) 서·에流澌 : 겨울철에 유리창 같은데 물기가 동결하는 것을 '성에'라고 하고, 유시(流澌)는 실상 '수아'라고 하나 마찬가지로 이 말에서 유래된 것이라고 보인다.

36) ·뒤芽 : 『훈몽』 '띡' (현) '띠', '잔디'

37) ·담墻 : 『훈몽』, (현) 동일.

38) 고·티繭 : 『훈몽』 '고티' (현) '고치'

39) 두텁蟾蜍 : 『훈몽』 '두더비' (현) '두꺼비'인데 섬진강, 그 지방의 사람들은 '두처비강'이라고 불렀다고 한다.

40) 노로獐 : 『훈몽』 '노른' (현) '노루' 또는 '노로'

41) 납猿 : 『훈몽』 '납' (현) '잔나비'란 말이 있다.

42) 불臂 : 『훈몽』 '풀' (현) '팔'인데 방언에 '폴'로 내는 곳이 있다.

43) :벌蜂 : 『훈몽』, (현) 동일.

44) ·파蔥 : 『훈몽』, (현) 동일.

45) ·풀蠅 : 『훈몽』 '프리' (현) '파리'인데 방언에 '포리'로 내는 곳이 있다.

46) :뫼山 : 『훈몽』, (현) 동일.

47) ·마薯蕷 : 『훈몽』, (현) 동일.

48) 사·비蝦 : 『훈몽』 '하(蝦)'에 있어 '새요'. (현) '새우'인데 방언에 '새뱅이'란 말이 있다.

49) 드·뵈瓠 :『훈몽』 '호(瓠)'에 있어 '죠롱'라고 하고 '瓠子박'라고 하
    였는데 (현) '뒤웅박', '되롱박' 등의 말이 있다.

50) ·자尺 :『훈몽』, (현) 동일.

51) 죠·희紙 :『훈몽』 '죠희' (현) '조히' 또는 '종이'

52) ·체籭 :『훈몽』 사라(筬籭)등자의 의훈 (현) 동일.

53) ·채鞭 :『훈몽』 '채' (현) '채찍'

54) ·손手 :『훈몽』, (현) 동일.

55) :셤島 :『훈몽』 '셤' (현) '섬'

56) ·부헝鵂鶹 :『훈몽』 '부헝이' (현) '부엉이'.

57) ·힘筋 :『훈몽』, 현 동일. 한데 근래 '근(筋)'자의 의훈을 혹 '힘ㅅ
    줄'라고 하나 설문에 '肉之力也: 从肉从力从竹: 竹物之多筋者。'라고
    하였은 즉 '힘'의 의훈이 정당하다.

58) ·비육鷄雛 : '병아리'라는 말의 고형일 것이다. 방언에 '비야기'라
    는 말이 있다.

59) ·ㅂ얌蛇 :『훈몽』 '비얌' (현) '뱀'

60) ·무뤼雹 :『훈몽』 '무뤼'요 (현) '우박' 외에 '무리'라는 말이 있다.

61) 어·름冰 :『훈몽』, (현) 동일.

62) 아ᄾᆞ弟 :『훈몽』 '아ᄾᆞ' (현) '아우'

63) :너싀鴇 :『훈몽』 '보(鴇)'의 의훈이 '너싀'요 (현) '너홰'다.

64) ·특頤 :『훈몽』 '특' (현) '턱'

65) ·풋小豆 :『훈몽』 '두(荳)'의 의훈이 '풋'이요 (현) '팥'인데 방언에
    '풋'이라고 하는 곳이 있다.

66) 드리橋 :『훈몽』 '드리' (현) '다리'

67) ᄀᆞ래楸 :『훈몽』 '험(杺)'의 의훈이 'ᄀᆞ래'요 (현) '가래'

68) ·믈水 :『훈몽』 '믈' (현) '물'

69) ·발·측跟 :『훈몽』 '뒤측' (현) '뒤축' 또는 '발뒤축'

70) 그력鴈 :『훈몽』 '긔려기' (현) '기러기'

71) 드·레器 :『훈몽』 경(綆)의 의훈이 '그레줄' (현) '드레박' 또는
    '두루박'

72) ·깃巢 :『훈몽』, (현) 동일.

73) :밀蠟 :『훈몽』, (현) 동일.

74) ·피稷 :『훈몽』, (현) 동일.

75) ·키箕 :『훈몽』, (현) 동일.

76) ·논水田 :『훈몽』 '전(田)'자 아래 '답(畓), 논' (현) 동일.

77) ·톱鉅 :『훈몽』, (현) 동일.

78) 호·민鉏 :『훈몽』 '호미' (현) '호미' 방언에 '호맹이'라고 내는 곳
   이 있다.

79) 벼·로硯 :『훈몽』, (현) 동일. 하나 후자는 오히려 '벼루'가 보통이다.

80) ·밥飯 :『훈몽』, (현) 동일.

81) ·낟鎌 :『훈몽』, (현) 동일. 하나 후자는 오히려 '낫'이 보통이다.

82) 이·아綜 :『훈몽』, (현) '잉아'

83) 사·슴鹿 :『훈몽』 '사슴' (현) '사슴'

84) 숫炭 :『훈몽』, (현) 동일.

85) ·울籬 :『훈몽』 리(籬)의 의훈이 '바조'나 번(藩)의 의훈은 '울'이요
   (현) '울타리' 또는 '울짜리'나 '리외(籬外)'를 '울박' 리내(籬內)를
   '울안' 등의 말이 있다.

86) 누·에蠶 :『훈몽』, (현) 동일.

87) 구·리銅 :『훈몽』, (현) 동일.

88) 브섭竈 :『훈몽』 '브쉭' (현) '부억'

89) :널板 :『훈몽』, (현) 동일.

90) 서·리霜 :『훈몽』, (현) 동일.

91) 버·들柳 :『훈몽』, (현) 동일.

92) :죵奴 :『훈몽』, (현) 동일.

93) ·고욤梬 :『훈몽』, (현) 동일.

94) ·쇼牛 :『훈몽』 '쇼' (현) '소'

95) 삽됴蒼朮茱 :『훈몽』 '삽듀' (현) '삽주'

96) 남샹龜 : 현재의 '남생이'를 가리키는 것이 아닌가 한다.

97) 악鼅 : 불확실.

98) 다·야匜:『훈몽』'대야'나 '우(盂)'의 의훈에는 다시 '다야'요 (현) '대야'다.

99) 쟈감蕎麥皮: 현재에도 중부 일대서 '자갬이'라고 한다.

100) 율믜薏苡:『훈몽』'율믜' (현) '율무'

101) 쥭飯粟:『훈몽』粟의 의훈이 '밥쥭'이요 (현) '주걱'이다.

102) 슈·룹雨繖: (현) 우산.

103) 쥬련帨:『훈몽』세(帨)의 의훈은 '슈건'인데 근세에 옷에 느리는 '드림'이 혹 여기서 유래된 것 아닐까 한다.

104) ·엿飴餹:『훈몽』, (현) 동일.

105) ·뎔佛寺:『훈몽』'뎔' (현) '절'

106) ·벼稻:『훈몽』, (현) 동일.

107) :져비燕:『훈몽』'져비' (현) '제비'

108) 닥楮:『훈몽』'닥' (현) '닥'

109) 독甕:『훈몽』, (현) 동일.

110) :굼벙蠐螬:『훈몽』, (현) 굼벙이.

111) ·올창鮞蝌:『훈몽』, (현) 올챙이

112) ·갇笠:『훈몽』, (현) 동일하나 후자는 '갓'으로 낸다.

113) 신楓:『훈몽』'신나모' (현) '신나무'

114) ·신履:『훈몽』, (현) 동일.

115) ·반되螢:『훈몽』'반도' (현) '반디불이'

116) 섭薪:『훈몽』, (현) 동일.

117) ·굽蹄:『훈몽』, (현) 동일.

118) :범虎:『훈몽』호(虎)의 의훈이 '갈웜'. 표(豹)의 의훈이 '표웜'이요 (현) '범'이다.

119) :심泉:『훈몽』'심' (현) '샘'

120) :잣海松:『훈몽』송(松)에 있어 '又呼잣나모 曰果松'이라고 하고 (현) 동일

121) ·못池:『훈몽』소당(沼塘) 등의 의훈이 '못'이요 (현) 동일.

122) :둘月:『훈몽』'둘' (현) '달'

123) :별星:『훈몽』, (현) 동일.

해례의 편찬자 여덟 사람 중에 여섯 사람은 경기, 충청 등 중부지방의 태생이니 해례 중에 실려 있는 말도 대체로 그 당시 중부 일대의 말이라고 추정된다. 더구나 합자해에서 '기, 긴' 등의 중성이 '변두리 말邊野之語'에나 있다는 설명을 들으면 그들이 서울말을 표준으로 삼고 그 이외의 말을 방언 즉 변두리邊野의 말로 돌린 것이 아닌가 한다. 그러므로 이상의 비교는 그동안의 언어 변천을 구명하는 데 있어 상당히 재미있는 자료다. 그중의 『훈몽자회』는 서울대 도서관 소장의 만력 41년 내사본에 의한 것으로 신문관 간본과는 다소 다른 부분이 있다.

제7절 『훈민정음』 정인지 서

1. 원문과 해독

> **성음과 문자의 관계**
>
> 有天地自然之聲。則必有天地自然之文。156) 所以古人因聲制字。以通萬物之情。以載三才之道。而後世不能易也。然四方風土區別。。聲氣亦隨而異焉。157) 盖外國之語。有其聲而無其字。158) 假中國之字以通其用。是猶枘鑿之鉏鋙也。豈能達而無礙乎。要°皆各隨所°處而安。不可°强之使同也。

---

156) 有天地自然之聲。則必有天地自然之文。: 천지 자연의 성(聲, 소리)이 있으면 반드시 천지자연의 문(文, 글)이 있으니. 『고금운회거요』의 류진옹(劉辰翁)의 서에 "기는 천지의 어머니이다. 소리의 기운이 동시에 나며 소리가 있은 즉 글자가 있는 것이니 글자는 또한 소리의 아들이라 할 만하다.(氣者天地之母也, 聲氣卽有字, 字又聲之子也)", 『고금운회거요』, 류진옹 서.

157) 언어가 풍토에 따라 다른 점을 말한 대목이다. 『황극경세서』(『성리대전』 권8)에서 "소

천지 자연의 성聲(소리)이 있으면 반드시 천지 자연의 문文(글)이 있으니 그러므로 고인이 그 성을 인하여 그 글자를 만들어 만물의 정을 서로 통하게 하고 삼재三才(천, 지, 인)의 도를 이에 싣게 하였으니 후세에서도 이것은 능히 바꿀 수 없는 것이라. 그러나 사방의 풍토가 각기 구별되어 성기가 또한 이에 따라서 다르나니, 대개 외국의 말에 그 소리는 있어도 이소리를 적을 만한 문자가 없는지라. 여기서 중국의 한자를 빌어서 통용하게 되나니, 이 형편은 마치 속담에 이른바 예조(모난 자루)와 원조(둥근 구멍)가 서로 합할 수 없다함과 같은 것이라고 할 수 있다. 이와 같이 판이한 것으로 사용함에 있어서 어찌 능히 다 통달하여 방애防碍(막힘)됨이 없을 수 있으리오. 요컨대 다 각각 그 처하는 바에 따라서 편하게 할 것이오. 강제로 이것을 동일하게 하려고 할 것은 아니니라.

한문과 이두의 불편함

吾東方禮樂文章。侔擬華夏。但方言俚語。不與之同。學書者患其旨趣之難曉°。治獄者病其曲折之難通。昔新羅薛聰。始作吏讀°。官府民間°至今行之。然皆假字而用。或澁或窒。非但鄙陋無稽而已。至於言語之間°則不能達其萬一焉。

리는 같고 다름이 없으나 사람은 같고 다름이 있으며 사람은 같고 다름이 없으나 지방은 같고 다름이 있다. 바람과 땅이 특스하여 호흡이 달라지는 까닭이다.(音非。有異同。人有異同。人非有異同。方有異同。謂風土殊而呼吸異故也。)'라는 내용이 『홍무정훈역훈』에도 "대개 사방의 풍토가 같지 못 하고 기도 또한 그기에 따르는 바, 소리는 기에서 생기는 것인지라, 이른바 사성과 칠음이 지방에 따라서 편의함을 달리 하거늘(盖四方風土不同。而氣亦從之。聲生於氣者也。故所謂四聲七音隨方而異宜。)"이라 하고 있다.

158) 『고금운회거요』의 류진옹(劉辰翁)의 서문에 "기는 천과 지의 모체이라 성과 기는 동시에 일어나니 성이 있으면 곧 글자가 있으니 글자는 곧 성이라(氣者天地母也。聲與氣同時而出。有聲即有字。字又聲之子也。)"라고 하였으니 이 글의 첫머리는 결국 류씨의 『운회』 서와 비슷한 견해를 말한 것이다.

우리나라의 예악과 문물은 가히 중화華夏에 모의倣擬(비교하여 견줄만 함)되나 그러나 방언과 이어俚語(우리말)가 이와 더불어 서로 같지 아니하니 여기서 글 배우는 이의 그 지취旨趣(글의 뜻)가 깨닫기 어려움을 근심하고 옥을 다스리는 이가 그 곡절에 통하기 어려움을 병 되이 여기는 바이라.

지난 날에 신라 때에 설총라고 하는 이가 비로소 이두라는 것을 지어서 이것을 관부와 민간에서 사용하게 하여 지금까지 이것을 행용하나 그러나 이것이 다 한문자를 빌어서 쓰는 것이므로 혹 삽澁(격격하고)하고 혹 질窒(막히어서)하여 무미건조하며, 비루鄙陋(속되고)할 뿐만이 아니라 계고稽考(근거가 일정하지 않음)159)한 데 없는 것뿐이라. 이것을 언어 간에 사용함(적음에)에는 그 만분의 하나도 뜻에 도달하기 어려운 것이라.

훈민정음 창제의 우수성

癸亥冬。我殿下創制正音二十八字。略揭例義以示之。名曰訓民正音。象形而字倣古篆。160)因聲而音叶七調。三極之義。二氣之妙。莫不該括。以二十八字而轉換無窮。簡而要。精而通。故智者不終朝而會。愚者可浹旬而學。以是解書。可以知其義。以是聽訟。可以得其情。字韻則淸濁之能辨。樂歌則律呂之克諧。無所用而不備。無所往而不達。雖風聲鶴唳。鷄鳴狗吠。皆可得而書矣。

---

159) 계고(稽考) : 지나간 일을 돌이켜 자세히 살펴봄.
160) 象形而字倣古篆 : 『훈민정음』 해례본에 나오는 이 대목에 대해 매우 다양한 해석들이 있다. 이 내용과 비슷한 기록으로 세종 25(1443)년 계해 12월 조의 『세종실록』의 기록으로 "이달에 임금이 친히 언문 28자를 지었는데, 그 글자는 옛 전자를 모방하고, 초성, 중성, 종성으로 나누어 합한 연후에야 글자를 이루었다.(是月。上親制諺文二十八字。其字倣古篆。分爲初中終聲。合之然後乃成字。)"는 내용을 면밀하게 분석해 보면 '其字'의 개념이 초, 종, 종성으로 분리하기 이전의 곧 C+V+C로 구성된 음절글자를 말한다. 따라서 초, 중, 종성을 합한 글자의 모양은 방패형으로 옛 전자(古篆)의 꼴임을 의미하는 것이다. 자모는 발음기관과 발음 모양을 상형한 것이고 자모를 모아쓴 음절

계해년 겨울에161) 우리 전하께서 처음으로 정음 28자를 지으시어 그 예의例義를 게시揭示 하였으니 이것을 이름 지어 훈민정음이라 하나니라. 형(글자꼴)을 상(형상)하되 글자를 고전에 의방하고(본을 뜨고) 성을 인因(근본)함에 는 음을 칠조七調162)에 맞추었으니 삼극三極(삼재)의 뜻義과163) 이기二氣, 陰陽

글자는 고전을 모방했다는 의미이다. 따라서 언문 28자의 낱글자가 옛 전자(古篆)를 모 방했다는 견해는 타당성이 없다. 한글과 마찬가지로 거란 대소자나 여진 소자의 모아 쓰기 방식은 한글의 음절글자의 모양과 마찬가지로 옛 전자와 같은 방패형 문자이다.

161) 계해년 겨울 : 세종 25년(1443) 12월.

162) 칠조(七調) : 정초(鄭樵)의 『칠음략(七音略)』 서에는 "사성이 씨줄이 되고, 칠음이 날줄이 된다. 강좌의 선비들이 종(縱)에는 평상거입성이 사성이 되는 줄을 알지만 형(衡)에 궁 상각치우 반치 반상이 칠음이 되는 줄을 모른다. 종은 씨줄이 되고 형은 날줄이 된다. 씨줄과 날줄이 교차하지 않기 때문에 입운(立韻)의 근원을 잃었다.(四聲爲經。七音爲 緯。江左之儒。知縱有平上去入爲四聲。而不知衡有宮商角徵羽半徵半商爲七音。縱成經。衡 成緯。經緯不交。所以失立韻之源。)"라고 하였는데 팽장경(彭長庚)의 말에도 "지금 『황극 경세서』를 보니 성은 율이 되고 음은 여가 되어 한 번씩 경위종형이 되어 성음 전체 수가 갖추어졌다고 한다.(今見皇極經世書。聲爲律。音爲呂。一經一緯一縱一衡。而聲音之 全數具矣。)"라고 하고 『홍무정운』 서에도 "남북조 시대에 강좌에서 처음으로 운서를 편찬할 때 다만 운모에 사성이 있는 줄만 알고 성모에 7음이 있는 것은 몰랐으므로 운 도에서 가로와 세로가 잘 결합되지 않아 운서를 편찬한 근본을 잃어버렸거늘(江左制韻 之初。但知縱有四聲。而不知衡有七音。故經緯不交。而失立韻之原。)"이라고 하였다. 즉 정 초 이하로 그들은 사성을 경(經), 칠음을 위(緯)로 잡아서 그중의 하나만 없어도 소위 經緯不交로 입운의 본원을 잃는다고 생각한 것이다. 물론 한자 음운에는 자모에 대하여 운부가 있으나 그 운부란 사성의 구별을 떠나서 제대로 서지 못한다. 운부와 함께 사성 의 구별이 음운의 '經'으로까지 간주되는 것이다. 그 '經'을 잃어서는 7음의 '緯'도 바 르지 못하다고 생각되는 것이 모두다 무리가 아니다. 정초의 『칠음약』 서문에 "태자 세마소 가 뒤섞였으나 오음이의 유래는 오래되었다. 변궁변치가 있다고 하지 않았으니 칠음이 생겼다는 말은 듣지 못했다.(太子洗馬蘇□駁之。以五音所從來久矣。不言有變宮變 徵。七調之作實未所聞。)"라고 하였다. 궁, 상, 각, 징, 우의 오음에 변궁과 변징을 더한 것이 칠조이다. 또한 『예기』 권37에 <악기조>에 "사람의 마음이 생김에 따라 음이 생 겼다.(凡音之起由人心生也…故形於聲)"라는 대목의 주에 "정의에 이르기를 음성은 궁상 각치우라 하였다.(正義曰。言聲者。宮商角徵羽也。)"라고 하여 사람의 소리를 오성에 따 라 궁, 상, 각, 치, 우로 구분함을 말하고 있다. 병와 이형상의 『악학편고』 권1 『성기원 류>에 "악학자는 본래 음을 정하지 않고 통상적으로 탁이 궁이 되고 차탁이 상이 되고 청탁 무거운 소리가 각이 되고 청이 우가 되고 차청이 치가 되며 또 궁이 본래 후음이 고 상이 본래 치음이고 각이 본래 아음이고 치가 본래 설음이고 우가 본래 순음이다. 성운학자는 순음이 궁이고 치음이 상이고 아음이 각이고, 설음이 치이고, 후음이 우이 며, 그 사이에 또 반치 반상이 있는데 모두 청탁으로서만 논할 수 없다. 오행학자는 운

의 묘妙(기묘한 이치)가 다 이 가운데 포함되지 않는 것이 없도다. 이 28자는 전환무궁 하여 매우 간략하되 지극히 요긴하고 또 정精(정교함)하고도 통通(꿰뚫음)하도다. 고로 지자智者(슬기로운 사람)이면 하루아침이 다 못하여 이것을 깨달을 수 있고 우자愚者(어리석은 사람)라 해도 열흘이 다 못되어 능히 다 배울 수 있는 것이니 이것으로써 만일 한문을 해석하면 가히 그 뜻을 알 수 있고 이것으로써 송사를 청하면 가히 그 정情(사정)을 득할 수 있다.

음운으로는 청탁의 능변함能辨(능히 구별함)[164]과 악가樂歌로는 율려律呂[165]의 극예克諧(고르게 함)함에 있어서 불비不備(갖추지 아니함)할 것이 없고 하여서 또 하지 못할 것不達(가서 통달되지 않는 것)이 없으니 비록 바람소리 학이 울음 개의 짖음과 같은 것일지라도 다 가히 쓸 수가 있는지라.[166]

류에는 청탁의 구별이 없기 때문에 오성으로 배치하여 오음을 유씨를 궁으로, 조씨를 각으로 장씨와 왕씨를 상으로, 무씨와 경씨를 우라고 한다.(樂家本無定音。常以濁者爲宮。次濁爲商。淸濁重爲角。淸爲羽。次淸爲徵。又曰宮本喉。商本齒。角本牙。徵本舌。羽本脣。韻家脣爲宮。齒爲商。牙爲角。舌爲徵。喉爲羽。其間又有半徵半商未日之類。皆不論淸濁以然也。五行家以韻類於淸濁不以。五姓參配。五音與柳宮。趙角。張王爲商。武庚爲羽是也)"라고 하여 율려에 따른 성음을 오성으로 분류하고 있다.
163) 『역경』〈계사〉(상) 제2장에 "육효가 움직이니 삼극의 도이다.(六爻之動三極之道也)"라고 하였으니 삼극은 천, 지, 인을 가리키며, 『태극도설』에 "두 기운(음양)이 서로 감응하여 만물을 생성한다.(二氣交感化生萬物)"라고 하였으니 이기는 음, 양을 가리킨다.
164) 자모에서만 청, 탁을 구별하는 것이 아니요 운에서도 청, 탁을 구별한다. 『광운』권말에는 "사성의 가볍고 맑고 무겁고 탁한 것을 가리는 법(辯四聲輕淸重濁法)"이 있어서 평, 상, 거, 입의 사성자를 다시 경청과 중탁의 두부류로 구별하여 놓았다.
165) 『한서』〈율력지〉에는 "음율에는 12가지가 있으니 양의 6음을 율이라하고 음의 6음을 여라 한다.(律有十二。陽六爲律。陰六爲呂。)"라고 하였고 『서경』〈순전〉에는 "8음이 잘 러울린다(八晉克諧)"라고 하였다. 『율려』 즉 음악도 훈민정음으로써 해협(諧揚)된다는 뜻이다.
166) 정초의 『칠음략』 서문에는 "학 울음소리 바람소리, 닭 울음 소리, 개 짖는 소리, 천둥 번개가 우지근 뚝닥하고 모기나 등에가 귀를 스쳐 지나가더라도 모두 다 옮겨 적을 만하거늘(雖鶴唳風聲, 鷄鳴狗吠, 雷霆經天 蚊虻通耳, 皆可譯也。)"라고 하였다.

遂命詳加解釋。以喩諸人。於是。臣與集賢殿應°敎臣崔恒。副校理臣 朴彭年。臣申叔舟。修撰臣成三問。敦寧府注簿臣姜希顔。行集賢殿副修 撰臣李塏。臣李善老等。謹作諸解及例。以敍其梗槩。庶使觀者不師而自 悟。若其淵源精義之妙。則非臣等之所能發揮也。

이에 명하시어 상세한 해석을 가하게 하시어 이것으로 여러 많은 사람 을 교유(가르치게)하게 하시다. 여기서 신(정인지)과 집현전 응교 최항, 부교리 박팽년, 신숙주, 수찬 성삼문, 돈녕 주부 강희맹, 집현전 부수찬 이개, 이 선로 등과 더불어 삼가 이 해석을 지어 써[167] 그 경개梗槩(대강의 줄거리)를 서술하여 보는 사람으로 하여금 발휘할 바가 못 되는 것이오라.[168]

恭惟我殿下。天縱之聖。制度施爲超越百王。正音之作。無所祖述。 而成於自然。豈以其理之無所不在。而非人爲之私也。。夫東方有國。 不爲不久。而開物成務之大智。盖有待於今日也歟。

오직 우리 전하께서 천종天縱(하늘이 내리신)의 성인으로서 제도 시물制度施爲

---

167) "謹作諸解及例"을 "해(解)와 례(例)를 지어서"(강신항(2003 : 178))로 풀이하고 있다. "이 해석을 지어 써"(鉏鋙)로 풀이한 이유는 자칫 '해례'와 '예의'를 모두 집현전 학사들이 지은 것으로 오해될 소지가 있기 때문으로 추정된다.
168) 若其淵源精義之妙。則非臣等之所能發揮也。: 이 부분의 해석이 소략하다. "스승이 없어 도 스스로 깨우치도록 바랐으나 그 깊은 연원이나 자세하고 묘하고 깊은 이치에 대해 서는 신 등이 능히 펴 나타낼 수 있는 바가 아니다."(강신항, 2003 : 178)로 풀이하고 있다.

(베푸신 시정 업적)이 백주(여러 제왕)에 초월하시고 정음을 지으심이 어디 조술祖述(앞선 사람이 기술한)된 바 없이 자연에 이루었으니 그 지리의 있지 않은 데가 없고 다 인위의 사사로움이 아닌저. 동방에 우리나라가 오래지 않음이 아니로되 개물성무而開物成(만물의 뜻을 열어 놓는다)[169])의 대지는 대개 오늘을 기다리고 있음이런가 합니다.

정통 11세종 28년(1446) 8월 상한, 자헌대부 예조판서 집현전 대제학 지춘추관사 세자 우빈객[170]) 정인지 두 손 모아 머리 숙여 삼가 씀.

훈민정음[171])

---

169) 개물(開物)은 만물의 뜻을 열어 놓는다는 말임. 『주역』 <계사전>(상) 11장에 "주역은 만물의 뜻을 열어 놓고 천하의 모든 일을 이룩하여 놓는다(夫易開物成務)"라고 하였다. '개물성무(開物成務)'에 대해 『주역』 본의에서는 "사람으로 하여금 복서를 가지고 써 길흉을 알고 그것에 따라 일을 이루게 한다.(開物成務, 謂使人卜筮 以知吉凶而成事業)"라고 하고 있다.
170) 조선 태조 1년(1392)에 세자에게 경사와 도의를 가르치기 위해 설치한 세자 강원의 정2품 관직.
171) 권미제.

2. 주해

1 성기聲氣 : <역건괘易乾卦>에 "같은 소리는 서로 상응하고 같은 기운은 서로
   구한다.同聲相應. 同氣相求"라는 말이 있어 "성의 기류가 서로 통한다聲氣相通"
   와 같이 성기聲氣를 마치 지기志氣의 뜻처럼 쓰이나 여기서는 이미 있던 말
   을 빌려 성과 지라는 의미로 쓴 것이다. 『운회』의 류진옹劉辰翁(1232~1297)의
   서문에는 "기운은 하늘과 땅의 어미요, 성이 기와 함께 나오면 성이 있음은
   곧 글자가 있고 글자는 또한 성의 자식이다.氣者天地母也。聲與氣同時而出。有聲卽
   有字。字又聲之子也。"라고 하였으니 이 글의 첫머리는 결국 류 씨의 『운회』서
   와 비슷한 견해를 말한 것이다.

2 예착枘鑿 : 『이소경』에는(『초사집주楚詞集註』) 제1에 "둥근 구멍에 네모난 자루를
   꼽을 수 있을지 측량하기 어렵네.不量鑿而正枘兮"라고 하였는데 그 주에 "둥근
   구멍을 내어 네모로 다듬은 나무鑿穿孔也。枘刻木端所以鑿者也。"라고 하였다.

3 서어鉏鋙 : 송옥의 <구변>에는(『초사집주楚詞集註』 이소경 구변 제8) "모난 자루를
   둥근 구멍에 끼우니, 어긋나서 들어가기 어려움을 나는 잘 알겠다.圓鑿而方枘
   兮 吾固知其鉏鋙而難入"라고 하였는데 그 주에 "'서어鉏鋙'는 서로 어긋나는 모
   양이다.鉏鋙相距貌"라고 하였다.

4 칠조七調 : 정초의 『칠음략七音略』 서문에 "태자 세마 소기蘇夔의 논변에서
   '오음五音의 근본이 오래되었다. 변궁變宮172) 변치變徵173)를 두어서 칠조가
   만들어졌음은 실로 들어보지 못한 바이니 말할 수 없다.太子洗馬蘇夔駁之。以五
   音所從來久矣。不言有變宮變徵。七調之作。實所未聞。"라고 하였다. 궁, 상, 각, 치, 우
   의 오음에 변궁과 변치를 더한 것이 칠조이다.

5 이기지묘二氣之妙 : 『역경』 <계사>(상 제2장)에 "육효의 움직임이 삼극의 도리
   이다.六爻之動三極之道也"라고 하였으니 삼극은 천, 지, 인을 가르킴이요 『태극
   도설』에 "이기가 서로 감화하여 만물이 생동한다.二氣交感化生萬物"라고 하였
   으니 이기는 음, 양을 가리키는 것이다.

---

172) 동양 음계의 하나인 칠성(七聲 : 宮·商·角·變徵·徵·羽·變宮)의 마지막 제7음이다.
173) 동양 음계의 하나인 칠성(七聲 : 宮·商·角·變徵·徵·羽·變宮)의 제4음이다.

6 숭崇 : 『시경』 <위풍하광장衛風河廣章>에 "누가 송宋나라를 멀다 했던가? 아침 한 나절도 걸리지 않을 것을.誰謂宋遠 曾不崇朝"이라고 하였는데 '숭崇'은 '종終'의 뜻이다.

7 우자가협순이학愚者可浹旬而學 : 『좌전』 선宣 9년에 "12일 사이에 초나라가 삼도를 제패하였다.浹辰之間楚克三都"라고 하였는데 주에 "자子에서 해亥까지 두루 돌면 12일이다.自子至亥周匝十二日也"라고 하였다.

8 청탁淸濁 : 자모에서만 청탁을 구별하는 것이 아니요 운에서도 청탁을 구별한다. 『광운』 권말에는 "사성의 경, 청, 중, 탁 분별법辯四聲輕重淸濁法"이 있어서 평, 상, 거, 입의 사성자를 다시 경청과 중탁의 두 부류로 구별하여 놓았다.

청탁 분류 방법과 명칭의 차이

『훈민정음』 해례	전청	차청	전탁	불청불탁
『동국정운』	전청	차청	전탁	불청불탁
『홍무정운역훈』	전청	차청	전탁	불청불탁
『운경』	청	차청	탁	불청불탁
『고금운회거요』	청	차청	탁	차탁
『절운지남』	순청	차청	전탁	반청반탁
『절운지장도』	전청	차청	전탁	불청불탁
『황극경세서』 <성음창화도>	청	청	탁	탁

9 율려律呂 : 『한서』 <율력지>에는 "율에는 12가지가 있으니 양 6은 율이고 음 6은 여이다.律有十二。陽六爲律。陰六爲呂。"라고 하였고 『서경』 <순전>에는 "8음극해八音克諧"라고 하였다. 『율려』 즉 음악도 훈민정음으로써 해협諧協된다는 뜻이다.

10 수풍성학려계명구폐雖風聲鶴唳。鷄鳴狗吠 : 정초의 『칠언약』 서문에는 "학 울음소리 바람소리, 닭 울음 소리, 개 짖는 소리, 천둥 번개가 우직끈 뚝딱하고 모기나 등에가 귀를 스쳐 지나가더라도 모두 다 옮겨 적을 만하거늘雖鶴唳風聲。鷄鳴狗吠。雷霆經天。蚊虻通耳。皆可譯也。"라고 하였다.

3. 평해

본래 정인지의 이 서문은 『세종실록』 병인(1446) 9월 경과 『국조보감』 병인년 경에 실리어 있었고 또 『증보문헌비고』 <악고樂考> 끝에도 예의와 함께 실려 있었다. 최근 해례의 출현으로 인하여 그 원본이 들어난 셈이니 실록과 『국조보감』을 관심 깊이 살펴보면 그로부터 전록한 것일 것이요 『문헌비고』는 다시 그 두 책 중의 하나로부터 거듭 전록한 것일 것이다.

그런데 이 글은 그 당시의 한 고관이 어명에 의하여 쓴 것임에 불구하고 세간으로부터 비교적 경시되어 온 것이 사실이다. 만일 이 글을 좀 더 신뢰하였던들 여러 가지의 의문을 풀기에 중요한 단서를 붙잡기에 가능하였을 것이라고 생각한다.

풀이 1 │ 훈민정음이 발표되기 이전에는 이두 글자밖에 없었다. 고대 문자란 일종 후인의 환상이다.

2 │ 계해 12월에 훈민정음의 예의가 발표되고 다시 병인 9월에 이르러 동명의 저서가 나왔다. 정인지 자신부터 "계해 겨울에 아 전하가 정음 28자를 창제하였다(癸亥冬我殿下創制正音二十八字)"라고 말할 뿐이 아니라 이 서문은 병인 9월에 나온 그 해례의 저작을 위하여 쓴 것이 명백무의하다.

3 │ 훈민정음의 기원은 자형에 있어서 고전古篆이요, 성음 원리에 있어서 그 대체가 한자 음운이다. "상형하되 글자는 고전을 본떴고 소리를 바탕으로 하였으므로 그 음은 칠조에 맞습니다.(象形以字倣古篆因聲而音叶七調)"란 14자는 그 기원을 가장 단적으로 표시한 말이다.

4 │ 『훈민정음』 해례본 사성 권점(김슬옹, 2015 참조)

갈래	글자	용례	차례	사성 표시 글자 출처	사성별 글자 수
평성	。探	。探讀錯綜窮深幾	1	정음해례14ㄴ:2_제자해 결구	8
	。幾	探錯綜窮深。幾	2	정음해례14ㄴ:2_제자해 결구	
	。夫	。夫人之有聲本於五行	3	정음해례2ㄱ:4_제자해	
		。夫東方有國	4	정음해례29ㄱ:5_정인지 서문	

갈래	글자	용례	차례	사성 표시 글자 출처	사성별 글자 수
평성	縱	縱者在初聲之右,	5	정음해례20ㄴ:7_합자해	8
		其先。縱後橫, 與他不同	6	정음해례23ㄱ:3_합자해	
		圓橫書下右書。縱	7	정음해례23ㄱ:8_합자해 결구	
	治	治獄者病其曲折之難通	8	정음해례27ㄱ:7_정인지 서문	
거성	復	終聲復°用初聲	9	정음3ㄴ:6_어제예의	26
		終聲之復°用初聲者	10	정음해례8ㄴ:6_제자해	
		故貞而復°元	11	정음해례9ㄱ:2_제자해	
		冬而復°春	12	정음해례9ㄱ:2_제자해	
		初聲之復°爲終	13	정음해례9ㄱ:3_제자해	
		終聲之復°爲初	14	정음해례9ㄱ:3_제자해	
		初聲復°有發生義	15	정음해례13ㄴ:7_제자해	
	冠°	又爲三字之冠°也	16	정음해례6ㄴ:4_제자해	
	斷°	齒剛而斷°	17	정음해례2ㄴ:4_제자해	
	離°	水火未離°乎	18	정음해례7ㄱ:3_제자해	
	論°	固未可以定位成數論°也	19	정음해례7ㄱ:8_제자해	
	相	而其財成輔相°則必頼互人也	20	정음해례8ㄱ:5_제자해	
	要°	要°於初發細推尋	21	정음해례11ㄱ:2_제자해 결구	
		要°皆各隨所°處而安	22	정음해례27ㄱ:3_정인지 서문	
	易°	精義未可容易°觀	23	정음해례11ㄴ:8_제자해 결구	
		指遠言近牖民易°	24	정음해례14ㄱ:3_제자해 결구	
	見°	二圓爲形見°其義	25	정음해례12ㄴ:6_제자해 결구	
	和°	初聲以五音淸濁和°之於後	26	정음해례8ㄱ:1_제자해	
		中聲唱之初聲和°	27	정음해례13ㄴ:1_제자해 결구	
		和°自爲初亦爲終	28	정음해례13ㄴ:3_제자해 결구	
	相°	人能輔相°天地宜	29	정음해례14ㄱ:4_제자해 결구	
	先°	天先°乎地理自然	30	정음해례13ㄴ:2_제자해 결구	
	趣°	學書者患其旨趣°之難曉	31	정음해례27ㄱ:7_정인지 서문	
	讀°	始作吏讀°	32	정음해례27ㄴ:1_정인지 서문	26
	調°	因聲而音叶七調°	33	정음해례27ㄴ:8_정인지 서문	
	應°	臣與集賢殿應°敎臣崔恒	34	정음해례27ㄴ:2_정인지 서문	
상성	°上	二則°上聲	35	정음4ㄱ:4_어제 예의	19
		故平°上去其終聲不類入聲之促急	36	정음해례17ㄱ:7_종성해	
		終則宜於平°上去	37	정음해례18ㄱ:1_종성해	
		°上去聲之終	38	정음해례18ㄱ:4_종성해	
		爲平°上去不爲入	39	정음해례19ㄱ:7_종성해 결구	
		諺語平°上去入	40	정음해례21ㄴ:7_합자해	
		:돌爲石而其聲°上	41	정음해례22ㄱ:1_합자해	
		二點爲°上聲	42	정음해례22ㄱ:3_합자해	
		或似°上聲	43	정음해례22ㄱ:6_합자해	
		其加點則與平°上去同	44	정음해례22ㄱ:8_합자해	
		°上聲和而擧	45	정음해례22ㄴ:1_합자해	
		平聲則弓°上則石	46	정음해례23ㄴ:6_합자해 결구	
		一去二°上無點平	47	정음해례24ㄱ:2_합자해 결구	
	°長	ㅋ木之盛°長	48	정음해례4ㄱ:6_제자해	

갈래	글자	용례	차례	사성 표시 글자 출처	사성별 글자 수
상성	°徵	於音爲°徵	49	정음해례2ㄴ:4_제자해	19
		°徵音夏火是舌聲	50	정음해례10ㄴ:5_제자해 결구	
	°處	要°皆各隨所°處而安	51	정음해례27ㄱ:4_정인지 서문	
	°强	不可°强之使同也	52	정음해례27ㄱ:4_정인지 서문	
	°稽	拜手°稽首謹書	53	정음해례29ㄴ:3_정인지 서문	
입성	索。	初非智營而力索。	54	정음해례1ㄱ:8_제자해	5
	別。	唯業似欲取義別。	55	정음해례9ㄴ:8_제자해 결구	
		然四方風土區別。	56	정음해례26ㄴ:8_정인지 서문	
	塞。	入聲促而塞。	57	정음해례22ㄴ:3_합자해	
	着。	初中聲下接着。寫	58	정음해례23ㄴ:2_합자해 결구	

제1절 내용의 분석

1. 언독

國之語音·이 異乎中國·ᄒ·야 與文字·로 不相流通ᄒᆞᆯ·씨 故·로 愚民·이 有所欲言·ᄒ야·도 而終不得伸其情者ㅣ多矣·라 予ㅣ爲此憫然·ᄒ·야 新制二十八字·ᄒ노·니 欲使人人·ᄋ·로 易習·ᄒ·야 便於日用耳니·라

ㄱ·ᄂᆞ 牙音·이·니 如君ㄷ字 初發聲ᄒ·니 並書ᄒ·면 如虯ᄫ字 初發聲ᄒ·니·라

ㅋ·ᄂᆞ 牙音·이·니 如快ᅙ字 初發聲ᄒ·니·라

ㆁ·ᄂᆞ 牙音·이·니 如業字初發聲ᄒ·니·라

ㄷ·ᄂᆞ 舌音·이·니 如斗ᄫ字 初發聲ᄒ·니 並書ᄒ·면 如覃ㅂ字 初發聲ᄒ·니·라

ㅌ·ᄂᆞ 舌音·이·니 如呑ㄷ字 初發聲ᄒ·니·라

ㄴ·ᄂ 舌音·이·니 如那ᅙ字 初發聲ᄒ·니·라

ㅂ·ᄂ 脣音·이·니 如彆字 初發聲ᄒ·니 並書ᄒ·면 如步ᅙ字 初發聲ᄒ·니·라

ㅍ·ᄂ 脣音·이·니 如漂ㅸ字 初發聲ᄒ·니라

ㅁ·ᄂ 脣音·이·니 如彌ᅙ字 初發聲ᄒ·니·라

ㅈ·ᄂ 齒音·이·니 如卽字 初發聲ᄒ·니 並書ᄒ·면 如慈ᅙ字 初發聲ᄒ·니·라

ㅊ·ᄂ 齒音·이·니 如侵ㅂ字 初發聲ᄒ·니·라

ㅅ·ᄂ 齒音·이·니 如戌字 初發聲ᄒ·니 並書ᄒ·면 如邪ᅙ字 初發聲ᄒ·니·라

ㆆ·ᄂ 喉音·이·니 如挹字 初發聲ᄒ·니·라

ㅎ·ᄂ 喉音·이·니 如虛ᅙ字 初發聲ᄒ·니 並書ᄒ·면 如洪ㄱ字 初發聲ᄒ·니·라

ㅇ·ᄂ 喉音·이·니 如欲字 初發聲ᄒ·니·라

ㄹ·ᄂ 半舌音·이·니 如閭ᅙ字 初發聲ᄒ·니·라

ㅿ·ᄂ 半齒音·이·니 如穰ㄱ字 初發聲ᄒ·니·라

·ᄂ 如呑ㄷ字 中聲ᄒ·니·라

ㅡ·ᄂ 如卽字 中聲ᄒ·니·라

ㅣ·ᄂ 如侵ㅂ字 中聲ᄒ·니·라

ㅗ·ᄂ 如洪ㄱ字 中聲ᄒ·니·라

ㅏ·ᄂ 如覃ㅂ字 中聲ᄒ·니·라

ㅜ·ᄂ 如君ㄷ字 中聲ᄒ·니·라

ㅓ·ᄂ 如業字 中聲ᄒ·니·라

ㅛ·ᄂᆫ 如欲字 中聲ᄒ·니·라

ㅑ·ᄂᆫ 如穰ㄱ字 中聲ᄒ·니·라

ㅠ·ᄂᆫ 如戌字 中聲ᄒ·니·라

ㅕ·ᄂᆫ 如彆字 中聲ᄒ·니·라

終聲·은 復用初聲·ᄒ·ᄂ니·라

ㅇ·ᄅᆯ 連書脣音之下ᄒ·면 則爲脣輕音·ᄒ·ᄂ니·라

初聲·을 合用·홇디·면 則並書ᄒ·라 終聲·도 同ᄒ·니·라

·ㅡㅗㅜㅛㅠ·란 附書初聲之下ᄒ·고

ㅣㅏㅓㅑㅕ·란 附書於右ᄒ·라

凡字ㅣ 必合而成音·ᄒ·ᄂ·니 左加一點ᄒ·면 則去聲·이·오 二則上
聲·이·오 無則平聲·이·오 入聲·은 加點·이 同而促急ᄒ·니·라

漢音齒聲·은 有齒頭正齒之別ᄒ·니 ㅈㅊㅉㅅㅆ字·ᄂᆫ 用於齒頭ᄒ·고
ㅈㅊㅉㅅㅆ字·ᄂᆫ 用於正齒·ᄒ·ᄂ·니 牙舌喉之字·ᄂᆫ 通用於漢音·ᄒ·ᄂ
니·라

[대조교감]

1 단행본1)에는 '國之語音·이'에서 '이'에 방점이 누락되었고 또 '異乎中國·
ᄒ·야'와 합하여 한 절이 되었다.

---

1) '단행본'은 박승빈본(현 고려대학교 도서관 소장본)이며, '궁내본'은 어윤적 소장본이었는
데 일본으로 유출되어 궁내성에 소장되어 있으며 유리판 복사본이 서울대학교 도서관에
소장되어 있다. '월인본'은 2종이 있는데 1459년『월인석보』의 초간본으로 추정되는 서강
대학교 도서관 소장본과 1568년『월인석보』의 복각본인 희방사본은 세종대왕기념사업회
에 소장되어 있다. 세종대왕기념사업회, 『훈민정음』, 영인자료, 2003 참조.

2 단행본에는 '不相流通홀·씨'가 '不相流通이라'로 되었을 뿐이 아니라 '與文
字와로'와 '多矣라' 두 자에 함께 방점이 누락되었다.

3 단행본에는 '文字로'와 '流通이'에 방점이 누락되었다.

4 궁내본에는 '矣'자의 주음과 '矣라'에 방점이 누락되었다.

5 월인본에는 '如卽字 中聲ᄒ니라'에 방점이 누락되었다.

6 월인본에는 '加點이'에 방점이 누락되었다.

2. 언해

나·랏 :말ᄊᆞ·미 中國·에 달·아 文字와·로 서르 ᄉᆞᄆᆞᆺ·디 아·니홀·씨
·이런 젼·ᄎᆞ·로 어·린 百姓·이 니르·고·져 ·홇 배 이·셔·도 ᄆᆞ·ᄎᆞᆷ:내
제· ᄠᅳ·들 시·러 펴·디 :몯홇 ·노·미 하·니·라 ·내 ·이·롤 爲·ᄒᆞ·야 :
어엿·비 너·겨 ·새·로 ·스·믈여·듧 字·롤 밍·ᄀᆞ노·니 :사·ᄅᆞᆷ:마·다 :
ᄒᆡ·ᅇᅧ :수·ᄫᅵ 니·겨 ·날·로 ·뿌·메 便安·킈 ᄒᆞ·고·져 홇 ᄯᆞᄅᆞ·미니·라

ㄱ·ᄂᆞᆫ :엄쏘·리·니 君ㄷ字 ·처ᅀᅥᆷ· 펴·아·나는 소·리 ·ᄀᆞᄐᆞ·니 ᄀᆞᆯ·
ᄫᅡ·쓰·면 虯ᄫᅵᆼ字 ·처ᅀᅥᆷ ·펴·아 ·나는 소·리 ·ᄀᆞ·ᄐᆞ니·라

ㅋ·ᄂᆞᆫ :엄쏘·리·니 快ᅙ字 ·처ᅀᅥᆷ ·펴·아·나는 소·리 ·ᄀᆞ·ᄐᆞ니·라

ㆁ·ᄂᆞᆫ :엄쏘·리·니 業字 ·처ᅀᅥᆷ ·펴·아 나는 소·리 ·ᄀᆞ·ᄐᆞ니·라

ㄷ·ᄂᆞᆫ ·혀쏘·리·니 斗ᄫᅵᆼ字 ·처ᅀᅥᆷ ·펴·아·나는 소·리 ·ᄀᆞ·ᄐᆞ·니 ᄀᆞᆯ·
ᄫᅡ·쓰·면 覃ㅂ字 ·처ᅀᅥᆷ ·펴·아 나는 소·리 ·ᄀᆞ·ᄐᆞ니·라

ㅌ·ᄂᆞᆫ ·혀쏘·리·니 呑ㄷ字 ·처ᅀᅥᆷ ·펴·아 나는 소·리 ·ᄀᆞ·ᄐᆞ·니·라

ㄴ·ᄂᆞᆫ ·혀쏘·리·니 那ᅙ字 ·처ᅀᅥᆷ ·펴·아 나는 소·리 ·ᄀᆞ·ᄐᆞ니·라

ㅂ·ᄂᆞᆫ 입시·울쏘·리·니 彆字 ·처ᅀᅥᆷ ·펴·아 나는 소·리 ·ᄀᆞ·ᄐᆞ·니

ꝥ·밝·쓰·면 步ㅎ字 ·처엄 ·펴·아·나는 소·리 ·ᄀᆞ·트니·라

　　ㅍ·는 입시·울쏘·리·니 漂ᄝ字 ·처엄 ·펴·아·나는 소·리 ·ᄀᆞ·트
니·라

　　ㅁ·는 입시·울쏘·리·니 彌ㆆ字 ·처엄 ·펴·아·나는 소·리 ·ᄀᆞ·트
니·라

　　ㅈ·는 ·니쏘·리·니 卽字 ·처엄 ·펴·아·나는 소·리 ·ᄀᆞ트·니 골·
밝·쓰·면 慈ㆆ字 ·처엄 ·펴·아·나는 소·리 ·ᄀᆞ트·니라

　　ㅊ·는 ·니쏘·리·니 侵ㅂ字 ·처엄 ·펴·아·나는 소·리 ·ᄀᆞ·트니·라

　　ㅅ·는 ·니쏘·리·니 戌字 ·처엄 ·펴·아·나는 소·리 ·ᄀᆞ트·니 골·
밝·쓰·면 邪ㆆ字 ·처엄 ·펴·아·나는 소·리 ·ᄀᆞ·트니·라

　　ㆆ·는 목소·리·니 挹字 ·처엄 ·펴·아·나는 소·리 ·ᄀᆞ·트니·라

　　ㅎ·는 목소리니 虛ㆆ字 ·처엄 ·펴·아·나는 소·리 ·ᄀᆞ트·니 골·밝·
쓰·면 洪ㄱ字 ·처엄 ·펴·아나는 소·리 ·ᄀᆞ·트니라

　　ㅇ·는 목소·리·니 欲字 ·처엄 ·펴·아·나는 소·리 ·ᄀᆞ·트니·라

　　ㄹ·는 半·혀쏘·리·니 閭ㆆ字 ·처엄 ·펴·아·나는 소·리 ·ᄀᆞ·트니·라

　　△·는 半·니쏘·리·니 穰ㄱ字 ·처엄 ·펴·아·나는 소·리 ·ᄀᆞ·트니·라

　　·는 吞ㄷ字 가·온·딧 소·리 ·ᄀᆞ·트니·라

　　ㅡ·는 卽字 가·온·딧 소·리 ·ᄀᆞ·트니·라

　　ㅣ·는 侵ㅂ字 가·온·딧 소·리 ·ᄀᆞ·트니·라

　　ㅗ·는 洪ㄱ字 가·온·딧소·리 ·ᄀᆞ·트니·라

　　ㅏ·는 覃ㅂ字 가·온·딧소·리 ·ᄀᆞ·트니·라

　　ㅜ·는 君ㄷ字 가·온·딧소·리 ·ᄀᆞ·트니·라

　　ㅓ·는 業字 가·온·딧소·리 ·ᄀᆞ·트니·라

ㅛ·ᄂᆞᆫ 欲字 가·온·딋소·리 ·ᄀᆞ·ᄐᆞ니·라

ㅑ·ᄂᆞᆫ 穰ㄱ字 가·온·딋소·리 ·ᄀᆞ·ᄐᆞ니·라

ㅠ·ᄂᆞᆫ 戌字 가·온·딋소·리 ·ᄀᆞ·ᄐᆞ니·라

ㅕ·ᄂᆞᆫ 彆字 가·온·딋소·리 ·ᄀᆞ·ᄐᆞ니·라

乃終ㄱ소·리·ᄂᆞᆫ 다·시 ·첫소·리·ᄅᆞᆯ ·ᄡᆞ·ᄂᆞ니·라

ㅇ·ᄅᆞᆯ 입시·울 쏘·리 아래 니·ᅀᅥ ·ᄡᆞ·면 입시·울 가·ᄇᆡ야·ᄫᆞᆫ 소·리 ᄃᆞ외·ᄂᆞ·니·라

·첫소·리·ᄅᆞᆯ ·어·울·워 ·ᄡᅮᇙ·디·면 글·ᄫᅡ·ᄡᅳ·라 乃終ㄱ소·리·도 ᄒᆞᆫ 가·지·라

·ㅘ와 ㅡ와 ㅗ와 ㅜ와 ㅛ와 ㅠ와·란 ·첫소·리 아·래 브·텨 ·ᄡᅳ·고

ㅣ·와 ㅏ·와 ㅓ·와 ㅑ·와 ㅕ·와·란 ·올ᄒᆞᆫ 녀·긔 부·텨 ·ᄡᅳ·라

믈읫 字ㅣ 모·로·매 어·우러·ᅀᅡ 소·리 :이·ᄂᆞ·니

:왼녀·긔 ᄒᆞᆫ 點·을 더으·면 ·ᄆᆞᆺ노·폰 소·리·오[2]

點·이 :둘히·면 上聲·이·오

點·이 :없스·면 平聲·이·오

入聲·은 點 더·우·믄 ᄒᆞᆫ가·지·로·ᄃᆡ ᄲᆞᄅᆞ·니·라

中國 소·리·옛 ·니쏘·리·ᄂᆞᆫ 齒頭·와 正齒·왜 글·희요·미 잇·ᄂᆞ·니

ㅈㅊㅉㅆㅅ字·ᄂᆞᆫ 齒頭ㅅ 소·리·예 ·ᄡᅳ·고 ㅈㅊㅉㅅㅆ字·ᄂᆞᆫ 正齒ㅅ 소·리·예 ·ᄡᆞ·ᄂᆞ니 :엄·과 ·혀·와 입시·울·와 목소·리·옛 字·ᄂᆞᆫ 中國 소·리·예 通·히 ·ᄡᆞ·ᄂᆞ니·라

---

2) :왼녀·긔 ᄒᆞᆫ 點·을 더으·면 [·ᄆᆞᆺ노·폰 소·리·오]

[대조교감]

1 단행본에는 '나·랏:말소·리'로 되었다.

2 단행본에는 언독과 같이 1절과 합하여 한 절이 되었는데 '中國·과 달·라'로 되었다.

3 단행본에는 "文字·로 더·브·러 서르 흘·러 通·티 :몯·ᄒᆞ·논 디·라"로 되었다.

4 단행본에는 '·쓰매'로 되고 또 '매'의 방점도 누락되었다.

5 월인본에는 '字·처엄'의 '처'에 방점이 누락되었다.

6 월인본에는 '펴아'가 '펴이'로 되고 '소리'의 '리'에 방점이 누락되었다.

7 박씨본에는 '니라'의 '라'에 방점이 누락되었다.

8 월인본에는 '·펴·아·나는'의 '펴'는 '퍼'로 되고 또 '나'에 방점이 누락되었다.

9 월인본에는 'ㅣ와'의 '와'와 '쓰라'의 '쓰'에 방점이 누락되었다.

10 궁내본에는 '로·디'의 '디'에 방점이 누락되었다.

[추정교감]

1 '뚫'은 '뚫'의 오류가 아닐까 하고 또 '혼가지라'는 언독諺讀으로 미루어 '혼가지니라'의 오류가 아닐까 한다.

[『석보』와의 비교]

1 ·우·리 나·랏 :말·로(월석 서, 23-21), :말쏨:마·다(월서, 8-3)

2 梵天·에 올·아(월석1, 20-6), 닐굽 산·이 둘·어 있ᄂᆞ·니(월석1, 22-11)

3 서르 듣·토·아(월석1, 6-6), 기·픈 根源을 ᄉᆞ뭇·게(월석서, 21-8)

4 求·코져 ·홇·딘·댄(월서, 15-3)

點·이 :둘히·면 上聲·이·오
點·이 :없스·면 平聲·이·오

"·뭇노·푼 소·리·오"가 "去聲·이·오"로 번역해야 한다는 견해가 있으나 이는 잘못이다. "방점에서 2점과 0점은 바로 상성과 평성이 되지만, 1점은 거성이 나니라" "·뭇노·푼 소·리"라는 성조로 파악하도록 하여 한자음 입성이 거성으로 되는 일을 피하기 위한 것으로 "방점으로 거성과 같아진 한자음의 입성을 거성과 구별하기 위한 장치로써 마련된 고심에 찬 번역"으로 평가하고 있다.(안병희, 2007 : 100)

5 父母 ·匹·든(월서, 14-7), 시·러 :보·다(월서, 12-3), 路中·에 ·펴·아시·놀(월석1, 4-4), 祥瑞하거늘(월석2, 27-5)

6 衆生·올 :어엿·비 너·겨(월보2, 63-5)

7 ·열여·듧 하·ᄂᆞ·롤(월석1, 35-4), :녜 釋譜·롤 밍·ᄀᆞ·라(월서, 11-3)

8 :사롬:마·다 :수·비 아·라(석보 서, 6-10), :사롬 :마·다 :수·비 알·에 ·ᄒᆞ·야(월서, 12-11), 三界 便安·케 호리·라(월석2, 35-4)

9 ·처엄 무·ᄎᆞ·물(석서, 2-13), 轉經 ·곧ᄒᆞ·니 :업스·니(월서, 11-2), 마·릿 :기리 ·몸과 ᄀᆞᆯ·ᄫᆞ·며(월석1, 26-12)

10 乃終ㅅ이롤(석서, 4-11)

11 ·나·롤 니·ᅀᅥ(월서, 17-8), 今日·에 世尊·이 ᄃᆞ외·시·니(월석1, 4-12)

12 :두 ·글·워·롤 어·울·워(월서, 12-9), 혼가·지 아·니어·늘(월서, 12-3)

13 ·히·와 ·둘·와 ·별·왜(월석2, 15-7)

14 ·올호 녀건 ·츠더·라(월석2, 39-4)

15 믈윗 :이리·라(석서, 5-7), 모·로미 너·비 무·루·몰 브·터(월서, 20-6)

16 :윈녀·건 :딥·고(월석2, 39-3), 伏義·예 더으·시고(월석2, 70-6)

17 곧·히시·고(월석2, 71-4)

18 十萬:보비·옛輦·과(월석2, 28-4)

3. 언주

製·ᄂᆞᆫ ·글 지·슬·씨·니 御製·ᄂᆞᆫ :님·금 :지ᅀᅳ·샨 ·그리·라
訓·은 ᄀᆞᄅᆞ·칠 ·씨·오 民·ᄋᆞᆫ 百姓·이·오 音·은 소·리·니 訓民正音·은 百姓 ᄀᆞᄅᆞ·치시·논 正혼 소·리·라
國·ᄋᆞᆫ 나·라히·라
之·ᄂᆞᆫ ·입·겨지·라

語·는 :말·ᄊᆞ미·라

異·ᄂᆞᆫ 다ᄅᆞᆯ ·씨·라

乎·ᄂᆞᆫ :아·모그에 ·ᄒᆞᄂᆞᆫ ·겨체 ·쓰는 字ㅣ·라

中國·ᄋᆞᆫ 皇帝 :겨신 나·라히·니 ·우·리나·랏 常談·애 江南·이·라 ·ᄒᆞᄂᆞ니·라

與·는 ·이·와 ·뎌·와 ·ᄒᆞᄂᆞᆫ ·겨체 ·쓰는 字ㅣ·라

文·은 ·글·와리·라

不·은 아·니·ᄒᆞᄂᆞᆫ ·ᄠᅳ디·라

相·ᄋᆞᆫ 서르 ·ᄒᆞᄂᆞᆫ ·ᄠᅳ디·라

流通·ᄋᆞᆫ 흘·러 ᄉᆞᄆᆞ·출 ·씨·라

故·는 전·ᄎᆡ·라

愚·는 어·릴 ·씨·라

有·는 이실 ·씨·라

所·는 ·배·라

欲·ᄋᆞᆫ ᄒᆞ·고·져 홀 ·씨·라

言·은 니를 ·씨라

而·는 ·입·겨지·라

終·은 ᄆᆞ·ᄎᆞ미·라

得·은 시를 ·씨·라

伸·ᄋᆞᆫ 펼 ·씨·라

基·는 :제·라

情·은 ·ᄠᅳ디·라

者·는 ·노미·라

多·는 할 ·씨·라

矣·는 :말 못·는 ·입·겨지·라

子·는 ·내 ·호·숩·시논 ·뜨·디시·니·라

此·는 ·이·라

憫然·은 :어엿·비 너·기실 ·씨·라

新·운 ·새·라

制·는 밍·フ·르실 ·씨·라

二十八·운 ·스·믈여·들비·라

使·는 :히·여 ·호논 :마리·라

人·운 :사·름미·라

易·는 :쉬볼 ·씨·라

習·운 니·길 ·씨·라

便·운 便安홀 ·씨·라

於·는 :아·모그에 ·호논 ·겨체 ·쓰는 字ㅣ·라

日·운 나리·라

用·운 ·쓸 ·씨·라

耳·는 ᄯᆞ른·미·라 ·호논 ·뜨디·라

ㅸ·는 :어미·라

如·는 ·フ툴 ·씨·라

初發聲·은 ·처섬 ·펴·아·나는 소·리·라

並書·는 골·바 ·쓸·씨·라

舌·은 ·혀·라

脣·은 입시·우리·라

齒·는 ·니·라

喉·는 모·기·라

中·은 가·온·더·라

復·는 다·시 ·ᄒᆞ논 ·ᄠᅳ디·라

連·은 니·슬 ·씨·라

下·ᄂᆞᆫ 아·래·라

則·은 :아·ᄆᆞ리 ᄒᆞ·면 ·ᄒᆞᄂᆞᆫ ·겨·체 ·ᄡᅳᄂᆞᆫ 字ㅣ·라

爲·ᄂᆞᆫ ᄃᆞ욀 ·씨·라

輕·은 가·ᄇᆡ야·ᄫᆞᆯ ·씨·라

合·ᄋᆞᆫ 어·울 ·씨·라

同·ᄋᆞᆫ ᄒᆞᆫ가·지·라 ·ᄒᆞ논 ·ᄠᅳ디·라

附·는 브·틀 ·씨·라

右·는 ·올ᄒᆞᆫ 녀·기·라

凡·은 믈읫 ·ᄒᆞ논 ·ᄠᅳ디·라

必·ᄋᆞᆫ 모·로·매 ·ᄒᆞᄂᆞᆫ ·ᄠᅳ디·라

成·은 :일 ·씨·라

左·ᄂᆞᆫ :왼녀·기·라

加·ᄂᆞᆫ 더을 ·씨·라

一·ᄋᆞᆫ ᄒᆞ나·히·라

去聲·은 ·ᄆᆞᆺ노·ᄑᆞᆫ 소·리·라

二·ᄂᆞᆫ :둘히·라

上聲·은 ·처ᅀᅥ·미 ᄂᆞᆺ:갑·고 乃終·이 노·ᄑᆞᆫ 소·리·라

無·는 :업슬 ·씨·라

平聲·은 ·ᄆᆞᆺ ᄂᆞᆺ가·ᄫᆞᆫ 소·리·라

入聲·은 ᄲᆞᆯ·리 긋ᄃᆞᆮᄂᆞᆫ 소·리·라

促急·은 ᄲᆞᄅᆞᆯ ·씨·라

漢音·은 中國소·리·라

頭·는 머·리·라

別·은 골·힐 ·씨·라

·이 소·리·는 ·우·리나·랏 소·리예·셔 열·봅·니 ·혓 ·그·티 웃 ·닛
머·리·예 다·ᄂᆞ·니·라

·이소·리·는 ·우·리나·랏 소·리예·셔 두터·봅·니 ·혓 ·그·티 아·
랫·닛므유·메 다·ᄂᆞ·니·라

[대조교감]

1 단행본에는 "御·는 :님·금 ·몸·을 當·ᄒᆞ·ᄫᅡ·와 니르미·라 製·는 지·을·씨·
라"로 되었는데 '몸을'은 '모몰'의 잘못이요, '當ᄒᆞᄫᅡ'는 '當ᄒᆞᅀᆞ바'의 잘
못이요, '지을'은 '지슬'의 잘못인 등 추후 오류의 자취가 분명하다.

2 단행본에는 '國은'으로 되었다.

3 단행본에는 '씨'에 방점이 누락되었다.

6 단행본에는 '다를씨라'로 되었다.

7 단행본에는 '乎·는 입·겨시·라'로 되었다.

8 단행본에는 '中·은 가·온·디·라'로 되고 그중 박씨본에는 '온디'의 방점조차
누락되었는데 본래 이것은 중국에 해당한 주가 아니요 "復·는 다·시 ·ᄒᆞ논
·ᄠᅳ디·라"에 동일한 주가 나옴을 보아 그 역시 추후의 오류로 판정된다.

9 단행본에는 '與·는 더·브·러 :호미라'로 되었는데 '與눈'이라야 맞고 '호'
의 방점은 일점이라야 맞는다.

10 단행본에는 '글월'로 되었다.

11 단행본에는 '不·은 아·니홀·씨라'로 되었다.

12 단행본에는 '相·은 서르 홀·씨·라'로 되었는데 '相은'은 '相오'의 오류이다.

13 단행본에는 '流·눈 흐·를·씨·라 通·은 ᄉᆞ무·출·씨·라'로 되었는데 '流눈'
은 '流는'의 오류요 '通은'은 '通오'의 오류이다.

21 단행본에는 '終온'으로 되었다.

22 단행본에는 '得·은 :어들씨라'로 되었다.

23 단행본에는 '伸은'으로 되고 또 '은'과 그 아래 구의 '라'에 방점이 누락되었다.

26 단행본에는 '미'에 방점이 있다.

27 단행본에는 '多는'으로 되었다.

42 단행본에는 '씨' 방점이 업다.

46 월인본에는 '소'에 방점이 있는 것 같다.

55 궁내본에는 '논'에 방점이 없다.

71 월인본에는 '라'에 방점이 누락되었다.

78 월인본에는 '씨'에 방점이 누락되었다.

단행본에는 제1절 아래 '曰'자의 언주로 '曰·은 굴·ᄋ시다 홀·씨·라'와 제10절 아래 '字'의 언주로 '字·논 ·글字ㅣ라'의 양 항이 더 있는 대신으로 제2제 4의 양 항이 빠졌다.

[추정 교감]

4 '겨'의 양 점은 일점의 오류일 것이다.

8 '랏'의 양 점도 일점의 오류일 것이다.

9 'ᄒ논'은 'ᄒ논'의 오류인 듯하다.

56 'ᄒ논'도 역시 'ᄒ논'의 오류인 듯하다.

[『석보』와의 비교]

2 정음·은 정호 소·리·니 ·우·리 나·랏 :마·롤 정·히 반·ᄃ·기 ·올·히 ·쓰논 ·그릴·쎠 일·후·믈 정음·이·라 ·ᄒ·ᄂ니·라(석서, 5-12).

3 域·은 나·라히·니(월보2, 65-12)

4 之·논 ·입·겨지·라(석서, 1-5)

6 殊·는 다룰 ·씨·라(월서, 14-4)

8 中國·은 가·온·딧 나·라히니 ·우·리 나·랏 常談·애 江南·이라 ·ㅎ·ᄂ니라
(월보1, 30-5)

10 文·은 ·글·워리·라(월서, 20-13), 書·는 ·글·와리·라(석서, 4-7)

11 不·은 아·니·ㅎ논 ·뜨디·라(석서, 3-5)

13 跛達·온 ᄉ무·출 ·씨·라(월서, 21-2)

16 有·는 이실 ·씨·라(월서, 2-7)

17 所·논 배·라(석서, 1-14)

18 欲·온 ᄒ고·져 홀 ·씨·라(석서, 3-1)

19 謂·는 니룰 ·씨·라(월서, 10-12)

20 而·는 ·입·겨지·라(석서, 3-1)

21 終·은 ᄆ·ᄎ미·라(석서, 2-3)

23 放·온 펼 ·씨·라(월서, 6-13)

24 自·는 :제·라(월서, 18-3)

25 情·은 ·뜨디·니(월보1, 44-1)

26 者·는 :사·ᄅ미·ᄅ ᄒ·돗한 ·뜨디라(석서, 2-5)

27 衆·은 할·씨·라(월서, 6-14)

29 我·는 ·내·라

31 釋迦·ᄂ 어딜·며 ·눕 :어엿·비 너·기실 ·씨·니(월석2, 15-12)

33 爲·는 밍굴·씨·라(석서, 4-7)

34 八·온 여·들비·라(석서, 3-6)

36 人·온 :사·ᄅ미·라(석서, 2-5)

37 易·는 쉬볼 ·씨·라(석서, 6-7)

39 安·온 便安홀 ·씨·라(월서, 25-3)

45 如·는 ·ᄀ틀 ·씨·니(월보1, 50-13)

46 初·는 ·처서·미·오(월보1, 32-10)

52 中·은 가·온·디·라(월보1, 22-2)

54 嗣·는 니슬 ·씨·라(월서, 14-2)

57 爲·는 ᄃ·외야 :겨실 ·씨·라(석서, 1-4)

59 合·온 어·울·씨·니(월보1, 29-4)

62 右脇·온 ·올혼 녀·비·라(월보2, 17-12)

65 成·온 더을 ·씨라(석, 5-6)

67 益·온 ᄒ나·히·라(석서, 4-78)

70 二·는 :둘히:라(월보1, 18-14)

72 ㄴ·온 :업슬 ·씨라(월서, 2-3)

78 采·는 골·힐 ·씨·라(석서, 4-4)

[어의의 규명]

4 '입겻'은 어조사의 뜻이었든 것이니 지금까지 '야재也哉' 등자의 뜻과 훈을
'입기'라고 하는 터로 이 '입기'는 '입겻'에서 온 것이라고 추정된다. 본래
구결이란 한자의 뜻은 잠참시岑參詩에 "일찍 거란에서 좋아했는데 이 땅에
구결로 전해졌다(早年好金丹. 方士傳口訣)."과 같이 구수口授의 비술秘術을 의미하
여 협叶과는 다소 거리가 먼 것이로되 대개 구口는 입의 뜻이요. 結訣 또한
'겻'의 역음이 됨으로 드디어 구결을 가지고 '입겻'의 역어로 삼은 것 아닌
가 의심한다.

7 '겨체'는 '입겨체'의 줄인 것이지만은 현재도 '말 겻'을 단다고 하고 또 단지
'겻'을 단다고만 하는 등으로 이루어 '입겻'을 '겻'이라고만도 한 것 같다.

8 '강남江南'은 '벗 딸아 강남江南 간다'든지 '강南 갓든 제비'라든지 속언 중
에 아직도 사용되고 있는데 아마 그 말은 금金과 송宋이 남북으로 대치하
였을 당시에 생겨던 것으로 보인다.

9 '젼ᄎ'는 이두의 '전차詮次'와 동일한 말이라.

22 '시러'는 지금도 한자의 '득得'을 '시러금'이라고 새길 뿐이 아니라 이두
의 '부득不得'은 '못질'이라고 읽는다.

35 '히여'는 현용어의 '하여금'이나 근세까지 사용된 시기와 동의의 '하이'등
과 관계되는 말이려니와 '괴여'의 예로 보아 'ㆅ'의 초성이 '여'보담 약간

강하게 내었든 것임에 틀림이 없다.

47 '굴바'는 월인석보에서 '마릿기리 몸과 굴바며'로 미루어서는 '등'의 뜻이요 『훈몽자회』에서 항려伉儷와 적敵의 의훈을 전부 '굴올'로 하고 또 련聯의 의훈을 '굴오기'로 한 등을 미리어서 '필匹', '대對' 등의 뜻이다. 이두에서는 '병並'을 '갋', '병인並人'를 '갋슈'로 읽는 중, 전자는 자의 그대로요, 후자는 공범共犯의 뜻이다.

79 '다ㅅ나라'는 '단ㄴ나라'로 읽는 이외 더다른 것이 아닐 것이다.

80 '닛므윰'은 『훈몽자회』에서 '斷'의 의훈을 '닛믜임'이라고 하고 쏘 한자로 '牙根'이라고 주를 하였다.

4. 한자음

世·솅 宗종 御·엉 製·졩 訓·훈 民민 正·졍 音흠 國·귁 之징 語:엉
異·잉 乎뽕 中듕 與·영 文문 字·쫑 不·붏 相샹 流륳 通통 故·공 愚웅
有·융 所·송 欲·욕 言언 而싱 終즁 得·득 伸신 其끵 情쪙 者:쟝 多당
矣:읭 予영 爲·윙 此·충 憫:민 然연 新신 制·졩 二·싱 十·씹 八·밣 使:
숭 人신 易·잉 習·씹 便뼌 於헝 日·싏 用·용 耳:싱 牙앙 如셩 君군 初
총 發·벓 聲셩 並·뼝 書셩 虯뀸3) 快·쾡 業·업 舌·쎯 斗:둫 覃땀 呑튼
那낭 脣쓘 彆·볋4) 步·뽕 漂푤 彌밍 齒:칭 卽·즉 慈쭝 侵침 戌·슗 邪
썅 喉뽕 挹·흡 虛형 洪뽕 半·반 閭령 穰샹 復·뽁 連련 下·향 則·즉
輕켱 合·햅 同똥 附·뽕 右:융 凡뻠 必·빓 成쎵 左·장 加강 一·힔 點:
뎜 去컹 上·썅 無뭉 平뼝 入·십 促·쵹 急·급 漢·한 頭뚱

別·볋 百·빅 姓·셩 皇勢 帝·뎽 常썅 談땀 江강 南남 乃냉

[대조교감]

1 異잉 : 단행본에는 언독 제2절과 언주 제6항의 '異'자를 '류'로 써는데 『운회』에는 '류' 곧 '異'자 통용자로 되어 있다.

2 御엉 : 월인본에는 언독 제2절 언어諺語의 음이 '엉'로 되었으나 그 물론 월인본의 오각이다.

3 發벓 : 월인본에는 언독 제17절 '發'의 음이 '성'로 되었으니 그 역시 오각이다.

4 常썅 : 월인본에는 언독 제47항 서의 음도 '성'로 오각되어 있다. 단행본에는 日자의 음 '왏'과 '當'자의 음 '당'이 더 들어 있는 반면에 세종世宗, 황제皇帝, 상담常談, 강남江南, 등자等字의 음이 전부 빠졌다.

[추정 교감]

1 爲윙 : 언독諺讀 제38절과 언주 제57항 중 '爲'자의 음인 '윙'는 '윙'의 오류일 것이다.

[근대음과의 비교]

1 동일음의 제자

宗(종), 訓(훈), 民(민), 正(졍), 中(듕), 文(문), 相(샹), 通(통), 欲(욕), 得(득), 伸(신), 憫(민), 新(신), 用(용), 君(군), 聲(셩), 呑(툰), 卽(즉), 侵(침), 半(반), 連(련), 則(즉), 點(뎜), 促(축), 急(급), 漢(한), 百(빅), 姓(셩), 江(강), 南(남)

---

4) '彆볋'의 표기법도 해례본에서는 '별'이었으나 언해본에서는 소위 한자음 입성 'ㄷ'의 표기 방식인 이영보래(以影補來)로 종성을 'ㄹㆆ'으로 표기하도록 규정한 『동국정음』식 표기 방식이다.

2 초성 탈락의 제자

御(엉), 語(엉), 愚(웅), 有(융), 言(언), 矣(읭), 牙(앙), 業(업), 有(융), 音(흠), 於(헝), 挹(흡), 一(힗), 而(싱), 然(션), 二(싱), 人(신), 日(싏), 耳(싱), 如(셩), 穰(샹), 入(십)

3 초성 변이의 제자

其(끵), 虯(뀰), 覃(땀), 同(똥), 頭(뚱), 談(땀), 便(뼌), 並(뼝), 步(뽕), 復(뿡), 附(뿡), 凡(뺌), 平(뼝), 字(쭝), 情(쪙), 慈(쫑), 十(씹), 習(씹), 舌(쎯), 屑(쎯), 邪(썅), 成(쎵), 上(쌍), 常(쌍), 乎(뽷), 喉(뽷), 洪(뽷), 下(행), 合(햅), 皇(뽷), 輕(켱), 去(커), 八(뺢), 必(빓)

4 중성 변이의 제자

國(귁), 有(융), 發(벓), 左(장)

5 종성 불발의 제자

世(솅), 御(엉), 制(졩), 之(징), 語(엉), 異(잉), 祜(뽷), 于(영), 字(쭝), 愚(웅), 所(송), 而(싱), 其(끵), 者(쟝), 多(당), 矣(읭), 予(영), 爲(윙), 此(충), 制(졩), 二(싱), 使(숭), 易(잉), 於(헝), 耳(싱), 牙(앙), 如(셩), 初(총), 書(셩), 快(쾡), 那(낭), 步(뽕), 彌(밍), 齒(칭), 慈(쫑), 邪(썅), 虛(헝), 閭(령), 下(행), 附(뿡), 左(쟝), 加(강), 去(컹), 無(뭉), 乃(냉), 流(륳), 有(융), 蚪(뀰), 斗(듛), 漂(푷), 喉(뽷), 附(뿡), 右(윰), 頭(뚱)

6 ㆆ병서의 종성

不(붏), 八(뺢), 日(싏), 發(벓), 舌(쎯), 彆(볋), 戌(슗), 必(빓), 一(힗), 別(볋)

5. 훈민정음 언해 주해

> 訓·훈民민正·졍音흠5)
>
> 訓·훈·은 ᄀᆞᄅᆞ·칠 ·씨·오6) 民민·ᄋᆞᆫ 百·ᄇᆡᆨ姓·셩·이·오 音흠·은7) 소·리·니 訓·
> 훈民민正·졍音흠·은 百·ᄇᆡᆨ姓·셩 ᄀᆞᄅᆞ·치시·논8) 正·졍ᄒᆞᆫ 소·리·라9)
> 國·귁之징語:엉音흠·이10)

---

5) 訓·훈民민正·졍音흠 :『월인석보』(1459년) 권1-2 권두에 실려 있는 서강대본의 권두서명
은『世·솅宗종御·엉製·졩訓·훈民민正·졍音흠』이다. 그러나 박승빈 본 곧 고려대 아세아
문제연구소장본(육당문고본)의 권두서명은『訓·훈民민正·졍音흠』으로 되어 있다. 서강
본의 1면은 변개가 있었던 것으로 보이는데 문화재청 복원본에서는 이를 교정하여 권두
서명을『訓·훈民민正·졍音흠』으로 복원하였다.(문화재청, 2007. 참조)
'ᇹ'字의 음가는 성문폐쇄음인 ʔ으서 중국 36자모에서는 이를 하나의 어두자음으로 인정
하고 '영모(影母)'로 표시하고 있었으나 중세국어에서는 독립된 어두자음으로 쓰인 일이
없고『동국정운식』한자음에서만 하나의 어두자음으로 인정하고 있다.

6) ᄀᆞᄅᆞ·칠 ·씨·오 : 'ᄀᆞᄅᆞ치-+-ㄹ+ᄉᆞ(의존명사)-+ㅣ(서술격조사)+고(연결어미)'의 구성이
다. 가르치는 것이고. 접속어미 '-고'는 'ㄹ, △, 반모음 j' 아래에 'ㄱ'이 탈락하는 것이
일반적이었으나, 특수한 경우로 서술격조사 '이-' 아래서도 탈락하였다.

7) 音흠·은 :『동국정운식』표기이다. 언해본의 한자음은『동국정운』한자음으로 한자 아
래에 주음을 해 두었다. 당시 이상적인 중국음과 현실음인 우리음을 절충하여 표기하였는
데 그 특징은 첫째, 초성에 전탁자 'ㄲ, ㄸ, ㅃ, ㅆ, ㅉ, ㆅ' 6자와 'ㅸ, ㆁ, △, ㆆ' 4자로
표기하였다. 둘째, 초, 중, 종성을 갖추어 표기하였다. 종성이 없는 글자에는 '御·엉製·졩'
처럼 'ㅇ'을 넣었으며 유모와 효모 글자는 '斗ᄃᆕᇢ'처럼 'ㅱ'을 넣었으며, 래모(來母)는 이영
보래로 '達ᇢ·彆ᄫᅳᇙ'처럼 'ㅭ'을 넣었다. 이러한 한자음의『동국정운』식 표기는 세조대
까지는 사용되었으나 성종대 불경언해『불정심경언해』,『영험약초』,『육조법보단경언해』
에 와서는 전면 폐지되었다.

8) ᄀᆞᄅᆞ·치시논 : 'ᄀᆞᄅᆞ치-+-시(존경)-+-ᄂᆞ(현재시상)-+-오(의도법)-+-ㄴ(관형형)'의 구성
이다. 가르치시는. '-ᄂᆞ-+-오-'가 축약되어 '-노-'로 되었다. 'ᄀᆞᄅᆞ치-'는 현대어의 '가
르치(敎)-'와 '가리키(指)-'의 두 가지 뜻을 모두 가지고 있었는데, 여기서는 전자의 뜻으
로 쓰였다. 중세 국어 시상법선어말어미로는 과거에는 '-∅-, -더-, -러-', 현재 '-ᄂᆞ-',
미래는 '-리-'가 있다.

9) 正·졍ᄒᆞᆫ 소·리·라 : "바른 소리"라는 뜻인데 두 가지의 의미로 해석이 가능하다. 곧 동음
으로서『동국정운』에 맞는 소리라는 의미와 우리말의 발음을 바르게 쓴다는 의미를 모두
포함하고 있다. '正·졍音흠'을『월인석보』에서는 "正·졍音흠·은 正·졍ᄒᆞᆫ 소·리·니 우·리
나·랏:마·롤 正·졍·히 반·다·기 ·올·히 ·쓰논 ·그릴·써 일·후·믈 正·졍音흠·이·라 ·ᄒᆞ
ᄂᆞ니·라"고 하였다.

國·귁·온 나·라히·라11) 之징·는 ·입:겨지·라12) 語:엉·는 :말·쏜미·라

나·랏 :말쏜·미13)

異·잉乎뽕中듕國·귁·ᄒ·야14)

異·잉·는 다ᄅᆞᆯ ·씨·라 乎뽕·는 :아·모그에15) ·ᄒ논16) ·겨체17) ·쓰는18) 字·쭝
ㅣ·라 中듕國·귁·온 皇뽱帝·뎅 :겨신19) 나·라히·니 ·우·리나·랏 常썅談땀·애 江
강南남·이·라 ·ᄒ·ᄂᆞ니·라20)

中듕國·귁·에21) 달·아22)

<hr/>

10) 國·귁之징語:엉흠·이 : 나라의 말씀이. 이 대목은 언해의 풀이대로 해석하면 매우 간단
한 것처럼 보이지만 다양한 해석이 있다. 주격조사는 명사어간의 말음이 자음일 경우
'-이, -ㅣ' 모음 아래에는 '-zero' 주격이 한자어 아래에서는 '-ㅣ'가 실현된다.

11) 나·라히·라 : '나라ㅎ國-+-이(서술격조사)-+-라(종결어미)'의 구성. 나라이다. 15세기
중세국어에서 'ㅎ' 종성체언은 약 80개 정도 있으며, 곡용할 때 'ㅎ'이 안 나타나기도
한다. 체언 말음이 자음이면 '-이-'로 모음 '이(i)'나 'ㅣ(j)'면 'Ø'로 그 밖의 모음이면
'-ㅣ'가 나타난다. 종결어미 '-다'가 'ㅣ'모음 아래에서는 '-라'로 교체가 된다. 곧 'ㅣ'모
음 아래에서는 선어말어미 '-거-'도 '-어'로 교체가 되고, 어말어미 '-게-'도 '-에'로,
'-고'도 '-오'로 회상의선어말어미 '-더-'도 '-러'로 감탄선어말어미 '-도-'도 '-로'로
교체가 이루어진다.

12) ·입:겨지·라 : '입곁-+이라'의 구성. '입곁'은 어조사에 대한 고유어로 말을 고르게 하거
나 연결할 때 쓰는 말이다. 때로 '입곁'이란 형태가 보이기도 한다("哉는 입겨체 쓰는 字
ㅣ라"<월곡서 9>). 그러나 '입곁'은 항상 처격 조사 '-에'와 결합될 때만 쓰였기 때문
에, 이것이 '입곁'과 동일한 것인지는 확실치 않다. 협주에 있어서 좀 더 상세한 설명이
필요 없는 어조사는 '입겨지라'로 제시되지만, 설명이 필요한 어조사는 "-ㅎ논 겨체 쓰
는 字ㅣ라"란 형식으로 그 쓰임을 나타내고 있다.

13) 나·랏 :말쏜·미 : '나라ㅎ-+-ㅅ-+말쏨-+-이'의 구성. 나라의 말씀이. 현대국어에서
'ㅅ(사이시옷)'은 복합어에나 출현하지만 15세기에는 속격조사의 한 가지로 쓰였다. 당
시의 속격조사로는 '-의/-인/-ㅅ'등이 있었는데 '-의/인'는 유정물의 평칭 '-ㅅ'은 유정
물의 존칭이나 무정물에 쓰였다. 본문에서 '나랏말쏨'이라 한 것은 "우리나라의 말"이라
는 포괄적인 의미로 사용되었다. '말쏨'은 '말릅-+-쏨(접사)'의 구성으로 '-쏨'은 태도
나 모양을 나타내는 접미사이다.

14) 異·잉乎뽕中듕國·귁·ᄒ·야 : 중세어에서 'ㅎ다'만 예외적으로 '-ᄒ요, -ᄒ야'로 활용한다.

15) ·아모그에 : '아모(부정칭대명사)-+-그(其)-+-에(처격사)'의 구성. 아무에게. '-그에'는
속격 조사 '-인/의-+-그에'와 결합하여 '-인그에, -의그에'(-게, -그에, -거긔, -손디
도)와 같은 평칭의 여격표시로 변하였다. 다만 '-ㅅ-+-그에'의 결합은 존칭의 여격표
시 '-쎄'로 쓰였는데 이들은 후에 '-에게, -께'로 변하였다.

與:영문字·쫑·로23) 不·붏相샹流륳24)通통홀·씨25)

與:영·는 ·이·와 ·뎌·와26) ᄒᆞ논 ·겨체 ·ᄡᅳ논 字·쫑ㅣ·라 文문·은 ·글·와리·

라27) 不·붏·은28) 아·니 ᄒᆞ논 ·ᄠᅳ디·라29) 相샹·온 서르 ·ᄒᆞ논 ·ᄠᅳ디라 流륳通

통·온 흘·러 ᄉᆞ무·츨 ·씨·라30)

文문字·쫑·와·로31) 서르 ᄉᆞ뭇·디32) 아·니홀·씨

---

16) ·ᄒᆞ논 : '호(爲)-+-ᄂᆞ(현재시상)-+-오(의도법)-+-ㄴ(동명사형)'의 구성. 하는.

17) ·겨체 : '곁(傍)-+-에'의 구성. 곁에. 처격조사는 양모음어간 뒤에는 '-애', 음모음어간
뒤에는 '-에', i나 j 어간 뒤에는 '-익'나 '-예'가 사용되었다. 연철되면서 처격의 환경에
서는 'ㅌ'이 'ㅊ'으로 실현되었다.

18) ·ᄡᅳ논 : 'ᄡᅳ(用)-+-논'의 구성. 쓰는. 중세어에서 동사 'ᄡᅳ(用)-'와 형용사 'ᄡᅳ(苦)-'는 '쓰
(書)-'와 구별되었다. 중세국어에서는 ㅂ계, ㅄ계, ㅅ계 어두자음군이 쓰였다.

19) 겨신 : '겨시(在)-+-ㄴ'의 구성. 계시는. '겨시-'는 '잇(有)-'의 존칭어이다. 역사적으로
는 사어화된 동사 어간 '겨(在)-+-시-'가 결합하여 형성된 동사로 판단된다. 이두에서
'在'가 '견'으로 읽히며 근대국어에서 '겨오셔'가 후치사로 쓰인다.

20) ·ᄒᆞ·ᄂᆞ니·라 : 'ᄒᆞ-+-ᄂᆞ-+-니-+라'의 구성. '-니-'는 어떤 동작이나 상태를 객관적으
로 확인한다. '-라'는 평서법어미 '-다'이다. 선어말어미 '-오-, -과-, -더-, -리-, -니-,
계사'와 결합하면 '-다'는 '-라'로 교체된다.

21) 中듕國·귁·에 : '듕귁(中國)-+-에(처격, 비교)'의 구성. 중국과. 처격 '-에'가 공동격형인
'-과/-와'처럼 쓰였다.

22) 달·아 : '다ᄅᆞ(異)-+-아(구속형어미)'의 구성. 달라서. '다ᄅᆞ-'는 접속어미 '-아'나 의도법
어미 '-오-' 등과 결합할 때 어간형이 '달-'로 설측음화하여 분철되었다. 일종의 음절 구
성의 재음절화라고 할 수 있다. 이와 같이 '-ㄹ-/-르-' 재음절화를 하는 용언으로 '니ᄅᆞ
(謂)-, 고ᄅᆞ(均)-, 오ᄅᆞ(上)-, 게으르(怠)-, 그ᄅᆞ(誤)-, 기르(養)-, 두르(圍)-, 바ᄅᆞ(直)-' 등이
있다. 일종의 '-ㄹ/르-' 불규칙의 환경에서나 'ㄱ'이 탈락한 환경에서는 분철이 되었다.
분철이 된 요인을 어두의 'ㅇ'이 음가가 있기 때문이라고 설명하기도 한다. 곧 'ㅇ'이 소
극적 기능일 때 어두음이 모음임을 표시하거나 '아', '어' 등 어중 음절 경계(boundary,
#)를 표시기 때문에 'ㄹ'이 분철된다는 설명이다. 또 다른 설명으로는 'ㅇ'이 적극적 기
능일 때 'ㅇ'이 *(g) > (ɤ) > (ɦ)으로 변화한 결과 15세기 중세국어에서는 'ㅇ'이 (ɦ)의 단
계이기 때문에 'ㄹ'이 분철되었다는 설명이다. 곧 '달아'에서 'ㄹ+ㅇ'의 표기는 (l)+(ɦ)
를 나타낸 표기이다. 이와 유사한 예로 적극적 기능을 가졌던 'ㅇ'의 소실은 'ㅿ+ㅇ'의
연결에서 먼저 소실되었다. '앞ㅇ > 아ᅀᆞᆫ('ㅇ'의 음이 zero화하여 'ㅿ'음이 연철할 수 있
었다). 현대 국어와 마찬가지로 15세기 중세국어에도 'ㄹ'은 설측음 (l)과 설전음 (ɾ)로
실현되어 이것을 훈민정음 종성해에서는 "ㅇ連書ㄹ下爲半舌輕音舌'乍附上腭"이라고 하여
반설중음 'ㄹ(l)'과 반설경음 'ᄛ(ɾ)'으로 나누어 설명했다. 이는 'ㄹ'의 이음(異音)을 당시
학자들이 인지하고 있었던 결과이다.

23) 與:영文文字·쭝·로 : '-로'는 조격. 양모음 아래에서 '-ᄋ로', 음모음 아래에서 '-으로', 모음이나 'ㄹ' 아래에서 '-로'로 나타난다.

24) 流륳:『동국정운』식 한자음 표기에서 종성이 없는 'ᄝ'는 운미음 w를 표기한 것이다. 훈민정음 창제 이후 한자음의 표기는『동국정운』이 제정되기 이전과 그 이후 기간 동안 차이를 보인다. 특히 -p, -t, -k 입성운미의 표기가『훈민정음』해례본에서는 '-t'운미인 '별'을 '볃'으로 표기하였고 '-w' 운미 글자인 '뀨'도 '뀨'로 '-j' 운미인 '쾌'도 '쾌'로 표기하여 'ㅇ'을 표기하지 않았다. 그러나『훈민정음』언해본에서는 해례본와 달리 지섭(止攝), 우섭(遇攝), 과섭(果攝), 가섭(假攝)과 해섭(蟹攝)의 '-j' 운미에 'ㅇ'을 표기하고 효섭(效攝), 유섭(流攝)의 'ᄝ'표기로 진섭(臻攝)과 산섭(山攝)의 '-t'운미인 경우 '-ㄹᅙ'을 표기하여 입성운미를 3성 체계에 따라 표기하였다. 이러한 표기법은 바로『동국정운』식 표기라고 할 수 있다.『월인천강지곡』에서는 'ㅇ' 표기는 반영하지 않고 'ᄝ'과 'ㄹᅙ'표기 만 반영하였으며『육조법보단경언해』에서는 'ㅇ'과 'ᄝ' 표기를 폐기하였을 뿐만 아니라 이영보래 표기인 '-ㄹᅙ'도 '-ㄹ'로 현실 동음으로 정착되었다. 중국 한자음 표기에만 확인되는 탕섭宕攝의 입성 가운데 약운(藥韻) 표기와 지섭(止攝)의 속음(俗音) 가운데 치음(齒音) 성모를 가진 글자의 운미 표기에 대해 살펴보면『홍무정운역훈』의 경우 '-Ø'운미 표기에 'ㅇ'을 반영하지 않았지만 지섭(止攝)의 속음의 경우 치두음과 정치음의 종성 자리에 'ㅿ'을 표기하였고 '-j'운미인 경우 'ㅇ'을 반영하지 않았다. 다만 'ᄝ'은 반영하였다. 탕섭(宕攝)의 약운(藥韻)의 경우 'ᅙ'으로 표기하였다.『석보상절』다라니에 나타는 한자음 표기는 '-j'운미인 경우 'ㅇ'을 그리고 '-w'운미에 'ᄝ'를 표기하였고 진섭(臻攝) 과 산섭(山攝)의 입성 '-t'는 'ㄷ'으로 표기하였다.『월인석보』다라니경에서는 '-j'운미인 경우 'ㅇ'을 표기하지 않았고 '-w'운미에는 'ᄝ'를 표기하였다. 그리고 진섭(臻攝)과 산섭(山攝)의 입성 '-t'는 'ㄹᅙ'으로 표기하였다.『번역박통사』에서는 정음과 속음에 한자음 표기의 차이를 보여주는데 '-j'운미인 경우 'ㅇ'을 표기하지 않았고 '-w'운미에서 정음에 는 'ᄝ'를 표기하였으나 속음에서는 표기하지 않았다. 진섭(臻攝)과 산섭(山攝)의 입성 '-t'는 정음에서는 '-k', '-t', '-p'는 'ᅙ'을 표기하였으나 속음에는 표기를 하지 않았다. 훈민정음 창제 이후 초성, 중성, 종성을 갖추어야 한다는 음절 표기 의식에 대한 변개가 있었음을 확인할 수 있다.

25) 不·붏相상流륳通통훓·씨 : '붏상륳통ᅘ-+-ㄹ씨(이유나 원인을 나타내는 구속형어미)'의 구성. 서로 통하지 아니함으로.

26) ·이·와·뎌·와 : 이것과 저것과. 공동격 '-와/-과'는 선행음절이 개음절인 경우 '-과'가 폐음절은 경우 '-와'가 실현되었으나 근대국어에 가면 혼란을 보이게 된다.

27) ·글·와리·라 : '글왈'<용가 26>은 '글발'에서 변한 형인데『석보상절』서에는 '글왈' <석보서:4ㄱ>이 쓰였지만『월석』서에는 '글월'<월석서 : 11ㄴ>이 쓰이고 있음으로 보아 '글발> 글왈> 글월'의 변화를 겪었다.

28) 不·붏·은 : 소위 '이영보래(以影補來)'식 입성말음표기. 'ㄹᅙ' 방식을 취하여 입성의 'ㄷ'음이 'ㄹ'로 변화한 것을 'ᅙ'음을 보충하여 'ㄷ'음에 가깝게 입성을 나타내 보이려 고 한 것이다.

29) ·쁘디·라 : '뜯-+-이-+-라'의 구성. 뜻이다. 협주 설명에서 부사는 일반적으로 '(해당

故·공·로 愚:웅民민·이 有:융所:송欲·욕言언·ᄒ야·도

故·공·눈 젼·ᄎ·라33) 愚:웅·는 어·릴 ·씨·라 有:융·는 이실 ·씨·라34) 所:송·눈
·배·라 欲·욕·온 ᄒ·고·져 홀 ·씨·라 言언·은 니를 ·씨·라

·이런 젼·ᄎ·로 어·린35) 百·빅姓·셩·이 니르·고·져36)·홇 ·배37)
이·셔·도38)

而싱終즁不·붏得·득伸신其끵情쪙者:쟝ㅣ多당矣:읭·라

而싱·눈 ·입 ·겨지·라 終즁·은 ᄆ·ᄎ미·라39) 得·득·은 시·를 ·씨·라40) 伸신·
온 ·펼 ·씨·라 其끵·는 :제·라 情쪙·은 ᄠ디·라 者:쟝·눈 ·노미·라 多당·눈 ·할
·씨·라 矣:읭·눈 :말 ᄆᆺ·눈41) ·입 ·겨지·라

ᄆ·ᄎᆷ:내42) 제43) ·ᄠ·들 시·러44) 펴·디 :몯 홇45) ·노·미 하·니·
라46)

부사)-ᄒ눈 ᄠ·디라'나 '(해당부사)-ᄒ눈 마리라'의 형식으로 제시되어 있다.

30) ᄉᄆ·촐·씨·라 : 'ᄉᄆᆾ < ᄉᄆᆾ(通, 透, 徹, 河)-+-ᄋ-+-ㄹ(관형사형)+씨라(ᄉ+ㅣ라)'의
구성. 서로 통하는 것이라.

31) 文문字·쭝·와·로 : 문자와. 이때 '문자'는 일반적인 문자를 뜻하는 것이 아니라 한자를
말한다. 또한 '-로'는 향격 조사로서 뒤에 오는 'ᄉᄆᆾ-'과 호응된다. 곧 우리말이나 한자
가 서로 상대쪽으로 '흘러 통한다'는 의미와 호응하는 것이다. '-와/과(공동격)+-로(조
격)'의 복합격이 동반격 '-와'와 문맥상 차이가 있으나 같은 기능을 하게 된다. "ᄯᅩ 내
너와로 四天王의 있는 宮殿 볼 쩨"<능엄 2:33>

32) ᄉᄆᆾ·디 : 'ᄉᄆᆾ > ᄉᄆᆺ(通)-+-디'의 구성. 통하지. 'ᄉᄆᆺ-'은 이른바 8종성법에 의한 표
기이다.

33) 젼·ᄎ·라 : '젼ᄎ(故)-+-ㅣ라'의 구성. 까닭으로.

34) 이실·씨·라 : '이시(有)-+-ㄹ(관형사형)+씨라'의 구성. 있는 것이라. '-씨라'는 'ᄉ(의존
명사)-+ㅣ라'의 구성인데 어미로 융합된 결과이다.

35) 어·린 : '어리(愚)-+-ㄴ'의 구성. 어리석은. '어리-'는 '어리다(少)'와 '어리석다(愚)'의
의미를 가지고 있다. 후대에 '어리석다(愚)'의 뜻은 사라지고 '어리다(少)'의 의미만을 지
니게 되었다.

36) 니르·고·져 : '니르(言)-+-고져'의 구성. 말하고자. '니르-> 이르(謂)-'로 변하면서 의
미도 조금 변한 것이다.

37) ·홇·배 : 'ᄒ(爲)-+-오(의도법)-+-ㄹㆆ(관형사형)+바(의존명사)-+-ㅣ(주격)'의 구성.

予영ㅣ爲·윙此:충憫:민然연·ㅎ·야

予영·는 ·내 ·ㅎ숩·시논47) ·ᄠ·디시·니·라 此:충·는 ·이·라48) 憫:민然연·은 :
어엿·비 너·기실 ·씨·라
·내49) ·이·룰 爲·윙·ㅎ·야50) :어엿·비51) 너·겨52)

할 바가. 우리말에 사용된 'ㆆ'는 사잇소리의 기능을 하였다.

38) 이·셔·도 : '이시(有)-+-어도'의 구성. 있어도. '이시(有)-'의 세 가지 이형태가 쓰였다.
'잇-'은 자음으로 시작되는 어미 앞에 쓰이고, '이시-'는 모음으로 시작되는 어미 앞이
나 자음 어간 아래에서 조음소가 삽입되는 어미의 앞에 쓰였다. '시-'는 '이시-'가 쓰일
만한 자리에 가끔 쓰였는데 이 둘 사이의 차이는 그리 분명하지 않다.

39) ᄆᆞᆾ미·라 : 'ᄆᆞᆾ-+-ㅣ라'의 구성. 마침이라. 'ᄆᆞᆾ'은 '몿-+-ㅁ(명사화접사)'의 구성으로
파생명사이고 '마춤'은 'ᄆᆞᆾ-+-옴'의 구성으로 동명사이다. 중세어에서는 파생접사-ㅁ의
경우와 동명사형(-옴/-움)이 구별되었으나 '-오/우-'가 탈락되면서 그 구분이 없어졌다.

40) 시룰·씨·라 : '싣〉실(得, 載)-+-으(매개모음)-+-ㄹ#+씨라'의 구성. 싣는 것이라.

41) ᄆᆞᆺ·ᄂᆞᆫ : '몿〉ᄆᆞᆺ(終)-+-ᄂᆞᆫ'의 구성.

42) ᄆᆞ·촘:내 : '몿(終)-+-옴(명사화접사)-+-내(부사화접사)'의 구성. 마침내. '-내'는 "~에
이르기까지"의 뜻을 가진 부사화접미사이다.

43) 제 : '저-+-ㅣ(관형격)'의 구성. 자기의. 관형격조사로는 일반적으로 '-의/-의' 등이 쓰
였으나 대명사 '나, 너, 저' 등은 원래의 명사에 'ㅣ'가 덧붙은 '내, 네, 제'가 속격형으로
쓰였다. 그러나 이들 대명사가 내포절의 주어의 기능을 하는 경우에는 '내의, 네의, 저
의' 등으로 쓰였다.

44) 시·러 : '싣(得)〉실-+-어(부사화접사)'의 구성. 능히 할 수 있다. '-어'는 접속어미가
접사화한 것이다.

45) :몯홇 : '몯ㅎ-+-ㄹㆆ'의 구성. 못할. 의도법의 어미 '-오/우-'가 안 들어간 예이다.

46) 하·니·라 : '하(多)-+-니라'의 구성. 많으니라. 15세기에는 '하(多)-'와 'ㅎ(爲)-'가 뜻이
달리 사용되었지만 'ㆍ'의 소실로 인해 '하-'로 통합되면서 전자의 뜻으로는 쓰이지 않게
되었다. 전자는 '하고 많은' 등 몇 가지에 화석화되어 남아 있다.

47) ·ㅎ숩·시논 : 'ㅎ(爲)-+-숩(겸양)-+-시(존경)-+-ᄂᆞ(현재)-+-오(의도)-+-ㄴ(관형형)'의
구성. 하오신, 하시는. 겸양법과 존대법 선어말 어미를 결합할 경우 당연히 '-ᅀᆞᄫᅵ시-'
가 되어야 하는데 여기서는 그와 달리 '숩'과 '시'가 직접 결합하였다.
15세기 중세국어의 경어법으로는 존경법(주체존대법)에는 '-시-/-샤-'와 겸양법(주체겸
양법)에는 '-숩-(ᅀᆞᄫ)/-ᄉᆞᆸ-(ᄉᆞᄫ)/-줍-(ᄌᆞᄫ)'이 있으며 공손법(상대존대법)에는 '-이-'
가 있다. 겸양법의 '-숩-(ᅀᆞᄫ)'는 'ㅎ, ㄱ, ㅂ, ㅅ, ㄹㆆ' 아래에서 '-숩-(ᅀᆞᄫ)'는 '모음,
ㄴ, ㅁ, ㄹ'의 아래에서 '-줍-(ᄌᆞᄫ)'는 'ㄷ, ㅈ, ㅊ' 아래에서 실현된다.

48) ·이·라 : '이(대명사)-+-ㅣ(서술격조사)-+-라'의 구성이다. 이라. 이다. '새-+-ㅣ라'
=새 것이라.

新신制·졩 二·싱十·씹八·밣字·쫑 ·ᄒᆞ노·니

新신·은 ·새·라53) 制·졩·는 밍·ᄀᆞᆯ실 ·씨·라54) 二·싱十·씹八·밣·은 ·스·믈 여·들비·라

·새·로 ·스·믈여·듧 字·쫑·를 밍·ᄀᆞ노·니55)

欲·욕使:승人신人신·ᄋᆞ·로 易·잉習·씹·ᄒᆞ·야 便뼌於헝日·ᅀᆞᆯ用·용 耳:ᅀᅵᆼ니·라

使:승ᄂᆞᆫ :히·여56) ᄒᆞᆯ·ᄊᆞ·미·라 人신·은 :사·ᄅᆞ미·라 易·잉·ᄂᆞᆫ :쉬ᄫᅳᆯ ·씨· 라57) 習·씹·은 니·길 ·씨·라58) 便뼌·은 便뼌安한홀 ·씨·라 於헝·는 :아·모그에 ·ᄒᆞ·ᄂᆞᆫ ·겨체 ·쓰는 字·쫑ㅣ·라 日·ᅀᆞᆯ·은 ·나리·라 用·용·은 ·쓸 ·씨·라 耳:ᅀᅵᆼ ·ᄂᆞᆫ ᄯᆞᄅᆞ·미·라 ᄒᆞ논 ·ᄠᅳ디·라

:사ᄅᆞᆷ:마·다 :히·여 :수·ᄫᅵ59) 니·겨60) ·날·로61) ·ᄡᅮ·메62) 便뼌安 한·킈63) ᄒᆞ·고·져 ᄒᆞᆯᄊᆞᄅᆞ·미니·라64)

---

49) 내 : 일인칭 대명사 '나'는 주격과 속격 형태의 표기가 같이 '내'였다. 다만 주격은 거성, 속격은 평성으로 각각 성조를 달리 함으로써 구별되었다.

50) ·이·롤 爲·윙·ᄒᆞ·야 : 이를 위하여. 문맥상 그리 필요하지 않은 구절인데 이렇게 된 이유 는 직역(直譯)에 가까운 언해의 영향인 듯하다. 뒤에 나오는 '히여'도 성격이 이와 같다.

51) :어엿·비 : '어엿브(憐)-+-이(부사화접사)'의 구성. 불쌍하게. 불쌍히. '어엿브-'는 '불쌍 하다(憐)'는 뜻에서 '예쁘다(媛)'는 뜻으로 변화했다.

52) 너·겨 : '너기-+-어'의 구성. 여겨.

53) ·새·라 : 협주의 뜻풀이 형식으로 볼 때 '새'는 명사로 인식되고 있었던 듯하다. 현대어 에서 '새'는 관형사로만 쓰이지만 중세국어에서는 명사로도 쓰인 예들이 있다. 헌옷도 새 ᄀᆞᆮᄒᆞ리니<월석 8 : 100>

54) ·밍·ᄀᆞ·ᄅᆞ실·씨·라 : '밍ᄀᆞᆯ(制)-+-ᄋᆞ(매개모음)-+-시-+-ㄹ+신-+-ㅣ라'의 구성. 만드 신 것이라.

55) 밍·ᄀᆞ노·니 : '밍ᄀᆞᆯ > 밍ᄀᆞ(制)-+-ᄂᆞᆨ(현재시상)-+-오(의도법)-+-니'의 구성. 만드니. 원 형은 '밍ᄀᆞᆯ다'. '밍ᄀᆞᆯ-'은 '밍둘-, 민둘-' 등의 이형태가 쓰였으나 이들 사이의 차이가 무엇인지 확연하지는 않다. 여기서 '-오-'는 의도법 선어말어미이다.

56) :히·여 : 'ᄒᆞ(爲)-+-ㅣ(사동접사)-+-어'의 구성. 'ᄒᆞ다(爲)'의 사역형이다. 실지 음가는 없으나 'ㅇ'이 자음으로서의 적극적인 기능을 수행하는 한 예로 볼 수 있다. 'ㅇㅇ'는 어 중음표기에 사용한다. '예' 등 15세기 문헌의 피동 및 사역형 표기에 쓰였다.

ㄱ·는 牙ᅌᅡᆼ音흠·이·니65) 如ᅀᅧᆼ君군ㄷ字·쭝66) 初총發·벓聲셩ᅙᆞ·니 並·뼝書셩·ᄒᆞ면 如ᅀᅧᆼ虯뀰ㅸ字·쭝67) 初총發·벓聲셩ᅙᆞ·니·라

牙ᅌᅡᆼ·는 :어·미·라68) 如ᅀᅧᆼ·는 ·ᄀᆞ톨 ·씨·라69) 初총發·벓聲셩·은 ·처섬 ·펴·아·나는 소리·라 並·뼝書셩·는 골·바70) ·쓸 ·씨·라

ㄱ·는71) :엄쏘·리·니72) 君군ㄷ字·쭝 ·처섬73) ·펴·아74) ·나는 소·리 ·ᄀᆞ튼·니75) 골·바 ·쓰·면76) 虯뀰ㅸ字·쭝 ·처섬 ·펴·아 ·나는 소·리 ·ᄀᆞ·튼니·라77)

57) :쉬ᄫᅳᆯ·씨·라 : '쉽-+-으-(매개모음)+-ㄹ(관형형어미)+ᄉ-(의존명사)+ㅣ라'의 구성. 쉬운 것이라.

58) 니·길·씨·라 : '닉(習)-+-이-(사동접사)+-ㄹ+ᄉ-+ㅣ라'의 구성. 익힐 것이라.

59) :수·ᄫᅵ : '쉽(易)-+-이'. 쉽게. '쉽-'은 부사 파생접미사 '-이'가 결합될 때 어간형이 '숳-'이 되었다.

60) 니·겨 : '닉(習)-+-이-(사동접사)+-어'. 이켜. 중세어에서 사동접미사로 '-이-'가 결합되던 용언들 가운데 현대어로 오면서 접미사가 교체되는 경우가 가끔 있었다. '시기- > 시키-' 등 참고

61) ·날·로 : '날(日)-+-로(부사화접사)'의 구성. 날마다. '새로, 저로, 간대로' 등의 파생 부사가 있다.

62) ·뿌·메 : '쓰(用)-+-움(명사화어미)-+-에'의 구성. 씀에.

63) 便뼌安한·킈 : '편안(便安)-+-ᄒᆞ(형용사화접사)-+-긔게'의 구성. 편안하게. 『훈민정음』언해, 『석보상절』에는 '-ᄒᆞ긔'로 나타나지만 『월인석보』에는 '-ᄒᆞ긔/ᄒᆞ게'가 혼용되었다. 단 『월인석보』에서의 '-ᄒᆞ긔'는 『석보상절』에서 베낀 부분에만 나타난다.

64) ᄯᆞᄅᆞ·미니·라 : 'ᄯᆞ룸(의존명사)-+-이(서술격조사)-+-니-+-라'의 구성. 이다. 이니라.

65) 牙ᅌᅡᆼ音흠·이·니 : 아음(牙音). 어금닛소리.

66) 君군ㄷ字·쭝 : 군자. 'ㄷ'은 사잇소리로 앞 종성이 불청불탁자로 끝났을 때 'ㄴ'의 같은 계열의 전청자 'ㄷ'을 사잇소리로 썼다. 『훈민정음』 언해와 『용비어천가』에서만 나타나는 사잇소리는 종성이 유성자음인 한자음일 경우, 그 종성의 종류에 따라 사잇소리가 각각 달리 쓰였다. 이들을 정리하여 보이면 다음과 같다. 종성 'ㄹ'인 한자음은 이른바 '以影補來'에 의해 'ㆆ'을 붙여 'ㅭ'으로 표기했다. 우리말의 경우에는 거의 'ㅅ'으로 쓰였으나 『용비어천가』에서는 몇몇 예외적인 쓰임을 보였다. 그러나 성종 이후에는 불경언해류에서는 전부 'ㅅ'으로 통일되었다. 『훈민정음』 언해에서 나타나는 사잇소리를 정리하면 다음과 같다.

종성의 종류	ㆁ	ㄴ	ㅁ	ㅱ	ㅇ
사잇소리	ㄱ	ㄷ	ㅂ	ㅸ	ㆆ

67) 如ᅀᅧᆼ虯뀰ㅸ字쭝 : '虯뀰'내서 한자음 표기에 나타나는 'ㅱ'는 'ㅱ(불청불탁자)+ㅸ(같은

ㅋ·는 牙앙音흠·이·니 如영快·쾡ㆆ字·쫑 初총發·벓聲셩ㅎ·니·라

순경음의 전청자)+ㅉ'로 사잇소리 'ㅸ'이 사용되었다.

68) :어미·라 : '엄(牙)-+-ㅣ라'의 구성. 엄소리라. 어금니 소리라.

69) ·ᄀ톨·씨·라 : '곹(如)-+-ᄋ(매개모음)-+-ㄹ+ㅅ(의존명사)-+-ㅣ라'의 구성. 같은 것 이라.

70) 곫·봐 : '곫(並)-+-아(부사형)'의 구성. 병서하면. 나란히 쓰면. '곫다, 곫아, 곫으니, 곫으며' 등이 아직 영남방언에 남아 있다.

71) ㄱ·는 : 당시에는 각 자음을 뒤에 모음 'ㅣ'를 붙여서 읽었을 것으로 판단된다. 조사를 '는'으로 한 것이나 『훈몽자회』에서 'ㄱ 기역(其役), ㄴ 니은(尼隱)' 등으로 이름을 붙인 것이 참고가 된다.

72) :엄쏘·리·니 : '엄(牙)-+-ㅅ(사잇소리)-+-소리'. 어금닛소리. '쏘'에서 치음의 된소리는 이미 존재하고 있었음을 알 수 있다. 『훈민정음』에서는 자음을 '아음, 설음, 순음, 치음, 후음, 반설음, 반치음'으로 분류하고 있는데 이들은 각각 '엄쏘리, 혀쏘리, 입시울쏘리, 니쏘리, 혀쏘리, 반혀쏘리, 반니쏘리' 등으로 언해되어 있다.

73) ·처엄 : '첫 > 첫(初)-+-엄(명사화접사)'의 구성. 처음. '처엄'은 '처엄 > 처엄 > 처음'의 과정을 거쳐 변화하였다.

74) ·펴·아 : '펴(發)-+-아'의 구성. 펴어. 당시의 모음조화로 보면 응당 '펴어 > 펴'가 되어야 하는데 이와 같이 음양조화의 일탈형이다. 아마도 강화 현상이거나 '펴-'의 모음 'ㅕ'가 /jə/가 아니라 /jʌ/에서 발달한 것이기 때문일 가능성이 있다. 혹은 강의적인 의미로 일종의 이화현상으로 볼 수도 있다.

75) ·ᄀ튼·니 : '곧ㅎ- > 곹(如)-+-ᄋ니'의 구성. 같으니. '곹(如)-'은 '곧ㅎ(如)-'의 축약형이다. 이러한 쓰임에서 어간을 '곹-', 'ᄀ튼-' 가운데 어느 것으로 잡아야 할지 분명치 않다. 'ᄀ튼야' 등에 기대면 'ᄀ튼-'일 듯도 하나 '곧거뇨' 등으로 보면 '곹-'일 가능성도 배제할 수 없기 때문이다.

76) 곫·봐·쓰·면 : '곫(竝)-+-아+쓰(書)-+-면'의 구성. 나란히 쓰면. 병서하면.

77) 훈민정음에서 초성 소리를 설명하기 위하여 사용된 자모표는 중국의 36자모표를 본받은 것이었다. 그러나 우리말의 음운체계가 그와 그대로 맞는 것이 아니었기 때문에 훈민정음의 제정자들은 독자적으로 23자모표를 만들었으며 그것을 설명하기 위한 자모자들도 새로운 한자들을 사용하였다. 훈민정음의 설명에 사용된 한자들을 보이면 다음과 같다. 이 한자의 음들은 『동국정운』식으로 되어 있기 때문에 특히 각자병서의 경우 제 음가를 보이지 못한 것 수가 있다. 국어의 현실 한자음에서는 된소리가 거의 없기 때문이다. 이는 한자를 이용하여 음가를 보이는 데서 오는 한계라 할 수 있다.

아음	설음	반설음	순음	치음	반치음	후음
ㄱ (君) 군	ㄷ (斗) 둫		ㅂ (彆) 볋	ㅈ (卽) 즉	ㅅ (戌) 슗	ㆆ (挹) 흡
ㄲ (叫) 끃	ㄸ (覃) 땀		ㅃ (步) 뽕	ㅉ (慈) 쭝	ㅆ (邪) 쌍	ㅎ (虛) 헝
ㅋ (快) 쾡	ㅌ (呑) 튼		ㅍ (漂) 푱	ㅊ (侵) 침		ㆅ (洪) 뽕
ㆁ (業) 업	ㄴ (那) 낭	ㄹ (閭) 령	ㅁ (彌) 밍		△ (穰) 샹	ㅇ (欲) 욕

ㅋ·ᄂᆞᆫ 牙ᅌᅡᆼ音ᅙᅳᆷ·이·니 如영快·쾡ᇹ字·ᄍᆞᆼ 初총發·ᄫᅡᆯ聲셩·ᄒᆞ·니·라

ㅋ·ᄂᆞᆫ :엄쏘·리·니 快·쾡ᇹ字·ᄍᆞᆼ ·처ᅀᅥᆷ ·펴·아 ·나ᄂᆞᆫ 소·리 ·ᄀᆞ·ᄐᆞ
니·라

ㆁ·ᄂᆞᆫ 牙ᅌᅡᆼ音ᅙᅳᆷ·이·니 如영業·업字·ᄍᆞᆼ 初총發·ᄫᅡᆯ聲셩·ᄒᆞ·니·라

ㆁ·ᄂᆞᆫ :엄쏘·리·니 業·업字·ᄍᆞᆼ ·처ᅀᅥᆷ ·펴·아 ·나ᄂᆞᆫ 소·리 ·ᄀᆞ·ᄐᆞ니·라

ㄷ·ᄂᆞᆫ 舌·쎯音ᅙᅳᆷ·이·니 如영斗:둫ᇦ字·ᄍᆞᆼ 初총發·ᄫᅡᆯ聲셩ᄒᆞ·니 並·
뼝書셩ᄒᆞ·면 如영覃땀ㅂ字·ᄍᆞᆼ 初총發·ᄫᅡᆯ聲셩ᄒᆞ·니·라

舌·쎯·은·혜·라

ㄷ·ᄂᆞᆫ ·혀쏘·리·니 斗:둫ᇦ字·ᄍᆞᆼ ·처ᅀᅥᆷ ·펴·아 ·나ᄂᆞᆫ 소·리 ·ᄀᆞᆺ·
니 골·ᄫᅡ ·쓰·면 覃땀ㅂ字·ᄍᆞᆼ ·처ᅀᅥᆷ ·펴·아·나ᄂᆞᆫ 소·리 ·ᄀᆞ ·ᄐᆞ니·라

ㅌ·ᄂᆞᆫ 舌·쎯音ᅙᅳᆷ·이·니 如영呑튼ㄷ字·ᄍᆞᆼ 初총發·ᄫᅡᆯ聲셩·ᄒᆞ·니·라

ㅌ·ᄂᆞᆫ ·혀쏘·리·니 呑튼ㄷ字·ᄍᆞᆼ ·처ᅀᅥᆷ ·펴·아 ·나ᄂᆞᆫ 소·리 ·ᄀᆞ·ᄐᆞ
니·라

ㄴ·ᄂᆞᆫ 舌·쎯音ᅙᅳᆷ·이·니 如영那낭ᇹ字·ᄍᆞᆼ 初총發·ᄫᅡᆯ聲셩ᄒᆞ·니·라

ㄴ·ᄂᆞᆫ ·혀쏘·리·니 那낭ᇹ 字·ᄍᆞᆼ ·처ᅀᅥᆷ ·펴·아 ·나ᄂᆞᆫ 소·리 ·ᄀᆞ·ᄐᆞ
니·라

ㅂ·ᄂᆞᆫ 脣쓘音ᅙᅳᆷ·이·니 如영彆·볋字·ᄍᆞᆼ[78] 初총發·ᄫᅡᆯ聲셩·ᄒᆞ·니 並·뼝
書셩ᄒᆞ·면 如영步·뽕ᇹ字·ᄍᆞᆼ 初총發·ᄫᅡᆯ聲셩ᄒᆞ·니·라

脣쓘·은 입시·우리·라[79]

ㅂ·는 입시·울쏘·리·니 步뽕字·쫑 ·처섬 ·펴·아 나는 소리 ·ᄀᇀ·
니 골·ᄫᅡ ·쓰·면 步뽕ᅙ字·쫑 ·처섬 ·펴아 ·나는 소리 ·ᄀ·ᄐ니·라

ㅍ는 脣쓘音흠·이·니 如영漂푤ᄫᆼ字·쫑 初총發·벓聲셩ᅙ·니·라
ㅍ·는 입시·울쏘·리·니 漂푤ᄫᆼ字·쫑 ·처섬 ·펴·아 ·나는 소·리·
ᄀ·ᄐ니·라

ㅁ는 脣쓘音흠·이·니 如영彌밍ᅙ字·쫑 初총發·벓聲셩ᅙ·니·라
ㅁ·는 입시·울쏘·리·니 彌밍ᅙ字·쫑 ·처섬 ·펴·아 ·나는 소·리·
ᄀ·ᄐ니·라

ㅈ는 齒:칭音흠·이·니 如영卽·즉字·쫑 初총發·벓聲셩ᅙ·니 並·뼝書
셩·면 如영慈쫑ᅙ字·쫑 初총發·벓聲셩ᅙ·니·라
齒:칭·는 ·니·라
ㅈ·는 ·니쏘·리·니 卽·즉字·쫑 ·처섬 ·펴·아 ·나는 소·리 ·ᄀᇀ·
니 골·ᄫᅡ ·쓰·면 慈쫑ᅙ字·쫑 ·처섬 ·펴아·나는 소 리 ·ᄀ·ᄐ니·라

ㅊ·는 齒:칭音흠·이·니 如영侵침ㅂ字·쫑 初총發·벓聲셩ᅙ·니·라
ㅊ·는 ·니쏘·리·니 侵침ㅂ字·쫑 ·처섬 ·펴·아 ·나는 소·리 ·ᄀ·ᄐ·
니·라

---

78) 如영彆·볈字·쫑 : '彆·볈'에서 동국정운식 한자음 표기로 'ㄹ' 아래에 'ᅙ'을 표기한 것
은 이영보래(以影補來) 규정에 따른 이상적 표기 방식이다. 동음에서 'ㄹ'로 끝나는 입성
한자음은 중국에서는 이미 성문폐쇄음으로 탈락된 현실을 반영한 표기방식이다. 동음에
서 입성자 -t > ? > -ø 는 매우 규칙적으로 'ㄹ'로 대응된다.
79) 입시·우리·라 : '입시울(脣)+ㅣ라'의 구성. 입술이라. '입-+시울-' > 입술(복합어).

ㅅ·ᄂᆫ 齒:칭音흠·이·니 如ᅀᅧ戌·슗字·ᄍᆼ初총發·벓聲성ᄒᆞ·니 並·뼝
書셩ᄒᆞ·면 如ᅀᅧ邪쌰ᇹ字·ᄍᆼ 初총發·벓聲셩ᄒᆞ·니·라

ㅅ·ᄂᆫ ·니쏘·리·니 戌·슗 字·ᄍᆼ ·처엄 ·펴·아 ·나ᄂᆫ 소·리 ·ᄀᆞᄐᆞ·
니 글·ᄫᅡ ·쓰·면 邪쌰ᇹ字·ᄍᆼ ·처엄 ·펴아 ·나ᄂᆫ 소·리 ·ᄀᆞ·ᄐᆞ니·라

ᅙ·ᄂᆫ 喉뗳音흠·이·니 如ᅀᅧ挹·흡字·ᄍᆼ 初총發·벓聲셩ᄒᆞ·니·라
喉뗳·ᄂᆫ 모·기·라
ᅙ·ᄂᆫ 목소·리·니 挹·흡字·ᄍᆼ ·처엄 ·펴·아 ·나ᄂᆫ 소·리 ·ᄀᆞ·ᄐᆞ
니·라

ㅎ·ᄂᆫ 喉뗳音흠·이·니 如ᅀᅧ虛헝ᇹ字·ᄍᆼ 初총發·벓셩ᄒᆞ·니 並·뼝
書셩ᄒᆞ·면 如ᅀᅧ洪뽕ㄱ字·ᄍᆼ 初총發·벓聲셩ᄒᆞ·니·라
ㅎ·ᄂᆫ 목소·리니 虛헝ᇹ字·ᄍᆼ ·처엄 ·펴·아 ·나ᄂᆫ 소·리 ·ᄀᆞᄐᆞ·니
글·ᄫᅡ ·쓰·면 洪뽕ㄱ字·ᄍᆼ ·처엄 ·펴·아 나ᄂᆫ 소·리 ·ᄀᆞ ·ᄐᆞ니·라

ㅇ·ᄂᆫ 喉뗳音흠·이·니 如ᅀᅧ欲·욕字·ᄍᆼ 初총發·벓聲셩ᄒᆞ·니·라
ㅇ·ᄂᆫ 목소·리·니 欲·욕字·ᄍᆼ ·처엄 ·펴·아 ·나ᄂᆫ 소·리 ·ᄀᆞ ·ᄐᆞ니·라

ㄹ·ᄂᆫ 半·반舌·쎯音흠·이·니 如ᅀᅧ閭령ᇹ字·ᄍᆼ 初총發·벓聲셩ᄒᆞ·
니·라
ㄹ·ᄂᆫ 半·반·혀쏘·리·니[80] 閭령ᇹ字·ᄍᆼ ·처엄 ·펴·아 ·나ᄂᆫ 소·리
·ᄀᆞ·ᄐᆞ니·라

△·ᄂᆫ 半·반齒:칭音흠·이·니 如ᅀᅧ穰샹ㄱ字·ᄍᆼ 初총發·벓聲셩ᄒᆞ·니·라

△·는 半·반·니쏘·리·니81) 穰샹ㄱ字·쫑 ·처섬 ·펴·아 ·나는 소·리
·ᄀᆞᄐᆞ니·라

·ᆞ·는 如영呑톤ㄷ字·쫑 中듕聲셩ᄒᆞ·니·라
中듕·은 가·온·ᄃᆡ·라82)
·ᆞ·는 呑톤83)ㄷ字·쫑 가·온·딧소·리84) ·ᄀᆞ·ᄐᆞ니·라

ㅡ·는 如영卽·즉字·쫑 中듕聲셩ᄒᆞ·니·라
ㅡ·는 卽·즉字·쫑 가·온·딧 소·리 ·ᄀᆞ·ᄐᆞ니·라

ㅣ·는 如영侵침ㅂ字·쫑 中듕聲셩ᄒᆞ·니·라
ㅣ·는 侵침ㅂ字쫑 가·온·딧소·리 ·ᄀᆞ·ᄐᆞ니·라

ㅗ·는 如영洪뽕ㄱ字·쫑 中듕聲셩ᄒᆞ·니·라
ㅗ·는 洪뽕ㄱ字·쫑 가·온·딧소·리 ·ᄀᆞ·ᄐᆞ니·라

ㅏ·는 如영覃땀ㅂ字·쫑 中듕聲셩ᄒᆞ·니·라
ㅏ·는 覃땀ㅂ字·쫑 가·온·딧소·리 ·ᄀᆞ·ᄐᆞ니·라

ㅜ·는 如영君군ㄷ字·쫑 中듕聲셩ᄒᆞ·니·라
ㅜ·는 君군ㄷ字·쫑 가·온·딧소·리 ·ᄀᆞ·ᄐᆞ니·라

---

80) 半·반·혀쏘·리·니 : 반설음이니. 반설음은 설측음 또는 탄설음일 것으로 파악된다.
81) 半·반·니쏘·리·니 : 반치음이니. 반치음은 유성 치조마찰음을 말한 것으로 보인다.
82) 가·온·ᄃᆡ·라 : '가온더(中)-+-ㅣ라'의 구성.
83) 呑톤 : 중성을 보이기 위해 쓴 한자들은 다음과 같다. 이들 한자는 초성을 대표하기 위해

ㅓ·는 如영業·업字·쭝 中듕聲셩ㅎ·니·라

ㅓ·는 業·업字·쭝 가·온·딧소·리 ·ᄀ·ᅙ니·라

ㅛ·는 如영欲·욕字·쭝 中듕聲셩ㅎ·니·라

ㅛ·는 欲·욕字·쭝 가·온·딧소·리 ·ᄀ·ᅙ니·라

ㅑ·는 如영穰샹ㄱ字·쭝 中듕聲셩ㅎ·니·라

ㅑ·는 穰샹ㄱ字·쭝 가·온·딧소·리 ·ᄀ·ᅙ니·라

ㅠ·는 如영戌·숧字·쭝 中듕聲셩ㅎ·니·라

ㅠ·는 戌·숧字·쭝 가·온·딧소·리 ·ᄀ·ᅙ니·라

ㅕ·는 如영彆·볋字·쭝 中듕聲셩ㅎ·니·라

ㅕ·는 彆·볋字·쭝 가·온·딧소·리 ·ᄀ·ᅙ니·라

終즁聲셩·은 復·뿔用·용初총聲셩·ᄒ·ᄂ니·라

復·뿔·는 다·시 ·ᄒ논 ·ᄠ디·라

乃:냉終즁ㄱ소·리·ᄂ 다·시 ·첫소·리·ᄅᆞᆯ ·쓰·ᄂᄂ니·라[85]

썼던 것을 다시 이용하였는데 여기서도 훈민정음 제정자들의 치밀함을 엿볼 수 있다. '·ᄋᆞ呑, 一卽, ㅣ侵, ㅗ洪, ㅏ覃, ㅜ君, ㅓ業, ㅛ欲, ㅑ穰, ㅠ戌, ㅕ彆'

84) 가·온·딧소·리 : '가온디(中)-+-ㅅ(사잇소리)+-소리-+-ø(공동격 생략)'의 구성. '가온디'는 '가ᄫᆫ디 > 가온디 > 가운데'의 변화를 거쳐 현대에 이르렀다.

85) 乃:냉終즁ㄱ소·리·ᄂ 다·시·첫소·리·ᄅᆞᆯ·쓰·ᄂᄂ니·라 : '終聲復用初聲'은 훈민정음의 제정자들이 중국음운학의 2분법(聲과 韻)을 버리고 초, 중, 종성으로 3분하는 체계를 세우면서 종성을 초성과 같은 것으로 파악한 태도가 반영된 구절이다. 이 구절을 모든 초성을 종성으로 써야 한다는 문자 운용 규정으로 해석하기도 하였으나, 종성은 새로 글자를 만들지 않고 초성을 다시 이용한다는 중서의 제자 원칙으로 보는 것이 일반적이다.

ㅇ·롤 連련書셩[86]脣쓘音흠之징下·항·ㅎ·면 則·즉爲윙脣쓘輕켱音흠[87]·
ㅎ·ᄂᆞ니·라

連련·은 니·ᅀᅳ·쓸·씨·라 下:항·ᄂᆞᆫ 아·래·라 則·즉·은:아·ᄆᆞ리·ᄒᆞ·면[88] ·ᄒᆞᄂᆞᆫ ·겨·
체 ·쓰ᄂᆞᆫ 字·쭝ㅣ·라 爲윙·ᄂᆞᆫ ᄃᆞ욀·씨·라[89] 輕켱·은 가·ᄇᆡ야·ᄫᆞᆯ·씨·라

ㅇ·롤 입시·울쏘·리 아·래 니·ᅀᅥ ·쓰·면 입시·울 가·ᄇᆡ야·ᄫᆞᆫ[90]
소·리 ᄃᆞ외ᄂᆞ·니·라[91]

初총聲셩·을 合·ᅘᅡᆸ用·룡·ᄒᆞ·오·디·면[92] 則·즉並·뼝書셩ᄒᆞ·라 終즁聲
셩·도 同똥ᄒᆞ·니·라

合·ᅘᅡᆸ·은 어·울·씨·라[93] 同똥·은 ᄒᆞᆫ가·지·라 ·ᄒᆞᄂᆞᆫ ·ᄠᅳ디·라

·첫소·리·롤 어·울·워[94] ·ᄡᅮ·디·면[95] ᄀᆞᆯ·ᄫᅡ ·쓰·라 乃:냉終즁ㄱ
소·리·도 ᄒᆞᆫ가·지·라

---

86) 連련書셩 : '연서'는 '병서와 부서'와의 구별이 필요하다. 훈민정음의 규정으로 보면 자음
자를 좌우로 나란히 하여 쓰는 것은 병서라 하였고 모음을 자음의 오른쪽이나 아래에 붙
여서 쓰는 것을 부서라 하였다. 연서는 이들과 구별하여 자음을 위아래로 이어서 쓰는
것을 뜻한다.
87) 脣쓘音흠輕켱音흠 : 순경음은 입술 가벼운 소리로서 현대의 관점에서 보면 유성 양순 마찰음
을 뜻한다.
88) :아·ᄆᆞ리·ᄒᆞ·면 : '아ᄆᆞ리'는 '아무+리'로 분석된다. 여기서 '-리'는 대략 '-게'의 뜻으로
'이리·뎌리·그리' 등의 '-리'와 관련된다.
89) ᄃᆞ욀·씨·라 : 'ᄃᆞ뷔 > ᄃᆞ외(爲)-+-ㄹ+ㅅ+ㅣ라'의 구성. 될 것이라.
90) 가·ᄇᆡ야·ᄫᆞᆫ : '가ᄇᆡ얗(輕)-+-ᄋᆞᆫ'의 구성. '가ᄇᆡ얗> 가ᄇᆡ얍- > 가ᄇᆡ엽- > 가볍-'의 과
정을 거쳐 현대어에 이른다.
91) ᄃᆞ외ᄂᆞ·니·라 : 'ᄃᆞ뷔 > ᄃᆞ외(爲)-+-ᄂᆞ-+-니-+-라'의 구성. 된다. 'ᄃᆞ뷔-'에서 변한
것으로 뒤에 '되-'가 되었다. 'ᄃᆞ외-'는 현대어의 형용사 파생 접사 '-되-'의 어원형이
기도 하다.
92) ·ᄒᆞ·오·디·면 : 'ᄒᆞ-+-오/우-+-ㄹㆆ+디(의존명사)-+-면' 할 것이면.
93) 어·울·씨·라 : '어우-+-ㄹ+-씨라', 어우를 것이라.
94) ·어·울·워 : '어울(合)-+-우(사동접사)-+-어'의 구성. 어울러.
95) ·ᄡᅮ·디·면 : '쓰-+-오/우-+-ㄹ디-+-면'의 구성. 쓰면. '디'는 'ᄃᆞ(의존명사)+-ㅣ(서

> ·一ㅗㅜㅛㅠ·란 附·뽕書셩 初총聲셩之징下:하ᇙ·고
>
> 附·뽕·는 브·틀·씨·라
>
> ··와 一·와 ㅗ·와 ㅜ·와 ㅛ·와 ㅠ·와·란96) ·첫소·리 아·래 브·텨
> ·쓰·고
>
>
> ㅣㅏㅓㅑㅕ·란 附·뽕書셩於헝右:윰ᄒᆞ·라
>
> 右:윰·는 ·올ᄒᆞᆫ 녀·기·라
>
> ㅣ·와 ㅏ·와 ㅓ·와 ㅑ·와 ㅕ·와·란 ·올ᄒᆞᆫ 녀·긔97) 부·텨 ·쓰·라
>
>
> 凡뻠字쫑ㅣ 必·빓合·ᅘᅡᆸ而ᅀᅵ成쎵音흠·ᄒᆞᄂᆞ·니98)
>
> 凡뻠·은 믈읫 ·ᄒᆞᄂᆞᆫ ·ᄠᅳ디·라 必·빓·온 모·로·매 ·ᄒᆞᄂᆞᆫ ·ᄠᅳ디·라 成쎵·은 :
> 일·씨·라99)
>
> 믈읫 字쫑ㅣ 모·로·매100) 어·우러·ᅀᅡ101) 소·리 :이ᄂᆞ·니102)

술격조사)의 구성.

96) ·와一·와ㅗ·와ㅜ·와ㅛ·와ㅠ·와·란 : 공동격조사. '란'은 주제격조사의 특수한 용례이다.
집단 곡용에서 공동격 조사 '-와'를 맨 마지막 명사에까지 붙이는 것은 중세국어의 특징
이었다. 하지만 당시 문헌에서도 이와는 다른 쓰임이 발견되기도 하여 의미의 차이가 있
었던 것으로 보인다.

97) ·올ᄒᆞᆫ녀·긔 : '욿(右)-+-ᄋᆞᆫ+녁-+-의'의 구성. 현대의 '녘'은 격음화를 겪은 것이고
'-의'는 음성모음 뒤에 오는 처격조사이다.

98) 必·빓而ᅀᅵ成쎵音흠·ᄒᆞᄂᆞ·니 : '必合而成音' 규정은 말 그대로 '成音'에 대한 규정으
로 보기 힘들다. 모음은 아무런 자음의 도움을 받지 않고도 음절을 이룰 수 있기 때문이
다. 따라서 이 규정은 오히려 글자의 모양에 대한 규정으로 보는 것이 낫다. 곧 모음만으
로 이루어진 음절의 경우 이 규정에 의해 자음 'ㅇ'을 덧붙여 글자의 모양을 갖춘 것이
라 할 수 있다.

99) :일·씨·라 : '일(成)-+-ㅅ(의존명사)+-ㅣ라'의 구성. 이루니라.

100) 모·로·매 : '모ᄅᆞ-+-오-+-ㅁ-+-애(부사화접사)'의 구성. 모름지기. 부사로 '모롬이,
모롬즉, 반드개' 등의 변이형이 있다.

101) 어·우러·ᅀᅡ : '어울-+-어-+-ᅀᅡ'의 구성. 아울러야. '-ᅀᅡ > 야는 강세 보조사.

102) :이ᄂᆞ·니 : '일(成)-+-ᄂᆞ-+-니'의 구성. '일-'은 접미사 '-ᄋᆞ, -우'가 붙어 각각 사동

左:쟝加강一·획點:뎜ᄒᆞ·면 則·즉去·컹聲셩·이·오103) 左:쟝·ᄂᆞᆫ:왼
녀·기·라 加강·ᄂᆞᆫ 더을·씨·라 一·획ᄋᆞᆫ ᄒᆞ나·히·라 去·컹聲셩·은 ·
ᄆᆞᆺ노·폰 소·리·라

:왼녀·긔 ᄒᆞ點:뎜·을 더으·면104) ·ᄆᆞᆺ노·폰105) 소·리·오106)

二·ᅀᅵᆼ則·즉上:썅聲셩·이·오

二·ᅀᅵᆼ·ᄂᆞᆫ:둘히·라 上:썅聲셩·은 ·처ᅀᅥ·미 ᄂᆞᆺ:갑·고107) 乃:내終즁·
이 노·폰소·리·라

點:뎜·이:둘히·면108)上:썅聲셩·이·오

無뭉則·즉 平뼝聲셩·이·오

無뭉·ᄂᆞᆫ:업슬·씨·라 平뼝聲셩·은 ·ᄆᆞᆺ ᄂᆞᆺ가·븐109) 소·리·라
點:뎜·이 :업스·면 平뼝聲셩·이·오

사로 파생될 수 있었으나 '이룩(成就)-'와 '일우(築)-'가 구별되어 쓰였다.

103) 중세국어의 성조에 대한 규정이다. 성조는 글자의 왼쪽에 점으로 표시하였는데 1점은 거성 2점은 상성 점이 없는 것을 평성을 나타냈다. 또한 입성은 이들 점과 관계없이 종성의 종류에 따라 결정된다. 상성이 후에 대부분 장음으로 변한 것으로 판단하면 상성은 평성과 거성의 결합라고 할 수 있다. 이들 '평성, 거성, 상성, 입성'의 성격에 대한 훈민정음 합자해을 보면 다음과 같다. 평성(무점) 安而和, 상성(2점) 和而擧, 거성(1점) 擧而壯, 입성 促而塞.으로 설명하고 있다.

104) 더으·면 : '더으(加)-+-면'의 구성. 더하면. 현대어 '더하-'는 '더으-'에서 부사 '더'가 파생되고 이것에 다시 '하-'가 결합되어 형성된 것으로 보인다.

105) ·ᄆᆞᆺ노·폰 : '뫁 > ᄆᆞᆺ(접두사)-+높(高)-+-온'의 구성. 가장 높은.

106) 소·리·오 : '소리(聲)-+-오'의 구성. 연결어미 '-고'는 모음 'ㅣ'나 반모음 'j'를 포함한 이중모음의 뒤에서 'ㄱ'이 탈락되었다.

107) ᄂᆞᆺ:갑·고 : 'ᄂᆞᆺ > ᄂᆞᆾ(底)-+-갑(형용사접사)-+-고'의 구성. 낮고 형용사에 접미사가 결합되어 다시 형용사로 파생된 것인데 이러한 유형으로 '둗갑-' 등이 있다.

108) :둘히·면 : '둘ㅎ-+-이면'의 구성. 둘이면. '둘ㅎ'은 이른바 'ㅎ' 종성 체언이다.

109) ·ᄆᆞᆺᄂᆞᆺ가·븐 : 'ᄆᆞᆺ-+ᄂᆞᆺ-+-갑-+-ㄴ'의 구성. 제일 낮은.

入·ᅀᅵᆸ聲셩·은 加강點:뎜·이 同똥而ᅀᅵᆼ促·촉急·급ᄒᆞ·니·라

入·ᅀᅵᆸ聲셩·은 ᄲᆞ·리 긋돋ᄂᆞᆫ110) 소·리·라 促·촉急·급·은 ᄲᆞᄅᆞᆯ ·씨·라

入·ᅀᅵᆸ聲셩·은 點:뎜 더·우·믄111) ᄒᆞᆫ가·지로·디 ᄲᆞᄅᆞ·니·라

漢·한音흠 齒:칭聲셩·은 有:ᅌᅮᇂ齒:칭頭뚤 正·졍齒:칭之징別·별ᄒᆞ니

漢·한音흠·은 中듕國·귁 소·리·라 頭뚤·는 머·리·라 別·별·은 ᄀᆞᆯ·힐 ·씨·라112)

中듕國·귁 소·리·옛113) ·니쏘·리·는114) 齒:칭頭뚤·와115) 正·졍齒:칭116)·왜117) ᄀᆞᆯ·히요·미118) 잇ᄂᆞ·니

ᅎᅔᅏᄼᄽ字·ᄍᆞᆼ·는 用·용於헝 齒:칭頭뚤ᄒᆞ·고

·이 소·리·는 ·우·리나·랏 소·리예·셔119) 열·ᄫᆞ·니 ·혓 ·그·티 웃 ·닛머·리·예 다ᄂᆞ·니·라120)

ᅐᅕᅑᄾᄿ字·ᄍᆞᆼ·는 齒:칭頭뚤ㅅ소·리·예 ·ᄡᅳ·고

---

110) 긋돋ᄂᆞᆫ : '긋(斷)-+#돋(逃)-+-ᄂᆞᆫ'의 구성. 끊고 달아나는.

111) 더·우·믄 : '더으(加)-+-옴-+-은'의 구성. 더하면.

112) ᄀᆞᆯ·힐 ·씨·라 : 'ᄀᆞᆯ히(擇, 別)-+-ㄹ씨라'의 구성. 가리는 것이라.

113) 소·리·옛 : '소리-+-예-+-ㅅ'의 구성. '소리'의 말음이 'ㅣ'이기 때문에 처격 조사로 '예'가 쓰였다. 'ㅅ'은 무정물에 쓰인 속격 조사이다.

114) ·니쏘·리·는 : '니(齒)-+-ㅅ-+-소리(聲)-+-ㄴ'의 구성. 잇소리는.

115) 齒:칭頭뚤·와 : '치두-+와'의 구성. 치두음과. 치두음은 중국어에서 혀끝을 윗니에 가까이 닿아서 내는 치음의 하나이다. '상치경 파찰음', '치파찰음'으로 보기도 한다.

116) 正·졍齒:칭 : 권설음 또는 경구개치경음. 정치음은 중국어에서 혀를 말아 아랫잇몸에 가까이 닿아서 내는 치음의 하나이다.

117) 치두음과 정치음이. '왜'는 공동격 조사 '와'에 주격 조사 'ㅣ'가 결합된 것이다. 치두음은 상치경 파찰음 또는 치파찰음·정치음은 권설음 또는 경구개치경음으로 판단된다.

118) ᄀᆞᆯ·히요·미 : 'ᄀᆞᆯ히(選)-+-오/우-+-ㅁ+ㅣ'의 구성. 'ㅣ' 모음으로 인해 '오/우'가 '요'가 되었다. 'ᄀᆞᆯ히-+-옴+ㅣ→돌히-+-욤(앞 ㅣ모음의 영향)+ㅣ'·'-옴'은 명사형 어미이다.

ㅈㅊㅉㅅㅆ字·쭝·는 用·용於헝 正·졍齒:칭·ᄒᆞᄂᆞ·니

·이 소·리·는 ·우·리나·랏 소·리예·셔 두터·ᄫᅳ·니[121] ·혀 ·그·티 아·랫·닛므

유·메 다ᄯᆞ·니·라

ㅈㅊㅉㅅㅆ字·쭝·는 正·졍齒:칭·예ㅅ 소·리·예 ·쓰ᄂᆞ·니[122]

牙아舌·쎯脣쓘喉馨之징字·쭝·는 通통用·용於헝 漢·한音흠·ᄒᆞ·ᄂᆞ

·니·라

:엄·과[123]) ·혀·와 입시·울·와[124] 목소·리·옛 字·쭝·는 中듕國·귁

소·리·예 通통·히[125]) ·쓰ᄂᆞ니·라

訓·훈民민正·졍音흠

---

119) 소·리예·셔 : 소리-+-예서(비교격). '-에서'는 앞에 있는 ㅣ 모음의 순행동화의 결과이다.

120) 다ᄯᆞ·니·라 : '닿-+-ᄂᆞ-+-니라'의 구성. ㄴ(n:). 자음동화가 그리 많이 표현되지는 않
았으나 ·'ㅎ'이 'ㄷ'으로 중화된 다음에 'ㄴ'으로 동화되는 경우는 흔히 동화가 표기되
었다. 이곳의 표기는 음절말의 'ㄴ'을 다음 음절의 초성에 병서한 것인데 실제로 발음
이 그렇게 된 것이라기보다 지나친 연철 표기라 보아야 할 것이다.

121) 두터·ᄫᅳ·니 : '두텁(厚)-+-으니(설명형어미)'의 구성. 두터우니.

122) ·쓰ᄂᆞ니 : '皿(用)-+-ᄂᆞ-+-니(설명형어미)'의 구성. 쓰니.

123) :엄·과 : '엄(牙)-+-과(공동격조사)'의 구성. 어금닛소리와.

124) 일반적으로 '-와'가 모음 뒤, '-과'가 자음 뒤에 쓰이는 것은 현대어와 같으나 유독 자
음 'ㄹ' 뒤에서만은 현대어와 달리 '-와'가 쓰였다.

125) 通통·히 : 통하게. '통(通)-#+ᄒᆞ(爲)-+이부사화접사'의 구성.

제2절 교감

2007년 문화재청에서 실시한 『훈민정음 언해본—이본 조사 및 정본 제작 연구』에서 드러난 서강대학교 소장본인 『월인석보』 권1 권두에 실린 언해본에 대한 종합적인 정보이다. 장차 ㄱ(앞면), ㄴ(뒷면)을 말한다.[126]

장차	고칠 글자	원전의 상태	수정 사항
1ㄱ1행	訓	글자가 흐림	보정 작업을 함
1ㄱ1행	민	글자가 흐림	<정음1ㄱ> 3행의 '민'으로 교체함
1ㄱ1행	·졍	글자가 흐림	<정음1ㄱ> 3행에서 <·졍훈>의 '·졍'으로 교체 후 보정함
1ㄱ1행	픕훔	글자가 흐림	<정음1ㄱ> 4행의 '픕훔'으로 교체함
1ㄱ2행	製	글자가 흐림	<정음1ㄱ> 2행의 첫머리 製의 획을 떼어서 보정함
1ㄱ2행	·글	글자가 흐림	<정음1ㄱ>의 2행에서 '글'의 'ㄱ'와 '님'의 'ㅁ'을 합친 뒤 방점을 추가하여 교체함
1ㄱ2행	:지	글자가 흐림	<정음1ㄱ>의 2행에서 '지·슬·씨·니'의 '지'를 선택한 뒤 방점을 추가하여 교체함
1ㄱ2행	ㅿ	글자가 거의 안 보임	<월석2:57ㄴ>의 3행에서 '·니·ㅿ시며'의 '·ㅿ'를 선택한뒤 방점을 제거하고 교체함
1ㄱ2행	·산	글자가 거의 안 보임	<월석2:22ㄷ>의 6행에서 '相·샹'의 '샤'와 3행에서 '見·견'의 'ㄴ'을 선택하고 조합한 뒤 교체함
1ㄱ2행	百·빅	글자가 흐림	<정음1ㄱ>의 3행에서 '百·빅姓·셩'의 '百·빅'으로 교체
1ㄱ2행	姓·셩	글자가 거의 안 보임	<정음1ㄱ>의 3행에서 '百·빅姓·셩'의 '姓·셩'으로 교체함
1ㄱ3행	·졍	글자가 흐림	<정음1ㄱ>의 3행에서 '正·졍훈 소리'의 '·졍'으로 교체함

126) 문화재청, 『훈민정음 언해본—이본 조사 및 정본 제작 연구』, 2007. 참조

장차	고칠 글자	원전의 상태	수정사항
1ㄱ3행	흠흠	글자가 안 보임	<정음1ㄱ>의 3행에서 '흠흠·은 소·리·니'의 '흠음'으로 교체함
1ㄱ3행	소	글자가 흐림	<정음1ㄱ>의 3행에서 '흠흠·은 소·리·니'의 '소'로 교체함
1ㄱ3행	·리	글자가 안 보임	<정음1ㄱ>의 3행에서 '흠흠·은 소·리·니'의 '·리'로 교체함
1ㄱ3행	·라	글자가 안 보임	<정음1ㄱ>의 4행에서 '·겨지·라'의 '·라'로 교체함
1ㄱ4행	·라	글자가 흐림	<정음1ㄱ>의 4행에서 '·겨지·라'의 '·라'로 교체함
1ㄱ4행	之	글자가 안 보임	<석보서 1ㄱ> 5행의 '之'로 교체함
1ㄱ4행	징	글자가 안 보임	<월석2:37>의 5행의 '징'로 교체함
1ㄱ4행	·는	글자가 안 보임	<정음1ㄱ>의 2행에서 '졩·는'의 '·는'으로 교체함
1ㄱ4행	·입	글자가 전혀 안 보임	<월석2:16ㄱ> 2행 '업슬씨'의 '업'을 '입'으로 만들어 교체함
1ㄱ4행	·는	글자가 흐림	글자 및 방점을 보정하였음
1ㄱ4행	:말	글자가 흐림	<월석2:22c>의 2행에서 ':알라'의 ':알'과 7행에서 '·멀톄·로'의 'ㅁ'을 조합해서 교체함
1ㄱ4행	·쓴	글자가 안 보임	<월석2:21d>의 4행에서 '올·쎤·라'의 '·쎤'를 '·쓴'로 만들어 교체함
1ㄱ4행	미	글자가 안 보임	<월석2:71ㄱ>의 6행에서 '일·후미·라'의 '미'로 교체함
1ㄱ4행	·라	글자가 안 보임	<정음1ㄱ>의 4행 '·겨지·라'의 '·라'로 교체함
1ㄱ6행	룔	글자가 흐림	<정음14ㄱ>의 6행에서 '룔·씨'의 '룔'로 교체함
1ㄱ6행	씨	종이의 훼손으로 글자가 안 보임	<정음14ㄱ>의 6행에서 '룔·씨'의 '룔'로 교체함
1ㄱ6행	:아	글자가 흐림	<정음3ㄱ>의 6행에서 ':아 모'의 ':아'로 교체함
1ㄱ6행	·모	종이 훼손으로 인해서 글자가 흐림	<정음3ㄱ>의 6행에서 ':아 모'의 ':아'로 교체함

장차	고칠 글자	원전의 상태	수정사항
1ㄱ7행	·온	종이에 구멍이 나서 종성이 안 보임	<정음1ㄴ>의 5행에서 '相샹·온'의 '온'으로 교체함
1ㄱ7행	國	'國·귁'의 '國'이 흐림	<정음14ㄴ>의 3행에서 國·귁'의 '國'으로 교체함
1ㄱ7행	·귁	'國·귁'의 '·귁'이 흐림	<정음1ㄱ>의 6행에서 '國·귁'의 '·귁'크기를 줄여 교체함
1ㄱ7행	나	글자가 흐림	<정음15ㄱ>의 1행에서 '··우·리나·랏'에서 '나'로 교체함
1ㄱ7행	·랏	종이의 훼손으로 글자가 안 보임	<정음15ㄱ>의 1행에서 '··우·리나·랏'에서 '·랏'으로 교체함
1ㄴ1행	常	종이에 구멍이 나 있음	<월석2:56ㄱ>의 7행에서 '長땅常쌍'의 '常'으로 교체하고 바탕을 보정함
1ㄴ3행	통	겹쳐져 보임	<정음1ㄴ> 5행의 '통'으로 교체함
1ㄴ3행	홀	글자가 쪼그라져 보임	<정음2ㄴ> 2행에서 ':몬홇'의 '홇'에서 'ㅎ'와 '쁘들'의 'ㄹ'을 조합하여 교체함
1ㄴ4행	·쫑	글자가 흐림	종성 'ㅇ'는 보정을 하고, 중성 '·'가 흐리므로 <정음1ㄴ>의 3행 '·쫑'의 '·'로 교체함
2ㄱ3행	·이	글자가 흐림	<정음4ㄱ>의 4행에서 '··이·니'의 '··이'로 교체함
2ㄱ3행	르·고	자획이 부분적으로 흐림	보정 작업을 함
2ㄱ5행	:쟝	글자가 흐림	<정음2ㄱ> 7행의 '者:쟝'의 ':쟝'로 교체함
2ㄱ6행	·를	글자에 붓으로 덧칠이 되어 있음	<정음2ㄱ>의 2행에서 '니를·씨·라'의 '를'로 교체함
2ㄱ6행	·씨	붓으로 써 넣은 글자임	<정음2ㄱ>의 7행에서 '펼·씨·라'의 '·씨'로 교체함
2ㄱ6행	·은	붓으로 써 넣은 글자임	<정음2ㄱ>의 6행에서 '·득·은'의 '·은'으로 교체함
2ㄱ7행	:제	붓으로 덧칠이 되어 있음	<석보, 서6ㄱ>의 2행에서 '제 나랏'의 '제'로 교체함

장차	고칠 글자	원전의 상태	수정사항
2ㄱ7행	쩡	붓으로 덧칠이 되어 있음	<정음2ㄱ> 5행의 '쩡'을 글자 크기 조정하여 교체함
2ㄱ7행	은	붓으로 덧칠이 되어 잇음	<정음2ㄱ> 6행의 '·득·은'에서 '은'으로 교체함
2ㄱ7행	·쁘	글자가 없음	<정음12ㄱ>의 7행에서 '·쁘디·라'의 '·쁘'로 교체함
2ㄱ7행	·씨	'ㅅ'을 그려 넣었음	<정음2ㄱ>의 7행에서 '펼·씨·라'의 '·씨'로 교체함
2ㄱ7행	·디	글자가 잘 안 보임	<정음2ㄴ> 5행의 '·디'로 교체함
2ㄱ7행	할	글자가 흐림	<정음2ㄴ> 1행 '말'의 'ㅏㄹ'과 <정음14ㄴ> 3행의 '한'의 'ㅎ'를 조합하여 교체함
2ㄱ7행	라	글자가 흐림	<정음2ㄱ> 6행에서 '무·추미·라'의 '·라'로 교체
2ㄱ7행	情	글자가 흐림	<정음2ㄱ>의 5행에서 '情쩡'의 '情'을 픽셀 치수를 조절하여 교체함
2ㄱ7행	뜻	없는 글자임	<정음2ㄱ>의 6행에서 큰 글자 '뜻'의 픽셀 치수를 축소 조절하여 교체함
2ㄱ7행	:읭	없는 글자임	<정음2ㄱ>의 6행에서 '뜻:읭'의 ':읭'를 크기를 조절하여 교체함
4ㄱ1행	·펴·아	글자가 흐림	글자를 보정함
4ㄱ6행	·아	'ㅏ'의 밑 부분이 정확하게 드러나지 않음	<정음5ㄱ> 1행의 '·펴·아'의 '·아'로 교체함
4ㄴ1행	총	덧칠이 되어 있음	<정음8ㄴ>의 3행에서 '初총'의 '총'로 교체함
5ㄱ6행	·펴	글자가 흐림	<정음5ㄱ> 1행에서 '·펴·아'의 '·펴'로 교체함
5ㄱ6행	·아	덧칠되어 있으며 'ㅏ'끝부분이 잘렸음	<정음5ㄱ> 1행에서 '·펴·아'의 '·아'로 교체함
5ㄴ1행	·쫑	글자가 부분적으로 훼손되어 있음	<정음5ㄴ>의 3행에서 '字·쫑'의 '·쫑'로 교체함

장차	고칠 글자	원전의 상태	수정사항
5ㄴ1행	初	글자가 부분적으로 훼손되어 있음	<정음5ㄴ> 7행의 '初'로 교체함
5ㄴ6행	셤	중성이 그려져 있음	<정음7ㄴ>의 4행에서 '··처엄'의 '셤'으로 교체함
9ㄴ1행	·니·라	글자가 부분적으로 흐림	<정음9ㄴ> 7행에서 '·ᄒᆞ·니·라'의 '··니·라'로 교체함
15ㄱ5행	·셔	덧칠이 되어 있음	<정음15ㄱ> 1행에서 '예·셔'의 '··셔'로 교체함
15ㄱ5행	두	글자가 탈각되어 있음	<월석1:6ㄱ>의 2행에서 ':두:ᄮᅥ'의 '두'로 교체함
15ㄴ2행	用	글자가 흐림	<정음15ㄱ> 3행의 '用'으로 교체함

제3절 철자법

1. 표기의 바른 예

1) 조사의 연철과 분철

언해 전편을 통하여 우리말의 표기에는 대체로 종성이 제한되어 있다는 것을 알 수 있다. 그것은 비단 언해만이 아니요 『월인석보』나 『용비어천가』나 그 당시의 모든 문헌이 전부 공통되는 점이다.[127]

이 종성 제한이란 한 가지의 사실에는 'ㅇ'의 종성을 생략하여 종성 없는 글자를 인정한다는 것과 'ㅈ, △, ㅊ' 등의 종성을 'ㅅ'으로 대용하여 그러한 종성을 쓰지 않는 두 조항이 포함되었다. 그것은 다른 것이 아니

---

127) 『용비어천가』와 『월인천광지곡』은 종성 제한 표기에서 벗어난 예들이 많이 나타난다.

라 편법 자체字體의 가장 중요한 내용인 것이다.

그러나 'ㅈ, ㅿ, ㅊ' 등의 종성을 'ㅅ'으로 대용하는 데는 그대로 무난히 통과되는 경우도 있겠지만 반드시 그렇지 않는 경우도 있다. 즉 '곶도', '곶만'을 '곳도', '곳만'이나 '갗도', '갗만'을 '갓도', '갓만'으로 고쳐서는 그 음운의 무리한 변개가 초치하게 된다는 말이다. 그러니까 종성 제한도 오직 전자의 경우에 한해서 가능한 것이다. 결코 그것을 후자의 경우에까지 남용하지는 못 한다.

단지 우리말의 표기 방법을 가만히 생각하여 보면 조사의 연철連綴과 분철分綴의 두 가지로 대별할 수가 있을 것이다. 조사의 분철은 '곶이', '곶은'이나 '갗이', '갗은'과 같이 원말의 '곶', '갗'과 토의 '이', '은'을 갈라놓는 것인데 그 연철은 '고지', '고즌'이나 '가치', '가츤'과 같이 써서 원말과 토를 그만 합쳐 버리고 만 것이다.

물론 우리의 음운으로는 그 '어떤' 방법이라도 관계가 없다. 오직 철자에 한한 문제일 뿐이다. 여기서 종성 제한이 불가능한 일면에는 다시 조사 연철의 방법으로 보충하여 종성 제한을 전면적으로 성립시킬 수가 있게 되는 것이다. 결국 'ㅈ, ㅿ, ㅊ' 등의 종성을 'ㅅ'으로 대용할 수 있다는 것도 조사 연철의 방법을 전제한 다음의 이야기로 해석된다.

과연 언해나 기타 그 당시의 문헌에는 거의 전부 조사와 연철되어 있는 것은 사실이다. 그렇지 않고서는 종성 제한으로 인한 음운의 혼란을 면하기 어려웠을 것이다.128)

2) 연철의 경우

원말의 종성이 한 개일 때는 그 종성이 곧 조사의 초성으로 연철되고

---

128) '갗(皮)-'의 곡용형인 '갓치', '갓츨', '갓츠로', '갓체'와 같은 이중표기를 설명한 것.

병서인 때는 끝에 있는 종성만이 조사의 초성으로 연철된다. 그 두 가지를 나누어 이 아래 그 실례를 들어 보이기로 한다.

ㄱ) 한 개 종성

製는 글 지슬 씨니(언해)/御製는 님금 지스샨 그리라(언해)

날 니쇼모 밤새 알씨라(월서 17-8)/긴 바미 어듭게 ᄒ며(월서 4-1)

銀돈 혼 낟곰 받ᄌᆞᇦ니라(월보 1권 9-5)/五百 銀도ᄂ로 다섯 줄기롤 사아지라(월보 1권 10-7)

ᄉᆞᄆᆞᄎᆞᆫ 뜯과(월보 2권 37-6)/父母 쁘든 天性에 根源혼 디라(월보 14-7)

ᄆᆞ미 ᄆᆞ더 굳고 칙칙ᄒ시며(월보 2권 56-4)/모미 구더 허디 아니ᄒ시며(월보 2권 56-4)

제 모몰 ᄲᅡ야ᄇ려 죽고져 호ᄃᆡ(월보 1권 29-1)/四千 디위를 주그락 살락 ᄒᄂ니라(월보 1권 29-13)

ㄴ) 병서 종성

스믈 여듧 字를 밍ᄀ노니(언해)/二十八ᄋᆞᆫ 스믈여들비라(언해)

우리나랏 말로 옮겨 써 펴며ᄂ(월서 23-13)/德源 올ᄆᆞ샴도(용가 권6 17)

희와 돌와 별왜 다 붉디 아니ᄒ며(월보 2권 24-7)/三千大千이 볼ᄀ며(월보 2권 15-7)

입시욹 비치고 붉고 흐억흐억ᄒ여(월보 2권 58-5)/紅ᄋᆞᆫ 블글씨라(월보 1권 13-6)

3) 연철이 불가능 한 경우

아래에 연접되는 말이 조사가 아닌 때는 물론이요 한자어나 인명·지명의 종성과도 발음상 특수하다고 추정되는 ㄹ종성의 일부는 조사의 초성으로도 연철되지 아니한다. 그와 같은 4종의 예외를 각각 구별하여 이 아래 그 실례를 들어 보이기로 한다.

ㄱ) 양 어의 연접

기픈 믈 아래(월보 2권, 50-13)

스믈 아홉차힌(월보 2권, 57-3)

몯 아ᄃ니믄(월보 2권, 1-7)

몰 일우시니(용가 2권, 15-6)

ㄴ) 한자어

네 願을 從호리니(월보 1권, 12-12)

福이 구드며 時節이 便安ᄒ고(월서 22-10)

ㄷ) 인명과 지명

말ᄉ혼을 보내야(삼강행실의 <제상충렬항>)

제종 합졀이 ᄃ려 닐오디(삼강행실의 <불령돌진항>)

몽고병 매챵 대원에 티라 들어늘(삼강행실 <화상분혈항>)

셕쟉이 딘에 사롬브려(삼강행실 <석작순신항>)

ㄹ) ㄹ종성의 일부

첫소리를 어울워(언해)

知慧ㅅ 누늘 긴 惱에 멀워(월서 4-2)

네 아ᄃ론 어딜어늘(월보 2권, 4-2)

行宮에 도ᄌ기 들어(용가 5권, 21-14)

4) 초종성 전환의 관계

이와 같이 조사 연철의 방법 아래 한 말의 종성이 그 연접되는 조사의 초성으로 전환되므로 그 초, 종성 간에는 상호 종종의 관계가 성립하게 된다. 첫째, 'ㄱ, ㆁ, ㄷ, ㄴ, ㅂ, ㅁ, ㅅ, ㄹ'의 여덟자나 ㄹ종성과 그 여덟자의 병서는 종성이 초성으로 바뀔 뿐이다. 둘째, 상기 여덟자 외의 종성은 그 여덟자 중의 어느 한 자로 대용됨에 따라 종성자와 초성자가 서로 다르고, 셋째, ㄹ종성과 그 여덟자의 병서 외에는 병서 종성의 일부분이 탈락됨에 따라 초성자의 일방적 첨입添入이 생긴다.

ㄱ) 종성과 초성의 일치

스믈 다숫 大劫에 가면(월보 1권 38-3)/五는 다ᄉ시오(월보 1권 6-6)

撰은 밍ᄀᆯ씨라(월서 10-14)/釋譜를 밍ᄀ라(월서 11-3)

ㄴ) 종성과 초성의 괴리

巍巍ᄂ 놉고 클씨라(월보 1권 1-8)/乃終이 노푼 소리라(언해)

보비옛 곳비 오고(월보 2권 75-8)/蓮花ㅅ 고지 나거늘(월보 2권 34-4)

臣下ㅣ 님금긔 솝ᄂᆫ 글와롤(월보 2권 69-9)/靑衣ㅣ 긔별을 술바놀(월보 2권 43-6)

집도 제여곰 짓더니(월보 1권 45-7)/집지싀롤 처섬ᄒ니(월보 1권 44-8)

ㄷ) 초성의 일방적 첨입

子息이 업더니(월보 1권 7-3)/點이 업스면(언해)

앉디 몯ᄒ야 시름ᄒ더니(월보 2권 40-3)/便安히 몯 안자 시름ᄒ야(월보 2권 42-14)

5) 사잇소리의 처치

이와 같이 종성의 제한과 조사의 연철에 따라서 여러 가지 복잡한 관계가 성립됨에도 불구하고 다시 사잇소리라는 첨입자에 대하여 그 처리 방안을 강구하지 않을 수 없다. 사잇소리는 말과 말 사이에서와 조사 사이에 있어서 그 자체의 성질이 자못 같지 아니하나 철자 상 처리 방안에 있어서는 결국 마찬가지의 문제다. 그런데 사잇소리는 그 당시의 경우에 따라서 혹은 윗말의 종성이나 혹은 아랫말의 초성 병서나 또 혹은 상하 어간에 독립해서나 거의 자유롭게 쓴다. 단지 아랫말의 초성 병서로 쓴 예는 극히 드물어서 역시 사잇소리라는 그 명칭과 상부되고 있다.

ㄱ) 윗말의 종성

숤가락 자ᄇ며(월서 22-12)

人間ᄋ 사롧서리라(월보 1권 19-9)

오눯 나래(용가 15-18)

닐굽 가짓 보빈니(월보 1권 26-3)

네 쟝ᄎ 부텨 드욀 相이로다(월보 1권 18-7)

中國 소리옛 니쏘리는(언해)

앉디 몯 ᄒ야 시름ᄒ더니(월보 2권 40-3)

ㄴ) 아랫말의 초성

ㄱᄂ 엄쏘리니(언해)

ㄴᄂ 혀쏘리니(언해)

ㄷ) 윗·아랫말 간의 독립

乃終ㄱ 소리ᄂ(언해)

齒頭ㅅ 소리예(언해)

西天ㄷ 字經이(월서 13-11)

英主△ 알ᄑ(용가 3권 15-6)

6) 표기의 예외

그런데 종성 제한이나 조사 연철도 오직 그 대체의 용법을 지적한 것이다. 실지의 용례에 나아가서 결코 그 예외가 없는 것은 아니다.

ㄱ) 종성 제한의 예외

앉온 뜯 다ᄅ거늘(용가 4권 10-9)

밤과 낮과 法을 니ᄅ시니(월보 2권 24-11)

믈 깊고 비 없건마ᄅᆫ(용가 5권 30-5)

衆賊이 쫓거늘(용가 5권 38-2)

ㄴ) 조사 연철의 예외

그르세 담아 男女 내ᄉᆞᄫᆞ니(월보 1권 2-13)

銀돈올 받ᄌᆞᄫᆞ니(월보 1권 3-10)

나라홀 앗이리니(월보 2권 5-14)

世尊ㅅ 말올 듣잡고(월보 2권 48-7)

본래 한자음과 우리말은 본질적으로 차이가 있고 또 원칙과 편법의 차이가 있는데다가 또다시 표기 바른 예에 이르러서도 하나는 조사 연철을 행하고 다른 하나는 그것을 행하지 못한다. 더구나 모든 것이 처음 만든 때에 있어 이와 같은 복잡한 차이가 글자를 쓰거나 글자를 새길 때는 물론이요, 『훈민정음』의 저작자나 협찬자에게도 부주의에 의한 혼용을 면하지 못 하였을 것이다.

그러나 그러한 혼용도 하등의 근본적 착오를 의미하는 것은 아니다. 굳이 교정을 행하지 아니한 것도 실상 이상하지 않은 일이다.

2. 표음의 기준

1) 언어와 표음

'훈민정음'이 제작되던 당시라고 전 조선의 언어가 한가지로 일치할 수도 없고, 모든 계급의 언어가 일치할 수도 없다. 그 당시의 문헌이 각각 편찬자에 따라 그 지방과 그 계급을 반영시키지 않는다면 차라리 그 문헌의 전부가 어떤 한 지방과 또는 어떤 한 계급의 말로 일치된다고 해석하여야 할 것이다.

물론 그 문헌의 편찬자는 대개가 벼슬자리에 종사하던 사람이라 계급은 오히려 문제가 아니지만은 그 사람들이 반드시 동일한 곳의 태생은 아닐 것이다. 오직 그 지방이 문제다. 먼저 그 편찬자들의 태생지를 일일이 상고해 내지 못한다면 결국 이 문제는 해결하기 어려운 문제다.

그러나 세종 그 자신은 다른 지방에서 탄생하거나 다른 지방에서 생장하지 아니하였으니 그의 친저親著인 『월인천강지곡』도 어떠한 방언으로 되었을 것은 결코 아니다. 『월인천강지곡』과 비교해서 그 차이를 발견하지 못하는 이상 그 모두 서울말을 표준으로 하였다고 볼 수밖에 없을 것 같다. 더구나 해례의 편찬자 여덟 사람 가운데 여섯 사람은 전부 서울 내지 중부지방의 태생이요, 불경의 중요한 관계자로도 김수온金守溫, 1410~1481과 한계희韓繼禧, 1423~1482 등 역시 마찬가지다. 그 중요한 편찬자들의 태생지를 보더라도 결국 중부지방 이외 다른 방언이 더 섞이지 못하였을 것으로 보인다.

단지 그 당시에는 서울 천도 후 얼마 되지 않는다. 이미 '서울말'이라는 한 개성을 갖추어 거기에 이르렀을지 그것은 자못 의문이다. 그러나 고려의 옛 서울은 송도로 서울과 거리가 멀지 아니하여 결국 두 지방의 말은 비슷하였을 것임에 틀림이 없다. 왕 씨의 조정이 이 씨의 조정으로 바뀜에 관계없이 말로는 송도와 한양을 통하여 오르지 중부지방의 말이 당연히 중심되었던 것일지도 모른다. 그런데 어떠한 한 지방과 어떠한 한 계급의 말이라고 하더라도 또다시 개인 개인에 따라 다르고 한 개인의 전후를 따라 다르다. 실상 표음의 정확성이란 것도 그렇게 보아서는 결말에 있어 한 도의 문제뿐만이 아니라 처음 시작 단계에서 이 문제를 모두 해소하기란 거의 불가능한 문제였다. 여기서 그 말을 표음할 때 벌써 일정한 기준을 요하게 되는 터로 그 기준은 단어와 어법의 두 방면이 있을 것이다. 즉 두 방면을 통하여 기준을 세워 가지고 세세한 차이를 정리한다는 말이다.

그 당시의 사람들이 말 자체에 그만한 것을 의식하였든지 아니했든지 완전 별개의 문제다. 그러한 기준이 없이는 표음에 나타나는 개개의 단어와 여러 가지 어법이 매우 착잡함을 면하지 못 하였을 것은 사실이다. 본래 어법에 대하여는 조사 연철의 표기 방법을 정하고 종성을 제한한 것으로 보나 상하어의 연접 아래 된시옷과 된비읍의 차이남을 고려하여 우리말과 한자음의 전탁 표시를 달리한 것으로 보이나 이미 어느 정도의 연구가 있음을 알 수 있다. 그와 같이 어법이 연구되는데 따라서 다시 표음의 기준을 세우기에 이른 것도 하등 의심스러울 것이 없는 일이라고 생각한다.

그러나 여기서는 오직 그 당시의 용례를 통하여 표준음의 기준이 있었다는 사실을 입증하는 데 그칠 뿐이다. 그들의 기준을 전면적으로 밝히지 못 하는 것도 부득이한 일이다.

2) 동어이음의 취사

해례에 나온 말을 가지고 『훈몽자회』나 현대어와 비교하여 본즉 전자와 다르고 오히려 후자와 일치되는 예가 있다. 그것은 결코 시대의 변천으로 설명될 것이 아니라 해례와 『훈몽자회』 간에 동어이음의 선택 방법이 달랐던 것으로 설명할 수 있다.

> 쏘다(射) :『훈몽』 쑈다, (현) 쏘다
> 노로(獐) :『훈몽』 노른, (현) 노로 혹 노루
> 부헝(鵂鶹) :『훈몽』 부흉이, (현) 부헝이 혹 부훵이, 부엉이
> 범(虎) :『훈몽』 갈웜. 표웜, (현) 갈범. 표범

이와 같은 비교연구를 좀 더 광범위하게 행할 때는 그러한 예가 훨씬 많을 것으로 생각한다. 하여튼 이 몇 마디 말로서도 그 당시 이음의 같은 단어가 없지 않으며 거기 따라서 그 선택이 자연히 문제되었을 것을 짐작하기에는 충분하다.

그런데 『용비어천가』나 『월인석보』 등은 동일한 말이 언제나 거의 일정하다. 곧 동어이음을 능히 잘 통일하였다는 증거다. 물론 약간의 예외가 없지 아니하나 그 예외는 한편으로 동어이음의 존재를 설명하는 것이요, 다른 한편으로 그 대부분의 의식적 통일을 설명한 바다. 그 오히려 이상의 입론을 역으로 증명하는 좋은 재료는 될망정 그로써 그 입론의 부정을 의미하지는 못할 것이다.

文은 글와리라(언해)/軸은 글월 무로너라(월서 23-6)
나라홀 아ᅀᅡ 맛디시고(월보 1권, 5-5)/앞온 뜯 다ᄅᆞ거늘(용가 4권, 1-9)
날로 쓰메 便安킈 ᄒᆞ고져(언해)/三界 便安케 흐리라(월보 2권, 35-4)
之는 입겨지라(언해)/焉은 입겨치라(석서 6-9)

3) 혼음 종성의 구별

윗말의 종성이 그 연접되는 아랫말에 따라서 다른 음으로 혼동되는 경우가 없지 않건마는 결코 혼동으로 인하여 종성을 바꾸지 않는다. 만일 그 말의 본 종성을 명확히 찾아내어 어느 경우나 오직 본 종성을 일치하게 쓴 것이 아니라면 그렇게 될 수가 없었을 것이다.

'먹'의 'ㄱ' 종성은 'ㆁ'음과 혼동

제 먹논 ᄠᅳ드로 ᄃᆞ외야나ᄂᆞ니라(월보 1권, 3-3)/ᄆᆞᅀᆞ매 먹논 일 업슬씨라

'받'과 '걷'의 'ㄷ'종성은 'ㄴ'음과 혼동

받님 자히 怒하여(월보 2권, 13-14)/濟渡는 믈 건낼씨니(월보 1권, 1-4)

덥'과 '돕'의 'ㅂ' 종성은 'ㅁ'음과 혼동

새달히 모두 넙놀며(월보 2권, 27-4)/梵王 돕는 臣下 사는 하늘히라(월보 1권, 2-4)

'맛'과 '즛'의 'ㅅ' 종성은 'ㄴ'음과 혼동

俱夷룰 맛나시니(월보 1권, 19-11)/거즛말 아니ᄒᆞ며(월보 1권, 25-10)

후일의 문헌에는 이러한 종성들이 혼동됨에 따라서 사실로 바꾸어 쓰인 예가 드물지 않다. 그와 비교해서 더 한층 세종 당시의 사용 의도가 그 얼마나 주도하였던 것인지 깨닫게 된다.

언주諺註의 최종 2항 '다ᄔᆞ니라'에는 별로 쓰이지 않은 'ㄴ' 자의 각자병서가 쓰이어 있다. 물론 그 음으로서는 결국 '단ᄂᆞ니라'와 동일한 것이라고 하필 초성 병서의 형식을 취한 것에는 의문이 없지 않다. 그러나 '抵(저)'의 뜻인 '닫閉'은 본래 'ㄴ' 종성을 가진 말이 아니요. 또 그 'ㄴ' 음이 사잇소리도 아닌 것만은 사실이다. 여기서 본 종성이나 사잇소리도 아닌 특수한 한 음을 처리하기 위해서 그 두 글자와 구별되는 형식을 취한 것이나 아닐지 모르겠다.

5) 혼음 초성의 구별

『훈몽자회』의 언문 자모에는 "오로지 ㆁ는 속음에서는 초성에서 ㅇ과 서로 비슷하게 발음하니 속음으로 초성에서는 곧 서로 혼용하여 ㅇ음으로 쓴다.唯ㆁ之初聲與ㅇ字音俗呼相似。俗用初聲則皆用ㅇ音。"라고 하고 또 『번역노걸대 박통사』 <범례>에는 "오직 래來모 초성은 탄설음 소리를 짓는다. 초학자가 니泥모와 섞이는데 이는 잘못이다.唯來母初呼彈舌作聲可也。初學與泥母混呼者有之。

誤矣。"라고 하였다. 최세진 때도 'ㅇ'의 초성이 실현되지 못하고 'ㄹ'의 초성이 'ㄴ'으로 실현된 것은 이로써 알 수 있거니와 최세진 때로부터 세종 때까지 불과 60여 년 전으로 세종 당시라고 그런 초성이 명백히 실현되었다고는 생각하기 어려운 일이다.

그렇다면 'ㅇ, ㄹ' 등의 초성은 다른 말과 연접되는 경우에 한해서 드러났을 것이다. 다른 말과 연접되지 않는 경우에도 그 초성을 쓰는 것은 오직 두 경우를 일치하게 하기 위한데 지나지 않는다. 그중에도 'ㅇ'의 초성은 별로 어두에 나오지 않고 대개가 어말에나 나오지만은 'ㄹ'의 초성은 어중은 물론 어두에도 비교적 많이 나옴에 불구하고 'ㄴ' 초성의 말과 절대로 분리되어 결코 혼동하는 일이 없는 것이다.

6) 합용병서의 구별

'된시옷'과 '된비읍' 또는 그와 'ㅄ'의 3자 합용병서는 초성음 자체로서도 약간 구별이 되었던 것같이 보이나 결국 그 어느 것이고 전탁 초성이 되는 데는 일치한다고 추정된다. 초성음에 한해서는 구별이 되었다고 하더라도 극히 미세하여 동일한 전탁 초성으로 간주되기에 이른 것이 아닐까 한다.

그런데 '米'의 '쌀'은 본시 '뿔'이니 지금도 '메쌀', '조쌀' 등을 '멥살', '좁살'로 말하고 '片' 내지 '方'의 '쪽'은 본시 '뽁'이니 지금도 '이쪽', '저쪽'을 '입족', '접족'으로 말한다.[129] 현대어 중에 잔존된 그 자취로 미루어서는 '된시옷과', '된비읍'이 초성음보다는 다른 말과 연접되어 그 말의 종성과 같은 형식 아래 더 명료히 구별되었던 것임에 틀림이 없다.

그러므로 이 구별은 오직 정확한 표음만을 위주한 것도 아니다. 그와

---

129) 이 외에도 '입때(ㅰ), 댑싸리(ㅆ리)' 등.

함께 어법이 또한 참고되었다고 보인다.

7) 조사의 ㅎ초성

조사는 그 연접되는 윗말을 따라서 혹 'ㅎ'의 초성이 들어가기도 하고 생략되기도 하는데 그 역시 일정하게 양분되어 있다. 그 당시의 음운이 반드시 그렇게 명료한 계선을 지었을 것은 아닌 즉 그 역시 어법의 모든 점을 종합해서 실재 음운의 혼동을 피한 것으로 해석된다.

　　　　몃됴훈 짜히라(월보 1권, 24-12)
　　　　따훌 ᄀᆞ르치면 따히서 七寶ㅣ 나고(월보 1권, 27-4)
　　　　몃重훈 짜훈(월보 1권, 29-12)
　　　　사는 짜ᄒᆞ로(월보 1권, 23-13)
　　　　國온 나라히라(언해)
　　　　부텻 나라해션 부텻 나라홀(월보 1권, 30-7)
　　　　돌해 刻히샤(월보 2권, 49-8)
　　　　훍과 돌쾌라(월보 2권, 28-13)
　　　　돌홀 ᄀᆞ르치면 돌해서(월보 1권, 27-6)
　　　　이 하늘히(월보 2권, 32-11)
　　　　天衆은 하늘햇 사ᄅᆞ미라(월보 1권,19-7)
　　　　天人온 하늘쾌 사롬쾌라(월보 1권, 27-2)
　　　　梵玉 사는 하늘히니(월보 1권, 32-1).

그런데 그 당시의 음운에 이 'ㅎ'초성이 흔히 탈락되었던 것은 약간의 예외가 증명하는 바다. 우선 '하늘'이란 말부터 상기의 예와는 달리 'ㅎ'의 초성을 빼고 쓴 예도 드물지 않다.

　　　　이 열여듧 하ᄂᆞ리(월보 1권, 35-5)

이 네 하ᄂᆞ롤(월보 1권, 37-9)

이 하ᄂᆞ론 色을 슬히 너겨(월보 1권, 35-13)

3. 표음의 정확성

1) 철자와 표음

훈민정음이 제작된 그 당시와 오늘과는 우리의 음운이 반드시 동일하지 못 할 것이 사실이다. 그 표음의 정확성을 입증하기 위해 무엇보다도 먼저 음운의 변천을 천명하지 아니할 수 없다. 그러나 철자에 나타난 바를 미루어서 거기에 대한 그들의 태도를 추측하는 그것만은 음운의 변천을 잠간 도외시하고 능히 성립될 수 있다고 생각한다. 그것은 한갓 그들의 태도요 결코 그 표음의 결과는 아니겠지만 그 태도가 어느 정도의 결과를 수반하였을 것도 의심 없는 것이다.

2) 병서 초성

해례에서는 각자병서에 한하여 단자 초성과 아울러서 그 실례를 들어 보인 바 그것은 일방으로 그 당시는 그 구별이 반드시 용이하지 아니함을 입증하는 것이 아닐까 생각한다. 또 용用의 뜻에는 '쁘-'를 쓰고 '쓰다書'의 뜻에는 '쓰-'를 써서 결코 혼동시키지 아니한 것이라든지 또 어떤 종류에 있어서는 'ㅵ'의 3자 병서를 취하여 'ㅅ기'나 'ㅂ기'의 2자 병서와 달리하든지 곧 그 음의 미세한 데까지도 정확히 내고자 노력한 것이라고 볼 수밖에 없다.

　ㄱ) 'ㆆ'의 각자병서

사ᄅᆞᆷ마다 ᄒᆡᅇᅧ 수ᄫᅵ니겨(훈정)

業報애 매뼈(월서, 2-9)

ㄴ민 소내 쥐뼈 이시며(월보 2권, 11-4)

ㄴ) 'ㆅ'의 각자병서

廻는 두루 혈씨라(월서 2-7)

攀온 혈씨라(월서 3-5)

拔온 쌔혈씨니(월서 10-13)

자바 니르혀니(월보 1권, 44-7)

모딘 뜨들 내혀(월보 2권, 63-10)

ㄷ) 된시옷과 된비읍

菓實 빠머기더니(월보 2권, 12-12)

짜해 없더엣거늘(월보 1권, 44-5)

種온 삐라(월보 1권, 2-10)

瞿는 괴외홀 씨니(월서 1-5)

제 뿔란 ㄱ초고(월보 1권, 45-7)

瞻婆城을 쓰니(월보 1권, 45-7)

ㄹ) 'ㅴ'의 3자병서

남기 뻬여 性命을 ᄆ츠시니(월보 1권, 2-11)

大瞿曇이 슬허 ᄢ리어 棺에 녀ᅀᆞᆸ고(월보 1권, 7-9)

그ᄢᅴ 善慧부텨긔 가아(월보 1권, 17-2)

짜맛이 뿔ㄱ티 달오(월보 1권, 42-7)

3) 사잇소리

말과 말 사이에나 말과 조사 사이에 사잇소리가 필요할 때는 결코 그 표기를 잊지 않는다. 이것은 그 얼마나 표음의 정확성을 노력했는가를 보여주는 가장 좋은 증거다. 그러나 이 사잇소리의 표기를 위해 실로 고심이 적지 않았던 모양이니 그 용례가 복잡한 것은 곧 그 고심의 반증이다. 처음 『용비어천가』에는 'ㅅ'까지도 사잇소리에 동원되어 완전 통일되지 않았다가 『월인석보』에 이르러 비로소 한자어에는 윗말의 종성을 따라서 'ㄱ, ㄷ, ㅂ, ㆆ' 넉자를 쓰고 우리말에는 조사의 ㄹ종성 아래서만 'ㆆ'를 쓰는 이외 전부 'ㅅ'으로 통용하도록 통일된 듯한데 우리말에도 윗말의 종성을 따라서 'ㄱ' 혹 'ㅂ' 등의 글자를 쓴 예가 있다. 하여튼 사잇소리는 한 구절 내에 둘이고 셋이고 필요한 그대로 전부 표기되어 있다. 거의 그 전부가 무시되다시피 한 현대의 표기법에 비하면 표음의 정확성에 대한 그 당시의 태도를 알 수 있을 것이다.

    '中國 소리옛 니쏘리는(언해)
    '혓 그티 웃닛머리에(언해)
    '부텻 나라홀 西ㅅ녁 ᄀᆞᆺᄋᆞ라 하여 ᄒᆞᅇᅡ(월보 30-6)
    '가온딧 壇우희 엿고(월보 2권, 73-6)

4) ㄹ음의 종성

ㄹ종성의 일부에 한해서 절대로 조사 연철을 하지 않는 것은 이미 지적한 바이지만 그 동종의 ㄹ종성은 동일한 말 안에서도 꼭 윗 글자 종성의 자리를 차지하기 때문에 초성으로 내려 쓰기를 허용하지 않는다. 요컨대 아래 글자의 종성으로 내는 것이 윗글자의 초성으로 내는 것보다 그 음을 표시하는 데 있어 더 정확하였던 것이라고 추정할 수밖에 없는 일이다.

    凡은 물윗ᄒᆞ논 ᄠᅳ디라(언해)
    道理 닐온 거시 이 經이오(월서 22-2)
    仰ᄋᆞᆫ 울월씨라(월서 23-10)
    ᄒᆞ눌히 달애시니(용가 4권, 1-3)

4. 음운의 조화

1) 우리말과 음운조화

현대어에도 음운조화(모음조화)가 완전 없는 것은 아니다. 가령 접속사로 'ㅗ, ㅏ' 등 중성에는 '아'를 써서 '잡아', '속아'라고 함에 대하여 'ㅡ, ㅣ, ㅜ, ㅓ' 등 중성에는 '어'를 써서 '늘어', '길어', '죽어', '썩어'라고 하고, 또 동사 형용사를 부사화하는 어미로 'ㅗ, ㅏ' 등 중성에는 '오'를 써서 '비로소', '잦오'라고 함에 대하여 'ㅡ, ㅣ, ㅜ, ㅓ' 등 중성에는 '우'를 써서 '늘우', '되우', '넘우'라고 하는 등의 예다. 그러나 실상 이 몇 가지의 경우에 한하고 또 그것도 점차로 '어'나 '우'로 되어 가고 있다. 현대어로만 보아서는 우리말의 모음조화란 극히 빈약한 정도의 것이다. 그러나 그 당시의 문헌에 나타난 모음조화는 훨씬 광범위인 동시에 또 비교적 엄격하게 적용되는 것 같다. 물론 거기는 한편으로 현대어보다 모음조화가 그만큼 많이 남아 있는 것을 증명하는 것이지만은 다른 한편으로 그 당시의 사람들이 거기 대한 것을 명료히 드러내고자 노력한 것도 증명하는 것임에 틀림이 없다.

그렇다고 말하는 것은 그 역시 간혹 예외가 있기 때문이다. 이런 경우에 있어 이 예외란 여러 차례 설명한 바와 같이 그 당시 혼음되는 것을 의식적으로 정리한데 대하여 한 역증의 재료를 이루는 것이라고 생각한다.

해례에서는 'ㆍ, ㅡ, ㅣ' 3자를 천, 지, 인의 삼재로 대비한 뒤 다시 'ㅗ, ㅏ, ㅛ, ㅑ'는 'ㆍ'에서 나와서 양이요, 'ㅜ, ㅓ, ㅠ, ㅕ'는 'ㅡ'에서 나와서 음이라고 하였다. 단지 인의 'ㅣ'만은 무극의 참과 이오二五의 정精이 묘하게 합하여 엉킨 것으로 양의兩儀에 참찬하는 것이다. 음양 어디에도 귀속시키지 못 한다는 것이다. 음양 중성의 조화는 꼭 해례의 이 이론에 부합되어 양류 중성은 양류 중성으로 받고 음류 중성은 음류 중성으로 받고 'ㅣ'의 일족은 때로 음, 때로 양에 돌아가서 일정하지 않다. 『훈민정음』의 중성 제자가 반드시 이 모음조화에서 착상된 것인지는 모르나 우연으로 보기에는 너무나 공교스러운 부합이다.

2) '온/논'과 '은/는'

　　'·' : ·는 呑ㄷ字 가온딧 소리 ㄱㅌ니라(언해)/根은 불휘라(월서 21-1)

　　'ㅡ' : ㅡ는 卽字 가온딧 소리 ㄱㅌ니라(언해)/能은 몯하ᄂ다 ᄒᄂ 뜨디라(석서 1-14)

　　'ㅣ' : ㅣ는 侵ㅂ字 가온딧 소리 ㄱㅌ니라(언해)/人은 사ᄅ미라(언해)

　　'ㅗ' : ㅗ는 洪ㄱ字 가온딧 소리 ㄱㅌ니라(언해)/獨은 ᄒ오ᅀᅡ오(월서 1-9)

　　'ㅏ' : ㅏ는 覃ㅂ字 가온딧 소리 ㄱㅌ니라(언해)/湛은 믈골씨라(월서 1-5)

　　'ㅜ' : ㅜ는 君ㄷ字 가온딧 소리 ㄱㅌ니라(언해)/運은 뮈울씨라(월서 5-14)

　　'ㅓ' : ㅓ는 業字 가온딧소리 ㄱㅌ니다(언해)/攝은 모두 디닐씨라(월서 8-1)

　　'ㅛ' : ㅛ는 欲字 가온딧 소리 ㄱㅌ니라(언해)/欲은 ᄒ고져 홀씨라(언해)

　　'ㅑ' : ㅑ는 穰ㄱ字 가온딧 소리 ㄱㅌ니라(언해)/多量은 몯내 헬씨라(석서 1-1)

　　'ㅠ' : ㅠ는 戌字 가온딧 소리 ㄱㅌ니라(언해)/聿은 말ᄊᆷ 始作ᄒᄂ 겨치오(월서 16-1)

　　'ㅕ' : ㅕ는 彆字 가온딧 소리 ㄱㅌ니라(언해)/天은 하ᄂᆯ히라(석서 1-4)

이상과 같이 '·, ㅗ, ㅏ, ㅠ, ㅕ' 등의 양류 중성은 '온' 또는 '논'이요. 'ㅡ, ㅜ, ㅓ, ㅠ, ㅕ' 등의 음류 중성은 '은' 또는 '는'이다. 여기서 'ㅣ'를 위시하여 '·ㅣ, ㅢ, ㅚ, ㅐ, ㅔ, ㅖ' 등의 자는 전부 양류에 속한다.

3) '올/롤'과 '을/를'

　　양ᄌᆞ를 그려 일우습고(석서 9-9)

　　다ᄉᆞᆺ소 소내 ᄃᆞ롤 자보니(월보 1권 17-9)

그를 곧 因ᄒᆞ야 正音으로 밍ᄀᆞᆯ쎠(석서 6-1)

ᄒᆞᆫ 그를 밍ᄀᆞ라(석서 4-8)

내 이ᄅᆞᆯ 爲ᄒᆞ야(언해)

淸淨法身을 숧ᄫᆞ시니라(월서 5-1)

네 釋譜ᄅᆞᆯ 밍ᄀᆞ라(월서 11-3)

니버 잇더신 鹿皮 오ᄉᆞᆯ 바ᄉᆞ(월보 1권 16-4)

父母仙駕ᄅᆞᆯ 爲ᄒᆞᅀᆞᆸ고(월서 18-5)

둘흔 須彌山ᄋᆞᆯ 볘며(월보 1권 17-6)

일후믈 月印千江이라 ᄒᆞ시니(월서 13-4)

善慧比丘ㅣ 法을 護持ᄒᆞ샤(월보 1권 18-12)

八敎ᄅᆞᆯ 너비 부르샤(월서 7-6)

中國 風俗ᄋᆞᆯ 흐리우디 아니ᄒᆞ리니(월보 2권 72-2)

精舍ᄅᆞᆯ 디나아가니(월보 1권 2-7)

ᄯᅩ 八相ᄋᆞᆯ 넘디 아니ᄒᆞ야셔(석서 3-10)

菩薩涅槃流를 조차(월보 2권 61-13)

魔兵衆을 ᄒᆞ야 ᄇᆞ리시고(월서 7-1)

男女를 내슨ᄫᆞᆯ니(월보 1권 2-13)

人天을 거려내시며(월서 9-3)

이 역시 양류 중성에는 '올'이나 '롤'을 쓰고 음류 중성에는 '을'이나 '를'을 쓰는데 'ㅣ'의 일족은 양류에 속한다.

4) 'ᄋᆞ/으'

一切衆生이 기픈 ᄆᆞᄉᆞᄆᆞ로(월보 13)

제 먹논 ᄠᅳ드로 ᄃᆞ외야 나ᄂᆞ니라(월보 1권 32-3)

하ᄂᆞᆯ기 ᄇᆞ로 안ᅀᆞᄫᅢ(월보 2권 39-3)

五百 銀도ᄂᆞ로 다ᄉᆞᆺ 줄기ᄅᆞᆯ 사아지라(월보 1권 6-13)

大瞿曇이 天眼ᄋᆞ로 보고(월보 1권 6-13)

兜率宮으로서 ᄂᆞ려오싫제(월보 2권 28-11)

右脇으로 드르시니(월보 2권 27-10)

三千大千이 볼ᄀᆞ며(월보 2권 24-7)

ᄉᆞᄆᆞᆺ 보며 머리 드르며(월보 2권 71-1)

發願이 기프실ᄊᆡ(월보 2권 35-4)

根源을 ᄇᆞ리고 그를 조ᄎᆞ샤(월보 2권 70-9)

올ᄒᆞᆫ 소ᄂᆞ로 가질 자ᄇᆞ샤(월보 2권 36-3)

ᄣᅥ 아니무드시며(월보 2권 40-12)

닐굽거름곰 거르시니(월보 2권 27-3)

전자에 있어서는 'ㅣ'류가 양에 속하나 후자에 있어서는 음에 속하는 것 같다. 다소 혼용되어 있음으로 그 명확한 것을 단정하기는 물론 곤란하다.

5) '애/에'

车尼ᄒᆞ실ᄊᆡ 生死애 아니겨시니라(월보 1권 16-1)

ᄒᆞ나ᄒᆞᆫ 바ᄅᆞ래 누ᄫᅥ며(월보 1권 17-6)

ᄒᆞᆫ 金 사ᄅᆞ미 ᄯᅳᆯ헤 ᄂᆞ라오시니(월보 2권 64-14)

머리에 힛光 있더시니(월보 2권 65-1)

諸塵에 머리나샤(월서 18-8)

常寂光土애 사ᄅᆞ시나(월서 5-9)

衆生이 모매 드ᄆᆞᆫ(월보 1권 17-12)

六合애 저지며(월서 7-11)

ᄯᅡ해 ᄭᆞᄅᆞ시고(월서 7-11)

閻浮에 ᄂᆞ려나샤(월서 6-9)

눈에 보논가 너기ᅀᆞᄫᆞ쇼셔(월서 1권 1-11)

智慧ㅅ 누늘 긴 劫에 멀워(월서 4-2)

그 表애 ᄀᆞ로디(월보 2권 69-9)

내 釋種애 가아나(월보 2권 16-7)

精舍애 안잿더니(월보 1권 2-4)

아바님이 無憂樹에 쪼 가시니(월보 2권 27-6)

옷과 마리롤 空中에 펴아시놀(월보 1권 14-4)

네 丙寅年에 이셔(월서 10-6)

西天ㄷ字앳 經이(월서 23-11)

고론 上品엣 마시시며(월보 2권 41-6)

金비쳇 優曇鉢羅花ㅣ 프니라(월보 2권 47-1)

몸앳 필 뫼와(월보 1권 2-12)

人間앳 차바ᄂ 뼈 몯좌시며(월보 2권 25-10)

龍宮엣 玉女둘히(월보 2권 31-12)

내 아래 前生罪業엣 果報롤 니버(월보 2권 50-10)

情欲애 이른 ᄆᅀᆞ미 즐거뷔ᅀᅡ ᄒᆞᄂ니(월보 2권 5-6)

오직 妄量앳 ᄆᅀᆞ미 문득 니러 믈 브트면(월서 3-1)

國中엣 八萬四千長者ㅣ(월보 2권 46-7)

吉慶에 새 ᄂ니며(월보 2권 33-5)

이상 두 부류와 같이 양성류에는 '애'를 쓰고 음성류에는 '에'를 쓰거니와 여기서는 'ㅣ' 중성이 음류에 속한다. 또 '애'는 '인', '에'는 '의'로 바꾸어 쓰고 특히 여격보다도 지격(소유격)에서 그렇게 바꾸어 쓰는 예가 많으나 그 관계는 마찬가지다. 또 'ㅣ' 중성이나 그와 합용된 모든 중성은 종성이 없는 경우에 한하여 '애'를 '에'로 쓴다. 그것은 'ㅣ' 중성의 음이 '에'에 영향되는 것으로 현대어도 마찬가지다.

6) '야'와 '어'

虛空애 ᄂ라 둗니며(월보 1권 42-4)

空中에 머므러 잇거늘(월보 1권 14-3)

善慧 니버 잇더신(월보 1권 16-4)

오술 바사 싸해 끄ㄹ시고(월보 1권 16-5)

또 命終ᄒᆞ샤 올아 忉利天에 나샤(월보 1권 20-2)

닐굽 산이 둘어 잇ᄂᆞ니(월보 1권 22-10)

天下애 病이 업서(월보 1권 46-7)

이 역시 양류 중성에는 '아'를 쓰고 음류 중성에는 '어'를 쓰는데 'ㅣ' 중성은 음류에 속한다.

7) 종성의 오음조화

이때까지의 모음조화는 중성의 음양류를 조화시키는 것이지만은 종성의 오음五音을 조화시키는 또 일종의 특수한 조화가 있다. 단지 전자는 언어 그 자체의 특질에 속하여 언어와 분리되기 어려운 것이로되 후자는 문자의 형식에 한하여 차라리 언어와는 관계없는 것이다.

언해의 연독와 언역에는

'君ㄷ字', '虯ᄝ字', '快ㆆ字', '斗ᄝ字', '覃ㅂ字', '呑ㄷ字', '那ㆆ字', '步ㆆ字'

'漂ᄝ字', '彌ㆆ字', '慈ㆆ字', '侵ㅂ字', '邪ㆆ字', '虛ㆆ字', '洪ㄱ字', '挹ㆆ字'

'穰ㄱ字'

와 같이 되었다. 이 소위 사잇소리로 윗 말의 종성에 따라서 'ㆁ'에는 'ㄱ', 'ㄴ'에는 'ㄷ', 'ㅁ'에는 'ㅂ', 'ㅱ'에는 'ㅸ', 'ㅇ'에는 'ㆆ' 등을 쓴 것이다.

그런데 이것은 오직 한자어에 한하는 것이니 우리말에는 조사의 'ㄹ' 종성에 'ㆆ'를 쓰는 이외 전부 'ㅅ'으로 통일되어 있다. 그로써 미루어 생각한다면 윗말의 종성을 따라서 사잇소리를 달리하는 것도 실상 발음의 차이를 말미암은 것은 아니리라고 생각된다. 대개 'ㄱ, ㄷ, ㅂ, ㅸ, ㅅ, ㆆ'의 어떤 글자를 쓰나 마찬가지일 경우에는 이왕 오음五音을 조화시켜 쓰자는 것뿐이다. 또 한자음에는 원칙의 자체를 사용함으로 사잇소리도 오음을 조화시키기는 반면에 우리말에는 편법 자체와 함께 그 역시 'ㅅ'통일의 편법을 만들어 내었던 모양이다.

제4절 방점

1. 방점의 정체

1) 사성과 삼성

평, 상, 거, 입의 사성에 대하여 실상 방점은 무점, 1점, 2점의 3종밖에 없는데 평성 무점, 상성 2점, 거성과 입성은 똑같이 1점으로 입성은 거성에 비하여 "점을 더해도 마찬가지로 촉급하다.加點同而促急"라고 하였다. 한자에 있어서 입성이란 우리 음으로 본래 'ㄱ, ㅂ, ㄹ' 등의 종성을 가진 글자다. 이 촉급이라는 두 글자는 바로 그 종성의 음을 형용한 것이라고 보인다.

그러나 해례 합자해에는 "자음의 입성은 거성과 서로 비슷하나, 우리말의 입성은 일정하지 않아 혹은 평성과 비슷하여 '긷柱', '녑脅'과 같이 되고 혹은 상성과 비슷하여 ':낟穀', ':깁繒'과 같이 되며, 혹은 거성과 비슷하여 '·몯釘', '·입口'과 같이 되는데 점을 찍는 것은 평성, 상성, 거성의 경우와 같다.而文之入聲與去聲相似。諺之入聲無定。或似平聲如긷爲柱녑爲脅。或似上聲如:낟爲穀:깁爲繒。或似去聲如·몯爲釘·입爲口之類。其加點則與上平去同。"라고 하였다. 즉 한자의 입성은 거성과 같고 우리말의 입성은 평, 상, 거 3성에 흩어져 있어 그 가

점도 각기 평, 상, 거나 마찬가지로 된다는 말이다.[130]

한자의 입성은 종성으로써 구별됨에 따라서 설사 거성과 동일한 1점이라고 하더라도 능히 거성과는 구별해 낼 수가 있는 것이다. 만일 한자에 한한다면 사성에 대한 방점은 사실로 3종을 가지고도 충분하다.

그러나 입성이 거성과 비슷하다는 해례의 설명으로 들어서는 마치 사성으로서 입성의 독립한 존재가 인정되지 않는 것 같다. 그 당시도 북방음 계통의 한자음은 이미 입성을 잃은 지 오래되었음으로 입성의 독립한 존재가 인정되지 않는 그것도 결코 무리는 아니다. 또 실상 입성이란 결국 그 종성으로부터 평, 상, 거와 구별되는 만큼 『훈민정음』으로 주음 될 때는 평, 상, 거 3성의 관계와 완전 다르게 된다. 입성이 거성과 같거나 같지 않는 것은 차치하고 사성에서 배제될 수밖에 없는 것은 오히려 자

---

130) "입성인 모든 운의 종성이 지금 남방음에서는 너무 분명함이 흠이고 북방음은 완이(緩弛. 느리고 늘어짐)함에 흐르거니와 몽고운도 또한 북방음을 따른 까닭에 종성을 쓰지 않았으며, 황공소(黃公紹)의 『고금운회』에도 입성에서 '질(質)'운의 '율(䫻)', '졸(卒)' 등의 글자를 '옥(屋)'운 '국(菊)' 자모에 넣고 '합(合)'운의 '합(閤)', '합(榼)' 등의 글자를 '갈(葛)'운 자모에 넣어 아(-k), 설(-t), 순(-p)의 음(종성)을 혼동하여 구별치 아니하였으니 이 또한 종성을 쓰지 아니한 것이라. 평, 상, 거, 입의 사성이 비록 청, 탁, 완, 급의 차이는 있을망정 그 종성이 있을 때만 본시 일반일 뿐이 아니라 하물며 입성이 입성되는 바는 아, 설, 순음의 전청으로 종성을 삼아서 촉급하기 때문이다. 이것이 더욱 종성을 쓰지 아니할 수 없는 것이 명백하다. 본운을 지음에 있어 같은 운을 합하고 다른 운은 갈라서 입성 여러 운의 아, 설, 순 종성도 모두 구별하여 섞지 아니하였으니 이제 ㄱ, ㄷ, ㅂ로 종성을 삼는다. 그러나 ㄱ, ㄷ, ㅂ를 곧게 발음하면 또 소위 남방음과 같아지니 다만 가볍게 써서 급히 마쳐 너무 분명하게는 발음하지 않는 것이 옳으니라. 또 속음은 비록 종성을 쓰지는 않는다고 하지만은 평, 상, 거와 같이 완이(緩弛)함에 이르지 않는 까닭에 속음 종성으로 여러 운에는 후음 전청의 'ㆆ'를 쓰고 '약(藥)'운(종성에만)에는 순경 전청의 'ㅸ'를 써서 구별한다.(聲諸韻終聲, 今南音傷於太白, 北音流於緩弛, 蒙古韻亦因北音, 故不用終聲. 黃公紹韻會入聲, 如以質韻䫻卒等字, 屬屋匊字母, 以合韻閤榼}等字, 屬葛韻葛字母之類, 牙舌脣齒音, 混而不別, 是亦不用終聲也. 平上去入四聲, 雖有淸濁緩急之異, 而其有終聲, 則固未嘗不同, 況入聲之所以爲入聲者, 以其牙舌脣之全淸, 爲終聲而促急也, 其尤不可不用終聲也, 明矣. 本韻之作, 倂同析異, 而入聲諸韻, 牙舌脣終聲, 皆別而不雜, 今以ㄱㄷㅂ爲終聲. 然直呼以ㄱㄷㅂ, 則又似所謂南音, 但微用而急終之, 不至太白可也. 且今俗音, 雖不用終聲, 而不至如平上去之緩弛, 故俗音終聲,於諸韻 用喉全淸ㆆ, 藥韻用脣輕全淸ㅸ, 以別之)", 『사성통고』 <범례>.

연적인 형식이다. 그러니까 한자음에도 오직 3성이 구별되는 것같이 우리말에도 오직 3성이 구별되어 있는 것이다. 단지 한자의 입성 종성을 가진 음은 일치하게 거성으로 돌아 간 것에 대하여 우리말의 'ㄱ, ㅂ, ㄷ' 등 종성의 음은 평, 상, 거의 3성으로 흩어진 것이 서로 다를 뿐이다.

지금 언주諺註의 3성의 설명은

上聲 처ᅀᅥ미 ᄂᆞᆺ갑고 乃終이 노ᄑᆞᆫ 소리다
去聲 ᄆᆞᆺ노ᄑᆞᆫ 소리라
平聲 ᄆᆞᆺᄂᆞᆺ가ᄫᆞᆫ 소리다

고 하였다. 즉 제일 높은 소리, 제일 낮은 소리, 그리고 또 처음이 낮다가 나중이 높은 소리의 3성이다.

물론 우리말에는 한자와 같은 평, 상, 거의 억양이 없고 또 이 3성의 설명은 한자의 억양 그대로지만은 우리말에도 3성의 방점이 찍혀 있는 것이 엄연한 사실이다. 우리말에 꼭 한자와 같은 평, 상, 거가 있었는지 모르거니와 상기의 설명에 의한 그 구별에 적어도 대비될만한 무엇이 있지 않았을까 추정한다.

단지 평성이란 거성에 대한 보통의 음으로 본래 문제될 것이 없는 대상이다. 3성 중에서도 다시 문제가 될 것은 상성과 거성이다.

2) 상성의 정체

해례에서 상성으로 나오는 글자는 아래와 같다.

:돌(石), :낟(穀), :깁(繒), :감(柿), :벌(蜂), :뫼(山), :섬(島), :너ᅀᅥ(鴇), :밀(蠟),
:널(板), :죵(奴), :져비(燕), :굼벙(蠐螬), :범(虎), :ᄉᆡᆷ(泉), :잣(海松), :별(星)

또 언해에서 상성으로 나오는 글자는 아래와 같다.

‘:지쉬샨 그리라’, ‘:말ᄊᆞ미라’, ‘:겨신 나라히라’, ‘其는 :제라’, ‘ᄆᆞ춤:내’,
‘:어엿비 너겨’, ‘:아ᄆᆞ그에 ᄒᆞ논’, ‘:사ᄅᆞᆷ:마다 :히여’, ‘:수비 니겨’, ‘ᄯᆞ는:
어미라’, ‘成은:일씨라’, ‘:윈녀기라’, ‘:둘히라’, ‘낫:갑고’, ‘:업슬씨라’

상기 상성음의 대부분은 지금도 확실히 보통의 음과 다르게 내는(상승조, rising) 일종의 특수음이다. 즉 ‘名(명)’에 대한 ‘命(명:)’, ‘甁(병)’에 대한 ‘病(병:)’, ‘城(성)’에 대한 ‘姓(성:)’, ‘情(정)’에 대한 ‘正(정:)’과 동류의 음이다. 일부 지방에서는 이 두 음을 능히 구별치 못 하지만은 중부 일대에서는 결코 혼동하지 않는다. 오직 중부지방에서도 이 종류의 음이 ‘ㅓ, ㅕ’ 중성에 있어서 제일 명료히 구별되고 그 다음이 ‘ㅣ, ㅜ, ㅠ’ 중성이요, ‘ㅗ, ㅏ, ㅛ, ㅑ’ 중성에 이르러는 그 장음으로 혼동하기 쉽지만 시종 단순한 장음만은 아니다.

이 종류의 음은 보통의 음보다 길게 내는 것도 사실인데 음이 전후의 양단으로 나누어져서 전단에서는 보통의 음과 같다가 후단에서 혀를 다시 끌어 들면서 길게 내는 것이 그 특징이다. 가령 ‘ㅗ, ㅏ’ 중성에서 예를 들더라도 ‘군(郡)’의 ‘골’이나 ‘염(簾)’의 ‘발’이나 모두 그 음이 단순한 장음이 아니고 후반단의 축설이 가해지고 있는 것이다. 그런데 우리말은 한갓 장단이다. 한자의 고저와는 결코 같지 않다. 그러나 만일 고저를 장단으로 바꾸어 본다면 처음이 낮다가 나중이 높다는 상성의 설명에 그대로 부합된다고도 볼 수 있다. 오히려 한자음 상성의 영향 아래 우리말에서 이와 같은 특수한 장음이 생긴 것이 아닌지 의심될 만큼 서로 유사하게 보인다.

단지 언해의 상성음 가운데 ‘마춤내’의 ‘내’와 ‘사람마다’의 ‘마’는 현대어에 있어 보통음이고 '히뼈', '엄', '늦갑고' 등은 고어에 속하여 그 음을 알 수가 없다. 물론 그동안 음운의 변천을 고려하여서는 한 두 단어의 예외가 있는 것도 차라리 당연한 일 것인지 모른다.

『석보상절』서문에 나타난 상성자는 아래와 같다.

'ː알의 하는 거시라', '노푸신 ː부니니', 'ː모내 ː혜ᄉᆞᄫᅩᆯ', 'ː내ː내', 'ː다 모ᄅᆞ거늘', 'ː넘디 아니ᄒᆞ야', 'ː만ᄂᆞ니라', 'ᄀᆞᆯ히여 ː내야', '乃終ㅅ ː이룔'

또『월인석보』서문에 나타난 상성자는 아래와 같다.

'ː엇뎨', 'ː얻ᄂᆞ니라', 'ː됴ᄒᆞ며 구즌', '永은 ː길씨라', 'ː뵈샤', 'ː여릇시며', '昔은 ː녜라', '汝는 ː네라', 'ː사ᄆᆞ시니'

이 상성자도 모두 상기의 특수한 장음이다. 오직 'ː오미 잇으리오'의 '오'나 '울ː월 씨라'의 '월' 등 지금 와서는 보통음으로 나는 약간의 예외도 있다.

3) 거성의 정체

언해에는 소위 후치의 조사를 전부 거성으로 나타내었다.

'나랏 말ᄊᆞ·미', '中國·에 달아', '이런 전ᄎᆞ·로', '스물여듧 字·룰', 'ㄱ·는', '中國 소리·옛 니쏘리', '엄·과 혀·와'

사실 이러한 조사는 지금도 항상 다른 말에 비하여 약간 강하게 내고 있다.

또 언해에는 접속과 종결의 조사를 전부 거성으로 나타내었다.

'異乎中國·ᄒᆞ·야', '아니홀·씨', '이르·고·져', '하니·라', '밍ᄀᆞ노·니', '便
安·킈', '點업·스·면', '平聲이·오', 'ᄒᆞᆫ가지로·디', '쁘·고'

사실 이러한 조사는 지금도 다른 말에 비하여 약간 강하게 내고 있다.
중부 일대에서 말의 최종 부분 즉 조사에다가 언제나 강음으로 발음하
는 것은 특히 북부 일대에서 한 단어의 어두에 강음을 내는 것에 비하여
정반대의 현상이다. 중부 일대를 표준해서 음운을 분명케 하기 위해서는
위보다 아래에 힘을 두어야 하는 것도 결국 조사의 강음을 내기 위한데
지나지 않는다. 이러한 조사의 강음에서 유추해서 지시대명사나 인칭대명
사는 당연히 거성이다.

'·이·와 ·뎌·와', '·내 ·이·룰 爲·ᄒᆞ·야'

또 '배'나 '이'와 같지 형용사구를 만드는 말(의존명사)도 물론 거성이다.

'·ᄒᆞᆸ·논 ·배·시니·라', '·알오·져 ᄒᆞ·리라도'

이로써 거성이 무엇인가 그 대략을 추측하여 알 수 있으나 거성으로
표점標點된 음의 대부분은 오늘에 이르러 보통과 조금도 다름이 없는 음
들이다. 우선 해례에서는 '정釘'의 '못'과 현대어 가운데 이 두 말은 하등
의 강음으로 나는 것이 아니다.
음운의 변천으로만 설명하기에는 너무나 예외가 많고 표점의 착오로
인정하기에는 너무나 그 구별이 정연하여 조그마한 문란도 없다. 금후 좀
더 세밀한 고구를 기다리고자 할 뿐이다.131)

---

131) 정연찬, 『국어 성조에 관한 연구』, 일조각, 1981.

4) 방점의 이동

방점을 가만히 따져 보면 어떤 종류는 간혹 이동이 되고 있다. 여러 가지의 경우를 대조 참작해 보면 결코 착오가 아니요, 의식적으로 이동시킨 것으로 보인다. 물론 아래 윗말의 연접에 따라 장음 혹은 강음이 변치 말란 법이 없다. 이 방점의 이동은 곧 그러한 원인으로부터 생긴 것일 것이다.

> ᄒᆞ·니('ᄒᆞ'에는 무점)/·ᄒᆞ·야('ᄒᆞ'에는 유점)
> ·ᄒᆞ·야('야'에도 유점)/하야도('야'에는 무점)
> ·ᄒᆞᄂᆞ·니('ᄂᆞ'에는 무점)/·ᄒᆞ·ᄂᆞ니·라('ᄂᆞ'에도 유점)
> ᄒᆞ·니·라('니'에도 유점)/·ᄒᆞ·ᄂᆞ니·라('니'에는 무점)
> ·ᄀᆞᄐᆞ·니('ᄐᆞ'에는 무점)/·ᄀᆞ·ᄐᆞ니·라('ᄐᆞ'에도 유점)
> 돌·니시·며('시'에는 무점)/·돌·시니·라('시'에도 유점)
> :사ᄅᆞ·몰('ᄅᆞ'에는 무점)/:사·ᄅᆞ미·라('ᄅᆞ'에도 유점)
> :말ᄊᆞ·미('ᄊᆞ'에는 무점)/:말·ᄊᆞ미·라('ᄊᆞ'에도 유점)
> ·입('입'에 유점)/입시울('입'에 무점)
> 부텨('텨'에 무점)/부·톄('톄'에 2점)
> 지·슬·씨·니('지'에 무점 'ᄉᆞ'에 1점)/:지ᄉᆞ산('지'에 2점 'ᄉᆞ'에 무점)
> ·내('내'에 1점)/:날ᄃᆞ·려('날'에 2점)

제5절 한자음

1. 각 운서음과 비교

1) 그 당시의 한자음

세종 당시의 한자음이 근세의 통용음과 꼭 같다고 할 수는 없지만은 대체로 크게 서로 다른 것은 아니다. 어떻게 그것을 추측하여 단정할 수 있는가 여러 가지 증거가 있다.

①『삼강행실』음

『삼강행실언해』(1481)[132]에 나오는 한자음은 언해의 주음보다도 근세의 통용음과 거의 일치한다. 이 언해는 성종 때 된 것인 만큼 2~30년 전의 세종 시대도 결국 그와 유사한 음이었을 것임에 틀림이 없다.

不(블) 不害捧屍, 文(문) 상동, 語(어) 盧操順母, 二(ᅀᅵ) 吳二免禍

情(졍) 婁伯捕虎, 無(무) 상동, 日(일) 상동, 加(가) 상동

則(즉) 상동, 終(죵) 상동, 合(합) 殷保感烏, 中(듕) 王蠋絶脰

漢(한) 紀信誑楚, 業(업) 李業授命, 安(안) 顔李罵賊, 宗(종) 傳察植立

正(졍) 상동, 國(국) 岳飛沮背, 得(득) 枊得茹蔬, 平(평) 和尙噀血

御(어) 絳山葬君, 江(강) 普顔全忠, 南(남) 상동, 上(샹) 堤上忠烈

百(빅) 夢周隕命, 姓(셩) 동, 洪(홍) 상동, 左(좌) 상동

下(하) 禮宗罵卓, 皇(황) 상동

②『훈몽자회』음

『훈몽자회』(1527)[133]에 나오는 한자음도 언해의 주음보다는 근세의 통용

---

132) 우리나라와 중국의 역대 문헌에서 효자·충신·열녀의 절행이 뛰어난 사람을 뽑아 앞면에 그림을 그려 넣고 뒷면에는 한문으로 설명 및 시(詩), 찬(贊)을 붙인 후 그 위에 한글로 번역을 달라 간행한 책이다. 한글 창제 전인 세종 16년(1434)에 처음 간행되었는바 한글 번역은 나중에 추가한 것이다. 한글 번역이 언제 이루어졌는지는 정확히 알 수 없으나 한글 창제 직후부터 논의되어 세종 때 간행이 되었을 것으로 추정된다.

133) 중종 22년(1527)에 최세진이 어린이들의 한자 학습을 위하여 편찬한 책이다. 최세진은 그 당시 한자 학습에 사용된 『천자문(千字文)』과 『유합(類合)』에 추상적인 뜻의 한자가 많음을 비판하고, 새·짐승·풀·나무의 이름과 같은 구체적인 사물을 나타내는 한자를 위주로 교육할 것을 주장하여 이 책을 편찬하였다. 그래서 상권과 중권에는 구체적인 사물을 나타내는 한자를 하권에는 추상적인 개념을 나타내는 한자를 중심으로 하여 가각 1,120자씩 총 3,360자의 한자를 한글 새김, 한자음, 보충설명의 형식으로 제시하였다.

음과 거의 일치한다. 최세진은 세종 시대로부터 50여 년 뒤지만은 불과 50여 년 만에 한자음이 격변하였으리라고는 생각되지 않는다.[134]

日(실), 江(강), 頭(두), 舌(설), 脣(슌), 牙(아), 齒(치), 喉(후)
耳(ᅀᅵ), 音(음), 聲(셩), 情(졍), 伸(신), 姓(셩), 宗(종), 書(셔)
文(문), 字(ᄌᆞ), 皇(황), 帝(뎨), 君(군), 世(셰), 國(국), 相(샹)
民(민), 南(남), 閭(려), 斗(두), 人(신), 呑(톤), 予(여), 步(보)
語(어), 言(언), 談(담), 業(업), 御(어), 訓(훈), 習(습), 一(일)
二(ᅀᅵ), 百(빅), 八(팔), 十(십), 左(좌), 右(우), 中(듕), 上(샹)
下(하), 終(죵)

③『동국정운』서문의 설명

『동국정운』(1448) 서문에서는 그 당시의 한자음을 설명하여 첫째로 "가령 아음으로 말한다면 溪(계)모에 속하는 글자들이 거의 見(견)모로 발음되니 이것은 자모가 변한 결과다. 溪(계)모에 속하는 자음 가운데 간혹 曉(효)모로 발음하는 것이 있으니 이는 칠음의 위치가 변한 것이다.若以牙音言之。溪母之字太半入於見母。此字母之變也。溪母之字或入於曉母。此七音之變也。"라고 하였으니 근세의 통용음도 그렇고, 둘째로 "우리나라 음운도 그 청탁의 구별이 중국의 자음과 다를 바가 없으므로 우리 한자음에서만 홀로 청탁의 구별이 없으니 어찌 이럴 수가 있겠는가, 이것은 청탁의 변화이다.我國語音 淸濁之辨與中國無異。而於字母獨無濁聲。豈有此理。此淸濁是變也。"라고 하였으니 근세의 통용음도 그렇고, 셋째로 "질質운, 물勿운 등은 마땅히 단端모로 종성을 삼아야 하는데 보통 래來모로 종성을 삼으니 그 음이 느려져서 입성으로 마땅하지 않으니, 이것은 사성이 변한 결과이다.質勿諸韻宜以端母爲終聲。而俗用來母。其聲徐緩。不宜入聲。此四聲之變也。"라고 하였으니 근세의 통용음도 그렇다. 초성의 두 항

---

134) 이돈주,『훈몽자회 한자음에 대한 연구』, 홍문각, 1990.

과 종성의 한 항으로 미루어 그 당시의 한자음은 근세의 통용음과 유사할망정 결코 언해의 주음과는 같지 않은 것이 사실이다.

위에서 기술한『삼강행실』과『훈몽자회』의 두 가지 음을 가지고 근세의 통용음과 비교해 보면 오직 'ㅿ'이 초성에서 나타나는 것이 다를 뿐이다. 그 이외는 초성이나 중성이나 종성이나 조금도 다른 점을 발견하지 못 한다.

2)『동국정운』의 교정음

그러면 언해의 주음은 과연 어떠한 종류의 음인지 의문을 갖게 될 것이나 그것은 곧『동국정운』의 교정음라고 추정된다. 좀 더 구체적으로 말한다면『동국정운』서문에서 지적한 자모, 칠음, 사성 등의 잘못을 교정해놓은 음이다.

> ㄱ) '경거(輕去)' 등 'ㄱ' 초성 음을 'ㅋ' 초성으로 고치고 '字(자), 乎(호), 其(기), 情(정), 事(사), 覃(담), 步(보)' 등 전청 초성 음을 전탁 초성으로 고친 것은『동국정운』의 교정음인 증거다.
> ㄴ) 17 초성 글자에 병서 초성의 6자를 더한 23자모는『동국정운』서문에서 "91운 23자모로 정하였다(定爲九十一韻二十三字母)"라는 말과 부합된다.
> ㄷ) 'ㄹ' 종성 음에 반드시 'ㆆ'와의 병서를 취한 것은『동국정운』서문에서 이른바 "이영보래는 속으로 되돌아감(以影補來。因俗歸正。)"으로 곧『동국정운』교정음의 독특한 점이라고 할 수 있다.

이상의 3항으로써 그것이『동국정운』의 교정음인 것은 한치의 털끝만큼도 의심할 수 없다. 오직 어떠한 근거 아래 어찌해서 그와 같은 교정을 행하였는가의 문제가 남아 있다.

3) 『광운』135)과 『집운』136)의 반절

世 [광운] 祭韻 舒製切	[집운] 祭韻 始制切
宗 [광운] 冬韻 作冬切	[집운] 冬韻 祖賓切
御 [광운] 御韻 牛據切	[집운] 御韻 牛據切
製 [광운] 祭韻 征例切	[집운] 祭韻 征例切
訓 [광운] 問韻 許運切	[집운] 焮韻 吁運切
民 [광운] 眞韻 彌鄰切	[집운] 眞韻 彌鄰切
正 [광운] 勁韻 之盈切	[집운] 勁韻 之盛切
音 [광운] 侵韻 於金切	[집운] 侵韻 於禽切
國 [광운] 德韻 古或切	[집운] 德韻 骨或切
之 [광운] 之韻 止而切	[집운] 之韻 眞而切
語 [광운] 語韻 魚巨切	[집운] 語韻 偶擧切
異 [광운] 志韻 羊吏切	[집운] 志韻 羊吏切
乎 [광운] 模韻 戶吳切	[집운] 模韻 洪孤切
中 [광운] 東與 陟弓切	[집운] 東韻 陟隆切
與 [광운] 語韻 演女切	[집운] 語韻 弋諸切
文 [광운] 文韻 無分切	[집운] 眞韻 無分切
字 [광운] 志韻 疾置切	[집운] 志韻 疾置切
不 [광운] 物韻 分勿切	[집운] 勿韻 分物切
相 [광운] 陽韻 息良切	[집운] 陽韻 思將切
流 [광운] 尤韻 力求切	[집운] 尤韻 力求切
通 [광운] 東韻 他紅切	[집운] 東韻 他東切

---

135) 1008년(大中祥符 元年)에 진팽년(陳彭年)·구옹(邱雍) 등이 칙명(勅命)에 의하여 찬정(撰定)한 것으로, 정식 이름은 『대송중수광운(大宋重修廣韻)』이다. 수(隋) 육법언(陸法言)이 지은 『절운(切韻)』(601)이 당대에 이르러 여러 차례 증정(增訂)되었는데 이들 절운계 운서 중 마지막으로 나온 운서이다. 완본이 전하고 그 음계(音系)도 거의 『절운』과 같기 때문에 중고음 연구에 있어서 그 기본 자료가 되어 왔다.

136) 1039년(北宋 寶元 2) 정도(丁度) 등이 왕명을 받들어 편찬한 운서로 『예부운략(禮部韻略)』과는 반대로 절운계 운서의 체재에 따르면서 다시 그것을 해박하게 하였다. 『광운(廣韻)』과 같이 206운(韻)으로 나누는데 글자의 소속에는 약간의 이동이 있다.

故 [광운] 暮韻 古暮切		[집운] 暮韻 古慕切
愚 [광운] 虞韻 遇俱切		[집운] 虞韻 元俱切
有 [광운] 有韻 云九切		[집운] 有韻 云九切
所 [광운] 語韻 疏擧切		[집운] 語韻 爽阻切
欲 [광운] 燭韻 欲蜀切		[집운] 燭韻 兪玉切
言 [광운] 元韻 語軒切		[집운] 元韻 漁軒切
而 [광운] 之韻 如之切		[집운] 之韻 人之切
終 [광운] 東韻 職戎切		[집운] 冬韻 之戎切
得 [광운] 德韻 多則切		[집운] 德韻 的則切
身 [광운] 眞韻 斯人切		[집운] 眞韻 升人切
其 [광운] 之韻 渠之切		[집운] 之韻 渠之切
情 [광운] 淸韻 疾盈切		[집운] 淸韻 慈盈切
者 [광운] 馬韻 章也切		[집운] 馬韻 止野切
多 [광운] 歌韻 得何切		[집운] 戈韻 當何切
矣 [광운] 止韻 于紀切		[집운] 止韻 羽已切
予 [광운] 魚韻 以諸切		[집운] 與余同 魚韻 羊諸切
爲 [광운] 眞韻 于僞切		[집운] 寘韻 于僞切
此 [광운] 紙韻 雌氏切		[집운] 紙韻 淺氏切
憫 [광운] 軫韻 眉殞切		[집운] 準韻 美隕切
然 [광운] 仙韻 如延切		[집운] 仙韻 如延切
新 [광운] 眞韻 息鄰切		[집운] 眞韻 斯人切
制 [광운] 祭韻 征例切		[집운] 祭韻 征祭切
二 [광운] 至韻 而至切		[집운] 至韻 而至切
十 [광운] 緝韻 是執切		[집운] 緝韻 寔入切
八 [광운] 黠韻 博拔切		[집운] 黠韻 布拔切
便 [광운] 止韻 疏士切		[집운] 止韻 爽士切
人 [광운] 眞韻 如鄰切		[집운] 眞韻 而鄰切
易 [광운] 寘韻 以鼓切		[집운] 寘韻 以鼓切
智 [광운] 緝韻 似入切		[집운] 緝韻 席入切

便 [광운] 仙韻 房連切　　[집운] 仙韻 毘連切

於 [광운] 魚韻 央居切　　[집운] 魚韻 衣虛切

日 [광운] 質韻 人質切　　[집운] 質韻 人質切

用 [광운] 用韻 余頌切　　[집운] 用韻 余頌切

耳 [광운] 止韻 而止切　　[집운] 止韻 忍止切

牙 [광운] 麻韻 五加切　　[집운] 麻韻 牛加切

如 [광운] 魚韻 人余切　　[집운] 魚韻 人余切

君 [광운] 文韻 擧云切　　[집운] 文韻 拘云切

初 [광운] 魚韻 楚居切　　[집운] 魚韻 楚居切

發 [광운] 月韻 方伐切　　[집운] 月韻 方伐切

聲 [광운] 淸韻 書盈切　　[집운] 淸韻 書盈切

並 [광운] 勁韻 畀政切　　[집운] 集韻 畀政切

書 [광운] 魚韻 傷魚切　　[집운] 魚韻 傷居切

虯 [광운] 幽韻 渠幽切　　[집운] 幽韻 渠幽切

快 [광운] 夬韻 苦夬切　　[집운] 夬韻 苦夬切

業 [광운] 業韻 魚怯切　　[집운] 業韻 逆怯切

舌 [광운] 薛韻 食列切　　[집운] 薛韻 食列切

斗 [광운] 厚韻 當口切　　[집운] 厚韻 當口切

覃 [광운] 覃韻 徒含切　　[집운] 覃韻 徒南切

呑 [광운] 痕韻 吐根切　　[집운] 痕韻 他根切

那 [광운] 歌韻 落何切　　[집운] 戈韻 囊何切

脣 [광운] 諄韻 食倫切　　[집운] 諄韻 船倫切

彆 [광운] 作彌 屑韻 方結切　　[집운] 屑韻 必結切

步 [광운] 暮韻 薄故切　　[집운] 暮韻 薄故切

漂 [광운] 宵韻 撫招切　　[집운] 宵韻 粃紹切

彌 [광운] 支韻 武移切　　[집운] 支韻 民卑切

齒 [광운] 止韻 昌里切　　[집운] 止韻 醜止切

卽 [광운] 職韻 子力切　　[집운] 職韻 節力切

慈 [광운] 之韻 疾之切　　[집운] 之韻 牆之切

侵 [광운] 侵韻 七林切　[집운] 侵韻 千尋切

戌 [광운] 術韻 辛聿切　[집운] 術韻 雪律切

邪 [광운] 麻韻 似嗟切　[집운] 徐韻 徐嗟切

喉 [광운] 侯韻 戶鉤切　[집운] 侯韻 胡溝切

挹 [광운] 緝韻 伊入切　[집운] 緝韻 乙及切

虛 [광운] 魚韻 朽居切　[집운] 魚韻 休居切

洪 [광운] 東韻 戶公切　[집운] 東韻 胡公切

半 [광운] 換韻 博慢切　[집운] 換韻 博漫切

閭 [광운] 魚韻 力居切　[집운] 魚韻 凌如切

穰 [광운] 陽韻 汝陽切　[집운] 陽韻 如陽切

復 [광운] 宥韻 扶富切　[집운] 宥韻 扶富切

連 [광운] 仙韻 力延切　[집운] 仙韻 陵延切

下 [광운] 馬韻 胡雅切　[집운] 馬韻 亥雅切

則 [광운] 德韻 多則切　[집운] 德韻 卽得切

輕 [광운] 清韻 去盈切　[집운] 清韻 牽盈切

合 [광운] 合韻 侯閤切　[집운] 合韻 曷閤切

同 [광운] 東韻 徒紅切　[집운] 東韻 徒東切

附 [광운] 遇韻 符遇切　[집운] 遇韻 符遇切

右 [광운] 有韻 云九切　[집운] 有韻 云九切

凡 [광운] 凡韻 符咸切　[집운] 凡韻 符咸切

必 [광운] 質韻 卑吉切　[집운] 質韻 壁吉切

成 [광운] 清韻 是征切　[집운] 清韻 是征切

左 [광운] 哿韻 臧可切　[집운] 哿韻 子我切

加 [광운] 麻韻 古牙切　[집운] 麻韻 居牙切

一 [광운] 質韻 於悉切　[집운] 質韻 益悉切

點 [광운] 忝韻 多忝切　[집운] 忝韻 多忝切

去 [광운] 御韻 却呂切　[집운] 御韻 丘據切

上 [광운] 養韻 時掌切　[집운] 養韻 是掌切

無 [광운] 虞韻 武夫切　[집운] 虞韻 微夫切

平	[광운] 庚韻 符兵切	[집운] 庚韻 蒲兵切
入	[광운] 緝韻 人執切	[집운] 緝韻 日執切
促	[광운] 燭韻 七玉切	[집운] 燭韻 趣玉切
急	[광운] 緝韻 居立切	[집운] 緝韻 訖立切
漢	[광운] 翰韻 呼旰切	[집운] 翰韻 虛旰切
頭	[광운] 侯韻 度候切	[집운] 侯韻 徒候切
別	[광운] 薛韻 皮列切	[집운] 薛韻 皮列切
百	[광운] 陌韻 傍陌切	[집운] 陌韻 博陌切
姓	[광운] 勁韻 息正切	[집운] 勁韻 息正切
皇	[광운] 唐韻 胡光切	[집운] 唐韻 胡光切
帝	[광운] 霽韻 都計切	[집운] 霽韻 丁計切
常	[광운] 陽韻 市羊切	[집운] 陽韻 辰羊切
談	[광운] 談韻 徒甘切	[집운] 談韻 徒甘切
江	[광운] 江韻 古雙切	[집운] 江韻 古雙切
南	[광운] 覃韻 那含切	[집운] 覃韻 那含切
乃	[광운] 海韻 奴亥切	[집운] 海韻 襄育切

『광운』과 『집운』의 반절은 근세의 통용음과 맞지 않는 것이 매우 많다. 그중에는 어느 한편에는 맞고 다른 어느 한편에는 맞지 않는 음도 있다.

訓.『집운』의 吁運切로는 음이 '운'으로 되나 『전운옥편』137)에 '吁'의 정음이 '후'임으로 그것은 오히려 맞다고 볼 것이다.
國.『광운』의 古或切이나 『집운』骨或切로는 음은 '곡'이라야 한다.
所.『광운』의 疎擧切로는 음이 '서'라야 한다.

---

137) 편저자와 편찬 연대는 정확히 알 수 없으나, 서명으로 보아 『규장전운(奎章全韻)』의 부편으로 편찬된 것으로 추정된다. 전운이라는 이름 자체가 『규장전운』을 지칭하며, 『규장전운』이 있으면 거기 따르는 옥편이 있어야 한다는 것은 당연한 일로 여겨왔기 때문에, 이러한 각도에서 보면 『전운옥편』은 『규장전운』을 편찬한 사람들이 후속으로 간행한 것으로 볼 수 있다. 근대에 가장 권위 있는 옥편의 하나로 사용되었다.

終。『광운』의 職戎切이나 『집운』의 之戎切로는 음이 '중'이라야 한다.

此。『광운』의 雌氏切이나 『집운』의 淺氏切로는 음이 '치'라야 한다.

八。『광운』의 博拔切로는 음이 '발'이라야 한다.

便。『광운』의 房連切이나 『집운』의 昆連切로는 음이 '변'이라야 한다.

初。『광운』과 『집운』의 楚居切로는 음이 '처'라야 한다.

發。『광운』과 『집운』의 方伐切로는 음이 '벌'이라야 한다.

瞥『집운』의 必結切로는 음이 '펼'이라야 한다.

漂。『광운』의 撫招切 로는 음이 '묘'요 『집운』의 紕招切로는 음이 '뵤' 라야 한다.

步。『집운』의 蒲故切로는 음이 '포'라야 한다.

合。『집운』의 葛閤切로는 음이 '갑'으로 되나 『전운옥편』에 '葛'의 음 은 '할'이다.

必。『광운』의 卑吉切이나 『집운』의 壁古切로는 음이 '빌'이라야 한다. 이 '必'자의 음이 '빌'인 때에는 아까 '瞥'자의 『집운』 반절 必結切은 하 등의 상위되는 것이 아니다.

平。『광운』의 符兵切로는 음이 '병'이라야 한다.

急。『집운』의 訖立切로는 음이 '힙'으로 되나 『전운옥편』에 '訖'은 '至' 의 의義, 뜻에 한하여 '흘' 음이요, '終'의 뜻에 이르러 다시 '글' 음이다.

別。『광운』이나 『집운』의 皮列切로는 음이 '펼'이라야 맞다.

그러나 '必'자의 예로 보는 바와 같이 반절에 쓰인 그 글자라고 해서 그 주음의 반절이 근세의 우리 통용음과 꼭 일치한다는 것을 보장하기 어렵다. 『광운』이나 『집운』의 반절을 표준해서 한자음을 교정하려 할 때 는 먼저 그 운서의 전체를 통하여 그 반절에 사용된 글자의 음을 구명하 여야 할 것으로 실로 용이하지 않은 일이다.

더구나 반절이란 한인漢人의 북방음으로 따져서는 북방음으로 맞고 남 방음으로 따져서는 남방음으로 맞을 수 있는 성질이라서 우리의 통용음으로 따져서도 그대로 맞지 아니할 리가 없다. 『광운』이나 『집운』의 반절을 우리의 통용음으로 읽고 다시 우리의 통용음을 교정한다는 것은 그 범위가 스스로 제한되는 만큼 자모, 칠음, 청탁 등의 근본적 교정은 불가능한 일이다.

물론 '終'의 '즁', '八'의 '밣', '發'의 '벓', '必'의 '빓' 등 마치 이 두 가지 운서의 반절로부터 고친 것같이도 보이나 그것은 결코 직접적인 영향을 의미하지 않는다. 『동국정운』은 다른 음을 표준으로 교정하였다고 하더라도 그 표준을 이룬 음이 위에서 기술한 두 가지 운서와 밀접한 관계를 가짐에 따라서 『동국정운』과 두 가지 운서의 음도 자연히 공통의 일면을 가질 수 있다.

『동국정운』의 표준이 된 운서란 물론 『운회』[138]다. 이 아래 다시 『운회』의 음을 들어서 그 실증을 보이려한다.

4) 『운회』의 음(저자 인용의 판본은 오류가 많다)

世。霽韻 始制切 音與翅同 (翅)次商次淸次音

宗。冬韻 祖賓切 音與㚇同 (㚇)商淸音

御。御韻 魚據切 角次濁次音

製。霽韻 征例切 音與寘同 (寘)次商淸音

---

138) 1297년 웅충(熊忠)이 원초元初의 황공소黃公紹가 지은 『고금운회(古今韻會)』를 간략화한 책이다. 30권. 이 책은 송(宋) 이후의 중국음운(中國音韻) 변화를 잘 반영하고 있다. 형식상으로는 류연(劉淵)의 『임자신간예부운략(壬子新刊禮部韻略)』(1252)과 같은 107운을 기준으로 하고 있으나, 실지로는 당시의 음운 체계를 고려하여 배열하고 있는데 몽고자운(蒙古字韻)과 매우 흡사하다. 운 안에서 한자의 배열도 한도소(韓道昭)의 『오음집운(五音集韻)』(1211)을 본보기로 하여 36자모순으로 하고 있다. 그러나 이 36자모도 재래의 그것과는 다르다. 음운 체계는 몽고자운과 매우 가깝다. 세종은 한글창제 직후 신숙주, 성삼문 등에게 『고금운회거요』의 국역을 하도록 명하였는데, 이 사업은 완성되지 못했다. 그 대신 1447년에 이 『운회거요』의 영향을 크게 받은 『동국정운(東國正韻)』이 편찬되었는데, 따라서 『동국정운』의 편찬은 곧 『운회거요』 국역 사업의 연장으로 볼 수 있다.

訓。間韻 吽運切 羽次清音

民。眞韻 彌鄰切 宮次濁音

正。敬韻 之盛切 次商清音

音。侵韻 於金切 羽清音

國。職韻 骨或切 角清音

之。支韻 眞而切 音與支同 (支)次商清音

語。語韻 魚據切 角次濁次音

異。寘韻 羊吏切 音與易同 (易)羽次濁音

乎。虞韻 洪孤切 羽濁音

中。東韻 陟隆切 次商清音

與。語韻 演汝切 羽清濁音 (淸은 次의 오류)

文。文韻 無分切 次宮次濁音

字。寘韻 疾置切 商濁音

不。物韻 分勿切 音與福同 (福)宮清音

相。陽韻 思將切 商次清音

流。尤韻 力求切 半商徵音(半商徵와 半徵商이 많이 혼동되어 있다)

通。東韻 他東切 徵次清音

故。遇韻 古慕切 角清音

愚。虞韻 元俱切 音與魚同 (魚)角次濁次音

有。有韻 云九切 角次濁音

所。語韻 爽阻切 次商次清次音

欲。沃韻 兪玉切 音與育同 (育)羽次濁音

言。元韻 魚軒切 角次濁音

而。支韻 人之初 音與兒同 (兒)半商徵音

終。東韻 陟隆切 音與中同 (中)次商清音

得。職韻 的則切 徵清音

伸。眞韻 升人切 次商次清次音

其。支韻 渠之切 音與奇同 (奇)角濁音

淸。庚韻 葱盈切 商濁音

者。馬韻 止野切 次商清音

多。歌韻 當何切 徵清音

矣。紙韻 于己切 音與蟻同 (蟻)角次濁音

予。魚韻 羊諸切 羽次濁音

爲。寘韻 于僞切 音與位同 (位)羽次濁音

此。紙韻 淺氏切 商次清音

憫。軫韻 美隕切 宮次濁音

然。先韻 如延切 半商徵音

新。眞韻 斯人切 角次清次音 (角은 商의 오류)

制。霽韻 征例切 音與寘同 (寘)次商清音

二。寘韻 而志切 半商徵音

十。緝韻 是執切 音與石同 (石)次商次濁次音

八。黠韻 布拔切 宮清音

使。紙韻 爽士切 音與躧同 (躧)次商次清次音

人。眞韻 而鄰切 半商徵音

易。寘韻 以豉切 羽次濁音

習。緝韻 席入切 音與席同 (席)商次濁音

便。先韻 毗連切 音與緶同 (緶)宮濁音

於。魚韻 衣虛切 羽清音

日。質韻 入質切 半商徵音

用。宋韻 余頌切 羽次濁音

耳。紙韻 忍止切 音與爾同 (爾)半商徵音

牙。麻韻 牛加切 角次濁音

如。魚韻 人余切 半商徵音

君。文韻 拘雲切 音與鈞同 (鈞)角清音

初。魚韻 楚居切 次商次清音

發。月韻 方伐切 次宮清音

並。敬韻 皮命切 宮濁音

書。魚韻 商居切 次商次清次音

虯。尤韻 渠幽切 角濁音

快。卦韻 苦夬切 音與蒯同 (蒯)角次淸音

業。葉韻 逆怯切 音與孼同 (孼)音與㰐同 (㰐)葉本字

舌。屑韻 食列切 音與徹同 (徹)次商濁音

斗。有韻 當口切 徵淸音

覃。覃韻 徒南切 徵濁音

呑。元韻 他根切 徵次淸音

那。歌韻 囊何切 徵次濁音

脣。眞韻 船倫切 次商濁音

彆。屑韻 必結切 宮淸音

步。遇韻 蒲故切 宮濁音

漂。蕭韻 紕紹切 宮次淸音

彌。支韻 民卑切 宮次濁音

齒。紙韻 醜止切 音與侈同 (侈)次商次淸音

卽。職韻 節力切 音與聖同 (聖)商濁音

慈。支韻 牆之切 商濁音

侵。侵韻 千尋切 商次淸音

戌。質韻 雪律切 音與肅同 (肅)商次淸音

邪。麻韻 徐嗟切 商次濁次音

喉。尤韻 胡溝切 羽濁次音

挹。緝韻 一入切 音與一同 (一)羽次淸次音

虛。魚韻 休居切 羽切淸音

洪。東韻 呼公切 羽濁音

半。翰韻 博漫切 宮淸音

閭。魚韻 凌如切 半徵商音

穰。陽韻 如襄切 半徵商音 (徵商은 商徵의 오류)

復。宥韻 扶富切 次宮濁音

連。先韻 陵延切 音與連同 (連)半徵商音

下。馬韻 亥雅切 羽濁音

則。職韻 卽得切 商清音

輕。實韻 牽盈切 音與阮同 (阮)角次清音 (阮이 阮으로 오류)

合。合韻 曷閤切 音與曷同 (曷)羽濁音

同。東韻 徒東切 徵濁音

附。遇韻 符遇切 次宮濁音

右。有韻 云九切 角次濁音

凡。咸韻 符咸切 宮濁音

必。質韻 壁吉切 宮清音

成。庚韻 時征切 次商次濁次音

左。哿韻 子我切 商清音

加。麻韻 居牙切 角清音

一。質韻 益悉切 羽次清次音

點。琰韻 多忝切 徵清音

去。御韻 丘據切 角次濁音

上。養韻 時掌切 次商次濁次音

無。虞韻 微夫切 次宮次濁音

平。庚韻 蒲兵切 宮濁音

入。緝韻 人汁切 音與日同

促。沃韻 趣玉切 商次清音

急。緝韻 訖立切 音與訖同 (訖)角清音

漢。翰韻 虛汗切 羽次清音

頭。尤韻 徒侯切 徵濁音

別。屑韻 筆別切 音與暼同

百。陌韻 博陌切 宮清音

姓。敬韻 息正切 商次清次音

皇。陽韻 胡光切 羽濁音

帝。霽韻 丁計切 徵清音

常。陽韻 辰羊切 次商次濁次音

談。覃韻 徒甘切 音與覃同

江。江韻 古雙切 角清音

南。覃韻 那含切 徵次濁音

乃。賄韻 襄亥切 音與嬭同(嬭) 徵次濁音

　『운회』에서 '각, 치, 궁, 상, 우'는 '아, 설, 순, 치, 후'에 해당하고 또
'청, 차청, 탁, 차탁'은 '전청, 차청, 전탁, 불청불탁'에 해당하고 궁은 순
중, 차궁은 순경, 상은 치두, 차상은 정치에 해당하고 상의 차탁은 娘(낭)
모에 해당하고 또 상과 차상의 차청차와 차탁차는 치음의 제4 제5자에
해당한다. 단지 『운회』에는 아, 후 양음의 전탁자의 일부를 떼어 魚(어)모
를 세우니 그것이 곧 각차탁자角次濁次요, 후의 전청, 차청, 양 음의 글자의
일부를 떼어 幺(현)모를 세우고 후의 전탁자의 일부를 떼어 合(합)모를 세우
니 그것이 곧 후차청차喉次淸次와 차탁차次濁次이다.[139]

　여기서 순중·순경과 치두·정치를 합하는 동시에 郎(낭)모는 설음의 泥
(니)모와 합하고 『운회』에서 새로 세운 魚(어), 幺(현), 合(합) 3모를 흩어서 각
기 그 본모로만 돌아간다면 운회음의 초성은 언해의 주음과 거의 그대로
다. 오직 상의 상차청商次淸은 'ᄎ' 초성이오, 순의 차상탁次商濁은 'ᄍ' 초성
으로 언성의 주음과 틀리는데 순脣자는 『사성통해』에 따라 『운회』가 특히
몽운을 쫓았던 것으로 『동국정운』에서 다시 한음을 참작하여 고친 것으
로 보인다. 그러나 상相자만은 시종 불확실하다. 필자가 가진 광서간光緖刊

---

139) "최세진이 말하였다. "'魚[ㅇ]'음은 곧 '疑[ㅇ]'음과 같고, '嬢[ㄴ]'음은 곧 '泥[ㄴ]'음과
　　같고, '幺[ㆆ]'음은 곧 '影[ㆆ]'음과 같고, '敷[ㅸ]'음은 '非[ㅸ]'음과 같으니, 둘로 나누
　　면 안 되는데 『운회』에서는 이것을 나누어 놓았다. 몽고운에서는 '魚[ㅇ]'자와 '疑[ㅇ]'
　　자는 음이 비록 같지만 그 몽고 글자는 다르기 때문이다. '泥[ㄴ]'와 '嬢[ㄴ]', '幺[ㆆ]'
　　와 '影[ㆆ]', '非[ㅸ]'와 '敷[ㅸ]' 또한 같다. 그러나 다만 '泥[ㄴ]'와 '嬢[ㄴ]'에 대해서
　　는 달리 논해야 한다. 결코 같이 논해서는 안 된다고 한 것은 알 수 없다.(崔世珍曰, "魚
　　卽疑音, 嬢卽泥音, 幺卽影音, 敷卽非音, 不宜分二, 而韻會分之. 蓋因蒙韻內, 魚·疑二母,
　　音雖同而蒙字卽異也. 泥嬢·幺影·非敷亦同. 但以泥·嬢別論, 決然不以爲同, 則未可知
　　也.)", 유희의 『언문지』에서.

본이 오류가 많아서 미루어 보면 그 역시 상차청차商次淸次에서 차次의 한 글자가 누락된 것이 아닐까 생각한다.

설사 위에서 말한 예외는 없다고 하더라도 그것은 거의 문제가 되지 않는다. 전부 124자 가운데 122자가 『운회』와 일치할 뿐만 아니라 그 이외에 『월인석보』에 나오는 다른 글자의 주음도 대체로 일치한다.

그런데 언해의 주음으로 미루어 보아 『동국정운』 음의 교정된 부분은 중성이나 종성보다도 초성이 제일 많다. 초성음의 교정에 『운회』가 그 점만으로도 양 운서의 깊은 관계를 부인할 수 없다. 더구나 중성음의 교정에 있어서도 초성이나 마찬가지로 『운회』 음을 많이 참조하였다고 추측된다. 거기에 대해서는 아래에서 다시 기술하겠다.

5) 『홍무정운』 및 그 후대의 한음

『홍무정운』은 곧 명대明代의 한음의 표준이 된 것으로 언해의 주음과는 별개의 문제이지만 한음 그 자체도 『동국정운』 음에 영향을 준 바가 적지 않은 것이다. 『홍무정운』의 반절과 아울러 『사성통해』와 『정음통석』의 한음을 대조하였다. 언해의 주음은 『동국정운』 곧 그것임에 대해 『사성통해』는 『홍무정운역훈』으로부터 유래되는 것이다. 이 대조로서 어느 정도까지 그 당시에 한때 교정된 동음東音 대 화음華音의 관계를 엿볼 수 있을 것이다.

> 世。[홍무] 霽韻 始制切, [사성] 시。속음 싱, [정통] 시
> 宗。[홍무] 東韻 祖冬切, [사성] 중, [정통] 중
> 御。[홍무] 御韻 魚據切, [사성] 유, [정통] 유
> 製。(制와 같음)
> 訓。[홍무] 震韻 吁運切, [사성] 훈 [정통] 휸

民。[홍무] 眞韻 彌鄰切, [사성] 민, [정통] 민

正。[홍무] 敬韻 之盛切, [사성] 징, [정통] 징

音。[홍무] 侵韻 於禽切, [사성] 힘, [정통] 인

國。[홍무] 陌韻 古伯切, [사성] 귀, 혹은 귁, 혹 귕, [정통] 귀

之。[홍무] 支韻 旨而切, [사성] 지, [정통] 지

語。[홍무] 語韻 偶許切, [사성] 유, [정통] 유

異。[홍무] 寘韻 以智切, [사성] 이, [정통] 이

乎。[홍무] 模韻 洪孤切, [사성] 햫, [남방음] 우, [정통] 후

中。[홍무] 東韻 陟隆切, [사성] 즁, [속음] 즁, [정통] 즁

與。[홍무] 語韻 弋諸切, [사성] 유, [정통] 유

文。[홍무] 眞韻 無分切, [사성] 룬, [속음] 론, [정통] 운

字。[홍무] 寘韻 疾二切, [사성] 쯔, [정통] 즈

不。[홍무] 質韻 敷勿切, [사성] 부, [정통] 부

相。[홍무] 陽韻 息良切, [사성] 샹, [정통] 샹

流。[홍무] 尤韻 力求切, [사성] 륳, [정통] 류

通。[홍무] 東韻 佗紅切, [사성] 퉁, [정통] 퉁

故。[홍무] 暮韻 古慕切, [사성] 구, [정통] 구

愚。[홍무] 魚韻 牛居切, [사성] 유, [정통] 유

有。[홍무] 有韻 云九切, [사성] 잏, [운회, 몽훈] 잏, [정통] 위

所。[홍무] 姥韻 疎五切, [사성] 수, [속음] 소, [정통] 수

欲。[홍무] 屋韻 余六切, [사성] 유, [정통] 유

言。[홍무] 先韻 夷然切, [사성] 연, [몽운] 연, [정통] 연

而。[홍무] 支韻 如支切, [사성] ᅀᅵ, [정통] 슐

終。[홍무] 東韻 陟隆切, [사성] 즁, [정통] 즁

得。[홍무] 陌韻 多則切, [사성] 듸, [정통] 더

伸。[홍무] 眞韻 升人切, [사성] 신, [정통] 신

其。[홍무] 支韻 渠宜切, [사성] 끼, [정통] 키

情。[홍무] 庚韻 慈盈切, [사성] 찡, [정통] 칭

者。[홍무] 者韻 止野切, [사성] 져, [정통] 져

多。[홍무] 歌韻 得何切, [사성] 더, [정통] 도
矣。[홍무] 紙韻 養里切, [사성] 이, [몽운고운] 응모(疑母), [정통] 이
予。[홍무] 魚韻 雲居切, [사성] 유, [정통] 유
爲。[홍무] 隊韻 于位切, [사성] 위, [정통] 위
此。[홍무] 紙韻 雌氏切, [사성] 츠, [정통] 츠
憫。[홍무] 軫韻 弭盡切, [사성] 민, [정통] 민
然。[홍무] 先韻 如延切, [사성] 연, [정통] 연
新。[홍무] 眞韻 斯人切, [사성] 신, [정통] 신
制。[홍무] 霽韻 征例切, [사성] 지, [정통] 지
二。[홍무] 寘韻 而至切, [사성] 싀, [정통] 슬
十。[홍무] 緝韻 寔執切, [사성] 씨, [정통] 시
八。[홍무] 轄韻 布拔切, [사성] 바, [정통] 바
使。[홍무] 紙韻 師止切, [사성] 시, [정통] 스
人。[홍무] 眞韻 而人切, [사성] 신, [정통] 신
易。[홍무] 寘韻 以智切, [사성] 이, [정통] 이
習。[홍무] 緝韻 席入切, [사성] 씨, [정통] 시
便。[홍무] 先韻 蒲眠切, [사성] 뼌, [정통] 편
於。[홍무] 魚韻 衣虛切, [사성] 휴, [정통] 유
日。[홍무] 質韻 人質切, [사성] 싀, [정통] 싀
用。[홍무] 送韻 余頌切, [사성] 융, [정통] 융
耳。[홍무] 紙韻 忍止切, [사성] 싀, [정통] 슐
牙。[홍무] 麻韻 牛加切, [사성] 야, [정통] 야
如。[홍무] 魚韻 人余切, [사성] 슈, [정통] 슈
君。[홍무] 眞韻 規倫切, [사성] 균, [정통] 균
初。[홍무] 模韻 楚徂切, [사성] 추, [정통] 추
發。[홍무] 轄韻 方伐切, [사성] 뱡 [속음] 뱡, [몽운] 바, [정통] 바
聲。[홍무] 庚韻 書征切, [사성] 싱, [정통] 싱
並。[홍무] 迥韻 皮命切, [사성] 뼁, [정통] 빙
書。[홍무] 魚韻 商居切, [사성] 슈, [정통] 슈

虯。[홍무] 尤韻 渠尤切, [사성] 뀨, [몽운] 뀨, [정통] 큐

快。[홍무] 泰韻 苦夬切, [사성] 쾌, [정통] 쾌

業。[홍무] 葉韻 魚怯切, [사성] 여, [정통] 여

舌。[홍무] 屑韻 食列切, [사성] 셔, [정통] 셔

斗。[홍무] 有韻 當口切, [사성] 듛, [정통] 두

覃。[홍무] 覃韻 徒含切, [사성] 딴, [정통] 탄

吞。[홍무] 眞韻 他昆切, [사성] 튼, [속음], [몽운] 튼, [정통] 튼

那。[홍무] 歌韻 奴何切, [사성] 너, [속음]나 [금속음] 눠, [정통] 나

脣。[홍무] 眞韻 殊倫切, [사성] 쓘, [몽운], [운회] 쭌, [정통] 츈

瞥。[홍무] 屑韻 必列切, [사성] 벼, [정통] 벼

步。[홍무] 暮韻 薄故切, [사성] 뿌, [정통] 부

漂。[홍무] 蕭韻 紕招切, [사성] 퍌, [정통] 퍂

彌。[홍무] 齊韻 綿兮切, [사성] 메, [정통] 미

齒。[홍무] 紙韻 昌止切, [사성] 치, [속음] 칭, [정통] 츠

卽。[홍무] 陌韻 節力切, [사성] 지, [정통] 지

慈。[홍무] 支韻 才資切, [사성] 쯔, [정통] 츠

侵。[홍무] 侵韻 七林切, [사성] 침, [정통] 친

戌。[홍무] 質韻 雪律切, [사성] 슈, [정통] 슈

邪。[홍무] 遮韻 徐嗟切, [사성] 쎠, [정통] 셔

喉。[홍무] 尤韻 胡鉤切, [사성] 뺳, [정통] 흑

挹。[홍무] 緝韻 一入切, [사성] 히, [정통] 이

虛。[홍무] 魚韻 休居切, [사성] 휴, [정통] 휴

洪。[홍무] 東韻 胡公切, [사성] 뽕, [정통] 홍

半。[홍무] 翰韻 博漫切, [사성] 붠, [정통] 번

閭。[홍무] 魚韻 凌如切, [사성] 류, [정통] 려

穰。[홍무] 陽韻 如羊切, [사성] 샹, [정통] 샹

復。[홍무] 宥韻 扶富切, [사성] 뿔, [정통] 복

連。[홍무] 先韻 靈年切, [사성] 련, [정통] 련

下。[홍무] 馬韻 亥雅切, [사성] 뺘, [정통] 하

則。[홍무] 陌韻 子德切, [사성] 즥, [정통] 저

輕。[홍무] 庚韻 丘京切, [사성] 킹, [정통] 킹

合。[홍무] 合韻 胡閤切, [사성] 햐, [속음] 혷, [정통] 허

同。[홍무] 東韻 徒紅切, [사성] 뚱, [정통] 퉁

附。[홍무] 暮韻 防父切, [사성] 뿌, [정통] 부

右。[홍무] 有韻 云九切, [사성] 잏, [정통] 위

凡。[홍무] 覃韻 符咸切, [사성] 빰, [정통] 봔

必。[홍무] 質韻 壁吉切, [사성] 비, [정통] 비

成。[홍무] 庚韻 時征切, [사성] 찡 [몽운] 씽, [정통] 칭

左。[홍무] 哿韻 臧可切, [사성] 저 [금속음] ㅗ, [정통] 조

加。[홍무] 麻韻 居牙切, [사성] 갸, [정통] 갸

一。[홍무] 質韻 益悉切, [사성] 히, [정통] 이

點。[홍무] 琰韻 多忝切, [사성] 뎜, [정통] 뎐

去。[홍무] 御韻 丘遇切, [사성] 큐, [요동인] 귀, [정통] 큐

上。[홍무] 養韻 是掌切, [사성] 쌍, [정통] 샹

無。[홍무] 模韻 微夫切, [사성] 무, [정통] 우

平。[홍무] 庚韻 蒲明切, [사성] 삥, [정통] 핑

入。[홍무] 緝韻 日執切, [사성] ㅿᅵ, [정통] 슈

促。[홍무] 屋韻 千木切, [사성] 추, [정통] 추

急。[홍무] 緝韻 居立切, [사성] 기, [정통] 기

漢。[홍무] 翰韻 虛汗切, [사성] 헌, [정통] 한

頭。[홍무] 尤韻 徒候切, [사성] 뜧, [정통] 투

別。[홍무] 屑韻 必列切, [사성] 벼, [정통] 벼

百。[홍무] 陌韻 博陌切, [사성] 븨, [정통] 버

姓。[홍무] 敬韻 息正切, [사성] 싱, [정통] 싱

皇。[홍무] 陽韻 胡光切, [사성] 꽝, [정통] 황

帝。[홍무] 霽韻 丁計切, [사성] 데, [정통] 듸

常。[홍무] 陽韻 辰羊切, [사성] 쌍, [몽운] 쌍, [정통] 챵

談。[홍무] 覃韻 徒甘切, [사성] 땀, [정통] 탄

江。[홍무] 陽韻 居良切, [사성] 걍, [강서인] 강, [정통] 걍
南。[홍무] 覃韻 那合切 [사성] 남, [정통] 난
乃。[홍무] 蟹韻 囊亥切 [사성] 내, [정통] 내

이상으로 보아 『사성통해』[140] 시대에는 'ㆆ' 초성과 전탁 초성이 있었
는데 『정음통석』[141] 시대에는 'ㆆ' 초성이 없어지고 전탁 초성이 전청 또
는 차청으로 변하였다. 또 종성도 전자의 'ㅁ'과 'ㅱ'이 후자에 이르러
'ㄴ'과 또는 'ㅜ', 'ㅜ' 등의 합용중성으로 변하였다.

2. 초성의 교정

1) 'ㆁ, ㆆ' 초성의 변별

『삼강행실』 음이나 『훈몽자회』 음에서 'ㅿ' 초성은 있지만 'ㆁ'과 'ㆆ'
초성은 없다. 'ㅿ' 초성의 음은 원래 그 당시의 통용음에 실현되던 것이
요, 'ㆁ, ㆆ' 두 초성은 『동국정운』에서 새로 변별하여 놓은 것으로 보인
다. 우리말에서 '이어鯉魚'는 '잉어', '노어鱸魚'는 '농어', '부어鮒魚'는 '붕
어', '사어鯊魚'는 '상어'라는 것으로 본다면 일찍이 'ㆁ' 초성을 발음했던
것 같지만 그 역시 그 몇 단어에 지나지 않는다. 또 '어'자가 다른 글자와
연접해서 'ㆁ' 초성을 발음한 예가 있다고 하더라도 '어'자를 따로 떼어
서 능히 'ㆁ' 초성으로 발음했을까 의문이다. 본래 우리말에는 어두에서
'ㆁ' 초성을 발음하지 않았던 것이다. 그 당시의 문헌에도 어두에 나오는

---

140) 조선 중종 12(1517)년에 최세진(崔世珍)이 편찬한 책으로 글자의 해석이 없는 『사성통고
(四聲通攷)』의 단점을 『홍무정운(洪武正韻)』을 기초로 하여 보완한 것이다. 2권 2책이다.
141) 조선 영조 23(1747)년에 박성원(朴性源)이 임금의 명으로 지은 운서(韻書). 『삼운통고(三
韻通考)』와 『사성통해(四聲通解)』를 바탕으로 하여 당시의 한국 한자음과 중국 한자음
을 밝힌 음운서이다. 2권 1책이다.

'ㆁ' 초성은 도무지 없다고 보아도 좋을 것이다. 오직 해례 가운데 '앙'과 같은 예외도 있으나 그것은 복사본의 잘못이 아니었을지 모른다. 그런데 한자음이란 그 성질상 어두나 마찬가지이다. 그 당시에도 'ㆁ' 초성을 발음하지 아니하였을 것이 더욱 당연하다.

'ㆆ'에 대해서는 해례에서도 우리말에 있어서 'ㅇ'와 비슷하여 결국 'ㅇ'으로 통용된다고 하였다. 우리 음운에 동화되었을 한자의 통용음에서도 'ㅇ'와 'ㆆ'가 변별되지 못했던 것은 사실이다.

2) 전탁 초성의 변별

『운회』 음으로 전탁 초성에 해당한 글자가 그 당시의 통용음으로 전청, 혹은 차청에 혼입되어 있었다. 그 가운데 아음과 치음 제5의 전탁은 전청에 혼입되고 후음의 전탁은 차청에 혼입되고 설순 양음과 치음 제3의 전탁은 전청 또는 차청 두 방향으로 혼입되어 있었다.

전청에서 나온 것으로는 "瞿(꿍), 近(끈), 渡(똥), 獨(똑), 父(뿡), 部(뽕), 暫(짬), 寂(쩍), 時(씽), 食(씩)"이 있다.

차청에서 나온 것으로는 "特(뜩), 誕(딴), 陛(뼁), 婆(빵), 層(쯩), 就(쯓)"가 있는데, 이상은 『월인석보』로부터 예를 인용한 것이다.

3) 전청, 차청의 상호 교환

전청이 차청으로 바뀐 것으로는 "曲(콕), 起(킹), 慶(켱), 開(캥), 普(퐁), 翩(편), 妃(핑), 拂(붏), 詮(췐), 赤(쳑), 借(챵), 切(촳)"이 있다. 차청이 전청으로 바뀐 것으로는 "彼(빙), 布(봉), 波(방), 廢(뼁), 忠(둥), 輒(덥), 瞻(졈), 讚(짠), 焦(즁), 囑(쪽)"이 있다.

4) 아 · 후 두 음의 상호 교환

후음 차청을 아음 전청으로 바꾸어 놓은 예이다. "解(갱), 頰(겹)"이 있다.

5) 교정의 한도

초성의 교정이 아무리 광범위 하다고 하더라도 그 실상 위에서 기술한 4항으로 일정한 한도를 가지는 것이다. 칠음의 상호 교환된 예는 오직 제 4항에 한하지만 그 역시 예가 그다지 많지 않은 것 같다.

그런데 근세의 한자음에서 속음, 정음 등의 여러 가지 음이 있으니 『전운옥편』에 '暇'는 정음이 '하'요, '肖'는 정음이 '쇼'이다. '暇'의 '행', '肖'의 '행', '昭'의 '흉', '蜀'의 '쏙' 등을 그 속음에 비해서는 상당히 다르지만 그 정음에 비추어서는 차청이 전탁으로 되었거나 그 음 그대로인 것에 지나지 않는다.

여하튼 이상의 4항이 『동국정운』과 그 당시 통용음과 서로 다른 한도인데 『동국정운』에다가 순중 · 순경과 치두 · 정치의 구별을 더하고 '魚(어)', 'ㅿ(겸)', '合(합)'의 3초성을 갈라놓은 것은 『운회』의 초성음이요, 그 당시의 통용음에서 다시 'ㅿ' 초성을 없애 버린 것은 근세의 통용음이다. 근세의 통용음과 『운회』만 가진다면 『동국정운』의 초성음 전체를 거의 일자일획까지 틀림없이 그대로 재현시킬 수 있다고 믿는다.

3. 중성의 교정

1) 운부와 중성

한자음은 반드시 일운─韻 일중성─中聲에 한하는 것은 아니다. 우선 중성 글자나 '通(통)'자가 같은 '東(동)'운이요, '皇(황)'자나 '常(상)'자가 같은 '陽(양)'

운이요, '於(어)'자나 '初(초)'자가 같은 '魚(어)'운이요, '此(차)'자나 '矢(의)'자가 같은 '紙(지)'운인 예들이다. 그러나 서로 다른 중성이 일운으로 포함되는 데도 스스로 어느 정도까지 제한되어 있다.

우선 '東(동)'운에는 'ㅗ, ㅜ, ㅛ, ㅠ'의 4 중성이 섞여 있을 뿐으로 '庚(경), 江(강)' 등의 음은 절대로 들지 못하고 '陽(양)'운에는 'ㅏ, ㅑ, ㅘ'의 3중성이 섞여 있을 뿐 '靑(청), 蒸(증)' 등의 운은 절대로 들지 못하는 부류이다.

또 일운—韻 내에 서로 다른 중성도 한데 혼재하여 있는 것이 아니라 대략은 서로 구별되어 있다. 즉 동운東韻에서 '公(공), 空(공), 東(동), 通(통)' 등의 글자가 한데 모이고, '弓(궁), 窮(궁), 蟲(충), 融(융)' 등의 글자가 한데 모인 것은 두 부류의 음이 구별된 것이요, '陽(양)'운에서 '岡(강), 卬(앙), 長(장), 穰(양)' 등의 글자가 한데 모이고, '畺(강), 羌(강), 彊(강), 將(장)' 등의 글자가 한데 모이고, 또 '光(광), 匡(광), 汪(왕), 荒(황)' 등의 글자가 한데 모이는 것은 그 역시 3종의 음이 구별된 것임에 틀림이 없다. 더구나 한 주음 아래 여러 글자를 유별로 모아 놓았으니까 같은 운의 같은 음자만은 가장 분명히 알아낼 수 있다. 즉 '江(강)'운의 첫머리 '紅(홍), 矼(강), 玒(강), 釭(강), 扛(강)' 등의 글자는 결국 '古雙切(고쌍절)'의 '江(강)'과 동음 글자로 그 아래 '從(종), 儱(종)' 등의 글자는 '鉏江切(서강절)'의 '淙(종)'과 동음 글자로 되는 유이다.

이러한 운부와 우리의 통용음을 대조할 때는 첫째, 그 운에 해당하지 않는다고 판정될 중성도 있을 것이요, 둘째, 한 운의 내에서 유가 바뀌었다고 판정될 중성도 있을 것이요, 셋째, 같은 중성이 다른 중성으로 되었다고 판정될 글자도 있을 것이다. 둘째와 셋째를 한 운 내의 유취음類聚音에 인한 교정이라고 할 것 같으면 첫째는 각 운의 한계음에 의한 교정이라고 할 수 있다.

그런데 『운회』의 권두에는 <칠음삼십육자모통고七音三十六字母通考>의 한 편이 붙어 있으니 그것은 곧 자모에 대하여 운모라고 할 수 있는 것을 만들어서 자모와 운모의 배합으로 그 운이 포함하는 모든 음을 일람할 수 있도록 편하게 꾸며 놓은 표이다. 가령 '東(동)'운에는 '公(공)'자와 '弓(궁)'자가 두 운모가 있다면 '公(공)'자의 음은 '見公(견공)', '空(공)'자의 음은 '溪公(계공)'으로 표시하고 '弓(궁)'자의 음은 '見弓(견궁)', '穹(궁)'자의 음은 '溪弓(계궁)'으로 표시하는 것과 같다. 물론 이 운모는 그 자체가 반드시 자모와 같이 일정한 성음 이론에 의하여 정밀하게 분류된 것도 아니려니와 더구나 우리의 중성음을 표준해서 거기에 합치하도록 분류된 것도 결코 아니다. 가령 '양陽'운에는 '岡(강), 江(강), 光(광), 黃(황), 莊(장)' 등의 운모가 'ㅑ'의 한 중성을 '岡(강)', '江(강)'의 두 운모, 'ㅘ'의 한 중성을 '光(광), 黃(황)'의 두 운모로 갈라놓은 것과 같다. 설사 그 운모가 각 음의 상호 차이를 엄격하게 대표한 것이라고 하더라도 우리의 중성음으로는 'ㅏ, ㅑ, ㅘ'의 세 중성밖에 더 다른 음을 가질 수가 없다. 결국 '岡(강)' 운모의 'ㅏ'와 '莊(장)' 운모의 'ㅏ'나 '岡(강)' 운모의 'ㅑ'와 '江(강)' 운모의 'ㅑ'나 '光(광)' 운모의 'ㅘ'와 '黃(황)' 운모의 'ㅘ'는 꼭 같은 한 중성으로 혼동하게 되는 것이다.

그러나 다른 운서에는 애초부터 이러한 표조차 붙어 있지 않다. 『동국정운』의 편찬자들이 한계음이나 유취음을 교정하는 데 있어서 이로써 좋은 참고를 삼았을 것은 더 말할 것 없는 일이다. 만일 최세진의 증언에 따라서 『사성통고』의 음에 『몽고운략』[142]이라는 책을 많이 참고했다고는 하지만 『운회』의 <칠음삼십육자모통고>에도 "몽고자운의 음과 같다.蒙古字韻音同"라고 명기되어 있다. 『운회』에서 이른바 『몽고자운』[143]이 마치 그

---

142) 『몽고운략』 : 조선 중종 때 최세진이 간행한 『사성통해』에 그 서명이 보이지만 실전되어 전하지 않는 다. 원나라의 주종문(朱宗文)이 지은 『몽고자운』(1308년)은 대영박물관에 소장되어 있는데 간기가 "至大 戊申 淸明前日"에 따르면 원나라 武宗 원년(1308)에 간행되었다.
143) 1308년 주종문(朱宗文)이 최초로 중국어를 표음 문자로 표기한 운서로서 『고금운회거요』와 거의 같은 음계를 파스파(八思巴) 문자로 기록하였다.

『몽고운략』일 때에는 모르거니와 한음 정리에 참작된 그 음이 동음 정리에도 관계가 있을 수는 있다. 그렇다면 이 <칠음삼십육자모통고>보다『몽고운략』이 더 한층 더 중요한 영향을 끼쳤다고 생각되지만 단지 첫째로『몽고운략』그 책이 전하지 않고, 둘째로 그 당시의 사람들도 그기에 대해 일체 언급이 없는데 비해서, 셋째로『동국정운』의 처음 시작은『운회』의 번역으로까지 기록되어 있다. 또『운회』에서 "몽고자운의 음과 같다."라고 한 것으로 미루어 몽고운이란 결국 그것을 몽고자로 표음해 놓은 것이요,『몽고운략』이란 결국 그러한 운서였을 것이다. 그 실상『운회』의 통고음 이외 더 다른 것이 아닐지도 모른다.

2) 한계음의 교정

① 支지, 紙지, 寘사 3음

'雖(쉥), 追(튕), 衰(쉥), 遺(윙), 瑞(쎵), 水(쉥), 漏(륑), 隨(쎵), 體(텡), 癸(귕), 惟(윙)'의 '支(지)' 운은 '覇(패), 惟(유), 鷄(계), 質(질), 嬀(규), 規(규), 摩(마), 乖(괴)' 등 8운모로 구성되어 있다. 우리 음으로는 'ㆍ, ㅣ, ㅓ, ㅟ, ㅠ' 등의 여러 중성으로 나는 것이다. 그러나 여기서 '覇(패)' 운모는 'ㅣ, ㅓ'의 두 중성에 해당하고 '質(질)' 운모는 'ㅠ' 중성에 해당하고 '惟(유), 規(규), 乖(괴)' 등의 운모는 'ㅠ' 중성에 해당하고 '嬀(규)' 운모는 'ㅣ, ㅟ, ㅠ' 등 중성에 해당한다. 그 운의 한정음으로 보아서 'ㅠ'의 중성이나 'ㅚ'의 중성과 같은 것은 포용될 수 없는 것이다. '紙(지), 寘(치)'의 두 운으로 '支(지)' 운과 마찬가지다. 더 나아가서 두 운의 운모자를 더 들 것도 없다.

『정음통석』에서 "이 운의 동음(東音)은 'ㅒ'성에 속하는데, 'ㅒㅣ'는 아니다. 무릇 'ㅟ'의 속음에 주를 달았는데 번잡하여 쓰지 않았으니 읽는 사람이 상세하게 보아야 한다. 此韻東音之ㅒㅣ 聲者俗 ㅒㅣ非。凡ㅟ之俗音註煩不著。觀者詳之。"

라고 하였다. 또 『전운옥편』144)에는 이 운류에 속하는 '端'이나 '癸'도 전부 '슈'와 '규'를 정음으로 명기하여 현용음의 '셔'나 '겨'는 다시 'ㅠ' 중성의 세속음의 변화라는 것이다.

② 齊제, 薺제, 霽제 3운

'妻(쳉), 西(셍), 悽(쳉), 誓(셍), 米(몡), 迷(몡)'의 '齊(졔)'운은 '覇(패), 規(규)'의 두 운모로 구성되었는데 여기서 우리 음으로 '覇(패)'운모는 'ㅖ' 중성, '規(규)' 운모는 'ㅖ' 중성에 해당한다. '覇(패)'운모에 속하는 글자를 'ㅕ'나 'ㅣ' 중성으로 발음하는 것은 그 한정음으로 용인되지 못하는 것이다. 함께 'ㅖ' 중성으로 고친 것이다. '規(규)'운모에 속하는 '圭(규), 閨(규)' 등의 글자는 현용음이 'ㅠ' 중성이다. 이것도 아마 'ㅖ' 중성으로 모두 교정되었을 것으로 추정된다.

『정음통석』에도 "이 운의 중성은 모두 'ㅖ'인데 속음인 'ㅕ'로 읽는 사람이 많으니 잘못되었다. 주가 번잡하여 속음을 쓰지 않았으니 읽는 사람이 상세히 보아야 한다.此韻中聲皆ㅖ。而俗ㅕ者多非。註煩。不著俗音。觀者詳之。"라고 하였다. 또 『전운옥편』에는 이 운류에 속하는 '奚·齊' 등의 글자도 그 정음은 '혜'나 '제'로 되어 있다.

③ 灰회, 賄회, 卦괘 3운

'卦(괘)'운은 '懈(해), 卦(괘), 蓋(개)'의 3운모로 구성되어 있는데 여기서 우리 음으로 '懈(해)'운모는 'ㅐ' 중성, '卦(괘)'운모는 'ㅙ' 중성, '蓋(개)'운모는 'ㅣ, ㅐ, ㅚ' 등 중성에 해당한다. '懈(해)'운모에 속하는 글자를 'ㅖ' 중성으로 내는 것은 그 역시 한정음에 용인될 수 없는 것이다. 'ㅐ' 중성으로

---

144) 조선 정조(正祖) 때, 『강희자전(康熙字典)』을 본떠서 만든 한자 자전. 한글로 음을 달고 운자를 붙였다. 2권 2책이다.

고친 것이다.

④ 속음의 혼란

'諸(졔), 除정(어운魚韻), 腦(뇡), 惱뇡(고운皓韻), 就쥵(유운宥韻), 取츙(우운虞韻)'은 『전운옥편』에서도 오직 이 주음과 일치한 음으로 기재되어 있을 뿐이다. '제', '뇌', '취' 등의 음은 『전운옥편』에 오로지 없는 것으로 미루어 속음 가운데 실로 근거없는 속음이라고 생각된다. 물론 그 각 운의 한정음限定音으로 보더라도 그러한 중성을 포괄하였을 수는 없다. 이것은 교정의 예에 들 것이 아니다.

4. 유취음의 교정

1) 'ᆔ' 중성의 변별

'歲(쉥), 慧쀓(제운霽韻), 錄(원), 宣(원), 筌(원), 詮(원), 轉(둰), 玄훤(先선, 銑선, 霰韻산운)', '頃(큉), 兄(횡), 榮(웡), 永(웡)'(庚경, 梗경, 敬경 3韻), '雪(웛), 說(웛), 決(궒), 悅(웛), 訣(궒)'은 '霽(졔)'운이다. '霽(졔)'운은 '羈(기), 規(규)'의 양 운모로 구성되어 있음에 비해 '霽(졔)'운은 '寄(기), 計(계), 媿(괴), 季(계)' 등의 4운모로 구성되어 있다. '寄(기)'운모의 '第帝切, 世(세)' 등의 글자와 계운모의 계열 등의 글자는 'ㅖ' 중성, '媿(괴)' 운모의 '歲(세)'자와 '季(계)' 운모의 '慧(혜)'자는 'ᆒ' 중성으로 만들어 서로 구별한 것이다.

'先(선), 銑(선), 霰(산)' 3운은 '先(선)'운의 운모는 '堅(견), 涓(연), 韉(건), 券(권), 賢(현)' 등의 글자의 5자이니 우리 음으로 '堅(견)', '韉(건)'은 'ㅕ, ㅕ' 중성, '賢(현)'은 'ㅕ' 중성, '券(권)'은 'ㅝ' 중성, '涓(연)'은 'ㅕ, ㅝ' 중성이다. '涓(연)'운모의 'ㅕ' 중성은 한음으로 전부 'ᆔ'의 음이요, 또 'ㅝ'와 한 부류

를 이룬 것이 보통의 'ㅕ'는 아니라 'ㆌ'로 만들어 다른 운모의 'ㅕ' 중성과 구별한 것이다.

'庚(경), 橫(경), 敬(경)' 3음은 '庚(경)'운의 운모는 '京(경), 行(행), 兄(형), 經(경), 摳(구), 公(공), 雄(웅), 弘(홍), 弓(궁)' 등의 9자이니 우리 음으로 '京(경)'은 'ㅕ' 중성, 京(경), '行(행)'은 '·ㅣ, ㅕ' 중성, '摳(구)'는 'ㅡ, ·ㅣ, ㅕ' 중성, '公(공)'은 '·ㅣ, ㅚ' 중성, '弘(홍)'은 'ㅚ' 중성, '雄(웅)'은 'ㅚ, ㅕ' 중성, '兄(형)', '弓(궁)'은 'ㅕ' 중성이다. '兄(형)'의 '兄(형)'자나 '弓(궁)'운모의 '榮(영)'자는 한음에서 'ㆌ' 중성으로 변하여 다른 운모의 'ㅕ' 중성과 다름으로 'ㆌ'로 만들어 서로 구별한 것이다.

'屑(설)'운은 '屑(설)'운의 운모는 '結(결), 訣(결), 玦(결)' 3자요, 우리 음으로 모두 'ㅓ, ㅕ' 중성이다. 단지 한음에서는 '結(결)', '訣(결)'이 'ㅕ' 중성, '玦(결)'이 'ㆌ' 중성임으로 '玦(결)'운모의 '雪(설)', '設(설)' 등을 'ㅠㅑ' 중성으로 고친 것이다.

'職(직)'운은 '職(직)'운의 운모는 '訖(흘), 國(국), 洫(혁), 黑(흑), 克(극)'의 5자인 가운데 우리음으로 '訖(흘)'은 'ㅡ, ㅣ' 중성이요, '黑(흑)', '克(극)'은 'ㅡ, ·ㅣ' 중성이요, '洫(혁)'은 'ㅕ' 중성이요, '國(국)'은 'ㅡ, ㅓ, ㅗ, ㅜ, ㅕ' 등의 중성인 바 단지 '國(국)'의 일운모가 이렇게 판이한 각 중성을 포함할 수도 없고 또 역은 한음에 'ㆌ' 중성임으로 'ㆌ' 중성으로 고친 것이다.

2) 각 중성의 서로 바뀜

'力(륵), 億(흑), 賊(쪽), 德(득), 刻(극)'의 여러 글자는 '職(직)'운 '訖(흘)'운모 내지 '克(극)'운모의 글자로 '德(덕)'은 '得(득)'과 동음자요, '刻(각)'은 '克(극)'과 동음자인 등이다.

'國(귁), 惑(획)'의 양자는 '職(직)'운 '國(국)'운모의 글자로 그 소속의 'ㅕ' 중성을 'ㆌ' 중성으로 고치는 동시에 'ㅗ, ㅜ'의 두 중성도 한음에 좇아

'ㅚ, ㅟ'로 고쳐 한 운모에 포섭된 그 본지에 어긋나지 않도록 서로 유사음을 만든 것이다.

'乘(씽), 勝(싱), 繩(씽)'의 3자는 '蒸(증)'운 '京(경)'운모의 글자로 '徵(징), 稱(칭), 等(등)' 글자와 동류의 음이다.

'界(갱), 戒(갱)'의 두 글자는 '卦(괘)'운 '解(해)'운모의 글자로 '芥(개), 介(개), 价(개)' 등과 동음의 자다.

'對(뒹), 內(닝)'의 두 글자는 '隊(대)'운 '媿(괴)'운모의 글자로 '塊(괴), 退(퇴)' 등 글자와 동류의 음이다.

'萬(먼), 飯(뻔)'의 두 글자는 '願(원)'운 '旰(간)'운모의 글자로 이 운모의 자를 'ㅓ' 중성에 해당하다고 생각하였던 모양이다.

'終(중), 蘊(훈)'에서 '終(중)'은 '東(동)'운 '公(공)'운모와 글자로 '衆(중)'과 동음이요 '蘊(온)'은 '吻(문)'운 '隕(운)'운모의 글자로 '惲(운)'과 동음이다.

'風(봉), 麤(총), 窟(쿨), 部(뿡), 門(믄), 奔(븐)'에서 '風(풍)'은 동운 '公(공)'운모의 글자로 '蒙(몽), 夢(몽)'과 동류의 음이요 '麤(추)'는 '虞(우)'운 '孤(고)'운모의 글자로 '耶(야), 穌(소)'와 동류의 음이요 '窟(굴)'은 '月(월)'운 '縠(곡)'운모의 글자로 '骨(골), 兀(올)'과 동류의 음이요 '部(부)'는 '麌(우)'운 '古(고)'운모의 글자로 '普(보), 蒲(포)'와 동류의 음이다. '門(문), 奔(분)' 두 글자는 '元(원)'운 '昆(곤)'운모의 글자로 '尊(존), 村(촌)' 등의 글자와 동류의 음이다.

'發(뱔), 蝎(갈)'에서 '發(발)'은 '月(월)'운의 '怛(달)' 자모의 글자로 '伐(벌), 罰(벌)'과 동류의 음이요 '蝎(갈)'은 본래 『전운옥편』에도 月(월)운으로 음이 '갈'이요, '屑(설)'운으로 음이 '갈'이다.

'螺(롸), 濁(퇵), 雙(솽), 幢(둉), 斷(딴), 撰(짠), 脱(퇋)'에서 '螺(라)'는 '歌(가)'운 '戈(과)'운모의 글자 '和(화), 禾(화)' 등과 동류의 음이요 '濁(탁)'은 '覺(각)'운 '郭(곽)'운모의 글자요. '雙(쌍), 幢(당)'은 '江(강)'운 '光(광)'운모의 글자요. '斷(단)'은 '翰(한)'운 '貫(관)' 운모의 글자. '撰(찬)'은 '潸(산)'운 '撰(찬)'운모의 글자요.

‘脫(탈)’은 ‘曷(갈)’운 ‘括(괄)’ 운모의 글자다.

'盟(명), 庚(깅), 有(융), 左(장), 根(곤), 恒(훙)’에서 ‘盟(맹)’과 ‘經(경)’은 다 같은 ‘庚(경)’ 운이나 ‘庚(경)’은 ‘經(경)’운모의 글자 ‘賡(갱), 羹(갱)’과 동음이요. ‘盟(맹)’은 ‘京(경)’ 운모의 글자로 ‘明(명), 鳴(명)’과 동음이라 말하자면 그 음이 서로 뒤바뀐 셈이다.

‘有(유)’는 ‘有(유)’운 ‘九(구)’ 운모의 글자로 ‘右(우), 佑(우), 友(우)’ 등과 동음이요. ‘左(좌)’는 ‘哿(가)’운 ‘哿(가)’ 운모의 글자요, ‘荷(하), 那(나)’ 등과 동류의 음이요. ‘根(근)’은 ‘元(원)’운 ‘根(근)’운모의 글자로 ‘呑(탄)’과 동류의 음이요. ‘恒(항)’은 ‘蒸(증)’운 운모의 글자로 ‘增(증), 層(층)’ 등과 동류의 음이다.

유취 교정의 대략은 위와 같다. 이 이외의 글자도 위의 예에서 미루어 알 수 있을 것이다.

4) 운모와 중성음

『동국정운』이 『운회』의 <칠음삼십육자모통고七音三十六字母通考>를 참고해서 중성음을 교정하였으리라는 전제 아래 그 교정된 음을 다시 그『사성통고』의 운모와 비교해 본 결과 과연 대부분은 거기에서 밝혀진 것이 사실이다. 물론 그와 함께 한음의 영향도 없지 않은 듯하지만 그것도 단지 운모를 구별하는 데에 필요했던 것 같으니 한음보다는 운모가 중심되었다고 보인다.

그러나 중대한 한 가지의 의문이 남아 있다. 그 의문이란 곧 ‘風(풍)’자나 ‘終(종)’자나 다 같은 ‘東(동)’운 ‘公(공)’운모 자임에 불구하고 어째서 ‘風(풍)’은 ‘ㅠ’ 중성으로 통용음과 반대로 교정을 행하였느냐는 그 점이다. 이러한 예는 오직 한 두개가 아니다. 다 같은 ‘曷(갈)’운 ‘括(괄)’운모의 글자에서도 ‘脫(탈)’은 ‘퇋’로 교정한데 비해 ‘拔(발), 跋(발)’은 ‘밣’로 그대로 두고 다 같은 ‘歌(가)’운 ‘戈(과)’운모의 글자에서도 ‘螺(라)’는 ‘뢍’로 교정했는데

'波(파)'는 '방', '婆(파)'는 '빵'으로 그대로 두고 또 '庚(경)'운의 '經(경), 京(경),
양운모는 통용음으로 다 같이 'ㅣ, ㅕ'의 양종성을 포함하고 있는 중 무
슨 근거 아래 전자의 '庚(경)'을 'ㅣ' 중성으로 또 후자의 '盟(맹)'을 'ㅕ' 중
성으로 통일하였는지 모르는 따위이다.

이 의문을 완전히 해답하기 전에는 중성음 교정의 전모가 초성음과 같
이 여지없이 밝혀졌다고 볼 수 없다. 거기 따라서 『운회』의 운모와 『동국
정운』의 교정된 중성음과의 관계도 아직 명확하게 단언하기 어렵지 않을
까 생각한다.

5. 종성의 교정

1) 'ㅇ' 종성

어떤 글자든지 초, 중, 성이 갖추어져야 한다는 원칙 아래 'ㅇ' 종성을
붙인 것이다. 그것은 반드시 특별한 음을 내는 것은 아니다. 해례 초성해
에서는 "快字初聲是ㅋ。ㅋ與ㅙ而爲쾌"라고 했는데 그 종성은 있으나 없으
나 마찬가지다.

2) 'ㅱ' 종성

'蕭(소), 篠(소), 嘯(소)', '肴(효), 巧(교), 效(효)', '豪(호), 皓(호), 號(호)', '尤(우), 有(유),
宥(유)' 등 4부류의 운에 한하여 'ㅇ' 종성을 대용한 것인데 그 4부류의 운
은 근세 한음에 있어 'ㅗ', 'ㅜ' 등의 합용 중성을 이루는 것이다. 원래
'ㅱ'는 'ㅇ'과 다르고 또 그 운의 한음이 그러니까 일종의 중성음을 표기
한 것이 아니었을까 의심된다. 그러나 해례 초성해에는 "蚪字初聲是ㄲ。
ㄲ與ㅠ而爲뀨"라고 하였으니 '蚪(뀨)'자의 음인 '뀰'에서 'ㅱ'종성을 빼내

고도 능히 그 글자의 음을 이룰 수 있었던 것만이 사실이다. 만약 그 종성이 'ㅇ'과는 또 다르다고 하더라도 'ㅁ'의 종성과 같이 종성으로서 명확했던 것은 아니었던 모양이다.[145]

3) 'ㄹㆆ'의 병서종성

ㄹ종성을 ㄷ종성으로 고치는 대신에 "속음에서 정음으로 돌아감因俗歸正"라고 하여 영影(ㆆ)으로서 래來(ㄹ)를 보충한다以影補來"한 것이나 그 발음에 대해서는 분명한 말이 없다. 단지 그 교정의 본뜻으로 미루어 생각한다면 이 병서 종성의 음이 단순한 ㄹ종성보다는 ㄷ종성에 가깝다고 인정된 것임에 틀림이 없을 것이다.

최세진의 증언에 의하면 『사성통고』의 한음 입성에 'ㆆ'종성을 썼다고 하니 이 'ㆆ'도 촉급한 입성 종성의 하나로 생각한 것이라고 보인다. 거기에 대해서는 'ㄱ, ㄷ, ㅂ'과 함께 한자어의 사잇소리 종성으로 쓰인 것도 한 증거이다. 'ㅅ'과 함께 우리말의 사잇소리 종성으로 쓰인 것도 한 증거려니와 전청이라는 그 글자 자체의 위치와 전청차탁의 모든 자가 입성의 종성이 된다는 해례의 설명이 무엇보다도 유력한 증거다.

그러나 ㄹ종성의 속음은 그편 쪽대로 내고 'ㆆ'종성의 입성음은 이편 쪽대로 내는 것인지 ㄹ종성에 연하야 'ㆆ'의 종성을 내는 것인지 그것이 불확실하다. 오직 '속음에서 정음으로 돌아감.因俗歸正, '影(ㆆ)으로서 來(ㄹ)를 보충한다.以影補來'라는 말만은 전자의 경우에도 못 쓸 것이 아니지만 후자의 경우에 더 적절하지 않을까 해석된다.

---

145) 임용기, 「훈민정음의 한자음 표기와 관련한 몇 가지 문제」, 『인문과학』 제96집, 2012.

제6절 음운

1. 실음자

1) 'ㆆ'

해례에서 이 음은 'ㅇ'과 비슷하여 우리말에서는 그와 통용된다고 하였을뿐 아니라 실제로 우리말에 있어 사잇소리補足終聲 이외로 더 달리 쓰인 예가 없다. 오직 한자음에서만 그 초성이나 그 종성이 쓰이고 있는데 오늘의 한자음으로는 그 역시 변별되지 않는 것이다. 원래 한자음도 『동국정운』의 교정 아래 그 초성이나 또 그 'ㄹ' 종성의 병서가 나온 것으로 우리의 통용되는 음은 아니었으니까 오늘에 이르러 변별하지 못하는 것도 이상하지 않은 일이다. 만일 정확히 말한다고 할 것 같으면 그것은 실음자라고 하기보다도 차라리 무음자라고 해야 할 것이다.

그러나 한음에 쓰인 그 음은 동음에 쓰인 그 음과 같이 그들의 교정으로부터 나온 것은 아닐 것이다. 오히려 그 당시의 한인들이 그 음을 내고 있으므로 동음에까지 그 변별을 도모하였던 것으로 추정된다. 그러니까 『훈민정음』에서 그 음을 갖추어 둔 것은 오로지 한자음을 위한 것이요, 동음에서 그 음을 필요로 한 것은 오로지 한음을 참고한 것이다. 그 음의 정체를 밝히기 위해서는 한음을 먼저 연구해야 한다.

또 한자 자모는 그중의 치음이 오음으로 된 예외도 있지만은 아, 설, 순, 후음은 각 4음으로 되어 있다. 후음에서 그 음의 하나를 빼버리면 곧 불구가 됨을 면하지 못하는 것이다. 청탁의 교묘한 그 배열 전체에 있어 중대한 파탄이 생기기에 이르는 것이다. 『훈민정음』의 제작자는 이 점까지도 생각했을는지 모른다. 그렇다고 한자음에 사용되는 이상 소용없는 장물을 나열한 것은 아니다.

그 외에도 『운회』에서는 그 음 즉 '影(영)'모로서 만족하지 않고 그와 유사한 음 즉 'ㅗ(요)'모를 늘려서 배치하였다. 늘여서 배치했던 'ㅗ(요)'모는 도로 삭제해 버렸지만 원래의 '影(영)'모까지를 없애기는 다소 어려웠을 것이다.

그런데 그것은 하여튼 오늘날에 이르러는 한음에서도 우리와 마찬가지로 이음을 'ㅇ'초성으로 내고 있으니 한음의 고구考究로써도 이 음의 정체를 드러내기도 어렵다. 결국 제자의 본의, 성음의 이론 또 그 용례 등으로 추정하는 외에는 더 좋은 방법이 있을 수 없는 것이다.

① 제자의 본뜻

"소리가 려厲함으로 획을 더하여因聲之厲每加畫"으로 미루어 'ㆆ'는 'ㅇ'보다 厲(려)한 소리요. 'ㅎ'는 'ㆆ'보다 厲(려)한 소리인데, 그것을 뒤집어 말해서는 'ㅇ'는 'ㆆ'보다 厲(려)하지 않은 소리요. 'ㆆ'는 'ㅎ'보다 厲(려)하지 않은 소리다. 어느 편으로 보든지 'ㆆ'는 'ㅎ'와 'ㅇ'와의 일종에 중간음이라는 것만은 사실이다.

② 음성의 이론

'ㄱ'을 나무木의 성질, 'ㅋ'를 나무의 성장盛長, 'ㄲ'를 나무의 노장老壯이라는 이론에 의하면 'ㅎ'가 성장, 'ㅎㅎ'가 노장임에 대하여 'ㆆ'는 그 성질이다. 전청 병서가 전탁이 되는 중에 오직 'ㆆ'만은 '소리가 깊지 않아 응기지 않는다.聲深不爲之凝'고 하는 까닭으로 차청의 'ㅎ'를 병서해야 전탁을 만든다는 이론에 의하면 'ㆆ'는 'ㅎ'에 비하야 '소리가 깊음聲深' 그것이 다르다. 그런데 해례에서는 다시 'ㄱ·ㆁ, ㄷ·ㄴ, ㅂ·ㅁ, ㅅ·ㅿ, ㆆ·ㅇ'를 급완의 상대로 함께 거론하였고 'ㆆ'도 'ㄱ, ㄷ, ㅂ, ㅅ'과 함께 입성의 종성이 된다고 설명하였다. 이로 보아서는 'ㆁ, ㄴ, ㅁ, ㅿ' 등에 비해서 'ㅇ'가 차이 나듯 'ㄱ, ㄷ, ㅂ, ㅅ'에 비해서 'ㆆ'도 차이는 없지 않다고 하더라도 종성에 있어 능히 입성의 촉급한 성질을 가질 수 있는 음이다.

③ 실제의 용례

'ㄹ' 종성을 'ㄷ' 종성으로 교정하는 대신에 'ㆆ'과의 병서를 취하고 또 'ㄱ, ㄷ, ㅂ, ㅅ'과 함께 사잇소리로 사용되고 있다. 『사성통고』 <범례>에서 한음에 대해서 "또 속음은 비록 종성을 쓰지 않는다고 하지만 평, 상, 거성과 같이 완이함에 이르지 않는 까닭에 속음 종성으로 여러 운에는 후음 전청의 'ㆆ'를 쓰고 '약藥'운(종성에만)에는 순경 전청의 'ㅸ'을 써서 구별한다.且今俗音雖不用終聲。而不至如平上去之弛緩。故俗韻終聲於諸韻用喉音全淸ㆆ。藥韻用脣輕全淸ㅸ。以別之。"라고 하였으니 『사성통고』의 속음에는 입성음에 'ㆆ' 종성을 썼던 것이라고 보인다.

이상을 종합해서 'ㆆ'는 'ㅎ, ㅇ'의 간음으로서 입성의 종성이 되지만 'ㄱ, ㄷ, ㅂ'보다는 퍽 미약하여 겨우 이완弛緩하지 아니한 입성음의 특질을 보이는 음이라고 추정된다. 이러한 설명을 전제한 다음 우리의 발음 기관에 나아가 그 실제의 음을 구한다면 'ㅎ'보다도 약한 마찰의 후음 [ɦ]이거나 그렇지 않으면 성문파열음 [ʔ] 밖에 더 될 것이 없다. 그러나 'ㆆ, ㅎ, ㆅ'가 한 계열의 음을 이루는 점에 있어 전자가 아닐까 의심한다. 'ㆆ'에 대하여 'ㅇ'의 병서인 'ㆀ'가 차라리 후자에 해당하리라고 추정된다.

2) 'ㅿ'

이 음은 성종 때의 문헌에서부터 많이 탈락되는 경향이 보이나 최세진의 모든 저작에도 완전히 구별되는 것으로 보아 최세진 때까지는 존재한 것이 사실이요 경서 언해에 이르러는 완전하지는 않으니까 적어도 그 이전에 실음된 것이 사실이다. 즉 성종 때부터 점차 이 음이 탈락되기 시작하여 명·선조 간에서 아주 실음된 것으로 보이는 바, 최세진이 완전하게 구별한 것은 음운을 정확하게 표기하려는 그의 생각에서 의식적으로 행해진 것이 아닌가 생각된다.

그런데 그 음으로 내던 말을 여러 예로 들면

ᄀᆞᅀᆞᆯ(가을), 처섬(처음), ᄆᆞᅀᆞᆷ(마음), 아ᅀᆞ(아우), ᄆᆞᅀᆞᆯ(마을), ᄉᆞᅀᅵ(사이), 어버ᅀᅵ(어버이), 너ᅀᅵ(너희), 엿(여호), 마ᅀᆞᆫ(마흔), 브ᅀᅥ(부어, 붓고), 닝어(니어, 닛고), 지ᅀᅥ(지어, 짓고), 그제ᅀᅡ(그제야, 그제사)(『해례』 및 『석보』)

보ᅀᅵ(보시기), 브ᅀᅳ름(부시럼), 거ᅀᅱ(거의), ᄀᆞᅀᅢ(가위), 기ᅀᅳᆷ(김), ᅀᅮᆺ(웃), 비ᅀᅳᆯ(비우슬), 아ᅀᆞᆯ(앗을) (『훈몽자회』)

위와 같으니 초성으로 쓰인 그 음의 일부는 'ㅅ', 또 일부는 'ㅎ'로 변한 외에 대부분이 탈락되고 종성으로 쓰인 그 음은 완전히 'ㅅ'초성으로 변하고 혹은 종성에서만 'ㅅ'음을 내다가 조사의 초성으로 연속될 때는 탈락되고 마는 등이다. 물론 일부분 방언에서는 이 말의 대부분을 초성으로나 종성으로나 전부 'ㅅ'로 변하여 내는 곳도 있는데 그 초성음이 종시 원래의 'ㅅ'음과는 다르게 되는 듯한 느낌이 없지 않다.

본래 해례에서 'ㅿ'종성을 '완緩', 'ㅅ'종성을 '급急'으로 말한 것은 종성에 있어서 'ㅅ'과 구별한 것이나 '엿'의 'ㅿ'가 'ㅅ'로 대용된다고 말한 것은 결국 실제의 음운에 있어서 종성으로서 'ㅅ'와 혼동된 것이다. 이로 미루어 그 당시도 이 음은 초성에 한하여 독자적으로 음을 내는 것이 가능하였지만 종성에 이르러 'ㅅ'음으로 변한 것이라고 추정된다.

그런데 이 초성의 한자는 남방에 있어 [z]에 유사한 음으로 실현되고 북방에서는 [r]에 유사한 음으로 나고 북방 가운데에서도 산동일대는 우리와 마찬가지로 그 음이 완전 탈락되어 버렸다. 이러한 한음의 방언 차이는 벌써 오랜 것으로 그 당시에도 이미 존재하였다고 추정되는 것이다. 우리 음으로는 과연 그 어느 편에 가까웠던가를 구명해야할 문제이다.

해례에는 'ㄹ'음 외에 다시 그 아래 'ㅎ'을 연서한 반설음이 있으니 'ㅿ'을 [r] 유사음으로 쳐서는 그러한 음이 모두 3종이 되는 셈이다. 우리의 음운으로 보아서 'ㄹ'류의 음이 그처럼 많이 구별되었을 수는 없으니까 결국 [z]의 유사음이 아니었던가 한다.

또 현재 사용하는 어중에 'ㅅ, ㅎ' 등으로 변한 것이나 일부분 방언에서 전부 'ㅅ'로 변한 것이나 또는 종성에서 'ㅅ'와 혼동되는 것이나 모두 상기의 견해를 이서裏書(증명) 하는 바다. 오직 친족이라는 '아람치'의 고어가 '아ᅀᆞᆷ'으로 그 음이 변하야 'ㄹ'음이 된 말도 있으나 이 한 낱말 외에는 별로 그러한 예가 많지 않다.

그러나 우리의 'ㅿ'초성 꼭 남방음의 'ㅅ(신), ㅂ(실)' 등 글자의 첫 음과 같다는 것은 별개의 문제다. 그것은 훈민정음이 우리의 음운을 가지고 한자 자모에 대비하여 놓은 것이지 결코 자모를 가지고 우리 음운을 창제한 것이 아닌 까닭이다. 북방의 [r]의 유사음이나 남방의 [z]의 유사음을 물론하고 그 모두 한자, 독특한 음임을 잃지 않는다. 우리의 음운 중에도 그러한 음이 있었다고는 조금 생각하기 곤란할 뿐 아니라 현재 남부 방언 중에 [z]의 음을 내는 곳이 있음으로 미루어 그 곧 [z]의 음이 아니었을까 의심된다.

3) 'ㅸ'

『훈몽자회』에서도 이 음이 나오지 않는다. '훈민정음'이 발표된 이후에 바로 실음失音된 글자이다. 그런데 그 음으로 내던 말을 여러 예를 들면

즐거ᄫᅩᆫ(즐거운, 즐겁고), 누ᄫᅩᆫ(누운, 눕고), 더ᄫᅩᆫ(더운, 덥고)

더러본(더러운, 더럽고), 쉬본(쉬운, 쉽고), 볼봐(밟아, 밟고)

위와 같으니 대체로 종성에서는 'ㅂ'음으로 변하고 병서 종성 이외 조사의 초성으로 연속할 때는 탈락된다. 일부 지방의 방언에서는 초성으로도 'ㅂ'음을 내는데 그 역시 'ㅂ'음과는 약간 다르게 들린다. 본래 현재 사용되고 있는 말에서 'ㅂ, ㅍ'의 양 항에 있어 'ㅡ' 중성만은 다른 중성과 음이 상이하게 되는 경향이 없지 않은데다가 '열븐', '밝븐' 등의 '븐'은 더욱이 그러하다. 이 음은 'ㅂ, ㅍ' 그 자체가 표시하는 양순의 음이라기보다 차라리 순치의 음으로 변해서 나는 것이라고 보인다. 강영江永, 1681~1762[146]의 『음학변증』에도 순중을 "양 입술을 서로 살짝 치다.兩脣相搏"으로 설명한 것에 대하여 순경을 "입술을 닫고 소리가 빠져나간다.音穿脣縫"라고 설명하였다. 로마자를 빌어서는 순중이 [b, p]요, 순경이 [f, v]인 셈이다.

4) 'ㆁ'

이 음이 초성으로 쓰이기는 쓰였으나 어두에는 거의 없고 오직 어중에 한한다. 어중의 초성은 그 상자(앞글자)의 종성으로 만들어도 하등의 지장이 없는 것이다. 그 당시도 종성으로 많이 변하였고 최세진 후로 더 일층 그러한 경향이 늘어난 것 같다. 그러나 경서 언해에 이르러는 초성으로 실현된 자가 한 자도 없고 또 종성에 이르러는 'ㅇ'으로 자형이 변해 버린다.

물론 이 음은 초성에서 음가를 잃어버린 것이요, 종성에서까지 음가를 잃어버린 것이 아니니 종성의 음을 미루어서는 초성의 음을 알기 어렵지 않다. 그 점에 있어 상기의 여러 글자와는 다르나 종성에서도 'ㅇ'로 대

---

146) 휘주(徽州) 무원(婺源) 출신으로 자는 신수(愼修)이다. 대진(戴震)과 김방(金榜)의 스승이며 환파(皖派)의 창시자로 특히 대진에게 큰 영향을 끼쳐 '강대(江戴)'로 일컬어졌다.

용됨에 따라서 전혀 폐자廢字로 되기는 마찬가지다.

그런데 해례 중 '약'의 한 낱말은 'ㅇ'의 어두초성이 쓰여 있다. 이미 말한 바와 같이 혹시 복사의 오류가 아닌가 한다.

2. 변음자

1) 'ㅇ'

『훈민정음』의 원칙에 의해서는 'ㅇ' 종성과 'ㆁ' 종성은 성질이 전혀 다르다. 종성에 있어 'ㅇ'가 'ㆁ'에 대용되는 것은 거기에 대한 한 'ㅇ'의 변음이라고 볼 수밖에 없다.

2) 'ㄹ'

현재 사용되고 있는 말의 'ㄹ'이 [l]보다는 약하고 [r]보다는 세나 초성에 있어서는 늘 후자에 가깝고 또 종성에 있어서는 그 반대로 전자에 가깝다. 초, 종성에 따라 음이 달라지는 것은 다른 글자와 비해 확실히 이례의 일이다.

그런데 한자 자모의 '來(래)'모란 곧 [l]음이다. 우리의 ㄹ 초성이 '來(래)'모의 음과는 훨씬 다르지 않을 수 없다. 그러나 『사성통고』<범례>에서는 중성에 대하여 중국 음운은 무겁고 깊으며重深하고 우리 음운은 가볍고 옅으며輕淺라고 말한 것으로 보면 초성에서도 양 방의 그만한 차이를 인정하였을 것이 사실이다. 'ㄹ'초성과 '來(래)'모도 음 그 자체의 차이로 생각하지 않고 양 방 음운의 일반적 차이에서 오는 차이쯤으로 간주하였을지 모른다.

이렇게 해석해 버리면 문제는 비교적 간단하련만은 종종의 의심스러운 사실이 따라다니고 있어서 결코 그렇게 간단히 해결지울 수 없는 것이다. 첫째, 반설경음의 "혀를 윗 입천장에 잠깐 붙인다.舌乍附上腭"은 아마 [r]음의 설명인 듯 하니 반설경음과 'ㄹ'초성은 어떻게 다르며, 둘째, 'ㄹ'종성으로서 조사와 연철되고 안 되는 양류의 구별이 있으니 그 양류는 어떻게 다른 것이냐는 등이다.

반설경음이 [r]음에 가까운 것이라고 하면 그 당시의 'ㄹ'초성은 확실히 오늘날 그 음보다는 [l]에 가까웠을 것임에 틀림이 없다. 물론 성음 이론으로는 현재 우리의 'ㄹ'초성보다도 더 일층 [r]에 가까운 음으로 상정할 수 있지만은 그 양 음의 구별이 극히 힘들고 또 "또 스스로 소리를 이룬다.亦自成音"라는 해례의 설명은 반드시 힘드는 구별을 가리킨 것 같지는 않다.

또 조사와 연철되지 않는 'ㄹ'종성이 그 음의 특질에서 유래하는 것이라면 그 곧 [r]에 유사한 종성이었다고 볼 수밖에 없다. 사실로 [r]음을 종성으로 쓸 때는 'ㄱ, ㄷ, ㅅ, ㅂ'는 물론이요. 'ㆁ, ㄴ, ㅁ'보다도 달라서 그 아래 글자의 초성음으로 내는 것과는 구별된다.

초성과 종성으로 나누어 제출된 정반대의 의문은 오직 한 가지의 사실을 결론짓기에 가능하니 즉 'ㄹ'음은 그 당시와 오늘이 다소 다르지 아니한가라는 문제가 그것이다. 이 문제의 완전한 해결은 성음을 전공하는 이에게 미루는 수밖에 없고 오직 여기서는 그 가능한 결론만을 취하는 것으로 그친다.

3) 'ㆍ'

글자는 글자대로 쓰고 음만 'ㅏ'로 바꾼 것이다. 언제부터 변음된 것인지 자못 불확실하다. 단지 신경준의 『저정서(훈민정음운해)』에서 "중성도 역시 입술과 혀를 본떠서 글자를 만들을 것이니, 'ㆍ'음은 발음한 때에 혀를 조금 움직이고, 입술을 조금 열어 발음하여 그 소리가 대단히 가볍고,

그 호기呼氣가 매우 짧다. '‥'음(곧 글자)은 '•'를 나란히 놓은 것이어서, 그 소리는 '•'음에 비하여 약간 부겁고, 그 호기는 '•'음에 비하여 약간 길다. 대개 '•'음과 '‥'음은 모음의 처음으로 생긴 것이라 그 모양이 희미하여, 미처 획을 이루지 못하여, 중국음에서는 '•'와 '‥'로써 중성으로 사용하는 일이 없고 오직 兒, 二 등의 글자만 '숳'라고 읽고 있으나, 이것 역시 와전된 것이다. •呼時舌微動唇微啓。 而其聲至輕。 其氣至短。 ‥並•者也。 其聲比•差重。 其氣比•差長。 盖‥聲之始生者也。 其形微未及成畫。 故華音多以•‥作中聲用者。 唯兒二等字以숳呼之。 而亦是譌也。"라고 말하였으니 적어도 숙종~영조 사이까지는 '•'를 'ㅏ'와 구별하는 것이 가능하였던 것이 아닐까 한다.

이 중성의 한자음은 전부 'ㅏ'로 변하였다.

次(ᄎ), 斯(ᄉ), 兒(ᅀ), 訾(ᄌ)
戴(대), 孩(ᄒᆡ), 來(래), 宰(ᄌᆡ)
呑(ᄐᆞᆫ), 墾(ᄀᆞᆫ), 冷(랭), 行(ᄒᆡᆼ)
岑(ᄌᆞᆷ), 森(ᄉᆞᆷ), 色(ᄉᆡᆨ), 陌(ᄆᆡᆨ)

이 중성의 우리말은 혹은 'ㅡ' 혹은 'ㅗ' 또 혹은 'ㅣ', 'ㅓ' 등으로 변한 예한 예도 있으되 대부분은 역시 'ㅏ'로 변한 것이다.

ㄱ) 'ㅏ'로 변한음

ᄃᆞᆰ(鷄), ᄀᆞᆯ(蘆), ᄑᆞᆯ(蠅), ᄇᆞᆯ(臂), 사ᄅᆞᆷ(人), ᄑᆞᆺ(小豆), ᄃᆞ리(橋), ᄂᆞᆯ개(翼), ᄇᆞ얌(蛇), ᄉᆞᅀᅵ(間), ᄒᆞᆫ(一), ᄉᆞᆯ(肌), ᄀᆞᅀᅵ(邊), ᄌᆞᆷᄌᆞᆷ(寂), ᄒᆡ(日), ᄆᆞᆯ(馬), ᄯᆞᆷ(汗), ᄇᆞᄅᆞᆷ(風), ᄀᆞ래(鍬), ᄃᆞᆯ(月), ᄂᆞᆷ(他), 션비(儒), ᄉᆞ랑(愛) (이상은 『해례』 및 『석보』에 내용이다.)

ᄂᆞᆾ(面), ᄉᆞᆯ고(杏), ᄆᆞᆯ(藻), 콩ᄑᆞᆺ(腎), ᄃᆞ라미(䵷), 미야미(蟬), 바ᄃᆞ리(蜂), 붉쥐(蝙蝠), ᄆᆞᆺ(昆), ᄇᆞ티(箴), ᄇᆡ(梨) (이상은 『훈몽자회』에 내용이다.)

ㄴ) '一'로 변한음

흙(土), 사슴(鹿), ᄀᆞ술(秋), 모든(諸), ᄆᆞ순(四十), 아름다본(美), ᄀᆞ물(旱) (이 상은 『해례』 및 석보에 내용이다.)

ᄀᆞ눌(陰), 어슥름(昏), ᄂᆞ물(菜), 가슴(胸), 바눌(針) (이상은 『훈몽자회』에 내용이다.)

ㄷ) 'ㅗ'로 변한음

ᄒᆞᄅᆞ(一日), ᄉᆞ뭇(通히)(이상은 『석보상절』에 내용이다.)
ᄂᆞᄅᆞ(津), ᄆᆞᄅᆞ(宗), ᄀᆞᄅᆞ(屑), ᄌᆞᄅᆞ(柄), 노ᄅᆞ(獐) 오슥리(猫) (이상은 『훈몽 자회』에 내용이다.)

ㄹ) 'ㅣ, ㅓ' 등으로 변한음

특(顧), 다숫(五) (이상은 『해례』 및 『석보』에 내용이다.)
모츠라기(鶉), 보슥(鼫) (이상은 『훈몽자회』'에 내용이다.)

이상으로 보아 'ㅣ, ㅓ'로 변한 것은 거의 예외요. 'ㅏ'나 그렇지 않으 면 'ㅡ'와 'ㅗ'로 변한 것인데 'ㅡ'음으로 변한 것은 대부분 'ㅏ'음을 양 용할 수 있는 말이다. 또 'ㅡ'나 'ㅏ'로 변한 것도 첫째, 어두 중성으로는 몇 마디 외에 별로 없고, 둘째, 'ㆍ, ㅓ' 중성이 연접될 때 그 아래 낱말의 중성이 가장 많다는 것은 특히 재미있는 현상이다. 그런데 상기의 예에서 는 빠졌지만 조사로 쓰이든 'ㆍ'중성은 거의 전부가 'ㅡ'로 되어있다. 이 것은 실상 양성, 중성에 'ㆍ'와 음성, 중성에 'ㅡ'로 음운을 조화시키던 것이 이후에 이르러 음양, 중성을 통하여 'ㅡ'로 통일된 것이다. 단순히 'ㅡ'음으로 변한 것이라고만 보기는 어렵다.

본래 한자로 이 중성의 음은 '支(지), 紙(지), 寘(전)', 佳(가), '蟹(해), 泰(태)', '灰(회), 賄(회), 卦(쾌), 隊(대)', '元(원), 阮(완), 願(원), 月(월)', '庚(경), 梗(경), 敬(경),

陌(맥), 侵(침), 寢(침), 沁(심), 緝(집)'의 7류다.

근세 한음으로는 아래와 같이 변했다.

支(지)류。(•) '一 , ㅣ'의 양중성
佳(가)류。(•ㅣ) 'ㅐ, ㅐ'의 양중성
灰(회)류。(•ㅣ) 'ㅐ, ㅟ'의 양중성
隊(대)운。(•ㅣ) 'ㅢ, ㅐ, ㅟ'의 삼중성
云(운)류。(•) '一'의 일중성
庚(경)류。(•ㅣ) 'ㅢ ㅣ'의 양중성
侵(침)류。(•) '一'의 일중성

여기 있어서는 『정음통석』과 『삼운성휘』간에 다소의 이동이 없지 않고 또 한두 글자가 왕청된 중성으로 변한 자도 없지 아니하다. 오직 그 대체를 들어서 상기와 같은 것으로 '•'는 제일 많이 '一'로 변하고 또 그 중의 얼마나 'ㅣ'로 변하였으며, '•ㅣ'는 ㅣ, ㅐ, ㅐ, ㅢ, ㅟ' 등의 각음으로 흩어진 것이다.

그러나 이상의 결과를 종합하여 보아도 그 변음의 범위가 심히 복잡하다는 것밖에 알 길이 없다. 거듭 강조해서 말하자면 우리의 말은 '一, ㅗ, ㅏ'로 변해 온데 대하여 한자의 한음은 '一, ㅣ'로 변했다고 할 것이다.

그런데 해례에서는 '•'가 '설축舌縮', '성심聲深'하고 'ㅣ'가 '설불축舌不縮', '성천聲淺'한데 '一'가 그 양자의 중간이라고 하였고 또 '•'의 장구음張口音이 'ㅏ'요. 축구음蹙口音이 'ㅜ'로서 'ㅗ, ㅏ, ㅜ, ㅓ'는 '•, 一'의 축구蹙口와 개구開口로부터 생긴다고 하였다. 즉 입口의 장축張蹙으로서는 '一, ㅣ'와 같고 혀舌의 신축伸縮으로서는 'ㅗ, ㅏ'와 같다는 말이다. 결국 이론으로는 아래와 같은 한 공식이 성립된다.

'ㅡ, ㅣ'의 음 舌伸縮(설신축) + 'ㅗ, ㅏ'의 음 口開蹙(구개축) = 'ㆍ'의 음

'ㅡ ㅣ'의 음에서 혀舌의 신축을 제외하면 곧 'ㆍ'의 입의 장축張蹙 정도가 나오고 'ㅗ, ㅏ'에서 입의 개축開蹙을 제외하면 곧 'ㆍ'의 혀舌의 신축 정도가 나온다. 이것을 합한 것이 마치 실지의 'ㆍ'음이었을지는 몰라도 적어도 해례에서 설명한 'ㆍ'음임은 틀림이 없다.

하여튼 우리의 음운이나 한자의 한음으로 미루어 한편으로 'ㅗ, ㅏ'와 근친관계를 가지는 것같이 다른 한편으로 'ㅡ, ㅣ'와도 근친의 관계를 가지는 것만이 사실이다. 이것은 해례의 그 설명이 정당함을 입증하는 한 개의 유력한 자료가 된다.

그런데 그 음의 정체를 판정하는 데는 가장 간단하고 쉬운 방법이 있으니 그것은 'ㅗ'와 같은 축구蹙口도 아니요, 'ㅏ'와 같은 장구張口도 아니요, 결국 'ㅗ, ㅏ'의 중간음이라는 것이다. 위에서 대부분의 'ㆍ'가 'ㅏ'로 변하였다고 말하였지만 남부의 방언 중에는 'ㅏ'로 변한 음을 'ㅗ'로 내어 '풀'을 '폴', '폿' 등으로 말하는데 그것은 곧 이 편에서 개구開口로 변하였지만 저 편에서 축구蹙口로 변한 까닭이다.

3. 혼변음

1) ㅣ 및 재출의 ㄷ, ㅌ 초성

현재 사용되고 있는 말에는 'ㅣ'와 재출再出 중성에 있어 'ㄷ'초성은 'ㅈ', 'ㅌ'초성은 'ㅊ'로 변한다. 서부방언는 그 초성을 변치 않는 대신에 그 중성을 초출로 내고 있다. 그러나 『월인석보』에는 "ᄠᅳ들 거스디 아니ᄒᆞ노니"1권, 12-14, "厄이 스러지과뎌 ᄒᆞ노니"23-11라고 하여 조사에도 '디'나

'뎌'자를 썼다. 이와 같은 조사에 변음된 글자를 쓸 까닭이 없는 것으로 그 당시에는 어느 정도까지 '디'나 '뎌' 등의 음을 내었던 증거다.

2) 재출의 ㅈ, ㅊ, ㅅ 초성

현재 사용되고 있는 말에는 많은 경우에 있어 'ㅈ, ㅊ, ㅅ'의 세 초성에 대하여는 재출을 초출로 내지만 단지 간혹은 '가져'를 '가저'와 또 '하셔서'를 '하서서'와 구별하지 않은 것은 아니다. 서부 방언은 본래부터 재출과 초출을 혼동하지 않고 능히 다 각각 그음을 내고 있다. 그런데『월인석보』에는 '牛'를 '쇼', '島'를 '셤', '六十'을 '여쉰'으로 쓰고 또 "ᄒᆞ번 설법ᄒᆞ샤매도"2권 38-7, "중국에션 중국옼"1권 30-6라고 하여 조사에도 '샤', '셔' 등의 글자를 썼다. 그 당시에는 재출 중성의 'ㅅ, ㅈ, ㅊ' 등 음을 어느 정도 까지 그대로 내었던 것이라고 추정된다.

3) ㅣ 및 재출의 ㄴ초성

현재 사용되고 있는 말에는 어두에 한해서 'ㄴ'초성의 재출 중성은 그 초성음을 내지 못 하는데 서부 방언은 그 초성을 내는 대신에 재출 중성을 초출 중성으로 변한다. 그 당시의 문헌에는 어두요 그 음을 일정케 한 것인지 모르는 터로 그 곧 발음된 증거로 들기는 어렵다.

4) 모든 중성의 ㄹ초성

현재 사용되고 있는 말에는 어두에 한하여 'ㄹ' 초성이 'ㄴ'으로 변했으나 자연히 재출 중성인 한 'ㄴ' 음조차 탈락된다. 서부 방언도 어두의 'ㄹ'초성이 'ㄴ'으로 변한 것은 마찬가지나 재출 중성은 'ㄴ'음과 똑같이 초출 중성으로 바꾸어서 'ㄴ'음만은 내고 있고 그 당시의 문헌에서 사용된 예는 전항과 같은 이유 아래 발음된 여부를 단정할 자료는 못된다. 『번역노걸대박통사』 <범례>에서 '래모초호來母初呼'를 초학자가 '泥(니)'모와 혼호混呼한다는 이야기를 들어서는 벌써 그 당시에 있어서도 어두의 'ㄹ' 초성은 'ㄴ'음으로 변한 것이라고 보인다.

4. 전변음

1) 음의 보충

간-기동, 죽-쥬걱, 엄니-어금니, 물-무리, 폴-하리, 녑-녑구리, 굳-구덩, 잇-잇기, 갓-가죽, 아숨-아람치, 겯-겨드랑, 보슥-보시기

현재 사용되고 있는 말 중에서 이러한 음의 보충은 그 본어와 함께 병용되고 있는 예가 많다.

토끼-토쌩이, 여호-여쌩이, 보-보퉁이, 배-배째기, 알-알맹이, 속-속알씨, 울-울타리, 돈-도야지, 입-입사귀, 철-철딱서니, 무릅-무르팍, 등-둥어리, 눈-눈쌀, 돌-돌맹이, 씨-씨아, 박-바가지, 뜰-쓰럭, 갓-가장자리, 목-모가지, 떼-떼거지, 먹-며가지, 가지-가쟁이, 쪽-쪼각, 목-목아치

이러한 현대어의 예로 미루어서 본래는 병용되던 말인데 본어가 전혀 없어지거나 잘 쓰이지 아니함에 따라서 드디어 음운의 보충이 행해진 그 말이 본어를 대신하게 된 것이 아닌가 판단한다.

그런데 이음의 보충에는 그 음으로써 그 사물의 형상, 또는 거기 대한 애모의 감정이 표시되어 있다. 즉 마찬가지 알이란 말로도 '알맹이'와 '알갱이'는 그 보충음의 첫 초성이 'ㄱ'과 'ㅁ'로 다른 그만큼 그 형상도

틀리며 '아기'를 '아강이'라고 하는 데는 애정이 표시되어 있는 반대로 '토쌩이' '여쌩이' 등은 경모輕侮의 정이 표시되는 등의 예다.

여기 대해서는 필자의 미발표 저서인 『조선문법연구』147)에 상론되어 있다. 기회가 있는대로 그것을 발표키로 하고 상세한 설명을 더하지 않는다.

2) 음의 탈락

(ㅎ초성의 탈락)

가히(犬)-개, 올히(鴨)-오리, 일히(狼)-일이, 사회(婿)-사위, 불휘(根)-쑤리, 산힝(獵)-산양, 바회(岩)-바위, 빈혀(簪)-비녀

(3자 병서의 ㅂ초성탈락)

ᄢᅳᆷ(隙)-ᄭᅳᆷ, ᄢᅮᆯ(蜜)-ᄭᅮᆯ, ᄢᅵ니(時)-ᄭᅵ니, ᄢᅳᆯ(鑿)-ᄭᅳᆯ, ᄢᅵ울(嵌)-ᄭᅵ울, ᄢᅥ질(陷)-ᄭᅥ질, 한ᄢᅴ(一時)-한ᄭᅴ, ᄣᅵ를(觸)-ᄶᅵ를

(중성의 탈락)

드르(郊)-들, 거우로(鏡)-거울, ᄇᆡ얌(蛇)-뱀, 기르마(鞍)-갈마, 메유기(鰋)-메기, 소옴(綿)-솜, ᄆᆡ야미(蟬)-매미, 브억(廚)-벅

3) 음의 교체

마리-(머리), 대고리-(대가리) 두퍼-(더퍼), 바히-(버히), 어울워-(아울러), 괴외-(고요), 감ᄑᆞᄅᆞ-(검푸르), 두르혀-(도리켜)

---

147) 본서의 저자 홍기문 선생이 1947년에 편찬한 문법책이다. 규범 문법적인 성격보다 우리말의 특성을 고려한 기술 문법적인 성격을 띠고 있다. 품사 분류에서 명사·대명사·수사·동사·형용사·부사·감탄사·접속사 이외에 한국어만의 특징적 품사로 후치사와 종결사를 설정하고 있다. 관형사 대신으로 접두보조사(接頭補助詞)를 설정하여 규정접두(規定接頭), 지시접두(指示接頭), 의문접두 등으로 나누고, 후치사 또한 정격(定格), 조격(助格), 첨격(添格)의 셋으로 설정하고 있다.

현재 사용되고 있는 말 중에서 이러한 음의 교체는 병용되고 있는 예가 많다.

맛(味) 염치(廉恥) 골(谷) 인정(人情)
멋(趣) 얌치(同) 굴(窟) 얀정(同)

자죽(皮) 지각(知覺) 치신(置身) 알(卵)
거죽(表) 재각(同) 채신(同) 얼(精神)

고리(臭) 비리(腥) 고다(直) 서름(愁)
구리(同) 배리(同) 구더(堅) 시름

누르(黃) 발가(明) 싸가(削) 귀(後)
노르(同) 불거(赤) 썩거(折) 되(北狄)

이러한 현재 사용되고 있는 말의 예로 미루어서 본래는 음의 대전 아래 양용되던 말인데 후세에 이르러 그 일방을 점점 소멸하게 된 것이 아닌가라고 본다.

사실로 『월인석보』에는 '마리'란 말과 함께 '머리'란 말도 썼고 또 현재 사용되고 있는 말에는 두頭를 '머리'라고 함에 대해 수의 머리를 '마리'라고 말한다. '마리' 이외의 말들도 전부 그렇게 찾는다면 고어에서나 현재 사용되고 있는 말에서나 다 함께 찾아낼 수 있을 것이다.

그러한 음의 교체는 중성의 음양과 개합에 따라 일정한 법칙이 있고 또 그 중성의 각음을 따라 그 어의의 농담濃淡이 다르다. 우선 청색의 '파러, 퍼러, 포로, 푸루나'나 홍색의 '발가, 벌거, 볼고, 불구' 등의 말을 미루어 초출 4중성의 농담을 깨닫기 어렵지 않다. 그러나 이 역시 다음날

졸저 『조선문법연구』의 인간印刷을 기다려 주기 바란다. 여기서는 오직 성음 변천의 한 요인으로서 음의 상호 교체 관계를 밝혀 둘 뿐이다.

4) 음의 변환

(전청 초성의 전탁 변환)
뒤(茅)-쒹, 닥(楮)-딱, 곳(花)-꼿, 족(藍)-쪽, 불휘(根)-뿌리, 소다(覆物)-쏘다, 버국새(布穀)-쩌꾹새, 가마귀(鳥)-까마귀

(전청 초성의 차청 변환)
갈(刀)-칼, 고(鼻)-코, 볼(臂)-팔, 닷(이유관계)-탓, 불무(冶)-풀무, 족쇄(足鎖-촉쇄, 들글(塵)-틔끌, 하눌ᄃ래(天瓜)-하늘타리

(후음 병서의 변환)
도르혀-(도로혀, 도리켜), 혀-(켜혀), 괴여-(고여), 미여-(미여), 쥐여-(쥐여), 쌔혀-(쌔혀), 괴여-(고여), 미여-(미여), 쥐여-(쥐여), 히여-(해여)

('·ㅣ'중성의 변환)
호ᄆ(鋤)-호미, 나ᄇ(蝶)-나비, 죠리(笊)-조리, ᄇᄃ(筬)-바듸, ᄆᄃ(節)-마듸, 히(白)-히, 소ᄅ(聲)-소리, 아히(兒)-아히

('一'중성의 변환)
믈(水)-물, 블(火)-불, 쁠(角)-뿔, 그르(藥)-그루, 시르(甑)-시루, 그믈(網)-그물, 서로(相)-서루, 스물(二十)-스믈, 여슬(六)-여섯, 여듧(八)-여덜

('ㅕ'중성의 변환)
긔려기(雁)-긔레기, 벼개(枕)-베개, 혀(舌)-헤, 져비(鷰)-제비, 쎠(骨)-쎄, 겨집(女)-게집, 겨시고(在)-게시고

(ㅂ종성의 ㄱ변환)

브섭(廚)-부엌, 붑(鼓)-북, 숩(麥)-속, 거붑(龜)-거북

(ㅂ병서의 ㅅ변환)

뿍(艾)-쑥, 뿔기(業)-썰기, 뿔(米)-쌀, 뜰(庭)-뜰, 뻬(筏)-쎄, 띄(帶)-씌, 삐(種子)-씨, 띠(垢)-씨

이상의 변환음에 대한 것을 좀더 전문적으로 정밀히 연구한다면 우리 말의 중요한 일면을 능히 천명闡明할 수 있으리라고 생각한다. 근일 이러한 연구가 없이 근대어를 가지고 고어古語를 추측하는 경향이 있으나 그것은 자못 위험한 일이다.

제1절 『동국정운』 서

『동국정운(東國正韻)』은 세종 29년1447에 편찬이 완성되어 그 이듬해 10월에 간행되었다. 『세종실록』세종 26년1444 2월 세종이 최항, 박팽년 등에게 웅충雄忠의 『고금운회거요(古今韻會擧要)』1297의 번역을 명하였는데 이에 대한 어떤 후속 기사가 더 이상 보이지 않는다.[1] 아마도 당시 한자음의 차이가 너무 격심하기 때문에 이를 포기하고 조선의 이상적 현실음을 통일하기 위해 『동국정운』 편찬 사업으로 방향을 전환한 것으로 보인다. 이 책의 서문에는 23자모 91운 체계로 조선 한자음에 대한 주체적인 입장을

---

1) 여기서 『운회』란 어떤 운서를 말하는 것인가? 박병채(1983:12) 교수는 실록에서 세종이 번역하도록 명한 운서가 『고금운회거요』가 아닌 『홍무정운』이라고 주장한다. 결국 이것이 『고금운회거요』였다면 그 결과물이 나오지 않았다는 점 등의 이유를 들고 있다(박병채(1983), 『홍무정운역훈의 신연구』, 고려대학교민족문화연구소). 그러나 훈민정음 해례의 운도 7성과 악률 오성과의 대응(순음-궁, 후음-우)이 『고금운회거요』와 일치한다는 점에서 당시 세종이 번역하도록 명한 『운회』는 『고금운회거요』임이 분명하다. 그 후 명나라 흠정 운서인 『홍무정운』의 번역으로 한자음 통일의 방향이 전환되면서 『훈민정음』 해례와 달리 그 이후 문헌에서 운도 7성과 악률 오성과의 대응뿐만 아니라 한자음이 특히 치음과 입성운미 'ㄷ'의 표기가 달라 지게 된다.

견지하면서 조선 운서 제작의 당위성과 당시 현실 한자음의 혼란 상황과 원인, 이를 개정하기 위한 방법에 이르기까지 상세하게 그 방안을 제시하고 있다. 이 『동국정운』한자음은 대략 조선 중기 곧 『육조법보단경언해』, 『시식권공』에까지 사용되다가 다시 속음으로 귀속되었다.[2]

---

[2] 『동국정운』은 세종 30년(1448)에 6권 6책의 활자본으로 간행한 우리나라 최초의 운서이다. 국보 제71호(간송문고본, 권1, 6)와 국보 제142호(건국대학교 도서관 소장본, 완질)가 있다. 이 책은 세종 29년(1447)에 편찬이 완성되었고, 이듬해인 세종 30년(1448) 10월에 간행될 만큼 훈민정음 창제 이후 훈민정음을 활용한 우리나라 한자음 운서로서 그 중요한 위치를 알 수 있다. 그러나 편찬이 언제부터 시작되었는지는 실록에 명확하게 기록되어 있지 않아 알 수 없고, 다만 세종조의 운서 편찬 사업과 궤를 같이하는 것으로 해석할 수 있다. 세종조의 중요한 운서 편찬 사업으로는 『운회(고금운회거요)』, 『사성통고』, 『홍무정운역훈』, 『동국정운』의 세 가지를 들 수 있는데, 이들은 세종 26년(1444) 2월부터 동시에 착수된 것으로 보인다. 세종 25년(1443) 12월에 '훈민정음'을 완성하고, 그 이듬해 2월 14일에 의사청에 물어 훈민정음으로써 『운회』를 번역하게 하였다. 이 『운회』는 원나라의 웅충(熊忠)이 개찬한 『고금운회거요』를 뜻하는데, 이 번역본이 나왔다는 기록은 없다. 『동국정운』의 내용으로 미루어보아 『운회』의 번역의 계획을 바꾸어 『동국정운』이 되었을 가능성이 있다. 즉, 『운회』의 반절음을 우리나라 음으로 번역하여 훈민정음으로 표음하고, 훈민정음의 초성 차례에 따라 자류의 배열을 바꾸어놓은 것이 『동국정운』이다. 이러한 배열순서는 『동국정운』이 작시 위주의 운서가 아니라 한자음을 검색하기 위한 심음(審音) 위주의 운서이기 때문이다. 이에 비하여 『홍무정운역훈』이나 『사성통고』는 작시용이므로, 세종조의 운서 편찬 사업이 작시용과 심음용의 이원화로 진행되었음을 알 수 있다. 『동국정운』의 편찬에 참여한 사람은 신숙주, 최항, 성삼문, 박팽년, 이개, 강희안, 이현로, 조변안, 김증 등의 9인인데, 이들의 분담업무는 감장은 동궁, 그 보좌로는 진양대군과 안평대군, 주무는 신숙주와 성삼문, 우리나라 한자음의 사정은 최항과 박팽년, 중국음에 대한 자문은 신숙주, 성삼문, 조변안과 김증, 교정과 정리는 강희안이었던 것으로 보인다. 신숙주의 서문에 의하면 『동국정운』의 편찬은 세종이 지시한 4대 기본방침에 따라 진행된 것으로 되어 있다. 그 기본 방침은, 첫째 속간에 쓰이는 관습을 널리 채택할 것, 둘째 옛날부터 전해오는 전적을 널리 상고할 것, 셋째 한 글자가 여러 개의 음으로 쓰일 때는 가장 널리 쓰이는 것을 기준으로 할 것, 넷째 옛날부터 전해오는 협운(叶韻 : 어떤 음운의 글자가 때로는 다른 음운과 통용되는 일)에서 벗어나지 않도록 고려할 것 등이었다. 이 방침에 따라, 91운 23자모의 운도를 세우고, 반절 대신에 훈민정음으로써 표음(表音)하고, ㄷ입성은 속간의 발음에 따라 ㄹ로 바꾸되, 입성의 자질을 살리기 위하여 'ㅭ(이영보래)'로 표기하였다. 『동국정운』은 신숙주가 쓴 서문만이 전해오다가 1940년 경상북도 안동에서 첫째 권과 여섯째 권의 두 책이 발견되었는데, 현재 간송문고에 있다. 그 뒤 1972년에 중종 때의 문신인 심언광(沈彦光)의 수택본으로 집안에 전해오던 6권 6책의 전질이 강릉 심교만(沈敎萬)의 집에서 발견되어 현재 건국대학교 도서관에 소장되어 있다. 간송문고본은 전 6권 가운데 두 책만이 남아 있으나 권수에 선사지기(宣賜之記)가 날인되어 있고 표

1. 원문

> 天地絪縕。大化流行。而人生焉。陰陽相軋。氣機交激。而聲生焉。聲旣

지의 제첨(題簽)도 본래의 것으로서 원형을 그대로 유지하고 있다. 판심제(版心題)는 '正韻(정운)'이라고 되어 있다. 활자 중 본문의 한글과 한자 대자는 목활자이고, 소자와 서문의 대자는 초주 갑인자이다. 자체는 본문 대자가 『홍무정운』의 글씨와 비슷하고, 묵개의 음문(陰文)이 안평대군의 글씨와 비슷하나 편찬자의 한 사람인 강희안의 필적으로 보는 견해도 있다. 건국대학교 도서관 소장본은 간송문고분과 같은 인본인데, 선장본(線裝本)을 포배장(包背裝)으로 개장하면서 책의 천지(天地)를 약간 절단하였고, '선사지기'가 없으며, 제전(題箋) 아래에 차례를 나타내는 '예(禮), 악(樂), 사(射), 어(御), 서(書), 수(數)'를 묵서로 가필한 점이 다르다. 권1의 권두에 신죽주의 <동국정운서(東國正韻序)>와 <동국정운목록(東國正韻目錄)>이 있고 그 다음에 본문이 있다. 이 본문은 권6에까지 이어지는데, 각 권은 26운 목(韻目)의 배열 차례에 따라 분권되어 있다. 본문은 먼저 운목을 운류별로 표시한 뒤 행을 바꾸어 자모(字母)를 음각(陰刻)으로써 표기하였고, 자모 바로 밑에는 훈민정음으로 음을 표시하였다. 한 자모 아래에는 평성(平聲), 상성(上聲), 거성(去聲), 입성의 순서로 그 자모에 속하는 한자 1만 8천 7백 75자를 배열하였다. 각 글자의 뜻은 풀이하지 않았으며, 한 글자가 여러 음을 가질 경우 그 글자 바로 밑에 세주(細註)를 붙였다. 『동국정운』의 편운체계는 신숙주가 서문에서 밝힌 바와 같이 91운 23자모로 되어 있다. 이 편운체계는 운서의 성격을 결정하는 가장 중요한 골격이 되는 동시에 당시의 국어 음운체계와도 밀접한 관계를 가지고 있다. 그러나 이 체계는 당시의 우리나라 한자음을 명확히 구현하려고 하였음에도 불구하고, 송대 등운학파들의 이론체계나 명대 『홍무정운』의 언어정책을 지나치게 중시한 결과, 다분히 현실과 맞지 않은 인위적인 요소가 작용하게 되었다. 분운의 유형은 훈민정음의 자질에 따르고, 차례도 훈민정음의 종성과 중성에 따른 것이다.

『동국정운』의 자모는 23개로 되어 있는데, 이는 『훈민정음』의 초성 체계와 완전히 일치한다. 성모자는 송대 등운학의 자모자와는 성격을 달리하고 있다. 이 체계는 등운학의 36자모도에서 설두음과 설상음, 순중음과 순경음, 치두음과 정치음을 통합한 현실 동국음을 반영한 것이다. 청탁에서 전탁음(全濁音 : ㄲ, ㄸ, ㅃ, ㅆ, ㅉ, ㆅ 등)을 분리, 독립시킨 것은 당시 국어의 현실음과 어긋나는 이상적 표기이다. 이처럼 청탁음을 분리한 것은 청탁의 대립이 있어야 한다는 등운학의 음운이론에 근거한 것으로 인위적인 표기 방식이었다. 또한, '業(ㆁ), 挹(ㆆ), 欲(ㅇ)'의 3개 자모를 분리, 독립시킨 점도 당대의 현실음과 괴리를 보이는 것으로 이상적 한자음의 표기였다. 이러한 이유로 『동국정운』의 한자음은 주로 불경언해에서만 주음(注音)으로 사용되어오다가 16세기 초에 『육조법보단경언해』에 이르러서는 그 사용이 전면 폐지되었다. 그러나 『동국정운』은 우리나라에서 최초로 한자음을 우리의 음으로 표기하였다는 점에서 큰 의의를 가지고 있으며, 국어 연구 자료로서의 중요성도 『훈민정음』과 쌍벽을 이룰 정도로 높이 평가되고 있다. 이 책은 한자음의 음운체계 연구에 있어서 뿐만 아니라, 훈민정음의 제자 배경이나 음운체계, 그리고 각 자모의 음가 연구에 있어서 기본자료의 성격을 지닌다. 간송문고본 『동국정운』은 1958년 통문관에서 영인하였고, 건국대학교 도서관 소장본은 1973년에 건국대학교 출판부에서 영인하였다.

生而七音自具。七音具而四聲亦備。七音四聲經緯相交。而清濁輕重深淺疾徐生於自然矣。

是故包犧畫卦。蒼詰制字。亦皆因其自然之理。而通萬物之情。乃至沈陸諸子。彙分類集。諧聲協韻。而聲韻之說始興。作者相繼。各出機杼。論議既衆。舛誤亦多。於是溫公著之於圖。康節明之於數。探賾鉤深。以一諸說。然其五方之音各異。邪正之辨紛紜。

夫音非有異同。人有異同。人非有異同。方有異同。盖以地勢別而風氣殊風氣殊而呼吸異。東南之齒脣。西北之頰喉是已。遂使文軌雖通。聲音不同焉。矧吾東方表裏山河。自然一區。風氣已殊於中國。呼吸豈與華音相合歟。然則語音之所以與中國異者。理之然也。至於文字之音。則宜若與華音相合矣。然其呼吸旋轉之間。輕重翕闢之機。亦必有自牽於語音者。此其字音之所以亦隨而變也。其音雖變。清濁四聲則猶古也。而曾無著書。以傳其正。庸師俗儒不知切字之法。昧於紐躡之要。或因字體相似而爲一音。或因前代避諱而假他音。或合二字爲一。或分一音爲二。或借用他字。或加減點畫。或依漢音。或從俚語。而字母七音清濁四聲。皆有變焉。

若以牙音言之。溪母之字。太半入於見母。此字母之變也。溪母之字。或入於曉母。此七音之變也。我國語音。其清濁之辨。與中國無異也。而於字音獨無濁聲。豈有此理。此清濁之變也。語音則四聲甚明。字音則上去無別。質勿諸韻宜以端母爲終聲。而俗用來母。其聲徐緩。不宜入聲。此四聲之變也。端之爲來。不唯終聲。如次第之第牡丹之丹之類。初聲之變者亦衆。國語多用溪母。而字音則獨夬之一音而已。此尤可笑者也。由是字畫訛而魚魯混眞。聲音亂而涇渭同流。橫失四聲之經。縱亂七音之緯。經緯不交。輕重易序。而聲韻之變極矣。

世之爲儒師者。往往或知其失。私自改之。以敎子弟。然重於擅改。因循舊習者多矣。若不一大正之。則愈久愈甚。將有不可救之弊矣。

蓋古之爲詩也。恊其音而已。自三百篇　而降漢魏晉唐諸家　亦未嘗拘於一律如東之與冬。江之與陽之類。豈可以韻別以不相通恊哉。且字母之作。諧於聲耳。如舌頭舌上脣重脣經齒頭正齒之類。於我國字音。未可分辨。亦當因其自然。何必泥於三十六字乎。

恭惟我主上殿下。崇儒重道。右文興化。無所不用其極。萬機之暇。慨念及此。爰命臣叔舟。及守集賢殿直提學臣崔恒。守直集賢殿臣成三問。臣朴彭年。守集賢殿校理臣李塏。守吏曹正郎臣姜希顏。守兵曹正郎臣李賢老。守承文院校理臣曹變安。承文院副校理臣金曾。旁採俗習。博考傳籍。

本諸廣用之音。恊之古韻之切。字母七音。清濁四聲。靡不究其源委。以復乎正。

臣等才識淺短。學問孤陋。奉承未達。每煩指顧。乃因古人編韻定母。可倂者倂之。可分者分之。一倂一分一聲一韻。皆禀宸斷。而亦各有考據。於是調以四聲。定爲九十一韻二十三母。以御製訓民正音定其音。又於質勿諸韻。以影補來。因俗歸正。舊習譌謬至是而悉革矣。書成。賜名曰東國正韻。仍命臣叔舟爲序。

　　臣叔舟竊惟。人之生也。莫不受天地之氣。而聲音生於氣者也。淸濁者
陰陽之類。而天地之道也。四聲者造化之端。而四時之運也。天地之道亂
而陰陽易其位。四時之運紊。而造化失其序。至哉　聲韻之妙也。其陰陽之
闔奧。造化之機緘乎。

　　況乎書契未作。聖人之道。寓於天地。書契旣作。聖人之道。載諸方
策。欲究聖人之道。當先文義。欲知文義之要。當自聲韻。聲韻乃學道
之權輿也。而亦豈易能哉。此我聖上所以留心聲韻。斟酌古今。爲指
南。以開億載之群蒙者也。古人著書作圖。音和類隔正切回切。其法甚
詳。而學者尙不免含糊囁嚅。昧於調協。自正音作而萬口一聲。毫釐不
差。實傳音之摳紐也。

　　淸濁分而天地之道定。四聲正而四時之運順。苟非彌綸造化。輚轕字
宙。妙義契於玄關。神幾通于天籟。安能至此乎。淸濁旋轉。字母相推。七
均十二律而八十四調。可與聲樂之正。同其太和矣。

　　吁。審聲以知音。審音以知樂。審樂以知政。後之觀者　其必有所得矣。

　　正統十二年。丁卯九月下澣。通德郞・守集賢殿應敎・藝文應敎・知製
敎・經筵檢討官, 臣叔舟, 拜手稽首謹序。

2. 번역

천지의 두 기운이 꽉 달라붙어(만물을 생성하는 원기가 모여) 대화大化가 유행하여(큰 교화가 물처럼 널리 미치어서) 사람이 생기며 음양이 서로 비비고 만물의 생성 근원氣機이 함께 작동激하여 소리가 생겼으니 칠음이 스스로 갖추어지고 칠음이 어울리니 운모와 사성이 또한 갖추어져 칠음과 사성이 경經과 위緯로 서로 얽어짐에 청탁淸濁, 경중輕重, 심천深淺의 질서疾徐(빠르고 느림)가 자연히 생겼다.

그러므로 복희庖犧가 괘卦를 긋고 창힐蒼頡이 글자를 만든 것도 또한 자연의 이치에 따라 만물의 정을 통한 것이다. 심약沈約과 육법언陸法言과 제자에 이르러서는 (한자음을) 휘彙로 나누고 유類로 모아 성聲을 고르게 하고 운韻을 맞추니 성운聲韻이라는 말이 비로소 생겼다. 운서를 만든 이가 줄을 이어서 각기 제 주장을 하여 논의가 슛함에 따라 그릇됨이 또한 많은지라. 이에 송나라의 사마온공溫公이 운도圖를 짓고 소강절康節이 수리數理로 밝혀 깊은 이치를 찾고 심오한 이치를 연구함으로서 여러 학설을 하나로 통일하였다. 그러나 오방의 음이 각각 달라서 옳고 그름邪正의 논의가 분분하다.

대저 음에 같고 다름이 있는 것 아니요, 사람이 같고 다름이 있는 것이며, 사람에 따라 같고 다름이 있는 것 아니요, 지방이 같고 다름이 있는 것이니, 대개 지세가 다르면 풍기가 틀리고 풍기가 다르면 호흡이 다르니 동남쪽 사람은 순음이나 치음이, 서북쪽 사람은 아음이나 후음이 다른 것이 곧 그것이라. 드디어 세상 문물 제도를 중화처럼 통일시켜도 성음은 같지 않게 된 것이다.

우리 동방은 안팎으로 산하山河가 저절로 한 구획이 되어 지리와 기후가 이미 중국과 다르니 어음이 어찌 화음華音과 화합하겠는가, 그런 즉 어음이 중국과 더불어 다른 것은 이치가 그러려니와 한자의 음에 이르러서는 마땅히 화음華音과 서로 부합되어야 하되 그 호흡하고 발음하는 사이에 성모와 운모經重翕闢의 기틀이 반드시 저절로 어음에 끌리게 되니 곧 자음이 또한 따라서 변한 바이다. 비록 그 음은 변했어도 청탁과 사성은 옛과 같으련만도 일찍이 책을 지어 올바른 것을 전하지 못하매 용렬한 스승과 속된 선비들은 반절자切字의 법도 모르고 자모와 운모의 분류 방식인 뉴섭紐攝의 요지에도 어두워서 혹 자체가 비슷함으로 한 음을 만들고 혹 전대의 피휘避諱로 딴 음을 빌고, 혹 두 글자를 합해서 하나로 만들고 혹 한 음을 나누어 둘로 만들고 혹 다른 글자도 차용하고 혹 점과 획을 가감하고 혹 한음에 따르고 혹은 이어俚語(방언)에 따라서 자모, 칠음, 청탁, 사성에 모두 변함이 있는 것이다.

만약에 아음으로 말할진댄 계모溪母의 글자가 태반 견모見母에 들어가 있으니 이는 자모의 변함이요, 계모溪母의 글자가 혹 효모曉母에도 들어가 있으니 이는 칠음의 변함이다. 우리 국어 음에는 청탁의 구별이 중국과 다름이 없거늘 우리 한자 자모에만 단지 탁성이 없으니 어찌 그런 이치가 있으리오. 이는 청탁의 변함이요 우리 어음에는 사성이 아주 분명하건만 한자음에는 상성과 거성이 구별이 없고, '질質·물勿'운에는 마땅히 '단端'모로 종성을 삼아야 하는데 속습에 '래來'모를 종성에 삼으니 그 소리가 느려져서徐緩해서 입성에 맞지 않으니 이는 사성의 변함이다. '단端'모가 '래來'모로 변한 것은 오직 종성만이 아니요, '차次·데第'모의 '례第'와 '모단牡丹'의 '란丹'의 부류로 초성이 변한 것도 또한 많으며, 우리말에는 '계溪'모를 많이 쓰는데도 한자 자모에는 다만 '쾌夬'의 한 종류뿐이니 이 더욱 우스운 바이다.

이로 말미암아 자획은 어그러져 '어魚·노魯'모가 뒤섞이고 성음은 흐트러져 경위涇渭(정음과 와전된 음이 함께 쓰이므로) 운도에서 가로는 사성의 경經을 잃고 세로는 칠음의 위緯를 어지럽혀 경과 위가 바르게 배열되지 못하고 순경음과 순중음이 차례가 바뀌어 성운이 변함이 극심하다.

세간 선비의 스승儒師된 자가 왕왕 그 잘못을 알고 사사로이 고쳐서 그들 자제를 가르치기는 하되 제멋대로 고치기擅改가 어려워 구습에 그대로 따르는因循 자가 많으니 만약 이를 크게 바로 잡지 아니하면 시간이 오랠수록 더 심해져서 장차는 구할 수 없는 폐가 있으리라.

대저 옛날에 시를 지을 때는 그 음을 맞게 할 뿐이니 3백편(시경)으로부터 한, 위, 진, 당 시대의 여러 시인에 이르기까지 역시 하나의 운율(운문)에만 구애되지 않아서 예를 들어 '동東'과 '동冬'이나 '강江'과 '양陽'과의 유를 어찌 운이 구별됨으로써 통하게 쓰이지 못할 것이오. 또 자모를 만드는 데도 성모에 고르게 할뿐이라. 설두·설상, 순중·순경, 치두·정치의 유는 우리 한자음에서 분변할 수 없는 것이니, 그 또한 자연에 말미암을 것으로 어찌 반드시 36자에 구애할 것일까?

공손히 생각하건대 우리 주상 전하께서는 유교를 숭상하시고 도학을 중히 하여서 문에 힘쓰시고 교화를 일으켜 극진하지 아니하신 바가 없는지라. 만기萬機(임금의 바쁜 업무 가운데)의 겨를에 개연히 생각이 여기(한자음 문제)까지 미치어 이제 신숙주申叔舟 및 수 집현전 직제학 신臣 최항崔恒과 수 직집현전 신臣 성삼문成三問과 신臣 박팽년朴彭年과 수 집현전교리 신臣 이개李塏와 수 이조정랑 신臣 강희안姜希顔과 수 병조정랑 신臣 이현로李賢老와 수 승문원교리 신臣 조변안曺變安과 승문원 부교리 신臣 김증金曾에게 명하시어 한편으로는 속습을 채집하고 널리 전적을 상고해서 널리 쓰는 음을 근본으로 삼고 고운古韻의 반절에도 맞추어 자모, 칠음, 청탁, 사성에 걸쳐 그 본말을 밝히지 아니함이 없이 옳은 것을 회복하라 하셨다.

신 등은 재주와 학식이 얕고 짧으며 학문이 고루하여 분부를 옳게 이루지 못하고 매양 가르침을 받기 위해指顧 번거롭게 하였다. 이에 옛사람들의 편운編韻과 정모定母로부터 합칠 것은 합치고 나눌 것은 나누되 하나의 합침과 하나의 나눔과 하나의 성聲과 하나의 운이 모두 상감의 재가宸斷를 품한 바요, 또한 각각 상고한 근거가 있는 것입니다. 이에 사성을 조정하여 91운과 23자모로 작성하고 어제훈민정음으로 그 음(한자음)을 정하고 또 질質・물勿과 같은 여러 운韻에는 '影(ㆆ)'으로 '來(ㄹ)'를 보충하여 속습에 따라 바로잡았으니 구습舊習의 그릇됨이 이에 이르러 모두 고쳤다.

책이 이루어짐에 이름을 내려주어 『동국정운』이라 하시고 이어서 신臣 숙주에게 명하시어 서를 지으라 하시니

신臣 숙주는 가만히 생각하건대 사람이 생긴 데는 천지의 기운을 받지 아니함이 없고, 성음은 기운에서 생기는 것인 바, 청탁이란 음양의 유로서 천지의 도요, 사성은 조화에 끝으로서 사시 운행이라, 천지의 도가 어지러워지면 음양이 그 위치를 바꾸고, 사시의 운행이 뒤섞여서는 조화가 그 차례를 잃게 되니 지극한지고, 성운의 묘함이여. 그 음양의 중심闉奧이 되고, 조화의 중요한 요점機緘이로구나.

하물며 서계書契(중국 태고의 문자)가 만들어지기 전에는 성인의 도가 천지에 붙어있고 서계가 만들어진 뒤에는 성인의 도가 여러 책에 실린지라. 성인

의 도를 밝히고자 하면 마땅히 글의 뜻文義을 먼저 알아야 하고 글 뜻의 요점을 알려면 마땅히 성운을 먼저 알아야할 것이니 성운은 곧 도를 배우는 시초이건만 또한 어찌 쉽게 깨우칠 수 있겠는가.

이는 우리 성상이 성운에 유심하시고 고금에 취사선택하시어 길잡이指南를 만들어서 수억년億載에 걸쳐 뭇 어리석은 자들을 깨우치시는 바이다. 옛 사람이 책(운서)을 짓고 운도를 그려 음화音和니 유격類隔이니 정절正切이니 회절回切[3]이니 그 법이 심히 소상하건만 오히려 얼버무림과 우물쭈물함을 면치 못하여 조협調協(한자음을 고르게 나타내는 일)에 어둡더니 정음이 나면서부터 만고의 한 가지 소리가 털끝만큼毫釐도 차착差錯이 없으니, 정음은 실로 음을 전하는 구조樞組(가장 중심되는 구실)입니다. 청탁이 나눔에 천지의 도가 정해지고, 사성이 바름에 사시의 운행이 순리대로 되니 조화를 미륜彌綸(모두 다스리고)하고 우주를 교갈摎轕(세차게 달려서)하여 묘한 뜻이 현관玄關(현모한 도의 입구에)에 계합契合되고, 신령한 기틀이 천뢰天籟(하늘 소리)에 통하는 것이 아니면 어찌 능히 이에 이를 것인가.

청탁이 족전族轉(빙빙 돌고)하고 자모가 서로 미루어 7운七韻에서 12율로 84조調로 되어 가히 성악聲樂의 바름과 그 태화太和(큰 화합)를 함께 할 것입니다.

---

3) '음화(音和)니 유격(類隔)이니 정절(正切)이니 회절(回切)이니 하여' : 반절법(半切法)에 의하여 글자의 음을 표시할 때, 반절상자(半切上字)와 귀자(歸字)의 성모가 같고, 반절하자(半切下字)와 귀자(歸字)의 운(韻)과 등(等)이 같은 것을 음화(音和)라 하고, 반절하자와 귀자의 운이 같으면 반절상자의 귀자의 성모가 순중음과 순경음, 설두음과 설상음, 치두음과 정치음과 같이 다르더라도 서로 반절을 쓸 수 있는 것을 유격(類隔)이라 하였다. 정절(正切)은 반절법 사용시 순서대로 분절하는 것, 회절(回切)은 돌려서 분절하는 것이라고 하나 확실한 것은 알 수 없음.

아, 소리를 살펴 음을 알고, 음을 살펴 악을 알고 악을 살펴 정사를 아나니, 뒤에 보는 자가 그 반드시 얻는 바가 있을 것입니다.

정통 12년 정묘(세종 29년 1447) 9월 하순, 통덕랑 수 집현전 응교 예문 응교 지제교 경연 검토관 신 신숙주는 두 손 모아 머리를 조아려 삼가 서를 씀.

3. 주해

1 『홍무정운』의 송렴宋濂, 1310~1381 서문에는 "사람이 생겨나면 소리가 있고 소리가 나면 7음이 스스로 갖추어지나人之生也則有聲。聲出而七音自具。"(『홍무정운』 <서문>)라고 하였다.

2 정초鄭樵의 『칠음략』 서문에는(『통지』) "가만이 생각건댄 음운이란 (운도에) 가로로 칠음이 있고 세로로 사성이 있는데, 사성은 강좌(양즈강 좌안)에서 시작되었고 칠음은 서역西域(인도지역)에서 일어 났으므로 송유(송나라 학사)가 운보(운도)를 만드는데 경과 위가 비로서 합해서 하나가 된 것이다. 칠음은 36 자모가 되나 설상의 4모와 순경 차청의 1모敷母는 세상에서 쓰지 아니한지 오래라.四聲爲經。七音爲緯。江左之儒知縱有平上去入爲四聲。而不知衡有宮商角羽徵半徵半商爲七音。縱成經。衡成緯。經緯不交。所以失立韻之源。"라고 하였다.

3 포희庖犧는 곧 복희伏義다. 복伏은 포庖, 포包, 복宓 등 글자로 혼용되고 뜻은 희犧, 헌獻 등의 글자로 혼용된다.

4 창힐蒼頡은 곧 창힐倉頡이다. '창倉'자는 본래 '창蒼', '창滄' 등과 통용의 글자다.

5 심은 심약沈約 441~513[4])이다. 육陸은 육법언陸法言[5])이니, 육법언은 곧 현행 『광

---

4) 중국 남조시대의 문인으로 자는 휴문(休文)이며 시호는 은(隱)이다. 궁체시(宮體詩)의 선구(先驅)이며 불교에 능통하고 음운(音韻)에도 밝아 시의 팔병설(八病說)을 제창했다.

5) 이름이 사(詞)이며 육상(陸爽)의 아들이다. 유진(劉臻), 소해(蕭該), 안지추(顔之推) 등과 한위육조(漢魏六朝) 반절구문(半切舊文)을 토론하고, 601년 『절운(切韻)』 5권을 지었다. 이 책은 원본은 전해지지 않으나 돈황유서(敦煌遺書)에서 당나라 때의 필사본 잔권(殘卷)이

운』의 원본인 『절운』의 저자이다. 심약은 『사성보』라는 저작이 있었다고
전한다.

6 『절운지장도』를 가리키는 것이다. 그 권두에는 사마광의 자서가 붙어서 『운
회』의 작자 등 모두 그의 저작으로 인정하였으나 최근 사람인 추특부鄒特夫
의 고증에 의하여 실상 양중수楊中修의 저작인 것으로 판명되었고 또 양 씨
의 원작도 아니요, 후인의 개찬인 것이 드러났다.

7 소옹의 『황극경세서』를 가리키는 것이다. 그중에는 <경세사상체용지수經世
四象體用之數>라는 제목 아래 성음의 수를 가져 만물의 수에 대비한 일편이
들어 있다.

8 『황극경세서』의 <집주> 중에는 (『성리대전』 권4) "종씨가 지나서 이천 장
인에게 말하되 음이 같고 다름이 있는 것이 아니라 사람이 같고 다름이 있
으며, 사람이 같고 다름이 있는 것이 아니라 지역이 같고 다름이 있다. 그
래서 지리적 환경이 다르면 사람의 발음도 달라지는 것이다. 동방에 음에
는 치설음이 있고 남방에는 순설음이 있고, 서방에는 권설음이 있으며 북
방에는 후설음 등이 있다.鍾氏過日伊川丈人云。音非有異同。人有異同。人非有異同。方
有異同。謂風土殊而呼吸異故也。東方之音在齒舌。南方之音在脣舌。西方之音在齶舌。北方之音
在喉舌云云。"(『황극경세서』<집주>)라고 하였다.

9 송렴의 『홍무정운』 서문에는 "마땅히 지금 성인이 위에 계시니, 수레의 궤도
를 같이하고, 글은 문장을 같이 한다.當今聖人在上。車同軌而書同文。"라고 하였다.

10 『옥편』 권말에는 "반절의 요법切字要法"이란 일항이 있으니 곧 반절의 법을
이름이다.

11 손면의 『당운』6) 서(『광운』 권1)에는 "절운切韻은 사성의 근본이니, '뉴(㿻)'로
써 쌍성雙聲, 첩운疊韻이다.切韻者本乎四聲。紐以雙聲疊韻。"라고 하였으니 紐(㿻)는
자모와 운부의 분류를 이름이요, 『절운지장도』의 <변내외전예辨內外轉例>
에는 "옛 그림에 통通, 지止, 우遇, 과果, 용容, 류流, 심深, 회會 여덟 글자를

발굴되었다.

6) 당(唐)의 손면이 『절운』을 증정(增訂)한 책. 5권. 뒤에 북송의 서현(徐鉉)에 의하여 『설문해
   자(說文解字)』 대서본(大徐本)의 반절에 쓰였다.

총괄한 내전은 67운이고, 강江, 해蟹, 진臻, 산山, 효效, 가假, 함咸, 요樑 여덟
글자를 통괄한 내전은 139운이다.舊圖以通止遇果容流深會八字括內轉六十七韻。江蟹
臻山效假咸樑八字括外轉一百三十九韻。"라고 하였으니 섭攝은 이와 같이 다시 근음
의 운을 합하여 통지通止 등 자로 일컫는 것으로 보통 섭攝자라고 많이 쓴다.

12 현대어에서 '牡丹'을 '모란', '次第'를 '차례'로 말하는 것은 한자의 고음을
보존하여 오는 것이다.

13 송렴의 『홍무정운』 서문에는 "초, 한 이래로 '이소離騷'의 가사(초사는 굴원의
작품)와 <교사안민가>와 위, 진의 여러 작품에 이르기까지 어찌 한 가지
음률로 사로 잡혔겠습니까, 역시 그 음을 고르게 하는 것뿐입니다.楚漢以
來。離騷之辭。郊祀安民之歌。以及於魏晉諸作。曷嘗拘於一律。亦不過協比其音而已。"(『홍무정
운』<서문>)라고 하고 또 "독용이라고 하는 것 가운데 마땅히 어울러서 쓸
것이 있으니 '동東, 동冬'운과 '청淸, 청靑'운과 같은 것이고 또 하나의 운이
라도 마땅히 두 운으로 나누어야 될 것이 있으니 '우虞, 모模'운은 '모模, 마
麻'운과 같은 것이다.有獨用當併爲通用者。如東冬淸靑之屬。亦有一韻當析爲二韻者。如虞
模麻遮之屬。"(『홍무정운』<서문>)라고 하였다.

14 『절운지장도』의 동남일董南一의 후서문에 "음을 번갈아 쓰는 것을 곧 음화
音和라 부르고, 곁에 있는 것을 구하는 것을 곧 유격類隔이라 한다.遁用則名音
和(徒紅切同)。傍求則名類隔(補微切非)。"라고 하였으니 설상음·설두음을 쓰거나
그 반대를 유격이라고 함에 대하여 설두자에 설두자를 쓰는 것이 음화인
데 음화는 칠음을 통하여 있고 유격은 설, 순, 치 3음에 한하여 있다. 정
절과 회절은 불확실하다. 아마 운에 있어서 음화音和와 유격類隔에 근사한
관계를 가리키는 것 인듯 하다.

15 사마광을 모명한 『절운지장도』 서문에는 "옛 책의 기자奇字를 살펴보면
자주 얼버무리고 우물쭈물하는 모습이다.覽古篇奇字。往往有含糊囁嚅之狀。"라고
하였다.

16 정초의 『칠음략』 서문에는 "발결음을 이끌어 아득한데 이르러 적막한 곳
을 서성거리니, 마음의 즐거움이 천뢰에 깊이 융화되어 조화에 통하지 않
는다면 그 성을 지을 수 없다.至於紐躡杳冥。盤旋寥廓。非心樂洞融天籟。通乎造化

者。不能造其闡。"라고 하였다.

17 송렴의 『홍무정운』 서문에는 "그러나 선궁(12율과 7음을 배합하여 여러 음조를 이룸)은 중앙 토土인 궁宮음을 돌려서 7음을 고르게 하는 것일지라도 운을 고르게 하면 12율을 가지고 84조를 조화해 낼 수 있으니 서로 섞바꾸어 돌려서 배합시켜 이루는 악의 조화가 역시 있습니다.旋宮以七音爲均。均言韻也。有能推十二律。以合八十四調。旋轉相交。而大樂之和亦在是矣。"(『홍무정운』 <서문>)라고 하였는데 정초의 『칠음약』 서문에는 "정택鄭譯이 마침내 비파에 얹어 다시 칠균七均7)을 세우고 12율을 합성하였다. 12율과 각 율에 7음이 응하니, 음을 1조調로 정하였다. 고로 7음을 고르게 하여 12율과 합하여 84조를 이루니 서로 교차하여 돌아가며 모두 함께 화합한다.譯逐因琵琶更立七均。合成十二。應十二律。律有七音。音立一調。故成七調。十二律合八十四調。旋轉相交。盡皆和合。"라고 하였다. 결국 수隋의 주국패공杜國沛公 정택鄭譯이 오음에 다시 변궁·변치를 가하여 비파의 악곡을 꾸민 그 이야기다.

18 『예기』8) <악기>에는 "소리를 살펴서 음을 알고, 음을 살펴서 음악을 알며, 음악을 살펴서 정치를 알게 되니, 치도가 갖추어졌구나.審聲以知音。審音以知樂。審樂以知政。而治道備矣。"라고 하였다.

4. 평해

신숙주의 이 서문이 무슨 까닭인지 『보한재집保閑齋集』에는 누락되어 있다. 『세종실록』 병인 9월에 게재되어 있고 또 최근 출현된 『동국정운』 제

---

7) 고대에 칠음과 12율을 짝지어 각 율마다 균등하게 궁음(宮音)에 맞게 지으니, 율로써 궁이 되어 7종의 음계를 세우는 것을 칭하여 칠균(七均)이라 이른다.(古代以七音配十二律, 每律均可作爲宮音, 以律爲宮所建立的七種音階, 稱爲 '七均')
8) 전한(前漢)의 대성(戴聖)이 지은 유교의 오경(五經) 중 하나이다. 주(周) 말기에서 진한(秦漢)시대까지의 예(禮)에 관한 학설을 집록한 것으로, 단순히 의례의 해설뿐 아니라, 음악·정치·학문 등 일상생활의 사소한 영역에 이르기까지 예의 근본정신에 대해 다양하게 서술하고 있다. 『주례(周禮)』, 『의례(儀禮)』와 함께 '삼례(三禮)'라로 불린다.

1권에 들어 있다.

이 서문으로 인하여 여러 가지 중대한 사실을 이해할 수 있다. 이 아래 열거하여 보면 다음과 같다.

1) 『동국정운』이 23자모와 91운으로 된 것을 알 수 있는 바 이로써 한 걸음 더 나아가 『동국정운』의 정체를 밝힐 수 있는 것이다. 물론 23자모 란 36자모에서 설두·설상·순중·순경·치두·정치의 구별을 없앤 것이 명확하니 곧 훈민정음의 초성 17자와 병서 6자를 합한 수와 부합되고 91 운은 적어도 『운회』의 107운과 『홍무정운』의 76운에 비하여 완전 독특한 것임은 틀림이 없다. 그런데 ㄹ종성의 음에 이르러 "이영보래로 속된 것 을 바로 잡는다.以影補來因俗的正"라고 하였다. 『동국정운』 음이란 결국 언해 등 한자의 주음에서 벗어나지 않은 것이다.

2) 그 당시 한자의 통용음이 어떠했는가에 대해서는 상당히 소상한 정 도로 설명되었다. 첫째 ㅋ초성의 음은 '夬, 快' 등의 한 음 외에 없는 것. 둘째 전탁 초성이 없는 것. 셋째 사성을 구별치 못 한 것 등이다. 그러니 까 근세의 통용음보다 현격하게隔絶 다른 것은 결코 아니다. 그것은 상기 의 세 가지 점에서 두 글자 간 완전 일치되고 있는 까닭이다.

3) 훈민정음과 한자 음운의 관계도 좀 더 천명되고 있으니 『절운지장도』, 『황극경세서』 등이 거론된 것은 그러한 서적이 그 당시에 읽혀진 것을 증명하는 바다. 더구나 이 글은 거의 『홍무정운』 서, 『칠음약』 서, 『성리 대전』9) 주의 조각보와 같은 느낌을 주는 바, 그는 어느 정도까지 한자 음

---

9) 1415년 명(明) 영락재(永樂帝)의 명을 받아 호광(胡廣) 등 42명의 학자가 송나라 때의 성리 학설을 집대성하여 편집한 책. 전 70권. 송대와 원대의 성리학자 120여 명의 학설과 특히 주돈이(周敦頤)의 『태극도(太極圖)』와 『통서(通書)』, 장재(張載)의 『서명(西銘)』과 『정몽(正蒙)』, 소옹(邵雍)의 『황극경세서(皇極經世書)』, 주희(朱熹)의 『역학계몽(易學啓蒙)』・『가례(家禮)』・ 『율려신서(律呂新書)』, 채침(蔡沈)의 『홍범황극내편(洪範皇極內篇)』 등이 수록되어 있다.

운에 대한 그 당시 사람의 참고 범위를 보여주는 것이나 마찬가지다.

『동국정운』의 한자음 표기의 특징은 첫째로 중국의 한자음에는 '설두음' 과 '설상음', '순중음'과 '순경음', '치두음'과 '정치음'이 등의 구분이 있었 지만, 조선의 한자음에는 이러한 구분이 없었다. 따라서『동국정운』에서는 중국의『고금운회거요』에 107운과 36자모 체계를 변형하여 국어 한자음의 체계에 맞추어서 독자적으로 91운 23자모 체계를 세웠다. 둘째로『고금운 회거요』등에 서는 반절을 이용하여 한자음을 표기하였는데,『동국정운』에서 는 반절법 대신에 새로 창제한 표음문자인 훈민정음(정음)을 사용하여 한자 의 음을 달았다. 셋째로 중국에서는 입성인 '단모端母(ㄷ)'에 속하는 '질質운' '물勿운'을 '래來모'로 통합하였다. 이러한 두 언어에서 나타나는 차이를 보 완하기 위하여, '來(ㄹ)모'의 뒤에 '影(ㆆ)모'를 붙여서 입성자음을 표기하는 이영보래以影補來 표기법을 만들었다. 이처럼 현실적 이상주의적 한자음 표 기를 제정했던 세종은 "억지로 가르치지 말고 배우는 자들로 하여금 의사 에 따라 하게 하라勿强敎, 使學者隨意爲之"라고 일렀다.『세종실록』 권122 『동국정운』 의 한자음 표기법의 한계성을 이미 알고 있었던 것이다. 이에 따라서 세종 대에서부터 세조 대에 이르기까지 간행된『석보상절』,『월인천강지곡』,『훈 민정음』언해,『월인석보』등에는『동국정운』식 한자음으로 표기하였다.

그러나『동국정운』식 한자음 표기법은 그리 오래 쓰이지 못하였다.『동 국정운』의 한자음 표기는 중국 운서를 바탕으로 인위적으로 정리하였기 때문에 전승음 곧 속음과는 거리가 생겨나 성종대에『삼강행실도』언해 1481년,『불정심다라니경언해』1485년 등 일부 문헌에만 사용하다가 결국『육 조법보단경언해』에 가서는 속음으로 회귀하게 되었다. 신숙주는『동국정 운』의 서에서 조선 한자음의 변화를 자모, 칠음, 청탁, 사성으로 나누어 구 체적으로 밝혔다. 첫째, 조선 한자음 중에서 '자모'가 변한 예로는 '극㞑'이 '큭'에서 '극'으로, '곤困'가 '콘'에서 '곤'으로 변한 것처럼 아음에서 '계溪

모'의 글자의 태반이 '견見모'로 바뀌었다. 둘째, 조선의 한자음 중에서 '칠음'이 변한 예로는 '고酷'이 '콕'에서 '혹'으로 바뀐 것처럼 '계溪모'의 글자가 '효曉모'로 바뀐 것으로 아음에서 후음으로 바뀐 칠음의 변화가 있었다. 셋째, 조선 한자음 중에서 '청탁'이 변화한 예로는 '극極, 식食, 빈貧, 담談'이 '꾹, 씩, 삔, 땀'으로 전탁 글자인데 '극, 식, 빈, 담'으로 전청 글자로 바뀐 변화가 있었다. 넷째, 조선 한자음 중에서 '사성'이 변화한 예로는 '경景'이 상성에서 거성으로 바뀌었다.10)

제2절 『사성통고四聲通考』 <범례>

조선 세종 때, 신숙주 등이 임금의 명으로 『홍무정운』의 한자를 정음으로 옮기고, 사성四聲으로 갈라 청탁淸濁 등을 연구하여 편찬한 책으로 지금은 전하지 않는다. 이 책의 <범례>는 중종 12년(1517)에 최세진이 『홍무정운역훈』1455년의 음계를 보충하고, 자해字解가 없는 『사성통고』를 보완하기 위하여 2권 2책으로 편찬한 『사성통해』에 실려 있다. 『사성통해』는 최세진이 중종 12년(1517)에 지은 목판본 2권 2책이다. 세종 때 왕명으로 신숙주 등이 『홍무정운역훈』을 편찬하였으나, 너무 방대하여 보기가 어려웠으므로 다시 간이한 『사성통고』를 편찬케 하였다. 그러나 『사성통고』는 글자마다 자음은 표기되었으나, 그 글자의 해석이 없었으므로 이런 단점을 보완하기 위하여 『홍무정운』을 기초로 하여 실용에 적합하도록 엮은 것이 『사성통해』이다. 상권은 사성통해 서四聲通解序, 운모정국韻母定局, 광운 36자모지도廣韻三十六字母之圖, 운회韻會 35자모지도, 홍무운洪武韻 31자모지

---

10) 강주진, 『보한재 신숙주 정전』, 세광출판사, 10-29쪽 참조. 1988.

도, 범례凡例 26조, 사성통해 상四聲通解 上, 하권은 사성통고 범례四聲通攷 凡例, 번역노걸대박통사 범례飜譯老乞大朴通事 凡例, 동정자음動靜字音, 사성통해 하四聲通解 下로 되어 있다. 상권에 실은 각 자모도에는 하나하나 훈민정음으로 발음 대조를 붙였고, 본문은 운목에 따라 한자를 먼저 배열하고 한 운목에 딸린 각 글자는 사성의 차례로 나열하여 방점 표시를 안 하도록 하였다. 또, 한자의 주註는 주음註音을 정음正音과 속음俗音으로 나타내고, 속음은 다시 『사성통고』에 표시된 속음과 금속음今俗音으로 구별하였다. 한자의 해석은 주로 한문으로 하였으나, 더러는 당시의 우리말을 금속호今俗呼라 하여 표기하였다. 이 금속호의 어휘가 450여 개에 달하고 있어, 국어 연구에 귀중한 자료가 된다. 광해군 6년(1614)과 효종 7년(1656)에 중간重刊한 중간본이 전한다.

이 <범례>에는 첫째, 그 당시 한음과 우리 음운의 차이, 둘째, 『사성통고』음 즉 『홍무정운역훈』음의 정체, 셋째, 훈민정음과 몽고자의 관계 등을 추정하는 데 상당히 중요한 재료들이 들어 있다. 그뿐 아니라 훈민정음이 발표된 이후 치두, 정치의 구별이 추가되고 또 문자의 순서가 변경되고 또 한자음에도 'ㅇ' 종성을 쓰지 아니한 예 등의 중요한 사실도 오직 이로써 알게 되고 해례가 나오기 전까지 원칙으로 종성을 반드시 갖추어야 하고 편법으로 'ㅇ'의 종성이 생략된다는 사실도 오직 이로써 알게 되었을 뿐이다.

1. 『사성통고』<범례>

一. 以圖韻諸書。及今中國人所用。定其字音。又以中國時音所廣用。而不合圖韻字。逐字書俗音於反切之下。

一. 운도圖와 운서韻의 여러 책과 그리고 지금 중국인이 쓰는 음으로써 그『홍무정운역훈』음을 정하는데 중국 당시 음으로 널리 쓰이나 운도와 운서에 맞지 않는 것은 그 글자마다 원래의 반절 아래 속음을 달았다.

一. 全濁上去入三聲之字。今漢人所用。初聲與淸聲相近。而亦各有淸濁之別。獨平聲之字。初聲與次淸相近。然次淸則其聲淸。故音終直低。濁聲則其聲濁。故音終稍厲。

一. 전탁의 상, 거, 입 3성의 글자는 지금 한인(중국인)들이 쓰는 바, 초성이 청성(전청)과 근사하기는 하지만 또한 각각 청탁의 구별이 있다. 오직 평성자의 초성은 차청에 가까우나 차청은 그 소리가 맑은 까닭에 그 음은 늘 곧고 낮으며, 탁성은 그 소리가 흐리므로 그 음이 조금 거세다.

一. 凡舌上聲。以舌腰點齶。故其聲難自歸於正齒。故韻會。以知徹澄孃。歸照穿牀禪。而中國時音。獨以孃歸泥。且本韻混泥孃而不別。今以知徹澄。歸照穿牀。以孃歸泥。

一. 무릇 설상음은 혀의 가운데가 잇몸에 닿으므로 그 소리를 발음하기 어려워 저절로 정치음正齒音으로 돌아갔다. 그러므로 운회에서는 (설상음인) 지모知母, 철모徹母, 징모澄母, 냥모孃母를 (정치음인) 조모照母, 천모穿母, 상모牀母, 선모禪母로 돌려놓았다. 그런데 중국의 지금 음은 오직 냥모孃母만 니모泥母로 돌아갔다. 또 본운(『홍무정운(洪武正韻)』의 운)에서는 니모와 냥모가 섞여 구별되지 않기에 이제 지知・철徹・징澄모를 조照・천穿・상牀모로 돌리고, 냥娘모를 니泥모로 돌린다.

一. 唇輕聲非敷二字。本韻及蒙古韻。混而一之。且中國時音。亦無別。
今以敷歸非。

一. 순경성唇輕聲 가운데 '비非'모와 '부敷'모의 2모의 글자는 본운(『홍무정운』)
과 몽고운(『몽고운략』)에서 뒤섞여 하나로 되어있고 중국 당시음에도 구별이
없으므로 이제 '부敷'모를 '비非'모로 돌린다.

一. 凡齒音。齒頭則擧舌點齒。故其聲淺。整齒則卷舌點腭。故其聲
深。我國齒聲ㅅㅈㅊ在齒頭整齒之間。於訓民正音。無齒頭整齒之別。
今以齒頭爲ㅅㅈㅊ。以整齒爲ㅅㅈㅊ以別之。

一. 무릇 치음에서 치두는 혀를 들어 이에 닿음으로서 그 소리가 얕고
정치는 혀를 말아서 잇몸에 닿음으로서 그 소리가 깊으니, 우리의 잇소리
ㅅ, ㅈ, ㅊ는 치두와 정치의 중간에 있다. 훈민정음에는 치두와 정치의 구
별이 없으므로 이제 치두에는 ㅅ, ㅈ, ㅊ를 만들고 정치에는 ㅅ, ㅈ, ㅊ를
만들어 구별한다.

一. 本韻。疑喩母諸字多相雜。今於逐字下。從古韻。喩則只書ㅇ母。
疑則只書ㆁ母。以別之。

一. 본운(홍무정운)에서 (한어의 중고음에서 구별되었던) '의疑', '유喩'모의
모든 글자가 서로 뒤섞인 것이 많으므로 지금 글자마다 그 아래에 '유喩'
모면 그저 'ㅇ' 글자로 쓰고 '의疑'모면 그저 'ㆁ' 글자로 써서 구별한다.

一. 大抵本國之音。輕而淺。中國之音。重而深。今訓民正音。出於本國
之音。若用於漢音。則必變而通之。乃得無礙。如中聲ㅏㅑㅓㅕ。張口之
字。則初聲所發之口不變。ㅗㅛㅜㅠ縮口之字。則初聲所發之舌不變。故
中聲爲ㅏ之字。則讀如ㅏ・之間。爲ㅑ之字。則讀如ㅑ・之間。ㅓ則ㅓ一
之間。ㅕ則ㅕ一之間。ㅗ則ㅗ・之間。ㅛ則ㅛ・之間。ㅜ則ㅜ一之間。ㅠ
則ㅠ一之間。・則・一之間。一則一・之間。ㅣ則ㅣ一之間。然後。庶合
中國之音矣。今中聲變者。逐韻同中聲。首字之下。論釋之。

一. 대저 우리의 음은 가볍고 얕으나, 중국의 음은 무겁고 깊은데 이제
훈민정음은 우리 음에서 나온지라 만약 한음에 쓰려면 반드시 변통이 있
어야 애체礙滯(막히고 정체됨)됨이 없을 것이다. 이를테면 중성에서 ㅏ, ㅑ, ㅓ,
ㅕ의 장구張口(입을 옆으로 벌려 발음)의 평순음 글자는 초성을 낼 때도 입이 변
치 아니하고 ㅗ, ㅛ, ㅜ, ㅠ 축구縮口(입을 오므리고 발음)의 원순음 글자는 초성
을 낼 때도 혀가 변치 아니하는 것이라. 중성의 ㅏ가 되는 자는 ㅏ, ・의
중간과 같이 읽고 ㅑ일 때는 ㅑ, ・의 중간과 같이 읽고 ㅓ는 ㅓ, ㅡ의 중
간, ㅕ는 ㅕ, ㅡ의 중간, ㅗ는 ㅗ, ・의 중간, ㅛ는 ㅛ, ・의 중간, ㅜ는 ㅜ,
ㅡ의 중간, ㅠ는 ㅠ, ㅡ의 중간, ・는 ・, ㅡ의 중간, ㅡ는 ㅡ, ・의 중간,
ㅣ는 ㅣ, ㅡ의 중간이라야 거의 중국음에 맞다. 지금 중성이 변한 것은
운마다 같은 중성 첫 자 아래 이를 설명한다.

一. 入聲諸韻終聲。 今南音傷於太白。 北音流於緩弛。 蒙古韻亦因北音。 故不用終聲。 黃公紹韻會。 入聲如以質韻䰄卒等字。 屬屋韻匊字母。 以合韻閤榼等字。 屬葛韻葛字母之類。 牙舌脣之音。 混而不別。 是亦不用終聲也。 平上去入四聲。 雖有淸濁緩急之異。 而其有終聲。 則固未嘗不同。 況入聲之所以爲入聲者。 以其牙舌脣之全淸。 爲終聲而促急也。 其尤不可不用終聲也。 明矣。 本韻之作。 倂同析異。 而入聲諸韻。 牙舌脣終聲。 皆別而不雜。 今以ㄱㄷㅂ爲終聲。 然直呼以ㄱㄷㅂ。 則又似所謂南音。 但微用而急終之。 不至太白可也。 且今俗音。 雖不用終聲。 而不至如平上去之緩弛。 故俗音終聲於諸韻。 用喉音全淸ㆆ。 藥韻用脣輕全淸ㅸ。 以別之。

一. 입성인 모든 운의 종성이 지금의 남방음에서는 너무 분명한 것이 흠이고 북방음은 완이緩弛(느리고 늘어짐)함에 흐르거니와 몽고운도 또한 북방음을 따른 까닭에 종성을 쓰지 않았으며, 예를 들어 황공소黃公紹의 『고금운회』에도 입성에서 '질質'운의 '율䰄', '졸卒' 등의 글자를 '옥屋'운 '국菊' 자모에 넣고 '합合'운의 '합閤', '합榼' 등의 글자를 '갈葛'운 자모에 넣어 아ㄱ, 설ㄷ, 순ㅂ의 음종성을 혼동하여 구별치 아니하였으니 이 또한 종성을 쓰지 아니한 때문이라. 평, 상, 거, 입의 사성이 비록 청·탁, 완·급의 차이는 있을망정 그 종성이 참으로 일찍이 같지 않음이 없었다. 하물며 입성이 입성되는 바는 아, 설, 순음의 전청으로 종성을 삼아서 촉급하기 때문이다. 이것이 더욱 종성을 쓰지 아니할 수 없는 이유인 것이 명백하다. 본운을 지음에 있어 같은 운을 합하고 다른 운은 갈라서 입성 여러 운의 아ㄱ, 설ㄷ, 순ㅂ 종성도 모두 구별하여 섞지 아니하였으니 이제 ㄱ, ㄷ, ㅂ로 종성을 삼아 ㄱ, ㄷ, ㅂ를 그대로 발음하면 또 소위 남방음과 같아지니 다만 가볍게 써서 급히 마쳐 너무 분명하게는 발음하지 않는 것이 옳으니라. 또 속음은 비록 종성을 쓰지는 않는다고 하더라도 평, 상, 거와 같이 완이緩弛함에 이르지 않는 까닭에 모든 운의 속음 종성으로 후음 전청인 'ㆆ'를 쓰고 '약藥'운 종성에만 순경 전청의 'ㅸ'를 써서 구별한다.

> 一. 凡字音。必有終聲。如平聲。支齊魚模皆灰等韻之字。當以喉音ㅇ爲終聲。而今不爾者。以其非如牙舌脣終之爲明白。且雖不以ㅇ補之而自成音爾。上去諸韻同。

一. 무릇 자음에는 반드시 종성이 있어야 하니 평성의 '지支, 제齊, 어魚, 모模, 개皆, 회灰' 등의 운자는 마땅히 후음 'ㅇ'으로 종성을 삼아야 하겠지만 지금 그렇게 아니하여도 아, 설, 순의 종성과 같이 명백한 것은 아니요, 또 'ㅇ'으로 보충하지 아니하더라도 제대로 음을 이루기 때문에 상, 거의 모든 운도 마찬가지다.

> 一. 凡字音四聲。以點別之。平聲則無點。上聲則二點。去聲則一點。入聲則亦一點。

一. 모든 자음의 사성은 점으로써 구별하니 평성은 점이 없고, 상성은 두 점이요, 거성은 한 점이요, 입성도 또한 한 점이라.

3. 주해

1 도圖는 『절운지장도』와 같은 것을 이름이요, 운韻은 『운회』라든지 『홍무정
운』과 같은 것을 말하는 것이다.
2 『운회』에서 설상의 4음을 정치와 합해 버린 것은 사실이지만 '지知, 철徹,
징澄'은 아주 '조照, 천穿, 상牀'에 합하는 동시에 '냥孃'만은 차상차탁으로
만들었다. 여기서는 마치 '냥孃'이 합한 것처럼 설명되었으되 차상차탁의
'냥孃'은 차상차탁자의 '선禪'과 합해진 것이 아니다.
3 『사성통고』란 본래 『홍무정운역훈』 권두에 붙였던 것이라니까 그 <범례>
에서 본운이라는 것은 필시 『홍무정운』을 가리키는 것임에 지나지 아니 할
것이다.
4 최세진의 『번역노걸대박통사』 <범례>에 의하면 몽고운에서 '소蕭, 효爻,
우尤' 등 평, 상, 거 삼성의 각운과 '약藥'운에는 'ㅱ'로 종성을 삼았다고 하
는데 '소蕭, 효爻, 우尤' 등의 운에 그대로 'ㅱ'의 종성을 좇고 오직 '약藥'운
에만 그 입성을 보이기 위하여 전청의 'ㅸ'로 바꾼 것으로 보인다.

4. 평해

이 <범례>는 『사성통해』 권말에 덧붙여 간행附刊되었다. 이 <범례>가
덧붙여 간행되어 있는 그 사실 하나만으로도 『사성통해』의 문헌상 귀중
한 가치를 인정하지 아니할 수 없는 것이다.

본래 『홍무정운역훈』 서문에는 세종 소정의 『사성통고』를 그 뒷면에
붙이고 다시 그 <범례>를 만들어서 지남을 삼는다고 하였다. 신숙주 그
개인도 결코 그 통고나 그 <범례>를 자기의 단독 저작으로 명기하지 아
니한 이상 그것은 당연히 『홍무정운역훈』을 편찬한 사람들의 공동 저작
으로 보아야 한다. 그런데 최세진의 『사성통해』 서문에서 세종이 고령부

원군 신숙주에게 명하여 『사성통고』를 만들었다 한 것이라. 다소 이 <범례>조차 그의 단독 저작으로 오해될 우려가 없지 않다. 사실로 정동유鄭東愈, 1744~1808와 같은 이는 그렇게 오해한 사람 가운데 한 사람이니 심지어 그는 신숙주가 <범례>를 만든 그 통고와 세종 소정의 통고를 같은 이름의 다른 책異書으로까지 상정하였다. 그러나 세종의 소정이란 그의 예재睿裁를 의미하는 것으로 반드시 어제를 가리키는 것이 아니요, 최세진이 신숙주만을 든 것은 성삼문을 말하기 꺼리고 또 그 이하의 다른 사람을 열거하는 것을 피한 것이다. 최세진의 서문도 궁극적으로 신숙주 자신의 말과 하등 배치되는 것은 아니라고 생각한다.

그것은 그렇거니와 이 <범례>에는 첫째, 그 당시 한음과 우리 음운의 차이, 둘째, 『사성통고』 음 즉 『홍무정운역훈』 음의 정체, 셋째, 훈민정음과 몽고자의 관계 등을 추정하는데 상당히 중요한 재료들이 들어 있다. 그뿐 아니라 훈민정음이 발표된 이후 치두·정치의 구별이 추가되고 또 문자의 순서가 변경되고 또 한자음에도 'ㅇ' 종성을 쓰지 아니한 예 등의 중요한 사실도 오직 이로써 알게 되고 해례가 나오기 전까지 원칙으로 종성을 반드시 갖추어야 하고 편법으로 'ㅇ'의 종성이 생략된다는 사실도 오직 이로써 알게 되었을 뿐이다.

참고문헌 중에서도 가장 중요한 문헌이라고 볼 수 있다. 더욱이 성음 이론에 있어서 어느 점으로는 해례를 보충케 될 점조차 없지 않다.

제3절 『직해동자습直解童子習』 서

이 책은 성삼문成三問, 1418~1456이 단종 1년(1454)에 지은 것으로 현재 전하지 않고 다만 『동문선東文選』1478에 그 서문만 전한다. 책의 이름은 『직해동자습훈평화直解童子習訓評話』였는데 당시 정확한 한어의 글자음을 학습하기 위해 만든 한어교재이다.

1. 원문

我東方在海外。言語與中國異。因譯乃通。自我祖宗事大至誠。置承文院掌吏文。司譯院掌譯語。專其業而久其任。其爲慮也盖無不周。第以學漢音者。得於轉傳之餘。承授旣久。訛謬滋多。縱亂四聲之疾徐。衡失七音之淸濁。又無中原學士從旁正之。故號爲宿儒老譯。終身由之而卒於孤陋。我世宗文宗慨然念於此。旣作訓民正音。天下之聲。始無不可書矣。

於是譯洪武正韻。以正華音。又以直解童子習譯訓評話。乃學華語之門戶。命令右副承旨臣申叔舟。兼承文院校理臣曹變安。行禮曹佐郞臣金曾。行司正臣孫壽山。以正音譯漢訓。細書逐字之下。又用方言以解其義。

仍命和義君臣瓔。桂陽君臣璔。監其事。同知中樞府事臣金何。慶昌府尹臣李邊。證其疑而二書之。音義昭晣。若指諸掌。所痛恨者。書僅成編。弓劒繼遺。

恭惟。主上嗣位之初。遹追先志。亟令刊行。又以臣三問亦嘗參校。命爲之序。臣竊惟四方之言。雖有南北之殊。聲音之生於牙舌脣齒喉。則無南北也。明乎此則於聲韻乎何有。東方有國。經幾千百載之久。人日用而不知七音之在我。七音且不知。況其淸濁輕重乎。無惑乎漢語之難學也。

此書一譯。而七音四聲隨口自分。經緯交正。毫釐不差。又何患從旁正之之無其人乎。學者苟能先學正音若干字。次及於斯。則浹旬之間。漢語可通。韻學可明。而事大之能事畢矣。

有以見二聖制作之妙。高出百代。此書之譯。無非畏天保國之至計。而我聖上善繼善述之美 亦可謂至矣。

2. 번역

우리 동방은 중국 바다 바깥에 있어 언어가 중국과 달라서 통역해야만 통하는 지라. 우리 조종으로부터 사대에 지극한 정성至誠으로 승문원承文院을 두어서 이문吏文을 맡기고 사역원司譯院을 두어서 역어를 맡겨 그 맡은 일에 한결지게 전념하고 그 임무를 오래도록 하게 하니 그 생각하는 바가 두루 미치지 아니함이 없었다. 그런데 한음漢音을 배우는 이들이 굴러서 전하는 잘못된 것을 얻어서 승수承授(이어 받아드림)가 이미 오래되어서 그릇된 것이 점점 많은지라. 세로로 사성의 질서를 어지럽히고 가로로 칠음七音의 청탁을 잃어버렸건만 또한 중원 학사가 옆에 있어서 바로 잡아 주는 것도 아니므로 이름난 선비나 노련한 역관도 종신토록 그대로 지내다가 고루한데서 끝마치게 된다. 우리 세종과 문종께서 개연히 이를 생각하고 이미 훈민정음을 만드셨으니 천하의 소리를 비로소 기록하지 못할 바가 없는지라.

이에 『홍무정운』을 번역하여서 화음華音을 바르게 하시고 또 『직해동자습훈평화』는 곧 화어를 배우는 문호門戶(입문서)라고 하시어 지금의 우부승지 신臣 신숙주와 겸 승문원교리 신臣 조변안曹變安과 행 예조좌랑 신臣 김증金曾과 행 사정 신臣 손수산孫壽山에게 명하여 정음으로 한훈漢訓을 번역하여 글자마다 그 아래 새겨서 쓰고, 또 방언을 써서 그 뜻을 풀게 하시어

이어서 화의군 신 영瓔과 계양군 신 증增에게 명하시어 그 일을 담당(관리 감독)케 하시고 동지중추부사 신臣 김하金何와 경창부윤 신臣 이변李邊에게 그 의심나는 바를 다져서 두 가지로 써두게 하시니 음의音義(소리와 뜻)가 분명하여 마치 손바닥을 가리키는 것과 같으니 오직 통한한 바는 책이 거의 성편되자 이어서 궁검弓劍을 버리신 것(32년 제위했던 세종에 연이어 문종 제위 2년만에 승하하심)이다.

공손히 생각하건대 주상(단종)이 왕위를 이으신 처음에 선왕의 뜻을 좇아 빨리 간행하기를 명하시고 또 신臣 삼문成三問이 일찍이 참고하였다고 하여 서를 지으라 명하시니 신이 가만히 생각하건대, 비록 사방의 말은 남북의 다름이 있을망정 성기(성음의 기운)가 아, 설, 순, 치, 후에서 생기는 것은 남북이 다름이 없으니 이것만 훤히 알면 성운이 무슨 어려움이겠습니까. 동방에 나라가 있어 몇 천백 년의 오램을 지나되 사람이 날마다 쓰면서 칠음이 내게 있는 줄 몰랐으니, 칠음도 또한 모르는데 하물며 청탁이야 어찌 알았겠습니까. 한어 배우기가 어려운 것도 괴이치 아니합니다. 이 책이 한 번 번역됨에 칠음과 사성이 입을 따라서 나뉘고 운도가 경과 위가 바르게 되어 호리毫釐(털끝만큼도)가 틀리지 않거니, 또 무슨 옆에서 바로잡아 주는 사람이 없음을 한하겠습니까. 배우는 사람이 만일 먼저 훈민정음 약간의 글자를 배우고 다음 여기에 미친다면 열흘 동안에 한어도 통할 수 있고, 운학에도 밝을 수 있어서 사대의 능사(잘 할 수 있는 일)가 다 될 것입니다. 두 분 성인(세종과 문종)이 제작하신 묘함에 높이 백대에 뛰어

나시며, 이 책의 번역도 외천보국畏天保國(하늘을 두려워하고 나라를 지킴)을 위한 지극한 계획이 아닌 것을 볼 수 있으며, 성상의 선계선술善繼善述(조상의 업적을 훌륭히 이은 아름다움)의 아름다우심도 또한 극진하시다고 말씀할 수 있을 것입니다.

3. 주해

1 그 어의로는 중국의 관용문자를 가리키는 것이나 『이문집람吏文輯覽』[1] <범례>에 "옛 초록 『이문吏文』 1권은 모두 한어로 된 선유宣諭[2] 성지聖旨[3]이므로 『이문』을 익히는 데에는 무관하다. 때문에 집람輯覽에는 쓰지 않았으니, 익히려는 자들은 마땅히 언해로 된 한어의 여러 책을 풀어보면 된다. 舊抄吏文初卷 宣諭聖旨皆漢語 於習吏文 無關 故不著輯覽 欲習者宜考諺解漢語諸書."라고 한 것으로 미루어 백어百語도 아니요 또 물론 고문도 아니요 일종 중국 관용의 특수어를 의미하는 모양이다.

2 중국의 층자설을 말하는 것이다.

3 『성근보선생집成謹甫先生集』[4]에는 '역훈평화'가 '훈세평화'로 되였으되 '훈세평화'는 후일 이변의 저서로서 아마 거기 혼동되어 잘못 쓴 것 같다. 한 개의 책명으로는 너무 길어서 마치 2종 이상을 한데 든 것처럼 보이지만은 『직해소학』,[5] 『직해대학』과 같이 『동자습』이 다시 한어로 직해된 데다가

---

1) 중종 34년(1539)에 최세진이 『이문(吏文)』을 학습참고서로서 사용하게 할 목적으로 어려운 어구를 뽑아서 풀이한 책. 4권 1책. 『이문』은 명나라와 주고받은 외교문서를 모아놓은 책이다.

2) 일반에게 널리 알리는 임금의 유지(諭旨).

3) 중국 천자의 분부.

4) 성삼문의 시문집. 4권 1책. 근보(謹甫)는 성삼문의 자(字)이다. 『매죽당집(梅竹堂集)』이라고도 불리며 내용은 부(賦)·시(詩)·서(序)·발(跋)·인(引)·설(設)·송(頌)·명(銘)·신도비명·전(箋)·책(策) 등으로 구성되어 있다.

5) 고려 시대 말기 때의 사람인 설장수(偰長壽)가 소학(小學)을 한어로 직해한 책인데, 조선의 태조 2년(1393)에 외국어의 통역과 번역을 맡아보기 위해 사역원을 설치할 때부터 한학

"정음으로 한훈을 번역함.以正音譯漢訓"에 따라서 역훈이다. "또 방언으로서 기 뜻을 풀이하다.又用方言以解其義"에 따라 평화인 듯하다.

4. 평해

성삼문의 이 서문은 『동문선』,6) 『성근보선생집』, 『육선생유고』7) 제2권, 『해동잡록』 <성삼문항> 등에 실려 있는데 모두 『동문선』으로부터 전록 傳錄(기록되어 전해짐)된 것인지는 모른다. 『동문선』에는 『동자습』 서로 되어 있으되 그 스스로 『직해동자습역훈평화』라고 이른 것을 들어서는 『직해 동자습』도 약칭인 중에 전자와 달라서 그냥 『동자습』으로 오해될 우려조 차 없지 않다.

이 서문에는 『홍무정운』을 번역하고 또 『직해동자습』의 편찬을 명하였 다고 하였으나 그것은 편찬의 순서요 책이 완성된 순서는 아니다. 여기는 신숙주의 직이 우부승지로 있는 것은 단종 계유癸酉년이라 『홍무정운역훈』 의 단종 을해乙亥보다 3년 앞서 있다.

이 서문에서 별로 특별한 재료를 얻을 것은 없으나마 성음에 대한 그 들의 견해를 탐색하는데 있어서 역시 참고가 된다. 더구나 성삼문은 신숙 주와 함께 언문 여덟 선비 중에서도 가장 중요한 사람이니 성음에 대한 그의 견해를 가볍게 볼 수 없는 일이다.

학습서로 사용된 것으로 추정된다.
6) 성종 9년(1478) 성종의 명으로 서거정(徐居正) 등이 중심이 되어 노사신(盧思愼)·강희맹 (姜希孟)·양성지(梁誠之) 등을 포함한 찬집관(纂集官) 23인이 편찬한 우리나라 역대 시문 선집. 본문 130권, 목록 3권, 합 133권 45책. 신라의 설총(薛聰)·최치원(崔致遠)을 시작으 로 편찬 당시의 인물까지 약 500인에 달하는 작가의 작품 4,302편이 수록되어 있다.
7) 효종 9년(1658)에 간행된 사육신 박팽년(朴彭年)·성삼문(成三問)·이개(李塏)·하위지(河 緯地)·유성원(柳誠源)·유응부(兪應孚) 등의 시문집. 3권 3책.

제4절 『홍무정운역훈洪武正韻譯訓』 서

『홍무정운』은 중국 명나라 태조 홍무 8년(1375)에 악소봉 등이 왕명에 따라 펴낸 운서이다. 양나라의 심약沈約이 제정한 이래 800여 년이나 통용되어 온 사성의 체계를 모두 북방 중원음을 표준으로 삼아 개정한 것으로, 『훈민정음』과 『동국정운』을 짓는 데 참고 자료가 되었다. 『홍무정운역훈洪武正韻譯訓』은 단종 3년(1455)에 신숙주, 성삼문, 조변안, 김증, 손수산 등이 16권 8책으로 편찬한 활자본 운서이다. 현재 14권 7책이 고려대학교 도서관(보물 제417호)에 소장되어 있다. 명나라 흠찬 운서인 『홍무정운』의 중국음을 정확히 나타내기 위하여 훈민정음으로 주음을 단 운서로 당시 중국과의 교린을 위한 중국 한자음 표기 자료이다.

각권의 표제表題, 운목韻目, 자모字母, 역음譯音, 자운字韻 등은 대자로 표시되어 있고, 반절, 속음俗音, 발음 설명, 석의釋義 등은 소자로 표시되어 있다. 편찬 목적은 첫째, 정확한 중국 발음을 쉽게 습득하고, 둘째, 속음(북방음)의 현실성을 참고로 이를 표시하였으며, 셋째, 『홍무정운』을 중국 표준음으로 정하고자 한 것이며, 넷째, 세종의 어문정책 전반에 관한 소망성취 등으로 요약할 수 있다. 참여한 인물은 감장자로 수양대군, 계양군이며, 편찬자는 신숙주, 성삼문, 조변안, 김증, 손수산이며, 수교자는 노삼, 권인, 임원준이다. 간행 시기는 신숙주의 서문에 '景泰六年仲春旣望'이라 하여 단종 3년(1455)을 기록하고 있으므로 이를 간행시기로 볼 수 있고, 서문 중간에 '凡謄十餘藁, 辛勤反復, 竟八載之久'라 하였으므로 세종 30년(1448) 경에 이미 착수된 것이라 할 수 있다. 이 책은 당초의 간행 목적과는 달리 표준 운서로서의 가치보다는 오히려 자료로서의 큰 가치를 가진다. 한자음의 전통적 표시 방법은 반절이나 운도 등에 의지하는데, 이들은 한글 표기의 정확성에 미치지 못하므로 이 책의 훈민정음 표기는 아주 훌륭한 자료가 된다. 신숙주의 이 서문은 『보한재집』에 들어 있다. 『홍무정운역훈』은 『사성통고四聲通考』음과 유사했던 것으로 보인다.

1. 원문

聲韻之學。最爲難精。盖四方風土不同。而氣亦從之。聲生於氣者也。故所謂四聲七音　隨方而宜異。自沈約著譜。雜以南音。有識病之。而歷代未有釐正之者。

洪惟皇明太祖高皇帝。愍有乖舛失倫。命儒臣。一以中原雅音。定爲洪武正韻。實是天下萬國所宗。

我世宗莊憲大王。留意韻學。窮研底蘊。創制訓民正音若干字。四方萬物之聲。無不可傳。吾東邦之士　始知四聲七音　自無所不具。非特字韻而已也。於是以吾東方世事中華。而語音不通。必賴傳譯。首命譯洪武正韻。命今禮曹參議臣成三問。典農少尹臣曹變安。知金山郡事臣金曾，前行通禮門奉禮郎臣孫壽山。及臣叔舟等。稽古證閱。首陽大君臣諱。桂陽君臣璔。監掌出納。而悉親臨課定。叶以七音。調以四聲。諧之以清濁。縱衡經緯。始正罔缺。

然語音旣異。傳訛亦甚。

乃命臣等。就正中國之先生學士。往來至于七八。所與質之者若干人。燕都爲萬國會同之地。而其往返道途之遠。所嘗與周旋講明者。又爲不少。以至殊方異域之使。釋老卒伍之微。莫不與之相接。以盡正俗異同之變。

且天子之使。至國而儒者。則又取正焉。凡謄十餘藁。辛勤反覆竟八載之久。而向之正岡缺者。似益無疑。

文宗恭順大王。自在東邸。以聖輔聖。參定聲韻。及嗣寶位。命臣等及前判官臣魯參。今監察臣權引。副司直臣任元濬。重加讐校。

夫洪武韻。用韻倂析。悉就於正。而獨七音先後不由其序。然不敢輕有變更。但因其舊。而分入字母於諸韻各字之首。用訓民正音以代反切。其俗音及兩用之音。又不可以不知。則分注本字之下。若又有難通者。則略加注釋以示其例。且以世宗所定四聲通攷。別附之頭面。復著凡例。爲之指南。

恭惟聖上卽位。亟命印頒。以廣其傳。以臣嘗受命於先王。命作序。以識顚末。

切惟音韻衡有七音。縱有四聲。四聲肇於江左。七音起於西域。至于宋儒作譜而經緯。始合爲一。七音爲三十六字母。而舌上四母。脣輕次淸一母。世之不用已久。且先輩已有變之者。此不可强存而泥古也。四聲爲平上去入。而全濁之字平聲。近於次淸。上去入。近於全淸。世之所用如此。然亦不知其所以至此也。且有始有終。以成一字之音。理之必然。而獨於入聲。世俗率不用終聲。甚無謂也。

蒙古韻　與黃公紹韻會。入聲亦不用終聲　何耶。如是者不一。此又可疑者也。

往復就正。旣多。而竟未得一遇精通韻學者。以辨調諧紐攝之妙。特因其言語讀誦之餘。遡求淸濁開闔之源。而欲精夫所爲最難者。此所以辛勤歷久。而僅得也。

臣等。學淺識庸。曾不能鉤探至賾顯揚聖謨。尙賴我世宗大王天縱之聖。高明博達　無所不至。悉究聲韻源委。而斟酌裁定之。使七音四聲一經一緯。竟歸于正。吾東方千百載。所未知者。可不浹旬而學。苟能沈潛反復有得乎。是則聲韻之學。豈難精哉。

古人謂梵音行於中國。而吾夫子之經。不能過跋提河者。以字不以聲也。夫有聲。乃有字。寧有無聲之字耶。今以訓民正音譯之。聲與韻諧。不待音和。類隔正切回切之繁且勞。而擧口得音不差毫釐。亦何患乎。風土之不同哉。我列聖製作之妙。盡美盡善。超出古今。而殿下繼述之懿。又有光於前烈矣。

景泰六年仲春旣望。輸忠協策靖難功臣。通政大夫。承政院都承旨經筵。參贊官。兼尙瑞尹。修文殿直提學。知製敎。充春秋館兼判奉常寺事知吏曹事。內直司樽院事。臣申叔舟拜手稽首敬序

2. 번역

　성운의 학문이란 가장 정밀하여 어려운 것이니 대개 사방의 풍토가 같지 못 하고 기氣도 또한 거기에 따르는 바, 소리는 기에서 생기는 것인지라. 이른바 사성과 칠음이 지방에 따라서 편의함을 달리하거늘 심약沈約이 보『사성보』를 지은 후로 남방음이 섞여서 식자들이 병통으로 여기되 역대로 바로잡은 자가 없습니다. 널리 생각하건댄 명나라 태조 황제께서 그 괴천실윤乖舛失倫(그 체계가 어그러지고 순서가 어지워짐)을 민망히 여기어 유신에게 명하여 오로지 중원 아음으로써 기준을 삼아 『홍무정운』을 정하도록 명하시니 실로 천하만국이 받들 바입니다.

우리 세종장헌대왕世宗莊憲大王께서는 운학에 유심留心(뜻을 두고)하시고 그 저온底蘊(바닥과 속 깊이)을 궁극히 연구하시어 훈민정음 약간 글자를 창제하시니 사방 만물의 소리를 전하지 못할 것이 없으매 우리 동방의 선비들이 비로소 사성 칠음이란 제대로 갖추지 아니한 데가 없으니 특히 자운만이 아닌 줄을 알거니와 이에 우리 동국은 대대로 중화를 섬겼으나 음운이 통하지 못하여 반드시 전역(傳譯)(통역관)에게 힘입게 됨으로 맨 먼저 『홍무정운』을 번역하라 명하시어 지금의 예조참의 신 성삼문, 전농소윤 신 조변안과 지금산군사 신 김증과 전행통예문봉례랑 신 손수산 및 신 숙주 등으로 하여금 계고증열稽古證閱(옛 문헌을 상고하여 널리 벌여 증명함)하게 하시고 수양대군 휘諱와 계양군 증璔으로 하여금 출납을 담당하게 하시고 친히 과정課定에 임하시어(간여하여 문제를 해결하시어) 칠음을 맞추고 사성을 고르고, 청탁으로 해협(맞도록)하게 하시니 가로 세로 경經과 위緯가 비로소 바르게 되어 어그러짐이 없습니다.

그러나 음운이 이미 다르고 전와(傳訛)(바뀌어 잘못됨이) 또한 심하여 이에 신 등에게 명하시어 중국의 선생 학사에게 질정(물어서 바로 잡도록)하게 하시는 지라, 왕래가 7~8번에 이르러 더불어 질문한 자가 약간 인이다. 연도燕都(연경)는 만국이 회동하는 땅이요, 그 오고 가는 먼 길에서 일찍이 더불어 주선강명周旋講明(교섭하여 밝혀보려고 함)하는 자가 또한 적지 않으니 변방 이역의 사신이나 석노졸오釋老卒伍의 미천한 이들에 이르기까지 서로 만나지 아니한 사람이 없으며, 정속正俗의 이동 변천을 다 밝혔다.

또 중국 천자의 사신이 우리나라에 이르되 유학자이면 다시 나아가서 질정하니 무릇 원고를 등초하기 10여 회째 몸을 근면히 되풀이 하여(애를 써서 고쳐) 마침내 여덟 해의 오랜 시간이 지나서 모든 것이 바르게 되어 어지러짐이 없다는 것이 더욱 의심없게 되었습니다.

문종공순대왕文宗恭順大王은 동궁東宮(세자)으로 계실 때부터 성왕(세종) 성인을 도우시어 성운의 일에 참여하신 터인바 보위를 이으신 뒤에는 신 등과 전판관 신 노삼魯參과 지금의 감찰 신 권인權引과 부사직 신 임원준任元濬에게 명하시어 거듭 수교讐校(수정하도록 명하심)를 하도록 하였습니다.

대저 『홍무정운』은 용운병석用韻倂析(운을 가지고 합하고 나눈 것)이 모조리 바르게 되었으나 오직 칠음의 선후만이 그 차서를 말미암지 아니하였것만(순서가 맞지 않음을) 감히 가볍게 변경하지 못하여 옛것 그대로 여러 운 각 글자의 첫머리에 자모(성모)만 구분하여 넣고 훈민정음으로서 반절을 대신하며, 그 속음과 두 가지로 쓰는 음은 꼭 알아야 할 것은 본 글자 아래 나누어 주를 넣었습니다.

만약 통하기 어려운 것이 있으면 간략하게 주석을 더하고 그 예를 보이며, 또 세종이 정하신 바의 『사성통고』를 따로 첫머리에 붙이고 다시 <범례>를 만들어서 지남(기준)을 삼았습니다.

공손히 생각하건대 성상이 즉위에 하시면서 빨리 인반印頒(간행 반포)하여 널리 전하게 하라 명하시니, 신이 일찍 선왕께 명을 받았다고 하시면서

서를 지어서 전말을 적으라 하셨다.

가만히 생각건댄 음운이란 운도에 가로로 칠음이 있고 세로로 사성이 있는데, 사성은 강좌江左(양즈강 좌안)에서 시작되었고 칠음은 서역西城(인도지역)에서 일어났으므로 송유宋儒(송나라 학사)가 운보(운도)를 만드는데 경과 위가 비로소 합해서 하나가 된 것이다. 칠음은 36자모가 되나 설상의 4모와 순경 차청의 부모敷母는 세상에서 쓰지 아니한지 오래라. 이를 억지로 두어서 옛 것에 구애될 것이 없는 바입니다.

사성은 평, 상, 거, 입이 되는데 전탁의 글자가 평성은 차청에 가깝고 상, 거, 입성은 전청에 가까운데 세상에 쓰임이 이러합니다. 또한 그렇게 된 연유를 모르는 바입니다. 또 처음이 있고 끝이 있어서 한 글자의 음을 이루는 것은 당연히 이치의 필연한 바인데 홀로 입성에 모두 종성을 쓰지 않는 것은 심히 까닭모를 일이라고 할 수 있습니다.

몽고운蒙古韻과 황공소黃公紹『운회』도 입성을 또한 종성에 쓰지 않으니 그 무슨 일이오니까. 이런 것이 하나만이 아니니 이 역시 의심스러운 것입니다.

오가며 질정함(바로 잡음)이 이미 여러 번이지만 마침내 한 번도 운학에 정통한 자를 만나서 유섭紐攝, 성모紐와 운모攝을 조해調諧(고르게 분별함)하는 묘함을 터득하지 못하고 특히 그 언어 독송(글을 읽음)에 따라 청탁清濁 개합開闔(성모청탁, 운모개합의 근원을 소구거슬러 올라가서)해서는 이른바 가장 어려운 바를 정하게 하고자(운학의 이치를 밝히고자) 하니 이 곧 신근함辛勤을 오래 지내어서만 겨우 얻게 된 바입니다.

신 등은 배움이 얕고 아는 것이 용렬하여 지극히 궁극(이치를 연구)한 것을 낮고 차서 성모聖謨(성스러운 임금을 흠모함)를 현양치 못 하였거니와 오직 우리 세종대왕은 하늘이 내신 성인으로 고명박달高明博達(밝고 넓게 아시지 못하는 바가 없음)하셔서 이르지 않는 바가 없으심에 성운의 원위(근원)조차 모조리 밝게 연구하셔서 짐작재정斟酌裁定(헤아려 결정해 주심)하심에 힘을 입어서 칠음사성의 한 경과 한 위로 하여금 마침내 바름으로 돌아가게 된 것이라. 우리 동방에서 천백 년 동안 알지 못하던 것을 불과 열흘 안에 얻을 수 있으니 진실로 침잠반복沈潛反復(되풀이 하여 깊이 생각한 다음)해서 이를 깨칠 수 있으면 성운이라는 학문인들 어찌 연구하기 어렵겠습니까.

옛사람이 이르기를 범음梵音은 중국에서 행하되 공자의 경서는 발제하跋提河(인도와 중국 경계에 있는 강)를 넘지 못하는 것이 글자로서요, 소리로서가 아니기 때문라고 하는데, 대저 글자가 있으면 이에 소리가 있는 것이어니, 어찌 소리없는 글자가 있을 수 있겠습니까.

이제 훈민정음으로써 번역하니 소리가 운과 해협(잘 들어맞아 제대로 자음을 나타낼 수 있음)되어 음화音和, 유격類隔, 정절正切, 회절回切의 번거롭고 수고로움을 기다릴 것이 없이 입으로 발음하면 소리를 얻되 호리毫釐(털끝만큼)의 차착差錯(차이와 오착)이 없는지라. 또 무슨 풍토가 같지 아니함을 걱정하겠습니까. 우리 열성(세종, 문종)의 제작의 묘함이 진미진선盡美盡善하여 멀리 고금에 뛰어나시고 전하(단종)의 계술繼述의 아름다움(조상의 업적을 이르신 아름다움)도 또한 선열에 빛남이 있게 하는 것입니다.

경태 6년 기망旣望(음력 4월 16일)에 수충협책 정반공신 통정대부 승정원 도승지 경연 참연관 겸 사서윤 수문권 직제학 지제교 충춘추관 겸 판봉상사시지이조사 내직사준원사 신 신숙주는 두 손 모아 머리를 조아려 공손히 책 서문을 씀.

3. 주석

1 『운회』의 <칠음삼십육자모통고七音三十六字母通考>에는 "운서는 강좌에서 시작되었는데 본래 오나라 지역의 음이다.韻書始於江左。本是吳音."라고 하고 같은 책 웅충熊忠의 서문에는 "남사로부터 심약의 유보를 찬하였는데 사성의 쓰임이 서로 달랐다.自南史沈約撰類譜。而四聲不相爲用."라고 하였다. 본래 심약은 무강인武康人이니 무강은 곧 지금의 절강성浙江省 전당도錢塘道이다. 그러나 근세 음운학자의 말을 들어서는 운서가 양즈강 강좌에서 일어난 것도 아니요 또 심약에게서 시작된 것도 아니라고 한다. 이미 심약을 앞서 이등李登, 여정呂靜 등이 운서를 만든 기록이 있고 또 육법언陸法言의 『절운』 서문에서 제가의 운서를 드는 중에도 오히려 심약만은 빠진 것이다.

2 송렴의 『홍무정운』 서문에는 "세밀하게 조사하고 깊이 연구하여 오로지 중원아음(화북지방 방언)으로 기준으로 삼아欽遵明詔。研精覃思。壹以中原雅音爲定."(『홍무정운』 <서문>)라고 하였다.

3 정초鄭樵의 『칠음약』 서문에는 "칠음의 원류는 서역에서 일어나 하夏나라로 유입되었으며 범어 승려가 불교를 천하에 전파하기 위해 이 책을 만들었다.七音之源起自西城。流入諸夏。梵僧欲以其教傳之天下。故爲此書."라고 하였다.

4 『운회』의 <유신옹劉辰翁> 서에는 "정협제가 중국에 갔을 때 범음梵音에 대하여 말하였는데, 부자의 경서가 발제하跋提河8)를 한 걸음도 넘지 못하였으니, 글자를 소리내어 읽지 못한다.鄭浹漈謂梵音行於中國。而吾夫子之經不能過跋提河一步者。以字不以聲也."라고 하였는데 정협제鄭浹漈란 곧 정초로 그의 『칠음략』 서문에는 "지금 공자公子=宣尼의 책이 중국으로부터 동쪽으로 조선에 오니, 서쪽의 양하凉夏와 남쪽의 교지交阯 북쪽의 삭역朔易은 모두 우리의 옛날 경

---

8) 인도(印度)의 강 이름.

계이다. 고로 경계 밖의 그 글들이 통하지 않으니, 어찌 불교瞿曇9)의 책이 제하諸夏=중국에 들어갈 수 있었겠는가? 공자의 책이 발제하跋提河에 이를 수 없었으니, 성음의 도는 장애障閡에 있다.今宣尼之書。自中國而東則朝鮮。西則涼夏。南則交阯。北則朔易。皆吾故封也。故封之外其書不通何也。瞿曇之書能入諸夏。而宣尼之書不能至跋提河。聲音之道有障閡耳。"라고 하였다. 혜림慧琳의 『일체경음의』10) 중 <대저반경음의大沮槃經音義>에는 "아리라발제하阿利羅跋提河11)"라는 말 아래에 "범어의 약자이다. 바른 범음으로 말하면 아이다부저니, 서국의 강 이름이다. 梵語略也。正梵晉云阿爾多嚩底。西國河名也。"라고 하였으니 발제하跋提河는 다시 아리라발제하阿利羅跋提河의 약어인 것이다.

4. 평해

신숙주의 이 서문은 『보한재집』에 들어 있다 맨 끝에는 "경태景泰12) 6년 2월 16일.景泰 六年仲春旣望"의 연월이 명기되어있다. 이 서문에 의하면 『홍무정운역훈』은 거의 『동국정운』과 함께 시작되었으나 문종 때까지 그야말로 신근반부하기 팔년이요 또 그 이후로 다시 3~4년이 걸려서 비로소 완성되었다고 보인다. 요동과 연경을 오고 간 것이나 황찬黃瓚과 예겸倪謙에게 물어서 바로 잡은 것이나 그 모두 이 책의 편찬을 위한데 지내지 않는 것이다. 그러나 『홍무정운역훈』이란 구경 『사성통고四聲通考』음 그것에 지나지 않는 것이다. 36자모에서 설상 4모와 순경 차청 1모를 뺀 것이 같고 속음 종성에 'ㄱ, ㄷ, ㅂ' 등 종성을 쓰지 아니한 것이 같을 뿐이 아니라 이 역훈譯訓 권두에 『사성통고』를 덧붙여 간행附刊한 것부터 그 유력한 증

---

9) 부처를 가리킨다. 구담은 범어 Gautama의 음역으로 석가모니(釋迦牟尼)의 성씨이다.
10) 불교의 경(經)·율(律)·논(論)에 나오는 어려운 낱말과 명칭들을 풀이한 책. 당(唐)의 현응(玄應) 편찬한 25권의 책을 1,225종으로 증보한 것이다.
11) 인도(印度)와 중국과의 경계를 이루는 강 이름
12) 중국 명나라 7대 경제(景帝, 1450~1456)의 연호. 경태 6년은 단종 3(1455)년이다.

거다. 그러니까 이 역훈은 『홍무정운』의 그 순서대로 훈민정음을 가지고 주음한 것임에 대하여 『사성통고』는 다시 동일음을 가지고 사성의 제자를 유취해 놓은 것이다. 오직 이 역훈에는 통하기 어려운 음에는 간략한 주석을 가한다고 하였으되 오직 음만을 보인 『사성통고』에는 그 주석이 빠졌을지 모른다.

지금 한편으로는 『홍무정음』이 있고 다른 한편으로는 『사성통고』로 연원을 삼는 『사성통해』가 있다. 다시 『사성통고』의 <범례>로 그 본래의 음을 참작하고 또 『사성통해』의 <범례>로 그 변개의 범위를 상정해서 역훈의 전편을 추측하기 어렵지 않다.

제5절 『번역노걸대박통사』 <범례>

『번역노걸대박통사범례飜譯老乞大朴通事凡例』는 1517년 최세진이 편찬한 『사성통해四聲通解』 권말에 실려 있다. 『번역노걸대飜譯老乞大』와 『번역박통사飜譯朴通事』는 한어 회화 교재인 『노걸대老乞大』와 『박통사朴通事』의 원문에 한글로 음을 달고 또 번역한 책으로 『사성통해』보다는 시기적으로 앞선 것으로 추정된다. 『번역노걸대박통사범례』는 9개 조항으로 1. 국어國語, 2. 한음漢音, 3. 언음諺音, 4. 방점傍點, 5. 비봉미삼모非奉微三母, 6. 청탁성세지변淸濁聲勢之辨, 7. ㅁ, ㅸ위종성ㅁ,ㅸ爲終聲, 8. 정속음正俗音, 9. 복지치삼운내치음제자支紙寘三韻內齒音諸字으로 구성되어 있다.[13]

---

13) 『번역노걸대박통사(飜譯老乞大朴通事)』에 대해서는 남광우(1972, 1974), 안병희(1979), 이돈주(1988, 1989), 김무림(1998)의 연구가 있어 참고가 된다. 특히 <범례>의 번역은 이돈주(1988, 1989)와 김무림(1998)의 연구를 많이 참조하였다.

飜譯老乞大朴通事凡例 漢訓諺字皆從俗 撰字旁之點亦依鄕語

一 國音

凡本國語音。有平有仄。平音哀而安。仄音有二焉。有厲而擧。如齒字
之呼者。有直而高。如位字之呼者。哀而安者。爲平聲。厲而擧者。[　]14)
直而高者。爲去聲爲入聲。故國俗言語。平聲無點。上聲二點。去國15)入
聲一點。

今之反譯。漢字下在左16)。諺音。並依國語高低而加點焉。但通攷內漢
音字旁之點。雖與此同。而其聲之高低。則鄕漢有不同焉。詳見旁點條。

번역노걸대박통사범례 한자 훈은 언자로 속음에 따랐으며 뽑은 글자
곁의 점도 향어에 의거했다.

一. 국어

무릇 우리나라의 음운은 평음平音과 측음仄音이 있으니, 평음은 슬프면서
편안하고, 측음은 둘이 있으니, '齒'자의 발음과 같이 거세고 들리는 것이
있고, '位'자의 성조와 같이 곧고 높은 것이 있다. 슬프면서 편안한 것은
평성이요, 거세게 들리는 것은 상성이며, 곧고 높은 것은 거성과 입성이
다. 그러므로 우리나라의 시속의 언어에 평성은 점이 없고, 상성은 점이
둘이며, 거성과 입성은 점이 하나이다.

---

14) '爲上聲'이 누락되었음.
15) '國'자는 '聲'자의 오각임.
16) '左'는 '右'의 오각임.

이번의 번역에서 한자 아래 오른쪽에 있는 언음은 모두 국어의 고저에 의거하여 점을 찍은 것이다. 다만 통고 안의 한음은 글자 옆의 점이 비록 이와 같더라도 그 소리의 높낮이는 우리와 중국이 같지 않은 점이 있다. 자세한 것은 방점조를 보라.

一 漢音

　平聲全淸次淸之音。輕呼而稍擧。如國音去聲之呼。全濁及不淸不濁之音。先低而中按後厲而且緩。如國音上聲之呼。上聲之音低而安。如國音平聲之呼。去聲之音直而高。與同國音去聲之呼。入聲之音。如平聲濁音之呼而促急。其間亦有數音。隨其呼勢。而字音亦變焉。如入聲軸聲。本音:쥭。呼如平聲濁音。而或呼如去聲爲・쥭。角字。呼如平聲濁音爲교[17]。而或교如去聲爲괃[18]。或呼如上聲爲괃。又從本韻거之類。

一. 한음

　평성에서 전청과 차청의 음은 가볍게 발음되면서 약간 들리므로 국음國音의 거성과 같으며, 전탁과 불청불탁의 음은 처음은 낮다가 중간에 당기여 뒤에 거세지다가 다시 느즈러지니 국음의 상성과 같다. 상성의 음은 낮고 편안하니 국음의 평성과 같다. 거성의 음은 곧고 높으니 국음의 거성과 더불어 같다. 입성의 음은 평성의 탁음과 성조가 같으면서 촉급하지만, 그 사이에 또한 몇 개의 발음이 있으니 성조의 추세에 따라서 자음字音이 또한 변하였다. 예를 들어 입성의 '軸'은 본음이 ':쥭'이니 성조가 평

---

17) '교'는 상성임으로 ':교'의 오각임.
18) '괃'는 상성임으로 ':괃'의 오각임.

성의 탁음과 같지만, 혹은 거성과 같이 되어 '··쥑'가 되기도 한다. '角'
은 성조가 평성의 탁음과 같이 되어 ':교'나 또는 ':꺌'가 되기도 하고, 거
성처럼 되어 '··꺌'가 되기도 하며, 상성처럼 되어 '꺌'가 되기도 하면서,
또 본운의 '거'류를 따르기도 한다.

一 諺音

在左者。卽通攷所制之字。在右者。今以漢音依國俗撰字之法。而作字
者也。通攷字體多與國俗撰字之法不同。其用雙字爲初聲。及ㅁ봉爲終聲
者。初學雖資師授率多疑碍。故今依俗撰字體。而作字如左云。

如通攷內。齊찌其끼皮삐調떨愁쮸叉햫着쟉。今書찌爲치。끼爲키。삐
爲피。떨爲탈。쮸爲추。햫爲화。쟉爲조爲좌之類。ㅋㅌㅍㅊㅎ。乃通攷而
用次淸之音。而全濁初聲之呼亦似之。故今之反譯。全濁初聲皆用次淸爲
初聲。旁加二點以存濁音之呼勢。而明其爲全濁之聲。

一. 언음

왼쪽의 언음은 통고에서 제정한 바의 글자이고, 오른쪽의 언음은 지금
의 한음으로써 국속國俗(속음) 찬자법撰字法에 의해 지은 글자이다. 통고의 글
자체는 국속 찬자법에 의한 글자와 같지 않음이 많으니, 쌍자雙字로 초성
을 삼은 것과 'ㅁ, 봉'으로 종성을 삼은 것은 처음 배우는 사람이 비록 스
승의 가르침을 받더라도 의문과 막힘이 있을 것이다. 그러므로 이제 속찬
俗撰의 자체에 의거하여 다음과 같이 글자를 짓는다.

통고의 '齊찌, 其끼, 皮삐, 調떨, 愁쮸, 叉햫, 着쟉'과 같은 언음 표기를
이제는 '찌'를 '치'로, '끼'를 '키'로, '삐'를 '피'로, '떨'를 '탈'로, '쮸'를

'츄'로, '嚮'를 '향'로, '霜'를 '죠'나 '쟝'로 쓰는 것과 같은 종류이다. 'ㅋ, ㅌ, ㅍ, ㅊ, ㅎ'은 통고에서 차청의 음에 사용된 바이지만, 전탁의 초성 발음이 또한 이들과 비슷하므로, 지금의 번역에서는 전탁의 초성에 모두 차청으로 초성을 삼으나, 글자 옆에 두 점을 더함으로써 탁음의 호세를 유지하게 하여 그것이 전탁의 소리가 됨을 밝혔다.

一 旁點 漢字下諺音之點

在左字旁之點。則字用通攷而制之字。故點亦從通攷所點。而去聲入聲一點。上聲二點。平聲無點。在右字旁之點。則字從國俗編撰之法而作字。故點亦從國語平仄之呼而加之。

漢音去聲之呼。與國音去聲相同。故鄕漢皆一點。漢音平聲全淸次淸。通攷則無點。而其呼與國音去聲相似。故反譯則亦一點。漢人之呼亦相近似焉。漢音上聲。通攷則二點。而其呼勢同國音平聲之呼。故反譯則無點。漢人呼平聲。或有同上聲字音者焉。漢音平聲全濁及不淸不濁之音。通攷則無點。而其聲勢同國音上聲之呼。故反譯則亦二點。漢音入聲有二音。通攷則皆一點。而反譯則其聲直而高。呼如去聲者一點。先低後厲而促急。少似平聲濁音之呼者二點。但連兩字皆上聲。而勢難俱依本聲之呼者。則呼上字如平聲濁音之勢。然後呼下字可存本音。故上字二點。若下字爲虛。或兩字皆語助。則下字呼爲去聲。

一. 방점 한자 아래 언음의 점

왼쪽 글자 옆의 점은 글자가 통고通攷에서 제정한 글자이므로 점 역시 통고의 점을 따랐으니, 거성과 입성은 한 점이고, 상성은 두 점이며, 평성은 점이 없다. 오른쪽 글자 옆의 점은 글자가 국속國俗 편찬법編撰法에 의해 지은 글자이므로 점 역시 국어의 평측의 발음에 의하여 점을 더 하였다.

한음의 거성의 발음은 국음의 거성과 서로 같으므로 우리와 중국의 것이 모두 한 점이다. 한음의 평성에서 전청과 차청은 통고에서는 점이 없으나, 그 발음이 국음의 거성과 서로 비슷하므로 번역에 있어서는 역시 한 점을 더하였다. 한인의 발음 역시 이와 비슷하다. 한음의 상성은 통고에서는 두 점인데, 그 호세呼勢(공기의 세기)가 국음의 평성의 발음과 같으므로 번역에 있어서는 점을 더하지 않았다. 한인이 평성을 발음하면 간혹 상성의 자음과 같음이 있다. 한음 평성의 전탁 및 불청불탁의 음은 통고에서는 점이 없으나 그 성세聲勢가 국음의 상성의 발음과 같으므로 번역에서는 역시 두 점을 하였다. 한음의 입성에는 두 음이 있으나 통고에서는 모두 한 점으로 되어 있다. 번역에서는 그 소리가 곧고 높아서 거성과 같은 것은 한 점을 하였고, 먼저 낮고 뒤에 세어지며 촉급하여 평성 탁음의 발음과 약간 비슷한 것은 두 점을 하였다. 다만 연이은 두 자가 모두 상성이어서 본래 소리의 발음을 함께 유지하기 어려운 것은 상자上字를 평성 탁음처럼 발음한 연후에 하자下字를 발음하면 가히 본음을 유지할 수 있으므로 상자는 두 점을 하였다. 만약 하자가 허자虛字이거나 두 자 모두 어조자語助字인 경우는 하자를 거성으로 발음한다.

一 非붕奉뽕微ᄝ三母
合脣作聲爲ㅂ。而曰脣重音。爲ㅂ之時。將合勿合。吹氣出聲爲ᄫ。而曰脣輕音。制字加空圈於ㅂ下者。卽虛脣出聲之義也。뽕ᄝ二母亦同, 但今反譯。平聲全濁。群定並從床匣。六母諸字初聲。皆借次淸爲字。邪禪二母。亦借全淸爲字。而此三母。則無可借用之音。故直書本母爲字。唯

奉母易以非母。而平聲則勢從全濁之呼。作聲稍近於ㅍ。而至其出聲則爲
輕。故亦似乎淸母。唯其呼勢，則自成濁音而不變焉。上去入三聲。亦皆
逼似乎非母。而引聲之勢。則各依本聲之等而呼之。唯上聲則呼爲去
聲。微母則作聲近似於喩母。而四聲皆同。如惟字。本微母。而洪武韻
亦自分收於兩母。믱或윙。今之呼믱。亦歸於윙。此微母近喩之驗也。
今之呼微。或從喩母亦通。漢俗定呼爲喩母者。今亦從喩母書之。

一. 비ㅸ, 봉ㅃ, 미믱 삼모

입술을 합하여 소리를 내면 'ㅂ'이 되니 순중음이요. 'ㅂ'을 하려고 입
술을 합치려다가 합하지 않고 공기를 불어서 소리를 내면 'ㅸ'이 되니 순
경음이다. 글자를 제정함에 있어서 동그라미를 'ㅂ' 아래에 더한 것은 곧
입술을 비워 소리를 낸다는 의미이다. 'ㅃ, 믱' 두 자모도 역시 이와 같
다. 다만 지금의 번역에서 평성 전탁인 '군群, 정定, 병並, 종從, 상床, 갑匣'
의 여섯 자모에 속한 모든 글자의 초성에는 차청음을 빌려 글자로 삼았고,
'사, 선'의 두 자모字母는 또한 전청음을 빌려 글자로 삼았으나, 이 세 자모
字母 '비, 봉, 미'는 가히 빌려 쓸만한 음이 없으므로 바로 본래의 자모로써
글자로 삼았다.

오직 '봉奉모'만은 '비非모'로 바꾸었는데, '봉奉모'의 평성은 전탁의 발
음을 따르지만 소리를 짓는 것은 'ㅍ'에 조금 가깝고 그 소리를 냄에 이
르러서는 가벼우므로 또한 '청淸모'와 비슷하나. 오직 호세呼勢만은 스스로
탁음을 이루어 변하지 않는다. '봉奉모'의 상성, 거성, 입성 등도 역시 '비
非모'와 매우 근사하지만 소리를 끄는 호세呼勢는 각각 본래 소리에 의하
여 발음하고, 오직 상성만은 거성이 되게 발음한다.

'미微모'는 소리를 지음이 '유喩모'와 근사하지만 사성은 모두 같다. '유

'惟'자와 같은 것은 본래 '미微모'인데, 홍무운에서는 또한 두 자모字母에 나누어 수록하였으니 '믜'가 되거나 혹은 '위'가 된다. 지금의 발음에서는 '믜'가 역시 '위'에 귀속되므로 이것은 '미微모'가 '유喩모'에 가까운 증거이다. 지금의 '미微모'의 발음에서 간혹 '유喩모'를 따라 하더라도 역시 통한다. 한속漢俗에서 '유喩모'로 정하여 발음하는 것은 이제 또한 '유喩모'를 좇아 표기하였다.

一 淸濁聲勢之辨

全淸見端幫非精照審心影九母。平聲初呼之聲。單潔不歧。而引聲之勢孤直不按。上去入三聲。初呼之聲。亦單潔不歧。而引聲之勢。各依三聲高低之等而呼之。次淸溪透淸滂穿曉六母。平聲初呼之聲。歧出雙聲。而引聲之勢孤直不按。上去入三聲。初呼之聲。亦歧出雙聲。而引聲之勢。各依三聲之。等而呼之。全濁群定並奉從邪床禪八母。平聲初呼之聲。亦歧出雙聲。而引聲之勢中按後屬。上去入三聲。初呼之聲。逼同全淸。而引聲之勢。各依三聲之等而呼之故與全淸難辨。唯上聲則呼爲去聲。而又與全淸去聲難辨矣。不淸不濁。疑泥明微喩來日七母。平聲。初呼之聲。單潔不歧。而引聲之勢中按後屬。初呼則似全淸。而聲終則似全濁。故謂之不淸不濁。上去入三聲。各依三聲之等而呼之。唯來母。初呼彈舌作聲可也。初學與泥母混呼者。有之誤矣。匣母四聲初呼之聲。歧出雙聲。與曉母同。而唯平聲。則有濁音之呼勢而已。上去入三聲。各依三聲之等而呼之。大抵呼淸濁聲勢之分。在平聲則分明可辨。餘三聲則固難辨明矣。

一. 청탁성세지변

전청음인 '견見, 단端, 봉幫, 비非, 정精, 조照, 심審, 심心, 영影'의 아홉 자모字母는 평성에 있어서는 처음 내는 소리가 단결불기單潔不岐하고 소리를 끄는 호세呼勢는 고직불안孤直不按하며, 상, 거, 입 세 성조에 있어서 처음 내는 소리는 역시 단결불기單潔不岐하나 소리를 끄는 호세呼勢는 각각 세 성조의 고저에 의하여 발음한다.

차청음인 '계溪, 투透, 청淸, 방滂, 천穿, 효曉'의 여섯 자모는 평성에 있어서는 처음 내는 소리가 기출쌍성岐出雙聲하나 소리를 끄는 호세는 고직불안孤直不按하며, 상, 거, 입 세 성조에 있어서 처음 내는 소리는 역시 기출쌍성하나 소리를 끄는 호세 각각 세 성조의 고저에 의하여 발음한다.

전탁음인 '군群, 정定, 병並, 봉奉, 종從, 사邪, 상牀, 선禪'의 여덟 자모는 평성에 있어서는 처음 내는 소리가 역시 기출쌍성岐出雙聲하고 소리를 끄는 호세는 중안후려中按後厲하며, 상, 거, 입 세 성조에 있어서 처음 내는 소리는 전청음과 거의 같으나 소리를 끄는 호세는 세 성조의 고저에 의하여 발음하므로 전청음과 구별하기가 어렵다. 오직 상성만은 거성으로 발음하므로 역시 전청음과 거성과 구별하기가 어렵다.

불청불탁인 '의疑, 니泥, 명明, 미微, 유喩, 래來, 일日'의 일곱 자모字母는 평성에 있어서는 처음 내는 소리가 단결불기單潔不岐하고 소리를 끄는 호세는 중안후려中按後厲하며, 처음의 발음은 전청음과 비슷하고 소리를 마치는 것은 전탁음과 비슷하므로 불청불탁이라 한다. 상, 거, 입 세 성조는 각각 세 성조의 고저에 의하여 발음한다. 오직 '래來모'는 혀를 튀겨서 소리를 내어야 옳은데, 처음 배우는 사람이 '니泥모'와 혼동하는 경우가 있는 것은 잘못이다.

一 ᄝᄫ爲終聲

蒙古韻內蕭爻尤等。平上去三聲。各韻及藥韻。皆用ᄝ爲終聲。故通攷亦從蒙韻。於蕭爻尤等。平上去三聲。各韻以ᄝ爲終聲。而唯藥韻。則以ᄫ爲終聲。俗呼藥韻諸字。槩與蕭爻同韻。則蒙韻制字。亦不差謬 而通攷以ᄫ爲終聲者。殊不可曉也。今之反譯。調ᄯᅣᆼ爲ᄯᅡᆯ。愁쭘爲추。着쟈ᇢ爲조좡。作잡爲조좌者。ᄝ本非ㅜㅗ。ᄫ本非ㅗㅛ之聲。而蕭爻韻之ᄝ呼如ㅗ。尤韻之ᄝ呼如ㅜ。藥韻之ᄫ呼如ㅗㅛ。故以ᄝᄫ爲終聲者。今亦各依本韻之呼。飜爲ㅗㅛㅜ而書之。以便初學之習焉。

一. ᄝᄫ종성

몽고운蒙古韻에서는 '소蕭·효爻·우尤운' 등의 평, 상, 거성의 각 운韻 및 '약藥운'은 모두 'ᄝ'으로서 종성을 삼았으므로, 통고에서 또한 몽고운을 좇아 '소蕭·효爻·우尤운' 등의 평, 상, 거성의 각 운은 'ᄝ'으로 종성을 삼았으나, 오직 '약藥운'만은 'ᄫ'으로 종성을 삼았다. 시속時俗의 음으로 '약藥운'의 글자는 '소蕭·효爻운'과 같은 운이므로 몽고운에서 글자를 지은 것은 역시 오류라 할 수 없는 것인데, 통고에서 'ᄫ'으로 '약藥운'의 종성을 삼은 것은 자못 깨닫기 어렵다.

지금의 번역에서는 '조調'의 'ᄯᅣᆼ'는 'ᄯᅡᆯ'으로, '수愁'의 '쭘'는 '추'로, '착着'의 '쟈ᇢ'는 '죠/좡'로, '작作'의 '잡'는 '조/좌'로 하였다. 'ᄝ'은 본래 'ㅜ/ㅗ'가 아니며 'ᄫ'도 본래 'ㅗ/ㅛ'가 아니니, '소蕭·효爻운'의 'ᄝ'은 'ㅗ'와 같고, '우尤운'의 'ᄝ'은 'ㅜ'와 같으며, '약藥운'의 'ᄫ'은 'ㅗ/ㅛ'와 같다. 그러므로 통고에서 'ᄝ'과 'ᄫ'으로 중성을 삼은 글자는 이제 본래 운의 발음에 각각 의거하여 'ㅗ/ㅛ/ㅜ'로 번역하여 씀으로써 처음 배우는 자의 학습에 관리하게 하였다.

一　正俗音

凡字有正音。而又有俗音者。故通攷先著正音於上。次著俗音於下。今見漢人之呼。以一字而或從俗音。或從正音。或一字之呼。有兩三俗音。而通攷所不錄者多焉。今之反譯。書正音於右。書俗音於左。俗音之有兩三呼者。則或書一音於前。又書一音於後。而兩存之。大抵天地生人。自有聲音。五方殊習。人人不同。鮮有能一之者。故切韻指南云。吳楚傷於輕浮。燕薊失於重濁。秦隴去聲爲入　梁益平聲似去　江東河北取韻尤遠。欲知何者爲正聲　五方之人皆能通解者。斯爲正音也。今按本國通攷。槩以正音爲本。而俗音之或著或否者。盖多有之。學者毋爲拘泥焉。

一. 정속음

무릇 한자漢字에는 정음正音이 있고 또 속음俗音이 있으므로, 통고通攷에서는 먼저 위에 정음을 달고 다음으로 아래에 속음을 달았다. 이제 한인의 발음을 들어보면 하나의 한자가 혹은 속음을 따르기도 하고 혹은 정음正音을 따르기도 하며, 혹은 하나의 한자에 두어 개의 속음이 있기도 한데, 통고에 기록되지 않은 것이 많다. 지금의 번역에 있어서는 왼쪽에 정음을 쓰고 오른쪽에 속음을 쓰되, 속음이 두어 개 있을 경우에는 하나의 음을 앞에 쓰기도 하고 뒤에 쓰기도 하여 두 가지를 있게 하였다.

대개 천지天地가 사람을 냄에 스스로 성음이 있으나 오방이 달리 익혀 사람마다 같지 않으니 오직 하나의 음만이 있는 경우는 드물다. 그러므로 『절운지남切韻指南』에서 말하기를 오吳·촉楚의 음은 너무 경부輕浮(가볍고 뜸)하고, 연燕·계薊의 음은 지나치게 중탁重濁(무겁고 탁함)하며, 진秦·농隴의 거성去聲은 입성入聲이 되고, 양梁·익益의 평성平聲은 거성과 비슷하며, 강동江東과 하북河北의 취운取韻은 더욱 멀다고 하였으니, 어느 것이 정음인가를 알고자 한다면 오방의 사람이 능히 통하여 이해할 수 있는 것이 곧 정음에 된다고 할 것이다. 이제 우리나라의 통고를 살펴보면 대개 정음으로 본本을 삼으면서 속음은 있고 없는 경우가 많이 있으니 배우는 사람은 구애받을 필요가 없다.

一 攴紙寘三韻內齒音諸字

通攷貲字音ㅈ。註云俗音ㅉ。韻內齒音諸字。口舌不變。故以△爲終聲。然後可盡其妙。今按齒音諸字。若從通考加△爲字。則恐初學難於作音。故今之反譯。皆去△聲。而又恐其直。從去△之聲。則必不合於時音。今書正音加△之字於右。庶使學者。必從正音。用△作聲。然後可合於時音矣。通攷凡例云。一則一・之間。今見漢俗。於齒音着一諸字例。皆長於用・爲聲故今之反譯。亦皆用・作字。然亦要叅用一・之間讀之。庶合時音矣。

一. 복攴, 지紙 치寘 삼운 내 치음 여러 글자

통고에서 자貲의 정음은 'ㅈ'이지만, 주에 이르기를 속음은 'ㅉ'인데, 운내의 치음자는 입과 혀가 변치 않으므로 '△'으로써 종성을 삼은 연후에야 정확한 발음을 할 수 있다고 하였다. 그러나 이제 만약 통고의 주석에 따라 '△'을 더하여 글자를 삼는다면 처음 배우는 사람이 발음함에 어려움이 있을 것으로 생각되므로, 지금의 번역에서는 모두 '△'을 제거하되 또 한편으로 '△'을 제거한 소리를 그대로 따른다면 반드시 시속의 음에 맞지 않을 것이다. 그러므로 이제 오른쪽에는 '△'을 더하여 정음을 쓰는 것이니 배우는 사람은 반드시 정음을 좇아 '△'을 더하여 발음한 후에야 시음에 부합할 수 있을 것이다.

통고의 <범례>에서 이르기를 '一'는 '一'와 'ᆞ'의 사이로 읽으라고 하였다. 이제 중국의 시속을 살펴보면 치음齒音에 '一'를 붙인 글자는 모두 'ᆞ'를 사용한 글자보다 길게 발음되고 있으므로, 지금의 번역에 있어서는 모두 'ᆞ'를 사용하여 언음을 달았다. 그러나 역시 '一'와 'ᆞ'의 사이라는 점을 참고하여 읽어야만 거의 시속時俗의 음에 부합할 수 있을 것이다.

제6절 『사성통해』 서문·<범례>

중종 12년(1517)에 최세진崔世珍이 『홍무정운역훈』(1455년)의 음계를 보충하고, 자해字解가 없는 신숙주의 『사성통고』를 보완하기 위하여 2권 2책으로 편찬하였다. 수록된 한자의 배열이 『홍무정운』보다 4운韻이 많은 80운을 기준으로 하고, 각 운에 속하는 한자는 『사성통고』와 마찬가지로 먼저 자모순으로 분류하고, 같은 자모에 속하는 한자는 사성순으로 배열하였다. 각 소운小韻의 대표자는 『홍무정운역훈』의 그것과 거의 같으며, 소운 대표자 앞에 그 자음을 한글로 표음하고, 때로는 속음을 병기하는 방식도 같다. 최세진의 서문에 의하면, 먼저 『홍무정운역훈』의 수록자를 대폭 보충한 『속첨홍무정운』[19]을 짓고, 이것을 『사성통고』 형식으로 개편하여 『사성통고』를 지었는데, 그가 따로 지은 『노박집람』[20]도 참고하면서 4년간

---

19) 최세진이 『홍무정운역훈』을 보완하여 편찬한 한어발음사전. 현재 상권 105장 전면까지만 전해지고 있으며 여기에는 『홍무정운』 권9까지의 내용이 실려 있다. 『홍무정운』이 모두 16권이므로 나머지 부분은 하권에 실렸을 것으로 추측된다. 『홍무정운역훈』이 명나라 『홍무정운』을 바탕으로 그 발음만을 훈민정음으로 나타낸 것임에 대하여, 『속첨홍무정운』은 역훈을 보완하여 한어의 발음을 합리적으로 이해할 수 있도록 하고, 속음俗音을 보태어 실제 한어학습에 도움을 주고자 한 현실적인 운서로 평가된다.

에 걸쳐 원고를 일곱 번 고쳤다고 했다. 『사성통해』의 내용 순서는 서문 다음에 '운모정국'이 있고, 이어서 『광운』36자모지도, 『운회』35자모지도, 『홍무정운』31자 모지도가 실려 있고, <범례> 26조항 다음에 '동운東韻' 부터 한자가 배열되어 있다. 현전본의 하권 끝에는 『사성통고』<범례> 10 조와 『번역노걸대』, 『박통사』<범례> 9조, 그리고 「동정자음動靜字音」항이 실려 있다. 『사성통해四聲通解』의 특색은 다음과 같다. 첫째, 『홍무정운』의 반절은 옮겨 적지 않고 한글로 표음한 『홍무정운역훈』의 음을 그대로 옮겨 적어 정음, 홍무정운음과 속음, 15세기 중국북방음을 구별하였으며 때로는 최세진이 관찰한 16세기의 북방음을 금속음, 대체로 중원 음운음과 같음라고 하여 표기하기도 했다. 따라서 『홍무정운역훈』과 『사성통해』는 정음과 속음의 음계가 같고 전탁음을 유지하고 있는 정음, 속음의 31성 모, 76운목 『사성통해』는 80의 운모 중성도 같다. 둘째, 이 책에서는 중국의 관화官話에서 이미 소실된 입성운미入聲韻尾, -p, -t, -k를 그대로 반영하여 『홍무정운역훈』의 정음과는 달리, 정음에서도 입성운미를 표시하지 않았다. 다만 '약운藥韻'의 정음만 'ㅸ'으로 운미 표기하였다. 『홍무정운역훈』에서는 정음입성운미로 ㄱ, ㄷ, ㅂ을 표기했고, 속음의 입성운미는 'ㆆ'약운만 ㅸ이었는데, 『사성통해』의 속음도 이와 같다. 셋째, 수록자의 자순은 『홍무정운역훈』, 『사성통고』과는 달랐고 소운 대표자도 다르며, 때로는 『홍무정운역훈』, 『사성통고』의 소운을 통합하기도 하였다. 이것은 최세진이 『몽고운략』, 『고금운회거요』, 『운학집성韻學集成』21)과 『중원아음中原雅音』, 『고운지음古韻之音』 등을 참고로 하여 『사성통해』를 지을 때, 『홍

---

20) 1517년 최세진이 『번역노걸대(飜譯老乞大)』·『번역박통사(飜譯朴通事)』의 어려운 어구와 고유명사 등을 뽑아 설명한 책. 1책. 범례(凡例), 1음절어에 대한 단자해(單字解)와 단음절어에 대한 누자해(累字解)로 된 자해(字解), 상하 2권인 노걸대집람, 상중하 3권인 박통사집람의 3부로 되어 있다.

21) 명의 장보(章黼)가 편찬한 운서.

무정운』과 『몽고운략』에서 음이 같은 글자부터 수록했기 때문이다. 넷째, 이 책에서는 정음, 속음, 금속음 이외에 '몽고운략'음, '운회거요'음, '중원음운'음 등을 표기하기도 하였다. 다섯째, 자석은 주로 『고금운회거요』에서 취했는데, 자석 가운데에는 451여 단어에 걸쳐 물명 등을 국어로 기록하기도 했다. 이 책은 한글로 표음된 운서로서 중국어, 특히 근세 북방음의 연구에 중요한 자료가 되고 있을 뿐만 아니라, 한글로 된 자석도 있어 국어사의 연구 자료로도 이용되고 있다. 현재 원간본은 전하지 않는다. 을해자로 된 복각본으로서 임진왜란 이전에 간행된 것으로 보이는 목판본이 일본의 국회도서관에 소장되어 있다. 국내에는 광해군 6년(1614)의 목활자본과 효종 7년(1654)의 목판본이 규장각도서에 있다. 국내에서는 1614년판을 서울대학교 국문과에서 영인하였다.22)

1. 『사성통해』 서문

> 臣竊惟。言出於口。淸濁隨聲。聲施諸文。平仄成韻。是知聲韻之體。與天地齊生。因是而有四聲之分。七音之辨也。必能審四聲輕重。以求其子母。嚼七音呼吸。以明其開闔。然後庶可識其妙用也。
>
> 天下莫不知其然。而通者或鮮。此韻書之所由作也。然而諸儒集韻。分合失倫。隻字偏旁。譌舛相承。

신 최세진이 가만히 생각해 보건대, 말은 입에서 나오는데 입에서 나온 음성에는 청탁의 구별이 있고, 음이 글자로 표기되면 평성과 측성으로 나뉘어 운을 이루니, 이로써 성운의 바탕이 천지와 함께 생겨난다는 것을

---

22) 강신항, 『사성통해 연구』, 신아사. 1973.

알 수 있다. 이렇기 때문에 사성 운모와 이에 따른 성조의 구분과 칠음 성모의 구별이 있는 것이나, 반드시 사성 운모의 성질을 자세히 살펴서, 자모를 밝혀내고 칠음 성모의 음가를 살펴서 열고 닫힘을 밝힐 수 있게 된 다음에야 그 효율적인 용법 알기를 바랄 수 있을 것이다.

세상에 이러한 이치를 모르는 이가 없으나 훤히 아는 사람이 드물어서 운서를 만들게 된 것이다. 그러나 운서를 편찬하는 사람들이 운을 분류할 때 체계를 세우지 못하여 글자나 획이 잘못된 것을 그대로 이어 가고 있다.

> 洪惟皇明太祖高皇帝。見古韻書。愍其乖雜。當天下混一之初。首詔詞臣。一以中原雅音。併同析異, 刊定洪武正韻。然後千古蹖駮。始歸于一也。
>
> 惟我東國。世事中華。語音不通。必賴傳譯。故設官委任。俾專其業。恭惟。世宗莊憲大王。至誠事大。恪謹侯度。凡于咨奏。必經睿覽。始究學譯。當先聲韻。

명나라의 태조인 고황제께서 전해오는 운서를 보시고 그 내용이 어긋나고 조잡스러움을 딱하게 여기시어, 혼란스럽던 천하를 하나로 통일하는 시기를 맞이하여, 무엇보다도 먼저 학문하는 신하들에게, 오로지 중원아음을 기준으로 해서 똑같은 것은 합하고 다른 것은 나누어서『홍무정운』을 간행하도록 명하시니, 이렇게 한 다음에야 천년 동안 어지럽게 뒤섞여오던 음운 체계가 비로소 하나로 통일하게 되었다.

우리 나라는 오랫동안 중국과 외교 관계를 유지해 왔으나 말이 통하지 않아 반드시 통역하는 사람에게 의뢰해왔던 까닭에 조선조 건국 초부터 사역원을 설치하고 이 일을 맡겨서 이 일만을 힘쓰도록 해왔다.

세종대왕께서는 중국과 성실히 외교관계를 유지하여 중국 인근 국가

통치자侯度는 원래 중국 제후諸侯의 도리라는 뜻로서의 도리를 정성껏 다하시느라고, 중국 황제께 전달하는 모든 문서를 친히 살피시면서 한어 학습에는 마땅히 성운부터 먼저 연구하여야 한다고 하셨다.

創制訓民正音。命譯洪武正韻。又慮其浩穰難閱。而覽者病焉。乃命高靈府院君申叔舟。類秤諸字。會爲一書。冠以諺音。序以四聲。諧之以淸濁。系之以字母。賜名曰四聲通攷。

且以世宗所定四聲通攷。別附之頭面。

훈민정음을 창제하고 『홍무정운』을 번역하라고 명령하실 때에 그 분량이 너무 많아서 읽기가 어려워 보는 사람이 이를 괴로워함을 걱정하시어, 곧 고령 부원군 신숙주에게 『홍무정운』 안의 글자들을 분류해서 한 책으로 모은 다음에 언음으로 먼저 음을 쓰고 사성별로 나열하며 청탁별로 분류하고 자모순으로 수록하라 하시고 『사성통고』라는 책이름을 내리시었다.

또 세종이 정한 『사성통고』를 따로 앞머리에 붙였다.

夫始肄華語者。先讀老乞大朴通事二書。以爲學語之階梯。初學二書者。必觀四聲通攷。以識漢音之正俗。然其二書訓解。承訛傳僞。通攷諸字。有音無釋。

承訛傳僞。則雖經老譯。莫能就正。有音無釋, 則一字重出。無所適從。臣卽將二書諺解音義。書中古語。裒成輯覽。陳乞刊行。人便閱習。

대저 한어를 배우기 시작하는 사람은 먼저 노걸대와 박통사 두 책을 읽어서 말을 배우는 차례로 삼고, 두 책을 처음 배우는 사람은 반드시 『사성통고』를 읽어서 한어 자음의 정음과 속음을 익히고 있다. 그러나 노걸대와 박통사의 잘못된 '훈석訓釋'를 계속 이어받고 있으며 『사성통고』는 음만 기록되어 있고 글자 풀이가 없다.

잘못된 것을 그대로 이어가면, 비록 나이가 많은 역관을 거친다고 하더라도 이것을 바로잡을 수가 없고, 자음만 기록하고 글자 풀이가 없으면, 한 글자가 몇 군데에 거듭 수록되어 있어도 정확한 것을 따를 수가 없다. 이에 신이 노걸대와 박통사 언해 안의 음과 뜻풀이, 그리고 책 안의 고어를 모아서 『노박집람老朴輯覽』을 편집하고, 허락을 받아서 간행하였더니 사람들이 책을 읽거나 한어를 배우기가 쉽게 되었다.

今將通攷一書。亦已轉聞于朝。證據古韻。抄著音解。焚膏繼晷。膽藁七易。迄今四載。方克就緒。釐之爲上下二卷。名之曰四聲通解。庶令新學。便於檢閱。音釋源委。開卷瞭然。一字數音。不至誤用矣。

但以古人取字。凡音響恊者。以類而集。名之爲韻書。偏旁同者。以形而聚。目之爲玉篇。蓋有聲而無形者。隨韻而准知其音。有體而無聲者。依篇而的見其韻。此有韻則宜有篇。而篇韻之相爲表裏。不可缺一者也。

이제 『사성통고』 한 책도 역시 이미 간접적으로나마 조정에서 그 미비함을 알게 되어, 이를 보완할, 새 운서 편찬이 필요하여 고운을 바탕으로 삼아 음과 풀이를 기록할 때에, 밤낮으로 기름불을 켜고 햇볕 아래 권고를 일곱 번 고쳐 써서, 오늘날까지 4년의 세월이 흘러, 바야흐로 겨우 실머리의 시작에 이르게 되어 이를 상·하 2권으로 분류하고 이름을 『사성

통해』라 하였다. 새롭게 한어 공부를 시작하는 사람으로 하여금 찾아보고
읽어 보는데 편리하게 하며, 음과 뜻풀이의 근원을 책을 펼치자마자 훤하
게 하여, 한 글자나 여러 음이 잘못 쓰임이 없도록 바라고 있다.

다만 옛사람이 한자를 가지고 소리의 울림이 어울리는 것들끼리 분류
하고 오아서 책을 만들어 운서라 하고, 편偏이나 방旁 등 부수가 같은 자
형끼리 모아서 옥편이라 표제를 붙였는데, 대개 소리字音가 있고, 자체형
이 없는 것은 운韻에 따라서 그 음을 알 수가 없고, 자체는 있으나 자음이
없는 것은 부수를 따라서 정확하게 그 자음을 알 수 있으니, 이러한 것이
운이 있으면 마땅히 부수가 있어야 한다는 점이니 부수와 운이 서로 표
리가 되고 하나가 빠져서는 안 되는 것이다.

臣伏覩洪武正韻。只類其聲而不類其形。是則存其韻。而缺其篇也。
況我本朝。修寫咨奏。求做畫段者。欲得其字。又迷所在。必也覩執偏
旁。搜尋類形。然後可知其指歸之的韻。
臣不揆鄙拙。敢剏己見。只取通解所抄。彙成玉篇一帙。增邢改併。皆
從便覽。不著音釋。獨系韻母。使后學尋韻考字。如指諸掌。而形聲之兼
通無碍。不至於偏滯也決矣。

신이 『홍무정운』을 살펴보옵건데 다만 그 자음만 가지고 분류하고, 그
자형을 가지고는 분류하지 않았으니, 이러한즉 운만 있고 부수가 빠져 있
습니다. 하물며 우리나라에서 명나라에 올리는 자문咨文이나 주문奏文을 작
성할 때에, 획과 자형을 본받아서 그 글자를 찾으려고 해도 어디에 있는
지를 몰라서, 반드시 부수편방部首偏旁를 가지고 같은 부류의 자형을 찾은
다음에야 그것이 속해 있는 정확한 운을 알 수가 있습니다.

신 최세진이 어리석음을 헤아리지 않고, 감히 제 소견대로 다만 통해에서만 뽑아 모아서 옥편 한 질을 편찬했습니다. 많이 보태고 고쳐서 아우른 것이 모두 편람하기에 편함을 중심으로 했고, 음과 뜻풀이를 적지 않았으며, 단지 운모만을 가지고 계통을 세워서, 후학으로 하여금 운을 찾고 글자를 밝히는 것이 손바닥 들여다보듯이 쉽게 하도록하고, 자형과 자음에 다 통하는 데 걸림돌이 없게 하여 한쪽에 치우쳐서 막히는 일이 없도록 했습니다.

臣學淺識庸。叨忝門籍。但糜廩粟。無少報効。自學箕裘。篤志不懈。憂世寡知。營構指南。逮成是書。固知僭越。以管窺天。疎駁亦多。非入儒科。唯施譯學。庶要便蒙。苟圖簡捷。又迫衆求。不獲終辭。非擅著述。且畏獨善云耳。至如魯魚亥豕之歸正。則敢俟后之知音者。

신이 학문이 얕고 학식이 용렬한데도 외람되게도 문벌을 욕되게 하고 있고, 다만 미름속糜廩粟＝관급미官給米만 축내고 조금도 보답을 못하고 있사온대, 집안의 학문箕裘을 공부하기 시작한 이래로 마음을 굳게 먹고 부지런히 공부해 왔사오며, 세상에서 이 분야를 아는 이가 드문 것을 걱정하여 지침서를 엮어서 이 책을 편찬하기에 이르렀사오니 진실로 분수에 넘치는 일임을 알겠습니다.

관管으로 엿보는 듯한 좁은 소견과, 사실과 멀고 뒤섞인 곳도 역시 많으니 유학자들에게는 소용이 없고 역학자들에게만 긴요하게 쓰이고 진실로 빨리 익히기만을 바라고 있사온대, 또 여러 사람의 요구에 몰려서 마침내 사양하지 못하고 간행하게 되었으니 외람된 저술일 뿐 아니라 또한 독선적이라는 말씀을 들을까 드려울 뿐이옵니다. 노魯자와 어魚자를 혼동

할 정도로 틀린 진시_{晉豕}의 뜻은 미상 잘못을 바로잡는 일은 하지 못하였
사오니 감히 후세에 이 분야에 정통한 분이 나타나기를 기다릴 뿐입니다.

時正德十二年。歲舍丁丑十一月日。通訓大夫行內瞻寺副正。兼承文院
參校漢學教授。臣崔世珍拜手稽首謹序。

때는 중종 12년(정덕 12, 1517) 해는 정축 11월 일에 통훈대부 행내 첨시
부정 겸 승문원 참교 한학교수 신 최세진이 두 손 모으고 머리를 조아려
삼가 씀.

2. 운모정국(韻母定局)

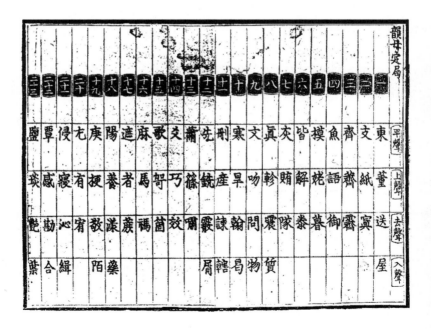

韻母定局	平聲	上聲	去聲	入聲
1	東	董	送	屋
2	支	紙	寘	
3	齊	薺	霽	
4	魚	語	御	
5	模	姥	暮	
6	皆	解	泰	
7	灰	賄	隊	
8	眞	軫	震	質
9	文	吻	問	物
10	寒	旱	翰	曷
11	刪	産	諫	轄
12	先	銑	霰	屑
13	蕭	篠	嘯	
14	爻	巧	效	
15	歌	哿	箇	
16	麻	馬	禡	
17	遮	者	蔗	
18	陽	養	漾	藥
19	庚	梗	敬	陌
20	尤	有	宥	
21	侵	寢	沁	緝
22	覃	感	勘	合
23	鹽	琰	艷	葉

오음	오행	전청	차청	전탁	불청 불탁	전청	전탁
각	아	見	溪	羣	疑		
치	설두	端	透	定	泥		
치	설상	知	徹	澄	孃		
우	순중	幫	滂	並	明		
우	순경	非	敷	奉	微		
상	치두	精	清	從		心	邪
상	정치	照	芽	牀		審	禪
궁	후	影	曉	匣	喩		
반치	반설				來		
반상	반치				日		

　　舌上音。即同本國所呼。似與正齒音不同。而漢音自歸於正齒。非敷泥孃。鄕漢難辨。集韻皆用三十六母。而稱影曉匣三母爲淺喉音。喩母爲深喉音。又以影母敍入匣母之下。古今沿襲不同。蓋亦必有所由也。而今不可究矣。

　　설상음은 즉, 우리나라에서 발음하는 것과 같으나 정치음과 비슷하여 같지 않으니, 한음에서는 설상음이 저절로 정치음과 같아졌고, 비非모와 부敷모, 니泥모와 양孃모는 우리나라와 한음에서 구별할 수 없게 되었다. 『집운』에서는 36자모를 부두 쓰고 있으나 영影, 효曉, 갑匣 3모를 천후음淺喉音이라하고 유喩모를 심후음深喉音이라고 하였으며, 또 영影모를 갑匣모 아래에 부연하여 예로부터 이어 내려오는 계통이 같지 않고, 모두 대개 까닭이 있을 것이나 여기에서는 다 밝히지 않겠다.

오음	오행	전청	차청	전탁	차탁	차청차	차탁차
각	아	見	溪	羣	疑		
치	설	端	透	定	泥		
궁	순중	幫	滂	並	明		
차궁	순경	非	敷	奉	微		
상	치두	精	淸	從		心	邪
차상	정치	知	徹	澄	孃	審	禪
우	후	影	曉	匣	喩	么	
반치상	반설				來		
반치상	반치				日		

魚卽疑音。孃卽泥音。么卽影音。敷卽非音。不宜分二。而韻會分之者。蓋因蒙韻內。魚疑二母音雖同。而蒙字卽異也。泥孃么影非敷六母亦同。但以泥孃二母。別著論辨。決然分之。而不以爲同。則未可知也。

어魚음ㄱ은 곧 의疑음ㄱ이요 양孃음ㄴ은 곧 니泥음ㄴ이요 요么음ㅇ은 영影음ㅇ이요, 부敷음f은 곧 비非음f은이라. 마땅히 둘로 나눌 필요가 없는데, 운회에서 이들을 나눈 것은 대개 몽고 시대에 편찬된 운서에서 어魚성모음과 의疑성모음이 비록 같더라도 이를 표기하는 원나라 글자가 같지 않아서 둘로 나눈 것이다. 니泥성모음과 양孃성모음, 요么성모음과 영影성모음, 비非성모음과 부敷성모음이 모두 같으나 다만 니泥성모음과 양孃성모음을 따로 나타내어 확연히 구별하고 둘이 같은 것으로 생각하지 않으니 알 수 없는 일이다.

한음을 사용하여 지知모를 조照모로, 철徹모를 천穿모로, 징澄모를 상牀모
로, 양孃모가 니泥모로, 부敷모가 비非모로 통합시켜 사용하지 않으므로 지
금 없애버리고 사용하지 않는다.

무릇 하나의 자음은 모두 초·중·종성을 갖추고 있으니, 반드시 삼성
을 가지고 아우른 다음에야 곧 하나의 자음음절을 이룬다. 예를 들면 초
성 ㄷ과 중성 ㅜ와 종성 ㅇ을 아우르면 둥이 되니 즉 '東'자의 음이다.

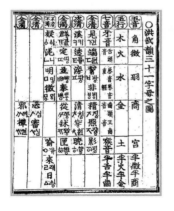

오음	오행	전청	차청	전탁	불청불탁	전청	전탁
각	아	見	溪	羣	疑		
치	설	端	透	定	泥		
우	순중	幫	滂	並	明		
	순경	非		奉	微		
상	치두	精	清	從		心	邪
	정치	照	芽	牀		審	禪
궁	후	影	曉	匣	喩	么	
반치	반설				來		
반상	반치				日		

言字母者。謂爲字之母也。如東韻公字音궁。ㄱ爲初聲。而ㄱ音卽公字之母也。古之撰韻者。欲取ㄱ音。以示標準。而單擧ㄱ音。難於形具。乃以見字之音견而擧。此見字可爲ㄱ音之標準。故仍以見字。作ㄱ音之母。而凡諸ㄱ音之字。皆使隷於見字之下。而爲之子焉。然其初聲ㄱ音之字。非但見字。而直用見字爲母者。亦非有取本字之義而擧之也。雖公字。可爲字母。而以見字。爲之子也。

자모라고 말하는 것은 자음의 기준이 되는 것을 일컫는 것이니, 예를 들면 동東운의 '公'자의 음 '궁'은 'ㄱ'이 초성인데, ㄱ음이 곧 '公'자의 기준이다. 옛날에 운서를 편찬한 사람이 ㄱ음을 취해서 표준을 보이려고 해도 단지 'ㄱ'음만 가지고는 형체를 이룰 수 없어서 곧 '견見'자의 음인 '견'을 가지고 표준을 보이니, 이 '견見'자가 'ㄱ'음의 표준이 되는 것이기 때문에, 그대로 '견見'자를 가지고 'ㄱ'음의 표준을 삼으니, 무릇 'ㄱ'음이 들어 있는 모든 글자가 모두 견見ㄱ자로 견見ㄱ자에 소속되어 자가 되는 것이다. 그러나 초성이 'ㄱ'음인 글자가 '견見'자만이 아니거늘 곧바로 '견見'자를 써서 기준으로 삼는 것은, 역시 '견見'자의 본뜻을 가지고 기준으로 삼은 것이 아니고 비록 '공公'자라도 자모가 될 수 있고 '견見'자를 이에 소속시킬 수 있는 것이다.

蓋字之淸濁輕重。隨口成聲。必取一字。以爲淸濁輕重之準的。而示之然。後學者可從一則。而不流於他歧之相逐也。此字母之所由設也。諸母倣此。

대개 자음의 청탁경중清濁輕重은 입에서 발음되는 대로 이루어지는 것이 어늘, 반드시 한 글자 자음를 골라서 청·탁, 경·중의 표준으로 삼아서 이것을 보인 다음에야 배우는 사람들이 하나를 따를 수 있고 다른 갈래를 흘러 들어가 서로 쫓는 일이 없을 것이니, 이것이 자모를 설정하는 이유다. 다른 자모들도 이와 같다.

一. 初聲爲字母之標。而見溪等三十一母。無韻不在焉。中聲終聲則以之而類聚。爲韻者也。取中聲爲韻者。支齊魚模皆灰歌麻遮九韻是也。取終聲爲韻者。東眞文寒刪先陽庚侵覃塩十一韻是也。取中終二聲爲韻者。蕭爻尤三韻是也。上去入三聲諸韻。各從其音。通隷於平聲也。

초성은 자모의 표시가 되나, 견見, 계溪 등 31모가 운이 없는 것이 없고, 중성과 종성은 중성과 종성이 같은 것끼리 모아서 분류하여 운으로 삼았다. 중성을 기준으로 해서 운으로 삼은 것은, 지支 등 9운이 이것이며, 종성을 기준으로 해서 운을 삼은 것은 동東 등 11운이 이것이며, 중성과 종두 가지로 기준을 삼은 것은 소蕭 등 3운이 이것이니, 상, 거, 입 3성에 속하는 운들은 각각 그 음을 따라서 평성에 속한다.

一. 凡學譯者。未知其要。反疑千萬之字。各有千萬之音。無從領挈。勞費記習。乃至七音相陵。五聲相混。竟不知辨執以爲是老譯。旣皆若玆玆。

무릇 한어를 배우는 사람들이 그 요령을 모르고 도리어 수많은 한자들이 각각 수많은 자음을 가지고 있다고 여겨, 요령을 잡을 길이 없어서,

기억하고 익히는 데 힘을 소비하고, 이에 7음이 혼란을 일으키고 5성이 서로 섞이게 되어 마침내 구별하여 요점을 잡아서 어느 것이 옳다고 할 줄 모르게 되었으니, 나이 많은 역관도 모두 이와 같다.

> 後學靡然趨之。甚者。患其浩繁。遂至怠廢。良可嘆也。若能先誦字母。以挈其領。次觀通解。以辨四聲。則雖千萬諸字之音。不過以初聲三十一。中聲十。終聲六而管綴成字。得有七百餘音而已。此字母之不可不先誦而通解之。尤須披閱。不釋者也。學者詳之。

뒤를 이은 학도들도 이에 휩쓸려 심한 사람은 그 분량이 많은 것을 괴로워하여 드디어 태만해지거나 공부를 중단하기에 이르니 실로 한심스러운 일이다.

만일 먼저 자모를 외울 수 있어서 요점을 잡을 수 있고 다음에 『사성통해』를 보고 사성을 구별할 수 있다면, 비록 수많은 여러 자음라고 하더라도 겨우 초성 31과 중성 10, 종성 6을 가지고 엮어서 글자 자음를 이루면, 700여 음절만을 얻을 수 있으니 이것이 모름지기 자모를 먼저 외우고 『사성통해』를 마땅히 펼쳐보아 놓지 못할 이유이니, 공부하는 사람들은 이를 자세히 알도록 할 것이다.

3. 『사성통해』 <범례> 26조

> 一. 蒙古韻略。元朝所撰也。胡元入主中國。乃以國字飜漢字之音。作
> 韻書。以敎國人者也。其取音作字。至精且切。四聲通攷所著俗音。或同
> 蒙韻之音者。多矣。故今撰通解。必參以蒙音。以證其正俗音之同異。

一. 『몽고운략』은 원나라 때 편찬된 것이다. 원나라가 주인 노릇하러 중국에 들어와 곧 원나라 글자 파스파문자로 한자음을 주음하여 운서『몽고운략』를 편찬하여 국민들을 가르친 책이니 한자음에 맞추어서 원나라 글자로 표기한 것이 대단히 정밀하여 『사성통고』에 기록되어 있는 속음이 간혹 몽고 시대의 운서의 음과 같은 것이 많았다. 그래서 『사성통해』를 편찬할 때에도 반드시 몽고 운서의 음을 참고해서 정음과 속음의 같고 다름을 증명했다.

> 一. 字之取捨。音之正俗。專以洪武正韻爲準。但以俗所常用之字。而
> 正韻遺闕者。多矣。故今並增添。或以他韻參補之。可省搜閱之勞。俾無
> 遺珠之嘆矣。亦非敢使之盡用也。又恐帙繁。罕於日用者。亦不具取。

一. 수록자를 가려 뽑거나 자음의 정음과 속음을 정하는 것은 오로지『홍무정운』을 가지고 기준으로 하였으나 다만 일반적으로 상용하고 있는 글자漢字로서 홍무정운에는 빠진 것이 많기 때문에 이제 아울러 보태거나 혹은 다른 운서를 참고해서 보완하여 찾거나 혹은 읽는 수고로움을 덜게 하고 중요한 것이 빠졌다는 아쉬움이 없기를 바라고 있으나 역시 감히 다 사용하도록 하려는 것이 아니다. 또한 분량이 너무 많아질 것을 두려

위하여 평시에 드물게 쓰는 글자는 역시 수록하지 않았다.

> 一. 洪武韻不載。而今所添入之字。作圈別之。

一. 『홍무정운』에 실려 있지 않고 이제 보탠 글자는 동그라미를 해서 이를 구별했다.

> 一. 洪武韻入字及註解。一依毛晃韻。而循用毛氏之失。不曾規祛故。今不取也。黃公紹作韻會。字音則亦依蒙韻。而又緣蒙字。有一音兩體之失故。今不取其分音之類也。唯於註解。則正毛氏之失。聚諸家之著。而尤加詳切。故今撰通解。亦取韻會註解爲釋。

一. 홍무운의 수록자와 주해는 오로지 모황이 편찬한 『예부운략禮部韻略』의[23] 정식 이름은 『증수호주예부운략增修互註禮部韻略』에 바탕을 둔 것이나 모씨의 결점을 그대로 따라서 일찍이 고쳐서 바로잡지 못하였기 때문에 이제 『사성통해』 편찬에서는 『홍무정운』의 주해를 취하지 않았다. 황공소가 『고금운회』(원 지원 29년, 1292년에 황공소가 지은 운회는 전하지 않으므로 웅충熊忠의 『고금운회거요』를 말하는 것임)를 지을 때, 자음은 몽고元 시대에 편찬된 운서를 바탕으로 했으나 또 하나의 음을 두 가지 글자로 표기하는 몽고 글자八思巴字

---

23) 송(宋)나라 정도가 지은 운서(韻書). 예부(禮部)의 과시(科試)를 위하여 간행된 운서로 운자(韻字)를 사성(四聲)의 순서대로 적은 사전식 분류서이다. 『배자예부운략(排字禮部韻略)』이라고도 한다. 우리나라에는 고려 때부터 애용되었으며 조선 중기 이후에는 『삼운통고(三韻通考)』, 『화동정음통석운고(華東正音通釋韻考)』가 저술될 정도로 큰 영향을 준 운서이다.

에 연유되어 있기 때문에 이제 음을 나누는 분류를 따르지 않았다. 다만 운회의 주해는 모씨의 결점을 바로잡고 여러 사람들의 저술을 모아서 더욱 자세히 기록한 것이므로, 이제 『사성통해』를 편찬함에 있어서 역시 운회의 주해를 취하여 글자의 뜻풀이를 하였다.

一. 一字而重出數處者。 音釋亦有同異。 故各於所在。 詳抄該用之釋。 其單現于一母者。 則以字解從略。故略抄主義之解而已。今不盡取其釋也。 雖或擧著文字出處。 而不詳釋其義者有之。 可於韻會考之。 間有今俗所取用而古釋不著者。今又添載。 或用鄕語直解。

一. 한 글자로 여러 곳에 나오는 것은 자음과 글자 풀이를 자세히 기록하고, 한 운모에만 나오는 글자는 글자 풀이를 간략하게 하고자 하였으므로 중심이 되는 뜻만을 간단하게 기술하고 이제 그 뜻 모두를 서술하지 않았다. 비록 혹시 글자의 출처를 들어내고서 그 뜻을 자세히 풀이하지 않은 것이 있으니, 『운회거요』를 참고해 볼 수 있고, 간혹 오늘날 일반적으로 쓰고 있는데 옛날 풀이가 나타나지 않은 것은 이제 또 추가로 실었고 또는 우리말로 직접 풀이하였다.

一. 重現諸字。 必擧著所在。 四聲及字母韻母之字。 於註末皆作陰字爲標。 以別之。 指示所歸。 若俱在一韻。 同母而異聲。 則各擧本聲平上去入一字爲標。 異母異聲。 則擧其所在字母諺音爲標。 又出於他韻者。 雖散入四聲。 而只擧首韻爲標。 至覽首韻。 則其他三聲從可見矣。

一· 四聲通攷。各韻諸字。一母四聲。各著諺音。平聲無點。上聲二點。去聲入聲一點。今撰通解。只於平聲著其諺音。上聲去聲則其音自同 而平仄之呼。可從本聲 故更不著其諺音及加點。而只書上聲去聲也. 今俗呼入聲諸字。或如全濁平聲。或如全淸上聲。或如去聲。其音不定。若依通攷。加一點則又恐初學之呼。一如去聲。故亦不加點。註下諸字諺音。則一依通攷例加點。鄕語則依本國諺解例加點。

一·『사성통고』에서는 수록되어 있는 각 운의 여러 글자에다가 한 운모씩 사성별로 언음으로 달고, 평성은 점이 없고, 상성은 두 점, 거성과 입성은 한 점을 찍었으나, 이제『사성통해』를 편찬함에 있어서는 다만 평성에만 그 언음을 달고 상성과 거성은 그 음이 평성과 같되 평·측을 구별해서 제 성조대로 발음하기 때문에 평성 이외의 자음에는 언음과 방점을 찍지 않고 단지 상성과 거성이라고만 하였다. 오늘날 일반적으로 입성자들은 전탁음의 평성자처럼, 또는 전청음의 상성, 혹은 거성처럼 발음하여 그 음이 일정치 않은데, 만일에『사성통고』대로 한 점을 찍으면 또 처음에 배우는 사람들이 한결같이 거성처럼 발음할까 봐 역시 점을 찍지 않았다. 주 아래 여러 글자의 언음은 오로지『사성통고』의 보기대로 점을 찍고, 우리말은 우리나라 언해의 보기대로 점을 찍었다.

一· 註內只曰俗音者。卽通攷元著俗音也。曰今俗音者。臣今所著俗」音也。今俗音或著或否者。非謂此存而彼無也。隨所得聞之音而著之也。入聲諸字。取通攷所著俗音。則依通攷作字。加影母於下。若著今俗音及古韻之音。則只取初中聲作字。不加影母。或以入聲而讀如平上去三聲者。

必加平上去一字爲標。

一. 주 안에서 다만 속음이라고 한 것은 곧 통고에서 원래 속음이라고 기록했던 것이고, 금속음이라고 한 것은 신 최세진이 이번에 기록한 속음이다. 금속음을 적기도 하고 적지 않기도 한 것은, 이것은 있고 저것은 없다는 것을 말하는 것이 아니라, 속음을 듣는 대로 기록하였기 때문이다. 입성자들은 『사성통고』에서 기록한 속음을 듣는 대로 기록하였기 때문이다. 입성자들은 『사성통고』에서 기록한 속음을 취하여 통고대로 글자를 만들어서 영모자 ㆆ를 붙이지 않았으며, 혹시 입성자를 평, 상, 거성처럼 발음할 때에는, 반드시 평, 상, 거성의 한 글자를 더해서 표를 삼았다.

一. 諸字於一母之下。洪武韻與蒙韻同音者。入載於先。而不著蒙音。其異者。則隨載於下。而各著所異之蒙音。故今撰字序。不依通攷之次也。至於韻會集韻中原雅音中原音韻韻學集成及古韻之音。則取其似。或可從而著之。非必使之勉從也。

一. 수록자는 하나의 운모 아래, 『홍무정운』 수록자와 몽고운서 수록자 가운데 음이 같은 것을 먼저 기재하되 몽고운서 음 표시를 하지 않고, 『홍무정운』 음과 다른 음은 아래에다 이어서 기재하되 몽고 운서 음 표시를 하지 않고, 『홍무정운』음과 다른 음은 아래에다 이어서 기재하되 각각 몽고운서의 음임을 들어내었다. 그래서 이번에 편찬한 『사성통해』의 수록자 순서는 『사성통고』 수록자의 차례대로가 아니다. 『고금운회거요』, 『집운』, 『중원아음』, 『중원음운』, 『운학집성』과 옛 운서의 음은 비슷한 것을 취하거나 따를 만한 것은 이를 들어내되 반드시 꼭 따르라고 한 것은 아니다.

一. 洪武韻及通攷。其收字取音。與古韻書及今俗之呼。有大錯異者多矣。其可辨出而分之者。則移入該攝之母。其或疑之者。則仍舊存之。而只著辯論。以竢知者之去取焉。

一.『홍무정운』과『사성통고』는 수록자와 그 자음이, 고운서 및 오늘날의 현실음과 크게 어긋나는 것이 많다. 그래서 구별해 내어 나눌 수 있는 것은 해당하는 섭의 운모로 옮기고, 혹시 의심스러운 것은 그대로 두되 다만 구분해야 될 이유만 적어서 이 분야의 전문가가 버리고 취하기를 기다리고자 한다.

一. 註內稱本註者。卽洪武韻之註也。其曰本註音某者。亦合從之。

一. 주 안에서 '本註'라고 일컬은 것은 즉『홍무정운』의 주이니 '본주음모本註音某'라고 한 것도 역시『홍무정운』대로 따른 것이다.

一. 九經韻覽凡例云。字有體用之分。及自然使然始然已然之別也。今將定體。 及自然已然。 爲正音用。以使然始然。 爲借音者。以其靜爲體. 而動爲用也。今以上下二字觀之。上從去聲。下從上聲。是之謂體。若自下而升上。 則上從上聲。自上而降下。則下從去聲。是之謂用也。又如輕重之重。統緒之統。自然者並從上聲。自重而重之。及言統攝之統。凡屬使然者。並從去聲。由靜以致動也。

一. 『구경운람九經韻覽』[24]은 운을 중심으로 주석을 단 서적으로 보이는데 <범례>에서 말하기를 글자음에는 '체' '용'의 구별과 '자연自然' '사연使然' '시연始然' '이연已然'의 구별이 있다고 하니, 이제 '정체'와 '자연' '이연'으로 '정음'을 삼아 쓰고 '사연'과 '시연'으로 '차음'을 삼는 것은, '정'으로써 '체'를 삼고 '동'으로써 '용'을 삼는 것이니, 이제 위아래 두 자자음로 볼 것 같으면, 위는 거성이 되고 아래는 상성이 되니 이를 '체體'라고 일컫는 것이다. 만일에 아래로부터 위로 올라가면 위의 자음은 상성이 되고 위로부터 아래로 내려가면 아래 자음은 거성이 되니 이것을 '용用'이라고 한다. 또 '경중輕重'의 '중重'과 '통서統緒'의 '통統'은 '자연'이니 둘다 상성이요, '자중自重'의 '중重'과 '통統섭'의 '통統'은 '자연'이니 둘 다 상성이요, '자중自重'의 '중重'과 '통統섭'의 '통統'은 모두 '사연使然'에 속하는 것이니 다 거성이 되니 '정靜'으로부터 '동動'에 이르는 것이다.

又如治字。攻而未理者。爲始然。從平聲。致理者。爲已然。從去聲。今以始然者爲借音。已然者爲本音者。由動以致靜也。又如分判之分。始然者從平聲。采取之采。使然者從上聲。今並從本音者采義。先采色而分義。後人爲也。又如使令之令從平聲。命令之令從去聲。均爲動用而定。去聲爲本音者。重命令也。餘可類推。

24) 『구경운람』 9경은 효경, 논어, 맹자, 모시, 상서, 주역, 례기, 주례, 춘추 등 유교의 경전을 뜻하며, 남송 때 이들에 대하여 직음식으로 음을 단 『구경직음』이 있었음.

또 '치治'자 같은 것은 '공이미리攻而未理'이면 '시연始然'이 되어 평성이 되고, '치리致理'면 '이연已然'이 되어 거성이다. 이제 '시연始然'으로 차음을 하고 '이연已然'으로 본음을 삼는 것은 '동動'으로부터 '정靜'으로 이르기 때문이다. 또 '분판分判'의 '분分'은 '시연始然'이라 평성이 되고 '채취采取'의 '채采'는 '사연使然'이라 상성이 되는데, 이제 모두 본음을 따른 것은 '채의采義'에 먼저 '채색采色'으로 뜻을 나누고 인위적인 것을 뒤로 한 것이다. 또 '사령使令'의 '령令'은 거성이 되니, 고르게 '동용動用'을 삼아서 정하는 것이니, 거성이 본음이 되는 것은 '명령命令'을 중히 여긴 까닭이니 나머지도 미루어 알 수 있다.

臣今按字之動靜。其類甚多。而先賢集韻。或載或否。今撰通解。亦不具錄。乃於編末聚爲一部。以示後學。雖元本所不載。而亦不可不知其實也。又當取用也。

신이 이제 생각하옵건데 글자 자모의 변화 예가 매우 많거늘 선현들이 운서를 편찬할 때에 혹은 기재하고 혹은 기재하지 않았는데 지금 『사성통해』를 편찬하면서도 역시 모두 수록하지 않고 끝에다가 한데 모아서 후학들을 위하여 보이었으니, 비록 원본 본문에 싣지 않았어도 역시 그 실상을 알아야 하고 또 마땅히 활용해야 한다.

一. 入聲 ㄹ ㄱ ㅂ 三音。漢俗及韻會蒙韻。皆不用之。唯南音之呼。多有用者。

一. 입성운미인 ㄹ, ㄱ, ㅂ 3음은 한족의 대중음과 『고금운회거요』 및 몽고시대의 운서에서 모두 쓰지 않고, 오직 남쪽 지방의 발음에서 많이 쓰고 있다.

　盖韻學起於江左。而入聲亦用終聲。故從其所呼。類聚爲門。此入聲之所以分從各類也. 古韻亦皆沿襲舊法。各收同韻而已。然今俗所呼。穀與骨。質與職。同音。而無ㄹㄱ之辨也。故今撰通解。亦不加終聲。通攷於諸韻。入聲則皆加影母爲字。唯藥韻則其呼似乎效韻之音。故蒙韻加ㅱ爲字。通攷加ㅸ爲字。今亦從通攷。加ㅸ爲字。

一. 대개 운학이 양자강 연안에서 발달되어 역시 종성으로 입성을 쓰고 있어서 발음되는 대로 몇 부분으로 분류하니, 이것이 입성이 몇 운류 운류韻類로 나누인 까닭이다. 옛날 운서에서도 역시 모두 옛 방법을 따라서 같은 운 안에 수록할 뿐인데, 그러나 오늘날 일반 대중은 '곡穀'과 '골骨', '질質'과 '직職'을 같은 음으로 발음하고 있으니. -ㄹ과 -ㄱ의 구별이 없어진 것이다. 그러므로 이제 『사성통해』를 편찬하면서 역시 종성을 기록하지 않았다. 『사성통고』에서는 속음의 입성운미를 모두 '영影모'ㆆ로 나타내되 다만 '약藥'운은 그 발음이 '효效'운-iau과 비슷하여 몽고시대 운서의 자음에서는 ㅱ으로 표시하고 『사성통고』의 속음에서는 ㅸ으로 표시하였는데, 이번의 『사성통해』에서도 역시 『사성통고』와 마찬가지로 ㅸ으로 표시하였다.

　一. 凡物之鄉名。難以文字爲解者。直用諺語爲釋。庶不失眞。又易曉

解。若兩字爲名者。則於先出字下。詳著鄉名及漢俗之呼。後出字下則只
著本解。

一. 무릇 우리 나라 물건 이름으로, 한자어로 풀이하기 어려운 것은 곧
바로 우리말로 풀어 기록하였으니, 대상을 잘못 짚지 말고 또 쉽게 이해
하기를 바라며, 또 두 글자로 된 한자어는 먼저 나오는 글자 밑에 우리말
의 이름과 한어 구어의 발음을 자세히 적고, 나중에 나오는 글자 밑에는
다만 본뜻만을 적었다.

一. 字有兩三音者。以先儒各有所見而著之。因古昔字寡而以致。或借
用或叶音也。今撰通解。必書各音出處者。示先儒所著之音也。然其不
關時用者。亦不盡取也。其未引出處者。則是爲本音也。

一. 두세 가지 음이 있는 글자는 옛 선비가 각각 소견을 가지고 이를
나타낸 것인데, 이것은 옛날에 글자가 드물어서 이렇게 된 것이고, 혹은
차용하고 혹은 음을 맞춘 것이다. 그래서 이제 『사성통해』를 편찬하면서
반드시 각 음의 출처를 쓴 것은, 옛 선비가 기록한 음을 보인 것이다. 그
러나 현실음과 관계가 없는 것은 역시 다 기록하지 않았다. 음의 출처를
적지 않은 것은 본음이다.

一. 字之無釋者。或取中朝質問之言爲解。

一. 글자 가운데 풀이가 없는 것은 중국 사람에게 물어보아 이를 풀었다.

一. 凡一字而重現於上去二聲者。音釋混同。固難從一。古韻必以上聲
爲先而從之。今亦從之。但毛韻及韻會。許於二聲通押者。多矣。當竢
得聞本字時呼之音然後爲正也。而今不能悉正者。力不及也。

一. 무릇 한 글자로서 상성과 거성에 겹쳐서 나타나는 것은, 음과 새김
이 뒤섞이어 참으로 하나를 따르기가 힘들다. 옛 운서에서 반드시 상성을
먼저 내세운 것은 이번에도 그대로 따랐으나 모황의 『예부운략』과 『고금
운회거요』에서 상성과 거성 글자가 서로 압운을 할 수 있도록 한 것이
많으니, 원 글자의 현실음을 듣게 될 수 있는 때를 기다려서 바로잡아야
하나, 이제 모두 바로잡지 못한 것은 힘이 미치지 못하기 때문이다.

一. 註內凡言下同者。只取本聲而已。不可通觀下聲也。如平聲註內。
稱下同則只看平聲。不可連看上去入三聲也。

一. 글자 밑의 주에서 '아래도 같다'고 한 것은 다만 같은 성조 안의
자음이 같다는 뜻이지, 다른 성조에 배열된 자음까지 말하는 것은 아니
다. 예를 들면 평성의 주에서 '아래도 같다'고 한 것은, 다만 평성만 보
는 뜻이고 상성, 거성, 입성까지 연달아 보아서는 안된다.

一. 飜切之式。古有門法。立成等局。不相通融。雖老師大儒。鮮能通

解也。今但取其上字爲聲。下字爲韻。而聲諧韻叶。則音無不通矣。不必拘拘泥古也。故今撰通解。只著諺音。不取反切也. 韻學集成。亦著直音正切。不取古切也。

一. 반절법은 옛날에 문법이니 하는 여러 규범이 있어서 서로 통하지 않아, 비록 연세가 많은 스승이나 대학자도 반절법을 깨우칠 수 있는 사람이 드물다. 이제 다만 윗 글자를 가지고 성모로 삼고 아래 글자로 운을 삼아 성과 운이 조화롭게 결합을 하면, 음이 통하지 않은 것이 없으니 구태여 옛것에 사로잡힐 필요가 없다. 그러므로 이제 『사성통해』를 편찬하면서 다만 우리 글자로 음만 적고 반절은 표시하지 않았다. 『운학집성』에서도 직음으로 나타내는 반절법만 기록하고 옛날 반절법은 나타내지 않았다.

一. 鄕漢字音則例。今不盡贅。消得并考洪武韻凡例。及二書輯覽飜譯凡例。然後庶得分曉其訣法也。

一. 우리나라와 중국 한자음의 예를 이제 다 적을 수 없으니 『홍무정운』 <범례>와 『노박집람』 및 『번역노걸대박통사』의 <범례>를 아울러 깨우친 다음에 자음의 올바른 모습을 깨우치게 되기를 바라노라.

一. 上聲全濁諸字時音。必如全淸去聲呼之也. 但金輔太監到本國。呼其名。輔字爲上聲則似乎淸音。又見漢人時。呼愼字音爲친。是則全用平

聲濁字作音之例而呼之也。

一. 상성 전탁자들의 현실음은 반드시 전처의 거성처럼 발음한다. 그러나 금보태감金輔太監이 우리나라에 왔을 때 그 이름인 보輔자를 상성으로 발음하면 청음과 비슷하며, 중국 현실음에서 신愼자의 음이 '친'이니 이것은 평성의 탁성자로 음을 만든 예를 전적으로 써서 발음한 것이다.

然書言故事。云陛上之上音賞。眦眦之眦音蔡。切韻指南云時忍切。腎字時賞切。上字同是濁音。皆當呼如去聲。而却將上字呼如淸音。賞字。其騫切。件字。其兩切。强字亦如去聲。又以强字呼如淸音강。礒字然則時忍切。如哂字其騫切。如遣字。可乎云爾。則濁音上聲諸字之音。或如去聲。或如淸音。或如次淸。其音之難定。如此。

그러나 서언고사書言故事에서 말하기를 '승상陛上'의 '상上'의 음은 '상賞'이라 하고, '애자眦眦'의 '자眦'음은 '채蔡'라 하며, 『절운지남切韻指南』에서 말하기를 '시인時忍'으로 '신腎'자의 음을 나타내고, '시상時賞'으로 '상上'의 음을 나타내서 원래 똑같이 탁음인데 모두 마땅히 거성과 같이 발음하고 오리려 '상上'자를 가지고 청음의 '상賞'자처럼 발음하고, '기건其騫'으로 '건件'자의 음을 나타내고 '기량其兩'으로 '강强'자의 음을 나타내서 역시 거성처럼 발음하고 또 '강强'자를 청음의 '걍羌'자처럼 발음하니, 그러한즉 '시인時忍'으로 '신哂'자의 음을 나타내고 '기건其騫'으로 '견遣'자의 음을 나타내는 것이 옳으냐고 말하는 것뿐인데, 탁음 상성자들의 음이 혹은 거성 같고, 혹은 청음 같으며 혹은 차청과 같으니 그 음을 정하기 어려움이 이와 같다.

『절운지남』에서 또 말하기를 '규蔡'를 '귀貴'라 하고 '국菊'을 '구韭'라 하는 자들은 곧 방언으로서 믿을 수 없는 것인데 하는 수 없이 그대로 속음을 따를 수밖에 없을 뿐이라고 하였으니 속음이 잘못된 발음을 역시 따를 수밖에 없는 것이 이와 같으니라.

一. 주에서 인용한 여러 참고서적의 이름은 반드시 한 글자만 따서 ○ 표를 하였으며 만일에 네 글자로 된 서명은 단지 두 글자만 따서 동그라미를 해서 글을 줄였으니 '논어論語'는 '어語'자만 '맹자孟子'는 '맹孟'자만 따고, 『중원아음中原雅音』과 『운학집성韻學集成』은 '아음雅音'과 '집성集成'이라고 하였다.

一.『홍무정운』<범례>에서 이르기를, 사람이 다른 지역에서 살아 각 지역에서 다르게 배워 발음이 빠르고 느린 구별이 있으므로, 자음의 발음이 참으로 많아 다르다. 어떤 자음이 정성인가 알고 싶으면 각 지방 사람들이 다 알아들을 수 있는 음이, 이것이 정음인 것이다.

一. 諸韻終聲ㄴㅇㅁ之呼。初不相混. 而直以侵覃塩。合口終聲。漢俗皆呼爲ㄴ 故眞與侵。刪與覃。先與塩之音。多相混矣. 至於東與庚。則又以中聲ㅜㅠ之呼而相混者。亦多矣. 故韻會庚韻內。盲音與蒙同。宏音與洪同。此因中聲相似。以致其相混也。

一. 여러 운에서 종성인 ㄱ, ㅇ, ㅁ의 발음이 애당초 섞이지 않아서 곧 침侵, 담覃, 염塩의 종성은 합구合口인데, 중국 속음에서 모두 ㄴ으로 발음하고 있으므로 진眞ㄴ과 침侵ㅁ, 산刪ㄴ과 담覃ㅁ, 선先ㄴ과 염塩ㅁ의 종성이 많이 뒤섞이고 있다. 동東운과 경庚운에 이르러서는 또 중성 ㅜ ㅠ의 발음이 뒤섞인 것이 역시 많다. 그래서『고금운회거요』의 경庚운 안에서, '맹盲'음이 '몽蒙'음과 같고, '굉宏'음이 '홍洪'음과 같으니, 이것은 중성이 비슷해서 서로 섞이게 된 것이다.

一. 眞韻中聲。一ㅣㅜㅠ而其呼成字。不類一韻。古韻亦有眞文之分. 故今亦分之。以ㅣ爲眞韻。以一ㅜㅠ爲文韻。庶使後學便於類聲求字而已. 非敢以己見爲是。而擅改經文也。上去入三聲。倣此.。

一.『홍무정운』의 진眞운 중성이 ㅡ, ㅣ, ㅜ, ㅠ로 발음하여 하나의 운을 이루는 것과 같지 않고, 또 옛날 운서에서 진眞운과 문文운으로 나누고 있어서 이제 『사성통해』에서도 이를 나누어 진眞운은 ㅣ중성, 문文운은 ㅡ, ㅜ, ㅠ 중성으로 하여 후학으로 하여금 같은 음을 가지고 글자를 찾아보기를 편하게 되기를 바랐고 감히 개인적인 의견으로 옳다고 해서 멋대로 고쳐서 경문을 고친 것이 아니며, 상, 거, 입 3성도 이와 같다.

> 一. 支韻中聲一ㅣ。齊韻中聲ㅖ 似合區分矣。然而ㅣ聲諸字。與齊韻俗
> 呼混同無別。則其可區分乎。韻學集成。亦相混也。中州音韻。亦分一聲
> 爲一韻。ㅣ聲爲一韻。今亦宜分支韻。一聲爲一韻,ㅣ聲與齊爲一韻　則庶
> 乎聲韻分明矣。又如庚韻。ㅣㅓ爲一韻。ㅟㆄ爲一韻。亦宜矣。然而今於
> 支齊庚三韻。不敢擅分者。以其聲類。不甚相遠　故因舊存之也。學者只知
> 其毄率而已。

一. 지支운의 ㅡㅣ중성과 제齊운의 ㅖ중성이 비슷하나 나뉘어 있는데, 그러나 ㅣ중성계 등 여러 글자가 대중의 속음으로는 제齊운과 비슷하니 어떻게 구분할 수 있겠는가? 『운학집성』에서도 역시 서로 섞이어 있다. 『중주음운中州音韻』에서도 ㅡ중성으로 하나의 운을 세우고, ㅣ 중성으로 하나의 운을 세우고, ㅣ 중성과 제齊운으로 하나의 운을 세우면 성운이 거의 분명해질 것이다. 또 경庚운 같은 것은, ㅡㅓ중성으로 하나의 운을, ㅟㆄ중성으로 하나의 운을 세우는 것이 역시 마땅하나 그러나 이제 지支・제齊・경庚 3운을 감히 함부로 나누지 못하는 것은, 그 중성들이 그렇게 삼하게 서로 차이가 나지 않으므로 전통대로 하였으니 배우는 사람은 다만 그 요체만 알았으면 할 뿐이다.

제2편 연혁의 고증

제1장 제작의 기록

1. 정음 발달의 시기 구분

『훈민정음』이 발표된 후 성종 때까지 모든 용례가 거의 동일하게 되어 있고 연산 금란을 거쳐 중종 이후로 비교적 판이하게 변한다. 이로써 연산 금란을 사이에 놓고 그 전후를 두 시기로 구분할 수밖에 없는 것이다.

임진·병자의 양난은 조선 문화에 대하여 거대한 변화를 일으킨 가운데 훈민정음만이 특히 그 예외로 벗어날 것은 아니다. 이로써 선조 임진을 전후하여 또 한 번 두 시기로 구분할 수밖에 없는 것이다.

그러니까 제1기는 발표 후부터 연산 금란까지요, 제2기는 중종 때로부터 선조 임진까지요, 제3기는 다시 그 이후로부터 근세의 갑오까지다. 물론 갑오에서 오늘까지는 다시 제4기로 볼 수밖에 없다.

이것은 비단 훈민정음에 한한 것이 아니다. 어떤 의미에서는 모든 문화의 분기로 보아도 무방하다. 그런데 제1기는 다시 세종의 집현전, 세조의 간경도감, 성종의 홍문관 등 세 시기로 구분할 수밖에 없으니 간경도감이 순연한 불교 중심으로 집현전이나 홍문관과 특이한 것은 물론이요, 나중에 둘도 서로 독특한 내용을 가지고 있는 것이다. 훈민정음으로 보아서는 세종이 집현전 시대에서 유불 양방향으로 계획하던 사업이 두 시대에 이르러는 착착 실현된 셈이나 극도로 한문을 숭상하던 성종 때부터 이미 그 기울어지는 형세를 면치 못한다.

또 제2기는 중종 때 을묘 제현의 대규모 한화漢化 운동이 좌절된 후, 명종 때 정권이 외척에게 농단되었고 선조가 즉위함에 있어 유학 선비들이 크게 결집한 결과 붕당의 화를 초래하였고 뒤이어서 마침내 임진란이 발발하였다. 훈민정음으로 보아서는 옛날의 번화繁華를 회복할 시기를 길이 잃은 것이지만 오직 중종 때 한편으로 찬집청撰集廳에 명하여 농서農書, 잠서蠶書, 이륜행실二倫行實, 벽온방辟瘟方, 창진방瘡疹方 등의 언해를 찬집하고 다른 한편으로 최세진의 모든 저서를 간포한 것이나, 선조 때 바로 임진 직후 유학 경전의 언해를 완성한 두 가지 사실은 특기할만 한 일이다.

그러나 중종 때는 훈민정음에 대한 한에 있어서 차라리 최세진 시대라고 볼 수밖에 없다. 그것은 그의 저서가 국가에 의하여 인간됨에 불구하고 거의 그 개인의 고군분투하였던 까닭이다. 그 이후 선조 때에 이르기까지 훈민정음을 전문적으로 연구하거나 또는 거기에 대하여 저술을 남긴 사람이 없다. 결국 제2기는 최세진으로써 대표되는 셈이다.

그런데 제2기까지는 여전히 국가 사업으로 진행되어 왔으나 제3기는 민간 중심이요, 또 제2기까지는 이론과 실제 사용이 합치되어 왔으나 제3기는 그 두 글자가 완전 분리되어 버린다. 즉 선·인조 이후 소위 실용(양명)학파의 일부에 의하여 훈민정음이 연구되었는데 그것은 오직 이론에 한한 것이요, 숙종 이후 소설이 성행하여 훈민정음은 독자의 문학을 완전히 세우기에 이르렀는데 그것은 이론가의 이론과 하등의 관련이 없는 것이다.

정음을 연구한 사람들 중에는 운서韻書의 저작자 등도 없지 않다. 그들은 자기의 이론 그대로 운서에 사용한 것은 사실이다. 그러나 그 운서의 이론도 오직 그 운서에 그친다면 그로써 이론과 실제 사용이 합치했다고 볼 수 없는 것이다. 저자가 합치라고 이르는 것은 그와 같은 협의가 아니요 좀 더 넓다는 말이다.

요컨댄 제2기에 있어서 중종 때와 선조 때의 두 사업을 다소 소홀히 여긴다고 책망 받을지는 모르더라도 결국 제2기 이후는 최세진을 비롯하여 각인의 학설이 중요한 과제가 아닐까 한다. 이러한 견해가 반드시 정당한지는 모르지만 연구의 과제를 명료히 하기 위해서는 그다지 무리한 방편도 아닐 것 같다.

이상으로써 훈민정음 발달의 시기 구분과 그 근거의 개요를 설명하였거니와 이 편에서는 오직 제1기의 3시대를 간단하게 설명한 것임에 그친다. 본래는 제작과 발표 후의 발달을 각편으로 나누고자 생각하였으나 첫째, 성종 때까지는 활동한 대부분의 사람들이 집현전의 옛 사람이요. 둘째, 문종과 세조는 모두 그 제작 당시의 한 협찬자임으로 부득이 제작을 중심으로 삼고 끝으로 몇 장에 발표 후의 발달을 붙이게 된 것이다.

2. 전편의 적요

맨 먼저 훈민정음의 기원이 어디 있느냐 하는 것이 가장 중요한 의문이다.[1] 여기 대해서는 내외 사람들이 너무나 이론이 분분한 까닭에 거의 구경은 밝히기 어려운 한 수수께끼로 던져지고 말았다.

그러나 제작한 그 당시의 사람들이 명시 혹은 암시한 바가 없지 않으

---

[1] 한글의 기원을 ① 자모의 분류 기준, ② 자모의 글꼴, ③ 자모의 결합의 기원으로 세부적으로 구분하여 논의해야 한다. 첫째, 자모의 분류 기준은 파스파 문자의 자모 분류 기준과 중국 성운학의 분류 오음과 청탁의 분류 방식에 근거를 두고 있으며, 둘째 자모의 글꼴은 초성은 상형과 가획의 원리, 모음은 천지인 삼재에 기반한 부서와 합자의 원리에 바탕을 두고 글꼴 자체는 방괘형(篆字)을 모방하였으며, 자모의 결합의 기원은 3성 체계로 거란자나 여진자의 대소자의 결합원리를 모방한 것이다. 곧 한글 자모의 글자체는 상형에 조직은 성운학에 그 근거를 두고 있다고 할 수 있다.

니 수수께끼일 수는 없는 일이다. 오히려 문제는 그들의 말을 가볍고 소홀하게 여기고 기원을 독창하려거나 그들 전부의 말을 종합하여 구명치 못하고 한 두 사람의 기록만을 편벽되게 신뢰하는 데서 미궁화된 것이다.

본래 자형과 성음 원리는 그 기원이 서로 다른데 자형의 기원은 고전古篆의 하나로 간단함에 대하여 성음 원리는 한자 음운, 범자, 몽고자 등 퍽 복잡하다. 한자 음운 자체가 범자로부터 유래되고 몽고자로부터 영향을 받은 만큼 한자 음운과의 관계를 인정하는 이상 간접적으로도 이미 범, 몽 양 글자와의 관계를 부인하지 못하는 것이다.

이 기원의 다각설은 십수 년 이래 저자가 주장하여 온 바이다. 이제 일층 확충하고 다소 수정하여 연래年來의 주장을 다시 한 번 세상에 묻는다.

그다음 그 당시 훈민정음의 용례가 한자음과 우리말에 어째서 판이하냐 하는 것도 지금까지 해석되지 못한 의문이다. 이상하게도 세간에서 이 용례의 차이는 전혀 고찰하지 않고 오직 '훈민정음' 언해의 설명과 『훈몽자회』의 자모만을 비교하기에 열중하여 왔다. 여기서 철자의 논전이 일어난 것이다. 각자의 이론은 결국 고전의 아전인수다.

본래 '훈민정음'은 우리말의 표기記寫와 한자의 주음註音으로 두 방향의 사용을 고려하여 제작한 것이다. 그 두 방향의 용례가 다름을 가져 한편으로 그 본질적 차이에서 오는 괴리와 또 한편으로 원칙과 편법의 차이에서 오는 괴리를 발견하기 어렵지 않다.

'훈민정음'의 용례에 원칙과 편법이 있다는 것도 필자의 오랜 주장이다. 이제 있어서는 더욱이 천려千慮의 일득一得을 확신한다.

그리고 셋째로는 발표 후에 다시 어떠어떠한 부분을 수정하였는가라는 점인데 거기에 대해서는 자형, 순서 등 각 항으로 나누어 고증을 시험하였다. 넷째로 또 어느 해에 과연 발표된 것이냐는 점인 바 거기에 대해서는 단연 세종 25년(1443) 계해가 옳고 세종 28년(1446) 병인이 착오임을 밝혔다.

그러나 훈민정음의 28자가 발표되면서 아무 문제없이 곧 실용에 옮겼다고 생각한다면 그는 일종의 망단이다. 그 당시 문헌의 정제한 철자법과 독특한 한자음을 보아서도 상당한 준비를 추정치 아니하지 못한다. 여기서 실용의 여러 정책을 밝히는 동시에 『동국정운』과 『홍무정운역훈』 등의 정체도 구명하였다. 상기의 두 운서에 대해서는 재래부터 종종의 의문이 없지 아니하여 심지어 동일한 저서의 두 가지 이름으로까지 추측한 사람도 있지만은 전자는 한자의 우리 음을 정리한 것이요 후자는 한자의 중국음을 정리한 것으로 판이한 내용이다.

다시 여섯째로 누가 훈민정음을 만들었느냐는 점과 신숙주, 성삼문 등은 어떠한 활동을 하였느냐는 점이다. 본편 제6, 제7편 양 장의 해답에 의해서 훈민정음은 세종의 친제요, 소위 언문 학사들은 그 실용을 준비하기 위하여 활동한데 지나지 않는다. 그런데 이 양 장에는 세종 이후 연산금란까지의 각 사업과 각 관계자들을 포괄하여 구명하였다. 그로써 제1기 발달의 대략을 짐작하게 되리라고 믿는다.

끝으로 제8장에는 최만리 등의 반대 상소를 실었다. 그 반대 상소야말로 많은 경우에 있어서 악의적이지만 귀중한 증언이라는 것을 잊어서는 안된다.

3. 훈민정음의 평가

필자의 견해로는 세종을 위시하여 언문 학사들부터도 훈민정음의 제작으로 한문의 상용을 폐지하자는 생각은 절대로 아니다. 오직 한문을 이해하지 못하는 우민들을 위하여 또 한문 학습의 한 보조적 수단[2]으로 삼아

---

2) 훈민정음을 쓰임새에 따라 '한문 학습의 보조적 수단'(홍기문, 1946)으로나 혹은 사용자층에 따라 '비주류 문자'(김슬옹, 2014, 1쪽)로 폄하한 것은 편협한 판단이다. 사용 과정으

서 겨우 그 가치를 인정한 것에 지나지 않는다.

그러나 그들이 관공문서 문에서 이두를 쓰는 대신으로 훈민정음을 쓰려고 한 것만은 사실이었지만 결국 그것도 실현되지 못하고 말았다. 세종, 세조도 적극적으로 강행하지 못한 것이라 성종 때 와서는 더 말 할 나위가 없는 일이다.

만일 발표 후 한자음의 정리보다도 차라리 그 방면에 힘을 기울였다면 훈민정음의 발달은 좀 더 활발하였을지 모른다. 오히려 그들이 예기한 바를 일보 넘어서서 어느 정도까지 한문의 상용을 저해하지 않았으리라는 보장하기 어려운 점이 없지 않다.

하여튼 훈민정음은 제작자 자신으로부터도 실재적 가치 이하로 평가된 것이 사실인데 후세에 이르러는 그보다도 다시 이하로 실용되었음을 면하지 못한 것이다. 그러한 점으로 보아서는 세종 이후 발달이라기보다 차라리 그 반대의 말이 더 적절하지 않을까 생각된다.

로는 우리말을 전면 표기할 수 있는 문자인 동시에 한자 학습을 위해 '매개문자'로 그리고 한자음 표시를 비롯한 외래어를 우리말로 표기하도록 만든 소통문자로써 '표음문자'이다.

제1절 세종 친제의 본뜻

1. 어제문의 서론

어제의 훈민정음에는 짧은 서론이 붙어 있으니 거기에는 "우리나라 말이 중국과 달라서 한문자로는 서로 통하지 않으므로 어리석은 백성들이 말하고 하는 바가 있어도 마침내 제 뜻을 펼 수 없어 내가 이를 딱하게 여겨 새로 스물 여덟자를 만들어 사람들로 하여금 쉽게 익혀서 날마다 편하게 하고자 할 따름이다.國之語音。異乎中國。與文字不相流通。故愚民有所欲言。而終不得伸其情者多矣。予爲此 憫然。新制二十八字。欲使人人易習。使於日用耳。"라고 하였다.[1] 이 곧 세종 자신이 말씀

---

1) "國之語音。異乎中國"에 대한 해석을 "한자의 국음운이 중국과 달라서 문자가 서로 통하지 않는다."라고 하여 '국어음(國語音)'을 한자의 동음(東音)으로 규정하여 "세종은 중국과 우리 한자음의 규범음을 정하기 휘하여 발음기호로서 훈민정음을 고안하였다.", "훈민정음은 실제로 한자음의 정리나 중국어 표준발음의 표기를 위하여 제정되었다가 고유어 표기에도 성공한 것이다. 전자를 위해서는 훈민정음, 또는 정음으로 불리었고 후자를 위해서는 언문이란 이름을 얻게 된 것이다.(정광, 2006 : 36)"라는 논의는 한글 창제의 기본 정신을 심하게 왜곡시킨 견해라고 할 수 있다. 세종 25년 세종이 창제한 문자는 정음이 아닌 '언문 28자'였으나 그 후 해례를 제작하는 과정에서 한자의 표준발음 표기 문자로 그 기능이 확대되면서 '정음'이라는 용어로 정착된 것으로 보아야 한다. 그 근거는 세종

하신 그 제작의 동기인데 첫째, 우리 어음이 중국과 달라서 한자로 표기하지 못하고, 둘째, 한자를 모르는 우민들이 자기 의사를 표현하지 못하므로 그것을 딱하게 생각하여 새로운 문자를 만든다는 것이다. 세종 26년(1444)에 『삼강행실』을 반포하는 <하교문>에는 『국조보감』 권5 "이에 유신에게 명하여 예로부터 지금까지 본으로 삼을 만한 충신, 효자, 열녀들의 걸출한 사적을 일에 따라 기록하고 아울러 시와 찬도 지어서 싣게 하였다. 그러고도 어리석은 백성들이 쉽게 이해하지 못할까 염려되어 그림을 그려서 붙이고 『삼강행실』이란 이름으로 널리 중외에 반포하였다. 다만 백성들이 문자를 알지 못하는데 책을 반포하여 내려 준다고 하더라도 다른 사람이 가르쳐 주지 않는다면 어떻게 그 뜻을 알아서 흥기할 수 있겠는가. 爰命儒臣。編輯古今忠臣。孝子。 烈女之卓然可法者。隨事記載。幷著詩贊。尙慮愚夫愚婦未易通曉。附以圖形。名曰三綱行實。廣布中外。第 以民庶不識文字。書雖頒降。人不訓示。又安能知其意而興起乎。予觀周禮。外史掌達書名于四方。使四方知 書之文字。得能譜之。今可倣此。中外攸司得民之有學識者。咸使訓誨,"라고 하였다.

일부러 알기 쉽게 하기 위하여 그림까지 붙여놓고 다시 중외수사中外收司로 하여금 훈회訓誨하라고 명한 것을 보더라도 일찍부터 세종은 문자(한문)를 모르는 우민 교도에 대하여 고심함이 적지 아니한 것을 엿볼 수 있다.

또 세종 27년(1445)에 농업을 격려한 <하교문>에는 "태종이 왕업을 계승하시어 더욱 씨 뿌리고 수확하는 일을 더욱 힘쓰셨다. 특히 어리석은 백성들이 심고 가꾸는 방법에 어두운 것을 염려하셔서 유신에게 명령하여 우리나라의 말로 농서를 번역하게 하여 중앙과 지방에 널리 반포하시

26(1444)년 2월 16일 『운회』를 언문으로 번역하라는 지시나 동 년 2월 20일 최만리의 상소문에도 '정음'이라는 용어는 나타나지 않고 '언문'이라는 용어만 사용되고 있다. 또한 세종 28(1446)년 11월에 궁중 내에 '언문청'이 설치되었다가 문종 원년 1450년에 정음청으로 바꾼 사실을 고려하면 세종이 창제한 언문 28자는 당시 우리말 표기를 위한 문자였음이 분명하다. 그러나 그 이후 표기 문자도 활용되면서 정음이라는 용어로 전환된 것이다. 따라서 "國之語音。異乎中國"에 대한 해석은 "국어음(우리말)이 중국과 달라서 문자가 서로 통하지 않는다."로 해석해야 할 것이다.

고 후세에 전하였다. 과덕寡德한 내가 왕업을 계승하여서는 밤낮으로 겁내고 두려워하노니, 우러러 전대에 이러하였음을 생각하고 오직 조종을 법에 따른다. 돌아보건대, 농무는 마땅히 백성에게 가까운 관리에게 책임을 맡겨야 하는 것이므로, 그들을 신중히 선택하여 임명하고 친히 격려하고 효유하였다. 또 차례로 주현州縣에 물어서 그 땅에서 이미 시험한 결과를 모아서 『농사직설』2)을 만들어 농민들로 하여금 훤히 쉽게 알도록 하기에 힘썼으며, 혹이나 농사에 이利로울 만한 것은 마음을 다하여 연구하여 거론하지 않은 것이 없었다.太宗繼述。益勤播獲之切。特慮愚民昧於樹藝之宜。命儒臣。以方言譯農書。廣布中外。以傳于後。寡予承緖。夙夜兢惕。仰惟前代時。若惟祖宗是憲。顧以農務當責近民之官。是用愼簡。親加勉諭。且令建訪州縣因地己試之驗。輯爲農事直說。務使田野之民。曉然易知。"고 하였다. 『농사직설』과 같은 책은 그림도 붙일 수가 없는 것으로 오직 한문만으로 저술할 수밖에 없었으며 이러한 서적을 간행할 때마다 "사람들로 하여금 쉽게 익혀서 날마다 편하게 하고자人人易習便於日用"한 문자의 필요를 느끼지 아니할 수 없었을 것이다.

이상의 두 인용문으로 미루어 보아도 세종은 실제 정치의 절실한 체험에서 훈민정음을 제작하게 된 것이 사실이다. 어제문의 서론에서도 그 참된 동기의 설명으로서 결코 말을 위한 말만은 아닌 것이다.

2. 여러 나라의 문자와의 관계

그러나 강희맹은 신숙주의 <행장>에서 "임금께서 우리나라 음운이 화

---

2) 조선 세종 때의 문신인 정초(鄭招), 변효문(卞孝文) 등이 왕명에 의하여 편찬한 농서. 1책. 1429년(세종 11)에 관찬(官撰)으로 간행하였고, 1492년(성종 23)에 내사본(內賜本)으로, 1656년(효종 7)에는 『농가집성』에 포함되어 십항본(十行本)으로, 1686년(숙종 12)에 숭정본(崇禎本)으로 간행되었다.

어와 비록 다르니 그 아, 설, 순, 치, 후와 청탁, 고하는 한어와 마찬가지로 다 갖추어 있어야 하고 여러 나라가 제 나라 언어음을 나타낼 글자를 가지고 있어서 제 나라 말을 기록하고 있으나 단지 우리나라만 글자가 없다고 하여 언문 자모 28자를 만드시고上以本國音韻與華語雖殊。其牙舌脣齒喉淸濁高下。未嘗不與中國同。而列國皆有國音之文。以記國語。獨我國無之。御製諺文字母二十八字。"라고 하고 또 이파李坡의 신숙주의 <묘지명>에도 "세종이 우리나라 음운이 화어와 비록 다르나 그 오음 청탁 고하는 중국과 마찬가지나 여러 나라가 모두 제 나라의 글자가 있어서 국어를 표기하지만 우리나라만 유독 글자가 없으니 임금이 언문 28자를 만드시고世宗以本國音韻與華語雖殊。基五音淸濁高下未嘗不與中國同。而列國皆有國字。以記國語。獨我國無之。御製諺文二十八字。"라고 하고 이승소李承召, 1422~1484의 신숙주의 <비명>에도 "세종은 여러 나라가 제 문자를 가지고 있는데 오직 우리나라만 문자가 없어 새로 28자모를 창제하였다. 世宗以諸國各製字。獨我國無之。御製字母二十八字。"라 하였다. 이파의 신숙주 묘지나 이승소의 비명은 대개 강희맹의 행장에 의거하여 약간 자구를 달리함에 지나지 않지만 그 모두 훈민정음을 제작한 동기에 대해서 일치된 견해를 가진 점에서는 틀림이 없다. 강희맹과 이파李坡, 1434~1486의 말을 따라보면 첫째, 우리 어음이 중국과 다른 것이요. 둘째, 그래도 오음과 청탁, 고하는 중국과 같은 것이요 셋째, 여러 나라들은 각기 국자로 국어를 표기하는데 우리만 없어서 세종이 훈민정음을 만들었다는 것이다. 이승소는 먼저의 두 항을 빼어 버렸지만 각기 국자로서 나랏말을 표기하는 나라가 결국 중국과 어음이 다른 나라에 벗어나지 아니함으로 첫 항만은 은연중 암시되어 있다고 보아도 좋을 것이다. 『동각잡기』3)에는 "세종은, 다른 여

---

3) 선조 때 이정형(李廷馨 : 1549~1607)이 고려 말부터 조선 선조 때까지의 사실(史實)을 뽑아 엮은 책. 2권 1책. 본조선원보록(本朝璿源寶錄) 또는 선원보록(璿源寶錄)이라고도 한다. 권상은 조선의 건국 배경부터 중종 때의 기묘사화(己卯士禍)까지, 권하는 중종 말년부터

러 나라가 자기 국어로 된 문자가 있어 자기 나라의 말을 기록하건만 유독 우리나라만이 없다고 생각했다. 그리하여, 본국의 음운이 비록 화어와 다르나 아음, 설음, 순음, 치음, 후음의 청탁과 고저가 중국과 같지 않은 것이 아니라고 하여, 어제인 언문 자모 28자를 창제하였다.世宗以列國皆有國音之文。以記基國之語。而獨我國無之。本國雖與華語有殊。而其牙舌脣齒喉。清濁。高下。未嘗不與中國同。御製諺文字母二十八字。"라 하고 『증보문헌비고』에는 이상의 여러 나라의 문자는 "임금이 여러 나라에서 자기 나라의 방음을 기록하기 위해 문자를 제정하는 데 오직 우리나라에만 문자가 없어 자모 28자를 제정하여 이름하여 언문이라 한다.上以爲諸國各製文字。以記其國之方言。獨我國無之。遂製字母二十八字。各曰諺文。"라고 하였다. 이것은 그 자구로만 보아도 결국 강희맹 등의 견해를 베껴 쓴 것임에 틀림이 없다. 하여튼 강희맹 등의 말을 어제문의 서론과 대조하여 첫 항은 완전 일치하고 둘째 항은 없고 셋째 항은 서로 틀리니 저 편은 우민의 신정을 들었음에 비하여 이편은 다른 나라에 국자가 있음을 들었다. 세종이 친히 말씀하신 바는 두 번 다시 의심할 여지가 없다고 하더라도 그렇다고 해서 강희맹 등의 말을 무조건 거부할 이유가 있는 것은 아니다. 본래 세종의 말씀은 내부의 필요요, 강희맹 등의 말은 외부의 충동이라. 외부의 충동으로 말미암아 내부의 필요가 더 일층 절실하게 될 수밖에 없다. 그렇게 보아서 그 양 설은 서로 반대된다고 보는 것보다 차라리 서로 보충된다고 보아야 한다. 최만리 등의 반대 상소에도 "구주로 나뉜 중국 내에 기후나 지리가 비록 다르더라도 아직 방언에 따라 글자를 만든 일이 없고, 오직 몽골, 서하, 일본, 서번과 같은 무리들만이 각각 제 글자를 가지고 있지만4) 이는 모두 오랑캐들의 일이라 이치를

선조 때의 임진왜란까지를 다루고 있다.

4) 요나라가 건국된 직후인 920년에 태조 야율아보기가 거란 대자를 만들었고 그의 동생인 지랄(迭剌)이 거란 소자를 만들었다. 금나라를 건국한 여진의 세력은 거란과 밀접한 관계를 맺고 있어서 거란문자의 영향을 받아 한족에 대응하는 자국의 정체성을 더욱 강화하

갖추지 못한 것뿐이다.自古九州之內。風土雖殊。未有因方言而別爲文字者。惟蒙古。西夏。女眞。日本。西蕃之類。各有其字。是皆夷狄事耳。無足道者。"라고 하였다. 최만리 등이 반대의 한 이유를 이루는 바가 세종이 제작한 하나의 동기가 되었는지도 모른다.

강희맹 등의 글로 보나 최만리 등의 상소로 보나 그 당시 주변 여러 나라에서 다 각각 독특한 문자를 사용하고 있은 것은 사실이다. 항차 사역원에서 몽고어, 여진어 등의 사학을 전문으로 학습시키고 있는 터에 그들의 문자를 듣지 못 하였을 리가 만무하다.

3. 이두와의 관계

정인지의 서문에는 "우리 동방은 예악, 문장 등 문물제도가 중국과 견줄만 하나 방언, 이어가 중국과 같지 않다. 그래서 학문을 하는 이는 한문의 뜻을 깨우치기 어려워 걱정으로 여기고 옥사를 다스리는 자는 그 곡절을 통하는 어려움을 괴롭게 여기고 있다. 옛날 신라의 설총薛聰이 이두吏讀를 처음 만들어서 오늘에 이르기까지 관아나 민간에서 이를 사용하고

기 위해 금나라 태조 아구다의 명을 받은 완안 희윤(完安希尹)이 한자의 정체자를 본뜨고 거란 문자를 모방하여 1119년에 여진 대자를 만들었으며 1138년에 희종이 친히 여진 소자를 만들어 반포하였다.

고대 돌궐은 트루크 문자인 룬문자(Runic script)를 만들었으며 위구루 사람들이 이 돌궐 문자를 사용하였다. 몽골어와 만주 문자의 바탕이 된 소그드(Sogdin script)를 빌려 자국의 문자인 몽고 문자와 만주 문자로 발전시켰다. 서하(西夏)에서는 경종 이원호(李元昊)가 거란 문자를 본받아 서하문자를 제정하였다. 인도 계통의 서장(西藏) 문자는 7세기경에 이미 만들어졌으며 이를 본받아 원 제국의 세조가 고승 팍스파를 시켜 서장문자를 기초한 파스파(八思巴) 문자를 만들어 1260년에 반포하였다.

여진어는 퉁구스계통의 언어로 한반도에 인접한 지역에서 헤이룽강 일대까지 넓게 퍼져서 살던 여진 부족들이 사용하다 금나라와 청나라까지 사용되다가 소멸한 언어이다. 북방 퉁구스어는 어뱅키어, 라무트어와 남방 퉁구스어는 나나이어와 여진어가 포함되며 청대 이후에는 만주어로 통합되었다가 소멸하였다. 12세기 초반 한반도에 인접한 생여진 건주 여진 가운데 완안부의 아구다가 회령 지방 닝구다에서 세력을 일으켜 요나라와 송나라의 수도 개봉을 함락시킨 뒤 금나라(1115~1234)를 건국하였다.

있으나 이것은 모두 한자를 빌려 쓰는 것이어서 혹은 격격하고 혹은 막힘
이 있어서 몹시 속되고 근거가 일정하지 않을 뿐만 아니라 언어를 적는데
이르러서는 그 만분의 일도 통달하지 못한다.吾東方禮樂文物伴擬中夏。但方言俚語不
與之同。學書者患其旨趣之難曉。治獄者病其曲折之難通。昔新羅薛聰始作吏讀。官府民間至今行之。然其
假字而用。或澁或窒。非但鄙陋無稽而已。至於言語之間。不能達其萬一焉。"라고 하였다. 그의 말
은 세종이 훈민정음을 제작하기 위해 실로 오래 전부터 이두라는 것이 이
미 통행되어 왔다는 중대한 사실에 대하여 우리의 주의를 환기시킨다. 그
런데 그의 말을 반대로 풀어서 만일 이두가 비루무계鄙陋無稽하지 않고 언
어로 충분히 통하게 하였다면 문적의 지취를 알기 어렵거나 옥사의 곡절
을 통하기 어려운 일체의 어려움이 해제되었을 것이다. 그 일체의 어려움
이 해제되었다면 세종이 새삼스럽게 문자의 제작을 생각하지 않았을 것은
분명하다. 중국과 음운이 달라서 한자로 그 표기가 불가능한 것은 물론 근
본의 사정이지만 다시 이두를 가지고 있어도 우민이 제 뜻을 펼치기에 부
적당한 것이 세종으로 하여금 새로운 문자를 제작하게 한 출발점이다.5)

　최만리 등의 반대 상소에는 "이보다 앞서 써 온 이두가 비록 한자에서
벗어난 것이 아닌데도 유식자들은 아직도 이를 천하게 여겨 이문으로서
이를 바꾸려고 하는데 하물며 언문은 한자와 조금도 관련이 없는 것이며
오직 저잣거리의 속된 말에서만 쓰이는 것이 아니겠습니까. 만일에 언문
이 전조부터 있어 온 것이라고 하더라도 오늘날 문명의 정치와 노를 변

---

5) 이숭녕 교수(1976 : 52)는 "훈민정음의 자모 체계는 우리 현실 국어의 표기를 위한 것이
　아니고『동국정운』을 이해시키기 위한 연습장 구실을 하게 한 것이라 볼 수 있다. 오늘날
　한글을 제정한다고 가정할 때, 그 체계가 현실 국어음을 기준으로 한 것이 아니고, 장차
　개혁할 한자음의 체계를 실었다고 하면, 큰 시비를 받을 것이다. 그와 같이 한 것이 바로
　이 훈민정음의 체계. 그러므로 훈민정음은『동국정운』의 이해를 위한 연습장의 구실을
　한 것이다. 그러고 보면 한자음의 개신을 둘러싸고 문제점이 많으며, 세종의 언어정책의
　진의가 어디에 숨겨져 있는가가 의심될 것이다."라고 하여 훈민정음 창제의 목적을 전혀
　다른 시각으로 접근하고 있다.

해 도에 이르려變魯至道之意. 일신하는 때에 아직도 언문과 같은 좋지 않은 관습을 이어 받아야 합니까 하고 반드시 이를 바로 잡겠다고 논의할 사람이 있을 것이니 이는 뚜렷이 분명한 폐단이니, 이제 이 언문이 다만 하나의 신기한 재주일 뿐이며 학문을 위해서도 손해가 되고 정치에 있어서도 이로움이 없으니, 되풀이해서 생각해 봐도 그 옳음을 알 수 없습니다.

前此。吏讀雖不外於文字。有識者尙鄙之。思欲以吏文易之。而況諺文與文字暫不干涉。專用委巷俚語者乎。借使諺文自前有之。以今日文明之治。變魯至道之意。尙肯因循而襲用之乎。必有更張之議者。此灼然可知之理也。厭舊喜新。古今通患。今此諺文不過新奇一藝耳。於學有損。於治無益。反覆籌之。未見其可也。"라고 하고 또 다시 이어서 "만일 형을 집행하고 죄인을 다스리는 말을 이두 문자로 쓴다면 글의 내용을 알지 못하는 어리석은 백성이 한 글자의 차이로 혹시 억울함을 당하는 일이 생길 수 있으나 이제 언문으로 죄인이 말을 바로 써서 읽어 주고 듣게 한다면 비록 매우 어리석은 사람일지라도 다 쉽게 알아들어 억울함을 품는 사람이 없을 것이라고 한다면, 중국은 예부터 언어와 글자가 같은데도 죄인을 다스리는 일과 송사 사건에 원통한 일이 매우 많고, 만일 우리나라로 말할 것 같으면 옥에 갇힌 죄인 가운데 이두를 아는 사람이 있어서 자기가 공술한 내용을 직접 읽어보고 그 내용이 사실과 다른 점을 발견하더라도 매를 이기지 못하여 억울하게 승복하는 일이 많으니 이로 보아 공술한 글의 뜻을 몰라 억울함을 당하는 것이 아님이 분명합니다. 만일 그러하다면 비록 언문을 쓴다고 하더라도 이와 무엇이 다르겠습니까. 이로서 죄인을 공정하게 또는 공정하거나 일치하지 않거나 하는 데 달려 있지 않음을 알 수 있습니다. 그리하여 언문을 가지고 죄인을 공정하게 다루려는 것이라고 한다면 신들로서는 그 타당함을 알 수가 없습니다.若曰。刑殺獄事以吏讀文字書之。則不知文理之愚民。一字之差或致冤。今以諺文直書其言。讀使聽之。則雖至愚之人。悉皆易曉。而無抱屈者。然自古中國言與文同。刑獄之冤枉甚多。借以我國言之。獄囚之解吏讀者。親讀招辭。知其誣。而不勝棰楚。多有

誣服者。是非不知招辭之文意而被寃也明矣。若然。則雖用諺文。何異於此。是知刑獄之平不平。在於獄之不平。在於獄吏之如何。而不在於言與文之同不同也。欲以諺文而平獄辭。臣等未見基奇也。"라 하였다. 이 상소는 세종 26년(1444) 갑자 2월에 올린 것이요. 정인지의 서문은 세종 28년(1446) 병인 9월에 된 것으로 실상 그 보다 몇 해 전임에도 불구하고 마치 그 서문을 조목조목이 반박한 것과 같은 논지는 자못 흥미있는 일이다. 대개 훈민정음이 제작된 당시 그 가치의 평이 많이 이두와의 비교로써 출발되었을 것이다. 정인지의 예찬이나 최만리 등의 반대는 다 각각 그 당시에 서로 배치되는 평을 대표하는 것이 아닐까 생각한다.

4. 동기의 양면성

정인지의 서문은 훈민정음의 필요로써 문적의 뜻하는 바의 의미를 알고 옥사의 곡절을 통하는 두 가지를 들었고 최만리 등의 상소는 그 역시 훈민정음이 불필요한 것으로써 도리어 학문에 손해가 있음과 옥사에 하등 이익이 없다는 두 가지를 들었다. 둘째 항은 세종이 말씀한 우민의 뜻을 펼치는 것에 해당하거니와 첫째 항은 예찬과 반대를 막론하고 세종이 일찍 언급하지 아니한 것이다. 그러나 신숙주의 『동국정운』과 『홍무정운역훈』서라든지 성삼문의 『직해동자습』서라든지 그 비록 명확한 단언은 아니라고 하더라도 언사의 귀추로 미루어 훈민정음의 제작이 한자의 동음 내지 한음을 정확히 함에 중요한 관계가 있는 것 같이 말하였다. 한자음의 정리란 정인지가 말한 문적의 지취나 최만리가 말한 학문과 또 거리가 멀지만 광범한 의미로 한자를 배운다는 뜻에서 공통된다.

신숙주, 성삼문 등은 항상 우리말의 오음, 청탁, 고저가 중국과 완전 일치함을 역설한 바, 곧 우리말에 적합한 문자를 가지고 한자의 어떠한 음이라도 정확히 표기할 수 있음을 의미하는 말이다. 위에서 인용한 강희맹과 이파의 글에서 그들로 보아서는 차라리 벌잠에 속하는 그 한 구절을 삽입한 것도 그들 자신이 의식했거나 하지 않았거나 상관할 것 없이 오직 그러한 의미의 말을 인용한데 지나지 못한 것이다. 그뿐이 아니라

1) 훈민정음 자체로 보아서 첫째, 한자음에만 사용되는 'ㆆ' 초성을 둔 것. 둘째, 다시 한자음의 표기를 위한 치두와 정치의 구별을 추가한 것.
2) 훈민정음을 발표한 이후의 사업으로 보아서도 맨 먼저 착수한 것이 『운회』의 번역이요, 또 가장 주력한 것이 『동국정운』과 『홍무정운역훈』 등의 운서인 것.
3) 최만리 등에 대한 세종의 하교 중 "만일 내가 그 운서를 바로잡지 않으면 누가 이를 바로잡을 것이냐?若非予正其韻書。伊誰正之。"라는 말씀으로 들어서 한자음의 정리가 상당히 중시된 것을 세종이 친히 설파한 것.

이 몇 가지의 사실은 우민이 뜻을 펼 수 있음과 함께 한문 전적의 해석 내지 습독의 편의도 훈민정음 제작의 한 동기를 이루었다는 증거다. 오직 그 두 동기 가운데서 전자가 후자에 비하여 더 중요하였음으로 어제문에서는 그 중요한 일면만을 거론한데 그친 것일지 모른다.

주석

1 득능독지得能讀之 : 『주례』6) <춘관종백官宗伯>에 "외사는 바깥에 명을 내리는 글을 관장하지 않고 사방의 뜻과 삼황오제의 글을 관장한다. 글로 사방

---

6) 주(周) 왕실의 관직 제도와 전국 시대 각 국의 제도를 기록한 책으로, 후대 관직 제도의 기준이 되었다. 원래의 이름은 『주관(周官)』 또는 『주관경(周官經)』이었는데 전한(前漢) 말에 이르러 경전에 포함되면서 예경(禮經)에 속한다고 '주례'라는 명칭을 얻게 되었다. 『예기(禮記)』, 『의례(儀禮)』와 함께 삼례(三禮)로 일컬어지며, 당대(唐代) 이후 13경(十三經)의 하나로 포함되었다.

에 전달하는 것을 관장하고 글로 왕명을 사자에게 부친다.外史掌書外令。掌四方
之志。掌三皇五帝之書。掌達書名于四方。若以書使。則書其令。"라고 하였는데 그 밑에
"혹자가 말하기를 옛날에 명名이라 하였고, 지금은 자字라 하니, 사방의 글
을 아는 자들의 문자로 하여금 알릴 수 있다.或曰。古曰名。今曰字。使四方知書之
文字。得能識之。"라고 하였다. 즉 "사방에 전달되는 글을 관장하고掌達書名于四
方"란 문자를 사방에 전달하게 한다는 말이요, "글로 왕령을 사자에게 부치
고若以書使則書基令。"란 왕령을 써서 사자에게 부친다는 말이다.

2 이방언역농서以方言譯農書 : "방언으로써 농서를 번역하였다"는 의미로 해석되
나 현재 그 책이 전하지 아니하는 모양이다. 방언의 번역이란 『대명률직해』7)
밑의 "본조 삼한시대에 설총이 방언 문자를 제작하였는 바 이를 이두라 한
다.本朝三韓時薛聰所制方言文字謂之吏道。"로 미루어서 결국 『대명률직해』나 마찬
가지의 이두 번역이 아닐까 생각한다.

제2절 설총의 이두

1. 고대의 인명과 지명

맨 처음 한자를 수입하여 우리말을 한자로 옮긴 것은 인명이나 지명과
같은 특유한 말이었을 것이다. 고대의 인명과 지명은 그러한 역어의 최고
형태임에 틀림이 없다. 지금 고대의 인명과 지명으로부터 그 역예譯例를
분류한다면 대개 다음과 같은 몇 가지의 종류가 있음을 알 수 있다.

---

7) 명나라의 형법전 『대명률大明律』을 김지(金祗)·고사경(高士褧)이 이두로 직해하고 정도
전(鄭道傳)과 당성(唐誠)이 윤색하여 출판한 법전. 30권 4책.『대명률』은 명나라의 법률이
므로 우리의 실정에 맞지 않거나 보충해야 할 부분도 있었고 이문(吏文)으로 되어 있는
조문을 이해하기 쉬운 이두로 번역하고 내용도 수정해야 했다. 1395년(태조 4) 『대명률직
해』를 완성하여 서적원(書籍院)에서 출판하고 1446년(세종 28) 평안 감영에서 중간하였다.

1) 자음역

伐休 一作 發暉 (『삼국사기』 권2)

骨正 一作 忽爭 (상동)

奈勿 一云 那密 (『삼국사기』 권3)

仇首 或云 貴須 (『삼국사기』 권24)

文周 或云 汶洲 (『삼국사기』 권26)

상기의 말은 유사한 음의 한자로 전용될 뿐이 아니라 한자 자체로 아무 의미도 없으니 순연한 자음역이었다고 추정된다.

2) 의음역

酒多 後云 角干 (『삼국사기』 권1)

상기의 '酒多'는 물론 '角干'의 뜻도 아니요 음도 아니니 '洲多'의 뜻이 '角干' 즉 '舒發翰'이나 '舒佛邯'의 음과 동일함을 취한 것이라고 추정된다.

3) 전의역

丹川縣 本百濟 赤川縣。景德王改名。今失溪縣。(『삼국사기』 권36)

상기는 '丹'이 '赤'과 '朱'로 또 '川'이 '溪'로 연하여 바뀐 것을 본다면 그 모든 단어가 순연한 의역意譯으로 추정된다.

4) 반의역

赫居世 或作 佛矩內 (『삼국유사』 권1)

毗處 一作 炤智 (상동)

상기에서 '弗矩'의 뜻으로 이미 '赫'을 쓰고 '毗處'의 뜻으로 또 이미 '炤'를 썼음에 불구하고 다시 '居'나 '智'를 가져 그 아래의 음을 표시하여 실상 뜻을 가진 윗음만을 취한 것으로 추정된다. 이상 4종의 역예가 동일 단어에 혼용되는 동시에 동일어가 종종의 이체자로 옮겨지고 있다. 고대의 인명과 지명이 혼란하게 된 것은 이러한 관계에 기인되는 것이다.

居柒夫 或云 荒宗 居柒은 음, 荒은 뜻 (『삼국사기』 권44)

異斯夫 或云 苔宗 異斯는 음, 苔는 뜻 (상동)

密律 木推捕 檣은 음, 推는 뜻 (『삼국사기』 권34)

比自火 一云 比斯伐 火는 뜻, 伐은 음 (상동)

毛火 一作 蚊伐 毛는 음, 數은 음 (상동)

泗水 本吏勿 水는 뜻, 勿은 음 (상동)

母山 一云 阿莫城 母는 뜻, 阿母는 음 (상동)

이렇게 혼란한 역어의 가장 대표적 예는 '酒多'의 한 단어이다. 그 말은 酒多 이전에도 6종의 이석이 있다.

伊伐飡或云伊罰干。或云角干。或云角粲。或云舒發翰。或云舒弗邯 (『삼국사기』 권38)

그러나 차종의 역어는 옛 문헌에서 이미 같은 단어의 이역異譯임이 천명闡明되고 있거니와 그 같은 단어가 천명되지 못한 이역조차 없기를 보장하지 못한다. 이 곧 어학상으로보다도 역사상으로 중요한 연구 과제의 하나다.

2. 향찰

『삼국유사』<월명사 도솔가>권5 항에서 "월명이 아뢰기를 승은 국선도 화랑도로 향가를 알 뿐 범패는 익숙하지 못합니다.明奏云。臣僧但屬於國仙之徒。只解鄕歌。不關聲梵。"라고 하고 <영재우적 항>권5에서 "승 영재는 천성이 활달하여 재물에 매이지 않고 향가를 잘 지었다.釋永才性滑稽。不累於物。善鄕歌。"라고 하였는데『삼국유사』에는 우리말을 한자로 기록한 몇 편의 향가를 실은 것 가운데 월명사의 <도솔가兜率歌>와 같은 것은 시 해설까지 붙어 있다.

> <원가>
> 오늘 이에 산화가를 불러
> 뿌릴 꽃아 너는 곧은 마음에
> 명을 심부름하여
> 미타좌주를 모셔라
>
> 今日 此矣 散花唱良
> 巴寶白乎隱 花良汝隱 直等隱心音矣
> 命叱使以惡只
> 彌勒座主 陪立羅良
>
> <시 해석>
> "용루에서 오늘 산화가를 불러 청운에 일편화를 보내니 은중한 마음이 시키는 일이니 응당 도솔가라야 할 것이다.(龍樓比日散花歌。桃送靑雲一片花。殷重直心之所使。遠邀兜率大仙家)

원가 전문의 해독을 기다리지 않고 오직 시의 해석을 미루어 그 대강의 뜻만을 추정하더라도 몇 가지 사실을 판단할 수 있으니 첫째, '오늘今

曰’, ‘이此’, ‘산화가散花唱’, ‘곳花’ 등의 글자는 전의역이요 ‘마슴心音’ 등의
글자는 반의역인 것, 둘째, 우리말의 독특한 조사도 ‘이矣’, ‘아라羅良’ 등
과 같이 한자로 번역되어 다른 말 아래 첨가된 것. 셋째, ‘산화창散花唱’의
특수한 한 단어 외에는 전부 우리말의 순서로 나열된 것이다. 요컨대 고
대의 인명과 지명을 번역하는 4종의 역례를 가지고 모든 말에 적용한 것
임에 지나지 않는다. 이 향가의 정확한 해독도 결국 그 역례를 정당하게
해석하는 데 있을 것이다.

그런데 혁련정赫連挺의 『균여전均如傳』에는 “우리나라의 재자才子 명공名公
은 당십唐什=唐詩을 읊조리지만 저 땅(중국)의 대학자들과 덕이 높은 사람들
은 향가를 이해하지 못한다. 하물며 당문唐文은 제석천궁帝釋天宮에 그물이
교차하여 늘어선 것과 같아서 우리나라에서는 읽기 쉬우나, 향찰鄕札은 범
문梵文을 연달아 펼쳐 놓은 것과 비슷하여 저 땅에서는 읽기 어렵다.我邦之
才子名公解吟唐詩。彼土之鴻儒碩德莫解鄕謠。矧復唐文。如帝網交羅。我邦易讀。鄕札似梵文連布。彼土
難諳。”라고 하였으니 향요는 곧 향가일 것이요 향가를 적은 바의 우리말을
한자로 번역하는 그 방법은 곧 향찰인 것이다. 만일 자자이 독립한 전의
로써 연속되는 한문에 비한다면 자음역, 의음역, 반의역 등으로 성립된
향가의 번역은 실로 범서를 연이어 펼쳐 놓은 것과 비슷할 것이다.

『삼국유사』 <경덕왕 항>에는 “왕이 가로되 내가 들으니 사師가 기파
랑을 찬미한 사뇌가가 그 뜻이 매우 고매하다고 하니 과연 그러한가朕嘗聞
師讚耆婆郎詞腦歌。其意甚高。是其果乎”라고 하고 또 <원성대왕 항>에는 “대왕이
궁달의 변을 잘 알았으므로 신공사뇌가를 지었다.大王誠知窮達之變。有身空詞腦
歌”라고 하여 향가를 사뇌가詞腦歌라고 하였다. 『삼국사기』 <악지>에 “스
니思內는 스니詩惱(악이라)고도 하며 내해왕 때에 지은 것이다.思內一作詩惱樂, 奈解
王時作也”의 사내악思內樂도 아마 향가를 의미하는 것 같다.

3. 이두

태조 4년 을해 에 이룬『대명률직해』에 김기金祇의 발에는 "본조 삼한 시대에 설총이 방언 문자를 제작하였는 이를 이두라 하고 토속에서 저절로 생겼으나 열심히 배워 빠르게 퍼져 집집마다 사람들을 가르쳐 깨우치니 장차 책으로 베풀어 이도로 읽으니 소통함이 능히 가능하니本朝三韓時。薛聰所製方言文字。謂之吏道。土俗生知習熟。未能遽革。焉得家到戶諭每人而教之哉。宜將是書。讀之以吏道。導之以良能"라고 하였으니 이『대명률직해』란 곧 발문에서 이른 바 이두의 해석이 붙은 책임에 틀림이 없다. 그중에서 "문무관 범공죄文武官犯公罪" 일절의 원문과 해역을 들어 보면 아래와 같다.

    <원문>

    "凡內外大小軍民衙門官吏犯公罪。該笞者。官收贖。吏每季類決。不必附過。杖罪以上。明白立文案。每年一考。記錄罪名。九年一次。通考所犯次數輕重。以憑黜陟"

    <해석>

    "凡內外大小軍民官司官吏等。亦公事以犯罪爲去等當笞爲在官員乙良贖罪爲遣道人吏乙良每季朔乙當爲已前罪狀并以論決爲遣過名乙良記錄安徐爲旀杖罪以上是去等明白亦立案爲每年一度乙考課罪名乙記錄齊九年第良中一度乙所犯輕重數爻乙通考爲良沙黜陟爲乎事(이두는 밑줄)

이 이두란 것은 별것이 아니요 근세까지 사용되는 이두에 지나지 못하는 것이다. '道(도)'와 '讀(두)'는 음이 유사함으로 두 글자를 통용하였던 모양이다. 그런데 이두를 향찰과 비교해서 다른 점이 세 가지가 있으니, 첫째는 약간의 상용어와 조사 이외에 오직 전이역全意譯을 전용한 것. 둘째, 그와 같이 전의역을 전용하는 데에 인하여 마치 한문을 우리말의 순서로 고치고 조사를 붙인 형식으로 된 것. 셋째, 말의 순서조자 '당태當笞', '소범所犯' 등과 같이 간단한 말에 있어서는 한문식을 그대로 둔 것 등이다. 한 마디로 평하여 향찰은 한자로서 가능한 한 우리말을 충실히 표기하였거늘 이제 이두는 그보다 도리어 한문화되었다는 것이다.[8]

본래 향찰도 조사 이외에는 음역보다 전의역이나 반의역을 주로 썼던 것으로 보이는데 이두는 약간의 상용자 이전에 반의역조차 폐지하였다. 반의역은 한자의 의미와 우리말의 음을 상하로 합하여 역예로서 교묘하고 또 재미있음에도 불구로 이미 상자로 뜻은 충분한 동시에 다시 하자로 음의 표기만이 복잡한지라 이두의 그 폐지는 그 자체를 심히 간단하고 쉽게 만드는 것이다.

이의봉李義鳳, 1733~1801의 『고금석림』[9] 가운데 <나려이두>에 수용된 이두는 불과 200개 미만이다. 『유서필지』[10] 가운데 <이두휘편>에 수용된

---

8) 한자를 빌어 통문(通文)으로써 우리말을 쓴 것은 '이두'와 '향가'가 있다. 이두는 초기에는 고유어인 인 명, 지명, 관직명 등을 적는 방식에서 변체문으로써 한자를 우리말 어순에 맞도록 쓰기 위해 이두 토를 단 서기식(誓記式) 표기와 한문 대문에 이두 토를 단 형식이 있다. 특히 한문 대문에 토를 다는 방식은 이문(吏文)으로 발전되었다. 또한 전면적인 우리말 표기 방식은 향가에서 나타나는데 이는 어휘나 토씨 등을 모두 한자의 음과 훈을 빌어 표기한 방식이다. 구결은 통어(通語)로서의 한문을 읽고 뜻을 풀어내기 위해 구결토를 첨가하는 방식이다. 이 '구결토'는 한문의 원문은 그대로 두고 구두(句讀) 자리에 한자를 정체자나 약체자를 이용하여 읽는 음독구결과, 한문의 대문을 우리말 어순으로 재배치하여 읽도록 한 석독구결의 방식이 있다. 최근 남풍현(2003) 교수에 의해 점토구결 자료의 발굴로 연구가 활발하게 진행되고 있다. 이두와 구결의 발달은 매우 유기적인 관계를 맺고 발전되어 왔다. 한문이 정착된 이후 이두는 특수한 이문(吏文)으로 발전되어 조선 후기까지 이어지게 되었다. 이두는 글말에서 구결은 입말 곧 구송을 위한 표기였다는 점에서 차이를 보인다. 이두가 고려시대로 접어들면서 대내외 관용문서를 작성하는 데 많이 사용되었기 때문에 이문을 담당하는 관리를 선발하여 역관을 교육시키기 위해 활용되기도 하였다. 이두로 작성된 고문서, 금석문, 죽간, 문서뿐만 아니라 『대명률직해』를 비롯한 조선조의 관부 문서에 이두가 다량 남아 있다. 통문의 수단으로 그리고 통어의 수단으로 사용되던 이두는 구결이라는 통어 수단과 차츰 분리되어 발달된 것이다.

9) 조선 시대, 정조 13년(1789)에 이의봉(李義鳳)이 편찬한 사서(辭書). 우리말을 비롯하여 중국과 일본, 베트남, 미얀마 등의 말과 이두(吏頭)에 대하여 쉽게 뜻풀이를 하였다. 40권 20책이다.

이두는 그 역시 220~230개 내외이다. 거기서 '白活(발괄)'과 '侤音(다짐)', '必于(반드시)', '並只(아울로)' 등의 몇 마디를 제외한다면 거의 전부가 조사의 부류이다.[11] 요컨댄 이두란 우리말을 한자로 표기한다기보다도 한문을 우리말의 순서로 고치고 또 그 조사로 보충하여 우리가 이해하기 쉽도록 변작한 것이다. 이 점에 있어서 그 형태상 이두가 비록 향찰과 대동소이라고 하더라도 그 성질상 판이하게 보지 아니할 수가 없다. 이두는 '이두吏讀'라고도 하는 외에 '吏讀, 吏套, 吏吐' 등 이름이 여러 가지다. '頭, 套, 吐' 등은 '道'와 유사하고 또 뜻도 각 일맥의 통함이 있는 때문에 이리저리 통용한 것 같다. 단지 『동국여지승람』에서는 "설총의 자는 총지聰智로 원효의 아들이며 태어나면서 명석하여 자라서도 박학하여 속문과 글쓰기에 능하여 방언으로 구경을 해석하여 후생을 훈도하였고 또 이어로서 이찰이라는 것으로서 관부에 사용하였다.薛聰字。元曉之字。生而明銳。旣長博學。善屬文。能書。以方言解九經義。訓導後生。又以俚語製吏札。行於官府。"라고 하여 또다시 이찰로 썼다. 찰札은 '道'와 음이 유사한 것도 아니기 때문에 차라리 향찰의 '札'과 서로 통하는 것이리라고 해석하는 것이 정당하다.

4. 구결

『세종실록』에는 세종 10년(1428) 무신 10월에 "임금이 변계량에게 말하기를, 옛날 태종께서 권근權近, 1352~1409에게 명하여 오경에 토를 달라고 하니上語卞季良曰。昔太宗命權近。著五經吐。"라고 하고 다시 그 주에 "무릇 독서할

---

10) 관청과 민간에서 널리 사용되었던 이두(吏讀)로 쓰여진 공문서식(公文書式). 1권 1책. 선비와 서리들이 꼭 알아 두어야 할 상언(上言)·소지(所志)·의송(議送)·문권(文券) 등의 서식을 작성하는 데 있어 도움이 되도록 만들어 놓은 일종의 공문서 작성의 편람이다.
11) 이상규, 『한글 고문서 연구』, 경진, 2012.

때에 우리 말의 절구로써 읽는 것을 시속에서 토吐라고 한다.凡讀書。以諺語節
句讀者。俗謂之吐。"라고 하였는데 『용재총화』12)에는 "본조에 이르러서는 양
촌陽村(권근)과 매헌梅軒(권우) 두 형제가 경학에도 밝고 글도 능하였다. 양촌
은 사서, 오경의 구결을 정하였고至我朝。陽村梅軒兄弟能明經學。又能於文。陽村定四書
五經口訣。"라고 하였다. 세종이 말씀한 '오경토五經吐'는 곧 『용재총화』에서
말한 '사서 오경'의 구결일 것이나 권 양촌이 정하여 놓은 것은 어떠한
이름으로도 전하지 않는다. 그러나 벌써 구결이라고 이르는 점에 있어 후
일의 구결보다 더 다른 형식이 될 수는 없으리라고 생각한다. 구결을 넣
어서 인간된 『동몽선습』의 한 구절을 아래에 들어 보자.

"하늘과 땅 사이의 만물 가운데 오직 사람이 가장 귀하니, 사람이 귀한
까닭은 오륜이 있기 때문이다. 이런 까닭에 맹자가 말하기를 아버지와 자
식 사이에는 친함이 있고, 임금과 신하 사이에는 의리가 있고, 부부사이
에는 분별이 있고, 어른과 어린이 사이에는 질서가 있으며, 친구사이에는
신의가 있다라고 하였으니, 사람이 오상五常을 알지 못하면 금수로 떨어짐
이 멀지 않다(금수와 다름이 없다). 天地之間萬物之中厓 唯人伊 最高爲尼 所貴乎人者 以其有五倫
也羅 是故奴 孟子伊 曰父子有親爲旀 君臣有義爲旀 夫婦有別爲旀 長幼有序爲旀 朋友有信是羅爲時尼 人
而不知有五常則其違禽獸不遠矣果羅"고 하였다.

또 구결과 이두를 비교해서 세 가지의 다른 점이 있으니, 첫째, 한문식
의 순서를 그대로 둔 것. 둘째, 거기 따라서 오직 조사 이외에는 반의역,
의음역 등으로 성립된 약간의 상용어조차도 모조리 배제된 것. 셋째, 조
사 자체도 대단히 간이화된 것 등이다. 즉 구결은 그 명칭 자체가 표시하

---

12) 조선 중기에 성현(成俔)이 지은 필기잡록류(筆記雜錄類)에 속하는 책. 중종 20년(1525) 경
   주에서 간행되어 3권 3책의 필사본으로 전해져 오다가 『대동야승(大東野乘)』에 채록되어
   알려지게 되었다. 고려에서 조선 성종 대에 이르기까지 형성, 변화된 민간 풍속이나 문
   물 제도·문화·역사·지리·학문·종교·문학·음악·서화 등 문화 전반에 걸쳐 다루
   고 있다.

는 바와 같이 오직 한문을 우리말식으로 독송하기 위한 일종의 편법이다. 이두의 독특한 문체와는 완전 다른 물건이다. 그러나 '厓(에/애), 隱(은), 伊(이), ㅣ, 羅(라, 이라)' 등은 자음역이요 '爲(ㅎ)'는 전의역이요, '飛(ㄴ)'는 의음역으로 오직 반의역 이외에 3종의 역예가 갖추어져 있고 또 隱(오), 羅(라), 於(이) 등의 자가 향찰로부터 이두를 통하여 상용되고 있는 글자다. 그 성질상 구결과 이두가 전혀 동일하지 않는 데도 불구하고 형태상으로는 당연이 가까운 친근성을 나타나는 것이다.

그런데 이 구결은 불과 20~30개의 글자로 사용하기에 충분하다. 여기서 다시 약자의 부호가 생긴 것이다.

  ヽ(ㅎ) 爲자의 반자의 상서
  ﹨(이) 是자의 하서
  阝(은 는) 隱자이 좌변
  厂(애) 厓 자의 상좌
  卜(와) 臥자의 우변
  ㄱ(야) 也자의 상황
  尹(나) 那자의 좌변
  ㄊ(며) 施자의 우변
  匕(니) 尼자의 하부
  厂(면) 面자의 상부
  ㅁ(고) 古자의 하부
  ㅆ(라) 羅자의 반자의 하부
  (ㄴ) 飛자의 상부

이 이외 乙, 果, 大等, 소획의 글자는 전자 그대로 쓴다.

이와 같은 약자의 방법이 과연 언제부터 생기 것인지는 모르나 여기서 비로소 구결은 구결대로의 완성을 본 셈이다. 음에 있어서는 비록 갖추지 못하였을망정 독특한 문자의 형태를 가지는데 이르러는 향찰이나 이두보다 좀 더 새로운 시험이다.

5. 삼체의 관계

본래 이두吏讀는 '이도吏道'와 동의의 말이다. 또 이도吏道보다 일층 일반적으로 통용되는 말이나 흔히 향찰과 구결까지도 이두로써 불려지고 있는 것이다. 지금 그 구분을 명확케 하기 위해서 협의에는 이도吏道로 일컷고 광의에만 이두를 전용한다. 물론 향찰鄕札, 이도吏道, 구결口訣 등이 그 성질상 호상의 차이가 있다고는 하지만은 첫째, 우리의 음운을 한자로 옮기고, 둘째, 한문을 우리말의 형식으로 바꾼다는 그 점에 있어 완전 동일한 물건이다. 그 성질상 차이란 것도 자세히 검토하여 본다면 결국 그 두 가지의 정도 문제에서 나오는 것임에 지나지 않는다. 그럼으로 전부 이도나 이두로 통칭하여 별다른 불합리가 있을 리가 없다. 단지 광협의 양 의를 분명케 하기 위해서 그 양 어를 갈라서 쓸 뿐이다.

그런데 형태로 보아서는 향찰이 제일 오래고 구결이 제일 나중일 것같이 추측되나 그렇다고 단언하기는 곤란하다. 전기『동국여지승람』의 인용문으로 보아서 향찰은 설총의 제작이라고 하고 또 설총이 방언으로 구경의를 해석하는 그 형식은 아무래도 관부문서 문에 쓰는 향찰과 다소 다르지 아니하였을까 추측될 뿐더러 설총 이전의 향찰도 지금 전하지 안하는 터이매 향찰이 이두보다 더 오랜 증거도 내세울 도리가 없다.

물론 이두가 설총의 제작이냐 아니냐는 또다시 우리의 검토를 요하는 바다.『동국여지승람』은 말할 것이 없고『대명률직해』도 불과 시간적으로 한양조에 들어 온 뒤의 일로 그들의 증언을 무조건 믿을 수 없는 것이다. 그런데 『삼국사기』 <설총전>에는 "설총은 성질이 명석하고 나면서부터 도를 깨달았으며, 방언으로 구경을 풀어 읽게 하여 후생들을 훈도하였으므로 지금에 이르기까지 학자의 조종으로 삼고 있다.聰性明銳。生知道。待以方言讀九經。訓導諸生。至今學者宗之。"라고 하였고 『삼국유사』에도 "설총이 태어나면서부터 영민했으며 경서와 사서에 두루 통달하여 신라 10현 가운데한 사람이다. 방언으로도 화의(중국과 동이) 지방의 습속과 문명을 두루 통달했으며 6경을 훈해하여 지금까지 해동에서 경서에 밝은 사람으로 전해져오고 있다.聰生而睿敏。博通經史。新羅十賢中一人也。以方言通會華夷方俗物名。訓解六經。至今海東業明經者傳受不絶。"라고 하였다. 어디서나 방언의 두 글자를 명기한 것은 특히 주의될 뿐이 아니라 그중에도 『삼국유사』의 전수불절傳受不絶(끊이지 않고전해 옴)이란 말은 막연한 학통보다도 훈해의 그것을 의미하는 것이 아닐는지 모른다. 그러나 그 결국 이두의 사용이 암시된 것이라고는 볼망정 그로써 곧 이두의 제작에 부회하기는 어렵다. 대개 고려로부터 이두에 대하여 설총 제작설이 전하여 온 것임은 틀림이 없건만 하등의 명백한 증거가 있는 것은 아니다.

『조선금석총람』 중에 평양 성벽의 석각에는 "병술 12월 한성 하후부소형 문달 디위에 여기에서부터 서북으로 걸어서丙戌十二月漢城下後部小兄文達節自此西北行涉之"라고 하였는데 그중의 '節'자는 이두의 용자다. '後部'란 고구려 오부의 하나요, 또 '小兄'이란 고구려의 관직이라, 실상 고구려에서도이두를 쓴 것이 아닐까고 의심된다.

또 『삼국사기』에는 신라 제10대 왕인 내해왕 시에 시뇌악詩腦樂이 만들어 졌다고 하고 『삼국유사』에는 제3대 왕인 노례왕 시에 "두솔가가 시작되었는데 차사 사뇌격이 있었다.始作兜率家。有嗟辭詞腦格。"라고 하였으니 이두 기록의 모순됨을 떠나서 향가의 기원이 오래인 것만은 알 수 있다. 만일 향찰이 향가와 특수한 관계가 있는 것으로 미루어 생각할 때 향찰의 발생도 설총보다는 좀 더 오래되었을 것임에 틀림이 없다.

그러나 '節'의 단 한 자로 고구려의 이두로 단언할 수 없고 더구나 뒷사람들의 억측만으로 니사금尼師今 시대의 향찰을 주장할 수도 없다. 아직까지의 자료로는 향찰이나 이두나 다 함께 설총 이후에 성행한 것으로 판정될 뿐이다.

그런데 『조선금석총람』 중 <대마국분팔번궁조선종기對馬國分八幡宮朝鮮種記>에는 "천보 4년(745) 을유에 사인思仁 대각간께서 부지산촌 무진사종无盡寺鐘을 주조하셨다. 이때 원하는 것은(助在衆邸 僧村宅方은 의미 불확실) 모든 단월과 아울러 서원의 뜻을 이룬 자와 일체의 중생이 괴로움을 떠나 안락을 얻으시기를 서원합니다. 이룬 때의 유나는 추장 당주이다. 天寶四載乙酉 思仁 大角干 爲賜 夫只山村 无盡寺成 敎受內成記時願助在衆師 僧村宅方一切檀越幷成在 願旨者一切衆生苦離 樂得 敎受成在節雀乃秋鍾主"로 되어 있고 또 <개녕갈항사석탑기開寧葛項寺石塔記>에는

　　二塔天寶十七年戊戌立在之
　　娚妹姉三人業以成之
　　娚者零妙寺言寂法師在
　　姉者照文皇太后君在在
　　妹者敬信大王在在也

두 탑은 천보 17(경덕왕 17, 785)년 무술에 세운 것이다.
누나 누이 동생 세 사람이 업으로 이룬 것이다.
오라비는 영묘사 언적법사이며
누나는 조문황후 태후라.
누이 동생은 경신 대왕 마님이다.

로 되어 있다. '천보天寶'란 당 현종의 연호로서 신라 경덕왕대요, 바로 월

명대사의 <도솔가>와 같은 시대의 기록인데 <도솔가>와 같은 향찰로 되었음에 대하여 이 두 기록은 이두체로 되어 있는 것이다. 이로 미루어서는 향찰과 이두가 시작된 그 선후는 여하하였든지 동일한 시대에도 용처에 따라서 각기 그 사용을 달리한 것이라고 보인다. 후세에 이르러 관민문서 문에는 이두를 쓰고 한문 구두에는 구결을 써서 두 글자를 병용한 것이나 마찬가지다.

6. 이두의 결함

향찰, 이두, 구결의 삼체 중 구결은 본래 구두를 떼는데 쓰기 위한 일종 한문 독송의 보조적 편법이니 말할 것이 없고 향찰로 음의 표시를 요하는 글자가 많음에 따라서 한자의 용음이 복잡하여 일상사용에는 편의치 못한 것이 사실이다. 오직 이두만이 불과 200 내외의 특수어를 가져 독특한 문체를 형성하여 향찰과 구결의 결함을 능히 벗어난 것이다. 근세까지도 관사를 통하여 각종 문서문에 사용되어 온 것이다. 그러나 첫째로 말의 주요 부분을 한자 그대로 쓰는 것은 물론이다. 이두적인 특수어도 한자로 형성되어 있으므로 어느 정도의 한자를 학습하는 것이 전제의 조건으로 되지 아니하지 못한다.

이 곧 세종으로 하여금 우민의 신정을 위하여 민연한 마음을 가지게 한 바요 또 새로운 문자를 제작케 한 바다. 둘째로 이두적인 약간의 상용어와 조사를 한자에 첨가해서 예투화한 문서문에는 사용하기에 충분하되 우리말과 같이 자유롭게 표현할 수는 도저히 없는 일이다. 이 곧 정인지로 하여금 비루무계鄙陋無稽하다고 말하게 한 바요 또 언어 간에 이르러는 만분의 일도 도달하지 못한다고 말하게 한 바다. 그 두 가지의 결함 외에 셋째로 또 한 가지의 결함이 있다. 그것은 이두적인 특수어가 시대의 변천에 따라서 그 원음과 원의를 상실하기 때문에 이해하기 어렵게 되는 것이다.

『삼국유사』 <남월산 항>에 <미타존상 화광후기彌勤尊像火光後記>를 싣고 "동해 흔지가 산호골하였다東海攸友遺散也"의 한 귀절에 이르러는 "고인성지 이하는 그 글의 뜻이 자세하지 않으므로 옛날 그대로 적어둔다未詳其意。但 存古文而己"라고 부주하였다. 신라시대에 사용된 이두의 일부가 벌써 고려 때 와서도 해석되지 못한 모양이다. 그와 같이 근세까지 사용되던 이두가 세종 때에 있어서도 이미 원음과 원의를 상실한 것이 없지 않은 것 같다. 그것은 우선 그 당시의 언해에 이두식으로 많이 나오지 않는 것을 가지고도 증명된다. 그러나 대명률의 발문에는 이두를 방언 문자라고 하여 일종의 독특한 문자로까지 말하였다. 신경준의 『저정서低井書』[13] 서문에서 "동방에는 예부터 속용문자가 있었으나 그 수가 갖추어지지 않았고 그 모양도 가지런하지 않아 어떤 말을 형용한다거나 어떤 일을 이룸에 부족하였다.東方舊有俗用文字。而其數不備。其形無法。不足以形一方之言而備一方之用也"라고 한 것도 기수불비其數不備는 음을 갖추지 못 한 것을 가리키고 기형무법其形無法은 이두식으로 약자와 합자를 가르키는 것으로 결국 이두를 속용문자로 든데 지나지 않는다. 물론 어느 의미에 있어서는 그 역시 독특한 문자로 못 볼 것이 아니나 오직 의외의 오해가 따르지 아니할까 염려되는 바이다. 그렇다고 말하는 것은 그 문자란 말을 좀 더 과장하여 생각한다면 이두 이외에서 또 일종의 고대문자를 상정케 되는 말이다.

---

13) 이상규, 「여암 신경준의 『저정서(低井書)』 분석」, 『어문론총』 62호, 한국문학언어학회, 2014. 『훈민정음도해(訓民正音圖解)』라는 서명은 『低井書』가 정확한 원명임을 밝혔다.

풀이 **1** 황윤석(黃胤錫, 1729~1791)의 『이재유고(頤齋遺藁)』권25 『화음자의해(華音字義解)』에 "대각간이 있었다. 각간은 곧 쌜, 쌜이다. 지금 시속에서는 오히려 뿔을 쌜이라하며 자모에 언문 ㅅ을 펼쳐서 불에 가까워 불 또는 직음으로 불이라 한다. 만일 ㅅ을 불에 오른쪽 위에 덧대면 즉 쌜이 된다. 즉 뿔(角)의 방언이다. 만일 불에서 ㅂ을 제거하고 ㅅ을 위에 덧붙이면 근간의 음이 서로 매우 가까워 빨리 부르면 곧 수불(酒多)된다. 속음에 또 가까이 부를 때는 곧 신라의 세속에서 그럴까.(有曰 大角干者。角卽舒發。舒弗也。今俗猶呼角爲쌜。舒之字母在諺文爲ㅅ。發與불。近而弗又直音불。若加ㅅ於불之右上。卽作쌜 卽角字方言也。若불去ㅂ。而直加ㅅ于上。因以幹音相之多。速呼則曰酒多。干俗音又呼近翰邨。羅俗然也。)"라고 하였다. 근세까지도 무변(武弁)들을 '쇠쌀러기'라고 하여 '角干'의 옛말이 남아서 전한 터로 '舒發', '舒弗'을 '쌜(角)'의 음역으로 해석한 것은 기발한 착상이나 '舒'를 된시옷으로 대고다시 불의 음이 빠져 '술'로 된다는 것은 고금 언어의 관계를 평면적으로 보았다고 보인다.

2 조령치(趙令畤)의 『후청록(侯鯖錄)』에 '虹'을 '天弓' 또는 '帝弓'이라고 한다고 하는 등, '帝'는 '天'의 통용 글자이다. 대개 '帝綱'은 노자의 "하늘의 벼리는 넓디넓고 훤히 터여 망망하네(天綱恢恢. 疎而不失)"라는 '天綱(하늘의 벼리)'이나 마찬가지의 뜻일 것이다.

3 鄕札:『이아爾雅』[14] <석기>에 "간은 마침이다.(簡謂之畢)"라고 하였는데 그 소에 "글을 대나무 조각에 쓴 것을 간찰이라 한다(載文於簡謂 之簡札)"이라고 하였다. 간필찰 등의 글자는 종이가 발명되기 전 문자를 쓰든 목판 내지 죽편의 칭호로서 그 뜻이 굴러 서찰과 같이 편지도 의미하고 찰기와 같이 조건이 세기하는 것도 의미하고 또 그 이외 공문서도 의미한다. 하였다. 간필찰 등의 글자는 종이가 발명되기 전 문자를 쓰든 목판 내지 죽편드國史記 : '詞'의 자음이 'ㅅ'요 '腦'의 의음이 '골'로서 곧 '鄕'의 뜻이라고 주장하는 선배도 있으나 『삼국사기』의 '思內' 내지 '詩惱'로 보아서는 '腦'도 자음을 취한 것이 아닌가 한다.

---

14) 중국의 가장 오랜 자서(字書). 『시경(詩經)』, 『서경(書經)』 등 고전의 문자를 추려 유의어(類義語)와 자의(字義) 등을 해설한 것으로 고대 중국어의 어휘 연구에 중요한 자료로 쓰인다. 한과 당 시대의 훈고학이나 청 때의 고증학에서 특히 중시되었다. 유가(儒家)의 '13경(經)' 가운데 하나로 꼽히며, 수많은 주석서를 낳아 '아학(雅學)'이라는 학문 분야를 형성하기도 하였다.

제3절 여러 종류의 문자

1. 가명자假名字

『태종실록』 태종 14년(1414) 갑자 10월에는28권 37장 "사역원에 명하여 왜
어를 익히게 하였다. 왜객 통사 윤인보尹仁甫가 상언하기를, 왜인의 내조來
朝는 끊이지 않으나 일본어를 통변하는 자는 적으니, 원컨대 자제들로 하
여금 전습하게 하소서.命司譯院習倭語。倭客通事尹仁甫上言。倭人來朝不絶。譯語者少。願令
子弟傳習。從之。"라고 하고 『세종실록』 세종 12년(1430) 경신 9월에는49권 28장에
는 "예조에서 아뢰기를, 지난 을미년 수교에, 왜학을 설치하고 외방 향교
의 생도와 양가의 자제들로 하여금 입속하게 하여, 사역원과 병합하여 몽
학의 예에 따르라고 하였으니禮曹啓。去乙未年受教。設倭學。令外方鄉校生徒良家子弟入
屬。合于司譯院。依蒙學例遷轉。"라고 하여 태종 이후 그 역어를 장려한 것으로
보인다. 『세종실록』 세종 3년(1421) 신축 8월에는13권 3장에는 "예조에서 계
하기를, "왜학 생도들이 비록 그의 학업에는 부지런하나, 나갈 직업의 길
이 없어서, 모두 배우려고 하지 아니하고, 왜학의 음운과 글씨 쓰는 것도
중국 글과 달라서, 만일 힘써 권장하지 아니하면 앞으로 폐절될 염려가
있으니, 지금부터 그들의 잘하고 못한 것을 시험하여, 사역원 녹관祿官의
한 자리를 정하여 윤번으로 제수하게 하고, 생도로써 자격이 완성된 자는
예조에서 이조에 공문을 내어 적당한 관직에 등용하게 하였다.禮曹啓。倭學生

徒雖勤於其法。而未有錄用之法。故皆不勉勵。倭學非徒語音。其書字又與中國不同。若不勸勉。恐將廢絶。請自今試其能否。以司譯院祿官一位輪次除授。命生徒成才者。禮曹移關吏曹。隨宜叙用。"라고 하고 동 실록 30년 신해년에는 이조 계 중 "비록 간혹 1, 2명이 겨우 붙어 있다 하더라도 문자를 해독하지 못하고 다만 언어만 통하고 있어, 통사를 이어가기가 어려울 뿐 아니라, 왜서를 역해한다는 것도 장차 끊어지지 않을까 염려됩니다.雖或一二人僅存。不解文字。只通言語。非徒通事者難繼譯解。日本書恐將墜絶。"라고 하여 특히 문자에 관심이 컸음을 알 수 있다.

『용비어천가』에는1권 以, 路, 波, 仁, 保, 邊, 土, 知, 利, 奴, 留, 越, 利, 加, 與, 太, 禮, 所, 津, 根, 南, 羅, 武, 字, 爲, 乃, 於, 久, 也, 末, 計, 不, 古, 江, 天, 安, 左, 幾, 油, 女, 微, 之, 惠, 飛, 毛, 世, 寸 이상의 47자를 사용하여 글자를 쓰는데 부녀들도 모두 익혀서 알고 있다.用以路波仁保邊土知利奴留越利加與太禮所津根南羅武字爲乃於久也末計不古江天安左幾油女微之惠飛毛世寸四十八字。以爲書契。婦女亦皆知。惟僧徒讀經史。"라고 하여 가명의 수를 들어놓았다.

신숙주의 『해동제국기』[15]에는 "남녀를 논할 것 없이 모두 그 국자國字국자는 가다카나라고 부르는데 대개 47자임를 익히며 오직 승려만이 경서를 읽고 한자를 안다.無男女皆習其國字。(國字號加多干那凡四十七字) 惟僧徒讀經史知漢字。"라고 하여 가명이라는 명칭까지 밝혔다.

본래 신숙주는 세종 25년(1443) 계해에 서장관으로 사신으로 갔다 온 일이 있으므로 문자의 명칭은 물론이요 말까지도 약간 통하였던 듯하다. 그의 『해동제국기』는 말할 것도 없거니와 『용비어천가』의 기록도 그로부터 재료를 얻었을지 모른다. 그러나 그보다 훨씬 전부터 그 문자의 추절墜絶이 문제된 것을 본다면 반드시 신숙주의 계해년 사행使行을 기다려서만 비로소 그 수효나 명칭을 안 것도 아닐 것이다. 『세종실록』 세종 12년(1430)

---

15) 성종 2년(1471) 신숙주가 일본의 지세(地勢)와 국정(國情), 교빙내왕(交聘來往)의 연혁, 사신관대예접(使臣館待禮接)의 절목(節目)을 기록한 책. 1책.

경술 3월에47권 8장 <제학취재경서제예수목諸學取才經書諸藝數目> 가운데 역학의 일본 훈에 대하여서는 "왜학倭學은 『소식서격消息書格』, 『이로파본초伊路波本草』, 『동자교노걸대童子敎老乞大』, 『의론통신議論通信』, 『정훈왕래庭訓往來』, 『구양물어鳩養勿語』, 『잡어서자雜語書字』." 등을 들었으니 그때 이미 그 방면의 서적이 이와 같이 여러 종에 이르렀던 것으로 그 문자의 개략을 참고하기에는 매우 용이하였을 것으로 추측된다.

2. 여진자

『세종실록』 세종 16년(1434) 갑인 6월에는64권 44장 "예조에서 아뢰기를, "여진 문자를 이해하는 자가 불과 1, 2인이어서 장차 폐절廢絕하게 되겠으니, 대조인待朝人 및 함길도의 여진인 자제 중에서 여진 문자를 이해하는 자 4, 5인을 추려 뽑아서 사역원에 소속시켜 훈도로 삼으시고, 겸하여 통사通事로 임명하도록 하옵소서 하니, 그대로 따랐다.禮曹啓。解女眞文字者。不過一二人。將爲廢絕。侍朝人及咸吉道女眞子弟中解女眞文字者。選揀四五人。屬於司譯院。定爲訓導 兼差通事之任。徒之。"라고 하고 동 실록 20년 무오 7월에는 "의정부에서 예조의 질문에 의하여 아뢰기를, 여진의 문자가 장차 폐절될 것을 우려하여, 일찍이 생도 6명을 설치하고 부사정 혹은 대장의 체아직 한 자리를 주게 하고는 오로지 이를 연습하게 하였사온데, 뒤에 먼 지방에 있는 사람들이 객지에 우거寓居의 곤란을 말하여, 그의 분번分番을 들어 주고 1년만큼 서로 체번하게 하였던 바, 수가 적은 생도가 번을 나누어서 오르내리게 되므로, 혹은 하기도 하고, 혹은 중단하기도 하여 진실로 온당치 않사오니, 청하옵건대, 6명을 증가하여 모두 12명으로 하고, 이에 부사정, 사용의 체아직 한 자리를 더 주어서 분번을 없애고 상시 그 학업을 닦게 하옵소서라 하니, 그대로 따랐다.議政府據禮曹呈啓。女眞文字。恐將廢絕。會設生徒六人。給副司正

或隊長遞兒一。專使肄習。後以遠方之人。艱於旅寓。聽其分番。一年相遞。數少生徒。分番上下。或作或綴。誠爲未便。請加六人。合爲十二。加給副司正副司勇遞兒各一。除分番。常令肄習。從之。"라고 하였다. 세종 당시 여진 문자를 없애지 않으려는 당국자들의 고심한 자취를 엿볼 수 없지 않다.

3. 범자

『삼국유사』4권 <요동성육왕탑> 항에는 "또 땅 파보니 명銘이 나오고 명문에는 범서가 쓰여 있었는데 대신이 그 글을 이해하고 불탑佛塔이라고 하였다.又掘得銘上有梵書。侍臣識之云。是佛塔。"『삼국유사』 4권 <요동성육왕탑 항>라고 하고 또 <승전촉루> 항에는 "별폭에 『탐현기』 20권, 그중에 두 권은 미완성이고, 『교분기』 3권, 『현의장』 등 『잡의』 1권, 『화엄범어』 1권, 『기신소』 2권, 『십이문소』 1권, 『법계무차별론소』 1권은 모두 승전법사 편에 베껴 고향으로 보내는 것입니다.別幅云。探玄記二十卷。兩卷末成。教分記三卷。玄義章等雜義一卷。華嚴梵語一卷。起信疏兩卷。十二門疏一卷。法界無差別論疏一卷。並因勝詮法師抄寫還鄉。"『삼국유사』 4권 <승전촉루 항>라고 하였다. 범자와 범어가 들어 온 것은 불교와 함께 삼국의 고대로부터 오래된다.

『세종실록』 세종 8년(1426) 병오 9월 조에는 "호조 판서 안순이 계하기를, 근정전 어좌에 일찍이 진언을 써 놓아서 불좌와 같다 해서 이미 명하여 고쳤거니와, 어좌의 상옥 중에도 또한 진언 여덟 글자가 있사오니, 청컨대 모두 없애도록 하소서 하니 그대로 따랐다.戶曹判書安純啓。日勤政殿御座會書眞言。以似佛座。旣命改之。御座上屋中赤有眞言八字。請幷去之。從之。"라고 하였는데 진언은 곧 범자인 것이니 실상 세종의 어좌에는 범자가 쓰여 있었던 사실을 알 수 있다. 물론 안순安純과 같은 이는 불좌와 유사한 것을 혐의하여 없애버리기를 계청啓請하였고 세종도 거기에 따랐으니 그로써 세종이 범자를 조석으로 상대했던 것을 증거 들기에 충분하다. 훈민정음으로 음을 달아 놓은 『오대진언』에는 성화 21년(1485) 즉 성종 16년에 쓴 학조學祖의 발이 붙어 있다. 이 『오대진언』의 인간은 훈민정음이 나온 지 40년 후의 일이로되 진언으로 인하여 그 당시 범자가 유포되고 있었던 것을 방증할 수 있다.

그런데 『홍무정운역훈』 서문에는 "옛 사람이 이르기를 범음은 중국에서 행하되 공자의 경서가 발제하(인도와 중국 경계에 있는 강)를 넘어가서 범자로서 소리를 내지 못하니(곧 범자를 사용하지 않았으니)古人謂梵音行於中國。而夫子之經不能過跋提河者。以字不以聲也。"라고 하였는데 이 고인은 곧 『칠음략』 서 등으로서 한자 자모의 서역기원설을 주장하는 『통지』의 저자 정초鄭樵, 1104~1162를 가리키는 것이다. 이미 정초를 통하여 한자 자모가 서역에서 온 것을 알았으니 역내 일부에 전래되어 있는 그 범자를 완전 참고하지 않았을 것이라고는 생각되지 않는다.

4. 몽고자

『고려사』 <후비열전>권89에는 "충선왕의 계국대장공주 보탑실련은 원 나라 진왕 감마랄의 딸이다. 충렬왕 22년에 충선왕이 세자로 원 나라에 있을 때 공주에게 장가들었다. 충렬왕 24년에 공주가 원 나라로부터 고려로 왔는데 <중략> 공주는 조비가 왕의 총애를 한 몸에 받고 있는데 질투하여 위굴畏吾兒 글자로 편지를 써서 활활불화濶濶不花와 활활대濶濶歹 두 사람에게 부탁하여 원 나라로 보내어 황태후에게 전달하였다. 위굴은 고대 회골回鶻인데 원 나라에는 옛날에 자국의 글자가 없었고 파스파 글자로 처음으로 몽고 글자를 만들었는데 왕래문서(외교문서)에는 위굴 글자를 다수 사용하였다.忠宣王薊國大長公主寶塔實憐。元晋王甘麻剌之女。忠烈王二十二年。忠宣以世子在元尙主。二十四年。公主自元來。<中略>公主妬趙妃專寵。作畏吾兒字書。附隨濶濶不花。濶濶歹二人

如元。達于皇后。畏吾兒古回鶻也。元古無字。八思巴始制蒙古字。然往來文書多用畏吾兒字。"라고 하고『역옹패설櫟翁稗說』에는 "황제의 스승인 파스파八思巴가 몽고자蒙古字를 만들어서 세상에 알린 공로가 있으니, 바라건대 온 천하의 군국郡國으로 하여금 사당을 세워 공자와 비등하게 하소서帝師巴思八制蒙古字。有功於世。乞令天 下郡國立廟。比孔子。"(『익재집』〈역옹패설〉 전집1)라고 하였다. 원 나라와 고려의 밀 접한 관계로 말미암아 고려 때부터 이미 몽고자의 양 원종이 있었던 것 이 알려진 것이다.『태조실록』태조 3년(1394) 갑술 11월에 사역원 제조 설 장수偰長壽의 상언 중에는6권 17장 "몽고어를 공부하는 자로서 문자를 번역 하고 글자를 쓸 줄 알되 겸하여 위굴偉兀 문자를 쓰는 자를 제1과로 하고, 위굴 문자만을 쓸 줄 알고 몽고어에 통하는 자를 제2과로 하며習蒙語者。能 譯文字。能寫字樣。兼寫偉兀者。爲第一科。只能書寫偉兀文字。竝通蒙語者。爲第二科。"라고 하여 태조 때에는 사역원에서 두 종의 몽고자를 이습시켰고『세종실록』세종 5년(1423) 계묘 2월에는19권 11장 "몽고 자학이 두 개의 모양이 있으니, 첫째 는 위올진偉兀眞이요, 둘째는 첩아월진帖兒月眞이다. 전에 올리는 조서詔書와 인서印書에는 첩아월진을 사용하고, 상시 사용하는 문자에는 위올진을 사 용하였으니, 한 쪽만 폐지할 수 없는 것입니다. 지금 생도들은 모두 위올 진만 익히고, 첩아월진을 익힌 사람은 적은 편이니, 지금부터는 사맹삭四 孟朔에 몽학으로서 인재를 뽑을 적에는 첩아월진까지 아울러 시험해서, 통 하고 통하지 못하는 것을 나누어 헤아려 위올진의 시험보는 예例에 의할 것입니다고 하니, 그대로 따랐다.禮曹啓。蒙古字學有二樣。一曰偉兀眞, 二曰帖兒月眞。在 前詔書及印書用帖兒月眞。常行文字用偉兀眞。不可偏廢。今生徒皆習偉兀眞。習帖兒月眞者少。自今四 孟朔取蒙學才。竝試帖月眞。通不通分數。依偉兀眞例。從之。"라고 하여 세종 때까지도 그 이습이 계속되어 왔다. 그뒤 성종8년 정유에 우의정 윤자운尹子雲이『몽한 운요蒙漢韻要』를 바쳤는데, 이 윤자운은 신숙주의 처남이요, 또 세종 갑자26년 에 등과한 사람이다.

그뿐 아니라 『홍무정운역훈』 서문에는 "몽골 운서나 황공소의 『운회』가 입성을 종성으로 역시 쓰지 않고 있으니蒙古韻與黃公紹韻會。入聲赤不用終聲何耶。"라고 하고 『사성통해』<범례>에는 "『사성통고』에는 속음이 실려 있으며 혹 동 서에 몽고운의 음이 많이 섞였다. 그러므로 이제 통해를 지었는데 반드시 몽고음을 참조하여 그 정속음이 같은지 다른지 증명하였다.四聲通攷所著俗音。或同蒙韻之音者多矣。故今撰通解。必叅以蒙音。以證其正俗音之同異。"라고 하였으니 『홍무정운역훈』과 『사성통고』의 편찬에 몽고운이 참고된 것은 분명하다.

몽고운을 참고하면서 몽고자를 알지 못 하였으리라고는 생각할 수 없다. 본래 세종 당시에는 『운회』는 한자 운서로서 상당히 높이 평가되고 있었던 모양인데 『운회』의 자모가 훈민정음의 제작과도 적지 않은 관계를 가졌던 모든 사람인데 이 『운회』는 곧 몽고자의 영향을 많이 받은 운서이다. 『운회』를 통하여 몽고자의 간접적인 영향을 받은 것은 물론이거니와 그로 인하여서도 다시 몽고자를 직접으로 참고하지 않았을까 추정한다.

풀이 1 몽고자 : 본래 몽고는 회흘족의 문자를 빌어서 쓰다가 원나라 세조 정통 원년에 제사의 서장의 스님 파스파(巴思八)가 황제 명으로 새로이 범자 계인 서장자(西藏字)를 약간 고쳐 새 문자를 만들었으나 관용 문자 이외 별로도 통용되지 못 하였다. 하문의 위올진은 전자, 첩월진은 후자를 가리키는 모두 사람 듯한데 오늘의 몽고자란 곧 전자의 위올진이다.

5. 회흘자

『태종실록』 태종 17년(1417) 7월에는33권 67장 "구주 탐제 우무위원도진의 사인이 와서 예물을 바치고, 거류하는 회회 사문을 돌려보내도록 청하였다.九州探題。右武衛源道鎭。使人獻禮物。請還留居回回沙文。"라고 하였고 『세종실록』 세종 4년(1422) 2월에는15권 6장 "회회교의 사문 도로에게 쌀 5석을 내려 주었다.賜回回沙門都老米五石."라고 하였으니 세종 당시에 회흘인이 와 있었을 뿐 아니라 세종의 문신 설순偰循은 설장수偰長壽의 아들로서 그들이 역시 회흘인이다. 회흘자에 관한 기록은 완전 찾아보기 어려우나 회흘인의 왕래로 인하여 그 문자도 혹 알려질 수 있지 않았을까 추정한다.

제4절 여러 가지의 기원

1. 그 당시의 기록

『세종실록』 세종 25년(1443) 계해 12월102권 29장에 "아뢰되 상이 친히 언문 28자를 만들만들었는데 그 글자는 고전자를 모방하였다是日。上親製諺文二十八字。其字倣古篆."16)라고 하고 또 『국조보감』17)7권에는 "임금이 언문 28자

---

16) 이 실록의 기록은 세종이 한글을 창제한 내용을 기록한 최초의 자료이다. 매우 간략하지만 한글 창제와 관련된 핵심적인 내용이 담겨 있다. ① "임금께서 친히 제작하였다(上親制)"에서 한글의 창제자가 세종임을, ② "언문 28자(諺文二十八字)"에서 한글 명칭이 '언문'이고 글자가 28자임을, ③ "그 글자는 고전을 모방하였으며(其字倣古篆)"에서 초, 중, 종을 합자하여 모아쓰기를 한 음절글자가 고전자(古篆字)를 모방했음을(바로 뒤에 자(字)가 초, 중, 종성으로 나눌 수 있다는 말에 근거하여 낱글자 28자를 의미하는 것이 아니라 C+V+C로 구성된 한 음절글자꼴이 옛 전자를 모방하였다는 의미), ④ "그 글자는 고전을 모방하였으며 그 글자를 분해하면 초, 중, 종성으로 구성되어 있고, 한 음절 단위의 글자로 합한 이후 글자(字)의 모양은 고전(古篆,옛 한자 글꼴)을 모방한 방패형(네모형)임을, ⑤ "무릇 조선의 말뿐만 아니라 중국 한자나 주변 나라와 심지어 조선 내의 이어(변두리말)도 다 글로 쓸 수 있다(凡干文字及本國俚語, 皆可得而書)"는 표음문자임을, ⑥ "글꼴은 비록 간략하지만 전환하는 것이 무궁하고(字雖簡要, 轉換無窮)"라고 하여 28자는 제한적 음소문자일뿐만 아니라 합자를 통해 동아시아의 여러 문자를 표기할 수 있는 표음문자 곧 음성문자임을, ⑦ "이것을 훈민정음이라 한다(是謂訓民正音)"라고 하여 우리말을 표기하는 제한적 음소문자인 '언문' 28자는 세종이 직접 창제하였음을 밝히고 있다. 먼저 '언문'과 '훈민정음' 명칭에 대한 명확한 정의를 지웠으며, 또 '其字倣古篆, 分爲初中終聲'를 뒷 구절의 '分爲'의 전제가 '其字'이기 때문에 자소인 'ㄱ, ㄴ, ㄷ'과 같

를 만들었는데 그 글자는 고전자를 모방하였다.御製諺文二十八字。其字倣古篆。"라
고 하여 오직 고전기원설로 일치하고 있다. 최만리 등의 상소에도 "혹시
언문은 모두 옛글자에 바탕을 둔 것이고, 새 글자가 아니라고 하신다면
글자의 꼴은 비록 옛날의 전문을 본떴을지라도 소리를 사용하고 글자를
합한 것은 완전히 옛것에 반대되니 그 말은 실로 근거가 없습니다.儻曰。諺
文皆本古字。非新字也。則字形雖倣古之篆文。然用音合字。盡反於古。實無所據。"라 하여 오직
음을 사용하고 글자를 합하는用音 合字 것이 고자에 어그러지는 것을 반대
할 뿐으로 고전古篆의 모방은 그대로 승인하였다.

정인지의 서문에는 "상형하되 글자는 고전을 본떴고 소리를 바탕으로
그 음은 7조에 맞습니다.象形而字倣古篆。因聲而音叶七調。"라고 하여 훨씬 상세히
설명하였으니 그로 인하여 고전을 모방하였다는 것은 자형에 한한 문제
요 성음 원리에 대한 문제가 아님을 비로소 깨달을 수 있다. 물론 실록이
나 『국조보감』의 "其字倣古篆"도 자형을 의미하는 말로 해석해야 당연하
고 더구나 최만리 등의 상소는 분명히 자형이라고 지적하였지만 정인지
의 서문과 같이 자형과 성음을 아주 구분해서 이야기하지 못 한만큼 아
무래도 의심스러움을 면치 못한다.18)

은 낱글자가 고전자에 기원했다는 학설은 전면 제고될 필요가 있다. 곧 초, 중, 종을 모
아쓴 글꼴이 방패형인 고전자와 같다는 의미이다. 모아쓰기를 한 거란대자나 여진소자와
같이 한 자형으로 구성된 글자꼴이 곧 방패형이라는 사실을 분명하게 밝힌 내용이다
17) 조선 역대 국왕의 치적 중에서 모범이 될 만한 사실을 수록한 편년체의 역사책. 90권 28
책. 세종 때 편찬계획을 세워 융희 2년(1909) 완간되었다.
18) 이상규, 「『세종실록』 분석을 통한 한글 창제 과정의 재검토」, 『한민족어문학회』 제65집,
2013. 다음과 같이 평가하고 있다. 세종 25(1443)년 계해 12월 조의 세종실록의 기록에
서 "이달에 임금이 친히 언문 28자를 지었는데, 그 글자는 옛 전자를 모방하고, 초성, 중
성, 종성으로 나누어 합한 연후에야 글자를 이루었다.(是月, 上親制諺文二十八字, 其字倣
古篆, 分爲初中終聲, 合之然後乃成字)"는 내용을 면밀하게 분석해 보면 '其字'의 개념이
초, 종, 종성으로 합친 곧 C+V+C로 구성된 음절글자를 말한다. 곧 "그 글자(其字)는 초
중종성으로 나뉘어지고(分爲初中終聲), 초중종 낱글자를 합한 연후에 글자가 이루어진다
(合之然後乃成字)"라는 의미이다. 따라서 초, 중, 종성을 합한 한 음절글자 모양은 방패형

그러나 정인지는 한 문제를 해결해 주는 대신으로 여러 가지의 문제를 제기하여 주었다. 자형은 고전에서 나왔다지만은 성음 원리는 그 나온 곳이 없으며, 또 자형도 상형하는 것이 고전을 모방하였다고 해석하지 못할 것이 아니다. 문제는 이와 같이 다시 혼란함에도 불구하고 훈민정음의 기원을 찾는데 있어서 형과 음의 양면을 떼어서 보아야 할 것만은 사실이다. 이 두 가지 면을 혼동하는 까닭으로 후세에 있어 그 기원설은 갈래를 잡을 수 없을 만큼 각인각자의 분잡한 광경을 면치 못한 것이다.[19)]

으로 옛 전자(古篆)의 꼴임을 의미하는 것이다.
따라서 언문 28자의 낱글자가 옛 전자(古篆)를 모방했다는 견해는 타당성이 없음이 분명해진다. 음절글자의 모양을 옛 전자(古篆)와 같은 방패형 서체로 구성하게 된 이유는 한글 창제 당시 한자와 혼용하도록 되어 있었기 때문에 한자의 음과 한글 글꼴이 1 : 1의 대응을 이루도록 고려한 결과일 것이다. 또한 세종 당시 여진과 몽고와의 교린 관계가 활발했던 관계로 몽고의 파스파 문자, 거란 대소자, 여진 대소자의 모아쓰기의 방식의 영향도 없지는 않았을 것이다. 곧 한글의 낱글자인 자모는 발음기관과 발음하는 모양을 상형한 것이고 낱글자를 모아쓴 음절글자는 고전체를 모방했다는 의미이다.

19) 한글의 글꼴의 기원설의 그 대강을 간추려 보면 다음과 같다.
　① 고전상형설(古篆象形說) : 정인지의 『훈민정음』서, 이덕무의 『앙엽기』, 최만리의 <반대 상소문>, J. S. Gale(1912), 김완진(1966 : 384~385), 홍윤표(2005)
　② 몽고 범자기원설(梵字起源說) : 성현의 『용제총화』, 이수광의 『지봉유설』, 황윤석의 『이수신편』, 이형상의 『자학』, 1784년 간 『진언집』, 황윤석의 『이재유고』, 김윤경(1932 : 202), 이상백(1957 : 3~4), 유창균(1970 : 70), M. Kia proth(1832), P. Andreas Eckardt(1928).
　③ 몽고 파스파문자기원설(八思巴文字起源說) : 이익 『성호사설』, 유희 『언문지』, 이능화 『조선불교통전』(614~616), 유창균(1970), 정광(2012), Ledyard(1998), 주나쓰투(照那斯圖, 2008)
　④ 서장문자기원설(西藏文字起源說) : L. Rosny(1864), I. Taylor(1883), H. B. Hulbert(1892)
　⑤ 오행상형설(象形說) : 정인지 『훈민정음』 서문, 최석정의 『경세정음도설』, 신경준의 『저정서(훈민정음운해)』, 홍양호의 『이계집』, 강위의 『의정국문자모분해』
　⑥ 오행설(五行說) : 신경준의 『저정서』, 방종현(1946)
　　이 외에 음악기원설(병와 이형상의 『악학편고』, 최종민(2013), 28수기원설(최석정의 『경세정음도설』, 홍양호의 『이계집』, 이익습(1893), 기일성문도(起一成文圖) 기원설(강신항(2003), 측주설(이규경의 『오주연문장산고』), 석고자기원설(이형상의 『자학』)을 비롯하여 덧문창살설, 팔괘설 등 다양한 기원설이 제기되었다.

2. 후인의 각설

1) 범자설

성현은 『용재총화』에서 7권에 "세종께서 언문청을 설치하여 신숙주, 성삼문 등에게 명하여 언문을 짓게 하니, 처음에 초종성이 8자, 초성이 8자, 중성이 12자였다. 그 글씨체는 범자를 본받아 만들어졌으며, 우리나라와 다른 나라의 어문 문자로써 표기하지 못하는 것도 모두 막힘없이 기록할 수 있었다. 『홍무정운』의 모든 글자를 또한 모두 언문으로 쓰고 드디어 오음으로 나누어 분별하니, 이를 아음, 설음, 순음, 치음, 후음이라 하는데, 순음에는 경중의 다름이 있고 설음에는 정반의 구별이 있고, 글자에도 또한 전청, 차청, 전탁, 불청불탁의 차이가 있어서 비록 무지한 부인이라도 똑똑하게 깨닫지 못함이 없게 하시었으니, 성인이 물건을 창조하시는 슬기로움이야말로 범인의 힘으로 미칠 바가 아니다.世宗設諺文廳。命申高靈成三問等製諺文。初終聲八字。初聲八字。中聲十二字。其字體依梵字爲之。本國及諸國語音文字所不能記者悉通無礙。洪武正韻諸字亦皆以諺文書之。遂分五音而別之。曰牙舌脣齒喉。脣音有輕重之殊。舌音有正反之別。字亦有全淸次淸全濁不淸不濁之差。雖無知婦人無不然曉之。聖人創物之智有非人力之所及也。"라고 하여 범자설을 주창하였는데 그 후 이수광李睟光, 1563~1628은 『지봉류설芝峰類說』에서 (권18. 기예부)에서 "우리나라 언서의 글자 모양은 범자를 일체 모방하였으며 세종조대에 국을 설치하여 찬출하였는데 제자가 공교하고 확실하여 언서가 나왔으니 만방에 어음을 서로 통하지 않음이 없어 소위 성인이 아니면 만들기가 불가하였다.我國諺書字樣全倣梵字。始於世宗朝設局撰出。而制字之巧實自睿算云。夫諺書出。而萬方語音無不可通者。所謂非聖人不能也。"라고 하여 범자설에 무조건 추종하였다. 석용암釋龍岩의 『진언집』 <범례>에는 "범자 8종성법은 언문 8종성법과 대동소이하다.梵字八終聲法與諺文八終聲法大同"라고 하고 언문 8종성과 범자의 8종성법을 비교하여 비록 그 자신이 명언치 않앗으나 그 기원설의 유리한 한 증거를 보였고 황윤석의『운학본원韻學本源』20)
에는 "범자 8종성법과 언문 8종성법은 거의 같다.至於梵字。或云如來所製。此未可
知。然我訓民正音淵源大抵本此。而終不出於梵字範圍矣。"라고 하여 직접 모방하였다는
말과는 의도하는 취지가 다르나 그 기원설을 지지함에 틀림이 없다.

대개 성현成俔, 1439~1504은 신숙주, 성삼문 등의 조금 후배요 또 그의 형
인 성임成任, 1421~1484과 성간成侃, 1427~1456은 모두 그들과 친히 교유하던 사
람이다. 완전 근거가 없는 소리를 함부로 기록하였을 리는 없는 터로 그
의 범자설도 전부 부인하여 버리기는 어렵지 아니할까 한다.

2) 몽고자설

이익李瀷, 1681~1763은『성호사설』에서(권7 상, 인사문)에 "우리나라의 언문 글
자는 세종 28년인 즉 병인년에 처음 지었는데, 온갖 소리를 글자로 형용
하지 못할 것이 없었다. 사람들은 이를, 창힐倉頡과 태사 주籒 이후로 처음
있는 일이라고 하였다. 원 세조 때에 파스파巴思八가 불씨의 유교를 얻어 몽
골의 글자를 지었는데, 평, 상, 거, 입의 네 가지 음운으로써 순, 설, 후,
치, 아, 반순, 반치 등 칠음의 모자로 나누어 무릇 소리가 있는 것은 하나
도 빠뜨림이 없었다. 무릇 중국의 글자는 형상을 주장하므로 사람들이 손
으로 전하고 눈으로 볼 수 있는데, 몽고의 글자는 소리를 주장하므로 사

---

20)『이수신편(理藪新編)』권20에 수록되어 있다. <운학본원>이라는 큰 제목 아래『삼운성
휘(三韻聲彙)』에 의거하여「운법횡도(韻法橫圖)」와「운법직도(韻法直圖)」를 보인 후 한자
의 한음(漢音) 운모음(韻母音)을 한글로 표기하였으며, 송나라 소옹(邵雍)의『경세운법(經
世韻法)』도 소개하였다. 이 외에「세종대왕훈민정음본문자모(世宗大王訓民正音本文字母)」
라 하여 훈민정음의 23자모와 신경준(申景濬)의 36자모를 통합한 자모표를 보이고,『훈
민정음』초중종성도(初中終聲圖)를 보인 뒤, 박성원(朴性源)의『화동정음통석운고(華東正
音通釋韻考)』<범례>에서 일부를 인용하고 있다. 잡록에서는 범자(梵字)와 몽고자(蒙古
字)를 한글로 표기하였고, 주변 12개국의 문자를 보기로 보인 신경준의『저정서』의「제
국서자(諸國書字)」표도 수록하고 있다.

람들이 입으로 전하고 귀로 듣게 되어 있다. 그러나 형상이 전혀 없으니 어떻게 유전하여 민멸되지 않겠는가? 이제 그 자세한 내용을 얻어 볼 길이 없는 것이다. 만약 규례를 미루어 문자를 만들었더라면 천하 후세에까지 통용되어 우리나라의 언문과 같은 공효가 있었을 것이니, 생각건대 명나라 초엽에는 반드시 그 법규가 남아 있었을 것이다. 우리나라에서 언문을 처음 지을 때에는 궁중에 관서를 차리고 정인지, 성삼문, 신숙주 등에게 명하여 찬정하게 하였다. 이때에 명나라의 학사 황찬이 죄를 짓고 요동으로 귀양 왔는데, 성삼문 등을 시켜 찾아가 질문하게 했으니 왕복이 무릇 13차에 이르렀다는 것이다. 그러나 추측해 본다면 지금 언문이 중국의 문자와 판이하게 다른데 황찬과 무슨 관련이 있었겠는가? 이때에 원 나라가 멸망한 지 겨우 79년이었으니 몽고의 문자가 반드시 남아 있었을 것이며, 황찬이 우리에게 전한 바는 아마도 이 밖에 다른 것은 없었을 것이다. 『고려사』를 상고하건대, 충렬왕 때에 공주公主(원 세조의 딸)가 총애를 투기하여 외오아畏吾兒의 문자로 편지를 써서 원 나라에 보냈으니, 이는 남들이 알까 두려워한 것이라고 하였고, 『사기』에는, 외오아의 문자는 곧 위굴回鶻의 글이라고 하였다. 우신행于愼行은, 송 나라 가정嘉定 영종寧宗의 연호 3년에 외오아국畏吾兒國이 몽고에 항복했으니, 곧 당 나라 때의 고창高昌 땅이라고 하였다. 거감주居甘州는 곧 서역에 있는 나라로서 불교를 신앙하는데, 파스파의 전한 바에 이미, 불교에 의거하여 몽고의 글자를 지어 원 나라 시대에 통용했다고 했으니, 공주가 사용한 문자는 이 글이 아니고 무엇이겠는가? 그렇다면 지금의 언문과 모습은 다르지만 뜻은 같았을 것이다. 我東諺字瓶於世宗丙寅。凡有音者莫不有字。人稱蒼頡以來未始有也。元世祖時。巴思八者得佛氏遺教。制蒙古字。上平至入四聲之韻　分脣舌喉齒牙半舌半齒七音之母字。爲有其音者一無所遺。凡中國之字以形爲主。故人以手傳而目視也。蒙字以聲爲主。故人以口傳而耳聽也。然全無其形。又何能傳而不泯。今無以得見其詳。若推例爲文字。可以通行於天下後世。與我之諺文同科。意者。明初必有其法也。

我國之始制也。設局禁中。命鄭麟趾。成三問。申叔舟等撰定。時皇朝學士黃瓚罪謫遼東。使三問等往
質。凡往返十三度云。以意臆之。今諺文與中國字絶異。瓚何與焉。是時元亡纔七十九年。其事必有未泯
者。瓚之所傳於我者抑恐外此更無其物也。按高麗忠烈王時。公主妬寵。作畏吾兒字。達于元。欲人之不
曉也。史云。回鶻書于愼行云。宋嘉定三年。畏吾兒國降於蒙古。唐之高昌也。居甘州。卽西域國名。而
奉佛教者也。巴思八所傳旣云佛教。而元世之所通行。則公主之作字非此而何。然則與今諺字不過形別而意
同者歟。"라고 하여 몽고자의 기원을 단순히 억측하였는데 유희는 『언문지』
에서 훈민정음 15초성을 들 때 그 제목 아래의 주로서 "우리 세종대왕께
서 사신에게 명하여 몽고 자양에 의거하고 황찬에게 질문하여 제작하셨
다.我世宗大王命詞臣。依蒙古字樣。質問黃瓚以製。"라고 하고 또 다시 편말에 이르러서
"언문은 오로지 몽고자에 기대어 우리나라에서 창제했으며 실재 세간에 미
묘한 물건이라諺文雖剏於蒙古。成於我東。實世間至妙之物。"이라고 하여 억측의 몽고자
설을 한 단안으로까지 성립시켜 버렸다. 이익의 말은 첫째, 몽고자에 위올진,
첩월진의 양 종이 있는 것을 몰라서 그것을 혼동하고 둘째, 황찬과 훈민정음
의 관계를 잘못 알아서 그것을 몽고자에 부회한 것이므로 유희는 드디어 그
를 맹종한 동시에 그의 착오된 결론만을 무조건 그대로 인용한 것이다.

그러나 원나라의 관계로 인하여 그 당시 명나라나 또는 조선에 몽고자
에 대한 것이 상당히 잔존하였을 것으로 훈민정음도 그 영향을 입지 아
니하였을까 하고 추정하는 것은 사리로 따지어 오히려 당연한 바이다. 몽
고자설이 그 자체 혹은 혼동, 혹은 부회로서 출발하였다고 하더라도 이
핵심의 한 점에 있어서만은 무조건 말살시키기가 어려우리라고 생각한다.

풀이 1 언문(諺文) : 『유선(類選)』 권7상 경사편 경서문.

2 창힐(倉頡) : 황제(黃帝) 때 좌사(左史)인데, 새와 짐승의 발자취를 보고 그
형상을 모방하여 글자를 만들었음.

3 주(籒) : 주 선왕(周宣王) 때의 태사(太史)인데, 대전(大篆 : 서체(書體)의 하
나)을 만들었음.

4 　반절(反切) : 두 글자의 음을 따서 한 음을 이루는 것. 한 나라 말엽에 손염 (孫炎)이 『이아』의 음을 해석하여 반(反)의 법칙을 만들었는데, 예를 들면 흥(興)은 허응(虛應)으로 반(反)이라는 것이다. 그 후 동진(東晉)과 북조(北 朝)에 이르러 반(反)을 절(切)로 고쳤음.

5 　오호(五胡)의 난리 : 흉노(匈奴) · 갈(羯) · 선비(鮮卑) · 저(氐) · 강(羌) 등 다 섯 오랑캐의 난리를 이름인데, 진(晉) 나라가 쇠약한 틈을 타서 중원을 침 략하여 진 혜제(晉惠帝) · 영흥(永興) 원년부터 송 문제(文帝) 원가(元嘉) 16 년까지 1백 30년 동안이나 싸움이 그치지 않았음.

3) 상형설象形說

홍양호洪良浩, 1724~1802는 최석정崔錫鼎, 1646~1715의 『경세정음도설』의 서를 쓰면서(『이계집』)에 "신은 어긋나고 거짓됨을 헤아릴 수 없어 삼가 초성 17 자를 취하여 아, 설, 순, 치, 후 오음을 취하여 방형(모남)과 원형(둥금)의 굽 고 곧은 획으로 개합開合에 전반의 형을 배열하여 상형의 예에 응하도록 했다.臣不揆僭妄。謹就初聲十七字。取牙舌脣齒喉五音。而因方圓曲直之畫。配開合全半之形。以應六 書象形之例。敢附諸御製首章之下。"라고 하고 <부훈민정음초성상형도附訓民正音初聲象 形圖>라는 제목 아래

　　ㄱ 君初聲 牙音 象牙形
　　ㄱ는 군자 초성, 아음으로 어금니 모양 상형
　　ㅋ 快初聲 牙音 重聲
　　ㅋ는 쾌자 초성, 아음으로 거듭된 소리
　　ㆁ 業初聲 喉牙間音 象喉扇形
　　ㆁ는 업자 초성, 후음과 아음 사이에 목구멍과 목젖 모양 상형
　　ㄴ 那初聲 舌音 象舌形
　　ㄴ는 나자 초성, 설음으로 혀의 모양 상형
　　ㄷ 斗初聲 舌音 象掉舌形
　　ㄷ는 두자 초성, 설음으로 혀가 흔들리는 모양 상형

ㅌ 呑初聲 舌音 重聲

ㅌ는 탄자 초성, 설음으로 거듭된 소리

ㅂ 彆初聲 唇音 象半開口形

ㅂ는 별자 초성, 순음으로 입을 반쯤 연 모양 상형

ㅍ 漂初聲 唇音 象開口形

ㅍ는 표자 초성, 순음으로 입을 연 모양 상형

ㅁ 彌初聲 唇音 象口形

ㅁ는 미자 초성, 순음으로 입 모양 상형

ㅅ 戌初聲 齒音 象齒形

ㅅ는 술자 초성, 치음으로 이 모양 상형

ㅈ 卽初聲 齒舌尖音 象齒齦形

ㅈ는 즉자 초성, 이와 혀 사이 음으로 이와 잇몸 모양 상형

ㅊ 侵初聲 喉舌間音

ㅊ는 침자 초성, 후설 사이 음

ㅇ 欲初聲 淺喉音 象喉形

ㅇ는 욕자 초성, 얕은 목구멍 소리로 목구멍 모양 상형

ㆆ 挹初聲 喉齒間音 象喉齦形

ㆆ는 읍자 초성, 깊은 목구멍 소리 상형

ㅎ 虛初聲 淺喉音

ㅎ는 허자 초성 깊은 목구멍 소리

ㄹ 閭初聲 半舌音 象卷舌形

ㄹ는 려자 초성, 반설음으로 혀가 말린 모양 상형

ㅿ 穰初聲 半齒音 象半般齒形

ㅿ는 양자 초성, 반치음으로 반쯤 열린 잇소리 상형

라고 하여 17 초성자를 각자 아, 설, 순, 치, 후 오음의 상형으로 해석하
였고 강위姜瑋, 1820~1884의 『의정자모분해擬定字母分解』에는

ㅎ ㆆ ㅇ	象喉形 丨象出氣
ㄱ ㄲ ㅋ	丨象立舌閉喉蓄氣 一象偃舌開喉初聲
ㅅ ㅆ	象舌脊上初聲
ㄴ ㄷ ㄸ ㄹ	象舌尖抵腭初聲
ㄹ	象舌形屈曲閉鼻轉舌
ㅁ ㅂ ㅃ ㅍ	象閉唇蓄氣

라고 하여 홍양호와는 다른 오음상형설을 발표하였다.

신경준은 『저정서』<상형>에서 "궁은 지志(사물의 일체)에서 말한 중中이기 때문에 중앙에 위치하여 사방으로 통하고 생生을 베풀기를 비롯하여 사성의 벼리가 된다. 그 소리는 주로 합한 것이라, 그 모양이 ㅇ이 되었는데 이것은 토土이 원만하고 사방으로 두루 미치며, 빠짐이 없음을 나타낸 상象이다. 각角은 지에서 말한 촉觸이니 만물은 흙을 뚫고 나옴으로 망각을 머리에 이었다. 그 소리는 주로 샘솟듯 하는 것이라. 그 모양이 ㆁ이 되었는데 이것은 나무의 새 눈이 흙으로부터 돋아 오르는 상象이다. 치徵는 지志에서 말한 지祉 곧 복福이니, 만물이 성대盛大해져서 번성한다는 것이다. 그 소리는 주로 나누이는 것이므로 그 모양이 ㄴ이 되었는데 이것은 불길이 나누어져서 위로 타오르는 모양을 본뜬 것이다. 상商은 지志에서 말한 장章(곧 形狀, 區別한다는 뜻)이니 만물이 성숙한 뒤에 가히 그 정도를 구별할 수 있다는 것이다. 그 소리는 주로 당기는 것이기 때문에 그 모양이 ㅅ이 되었는데, 이것은 쇠의 날카롭고 펼쳐서 당기는 모양을 본뜬 것이다. 우羽는 지志에서 말한 취聚이니 만물이 모여 감추고 이에 집과 지붕을 한다는 것이다. 그 소리는 주로 토吐함으로 그 모양이 ㅁ이 되었는데 이것은 물이 모이어 구멍에 가득 찬 모양을 본뜬 것이다.宮, 志云中也。居中央。暢四方。倡始施生。爲四聲之網也。其聲主合。故其象爲ㅇ。是土之圓滿周偏四方無缺之象也。角。志云觸也。物觸地而生。戴芒角也。其聲主涌。故其象爲ㆁ。是木之芒芽。自土湧出之象也。徵。志云抵

也。物盛大而繁抵也。其聲主分。故其象爲ㄴ。是火之炎分而上燃之象也。商。志云章也。物成熟而可章

度也。其聲主張。故其象爲ㅅ。是金之尖銳而張決之象也。羽。志云聚也。物聚藏而字伏之象也。其聲主吐。

故其象爲ㅁ。是水之聚會而盈坎之象也。"라고 하여 오행상형설을 세우고 다시 <사음

개자궁생四音皆自宫生>에서 "ㅇ은 자서字書에 왕권절王權切21)이라고 하였으니,

천天의 체體(몸체)22)이며, 하나이면서도 둘이니, 정음正音 ㅇ은 그 이치를 이

로부터 취한 것인가. 대저 ㅇ은 그 본체를 들어 볼 것 같으면 역시 둘이

며, 그 사방四方과 가운데가 빈虛한 것을 합해서 보면 5가 되니 5가 된 후

에 만음萬音의 체體가 갖추어진 것이다. 이리하여 도서圖書, 하도(河圖)와 낙서(洛

書) 가운데에서 5가 되고, 그것은 천天의 체요, 군君의 상象이다. ㅇ, ㄴ, ㅅ,

ㅁ은 각각 ㅇ의 일체一體를 얻어서 이루어진 것이다. ㅇ의 ㅣ는 ㅇ의 (를

얻어서 곧게 한 것이며, ㄴ은 ㅇ의 ㄴ이 굽은 것이고 ㅅ은 ㅇ의 ㄴ을 얻

어서 가운데를 꺾은 것이며, ㅁ은 ㅇ의 ㅇ를 얻어서 합하고 모나게 한 것

이다. 대개 ㅇ은 가운데에 위치하여 사방의 극極이 되며 원만무결圓滿无缺

하고 머물음이 없이 회전하여 그 상象은 곤륜崑崙(천하 全周의 모습과 같이 둥근 것)

인데 ㅇ, ㄴ, ㅅ, ㅁ은 벌써 일반에 치우친 것이라 이미 그 모양이 뚜렷하

여지고 그 위치가 한정되어서 곧고, 굽고, 꺾이고, 모나고 한 것은 제 스

스로 부득이 한 일인 것이다. ㅇ。字書云。王權切。天之體也。쓰一而二之。正音之ㅇ。其

取乎此歟。盖ㅇ。擧其全體而觀之則一也。以其上下而觀之則爲二。以其左右而觀之則又爲二。以其四方

與中之虛者而觀之則爲五。23) 五而後。萬音之體備矣。此圖書之中五。而天之體。君之象也。ㅇㄴㅅ

---

21) 왕권절(王權切)은 '원' 곧 동그라미라는 음이다.

22) 송학에서는 모든 사물의 근본이나 바탕이 되는 것을 '체(體, 근본 바탕)', 그 작용이나 응
용, 활용을 '용(用, 쓰임)'이라고 하는데, 해례에도 이 개념을 도입하여 '체(體)'와 '용(用)'
이라는 용어를 사용하고 있다. 체(體)를 '본체(體)-하늘(天)-해(日), 달(月), 별(星) 별(辰)-
물(水), 불(火), 흙(土), 쇠(金)'의 관계로 용(用)은 '쓰임(用)-땅(地)-추위(寒), 더위(暑), 낮
(晝), 밤(夜)-비(雨), 바람(風), 이슬(露), 우레(雷)'의 관계로 파악하고 있다.

23) 오(五)가 만물의 몸이 되고 역에서는 궁(宮)이자 사방의 중심이 된다. 사상배치도를 참조
하면 아래와 같다.

ㅁ。 各得○一體而成者也。24) ○之ㅣ得○之(而直之者也。 ㄴ則○之 ﹀而曲之者也。 ㅅ。 得○之⌒而拗之者也。 ㅁ。 得○之⌒⌒合而方者也。 夫。 居於中而爲極於四方者也。 圓滿無缺。 周轉不滯。 其象(口+昆)圖。 而ㅇㄴㅅㅁ。 旣偏於一方。 則其形已著。 其位已局。 直之曲之拗之方之自不得已者也。"라

고 하여 오행의 상형 가운데 ○을 기본삼고 그 나머지는 모두 ○의 이체임을 설명하였다.

단지 상형설은 그 누구를 물론하고 오직 초성자에 한하여 중성자를 완전 도외시하고 있다. 신경준의 『저정서』의 <중성해>에는 또 "중성도의 중앙의 ○은 태극이다. 태극이 동하여 하나의 양이 생기고 •가 되니 하늘이 하나인 것을 본뜬 것이고, 북쪽에 위치한다. 태극이 정靜하여 하나의 음이 생겨서 ‥가 되니 땅이 둘임을 본 뜬 것이고, 앞쪽에 위치한다. •음은 감괘坎卦의 중효中爻이며 ‥음은 리괘離卦의 중효이다. 대저 ○은 나무木의 씨와 같아서 •음은 그 씨로부터 한 눈이 나오는 것과 같다. ‥는 그 생겨나는 것이 처음이라 그 모양은 작으나 그 •에 이르러 더함滋에 一가 되고 ‥에 이르러 교효交(서로 사귐)에 ㅣ가 되어, 한 획이 가로, 한 획이

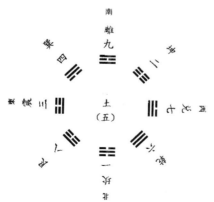

24) "ㅇㄴㅅㅁ。 各得○一體而成者也。"란 'ㅇ'에 '一'를 더하면 'ㅇ'애 되고 'ㅇ'을 펴서 다시 굽히면 'ㄴ'이 되고 이를 어긋나게 꺾으면 'ㅅ'이 되고 'ㄴ'으로 접은 ㄴㄱ을 합치면 'ㅁ'이 된다는 자형의 상형 기원을 말하고 있다.

새로로 되어서 모든 소리가 여기에서 생겨난다.中之ㅇ, 太極也。太極動而一陽生。
爲·天一之象也, 居北。靜而一陰生。爲··地二之象也。居南。坎之中駁··離之中駁也蓋ㅇ如木之仁。·如
自其仁而一芽生。·與··其生也始。其形也微。及其·滋而爲一, ··交而爲丨。一橫一縱成。而萬聲由是生
焉。"『훈해훈민정음』<중성해>고 하여 ·를 천수가 하나 되는 모양天一之象라고 하
였으나 것은 ··의 지수가 둘이 되는 모양地二之象에 대해서요 그 외의 모든
중성을 ·와 ··의 상교로의 변화라고 하였으나 ··의 존재를 전제하는 것
임으로 그 한갓 자기의 새로운 변경이요 옛 중성자의 상형을 구명한 바가
아니다.

4) 고전설古篆說

이덕무李德懋, 1741~1793는 『청장관전서』의 <앙엽기央葉記>에서 "훈민정음
에 초, 종성이 통용되는 8자는 다 고전古篆의 형상이다. ㄱ 고문의 급及자에
서 나온 것인데, 물건들이 서로 어울림을 형상한 것이다. ㄴ 익匿자에서 나
온 것인데, 은隱과 같이 읽는다. ㄷ 물건을 담는 그릇 모양인데, 방方자와
같이 읽는다. ㄹ 전서의 기己자이다. ㅁ 옛날의 위圍자이다. ㅂ 전서의 구口
자이다. ㅅ 전서의 인人자이다. ㅇ 옛날의 원圓자이다. 또 丨 위아래로 통하
는 것이니, 고古와 본本의 번절이다.訓民正音初終聲通用八字。皆古篆之形也。ㄱ。古文及字
象物相及也。ㄴ。匿也。讀若隱。ㄷ。受物器。讀若方。ㄹ。篆己字。ㅁ。古圍字。ㅂ。篆口字。
ㅅ。篆人字。ㅇ。古圓字。又丨。上下通也。古本切。翻切。俗以爲諺文反切。"라고 하여 비
록의 28자에 미치지는 못 하였으나마 그 당시 문헌에 전하는 고전설을 홀
로 충실히 지켰다.

5) 잡설

이덕무는 『앙엽기』에서 훈민정음의 고전기원을 말한 뒤 다시 "세속에
전하기를 "장헌대왕莊憲大王(장헌은 세종대왕의 시회)이 일찍이 변소에서 막대기

를 가지고 배열해 보다가 문득 깨닫고 성삼문 등에게 명하여 창제하였다.
世傳莊憲大王嘗御圊。以廁籌排列。忽悟。解命成三問等創製云。"라고 속전의 측주설25)을 부기하였는데 그의 손자 이규경李圭景, 1788~?은 『오주연문장전산고五洲衍文長箋散稿』권29에서 "언문은 곧 우리 세종조에 성의聖意로부터 나왔는데 변소에서 종횡으로 생각하다 글자를 만드니 이에 신숙주에게 명하여 요동으로 들어가게 하였다(살펴보건대 명나라 한림학사 황찬黃瓚이 요동으로 가서, 신숙주가 13차례 왕래하며 질문하였다). 그 자모 및 초성, 중성, 종성의 사성을 정하고 만물의 형용하기 어려운 음을 번역하였다. 대체로 반절을 합하여 글자를 만들었는데 무릇 육천삼백사십육 글자이니, 이것이 천하의 기이한 글이다.諺文卽我世宗朝出自聖意。以廁籌縱橫作字。乃命申叔舟入遼東。按。皇明韓林黃瓚適遼東。申相叔舟十三度往來質問。定其字母及初中終與四聲。以翻萬物難狀之音。蓋以反切合而成字。凡六千三百四十六。寔天下之奇文也。"라고 하여 측주설廁籌說을 주장하였다.

근세에 이르러 내외 인간에 훈민정음의 기원이 많이 논의됨에 따라서 외래설로는 혹 서장자설, 범자설, 심지어 라틴 자 시리아 자, 히브류 자 등의 영향을 주장하는 사람이 있고 시대로는 신라설, 백제설, 심지어 단군시대의 신지비사에까지 올라가는 사람이 있고 또 그 이외로는 자설, 덧문창살설, 팔괘설, 음악부호설 등이 있으나 문헌상 측주설만한 근거도 가지지 못한다.26)

---

25) 측주(廁籌) : 인도(印度)의 풍습으로 변소에서 종이 대신 쓰는 대나무 조각을 말하는 것으로 중국에서는 중들 간에 이런 풍속이 있었다. 『철경록(輟耕錄)』에 보면 "요즘 절에서 나무로 산가지처럼 깎아 변소에 두고 측주라 하는데, 『북사(北史)』에 '제(齊)의 문선왕(文宣王)이 술을 즐기고 음탕 광포해서 양음(楊愔)이 비록 재상이 되었으나 측주를 들고 있게 하였다.' 했으니, 그렇다면 양음이 들고 있던 물건이 어찌 이것이었겠는가." 하였다.

26) 이외에 다양한 기원설이 제기되었다. 병와 이형상의 『자학제강』(1716년)에 "예전에 세종대왕께서 언문청을 설치하시고 정인지, 신숙주, 성삼문 등에게 명하시어 전서(篆書)와 주문(籀文)을 모방하여 28자를 만들어서 여러 글자를 만들 수 있게 하였다. 혹은 소리에 어울리게 하거나 뜻을 합해 글자를 만들었는데 그 글자는 범자를 본떠서 만든 것이다. 우리나라 및 여러 나라의 음운들은 한자로 기록할 수 없는 것들이 모두 통하고 틀림이 없

3. 자형

1) 초성자

해례의 제자해에는 "훈민정음 스물여덟 글자는 각기 그 모양을 본떠서 象形 만들었다. 초성은 모두 열일곱 글자이다. 아음인 ㄱ은 혀의 뿌리가 목을 막는 모양을 본떴다. 설음인 ㄴ은 혀가 윗잇몸에 붙는 모양을 본떴다. 순음인 ㅁ은 입의 모양을 본떴다. 치음인 ㅅ은 이의 모양을 본떴다. ㅋ은 ㄱ에 비하여 소리가 약간 세게 나오므로 획을 더하였다. ㄴ과 ㄷ, ㄷ과 ㅌ, ㅁ과 ㅂ과 ㅍ, ㅅ과 ㅈ, ㅈ과 ㅊ, ㅇ과 ㆆ, ㆆ과 ㅎ은 그 소리를 말미암아서 획을 더하는 뜻은 모두 같으나 그러나 오직 ㆁ만 다르다. 반설음인 ㄹ, 반치음인 ㅿ는 역시 혀와 이의 모양을 본떴으나 그 體(몸, 꼴)가 다를 뿐이지 더하는 뜻은 없다.正音二十八。各象其形而製之。初聲凡十七字。牙音ㄱ。象舌根閉喉之形。舌音ㄴ。象舌附上腭之形。脣音ㅁ象口形。齒音ㅅ。象齒形。喉音ㅇ。象喉形。ㅋ比ㄱ。聲出稍厲。故加畫。ㄴ而ㄷ。ㄷ而ㅌ。ㅁ而ㅂ。ㅂ而ㅍ。ㅅ而ㅈ。ㅈ而ㅊ。ㅇ而ㆆ。ㆆ而ㅎ。其因聲加畫之義皆同。而唯ㆁ爲異。半舌音ㄹ。半齒音ㅿ。亦象舌齒之形而異其體。無加畫之義焉。"라고 하고 그 아래 다시 "ㄴ, ㅁ, ㅇ은 그 소리가 가장 세지 않으므로(운서 자모도에 있는) 차례는 비록 뒤에 있으나 상형하여 글자를 만들 때는 으뜸으로 삼는다. ㅅ, ㅈ은 비록 모두 전청이지만 ㅅ은 ㅈ에 비해 소리가 세지 않으므로 역시 글자를 만드는 으뜸으로 삼는다.ㄴㅁㅇ其聲最不厲。次序雖在於後。而象形製字則爲之

게 되었다.(昔我, 世宗大王設諺文廳, 命鄭麟趾申叔舟成三問等, 倣篆籒二十八字, 演爲諸字, 式諧聲或會竟而爲之, 其字依梵字造作, 本國及諸國語音中, 文字所小記者, 悉通無言化)"라고 하여 글자의 꼴은 석고자(石鼓字), 섬서성 보계현에서 발견된 동진(東晉) 시대의 비석으로 272자의 기록이 남아있음을 모방하였으며, 이들의 기원을 범자에서 기원한 것이라 하였다. 근세에 이르러 내외에 훈민정음의 기원이 많이 논의됨에 따라서 외래설로는 혹 서장자설, 범자설, 심지어 라틴자, 시리아자, 헤브루어자 등의 영향을 주장하는 사람이 있고 시대로는 신라설, 백제설, 심지어 단군시대의 신지비사에까지 올라가는 사람도 있다. 또 그 이외로는 덧문창살설, 팔패설, 음악부호설 등이 있으나 실증할 수 있는 충분한 근거를 갖지 못하고 있다.

始。ㅅㅈ雖皆爲全淸。而ㅅ比ㅈ聲不厲。故亦爲制字之始。惟牙之ㆁ。雖舌根閉喉。聲氣出鼻。而其聲
與ㅇ相似。故韻書疑與喻多相混用。今取象於喉。而不爲牙音制自之始。"라고 하였다. 즉 첫째
ㄱ, ㄴ, ㅁ, ㅅ, ㅇ의 5자만은 상형으로 되고 그 이외 ㅋ, ㄷ, ㅌ, ㅂ, ㅍ,
ㅈ, ㅊ, ㆆ, ㅎ 등의 9자는 다시 그 5자의 가획으로 된 것. 둘째, ㄹ과 △
는 ㄷ, ㄹ, ㅈ, ㅊ와 같이 ㄴ, ㅅ의 가획이 아니다. 이체의 설치舌齒 상형인
것. 셋째, 각 음 중 가장 불려不厲한 음이 상형의 기본자로 되나 오직 ㆁ만은
ㅇ와 상사相似함에 따라서 아음으로서도 후喉에서 취상된 것 등이다.

이로 미루어 훈민정음의 초성자가 상형으로 구성된 그 진면목이 들어
났다. 상형설 중에서도 오행설보다 오음설이 맞고 오음설에서도 강위보다
홍양호가 더 정확하게 본 셈이다. 그러나 그는 공연히 치아간음齒牙間音,
후설간음喉舌間音, 후치간음喉齒間音, 심후음深喉音, 천후음淺喉音 등의 음을 구
별하고 또 도설형掉舌形, 치간형齒齦形, 개구형開口形, 반개구형半開口形 등의 복
잡한 상형을 추상하였다. 실상은 그의 말보다 아주 단순하고 간이한 내용
인 것이다.

2) 중성자中聲字

또 해례의 제자해에는 "중성은 무릇 11자이다. ㆍ는 혀가 옴츠러들어縮,
소리는 깊다深. 하늘이 자子(자시)에서 열리는 바, 그 둥근 형상은 하늘을 본
뜬 것이다. ㅡ는 혀가 조금 옴츠러들어小縮 소리는 깊지도 얕지도 않다不深
不淺. 땅이 축丑(축시)에서 열리는 바, 그 모양이 평평한 것은 땅을 본뜬 것
이다. ㅣ는 혀가 옴츠러들지 않아不縮 소리가 얕다淺. 사람이 인寅(인시)의 위
치에서 생기는 바, 그 모양이 서 있는 것은 사람을 본뜬 것이다. 이 아래
8성은 하나는 닫힘闔(입이 닫김 곧 원순성 모음)이요, 하나는 열림闢(입이 열림, 곧 비원
순성 모음)이다. ㅗ는 ㆍ와 같되 입이 옴츠러드니ㅁ蹙 그 모양은 바로 ㆍ와 ㅡ
가 합한 것인데 하늘과 땅이 처음으로 만난다는 뜻을 취한 것이다. ㅏ는

· 와 같으나 입이 벌어지니口張, 그 모양은 바로 ㅣ와 · 가 합한 것인데
하늘과 땅의 작용이 사물에서 나타나되 사람ㅅ을 기다려서야 비로소 이루
어진다는 뜻을 취한 것이다. ㅜ는 ㅡ와 같으나 입이 옴츠러드니口蹙 그 모
양은 바로 ㅡ와 · 가 합한 것인데, 이 역시 하늘과 땅이 처음으로 만난다
는 뜻을 취한 것이다. ㅓ는 ㅡ와 같으나 입이 벌어지는 바, 그 모양은 곧
· 가 ㅣ와 합하여 된 것이다. 또한 천지의 쓰임이 사물에서 출발하여 사
람ㅅ의 힘을 입어 이루는 뜻을 취한 것이다. ㅛ는 ㅗ와 같으나 (소리가)
ㅣ에서 일어나고, ㅑ는 ㅏ와 같으나 (소리가) ㅣ에서 일어나고, ㅠ는 ㅜ와
같으나 (소리가) ㅣ에서 일어나고, ㅕ는 ㅓ와 같으나 (소리가) ㅣ에서 일
어난다. ㅗㅏㅜㅓ는 하늘天이나 땅地에서 비롯하니 초출初出(처음 나옴)이 되
고, ㅛㅑㅠㅕ는 ㅣ에서 일어나서 사람을 겸하니 재출再出(다시 나옴)이 된다.
ㅗㅏㅜㅓ가 둥근 점이圓, · 하나인 것은 그 초생初生(처음 생김)의 뜻을 취한
것이요, ㅛㅑㅠㅕ의 둥근 점이 둘인 것은 재생再生의 뜻을 취한 것이다.中聲
凡十一字。・舌縮而聲深。天開於子也。 形之圓。象乎天地。 ㅡ舌小縮而聲不深不淺。地闢於丑也。 形之
平。象乎地也。ㅣ舌不縮而聲淺。人生於寅也。 形之立。象乎人也。 此下八聲。一闔一闢。ㅗ與ㆍ同而口
蹙。其形則ㆍ與ㅡ合而成。取天地初交之義也。ㅏ與ㆍ同而口張。其形則ㅣ與ㆍ合而成。取天地之用發於事
物待人而成也。ㅜ與ㅡ同而口蹙。其形則ㅡ與ㆍ合而成。亦取天地初交之義也。ㅓ與ㅡ同而口張。其形則
ㆍ與ㅣ合而成。亦取天地之用發於事物待人而成也。ㅛ與ㅗ同而起於ㅣ。ㅑ與ㅏ同而起於ㅣ。ㅠ與ㅜ同而
起於ㅣ。ㅕ與ㅓ同而起於ㅣ。ㅗ與ㅗ同而起於ㅣ。ㅑ與ㅏ同而起於ㅣ。ㅠ與ㅜ同而起於ㅣ。ㅕ與ㅓ同而起
於ㅣ。 ㅗㅏㅜㅓ始於天地。爲初出也。ㅛㅑㅠㅕ起於ㅣ而兼乎人。爲再出也。ㅗㅏㅜㅓ之一其圓者。取
其初生之義也。 ㅛㅑㅠㅕ之二其圓者。取其再生之義也。 三字爲八聲之首。 而ㆍ又爲三字之冠也。"라
고 하였다. 첫째, ㆍ, ㅡ, ㅣ의 3자는 천지인의 삼재로부터 취상된 것. 둘
째, ㅗ, ㅏ, ㅜ, ㅓ는 ㆍ가 다시 ㅡ, ㅣ와 합하여 된 것. 셋째, ㅣ음에서 일
어 나는 ㅛ, ㅑ, ㅠ, ㅕ는 ㅗ ㅏ ㅜ ㅓ에 대하여 초생과 재생의 관계를 가
짐으로 후자의 원이 하나임에 대하여 전자의 원이 둘로 된 것 등이다.

　이로 미루어 중성자도 초성자나 다름없이 상형으로 구성된 것이 사실

이다. 오직 신경준이 •의 1자를 하늘天로 해석하였음에 불구하고 형을 떠나서 수를 찾기 때문에 드디어 다른 길로 벗어나 버리고 말았다.

3) 기일성문도起一成文圖

그러면 결국 "상형이자방고전象形而字放古篆이란 말은 상형한 것이 고전을 모방하였다는 뜻으로 해석되나 상형의 두 자를 빼어 버리고 "자방고전字放古篆라고만 말하는 것은 불충분한 표현이다. 더구나 최만리 등의 반대 조건도 오직 "음을 쓰고 글자를 합하는 것 모두 옛것에 반대됩니다.用音合字盡反於古"에 끝일 것이 아니다. 좀 더 일보나아가 작자作字의 반고反古를 들었을 것이다. 상형이 육서의 하나라고는 하지만은 상형하는 방법이 곧 고전古篆은 아니다. 고전의 두자가 나타난 그 출처를 명백히 하지 아니하면 자형의 문제가 완전히 해결되었다고 볼 수 없다.

그런데 정초의 『육서략』에는 권5의 <기일성문도起一成文圖>란 안에 "횡으로 놓으면 'ㅣ'(음은 곤衮)이 되고, 'ㅣ'을 비스듬히 놓으면 '/'(음은 필房必切)이 되고 '/'을 반대로 놓으면 '\'(음은 불(分勿切))이 되고 \에 이르면 끝이 난다. '一'를 꺾으면 'ㄱ'(음은 급及)이 되고, 'ㄱ'을 반대로 놓으면 'ㄏ'(음은 한(呼旱切)이 되고, 'ㄏ'을 뒤집으면 'ㄴ'(음은 은隱)이 되고, 'ㄴ'을 반대로 놓으면 'ㅢ'(음은 궐居月切). 료了는 이를 따른다. 료了 부部를 보라.]이 된다. 'ㅢ'에 이르면 끝이 난다. '一'를 꺾으면 'ㄱ'이 되는 것은 옆에서 꺾은 것이다. (꺾는 것에는) 옆에서 꺾는 것도 있고 바로 (한 가운데서) 꺾는 것도 있다. 바로 꺾으면 '∧'(즉 亼자이다. 또 음은 제帝이고, 또 음은 입入이다.)가 된다. '∧'를 뒤집으면 '∨'(음은 차側加切)가 되고, '∨'를 옆으로 놓으면 '<'(음은 견畎)이 되고, '<'를 반대로 놓으면 '>'(음은 천泉)이 된다. '>'(천泉)에 이르면 끝이 난다. '一'을 두 번 꺾으면 '冂'(음은 엄五犯切)이 되고, '冂'를 뒤집으면 '凵'(음은 검口犯切)이 되고, '凵'를 옆으로 놓으면 'ㄷ'(음은 방方)이 된다. 'ㄷ'을 반대로 놓으면 'ㄱ'(음은 파播)가 된다. 'ㄱ'에 이르면 끝이 난다. 'ㅡ'을 끌어당겨서 둘러싸 합하여 모나게 만들면 'ㅁ'(음은 위圍)가 된다. ('ㅡ'을 끌어 당겨서) 둥글게 만들면 'ㅇ'(음은 성星)이 된다. 'ㅇ'에 이르면 돌리고 뒤집어도 다른 모양이 없어 'ㅡ'의 (변화의) 길이 다한다. 'ㆍ'(음 주住)와 'ㅡ'은 짝이 되어 'ㅡ'은 (다른 글자를) 생성할 수 있으나 'ㆍ'는 (다른 글자를) 생성할 수 없는데, 이는 ('ㆍ'를) 굽힐 수도 없고 끌어당길 수도 없기 때문이다. ('ㆍ'를) 끌어당기면 'ㅣ'이 된다. 그러하여 'ㆍ'와 'ㅡ'은 짝이 되어, 'ㅡ'이 (다른 글자를) 생성할 수 있고, 'ㆍ'가 (다른 글자를) 생성할 수 없음은 천지의 도道요 자연의 이치이다.衡爲一。從爲ㅣ(音袞)。邪ㅣ爲/(房必切)。反/爲\(分勿切)。至\而窮折一爲ㄱ(音及)。反ㄱ爲ㄷ(呼旱切)。轉ㄷ爲ㄴ(音隱)。反ㄴ爲ㄴ(居月切，從此見了郞)。至ㄴ而窮。折一爲ㄱ者側也。有側正。正折爲ㅅ(卽ㅅ字也 又音帝 又音入)。轉ㅅ爲ㅅ(側如收)。側ㅅ爲ㅅ(音吹)。反ㅅ爲ㅅ(音泉)。至泉而窮。一再折爲ㄴ(五犯切)。轉ㅁ爲ㄴ(口犯切)。側ㄴ爲ㄷ(音方)。反ㄷ爲ㄱ(音播)。至ㄱ爲窮。引一而鐃合之。方則爲ㅁ(音圖)。圓則爲ㅇ(音星)。至ㅇ則環轉無異勢一之道盡矣。ㆍ(音挂)與一偶一能生。ㆍ不能生。以不可屈曲。又不可引。引則成ㅣ。然ㆍ與一偶一能生。而ㆍ不能生。天地之道陰陽之理也(ㆍㅡㅣ)"라고 하였는데 이 속에는 공교롭게도 초성 내지 중성을 통하여 상형의 기본자가 전부 포함되어있는 것이다. 또 동『육서략』에는 제 오 <논전례論篆隷>라는 아래 "전서는 두루 통하고 예서는 치우치는 까닭에 좌는 있고 우는 없어 '阜'는 있고 (이제 阝와 음 阜로 만든다) '障'는 없다. 전서에는 좌향은 오른 쪽이 좌가 되고, 우향은 왼쪽이 우가 되는데, 홀로 향하는 것은 '阜'가 되고, 서로 향하는 것은 '障'가 된다. 전서는 밝고 예서는 어두운 까닭에 '王'은 있고 '玉'은 없으며, '未'는 있고 '朱'는 없다. 전서에는 가운데의 'ㅡ'이 위에 가까우면 '王'이 되고, 가운데의 'ㅡ'이 가운데 있게 되면 '玉'이 되며, 가운데의 'ㅡ'이 곧으면 '朱'가 되고, 가운데의 'ㅡ'이 곧지 않으면 '未'가 된다. 전서는 교묘하고 예서는 졸박한 까닭에 '門'(음은 먹)은 있고 'ㄇ'(음은 동)는 없으며, 'ㆍ'(음은 쥬)는 있고

'丨'(음은 애)는 없다. 전서에서는 위를 무릅쓰면 '冂'가 되고 무릅쓰지 않으면 '冂'가 된다. 위에 '丶'를 더하면 '主'가 되고, '丨'를 더하면 '宀'이 되는데, 전서는 자유롭고 예서는 구속되는 까닭에 '刀'는 있고 '刃'은 없으며, '禾'는 있고 '朩'는 없으며, 왼쪽을 향하면 '刀'가 되고, 오른쪽을 향하면 '刃'이 된다. 그러니 전서의 예서에 대한 것은 시초점이 거북점을 따르는 것과 같다.篆通而隷僻。故有左無右。有𠂤(今作β音阜)無𨸏。於篆則左向右爲左。右向左爲右。獨向爲𠂤。相向爲𨸏。篆明而隷晦。故有王無玉。有未無朱。於篆則中一近上邊爲王。中一居中爲玉。中一直爲朱。中一不直爲未。篆巧而隷拙。故有門(音覔)。無冂(音坰)。有丶(音柱)無丨(音哀)。於篆則上冒爲冂。不冒爲冂。上加丶爲主。加丨爲宀 篆縱而隷拘。故有刀無刃。有禾無朩。向左爲刀。向右爲刃。然則篆之於隷 從筮之於龜"라고 하였으니 <기일성문도>에서 논의된 자는 곧 '예隷'가 아니요 '전篆'임이 명백하다.

이 『육서략』은 『칠음략』과 함께 『통지』의 이십략 중 각 일편으로 이미 지적한 바와 같이 『칠음략』의 서문이 신숙주의 『홍무정운역훈』 서 중에 인용되어 있다. 설사 그러한 인용을 입증하지 않더라도 송대의 저서로 또 상당히 유명한 책인 『통지』가 세종 당시까지 조선에 들어오지 못 하였을 리도 없고 호학하던 세종이나 그 신하들이 그 책쯤 보지 못 하였을 리도 없다.

4. 성음원리

1) 초성

해례의 초성해에는 "정음의 초성은 곧 운서의 자모이다. 성음이 이로부터 생겨남으로 모母라고 한다.正音初聲, 卽韻書之字母也。聲音由此而生, 故曰母。"라고 하였으니 초성만은 한자 음운에서 유래된 것임에 틀림이 없다. 범자 기원설의 장본인인 성현도 오음, 경중순음, 청탁음 등의 구별을 들었고 몽고자 기원설의 장본인인 이익도 사성과 칠음의 구별을 들었는데 그 실상 한자 어음이 가진 특징으로 몽고자는 물론이요 범자와도 또 좀 관계가 다른 것이다.

최세진은 『사성통해』 권두에서 역대 운서의 자모를 들어 보이었고 그로 인하여 최석정崔錫鼎, 1646~1715, 신경준申景濬, 1712~1781, 홍계희洪啓禧, 1703~1771, 박성원, 용암龍岩 황윤석1729~1791, 정동유鄭東愈, 1744~1808, 유희柳僖, 1773~1837 등 모두 한자 음운과의 깊은 관계를 인정하였건만 한 사람도 그 기원을 명언하지 못 하였고, 그중 황윤석은 오히려 범자설을 지지하고 또 유희는 더구나 몽고자설을 맹종하였다. 한자의 자모가 범자로부터 왔다고 하고 몽고자도 파스파가 불씨佛氏의 유교를 받아서 만들었다고 전하니까 결국 그들은 한자의 자모를 제쳐 놓고 범자나 그 계통의 파스파 여덟자로 연원을 댄 것 같으나 사실상 한자 음운은 그 독특한 특징을 가지고 있는 것인 동시에 훈민정음의 초성은 그 특징을 그대로 포함하고 있는 것이다.

해례의 제자해에는 "무릇 사람이 소리가 있는 것은 오행에 근본을 두었다. 그러므로 네 계절에 맞추어서도 거스르지 않고 오음에 맞추어서도 어그러지지 않는다. 목喉은 깊고 젖어 있어서 물水이다. 목 소리가 비고 통한 것은 물이 비고 밝으며虛明 흘러 통하는 것과 같다. 계절로는 겨울이요, 음률로는 우羽가 된다. 어금니牙는 뒤섞여 있고 길어서 나무木이다. 어금니 소리가 목소리喉 비슷하지만 여문 것은 나무가 물에서 태어나서 형체가 있는 것과 같다. 계절로는 봄春이요, 음률로는 각角이다. 혀舌는 민첩하고銳 잘 움직여서 불火이다. 소리가 구르고 재빠른 것은 불이 굴러서 펴져 나가 활활 타오르는 것과 같다. 계절로는 여름夏이며 음률로는 치徵이다. 이齒는 강하고 끊어져서 쇠金이다. 소리가 부스러지고 막힌 것은 쇠의 가루가 부스러져서 그 쇳가루를 불리어서 다시 쇠가 이루어지는 것과 같다. 계절로는 가을秋이요 음률로는 상商이다. 입술脣은 모나고 합쳐져 있으니 흙土이다. 소리가 머금고 넓은 것은 흙이 만물을 함축하고 넓고 큰 것과 같다. 계절로는 늦여름季夏이요, 음률로는 궁宮이다.夫人之有聲。本於五行。故合諸四時而不浮。咊之五音而不淚。喉邃而潤。水也。聲虛而甬。如水之處明而流通業。於時爲冬。於音爲角。牙錯而長。木也。聲似喉而實。如木之生於水而又形也。於時爲春。於音爲角。舌銳而動。火也。聲轉而颺。如火之轉展而揚揚也。於時爲夏。於音爲徵。齒剛而斷。金也。聲藹而滯。如金之蕭索而鍛成也。於時爲秋。於音爲商。脣方而合。土也。聲含而廣。如土之含蓄萬物而廣大也。於時爲季夏。於音爲宮。"라고 하였다. 금, 목, 수, 화, 토의 오행이나 궁, 상, 각, 치, 우의 오음은 중국 특유의 것으로 범자나 몽고에서 그것을 빌어다가 각 음과 배합시켰을 리는 만무한 일이다.

또 해례의 제자해에는 "또 성음과 청탁으로 말하면 ㄱ ㄷ ㅈ ㅅ ㆆ은 전청이고 ㅋ ㅍ ㅊ ㅎ 는 차청이며 ㄲ ㄸ ㅃ ㅉ ㅆ ㆅ 는 전탁이고 ㅇ ㄴ ㅁ ㅇ ㄹ ㅿ 은 불청불탁이다.又以聲音淸濁而言之。ㄱ ㄷ ㅈ ㅅ ㆆ。爲全淸。ㅋ ㅍ ㅊ ㅎ爲次淸。ㄲ ㄸ ㅃ ㅉ ㅆ ㆅ爲全濁 。ㅇ ㄴ ㅁ ㅇ ㄹ ㅿ爲不淸不濁"라고 하였다. 이 청탁 4류의 구별도 한자 어음의 특유한 것으로 범, 몽 양 글자에서 볼 수 없는 것이다.

비록 해례의 구체적 설명을 빌지 않더라도

ㄱ) 아, 설, 순, 치, 후, 반설, 반치의 칠음
ㄴ) 경중의 순음
ㄷ) 각음 내 청탁 4류의 배열 순서 등

완전 한자 음운과 일치한다. 더군다나 치두와 정치의 구별을 추가한 일절은 거기에 대한 그 스스로 무언의 명증인가 한다.

본래 전날의 학자들은 훈민정음과 한자 어음의 관계를 몰랐다기보다도 범자와 몽고자나 그로부터 한자 어음이 받은 영향의 정도를 몰랐다. 거기서 그들이 성음 원리는 고사하고 자형까지도 그 두 문자에 끌어다가 붙이기에 이른 것이다. 그러나 한자 어음에도 각종각양으로 말이 서로 다르다. 훈민정음의 초성이 그중의 과연 어떤 음운설을 토태로 하였는가도 밝히지 않으면 안 될 문제라고 생각한다.

『절운지장도』의 <변자모차제기辨字母次第歌>에는 "일기一氣가 나옴으로 해서 성음에 청탁淸濁의 차례가 있고 경중輕重의 차례가 있으며, 합하여 오음이 되고 운행하여 사시가 되는 것이다. 맨 처음의 아음은 봄의 상이며 각음이고 목행이다. 그 다음의 설음은 여름의 상이며 처음이고 화행이다. 그 다음의 순음은 늦여름의 상이며 궁음이고 토행이다. 그 다음의 치음은 가을의 상이며 상음이고 금행이다. 그 다음의 후음은 겨울의 상이며 우음이고 수행이다. 오음의 나옴이 사시의 운행과 같다는 말이 바로 이것이다.一氣之出。淸濁有次。輕重有倫。合之以五音。運若四時。故牙音春之象也。其音角。其行木。次曰舌音夏之象也。其音徵。其行火。次曰唇音季夏之象也。其音宮。其行土。次曰齒音秋之象也。其音商。其行金。次曰喉音冬之象也。其音羽。其行水。所謂五音之出從四時之運者此也。"라고 하였다. 성음의 순서와 오행, 오음의 배합이 조금도 훈민정음과 틀리지 않는다.

또 동 서의 <변자모청탁가辨字母淸濁歌>에는 "횡으로 치우치는 첫째는 온전한 청淸자가 되고, 제2차 청淸은 모두 명明으로 바뀌고, 온전한 탁濁 제3성은 절로 온당하고 청하지도 않고 탁하지도 않은 것은 사성 중에서 이루어지고, 가지런한 가운데 네 번째는 전이 심을 취한다. 다섯 번째는 예로부터 탁성의 심의 류에 해당한다. 오직 반상半商과 반치半徵는 청탁의 평성이 된다.橫篇第一是全淸。第二次淸總易明。全濁第三聲自穩。不淸不濁四中成。齒中第四全淸取心。第五從來類濁聲心。唯有來日兩個母。半商半徵濁淸平。"라고 하였다. 청탁 사류의 순서와 명칭이 그 역시 훈민정음의 거의 그대로다.

훈민정음의 초성자는 이와 같이 『절운지장도』의 어음설을 토대로 삼은 것이므로 최석정 일파는 『황극경세서』를 가져 억지로 맞추고 홍계희洪啓禧, 1703~1771 일파는 세종 말년에 된 것으로 보이는 『홍무정운』 자모에 얽매여 그 정체를 판명하기는 커녕 도리어 문제를 혼란시킨 혐의조차 없지 않다. 『홍무정운』 자모는 훈민정음 발표 후의 추정이니 더 말할 것이 없고 『황극경세서』도 첫째, 금, 목, 수, 화, 토의 5행이 아니요, 수, 화, 토, 석의 4행인 것, 둘째, 그 4행도 아, 설, 순, 치, 후에 배합되지 않고 동일한 음의 개발수폐開發收閉에 배합된 것. 셋째, 모든 음을 청탁의 이류로 나눈 것. 넷째, 자모가 사십팔의 다수에 이르는 것 등이다. 『절운지장도』에 비해서는 또 좀 거리가 멀다.

2) 중성과 종성

한자 음운에서는 초성을 자모라고 함에 대하여 초성 이외의 부분을 운모라고 하는데 그 운모는 첫째, 중성과 종성이 분리되지 않고 둘째, 동일한 중성의 음이나 중성과 종성의 음이 평, 상, 거의 삼성을 따라서 분립되고, 셋째, ㄱ, ㅂ, ㄹ 종성을 가진 자는 입성이라고 하여 평, 상, 거의 삼성과 함께 사성이라고 하는 동시에 ㄱ 종성은 ㅇ, ㄹ 종성 ㄴ, ㅂ종성은 ㅁ종성을 가진 음에 대비되어 있으니 사성을 떠나서 동일한 중성은 글자를 같이하고 중성과 종성을 나누어서 종성은 초성자를 도로 쓰는 훈민정음과는 본래 비교가 되지 않는다. 원나라 이후 북음계의 운서가 나와서 『중원음운中原音韻』이나 『중주전운中州全韻』 등에는 첫째, 입성이 없어지고, 둘째, 평, 상, 거를 통하여 동일한 음이 한 개의 음으로 통일되어 있으나 그 역시 중성과 종성를 분리하지 못하는 점에 있어서는 마찬가지다.

물론 해례의 합자해에는 "언어(우리말)의 평성, 상성, 거성, 입성은 '활弓' 은 그 성이 평성이며, ':돌石'은 그 성이 상성이며, '·갈刀'은 그 성이 거성이며, '·붇筆'은 그 성이 입성인 따위와 같다.諺語平上去入。如활爲弓而起聲平。:돌爲石而其聲上。·갈爲刀而其聲去。·붇爲二其聲入之類。"라고 하여 우리말에까지 사성을 구분한 것을 한자 어음에 감염된 것임에 벗어나지 않는다.

또 해례의 종성해에는 "오음이 느리고 빠름이 역시 각기 저절로 짝을 이룬다. 아음이 ㆁ과 ㄱ이 짝을 이루는데 ㆁ을 빨리 발음하면 변해서 ㄱ 이 되어 급하고, ㄱ을 천천히 소리를 내면 변하여 ㆁ이 되어 느린 것과 같다. 설음의 ㄴ과 ㄷ, 순음의 ㅁ과 ㅂ, 치음의 ㅿ과 ㅅ, 후음의 ㅇ과 ㆆ 은 느리고 빠름이 서로 짝이 되는 것이 역시 이와 같다.五音之緩急各自爲對。如 牙之ㆁ與ㄱ爲對。ㆁ促呼則變爲ㄱ而念。ㄱ舒出則變爲ㆁ而緩。舌之ㄴㄷ脣之ㅁㅂ齒之ㅿㅅ喉之ㅇㆆ。其 緩急相對亦猶是。"라고 하여 한자운의 평상거성 대 입성의 관계를 이론으로 합리화시켰다.

또 해례의 제자해에는 "초성을 중성에 대비하여 말한다. 음과 양은 하 늘의 도이며 강과 유는 땅의 도이다. 중성은 하나가 심深이며 하나는 천淺 이고 하나가 합闔이면 하나는 벽闢이다 이는 음과 양이 나뉘어서 오행의 기가 갖추어진 것이니 곧 하늘의 용用이다. 초성은 어떤 것(후음)은 허(빔)하 고 어떤 것(아음)은 실(튼튼함)하며, 어떤 것(설음)은 양(날림)하며, 어떤 것(치음)은 체(막힘)하며 어떤 것(순음)은 중(무겁다)하거나 경(가볍다)하다. 이 강과 유가 드 러나서 오행의 바탕을 이루는 것이니 곧 땅의 공(업적)이다.以初聲對中聲而言之。 陰柔天道也。剛柔地道也。中聲者一深一淺一闔一闢。是則陰陽分而五行之氣具焉。天之用也。初聲者或 虛或實或颺或滯或重或輕。是則剛柔著而五行之質成焉。地之功也。"라고 하여 자모를 지지수地 支數에 대고 운을 천간수天干數에 댄 『황극경세서』의 음양설과 부합된다.

또 동 제자해에서 •ㅡㅣ 삼자의 제자를 가르치어 "천, 지, 인에서 모상 함을 취하여 삼재三才의 도道(이치)가 갖추었다.取象於天地人而三才之道備矣"라고 하 고 뒤이어 중성의 구성을 『역경易經』의 천지로써 설명하였다.

이와 같이 종종의 방면으로 한자 어음과 한문화의 영향을 지적할 수 있음에 불구하고 중성의 합용과 중성과 종성의 분리 등은 절대로 한자 어음에서 받아 올 수 없는 것임을 단정하지 아니할 수 없다.

이 부분에 대한 한 훈민정음 제작자의 순연한 창견이거나 또는 문자의 참고거나 두 가지 중의 하나다. 만일 그가 범자나 몽고자 등에 대하여 다소라도 섭렵하였을 수 있었다고 증명된다면 전자보다 후자로 결론지을 수 밖에 없는 것이다.

ㄱ) 훈민정음의 11중성은 범자의 12성세와 유사한 것.
ㄴ) 중성이 모든 다른 중성과 합용되는 것은 몽고자와 유사한 것.
ㄷ) 팔종성 제한의 편법은 몽고자의 자두나 범자의 종성과 유사한 것.

이상과 같이 훈민정음의 중성과 종성에는 양 문자와 유사한 점이 있다. 이 한갓 우연한 사실만은 아닐 것이다.

3) 범몽 양 글자설의 본 모습

초성은 오로지 한자 어음을 중심의 토대로 한데 대하여 중성과 종성은 한자 어음 이외 범자, 몽고자 등도 참고하였다고 추측된다. 물론 초성도 한자 어음을 통하여 간접으로 범자나 몽고자의 영향을 받지 아니한 것은 아니겠지만은 중성이나 종성과 같이 직접적은 결코 아니다. 본래 한인은 능히 자모를 완성하였음에 불구하고 운부는 항상 재래의 불완전한 방법 그대로 인순因盾하여 왔다. 훈민정음이 오직 그 자체에 있어 중성과 종성의 정당한 해결을 지을 뿐이 아니라 한자 음운에 이르러도 그 부분의 이론을 보충하여 비로소 성음 원리의 한 체계를 세운 것이다.

이러한 관계로 훈민정음이 발표된 그 직후부터 일부에 범자 기원설이 전하였던 모양이니 성현成俔, 1439~1504의 『용제총화』는 오직 그러한 전언을 기록한데 지나지 않는다. 단지 성현의 자체란 말이 다소 오해되기 쉬운데다가 이수광李睟光, 1563~1628의 자양字樣이란 말은 더구나 부당한 착오다. 드디어 후인으로 하여금 의혹만을 더 키우게 한 것이다. 이익李瀷, 1681~1763의 몽고자설은 그 개인의 단순한 추측推測이며 실상 파스파 여덟자를 가리키는 점에 있어 성현의 범자설과 그 거리가 과히 먼 것도 아니다. 그 비록 회흘자계인 현행의 몽고자를 파스파와 혼동하였으나 애초부터 파스파가 불교의 유교를 받아 만들었다는 그 몽고자를 놓고서 훈민정음의 기원을 말한 것으로 실상 현행의 몽고자와는 하등의 상관이 없다. 그러나 세종 당시의 몽학은 위올진偉兀眞과 첩월진帖月眞의 두 글자를 다 함께 이습하고 있은 것이 사실이다. 현행의 몽고자도 파스파나 마찬가지로 그의 참고를 이루었을 수 없지 않다고 추측된다.[27]

본래 세종이 훈민정음을 만들기 위하여 다년간 상상 이상의 고심을 마지 못 하였을 것이므로 그 기원을 손쉽게 찾으려는 것부터 심히 온당치 아니한 일이다. 더구나 사역원司譯院이 존재한 것을 망각한다는 것은 오늘날 그 기원을 추구하는 학자들에 있어서는 가능할는지 몰라도 그 제작에

---

27) Ledyard(1998 : 402) 교수는 훈민정음의 초성자가 파스파 글자를 모방하였고 자형도 유사하다고 하였으며, 주나쓰투(照那斯圖, 2008 : 39~44) 교수도 훈민정음 초성자의 기본자가 파스파 글자를 변형시킨 것으로 보았다. 정광(2009),『몽고자운 연구』, 박문사, 참조. 성현의『용재총화』, 이수광의『지봉유설』, 이형상의『자학제강』, 황윤석의『운학본원』등이 범자 기원설설에 동조하고 있다. 병와 이형상(1653~1733)의『자학제강』<언문반절설>에서도 "세종 조에 <언문청>을 설치하시고 정인지와 신숙주, 성삼문 등에 명하시어 언문을 지었으니, 초·종·성 8자와 초성 8자와 중성 11자이었으며 그 자에는 범자(梵字)에 의하여 만들었다"라고 하여 범자 기원설을 주장하였는데 이는 병와와 지봉과는 일족이면서 매우 밀접한 학문적 연원을 같이 하기 때문에 지봉의 학설을 대폭 수용한 결과이다. 병와 이형상이 숙종 42(1716)년에 쓴 필사본인『갱영록』9권 가운데 권2인『자학제강(字學提綱)』의 <천축문자설(天竺文字說)>에는 <범자 오음 가령(梵字五音假令)> 항에서 범자를 "아음, 치음, 설음, 후음, 순음, 초음(화회성), 조음"으로 구분하여 범자의 성모분류를 하고 있다. 흔히 우리가 알고 있는 범자는 오른쪽으로 쓴 범천(梵天) 혹은 범서(梵書) 문자와 왼쪽으로 쓰는 인도 천축 문자인 가로자(伽盧字) 곧 카로슈티자가 그 기원을 같이한다는 점을 알 수 있다.『몽고자운』의 발문에 "몽고는 처음 위굴문자를 빌려서 썼는데 국사(라마승 파스파)가 새 문자를 만들어 국자라고 불렀다. 자 모양은 범서(梵書 산스크리트 문자)와 같으며 범천의 '카로슈티' 문자의 체이다.『자학』에는 '범자 오음 가령(梵字五音假令)' 항에서 범자를 "아음, 치음, 설음, 후음, 순음, 초음(화회성), 조음"으로 구분하여 자모를 소개하고 있다.

고심하던 세종에 이르러는 결코 가능하지 못 하였을 것이다.

『세종실록』 79권 17장 세종 19년(1437) 11월에는 "예조에서 계하기를 유구국琉球國에서 가끔 사신이 오는데, 우리나라에는 그들의 문자를 해득하는 자가 없습니다. 서울과 지방에 유구국 문자를 해득하는 자를 찾아서 사역원 훈도로 차임하고, 왜어를 학습하는 학생에게 겸해서 익히도록 하기를 청합니다고 하니, 그대로 따랐다.禮曹啓。琉球國往來聘。而我國無通解其文者。請令中外搜訪通解琉球國文者。差司譯院訓導。令倭學生兼習。從之。"라고 하였다. 없는 문자까지 수방搜訪한 옛사람들의 고심은 그 비록 이유가 딴 데 있다고 하더라도 경시하지 못할 바의 사실이다. 세종 당시 세종은 가능한 까지는 모든 문자를 다 상고하였다고 보아야한다. 그 어떠한 문자가 어떠한 영향을 주었느냐는 것은 또 별개의 문제다.

풀이

1 중성십이자(中聲十二字) : "中聲十二字"는 "中聲十一字"의 오류가 아닐까 한다. 설음의 '正反'도 '正半'의 오인 듯하다.

2 각음의 자모를 횡으로 나열하여 놓고 그 제1 제2의 순서를 가리키는 것이다.

3 황윤석의 『운학본원』은 필자가 아직 얻어 보지 못하였고 이능화 씨의 『불교통사』 하편으로부터 인용한다.

제3장 명칭과 용법

제1절 문자 자체의 명칭

1. 정음과 언문

『세종실록』 세종 25년(1443) 계해 12월에 처음으로 훈민정음에 대한 것을 기록하면서 맨 첫머리에는 "이달에 임금이 언문 28자를 친제하였으니 是月。上親製諺文二十八字。"라고 하고 다시 끝에는 "이를 훈민정음이라 한다.是謂訓民正音"라고 하였다. 이 기록으로 미루어 새로 제작된 그 28자는 발표 당초로부터 '훈민정음' 또는 '언문'의 두 이름으로 일컬어진 것이 사실이다. 그 이후 정인지의 서문을 위시하여 신숙주의 『동국정운』 서와 『홍무정운역훈』 서, 성삼문의 『직해동자습』 서 등에는 전부 훈민정음으로 썼음에 대하여 임원준任元濬, 1423~1500, 강희맹姜希孟, 1424~1483, 서거정徐居正, 1420~1488, 이파李坡, 1434~1486, 이승소李承召, 1422~1484 등의 문자에는 거지반 언문諺文으로 불렸고 실록에는 두 이름을 혼용한 중 훈민정음은 거의 2~3의 예외와 같이 드물어 대부분이 언문이다. 이러한 것을 종합하여 그 당시도 훈민정음보다는 언문이 일반으로 더 많이 통용했던 것으로 보인다. 그런데 훈민정음에서 훈민 두 글자는 오직 정음의 사용 목적을 명시한 것뿐으로 실상 그 명칭의 기본적인 부분은 아니다. 그럼으로 그 정인지의 서문에도 "계해 겨울 전하께서 정음 28자를 창제하시니癸亥冬我殿下創製正音二十八字."라고 하고 성삼문의 『직해동자습』에도 "먼저 정음 약간자를 배우고先學正音若干字."라고 하고 『석보상절』 서문에도 『월인석보』 석서 5장에는 "또 정음으로 번역과 해석을 더했다又以正音就加譯解釋."라고 하고 『월인석보』 서문에도 "정음으로 번역했으니 사람마다 배워 깨치기를就譯以正音。俾人人易曉."라고 하는 등 '훈민' 그 두 자를 생략해버린 예가 드물지 아니한 것이다.

요컨댄 정음과 언문의 두 이름을 가지고 나온 것이다. 지금 그 두 이름의 의의를 규명하여 보려 한다.

2. 정음의 의의

1) 『황극경세서』에는(『성리대전』 8권 세주) "이로 말미암아 그릇되고 바른 벽론僻論을 이끌고, 시비가 곡설에서 나와 복잡하게 천하에 어지러이 뒤섞였다. 정성과 정음이 있지 않았다면, 어찌 바르게 할 수 있었겠는가?由是訛正牽乎僻論。是非出乎曲說。繁然殽亂于天下矣。不有正聲正音。烏能正之哉."라고 하였으니 와오訛誤된 성음에 대하여 사성이 정확한 것을 정성正聲이라고 하고 칠음이 정확한 것을 정음正音이라고 한 것이다. 신숙주의 <차공부운시근보次工部韻示謹甫>라는 시『보한재집』에 "속음의 바름과 변화도 모르면서, 재주를 생각치 않고 거센 파도 돌리려 하네.俗音昧正變。不量回驚瀾."라고 한 것은 대개 이런 뜻으로서 쓴 것이 아닌가 한다.

2) 『홍무정운』 서문에는1권 "운학이 강좌에서 발달하여 정음을 잃게 되어韻學起於江左。殊失正音."라고 하고 또 동 <범례>에 "오방의 사람들이 모두 알아들을 수 있는 음이 정음이다. 심약沈約은 구구히 오음으로 오나라 음

으로 천하통일을 시키기를 바랐으나 어려웠다.五方之人皆能通解者斯爲正音也。沈約以區區吳音欲一天下之音。難矣。令竝立之。"라고 하였으니 편벽된 방음에 대하여 널리 통용되는 음을 정음라고 할 것이다. 박팽년朴彭年, 1417~1456의 <무본재시務本齋詩> 서문에『육선생유고』권1 "금년 봄 신 범옹, 성 눌옹 두 군자가 요동에 가서 황 한림 찬을 만나 홍무운 강설을 듣고 중화의 정음을 배워왔다. 今年春。申泛翁成訥翁二君子之遼東。謁黃翰林瓚。講說洪武韻。得中華之正音。"라고 하고『세종실록』세종 32년(1450) 경오 1월에 "정인지가 중국에서 멀리 떨어진 작은 나라에서는 정음을 알고자 하여도 가르칠 사람이 없어 배우지 못한다.鄭麟趾曰小邦遠在海外。欲質正音。無師可學。"라고 하고 신숙주의 <차공부운시시근보次工部韻示謹甫>라는 시에 "중국사람 오랑캐 흉노가 뒤섞여 뜻이 통하지 아니하는 만이蠻夷의 소리인 향음에는 정음을 약간만 알 수 있다.華人胡羯雜侏離。鄕小正音知幾許。"라고 한 등은 대개 이런 뜻으로서 쓴 것이 아닌가 한다.

3) 『칠음략』<해성제자륙도諧聲制字六圖>에는 "해성자는 육서의 일서로 무릇 해성의 도는 동성자가 있는데 곧 동성으로 해를 취한다. 동성자가 없으면 협성으로 해를 취한다. 협성이 없으면 곧 정음으로 해성을 취하고 정음이 없으면 방음을 해로 취하니 소위 성은 사성이고 음은 칠음이다.諧聲者六書之一書也。凡諧聲之道。有同聲者則取同聲而諧。無同聲者則取協聲而諧。無協聲者則取正音而諧。無正音者則取傍音而諧。所謂聲者四聲也。音者七音也。"라고 하였으니 협성協聲에 대하여 동성同聲을 말함과 같이 방음에 대하여 정음을 말한 것이다.

4) 웅충熊忠의『고금운회거요』서문에는 "무릇 경서, 사서, 제자, 문집의 정음, 차음, 협음, 이사, 이의와 사물과 윤리 등 제도의 작은 것까지 궁구하여 상세히 말하여 가득 차지 않음이 없다.凡經史子集之正音。次音叶音異辭異義。與夫事物倫類制度孅悉莫不詳說而滿載之。"라고 하였으니 여러 음을 가진 글자의 차음과 협음 등에 대하여 그 원음을 정음이라고 한 것이다.

상기 네 가지의 뜻에서 훈민정음의 정음은 어떤 뜻으로 쓴 것이냐 하면『석보상절』서의 언주에는 "正音은 正혼 소리니 우리 나랏 마롤 定히 반드기 올히 쓰는 그릴씨 일후믈 正音이라 하니라"라고 하였다. 즉 제일의 뜻을 취한 것은 물론인데 다시 그를 이끌어 제2의 뜻과 같이 성음 일반을 통칭한 것이다.

3. 언문의 의의

1)『광운』에는(선자운) 언諺을 속언俗諺라고 주해하였으니『대학』에서(전 8장) "속언에 사람은 제 자식 악함을 알지 못하고, 자기 곡식 자람을 알지 못한다는 말이 있다.諺有之日。人莫知其子之惡。莫知其苗之碩"라고 하고『좌전』에서(소원년) "속언에 늙으면 장차 정신이 혼몽한데 이른다는 말이 있다.諺所謂。老將知而耄及之者。"라고 한 것은 모두 그 뜻이다. 실상『대학』과『좌전』에서는 언諺이란 아래 이언俚言을 들었으나 그것은 후래 속언의 뜻이 다시 굴러서 이언만을 지칭하게 된데 지나지 않는다.

2)『설문』에는 언諺을 전언傳言라고 주해하였으니 그것은 속언의 상전相傳에서 다시 전용된 말인 듯하다.

상기 두 가지의 뜻에서 언문諺文의 언諺은 어떤 뜻으로 쓴 것이냐 하면 해례 종성해에는 "ㅅ은 언어로 '·옷'의 '衣'가 되는 것과 같고 ㄹ은 언어로 ':실'이 '絲'가 되는 것과 같다.ㅅ如諺語·옷爲衣。ㄹ如諺語:실爲絲。"라 하였다. 즉 우리말을 제일의 뜻에 쫓아서 언어諺語라고 하니까 우리말에 쓰는 문자를 다시 언문諺文이라고 한 것이다.

4. 두 가지 이름의 유래

그 문자 자체가 성음을 정확히 표시하는 점에 있어서 정음이요 우리말에 사용되는 점에 있어서 언문이다. 요컨댄 정음은 문자의 본질을 표시하는 이름이요 언문은 그 용처를 표시하는 이름이다. 세종 자신도 최만리 등에 대하여는(『세종실록』 갑자 2월) "지금의 언문은 또한 백성을 편하게 할 따름이다今之諺文。不亦爲便民乎。"라고 하고 그보다 먼저 정창손鄭昌孫, 1402~1487에 대하여는 "내가 만일 언문으로 『삼강행실』을 번역한다면 우부우부가 다 쉽게 깨칠 수 있으니予若以諺文譯三綱行實。愚夫愚婦皆得易曉。"라고 하여 자주 언문이란 말을 사용하였다. 애초에는 그 두 이름이 문자에 대한 경모의 감정을 달리하지 아니 했던 것이 분명하다.

그러나 최만리 등의 반대 상소에 오직 언문으로 일관되어 있음에 대하여 정인지, 신숙주, 성삼문 등의 저작에 정음으로 항상 일컬어진 것은 흥미 있는 대조이다.[1] 또 임원준, 서거정徐居正, 1420~1488 등은 조금도 구애함이 없이 언문이라고 쓴 데 대하여 『석보상절』서나 『월인석보』 서문에는 일부러 훈민의 두 글자를 생략하여서까지 반드시 정음라고 쓴 것도 그와 마찬가지로 서로 대조되는 바이다.

물론 신숙주는 『강경순등제유姜景醇登第諭』 서문에서『보한재집』 "세종대왕 잠저 시에 또 언서로써 유시하시기를世宗大王時在潛邸。亦以諺書示諭。"라고 하여 언문이라고 쓴 예가 없지 아니하나 그는 윗글의 "나의 벗 강경순씨가 손수 쓴 편지를 보내와서 이와 같이 말하였다 운운吾友姜景醇氏手簡來命。若曰。云

---

1) 훈민정음 관련 최초의 기록인 세종 25년(1443) 『세종실록』 권 102에 "이 달에 임금이 친히 언문 28자를 지었다……이를 훈민정음이라 한다.(是月 上親制諺文二十八字…。是爲訓民正音)"라는 기록에 '언문'과 '훈민정음'이 함께 나온다. 최만리의 반대 상소문에 '훈민정음' 혹은 '정음'이라는 명칭은 단 한 차례도 나타나지 않고 '언문'이라는 명칭은 26회 정도 나온다. 세종 26년(1444) 갑자 2월 『세종실록』의 최만리 반대 상소에 대한 세종의 하교문에 "곧 지금의 이 언문도(則今之諺文)"라는 대목에서도 세종이 직접 '언문'이라는 용어를 사용하고 있다. 따라서 '언문'은 우리말을 표기하는 수단에 해당하는 이름, 곧 초성과 중성의 낱글자의 명칭이라면 '훈민정음(정음)'은 한자음 표기를 비롯한 외래어 표기를 위한 바른 음(正音), 바른 소리(正聲)라는 명칭으로 구분되었다가 그 후 뒤섞어 사용한 것이다.

云。"의 구와 연속됨으로 미루어 강희맹景孟은 그 사람의 수간手簡을 인용한 것이지 결코 자기 자신의 말은 아니다. 그렇게 구분하게 끌어와 증명하지 않더라도 그 일이 예외를 가져서는 신숙주 등의 몇 사람이 언문이란 이름보다 정음이란 이름을 즐겨 쓴 그 사실을 부인할 수 없다.[2]

본래 어제문이나 해례의 제목으로 보아서도 원래 이름은 훈민정음이었던 것이니 언문이란 그야말로 일종의 속칭에 지나지 않는 것이다. 그러한 속칭을 전중典重한 문자에 틀리지 아니하려고 한 것은 오히려 이상하지 않지만 오직 그러한 속칭을 주장으로 쓴 데는 의식무의식간 그 문자에 대한 경모輕侮의 감정이 표시되는 것 아닐까고 추측한다.

풀이 1 정음은 다시 방음을 교정한다는 뜻으로 나가서 『남사』에 <호해지전(胡諧之傳)>에서 "가인들의 말 중 혜음(傒音)이 바르지 않아 궁인을 보내서 가서 가르치도록 하였다. 2년 뒤 황제가 묻기를 '경의 가인들의 말이 매우 바르지 않다.'라고 하니, 해지(諧之)가 답하기를 '궁인은 적고 신의 가인들은 많으니 정음을 얻을 수 없을 뿐만 아니라, 마침내 궁인들로 하여금 혜어(傒語)를 사용하여 무너지게 하였습니다.(家人語傒音不正 遣宮人往敎之 二年後 帝問曰 卿家人語音已而正未 諧之答曰 宮人少 臣家人多 非惟不能得正音 逐使宮人語)[3]"라고 하였으니 정음의 뜻과 워낙 멀기 때문에 본문에서는 들지 않은 것이다.

2 언(諺) : 언(諺)은 조속(粗俗)의 뜻인 언자와 조망(弔亡)의 뜻인 언자(喭字)와도 통용되나 그 역시 언문의 언과는 거리가 너무 멀어서 들지 않았다.(頓成傒)

---

2) '언문'을 한자 혹은 한문에 비해 열등한 의미를 가진 것으로 잘못 이해하는 경향이 있다. 『표준국어대사전』에서도 '언문'의 뜻풀이를 "상말을 적는 문자라는 뜻으로, '한글'을 속되게 이르던 말"이라고 정의하고 있는데 과연 훈민정음 창제 이후 쏟아져 나온 각종 언해들이 모두 상말로 적은 글이라는 뜻이었을까? '언문'이라는 용어를 "훈민정음을 낮게 일컬어 '언문'이라고 하던 이름을 버리고 '위대한 글자'라는 뜻으로 '한글'이라고 부르게 되었다."(강신항, 2010:10)는 견해도 마찬가지이다. 조선 후기에 잠시 낮춤의 의미가 없지 않았지만 훈민정음 창제 당시에는 전혀 낮춤의 의미가 없었던 쓰임새에 따른 명칭이었을 것이다.

3) 『남사(南史)』에 <호해지전(胡諧之傳)> : 家人語傒音不正, 乃遣宮內四五人往 諧之 家敎子女

제2절 문자 각개의 명칭

1. 초성자

본시 해례에나 언해에나 초성자의 명칭에 대해서는 하등 명시한 바가 없다. 오직 최세진의 『훈몽자회』에서 비로소 그 명칭이 적혀 있는 것이다.

初聲終聲通用八字
ㄱ其役 ㄴ尼隱 ㄷ池(末) ㄹ梨乙 ㅁ眉音 ㅂ非邑 ㅅ時(衣) ㆁ異凝
(末)(衣)兩字只取本字之釋俚語爲聲
其尼池梨眉非時異 八音用於初聲
役隱(末)乙音邑(衣)凝 八音用於終聲

초성은 종성과 두루 쓰이는 여덟 글자
ㄱ(기역), ㄴ(니은), ㄷ(디귿), ㄹ(리을), ㅁ(미음), ㅂ(비읍), ㅅ(시옷), ㆁ(이응)

(末), (衣)의 두 자는 다만 그 글자에 따라 훈을 취해 음을 정하였다.
其의 ㄱ, 尼의 ㄴ, 池의 ㄷ, 梨의 ㄹ, 眉의 ㅁ, 非의 ㅂ, 時의 ㅅ, 伊의 ㆁ 여덟 음은 초성(反切 上字하여)에서 사용되었다.
役의 ㄱ, 隱의 ㄴ, (末)의 훈 귿의 ㄷ, 乙의 ㄹ, 音의 ㅁ, 邑의 ㅁ, (衣)의 훈 옷의 ㅅ, 凝의 ㆁ 여덟 음은 (反切 下字하여) 사용되었다.

初聲獨用八字
ㅋ(箕)ㅌ治ㅍ皮ㅈ之ㅊ齒△而ㅇ伊ㅎ屎
(箕)字亦取本字之釋俚語爲聲

語 二年后，帝問曰：'卿家人語音已正未?' 諧之 答曰：'宮人少，臣家人多，非惟不能得正音，遂使宮人頓成傒語.

㉿자는 역시 본래 이 글자의 훈을 취하여 우리말로 소리를 하였다(원래 ㉿는 '키, 기'이므로 '키'라는 훈을 가지고 예를 들어 'ㅋ'을 설명함).

이상 최세진의 기록한 바를 먼저 고찰하여 보면

ㄱ) 초성종성통용(初聲終聲通用八字)의 8자는 두 가지 명칭으로 되었으니 위의 한 글자는 초성의 용례를 보인 것이요 아래의 한 글자는 종성의 용례를 보인 것.
ㄴ) 초성독용(初聲獨用)의 여덟자는 한 가지 이름으로 되었으니 초성의 용례만을 보인 것.
ㄷ) 초성의 용례에는 대부분 일중성(一重聲)을 취하였는데 時㊋의 衣는 그 의석에 따라 ㅗ 중성이 되고 其役의 役은 ㅕ 중성이 되고 池㊌의 ㊌은 그 의석에 따라 초성이 붙어 있는 등 예외가 있는 것이다. 한자로 표시하기 위한 것이라 그만한 예외는 부득이하였을지도 모르는 것.

대략 이와 같은데 다시 그 명칭과 현행의 명칭을 비교할 때

ㄱ) ㄷ의 디귿, ㅅ의 시옷 등은 완전 일치하는 것.
ㄴ) ㄱ의 기역, ㄴ의 니은, ㄹ의 리을, ㅁ의 미음, ㅂ의 비읍 등은 다소 음이 변이된 것.
ㄷ) ㆁ의 행은 완전 상위되는 것.

또 이와 같다. 대개 현행의 명칭은 디귿池㊌ 시옷時㊋ 등 한자로 표시하기 위한 부득이한 착오까지도 그대로 지고 있으니 결국 최세진의 『훈몽자회』로부터 유래된 것임에 틀림없다.

그러나 언해에는 초성 17자 아래 전부 '는'의 토를 달았는바 이 '는'의 토는 첫째, 받침이 없는 말에 붙지 받침이 있는 말에는 '온'으로 바뀌는

것이요. 둘째, '·, ㅣ, ㅗ, ㅏ, ㅛ, ㅑ' 등의 중성을 가진 말에 붙지 'ㅡ, ㅜ, ㅓ, ㅠ, ㅕ' 등의 중성을 가진 말에는 '눈'이 '는'으로. '온'이 '은'으로 바뀌는 것이다. 여기서 적어로 두 가지의 사실을 천명하기 가능하니 즉 애초에는 첫째, 그 19자가 똑같이 받침없는 글자로 불렸다는 것이요. 둘째, 그 17자가 똑같이 '· ㅣ ㅗ ㅏ ㅛ ㅑ' 중 그 어느 중성의 글자로 불렸다는 것이다.

본래 해례에서 종성 제한을 설명하였으나 그 제한 외의 글자라고 원칙에 있어서 절대로 종성에 못 쓴다는 것은 아니다. 그러한 견지에서 초성자의 명칭을 지었다면 구태여 두 가지 명칭과 한 가지 이름의 구별을 둘필요가 없었을 것은 물론이다.

애초에는 전부 ㅣ중성에 그 초성을 합하여 부른 것이 아닐까 추정한다. 그렇게 말하는 근거는 첫째, 최세진의 명칭에도 17자를 통하여 초성의 용례에는 ㅣ중성으로 되어 있는 것과 둘째, 해례에서 ㅣ중성은 삼재 중 사람ᄉ에 해당하여 양의에 참찬한다고 가장 높이 평가한 까닭이다.

초성, 종성 8자에 한해서만 다시 종성의 용례를 추가하여 한 가지 이름을 두 가지 명칭으로 고친 것은 후일의 변작이다. 그 마치 최세진의 임의적 변작일지는 몰라도 하여튼 언해 이후의 변작인 것만이 사실이다.

2. 중성자

물론 중성자의 명칭도 해례와 언해에는 나타나 있지 않다. 『훈몽자회』의 명칭을 가지고 다시 그 이상으로 추구溯求하는 수밖에 없는 것이다.

中聲獨用十一字

ㅇ阿, ㅑ也, ㅓ於, ㅕ余, ㅗ吾, ㅛ要, ㅜ牛, ㅠ由, ㅡ應, (不用終聲), ㅣ(伊

只用中聲), ・ (思不用初聲)

중성 독용 11자

ㅇ(아), ㅑ(야), ㅓ(어), ㅕ(여), ㅗ(오), ㅛ(요), ㅜ(우), ㅠ(유), ㅡ(應)에서
종성은 사용하지 아니한다(應 反切 中聲이라는 설명). ㅣ(伊)에서는 다만
중성만을 사용한다.(伊 反切 中聲) ・(思)에서는 초성은 사용하지 아니한
다(思 反切 中聲).

이 중에서 應(응)의 불용종성은 '응'에서 'ㅇ' 받침을 빼란 말이요 思(스)
의 불용초성 'ㅅ'에서 'ㅅ'초성을 빼란 말이다. 伊(이)의 지용중성只用中聲은
본래 'ㅇ'초성인 자에 대하여 우서운 설명과 같으나 실상 伊이자는 影(영)
모의 자로 'ㆆ'의 초성이 있는 것으로 특히 '지용중성'을 주한 것이요 그
당시도 우리 음으로는 'ㆆ'의 초성을 내지 아니하여 'ㅇ'의 초성과 혼동
됨으로 곧 '불용초성不用初聲'의 주는 쓰지 아니한 것이다.

그런데 언해에도 '・, ㅣ, ㅗ, ㅏ, ㅛ, ㅑ' 등의 자 아래는 '는'의 토를
달고 'ㅡ, ㅜ, ㅓ, ㅠ, ㅕ' 등의 자 아래는 '는'의 토를 달아서 최세진의 『훈
몽자회』와 완전히 일치한다. 애초부터 중성자는 초성자와 달라서 후일의
변작이 가해질 여지가 없는 것이다.

물론 훈민정음의 제작자가 중성의 단독 발음을 인정하지 아니하여 'ㅇ'
초성과 함께 그 종성의 존재를 말하였다. 그 이론에 쫓아서는 초성자의
이름이 ㅣ중성과 합한 것같이 중성자의 이름이 'ㅇ'초성에 합한 것으로
보아야 한다. 그러나 훈민정음의 제작자는 다시 'ㅇ'의 종성을 생략하고
중성독자中聲獨字로 능히 성음할 수 있음을 설파한 것으로 미루어서 초성
자 중에서 'ㅇ'이 가장 중성 독자의 음에 가까움을 승인한 것은 틀림이
없다. 그 여러 초성 중 하필 어째서 'ㅇ'초성과 합하여 그 이름을 지었으
리라는 것은 두 번 더 문제될 것이 없는 문제다.

3. 양 명 상혼

그런데 초성자가 한 가지 이름으로 되는데는 일종의 폐해가 없지 않았다고 추정된다. 그 폐해란 발음의 유사함으로 인하여 각자의 명칭이 서로 혼란하게 되는 것이다.

1) 해례 합자해에 "초성의 ㆆ과 ㅇ은 서로 비슷해서 우리말에 통용할 수 있다.初聲之ㆆ與ㅇ相似。於諺解可以通用也。"라고 하였으니 ㆆ, ㅇ 양 초성兩初聲의 명칭은 서로 혼돈될 수밖에 없었을 것이다.

2)『훈몽자회』의 언문 자모 아래 "오직 ㆁ초성은 속간에 ㅇ의 음과 서로 비슷하게 발음하므로 속간에 초성에서 쓰면 모두 ㅇ음으로 사용한다. 唯ㆁ之初聲與ㅇ字音俗呼相近。故俗用初聲則皆用ㅇ音。"라고 하였으니 ㆁ, ㅇ 두 초성의 명칭도 서로 혼돈되었을 것이다.

3)『번역노걸대박통사』<범례> 중(『사성통해』하권) <청탁성세지변淸濁聲勢之辯>에는 "오로지 래來모는 처음에 탄설의 소리와 같으니 초학자는 니泥모와 혼동하는 자가 있는데 이는 잘못이다.唯來母初呼彈舌作聲可也。初學與泥母混呼者有之。誤矣。"라고 하였으니 ㄴ, ㄹ 양 초성의 명칭도 서로 혼란될 수밖에 없었을 것이다.

4) 비록 증거는 들지 못하나마 ㆁ, ㅇ, ㄴ, ㄹ 등 초성의 서로 혼란이 오늘날의 어음과 일치하는 것을 미루어서는 이미 그때부터도 ㄷ, ㅈ, ㅌ, ㅊ의 초성이 ㅣ중성과 합해서도 서로 혼란되지 아니하였을까 추정한다. 후일 초성종성통용팔자初聲終聲通用八字에 대해서는 종성 용례의 일자를 추가하여 한 가지 이름을 두 가지 명칭으로 고친 것도 실상 알고 보면 명칭이 서로 혼돈되는 것을 방지하기 위한 것으로 결코 무단無端한 것이 아니다. 그 8자가 두 가지 명칭으로 되는 바람에 'ㄷ, ㅈ, ㆁ, ㅇ, ㄴ, ㄹ'의 명칭은 조금도 서로 혼란되지 않고 오직 'ㆆ, ㅇ', 'ㅌ, ㅊ'가 여전히 서로 혼

한될 뿐인데 후자는 전자에 비하여 그다지 자주 불러지는 것도 아니다.

4. 양 성 같은 명칭

그러나 초성자와 중성자가 같은 명칭으로 된 글자가 하나 있다 곧 'ㅇ'가 'ㅣ'와 합해서 'ㅇ'초성의 이름이 되고 'ㅣ'가 'ㅇ'와 합해서 'ㅣ' 중성의 이름이 되자니까 필연의 결과는 그 두 글자가 같은 명칭으로 떨어짐을 면하지 못하는 것이다. 더구나 'ㅇ'는 초성독용임으로 후일 두 가지 명칭으로 고치는데도 끼지 못하였다. 그래서 오늘까지 이 두 글자는 의연히 같은 명칭으로 남아 오는 것이다.

> **풀이** 1 한자의 음이나 의를 통하여 '윽', '읕', '읏'의 3음은 표시하기 심히 곤란하다. 역미(役未)의 등 자를 쓴대도 고인의 고심이 엿보인다.

제3절 우리말과 한자음

1. 한자음의 특수성

물론 '훈민정음'이 주로 우리말의 표기를 표준으로 하여 만든 것에 벗어나지 않지만은 그와 동시에 한자의 주음도 고려하였다는 것을 잊어서는 안 된다.

그뿐이 아니라 한자음에는 동음東音 즉 우리의 통용음과 한음 즉 한인의 통용음이 있는 터로 그 양 음을 다함께 고려하였다고 보인다. 이 점에 있어서 겨우 28개의 글자로 성립된 훈민정음도 그 이면에 여러가지 복잡함을 면치 못하는 것이다. 우선 우리말과 대비해 한자음의 특수성을 밝혀 보기로 한다.

1) 우리말에 필요한 초성이나 중성이 한자음에 불필요한 수도 있으려니와 그 반대로 우리말에 불필요한 초성이나 중성이 한자음에 필요한 수도 있을 것이다. 훈민정음의 28자란 결국 양 방의 필요한 성음을 합한 것인만큼 어느 일방으로 보나 다 각각 불필요한 글자가 생기지 아니할 수 없다.

2) 우리말에는 '대쪽'이 '댑쪽' '입살'이 '이빨'로 발음되어 아래 말의 초성이 윗말의 종성으로 바뀌고 '집안'이 '지반' '담아래'가 '다마래'로 발음되어 윗말의 종성이 아랫말의 초성으로 바뀌되 한자는 자자이 독립하여 상하어 간의 초, 종성 전환이 절대로 일어나지 않는 것이다. 이와 같은 어법의 차이가 문자의 구성에도 적지 아니한 관계를 가지는 것이므로 훈민정음은 그 어느 편에도 구애되지 않토록 교묘히 해결을 지었다.4)

---

4) 훈민정음 제한적 음소문자 28자를 기본으로 합자하여 사용한 글자는 다음과 같다.
자음(초성, 종성)

기본문자			운용문자		
원형문자	가획자	이체자	병서		연서
			각자병서	합용병서	
아음 ㄱ	ㅋ	ㆁ	ㄲ		
설음 ㄴ	ㄷ ㅌ	ㄹ	ㄸ		(ㄹ)
순음 ㅁ	ㅂ ㅍ		ㅃ	ㅳ, ㅄ, ㅵ, ㅶ	ㅸ, ㅱ, ㆄ, ㅹ
치음 ㅅ	ㅈ ㅊ	ㅿ	ㅆ ㅉ	ㅺ, ㅼ, ㅽ, ㅾ	
후음 ㅇ	ㆆ ㅎ		ㆅ(ㆀ, ㄴㄴ)	ㅴ, ㅵ	
5자	9자	3자	8자	10자	5자
기본문자 17자(제한적 음소문자)			병서 16자		연서 5자
초성 23자(ㆀ, ㄴㄴ 포함 25자)			15자(ㄹ 포함)		
모두 40자					

자음 17자 외에 40자 이상으로 합자할 수 있다. 여진어와 같은 외래어 표기에 'ㅊㅅ'가 사

---

2. 초성

1) 호상의 결음

우리말 초성 17자에서 ㆆ 초성이 필요하지 아니함으로 실상 우리말에는 16자밖에 쓰이지 않은 것이나 언해 등에는 '병'의 순경 초성이 쓰이고 있어서 도로 17자이다.

동음은 『동국정운』 서문에서 "설두·설상음과 순중·순경음과 치두·치경음은 우리나라 한자음에서는 이들을 구별할 수 없으니 마땅히 그 자연스러움을 바탕으로 한다면 어찌 반드시 36자모(중국 운학)에 사로잡힐 필요가 있겠는가.如舌頭舌上脣重脣輕齒頭正齒之類。於我國字音未可分辨。亦當因其自然。何必泥於三十六乎。"라고 하였으니 우리말에 비하여 한 개의 초성이 더 필요한 대신으로 순경의 병 초성이 불필요하여 수적으로 만은 똑같이 17자다.

한음은 『홍무정운역훈』 서문에서 "7음은 성모 36자모로 되어 있으나 설상음 4모와 순경음의 차청을 표시하는 1부(敷)모는 세상에 쓰이지 않은 지 오래 되었고 또 선배들이 바꾼 것도 있으니 이를 억지로 36자모를 존속시키려는 옛것에 사로잡혀서는 않되는 가닭이다.七音爲三十六字母。而舌上四母脣輕次淸一母世之不用已久。先輩已有變之者。此不可强存而泥古也。"라고 하였으니 'ㆆ, 병'의 두 초성을 다함께 필요로 하는 것은 물론이요, 거기다가 다시 치두와 정치의 구별이 필요하고 차청을 제외한 순경의 3(ㅸ, ㅱ, ㆄ)자도 필요하게 되어 결국 우리말이나 동음보다 8개의 초성자가 더한 셈이다.

2) 전탁의 표시

『동국정운』 서문에는 "우리나라 어음도 그 청탁이 구별됨은 중국의 자음과 다를 바가 없으니 우리 한자음에서만 홀로 탁음이 없으니 어찌 이

용되기도 하였으며 범어와 청·몽어를 포함하면 더욱 확대된다.

릴 수가 있겠는가, 이것은 청탁의 변화이다.我國語音。其淸濁之辯與中國無異。而於字音。獨無濁聲。豈有此理。此淸濁之變也。"라고 하였다. 이 말로 들어서 한자음 우리말에는 전탁의 초성이 있는 반면에 동음에는 전탁의 초성이 없었다고 해석된다. 그러나 언해 등에서 우리말에는 'ㄲ, ㄸ, ㅃ, ㅉ, ㅆ, ㆅ' 6자 중 오직 'ㆅ'의 한 자가 쓰이어 있을 뿐이고 한자음에는 그 전부가 쓰여 있는 것이다.

그 한자음이란 본래 동음을 다시 교정한 것이요, 또 『동국정운』 서의 "이와 같은 이치가 있다豈有此理"라는 말도 청탁의 변별이 없음을 불가하게 안 것으로 한자음의 전탁 초성은 그 교정에 의한 강제적 변별이라고 하려니와 당연히 있어야 할 전탁 초성이 우리말에 없는 그것만은 실로 불가해의 일이다.

그러나 한자음에 'ㄲ, ㄸ, ㅃ, ㅉ, ㅆ' 등 전탁 초성이 쓰여 있는 그 대신으로 우리말에는 속칭의 된시옷 또는 된비읍 등의 초성이 쓰여 있는 것이 자못 주의를 끄는 바라고 생각한다. 단지 'ㄲ, ㄸ, ㅃ, ㅉ, ㅆ' 등의 전탁 초성은 한자음에 쓰이어 있으나 그 강제적 변별이 무효로 돌아감에 따라서 그 음을 알지 못하고 된시옷, 된비읍 등의 초성은 우리말에 많이 쓰이어 있으나 어제훈민정음이고 해례고 언해고 일절로 그 초성에 대한 설명이 없다.

여기서 우리말과 한자음의 상이한 점을 돌이켜 생각할 때 이 두 글자의 관계는 의외로 용이하게 해결되는 것이 아닐까 판단한다. 즉 글자마다 독립하여 상하어를 이루는 한자음에서는 각자병서로써 전탁의 표시가 충분하지만은 상하어 간에 초종성의 전환이 일어나는 우리말에서는 다시 이미 사용되고 있는 발음을 쫓아서 된시옷 또는 된비읍 등으로 전탁의 표시를 달리하지 않을 수 없었을 것이다.

다시 전탁 초성이 된시옷이나 된비읍의 음과 같았다는 증거를 든다면

ㄱ) 해례의 제자해에서는 "전청을 나란히 쓰면 전탁이 되는 것은 전청의 소리가 엉기면 전탁이 되기 때문이다. 오직 후음에는 차청이 전탁으로 되는 것은 대개 ㆆ은 소리가 깊어서 엉기지 않으나 ㅎ은 ㆆ에 비해 소리가 얕아 엉겨서 전탁이 되기 때문이다.全淸並書則爲全濁。以其全淸之聲凝則爲全淸也。唯喉音次淸爲全濁者。蓋以ㆆ聲深不爲之凝。ㅎ比ㆆ聲淺。故凝而爲全濁也。"라고 하였는데 이 응凝이란 응결凝結 응견凝堅의 뜻으로서 된시옷 또 된비읍의 음을 설명하는 것이라고 추측되는 것이다.

ㄴ) 본래 어제훈민정음의 "병서하면 '꿈'자 첫소리와 같다並書如虯字初發聲" 등의 병서는 한갓 각자병서를 가리키는 것이 아니니 해례 합자해에서 "초성으로 두 자나 세 자를 합용병서로 쓰는 것은 우리말의 ·짜는 땅地, 짝은 틈隙 따위인 것이다.初聲二字三字合用並書。如諺語·짜爲地。짝爲。쁨隻爲隙之類。"의 말로도 잘 알 수 있는바 실상 그 의미는 병서로서 초성에서 날 수 있는 음을 일괄한 것이지만 마침 한자로 음이 표시되고 또 마침 한자음에는 각자병서의 전탁 초성만이 쓰이는 까닭에 그 병서를 곧 각자병서로 국한한 것처럼 오해한 것이다. 대략 상기와 같다.

또 된시옷이나 된비읍이 전탁 초성인 증거를 든다면 대략

ㄱ) 우리말에서 '가까'는 '각가'와 같고 '가까'는 '갓가'와 같으나 독립한 초성으로 낼 때는 '까'나 '까'나 결국 동일하게 밖에 내지지 않는 것.

ㄴ) 독립한 초성에 있어서 된비읍이 된시옷과 같은 것이라면 ㄱ, ㄷ, ㅈ 등을 된비읍과 같이 쓸 대도 결국 된시옷과 같을 수밖에 없는 것.

ㄷ) 'ㅆ, ㅲ'의 두 글자는 각자병서인 동시에 된시옷과 된비읍인 즉 훈민정음의 일자일음적 원칙으로 미루어 곧 동일한 음임에 틀림이 없는 것.

상기와 같다.

3. 중성

1) 호상의 결음

해례 중성해에는 "ㅗ 와 ㅏ가 ·에서 같이 나왔으므로 합쳐서 ㅘ가 되며, ㅛ와 ㅑ가 또한 ㅣ에서 같이 나왔으므로 합쳐서 ㅛ, ㅑ가 된다. ㅜ 와 ㅓ가 ㅡ에서 같이 나왔으므로 합쳐서 ㅝ가 되며, ㅠ와 ㅕ가 또한 ㅣ에서 같이 나왔으므로 합쳐서 ㅖ가 된다. 두 글자가 같이 나와서 짝이 됨으로써 서로 어긋나지 않았다.ㅗ與ㅏ同出於·。故合而爲ㅘ。ㅛ與ㅑ又同出於ㅣ。故合而爲ㅛ。ㅜ與ㅓ同出於ㅡ。故合而爲ㅝ。ㅠ與ㅕ又同出於ㅡ。故合而爲ㅖ。以其同出而爲類。故相合而不悖也。"라고 하여 'ㅘ, ㅝ'의 두 합용중성을 두었으나 오직 한자음에나 쓰이지 우리말에는 쓰이지 않는다 그와 반대로 'ㅚ'와 같은 중성은 한음에 쓰이지 않고 'ㅒ'와 같은 중성은 동음에 쓰이지 않는 것이다.[5]

---

[5] 모음(중성)

기본자				운용	
기본자	초출자	재출자	2자합자	ㅣ와 1자 합자	ㅣ와 2자 합자
양성 ·	ㅗ ㅏ	ㅛ ㅑ	ㅘ ㅑ	·ㅣ ㅐ ㅒ ㅚ ㅚ	ㅙ ㅙ
음성 ㅡ	ㅜ ㅓ	ㅠ ㅕ	ㅝ ㅖ	ㅓ ㅔ ㅖ ㅟ ㅖ	ㅖ ㅖ
중성 ㅣ					
3자	4자	4자	4자	10자	4자
11자			18자		
29자					

2자 합용으로는 'ㅘ, ㅑ, ㅝ, ㅖ' 4자를 제시하였는데 'ㅑ, ㅖ'는 한자 교정음 표기에만 그 용례가 보인다. 운용 글자로 ㅣ와 1자 합자는 '·ㅣ, ㅐ, ㅒ, ㅚ, ㅚ, ㅓ, ㅔ, ㅖ, ㅟ, ㅖ' 10자를 들었는데 이 가운데 'ㅚ, ㅟ'는 국어표기에는 'ㅗ, ㅠ'로 끝나는 명사의 주격 결합형으로 사용되고 한자음 표기에도 나타난다. 운용 글자로 ㅣ와 1자 합자는 'ㅙ, ㅙ, ㅖ, ㅖ'

2) 사성의 표점

해례 합자해에는 "우리말의 평, 상, 거, 입성이 활(弓에서는) 그 성이 평성이며 :돌石은 그 성이 상성이며, ·갈刀은 그 성이 거성이며 ·붇筆은 그 성이 입성 따위와 같다.諺語平上去入。如활爲弓而其聲平。:돌爲石而其聲上。·갈爲刀而其聲爲去。·붇爲筆而其聲入之類。"라고 하고 사실로 우리말에까지 방점을 가지고 사성을 표시하였으나 그것은 한자의 사성으로부터 받은 오해일 뿐이 아니라 우리말에는 그 방점의 표별이 반드시 필요한 것도 아님으로 마침 한자음을 위한 것에 지나지 않는다.

4. 종성

1) 호상의 결음

본래 현행의 한자음에는 'ㄷ, ㅅ'의 종성이 전부 없으나 해례의 종성해에는 "입성인 彆(볃)자와 같은 것도 종성에서 마땅히 ㄷ을 써야 하나 속간의 습속으로 ㄹ로 읽는데 대개 ㄷ이 변하여 가볍게 된 것이다. 만약 ㄹ을 彆(볃)자의 종성으로 쓴다면 그 소리가 느려져 입성이 되지 못한다.如入聲之彆字。終當用ㄷ。而俗習讀爲ㄹ。盖ㄷ變而爲輕也。若用ㄹ爲彆之終。則其聲舒緩不爲入也。"라고 하여 현행의 'ㄹ' 종성자가 'ㄷ' 종성의 잘못이라고 주장하였다. 현행의 음을 표준하면 한자음이 우리말에 비하여 팔종성 중 'ㄷ, ㅅ'의 양 종성이 결핍된 것이요 해례의 주장에 쫓으면 'ㅅ, ㄹ'의 양 종성이 결핍되어 있는 것이다.

그런데 언해 등에는 한자음에 있어서 'ㅱ'의 종성을 썼지만 우리말에 있어서 도무지 쓰지 아니하였다. 이 'ㅱ' 종성의 자는 대개 '蕭(소), 豪(호), 肴(효), 尤(우)' 등의 운으로 곧 현행의 한음에서 'ㅗ', 'ㅜ' 등의 중성을 가지는 자에 해

4자가 있는데 이 가운데 'ㅖ, ㅖ'는 한자음 표기에만 나타난다.

당하므로 그 필시 한자의 독특한 음을 표시한 것으로 우리말에 쓰일 까닭이 없다.

더구나 한음은 동음과 달라서 입성이 없어졌으므로 ㄱ, ㅂ 등의 종성이 없을 것이다. 『사성통해』<범례>에서 "『사성통고』에는 속음의 입성 운미를 모두 영影모(ㆆ)로 나타나되 다만 藥(약)운은 그 발음이 效(효)운-iau과 비슷해서 몽고의 운서는 'ㅱ'으로 표시하고 『사성통고』의 속음에서는 'ㅸ'으로 표시하였는데 이번의 『사성통해』에서도 역시 『사성통고』와 마찬가지로 'ㅸ'으로 표시하였다.通攷於諸韻入聲。則皆加影母爲字。唯藥韻則其呼似乎效之音。故蒙韻加ㅱ爲字。通攷加ㅸ爲字。"라고 한 것으로 미루어서 『사성통고』에는 한음에 있어 'ㄱ ㅂ' 등의 종성을 대신해서 'ㆆ, ㅸ' 등의 종성을 썼다고 추찰된다.

2) 종성의 변별

본래 우리말이나 한자음에서나 종성은 초성과 같이 명료하지 못하여 차청 전탁의 음이 전청의 음으로 돌아가는데 우리말은 상하어의 초종성 전환으로 그것이 변별됨에 대하여 한자음은 그러한 전환이 없음으로 아무래도 변별할 방법이 없다. 그러니까 우리말에는 차청, 전탁의 종성이 있으나 한자음에는 그것이 없는 셈이다.

또 우리말에는 종성에서 전청, 차청, 전탁이 변별되는 꼭 같은 이유 아래 종성의 병서도 변별되는데 한자음에는 그 물론 불가능하다. 그러니까 우리말에는 병서의 종성이 있으나 한자음에는 그것이 없는 셈이다.

오직 언해 등에서 ㄹ종성의 한자음에 대하여는 반드시 'ㆆ'의 병서를 취하였으되 그것은 『동국정운』 서문에서 "또 質(질)운, 勿(물)운은 같은 운들의 운(운미음)은 ㆆ影모로 ㄹ來모를 보충하여 습속음을 바르게 돌이가도록 했다.又於質勿諸韻。以影補來。因俗歸正。"고 이른 바로 ㄹ종성은 ㄷ종성의 잘못이라는 견지에서 임시적 편법을 취한 것이지 자체의 병서 종성이 결코 아니다. 본래 자체의 병서 종성 외에도 사잇소리를 흔히 윗말 종성의 병서로 쓰는데 이 병서는 임시 편법으로서도 오히려 사잇소리의 형태에 가까운 것이다.

풀이 1   최세진의 『번역노걸대박통사』 <범례>에는 "몽고운에서는 소(蕭), 효(爻), 우(尤)운 등의 평상거의 각 운과 약(藥)운은 모두 'ㅱ'으로서 종성을 삼았으므로 통고에서 또한 몽고운을 쫓아 소(蕭), 효(爻), 우(尤)운 등은 'ㅸ'으로 종성을 삼았다. 시속의 음으로 약(藥)운의 글자는 소(蕭), 효(爻) 운과 같은 운이므로 몽고운에서 글자를 지은 것은 역시 오류라 할 수 없는 것인바, 통고에서 'ㅱ'으로 藥 운의 종성을 삼은 것은 자못 깨닫기 어렵다.(蒙古韻內˚ 蕭爻尤等平上去三聲各韻及藥韻皆用ㅱ爲終聲˚ 故通考亦從蒙韻˚ 故蕭爻尤等 平上去三聲各韻以ㅱ爲終聲˚ 而藥韻則以ㅸ爲終聲˚ 俗呼藥韻諸字槃與蕭爻通 韻˚ 則蒙韻製字亦不差謬˚ 而通考以ㅱ爲終聲者殊不可曉也˚)"라고 하였으나 ㅱ는 불청불탁임으로 입성인 약(藥)운에서 전청 ㅸ로 바꾼 것일 것이다. 본래 『사성통고』에는 입성을 표시하기 위하여 ㆆ의 종성을 취하였다고 하니 입성운에서 ㅸ로 바꾸는 것은 당연한 일이다.

제4절 원칙과 편법

1. 편법 자체의 설정

1) 통용과 독용

『훈몽자회』의 언문 자모에는 초성종성통용팔자初聲終聲通用八字로 'ㄱ, ㄴ, ㄷ, ㄹ, ㅁ, ㅂ, ㅅ, ㆁ' 등을 초성독용팔자初聲獨用八字로 'ㅋ, ㅌ, ㅍ, ㅈ, ㅊ, ㅿ, ㅇ, ㅎ' 등을 들어 놓았다. 이로 말미암아서 초성자의 종성부용終聲復用을 제한한 것은 마치 최세진의 개악인 것같이 오인되는 동시에 이때까지 뭇사람의 칭원이 오로지 그에게 집중되어 온 것이다.

그러나 『용재총화』7권에도 "초종성 8자 초성 8자 종성 20자初終聲八字。初

聲八字。終聲十二字"라고 하였는 즉 벌써 거기서도 종성이 제한되어 있음에 틀림이 없다. 이『용재총화』의 저자인 성현成俔, 1439~1504은 연산10년 갑자에 서거하였고『훈몽자회』는 중종22년 정해에 이룬 것이라 적어도『훈몽자회』보다는 근 30년 전에 이미 종성 제한이 기록되었다는 것이다.

아니 언해 등에서 우리말에 쓴 종성을 따져 본다면 약간의 예외도 없지는 아니하나 전체로 보아서 실상 종성 제한이 실행되어 있는 것을 발견하게 된다. 설사 어제훈민정음에 그와 같은 규정이 명시되어 있지 않다고 하더라도 실제의 용례가 무엇보다도 그 규정을 증명하는 것이 아닐까?

어제의 막중한 훈민정음을 일개 미관말직의 최세진이 감히 손대어 고쳤을 수 없는 일이다. 종성 제한을 최세진의 개작으로 떠드는 것은 상식으로 생각해서도 일종의 망설인 것이다.

2) 속찬자체

최세진은『번역노걸대박통사』<범례> 중 자음이라는 항에서 "통고의 글자체는 국속찬자법(제한적 음소표기)에 의한 글자와 같지 않은 것이 많으니 쌍자(각자병서)로 초성을 삼은 것과 'ㅱ, ㅸ'으로 종성을 삼은 것은 처음 배우는 사람이 비록 스스로의 가르침을 받더라도 의문과 막힘이 있을 것이다. 그러므로 이제 속찬의 자체에 의거하여 다음과 같이 글자를 짓는다.通攷字體多與國俗撰字之法不同。其用雙爲初聲及ㅱ ㅸ爲終聲者。初學雖資師授。率多疑碍。故今依俗撰字體而作字如左云。"라고 하였으니 그 자신이 속찬자체(俗撰字體)에 의거함을 분명히 고백하였다. 이는 물론 한음에 대한 것으로 각자병서의 초성과 'ㅱ, ㅸ' 등의 종성은 한자의 특수성에 기인되는 바이나 속찬자체에 대하여 비속찬자체를 구분한다는 그 점만이 중요한 사실이다.

언해 등에서 한자음에 ㅇ의 종성을 사용하여 종성 없는 글자가 없으나 우리말에는 그렇지 아니하다. 최세진은 'ㅱ, ㅸ'의 종성을 가지고 자체를 구분한 것으로 미루어 생각한다면 후자는 확실히 속찬자체요 전자는 그 반대이다.

요컨댄 훈민정음의 제작자는 애초부터 두 가지 꼴兩樣의 자체를 만들어서 한자음에는 비속찬자체를 사용하고 우리말에는 속찬자체를 사용하였던 것이 아닌가 한다. 언해 등에서 한자의 주음과 우리말의 표기가 완전 상이하게 된 것도 그 까닭에 지나지 아니할 것이다. 그러나 우리말과 한자음의 본질상 차이로 인한 종종의 괴리와는 절대로 별개의 것이니 어디까지나 구별하여 보아야 한다. 최세진의 속찬자체란 말부터도 그 설명을 들어서 두 글자를 혼동한 모양이나 그러한 견해는 문제를 혼란시킬 우려가 없지 않다.

여기서 속찬자체란 말을 버리고 편법자체便法字體란 말을 쓰기로 한다. 본래 제작 당시 원칙과 편법으로 구별되었다고 추상되는 터로 속찬의 의미가 타당한 것도 아니다.

3) 자체 구별의 이유

정인지 서에는 "삼극의 뜻은 이기의 묘리가 해괄하지 않음이 없다三極之義二氣之妙莫不該括"라고 훈민정음을 예찬하였는데 해례의 제자해 일편을 살펴보면 결코 과장된 수사가 아님은 충분히 입증된다. 그 성음 이론이 당하냐 당치 아니 하냐는 차치하고 사실상 음양오행의 복잡한 원리로써 훈민정음이 구성된 것은 틀림이 없다.

그러나 세종이 어제문의 서론에서 말씀한 바와 같은 주장으로 우민의 뜻을 펼치기 위하여 만든 것이라면 또 그의 말씀과 같이 "사람마다 익혀 일상에 편하게 사용하기를欲使人人習習便於日用"을 노력하지 아니할 수 없었을 것이다. 그 문자 자체의 존립상 불가능한 데까지는 모르더라도 그렇지 아니한 한 일용의 편리함을 위주로 하지 아니할 수 없었을 것이다.

즉 복잡한 성음 이론과 편리함을 위주로 하는 실용적 견지에서 원칙과 편법의 구별이 생겼다고 보인다. 한자음은 식자층을 대상 삼은 것임으로 거기까지 편법을 적용하지 아니한 것은 조금도 이상할 것이 없다.

2. 종성의 대용

해례의 종성해에는 "불청불탁의 글자는 그 소리가 세지 않으므로 종성의 자리에 쓰이면 평, 상, 거성에 알맞다. 전청, 차청, 전탁의 글자는 그 소리가 세므로 종성에 쓰이면 입성에 안 맞다. 그러므로 ㆁ, ㄴ, ㅁ, ㅇ, ㄹ, ㅿ의 여섯 글자가 평, 상, 거성의 종성이 되고 나머지는 모두 입성의 종성이 된다. 그러나 'ㄱ, ㆁ, ㄷ, ㄴ, ㅂ, ㅁ, ㅅ, ㄹ'의 여덟 글자로 종성에 쓰는데 충분하다. 빗곶梨花, 영·의갗狐皮처럼 ㅅ자로 통용할 수 있으므로 다만 ㅅ자를 사용한다.不淸不濁之字其聲不厲。故用於終。則宜於平上去。全淸次淸全濁之 字其聲爲厲。故用於終。則宜於入。所以ㆁㄴㅁㅇㄹㅿ六字爲平上去之終。而餘皆爲入聲之終也。然ㄱㆁㄷ ㄴㅂㅁㅅㄹ八字可足用也。如빗곶爲梨花。영·의갗爲狐皮。而ㅅ字可以通用故只用ㅅ字。"라고 하고 종성해의 결에는 "불청불탁은 종성에 쓰면 평성, 상성, 거성이 되고 입성은 되지 않네. 전청과 차청 및 전탁은 이들이 모두 입성이 되어서 소리가 빠르네. 초성이 종성이 되는 것은 이치가 진실로 그러한데 다만 여덟 글자만 쓰이더라도 막힘이 없네.不淸不濁用於終。爲平上去不爲入。全淸次淸及全濁。是皆爲 入聲促急。初作終聲理固然。只將八字用不窮。"라고 하였다. 이로 미루어 원칙으로는 전청이야 물론이요 차청 전탁까지도 종성으로 사용할 수 없는 것이 아니지만 편법으로 'ㄱ, ㆁ, ㄷ, ㄴ, ㅂ, ㅁ, ㅅ, ㄹ' 여덟 자에 제한하고 그 이외의 종성은 이 여덟 자 중의 어떤 자로 대용한다는 뜻이다.

3. 종성의 생략

해례의 종성해에는 "또 ㅇ은 소리가 맑고 비어서 반드시 종성에 쓰지 않아도 중성만으로도 소리를 이룰 수 있다.且ㅇ聲淡而虛。不必用於終。而中聲可得聲音也。"라고 하고 동 결訣에는 "오직 욕欲이 마땅히 있어야 하는 자리에 중성만으로 음을 이루어도 역시 통할 수 있네.唯有欲字所當處。中聲成音亦可通。"라고 하였다. 이로 미루어서 원칙으로는 어느 음이나 초, 중, 종의 3성을 갖추어 가지는 것이지만 편법으로 오직 'ㅇ'의 종성이 해당한 곳에는 그 종성을 생략해도 좋다는 뜻이다.

『홍무정운역훈』 서에도 "무릇 자음은 반드시 종성이 있어야 하니 예를 들어 평성의 지支, 제齊, 어魚, 모模, 개皆, 회灰운들의 글자는 마땅히 후음으로 종성을 삼아야 하는데 지금 그렇게 하지 않는 것은 아, 설, 순음으로 된 종성처럼 뚜렷하게 되지 않기 때문이며 또 비록 ㅇ으로 보충하지 않더라도 저절로 음을 이루기 때문이다.凡字音必有終聲。如平聲支齊魚模皆灰等韻之字。當以喉音。ㅇ爲終聲。而今不爾者。以其非牙舌脣終之爲明白。且雖不以。ㅇ補之。而自聲爾。"라고 하고 또 『사성통고』 <범례>에도 "무릇 자음에는 반드시 종성이 있어야 하니 평성의 지支, 제齊, 어魚, 모模, 개皆, 회灰운 등의 운자도 마땅히 후음 'ㅇ'으로 종성을 삼아야 하겠지만 지금 그렇게 아니하여도 아, 설, 순의 종성과 같이 명백한 것은 아니요, 또 'ㅇ'으로 보충하지 아니하더라도 제대로 음을 이루기 때문에 상, 거의 모든 운도 마찬가지다.凡字音。必有終聲。如平聲。支齊魚模皆灰等韻之字。當以喉音ㅇ爲終聲。而以今不爾者。以其非如牙舌脣終之爲明白。且雖不以ㅇ補之而自成音爾。上去諸韻同。"라고 하였다. 이 모두 원칙으로는 'ㅇ' 종성이 있으나 편법으로 생략함을 주장하는 종성해의 내용과 일치한다.

그뿐이 아니라 해례의 합자해에는 "종성으로 두 자나 세 자를 합쳐서 사용하는 것은 우리말의 흙土은 토土, ·낛이 조釣, 돐·때가 유시酉時의 부류인 것과 같다.終成二字三字合用 如諺語흙 爲土·낛爲釣。둙·쀼爲酉時之類。"라고 하였다. 원칙으로는 병서 종성도 결코 불가능한 것이 아님을 잘 알 수 있는 것이다. 그러나 종성이 8자로 제한됨에 따라서 이 병서 종성도 자연히 사용하지 않게 될 수밖에 없다. 곧 편법에 있어 병서 종성 중의 한 글자 내지 두 글자가 ㅇ종성이나 마찬가지로 생략된다고 볼 것이다.

4. 종성 사잇소리의 통일

두 단어가 연접되어 종성의 보충이 필요한 경우에 있어 한자음에는 윗말의 종성을 보아서 아, 설, 순, 치, 후의 동음자로 보충하여 ㅇ종성 아래는 'ㄱ, ㄴ' 종성 아래는 'ㄷ, ㅁ' 종성 아래는 'ㆆ'를 쓰는데 우리말에는 대체로 ㅅ자로 통용한다. 이 역시 전자가 원칙임에 대하여 후자는 일종의 편법이라고 볼 수 있다.

풀이 1 쌍자란 곧 ㄲ, ㄸ, ㅃ, ㅉ, ㅆ, ㆅ 등을 이름이다. 곧 각자병서를 뜻한다.

2 언해에서 '君ㄷ字', '快ㆆ字', '땨ㅸ字', '覃ㅂ字'로 쓴 예이다.

제1절 예의와 해례

1. 실록과 서문

1) 계해1443년 12월

『세종실록』 세종 25년(1443) 계해 12월에는 "이달에 임금이 친히 언문 28자를 지었는데, 그 글자는 옛 전자篆字를 모방하고, 초성, 중성, 종성으로 나누어 합한 연후에야 글자를 이루었다. 무릇 문자에 관한 것과 이어에 관한 것을 모두 쓸 수 있고, 글자는 비록 간단하고 요약하지마는 전환하는 것이 무궁하니, 이것을 훈민정음이라고 일렀다.是月。上親製諺文二十八字。其字倣古篆。分爲初中終聲。合之然後乃成字。凡于文字及本國理語。皆可得而書。字雖簡易。轉換無窮。是爲訓民正音。"라 하고 정인지의 서문에는 "계해 겨울에 우리 전하가 정음 28자를 창제하여 간략하게 예의1)라 하였는데 이를 훈민정음라고 하였

---

1) 예의(例義) : 이 예의라는 용어는 정인지의 『훈민정음』 해례본 서문에 "간략하게 예(例), 보기와 뜻(義)을 들어 보인다(略揭例義以示之)"에서 가져온 용어이다. 흔히 『실록본』에 있는 세종 어제 서문과 한글 28자 자모꼴과 그 음가를 비롯한 병서, 연서, 부서, 종성, 성음, 사성에 대한 규정을 요약한 글을 예의라고 한다. '예의(例義)'의 의미를 정광(2009 : 243)

다癸亥冬。我殿下創製正音二十八字。略揭例義而示之。名曰訓民正音。". 실록과 정인지의 서문은 완전 일치하여 훈민정음의 28자는 계해년(1443) 12월에 발표되었음에 다시 의심이 없는 일이다.

그런데 실록의 기록에서 28자의 자수를 든 것이라든지 초·중·종성으로 나누고 그것을 합해서 쓰는 것을 설명한 것이라든지 우리말과 한자음에 어디서나 쓸 수 있음을 칭양稱揚한 것이라든지 이미 어제의 훈민정음과 동일한 완성 형태를 가리키는 것일 뿐 아니라 정인지의 서문에서 "간략하게 예의라 하였는데略揭例義"라고 말한 것이 일편의 간략한 글로서 발표된 것이 분명하다. 이에 의하여 어제의 훈민정음이란 정인지의 이른바 예의로서 곧 세종 25년(1443) 계해 12월에 발표된 원문이라고 추찰되는 것이다.

2) 갑자년(1444) 2월

『세종실록』 세종 26년(1444) 갑자 2월103권 19장에는 먼저 "집현전 교리 최항崔恒, 1409~1474, 부교리 박팽년朴彭年, 1417~1456, 부수찬 신숙주申叔舟, 1417~1475, 이선로李賢老, ?~1453, 이개李塏, 1417~1456, 돈녕부 주부 강희안姜希顏, 1417~1464 등에게 명하여 의사청에 나아가 언문으로 『운회』를 번역하게 하고,2) 동궁

교수는 "ㄱ, 牙音, 君字初發聲"과 같이 그 자형의 보기를 '예(例)'라고 하고 그 음가를 나타내는 'ㄱ+ㅜㄴ(君)'의 한자음을 음가 곧 '의(義)'로 규정하고 있다. 해례본을 만들기 전에 세종께서 친히 창제한 한글 28자의 낱글자의 글꼴과 음가를 비롯한 글자 운용의 방식을 집약한 이 예의를 손으로 써서 게시를 했을 것으로 보인다. '예의'는 2종의 『실록본』과 『훈민정음』 해례본에 본문으로 실린 내용과 약간의 차이를 보여주고 있다.

2) 여기서 『운회』란 어떤 운서를 말하는 것인가? 박병채(1983 : 12)는 실록에서 세종이 번역하도록 명한 운서가 『고금운회거요』가 아닌 『홍무정운』이라고 주장한다. 결국 이것이 『고금운회거요』였다면 그 결과물이 나오지 않았다는 점 등의 이유를 들고 있다. 박병채, 『홍무정운역훈의 신연구』, 고려대학교민족문화연구소(1983). 그러나 훈민정음 해례의 운도 7성과 악률 오성과의 대응(순음-궁, 후음-우)이 『고금운회거요』와 일치한다는 점에서 당시 세종이 번역하도록 명한 『운회』는 『고금운회거요』임이 분명하다. 그 후 명나라 흠정 운서인 『홍무정운』의 번역으로 한자음 통일의 방향이 전환되면서 훈민정음 해례와 달리 그 이후 문헌에서 운도 7성과 악률 오성과의 대응 한자음이 특히 치음과 입성운미 'ㄷ'의 표

과 진양대군 이유, 안평대군 이용으로 하여금 그 일을 관장하게 하였는데, 모두가 성품이 예단하므로 상을 거듭 내려 주고 공억하는 것을 넉넉하고 후하게 하였다.命集賢殿校理崔恒, 副校理朴彭年, 副修撰申叔舟, 李善老, 李塏, 敦寧府注簿姜希顔等。詣議事廳。以諺文譯韻會。東宮與晋陽大君瑈。安平大君瑢監掌其事。皆禀睿斷。賞賜稠重。供億優厚矣。"라고 하고 다시 며칠 뒤에 "집현전 부제학 최만리 등이 상소하기를, 신 등이 엎드려 보옵건대, 언문을 제작하신 것이 지극히 신묘하여 만물을 창조하시고 지혜를 운전하심이 천고에 뛰어나시나, 신 등의 구구한 좁은 소견으로는 오히려 의심되는 것이 있어 감히 간곡한 정성을 펴서 삼가 뒤에 열거하오니 엎드려 성재하시옵기를 바랍니다.集賢殿副提學崔萬理等上疏曰。臣等伏覩諺文製作。至爲神妙。剏出千古。然臣等區區管見尙有可疑者。敢布危懇。謹疎于後。伏惟聖裁。"라고 하는 최만리崔萬理, ?~1445 등의 반대 상소 전문과 거기에 대한 세종의 조처를 함께 실었다. 만일 훈민정음이 계해1443년 12월에 이미 발표된 것이 아니라면 세종 26년(1444) 갑자 2월에 『운회』의 번역이 착수될 수도 없는 동시에 최만리 등의 반대소도 올릴 턱이 없지 아니할까.

기가 달라지게 된다. 『운회』는 1297년 웅충(熊忠)이 원나라 초기의 황공소(黃公紹)가 지은 『고금운회』를 간략화한 운서로 전 30권이다. 이 책은 송대 이후의 중국음운 변화를 잘 반영하고 있다. 형식상으로는 『임자신간예부운략』(유연(劉淵), 1252년)의 107운을 기준으로 하고 있으나, 실지로는 당시의 음운 체계를 고려하여 배열하고 있는데 『몽고자운』과 매우 흡사하다. 이것이 이른바 자모운인데 각 운 안에서 한자 배열도 한도소(韓道昭)의 『오음집운』(1211)과 같은 36자모순으로 하고 있다. 조선조 세종대왕은 훈민정음 창제에 이어 신숙주, 성삼문 등에게 『고금운회거요』의 번역을 명하였는데, 이 사업은 완성되지 못했다. 그 대신 세종 29년(1447)에 『동국정운』을 편찬하였다. 곧 『동국정운』은 『고금운회거요』의 영향을 받은 것이다. 중종 때의 최세진은 『고금운회거요』에 수록된 한자의 배열을 옥편식 자서로 개편하여 『운회옥편』(1536) 2권을 지었고, 선조 때의 이식(李植)은 『고금운회거요』를 30권 12책으로 복각하였다.

3) 병인년(1446) 9월

『세종실록』 세종 28년(1446) 병인 9월122권 12장에는 새삼스럽게 다시 이달에 훈민정음을 완성하였는데 어제 왈 운운是月訓民正音成。御製曰云云"하여 예의의 전문을 들고 정인지의 서문을 부기하였다. 예의는 그 전문을 들었다고 보이는데 오직 언해와 비교하여 최종 '한음 치성漢音齒聲' 이하의 일절이 빠진 것은 특히 주의를 끄는 점이다.

그러나 동 실록 세종 27년(1445) 을축 3월107권 21장에는 "이달에『치평요람』3)이 완성되었다. 우참찬 정인지가 임금께 전을 올려 운운是月治平要覽成。右參贊鄭麟趾上箋曰云云。"라 하고 또 그 아래에는 "제가의 역상을 집성하였는데 무릇 4권이었다. 동부승지 이순지李純之, ?~1465의 발에 이르되 운운諸家曆象集成。凡四卷。同副承旨李純之跋曰云云"이라 하고 또 동 년 4월에는 "의정부 우찬성 권지, 참찬 정인지, 공조판서 안지가『용비어천가』10권을 올렸는데 전에 왈 운운議政府右贊成權踶,贊參鄭麟趾。工曹參判安止登進龍飛御天歌十卷。箋曰云云"라고 하고 또 세종 29년1447 정묘 9월에는 "이달『동국정운』을 완성하였다. 무릇 전 6권인데 간행을 명하자 집현전 응교 신숙주는 명을 받들고 서에 왈 운운是月。東國正韻成。凡六卷。命刊行。集賢殿應教申叔舟奉教序曰云云"이라 하였다. 이상과 같이『세종실록』은 다른 실록과 달라서 첫째, 중요한 서적이 완성이 된 때는 반드시 그것을 기록한 것, 둘째, 서나 발이나 상주문을 많이 부기한 것, 셋째, '成'의 한 글자로써 흔히 그 완성의 뜻을 표한 것 등의 특색이 있다.

결국 세종 26년(1446) 병인 9월의 기록은 '훈민정음'이라는 문자에 대해서가 아니요『훈민정음』이라는 책에 대해서다. 그『훈민정음』이란 책 중

---

3) 세종 때 왕명에 의하여 정인지(鄭麟趾) 등 집현전 학사들이 역대의 사적 중에서 귀감이 될 만한 사실만을 뽑아서 엮은 책. 중종 11년(1516) 간행되었다. 150권 150책. 주(周)나라에서 원(元)나라에 이르기까지의 중국 역사와, 기자조선에서 고려에 이르기까지의 한국사 중에서 국가의 흥망(興亡), 군신(君臣)의 사정(邪正), 정교(政敎)·풍속(風俗)·외환(外患)·윤도(倫道) 등 각 방면의 사실들을 발췌하여 후세인들의 귀감으로 삼게 한 것이다.

에 어제문의 일편이 있음으로 그것만을 뽑아서 얹었고 어제의 글임으로 그것을 정인지의 서보다 위에 놓은 것이 다른 기록의 예와 조금 틀릴 뿐이다.

서거정의 <최항비명>『태허정집』에는 "세종이 공과 신 문충공 숙주에게 『훈민정음』과 『동국정운』 등의 서를 짓고 그 일을 관장하도록 명했다英陵命公及申文忠公叔舟掌其事。作訓民正音。東國正韻等書。"고 하고 또 강희맹의 <동인묘지>『태허정집』에는 "세종이 언문을 창제하였는데 궁중에 국을 설치하여 타인의 출입을 금하고 『훈민정음』 창제와 『동국정운』 등의 책을 관장하였다. 이제 영상인 고령 신공과 기공曁公은 임금의 성지를 성실하게 받들어 찬정한 바가 많다.世宗創製諺文。開局禁中。親簡名儒八員。掌制訓民正音。東國正韻等書。今領相高靈申公曁公。實稟睿旨。多所贊定。"라고 하였다. 곧 정인지, 신숙주, 최항 등이 예의와는 다른 『훈민정음』이라는 책을 저작하였다는 증언이다.

본래 정인지의 서문에는 "드디어 저하께서 상세하게 해석을 붙여 여러 사람들을 깨우치라고 명하셨다. 이에 신이 집현전 응교 최항, 부교리 박팽년과 신숙주, 수찬 성삼문, 돈령부 주부 강희안, 행 집현전 부수찬 이개와 이선로 등과 삼가 여러 가지 해(풀이)와 예(보기)를 지어서 그 줄거리를 기술하였습니다. 보는 사람들로 하여금 스승이 없이도 스스로 깨우치게 하고 싶었습니다. 遂命詳加解釋。以喩諸人。於是臣與集賢殿應敎崔恒, 副校理朴彭年, 申叔舟, 修撰成三問, 敦寧府注薄姜希顏, 行集賢殿副修撰李塏, 李善老等謹作諸解及例。以叙其梗槩。庶使觀者不師而自悟"라고 하였는데 임원준의 『보한재집』 서문에서 "세종께서 언문을 창제하시고 궁중에 국을 설치하여 타인의 출입을 금하고 당대 뛰어난 명신들에게 해례를 짓도록 하였다.世宗創製諺文。開局禁中。極簡一時名儒。著爲解例。"라고 하고 무오간 『예부운략』의 훈민정음이란 부록에서 "예조판서 정인지 등에게 해례를 짓도록 명하였다.命禮曹判書鄭麟趾等作解例"라고 하였다. 이 곧 정인지 등이 저작한 『훈민정음』은 예의에 대한 해례였다는 증언이다.

결국 세종 28년(1446) 병인 9월 기록 문자 완성을 이르는 것이 아니요,

해례의 완성을 이르는 것이다. 그것은 정인지의 서문 내용을 보더라도 쉽게 판정할 수 있는 사실이다.

2. 『국조보감』

1) 병인설의 발단

이익李瀷, 1681~1763의 『성호사설』권7 상 <경서문>에 "우리나라 언문자는 세종이 병인년(1446)에 창제하였다.我東諺字刱於世宗丙寅"라고 한 것을 본다면 그는 훈민정음이 세종 병인에(1446) 비로소 이루어 진 것으로 알았던 모양이다. 신경준申景濬, 1712~1781의 『저정서』에도 "정통 병인년 우리 세종대왕께서는 훈민정음을 창제하셨다.正統丙寅我世宗製訓民正音"라고 하였으니 그 역시 『성호사설』과 동일한 견해를 가진 것이다.

이 이후 세간에는 오직 병인설을 믿을 뿐이 아니라 최근에는 다시 『세종실록』 세종 26년(1446) 병인 9월의 기록을 거기다가 끌어붙여 드디어 9월로 달까지 정해버렸다. 오인과 발단이 불행히도 석학인 두 사람에게 있음으로 세간의 그 추수도 괴이하지 않지만 실록 자체의 기록과 정인지의 서문을 전부 무시하고 세종 26년(1446) 병인 9월에 부회함에 이르러는 다소의 의아함을 금하지 아니할 수 없다.

그들에 의하면 세종 25년(1443) 계해 12월의 기록이나 서문의 이른 바 계해 겨울冬에 창제란 초고의 발표를 의미함이요, 세종 28년(1446) 병인 9월의 기록과 그 서문은 완성의 발표를 위한 것이라는 것이다. 설사 백보를 양보하여 그 말을 쫓더라도 『성호사설』의 "刱於丙寅"의 '刱'자와 『저정서(훈민정음운해)』의 '製訓民正音'의 제자는 모두 계해에 해당한 말이지 병인에 해당한 말이 아니다.

본래 전일에는 실록이란 것이 공개되는 서적이 아니므로 명공거경들로서도 얻어 보지 못하는 수가 많았다. 『성호사설』이나 『저정서(훈민정음운해)』의 저자도 실상 『세종실록』을 보았다면 그러한 오인을 했을 리가 만무하다.

2) 병인설의 검토

병인설의 착오는 『세종실록』과 서문 자체가 잘 증명하는 바이나 다른 방면으로부터 다시 한 번 검토를 더하고자 한다.

ㄱ) 최만리 등의 반대 상소에 "이제 널리 여러 사람의 의논을 모우지 않고 갑자기 이배 10여인에게 가르쳐 익히게 하며 또 가벼이 옛 사람이 이미 이룩한 운서를 고치고 근거 없는 언문을 부회하여 공장 수 십인을 모아 이를 새겨서 급히 널리 퍼드리려고 하시니 천하 후세의 공의에 어떠하겠습니까? 今不博採群議。驟令使輩數十人訓習。又經改古人已成之韻書。附會無稽之諺文。聚工匠數十人刻之。劇欲廣布其於天下。後世共議何如。"라고 하였으니 갑자(1444)년 2월에 한편으로 이서吏胥들을 모아 훈민정음을 강습시키고 또 한편으로 운서(곧 『운회』일 것)를 번역하여 속속 인각을 시작했던 것이 아닌가 한다.

ㄴ) 이파의 <신숙주묘지>에 "을축(1445)년 봄에 공에게 중국으로 가는 사신을 따라 요동에 가서 황찬을 만나 질문하라고 명하시니 공이 화음을 정음으로 옮겨 묻는대로 빨리 깨달아 조금도 틀리지 않으니 황찬이 크게 이를 기이하게 여겼다. 乙丑春。命公隨入朝使臣到遼東。見瓚質問。公諺字飜華音。隨問輒解。不差毫釐。瓚大奇之。"라고 하였으니 을축년 봄에 신숙주, 성삼문이 황찬에게 음운을 질문할 때 이미 훈민정음을 사용한 것 아닌가 한다.

ㄷ) 을축년 요동에서 성삼문이 신숙주로 더불어 창화한 시『보한재집』 중에 "마른 전어 거친 밥으로 나의 허기 채웠는데, 더구나 국서國書까지 있어 맑고 그윽한 정취 제공하네. 脩鱐蔬糲飽我飢 況有國書供淸幽。"[4]라고 하였으니 이 국서란 곧 훈민정음을 이름이 아닌가 한다.

ㄹ) 을축(1445)년 4월에 권제, 정인지, 안지 등 『용비어천가』를 올렸
　　다고 하여 병인 9월 완성될 문자를 1년 반 전에 미리 사용한 셈
　　이 되나 선왕 창업을 기리는 시가詩歌에 그와 같이 경솔한 행동이
　　허락될 수 없다.

또 다시 계해의 초고를 병인에 완성하였다는 데 대하여 몇 마디의 변
박을 베풀어 둔다.

　　ㄱ) 계해 12월의 기록에 이미 28자를 명기한 것. 순경음과 치음의 좌
　　　　장우장左長右長이 그 수효에서 빠지나 병인 9월의 기록에도 치음의
　　　　그 구별은 여전히 없는 것.
　　ㄴ) 동 기록에는 초중성의 삼성을 합하여 쓰는 기본 원칙을 설명한 것.
　　ㄷ) 동 기록에는 우리말의 표기에나 한자의 주음에나 모두 충분함을
　　　　말하여 그 실용의 효과까지 드러낸 것.

요컨대 계해 이후에 더 다시 완성될 여지가 없다. 억지로 찾는다면 오
직 순경음의 한 가지뿐이다.

3) 병인설의 출처

그러나 이익李瀷, 1681~1763이나 신경준申景濬, 1712~1781과 같은 이가 결코 근
거 없는 소리를 전하지는 않았을 것이다. 병인설에는 좀 더 근거가 있지
않을까 의심된다. 이 근거까지를 천명하지 않는다면 병인설은 두 석학의
권위로서 엄호되어 완전히 극복되기 어려울 것이다.

그런데 그들이 과연 실록을 보지 못하였다고 한다면 어떠한 문헌으로

---

4) 요, 금, 원에서 자국의 문자를 한자와 구별하기 위하여 '國書'라고들 불렀다. 『성근보선생
집』에는 '國書'를 '圖書'로 고쳤으나 그것은 훨씬 후대에 이르러 성삼문의 시문을 수집한
것으로 『보각제집』과 같이 미덥지 못하다.

부터 훈민정음의 제작을 상고하였을까? 그것부터 생각해 볼 문제다. 본래 선조에 대한 기록으로 야사 외에는 『국조보감』밖에 없으니까 그들도 그 밖에 더 상고하지 못 하였을 것임에 틀림이 없다.

지금 신숙주 등이 편찬한 『국조보감』을 보건데 세종 28년(1446) 즉 병인에 이르러 『훈민정음』이 어제된 것을 말하고 약간 거기에 대한 설명을 붙이고 다시 정인지의 서문을 부기하였다. 이 실상 『세종실록』 중 계해(1443) 12월과 병인(1446) 9월의 기록을 한 데 합치어 다시 생략한 것이나 마치 병인의 제작과 같이 오인되기 쉬운 것이다. 물론 『국조보감』에는 이 해是年이나 이 달是月과 같은 문구가 없고 정인지의 서문에는 분명히 계해 겨울에 창제임이 적혀 있다. 『국조보감』의 편찬자로서는 그러한 오인을 오히려 예기치 못하였을지도 모른다.

그러나 계해(1443) 12월에 '훈민정음'의 문자가 발표되고 병인 9월에 다시 거기에 대한 『훈민정음』 해례 저서가 완성되어 그 두 사실을 한 데 기록한 것으로 미루어 보아서 곧 병인의 제작으로 단정하는 것도 태반 『국조보감』의 편찬한 탓이라고 돌리지 아니할 수 없다.

이와 같이 병인설의 책임은 이익이나 신경준만이 질 것이 아니다. 의외에도 『국조보감』이 같이 져야 하는 것이다.

풀이　1　贊參 : '贊參'은 '賛參'의 오식일 것이다.

　　　2　요금원에서 자국의 문자를 한자와 구별하기 위하여 '국서'라고들 불렀다. 『성근보선생집』에는 '국서'를 '도서'로 고쳤으나 그것은 훨씬 후대에 이르러 성삼문의 시문을 수집한 것으로 『보한제집』과 같이 미덥지 못하다.

제2절 언해의 유래

1. 현존의 각판

예의나 해례나 모두 다 문자의 명칭 그대로 훈민정음이라고 불렀던 모양이며, 그 이외에도 또 한 종의 훈민정음이 있다. 곧 예의의 전문을 다시 훈민정음으로서 해석하여 놓은 것인바 예의나 해례와 구별하기 위하여 언해라고 일컫는다.

그런데 오늘날까지 세간에서 훈민정음이라는 이름 아래 유통된 것은 실상 예의도 아니요, 해례도 아니요, 오직 이 언해다. 그러므로 지금 훈민정음이라고 하면 누구나 제일 먼저 언해를 연상하게 되는 것이다.

이와 같이 많이 유통되는데 따라서 판본도 자연 여러 종류가 있다. 그 중의 가장 주요한 것만도 세 종류나 이른다.5)

ㄱ) **월인본** : 풍기 희방사(고명 池叱方寺)에 『월인석보』 제1, 제2 양 권의 판목이 보존되어 있는 중에(한국전란 중에 소실되었음) 제1권 맨 첫머리에 언해가 얹혀 있다. 제2권 끝에 "융경 2년 무진 10월 경상도 풍기 소백산 희방사 開板隆慶二年戊辰十月慶尙道豐基地小伯山池叱方寺開板."이라고 한 간기를 보아서 융경 2년(1568) 즉 선조 원년 경에 개판된 것임에 틀림없다.

ㄴ) **박씨본** : 박승빈 씨 가문의 세전본이라고 이르는 것으로 월인본은 『월인석보』에 덧붙여 간행附刊되어 있음에 비하여, 이것은 단행본으로 되어 있다. 조선어학연구회(조선어학회 전신) 영인본 권두

---

5) 첫째, 1459년 『월인석보』 권1-2 권두에 실린 언해본(서강대본)은 권두 서명이 "世·솅宗종御·엉製·졩訓·훈民민正正·졍音홈"이다. 둘째, 박승빈본(고려대 소장본)은 권두 서명이 "訓·훈民민正正·졍音홈"이다. 셋째, 1459년 월인석보의 복각본으로 1568년 희방사본의 권두 서명이 "訓·훈民민正正·졍音홈"이다. 넷째, 일본 궁내성본은 박승빈본과 동일한 필사본이 있다. 첫째와 둘째는 복각본의 관계이기 때문에 한 종으로 본다면 3종류가 되는 셈이다.

(발행에 관한 말)에 의하여 "제1장 전부 제2장 제6행 소자 우행 제16자 좌행 제13자 이하, 제7행 소자 우행 제3자 이하, 좌행 제4자 이하, 제3장 제6행 소자 우행 제16자, 좌행 제13자 이하, 제8행 제23자 이하, 제5장 제7행 제8자, 제8행 제16자, 제9장 제8행 제14자 이하, 제15장 제5행 소자, 좌행 제14자, 제15자, 제7행 제11자, 제14자, 제15자, 제9행 제15자" 등은 인본이 결락된 것을 붓으로 보사한 것이라고 한다.[6] 그러나 보사된 제1장 우측 아래 모서리에 남학명南鶴鳴의 도서인이 찍혀 있으니 남학명은 약천藥泉 남구만南九萬의 아들로 숙영조 사이의 사람이다. 다시 그 권말에 붙은 박승빈 씨(훈민정음 원서의 고구)에 의하건댄 그 고조의 사위인 이세근李世根의 모친이 남학명의 증손녀로서 이세근의 집으로부터 전래된 것이요, 또 그 보사도 남학명 자신의 글씨일지 모른다는 것이다.

ㄷ) **궁내본** : 일본궁내성도서료日本宮內省圖書寮의 장본으로 박씨본이나 마찬가지의 단행본이다. 오직 전문이 필사인 동시에 그 유래조차 불분명하다.

2. 세 가지 본의 비교

1) 두 단행본

몇 군데 방점이 서로 틀리는 외에는 완전 일치한다. 대체로 그 방점도 보사되지 아니한 데는 박씨본이 옳고 보사된 데는 박씨본이 착오인 것이다.

얼른 생각하면 두 단행본의 일치는 오히려 당연하게 보일는지 모르나 궁내본이 전문 필사요, 박씨본이 여러 군데 보사된 것임을 미루어 보아서는 확실히 신기한 현상이다. 여기서 이편이 저편을 놓고 모사한 것이 아

---

6) 정우영, 「『훈민정음』 언해의 이본과 원본 재구에 관한 연구」, 『불교어문논집』 제5집, 2000 참조.

니라면 저편이 이편을 놓고 보사한 것이 아닌가라고 할 정도까지 의심이 든다. 단지 보사 부분에 대한 한, 박씨본은 궁내본보다도 부정확한 것이 사실이다. 이로써 박씨본이 궁내본에 의하여 보사되었을 지는 몰라도 궁내본이 박씨본에 의하여 모사된 것은 결코 아니다. 물론 동일본의 각 책이 유포되어 각기 그중의 한 책으로부터 보사나 모사를 행하였을 수도 있지만 두 본의 관계를 반드시 그렇게 해석할 필요가 없다. 황차 이백여 년 전의 남학명이 마치 궁내본을 얻어 보았을 수는 없음에 그 더욱 망녕된 해석에 지나지 않는다.

그러나 궁내본에는

ㄱ) '當·당·ᄒ·ᄫᆞ·와'(제1장 제1행)는 '當·ᄒᆞᇫ바'의 잘못인 것.(월보 서 3장 12행, 월석 10장 5행)

ㄴ) '지을·씨·라'(제1장 제1행)는 '·지슬·씨·라'의 잘못인 것.(월인석보 제32장 7행 참조)

ㄷ) '中듕·은 가·온:디·라'(제1장 제1행)는 문 아래에 그 언주가 다시 나오고 중국이란 말에 그 언주가 당치 아니함을 미루어 당연히 잘못인 것.

ㄹ) '與:영文文字·쭝로'의 '로'자에는(제1장 제9행) 방점이 누락된 것.

ㅁ) '故·공로'의 '로'자에도(제10장 14행) 역시 방점의 누락된 것.

ㅂ) '終쥰·은'(제2장 제6행)은 '終쥰은'의 잘못인 것.

ㅅ) '伸신·은'(제2장 제7행)은 '伸신온'의 잘못인 것.

이러한 와락訛落이 있는 바, 박씨본에 있어서는 보사 부분임에 불구하고 그 잘못이 꼭 그대로 일치한다. 이 이외에도 궁내본과 박씨본의 보사 부분이 자구의 잘못, 방점의 누락 등 일치하는 예가 더없는 것도 아니나 그중에 중요한 상기의 몇 가지를 드는 것으로 그친다.

본래 궁내본은 전문 필사임으로 어느 정도의 와락도 부득이한 것이겠지만 박씨본이 그 필사의 와락과 꼭 같다는 것은 실로 불가해한 일이다. 이 문제는 결코 동일본의 각 책에 의한 모사나 보사로써도 설명되지 않는 동시에 옛사람의 도서만으로도 용역히 변명하기 어려운 점이다.

지금 쿄토대학교 도서관에는 궁내본의 사진본이 일부 진장되어 있다. 단지 'ㅇ, △' 등의 자양이 균정하지 못한 것, 치두와 정치의 좌장우장이 명확하지 아니한 것, 또 제5장 제1행 제6자 등 따고서 붙인 흔적이 많은 것을 주의하지 아니할 때는 일견 필사본임을 알기가 어렵다.[7]

2) 월인본과 단행본

두 단행본이 일치하는 것같이 일치하지는 않더라도 그 역시 대동소이한 정도다. 내용이나 체재나 인각의 자행이나 다 같으며, 언주 언해에 다소 다른 점이 있지만은 그것도 거의 전부가 제1장에 한한다.

ㄱ) 제1장 제1행의 제목이 월인본은 '世宗御製訓民正音'으로 되고 본문은 '國之語音'으로부터 시작되는데 단행본은 단지 '訓民正音'으로 되고 본문 벽두에 '御制曰'의 3자가 없린 것.

ㄴ) 제1장 내의 언주가 월인본은 제목 아래도 있고 그 이외에도 비교적 상세한데 단행본은 제목 아래 없고 그 이외 많이 생략한 것.

ㄷ) 또 제1장 내의 언주가 월인본은 비교적 정확한데 단행본은 와오가 많은 것.

ㄹ) 제1장 내 월인본은 1행 18자 내지 1행 20자로 상례의 16자보다 초과되는 행이 있는데 단행본은 일례로 1행 16자인 것.

ㅁ) 제1장 내 월인본은 '國之語音'과 '異乎中國'을 양절로 만들었는데 단행본은 일절로 만든 것.

---

7) 세종기념사업회, 『훈민정음』, 세종기념사업회 한글문헌자료 2, 2003.

ㅂ) 제1장 내 월인본은 '與文字不相流通'의 언해를 1행으로 압축하였
　　는데 단행본은 양행으로 늘인 것.
ㅅ) 제1장 제14행부터 동일하게 되어 그 이하 호상 자구의 잘못과 방
　　점의 누락이 있을 뿐인 것.

이상으로 미루어 원래 동일한 본에서 제1장만을 고친 것으로 보이나
그렇다고 어느 편도 원본은 아닌 것 같다. 월인본은 일행의 자수가 균일
하지 못하고 또 행수를 무리하게 늘리고 줄였으니 말할 것이 없고 단행
본도 언해가 소략하고 또 게다가 잘못이 많으니 후인의 변작을 가한 증
거다. 이 양 방의 반대되는 사실을 종합해서는 원본보다 어느 편이고 자
구를 증첨한 것이 아닐는지 모른다. 즉 한 편은 그로 인하여 자행을 변동
시켰고 다른 한편은 그로 인하여 언주를 삭제하였다는 말이다.

만일 이러한 추정이 틀림이 없다면 그 증첨된 자구란 월인본에 있어
제목 중의 '세종어제'와 거기 해당한 언주요, 단행본에 있어 '어제왈'의 일
절이다. 제목의 세종어제란 세종의 존호가 든 것으로 미루어 물론 후인의
추가인 것이 사실이려니와 본문 벽두의 '어제왈'도 실록과 같이 다른 글
과 섞이는 것이 아니요 따로 박는 경우에 있어 꼭 필요한 것이 아니다.[8]

3. 『월인석보』와의 비교

1) 역주의 체재

언해는 맨 먼저 그 전문을 각 절로 떼어서 별행으로 만들었는데 한자
아래는 반드시 주음이 있고 또 구두가 떨어지는 곳에는 반드시 토가 달

---

8) 문화재청, 『훈민정음 언해본―이본 조사 및 정본 제작 연구』, 문화재청, 2007. 참조. 이
　　책 164~166쪽에 복원 내용을 싣고 있다.

려 있다. 이것을 언독諺讀이라고 이르려는 바로 월인석보의 양 서兩序도 마찬가지다.

언독 일행에 대하여 소자 양행으로 곧 언독을 계속해서 한자 각개에 대한 주석이 있다. 이것은 언주라고 이르려는 바로 양 서는 물론 『월인석보』 전편을 통하여 마찬가지다.

다시 언독과는 별행으로 오직 한 자만 낮추어 해당 절의 번역이 있다. 이것은 언역라고 이르려는 바로 『월인석보』의 양 서도 마찬가지다.

2) 내용의 문구

언역이나 언주의 문구는 『월인석보』의 전편을 통하여 언해와 많이 공통되고 있다. 결코 우연한 유사성으로 볼 수 없을 만큼 공통되는 점이 많은 것이다.

3) 판각의 형태

1장 14행은 『언해』나 『월인석보』 전편이나 꼭 같고 1행 16자는 『언해』나 『석보상절』 서나 꼭 같다. 『월인석보』는 언독이 14자나 언역이 16자요, 『월인석보』는 『월인천강지곡』이 14자나 『석보』가 16자다. 대체로는 『월인석보』도 1행 16자가 상례요 1행 14자는 일부분에 대한 특례로 볼 수 있다.

판심도 『언해』나 『월인석보』나 근사하다. 월인본은 물론이요 박씨본까지 그렇다는 말이다. 책의 장광도 서로 근사하다. 영인본이 6/10으로 축인되었다는 말을 가지고 박씨본의 장광이 결국 월인본과 별로 틀리지 아니함을 알 수 있는 것이다. 이 점에 대한 한 궁내본은 완전 논제외다. 그것은 설사 장광과 판심까지를 그대로 모사하였다고 하더라도 믿기 어려우려든 그대로 모사하였는지도 불확실한 까닭이다.

본래『월인석보』의 판심이『정음』,『석보 서』,『월인석보 서』,『월인석보』 등의 제목을 따로 하는 동시에 장수의 숫자도 다 각각 매겼다.『월인석보』로부터 '훈민정음'만을 뽑아내서 단행본으로 만드는 데도 아무런 지장이 없었을 것이다.

4. 정체의 추증

1) 언해와 예의 및 해례

언해를 가지고 계해년 발표 당시의 원본으로 댈는지 모르나 상식적으로 생각하여 새로운 문자를 발표하는데 그 문자로의 주해나 번역을 가하였을리는 없다. 또 혹자 병인의 저서로 댈는지 모르나 첫째, 해와 예가 하나도 없고 둘째, 정인지의 서가 들어 있지 않고, 셋째, 실록 중 예의에는 완전 없는 '한음치성' 이하의 일절이 더 붙어 있는 것이다.

『동국정운』서문에서 "설두, 설상음과 순중, 순경음과 치두, 정치음 같은 것은 우리나라 한자음에서는 이를 구별할 수 없으니 역시 마땅히 그 자연스러움을 바탕으로 하는 것이지 어찌 반드시 36자모에 억매일 필요가 있겠는가如舌頭舌上脣重脣輕齒頭整齒之類。于我字音。未可分辨。亦當因其自然。何必泥于三十六字乎."라고 하였으니『동국정운』이 완성된 정묘(1447) 9월까지도 치두와 정치는 완전 구별을 할 필요로 여기지 아니 한 것이 사실이다.

『사성통고』9) <범례>에서 "무릇 치음 가운데 치두음은 혀를 올려 이

---

9) 세종이 신숙주(申叔舟) 등에게 명하여 편찬하게 했다고 하나 현전하지 않으며, 다만 최세진(崔世珍)이『사성통해(四聲通解)』하권에 붙어 있는『사성통고』<범례>와 상권 서문 중에 들어 있는『사성통고』에 대한 기사로 그 편찬의 유래와 내용의 일부를 알 수 있을 뿐이다.『홍무정운역훈』을 근거로 하여 내용을 살펴보면, 동일음 등을 모은 다음 이것을 사성에 따라 구별, 유취하고, 한 자마다 음만을 달아 훈의는 없고 사성만을 방점으로 찍은 일종의 한자음 일람표 같은 것으로 추정된다.

에 대어서 발음하므로 그 소리가 얕고 정치음은 혀를 말아 잇몸에 대어 발음하므로 그 소리가 깊다. 우리나라 잇소리는 ㅅ, ㅈ, ㅊ음은 치두와 정치음의 중간이다. 정음에서 치두음과 정치음으로 나누지 않았으나 이제 치두음은 ᄼ, ᅎ, ᅔ 으로 표기하도록 하고 정치음은 ᄾ, ᅐ, ᅕ 으로 표기하여 구별한다.凡齒音。齒頭則擧舌點齒。故其聲淺。整齒則擧舌點顎。故其聲深。我國齒聲ㅅㅈㅊ在齒頭整齒之間。于訓民正音。無齒頭整齒之別。今以齒頭爲ᄼᅎᅔ 。以整齒爲ᄾᅐᅕ 。以別之。"라고 하였으니 그 구별은 『사성통고』에서 비로소 생겼다고 보인다.

『사성통고』가 언제 된 것인지는 마치 모르되 정묘(1447) 9월 이후인 것만은 명확하고, 『사성통고』가 정묘 9월 후이니 언해는 더군다나 그 후인 것이 명확하다. 해례보다도 여러 해 뒤로서 예의는 말할 것도 없는데 예의나 해례의 대신으로 부회하는 그것이 본래 턱이 안 닿는 소리다.

2) 언해와 『월인석보』

그런데 이미 지적한 바와 같이 언해와 『월인석보』10)는 역주의 체재가

---

10) 『월인석보(月印釋譜)』: 세조 5년(1459) 『월인천강지곡』과 『석보상절』을 합편하여 총 25권 목판본으로 간행하였는데 『월인천강지곡』을 본문으로 삼아 먼저 제시하고 동일한 내용의 『석보상절』을 주석처럼 뒤에 덧붙였으나 내용이나 형식면에서 상당한 개고를 거쳤기 때문에 당시 표기법의 변화를 연구하는 데 매우 귀중한 자료이다. 세조 3년(1457)에 왕세자였던 도원군(桃源君)이 죽자 임금은 이를 애통히 여겨 부왕과 죽은 아들의 명복을 빌기 위하여 근 2년 동안에 걸쳐 증보, 수정하여 간행하였다. 세조의 명으로 당시 편찬에 종사한 사람은 신미(信眉), 수미(守眉), 설준(雪竣), 홍준(弘濬), 효운(曉雲), 지해(智海), 해초(海超), 사지(斯智), 학열(學悅), 학조(學祖) 등의 고승과 유학자인 김수온(金守溫) 등 11명이다. 『월인석보』 편찬은 세종 말엽에서 세조 초엽까지 양대에 걸친 약 13년 동안에 이룩된 사업으로, 석가 일대기의 결정판일 뿐만 아니라, 훈민정음 창제 이후 제일 먼저 나온 불경언해서이다. 『월인석보』에는 '구세디르(震吼, 4:11)', '넙조비(廣狹, 15:78)' 등 희귀 어휘들이 많이 보인다. 특히 『월인석보』 제1권 모두 <세종어제훈민정음> 언해본이 실려 있어 『훈민정음』 언해본의 이본 연구에 매우 중요한 역할을 한다.
원본이 완전히 전하지 않아 당초 몇 권으로 되어 있었는지 명확하지 못하나, 30권 이내였던 것으로 추정되고 있다. 현재 전하는 것은 원간본 1, 2, 7, 8, 9, 10, 11, 12, 13, 14, 15, 17, 18, 19, 20, 23, 24권과 중간본 및 복각본 권1, 2, 4, 7, 8, 21, 22, 23권인이 있

같고 내용의 문구가 공통될 뿐더러 판각의 형태까지도 서로 틀리지 않는다. 전자는 하나가 다른 하나를 모방하였다고도 볼 수 있지만 구태여 후자까지 하나가 다른 하나를 모방하였을 까닭은 없는 일이다.

이 문제를 해결하기 위하여는 두 가지의 가상을 전제하는 수밖에 없다. 즉 첫째는 『언해』나 『월인석보』가 동일한 사람의 저작이라는 것이요, 둘째는 단행본도 본래 『월인석보』의 덧붙여 간행附刊으로서 그 부분만을 뽑아 따로 성책한 것이라는 것이다.

본래 『월인석보』란 세조가 부왕의 친제인 『월인천강지곡』과 자기의 편찬인 『석보상절』을 합하여 만든 책이다. 희방사판목 제1권 첫머리에 언해를 얹은 것도 오직 옛 판목을 쫓은 것이지 선왕의 수택으로 된 그 책의 내용을 감히 건드리어 임의로 추가한 것은 아닐 것이다.

물론 그렇다고 해서 제목이나 본문에 '세종어제' 또는 '어제왈'의 몇 자를 첨입하는 것까지 불가능할 것은 없다. 그것은 오히려 복각자를 따라서 그 어떤 문구를 취하든지 자유로운 바다.

3) 현존본의 년대

혹자 제목에 세종의 묘호가 없음을 들어서 단행본이 세종 살아 계실 때에 간행한 것임을 입증하려고 하나 그 본시 일종의 궤론에 지나지 않

다. 중간본으로는 광해군 4년(1612), 효종 10년(1659), 영조 41년(1765)에 걸쳐 이루어졌다. 현재 전하는 것은 원간본과 중간본을 합하여 1, 2, 7, 8, 9, 10, 13, 14, 17, 18, 21, 22권 등 모두 12권인데, 이 중에서 권7(최남선 소장본), 권8(대동출판사 소장본), 권9, 10(동국대학교 소장본), 권17, 18(강원도 수타사 소장본)이 연세대학교 동방학연구소에서 『국고총간』제5, 6, 7로 1956년에 영인 간행되었고, 그 밖에 국어학회편 『고전선총』에 권1이 영인되어 있다. 권1, 2는 경상북도 영주의 희방사에 소장되었으나 소실되었고, 권13, 14, 23은 연세대학교 도서관 소장, 권21은 초간본 외에 경상북도 안동의 광흥사판과 충청남도 논산의 쌍계사판 등 2종이 있고, 권23은 낙질하여 63장 이후만 전한다. 완질이 24권으로 알려졌으나, 1995년 12월 전라남도 장흥 보림사에서 제25권이 발견되었다.

는다. 그것이 있는 본은 물론 세종 때의 간행이 아님에 틀림이 없지만은 그것이 없는 본이라고 해서 마치 세종 때의 간행이라는 것은 자못 의문이다.

더구나 단행본도 '·' 중성의 자형이 원점으로 되지 않고 비점으로 되어 있다. 이곧 세조 즉위 후의 간본임을 그 스스로 증명하는 점이다.

설사 언해가 애초부터 『월인석보』에 덧붙여 간행되지 않고 세종이 살아 계실 때에 단행본으로 나왔다고 하더라도 오늘의 단행본이 결코 그 원본일 수는 없다. 이상 모든 방면의 결론을 모아서 오늘의 단행본은 제일장에 대한 한 『월인석보』 초간본 권두에 덧붙여 간행되었으리라고 추정되는 원본도 아니요, 월인본이나 마찬가지로 다시 그 원본을 복각한 것이다.

물론 보사 이외의 부분에 있어 박씨본이 월인본보다 정확하나마 불행히도 중요한 제일장이 결락되고 안조贋造되어 있다. 비록 유감되는 바로되 융경 20년辛未年, 1571의 간기가 붙은 월인본을 언해의 최양본으로 치지 아니할 수 없다.

풀이 1 과연 소창씨의 『증정조선어학사』 제미항에는 궁내본이 사본임을 명기하여 저자의 추정이 그렇지 아니함을 확신하기에 이르렀다.

2 『석보상절』의 원본은 그 서문으로 미루어 정묘 7월 경에 완성된 것임으로 치두, 정치가 구별되기 전이다.

제5장 발표 후의 수정

제1절 자형

1. '·'의 합체

해례 제자해 결에는 "·듑은 하늘을 본떠서 소리가 가장 깊으니 둥근 모양이어서 탄환과 같네呑擬於天聲最深。所以圓形如彈丸。"라고 하였으니 ·중성의 자는 비점·이 아니요 본래 원점 ·이다. 또 다시 해례 제자해 결에는 "ㅗ洪는 하늘에서 나와서 또한 합闔이 되니 하늘이 둥근 것이 땅이 평평한 것을 아울러 취해네. ㅏ覃는 역시 하늘에서 나와서 이미 벽闢이 되니 사물에서 나와서 사람이 됨에 이르렀네. ㅗ 와 ㅏ는 처음 생긴 듯을 써서 그 원圓(둥금)을 하나로 하니 하늘에서 나와서 양이 되어서 원이 위와 밖에 있네, ㅛ欲와 ㅑ穰는 사람을 겸하였으니 재출이 되니 두 원을 꼴로 삼은 것이 그 뜻을 보였네. ㅜ君, ㅓ業, ㅕ彆, ㅗ洪가 땅에서 나온 것은 여덟으로서 절로 알 것이니 어찌 반드시 평가해야할 것인가? '·'가 여덟 소리에 두루 들어가서 글자가 된 것은 하늘의 작용이 두루 흘러가기 때문이네.洪出於天尙 闔問。象取天圓合地平。覃亦出天爲己闢。發於事物就人成。用初生義一其圓。出天爲陽在上外。欲穰兼

人寫再出。二圓寫形見其義。君業成彎出於地。據例自知何須評。吞之爲字貫八聲。唯天之用偏流行。"라 고 하였으니 'ㅗ, ㅏ, ㅜ, ㅓ, ㅛ, ㅑ, ㅠ, ㅕ' 등 8자의 상하 내지 좌우도 종횡의 획이 아니요 본래 'ㆍ'의 원점이 합체된 것이다.

그러나 해례 이외는 'ㅗ, ㅏ, ㅜ, ㅓ, ㅛ, ㅑ, ㅠ, ㅕ' 등의 상하좌우가 원점으로 되지 않고 전부 종횡의 획으로 되어 있다. 아마 해례가 발표된 직후에 그렇게 변정된 것이 아닌가 한다. 만일 그 종횡의 획을 원형과 같이 원점 그대로 둔다고 하면

    ㄱ) 서사에 심히 불편한 것.
    ㄴ) 인각印刻에도 마찬가지인 것.
    ㄷ) '워'의 'ㅓ' 자와 'ㅠ'의 'ㅠ' 자 등 혼란되기 쉬운 것.

등의 불편이 있다. 몇 가지의 불편을 고려하여 8자의 자형을 부득이 변개한 것이라고 보인다.

2. 'ㆍ'의 단독체

그런데 『세종실록』 병인(1446) 9월의 기록을 위시하여 <오대산사고본>의 『용비어천가』,[1] <국립도서관장본>의 『월인천강지곡』과 『석보상절』[2]

---

1) 『용비어천가』는 세종 27년(1445) 4월에 원고를 편찬하여 세종 29년(1447) 5월에 목판본 10권 5책으로 간행된 조선왕조의 창업을 송영한 노래책으로 모두 125장에 달하는 서사시로서, 한글로 엮은 책으로는 한국 최초의 것이다. 왕명에 따라 시에 새로이 제정된 한글을 처음으로 사용하여 정인지, 안지, 권제 등이 짓고, 성삼문, 박팽년, 이개 등이 주석하였으며, 정인지가 서문을 쓰고 최항이 발문을 썼다.
내용은 조선 건국의 유래가 유구함과 조상들의 성덕을 찬송하고, 태조의 창업이 천명에 따른 것임을 밝힌 다음 후세의 왕들에게 경계하여 왕업이 번영하기를 바라는 뜻으로 이루어져 있다. 매장 2행에 매행 4구로 되어 있으나, 1장이 3구이고 125장이 9구로 된 것만은 예외이다. 3장에서 109장까지는 대개 첫 절에 중국 역대 제왕의 위업을 칭송하였고,

등에는 'ㆍㆍ' 중성의 글자만이 원점으로 남아 있으니 아마 처음에는 합체의 'ㆍㆍ'만을 변개하고 단독체의 'ㆍ'까지를 변개하지 아니했던 것 같다. 상기 서적 중에는 그 당시의 원간본이 아닌 것도 있지만 그것은 원간본을 비교적 충실히 복각한 것이라고 해석할 수 있다.

그러나 세조 때에 간행된 불경언해에는 단독체의 'ㆍ'도 전부 비점으로 되었으니 아마 그 당시에 이르러 다시 그마저 변개된 것 같다. 물론

다음 절에 목조, 익조, 도조, 환조, 태조, 태종 등 6대 임금의 사적을 읊고 있다. 110장에서 124장까지는 <물망장(勿忘章)>이라 하여 후왕들에 대한 경계의 내용으로 이루어져 있다. 『용비어천가』의 형식은 『월인천강지곡』과 함께 쌍벽을 이루는 것으로, 원문 다음에 한역시와 언해를 달았다. 또 이 노래의 1, 2, 3, 4, 125장 등 5장에는 곡을 지어서 <치화평>, <취풍형>, <봉래의>, <여민락> 등의 악보(『세종실록』 권14 <악보>)를 만들고 조정의 연례악(宴禮樂)으로 사용하였다. 한글로 기록된 최고의 문헌으로서 15세기의 언어와 문학 연구에 중요한 사료가 되고 있다. 뿐만 아니라 주석 중의 여진, 왜 등에 관한 기록은 역사 연구에도 귀중한 자료를 제공하고 있다. 광해군 4년(1612), 효종 10년(1659), 영조 41년(1765)의 중간본이 있으나, 초간본은 권1~2가 서울대 규장각 가람문고 본이 남아 있고 그 전질이 전해지지 않는다. 현재의 전10권 중 계명대학교 소장본 권8~10의 3권은 보물 제1463-1호로, 서울역사박물관 소장본 권3~4의 2권은 보물 제1463-2호로, 서울대 규장각 한국학연구원 소장본 권1~2권은 보물 제1463-3호로, 고려대 중앙도서관 소장본 권 1~2, 7~8권은 보물 제1463-4호로 각각 지정되어 있다. 국어학 자료로 매우 소중한 운문 자료일 뿐만 아니라 한글로 표기된 당시 여진 지역과 북관 지역의 지명, 인명 자료는 유일한 자료이다.

2) 『석보상절(釋譜詳節)』: 조선 세종 때 수양대군이 왕명으로 석가의 일대기를 찬술한 불경 언해서로 세종 28년(1446) 세종의 비인 소헌왕후가 소천하자 그의 명복을 빌기 위하여 왕명으로 수양대군에게 석가의 전기를 엮게 하였다. 『석가보』, 『법화경』, 『지장경』, 『아미타경』, 『약사경』 등에서 뽑아 모은 글을 한글로 옮긴 책이다. 세종 29년(1447)에 완성한 것을 세종 31년(1449)에 간행하였다. 이 책은 조선 전기의 국어 연구에 귀중한 자료가 될 뿐만 아니라 다른 불경 언해서와는 달리 문장이 매우 유려한 산문체로 당시 국문학을 대표하는 유일한 작품으로 꼽히고 있다. 이 책에는 한문 원문이 없고 훈민정음으로 된 산문체는 언해문과 달리 구어체로 되어 있다. '꿋바리, 변조리던, 의좇, 모뺙' 등 희귀한 어휘도 많이 나타난다. 현재 전하는 것은 국립중앙도서관 소장 권6, 9, 13, 19의 초간본 4책(보물 523), 동국대학교 도서관 소장 권23, 24의 초간본 2책, 호암미술관 소장의 명종 15년(1560) 복각본 권11, 1979년 천병식 교수가 발견한 명종 15(1561)년 복각된 중간본 권3 등이 있다. 권6, 9, 13, 19는 1955~1957년에 한글학회에서 『한글』 통권 111~121호의 부록으로 15회에 걸쳐 영인하여 실었고, 권11도 1959년에 『어문학자료총간』 제1집으로 영인, 간행하였다. 『석보상절』은 호암미술관(보물 제523호), 국립중앙도서관, 동국대학교 도서관, 모산 심재완 교수, 아주대학교 천병식 교수 소장본이 전해 온다.

서사에는 아무래도 인각과 같이 정원(동그라미)의 형을 취하기 어려웠을 것으로 자연 비점과 가까움을 면하지 못했을 것이다. 대개 그 변개란 인각에서까지 서사체의 편의함을 취한 것으로 생각된다.[3]

하여튼 중성 11자 중 변형된 것이 9자다. 변형되지 아니한 것은 오직 'ㅡ, ㅣ'의 두 글자뿐이다.

제2절 순서

1. 초성자

예의나 해례에는 초성자의 순서를 'ㄱ, ㅋ, ㆁ, ㄷ, ㅌ, ㄴ, ㅂ, ㅍ, ㅁ, ㅈ, ㅊ, ㅅ, ㆆ, ㅇ, ㅎ, ㅇ, ㄹ, ㅿ'과 같이 『절운지장도』의 오음 배열 순서와 꼭 그대로 벌여놓았는데 최세진의 『훈몽자회』의 언문 자모에는 그 순서를 'ㄱ, ㄷ, ㄹ, ㅁ, ㅂ, ㅅ, ㆁ, ㅋ, ㅌ, ㅍ, ㅈ, ㅊ, ㅿ, ㅇ, ㅎ'과 같이 고쳤다. 홍계희洪啓禧, 1703~1771의 『삼운성휘』에는 'ㅋ, ㅌ, ㅍ, ㅈ, ㅊ'가 다시 'ㅈ, ㅊ, ㅌ, ㅋ, ㅍ'로 바뀌고 근래 세간에 통행되는 것은 'ㅈ, ㅊ, ㅌ, ㅋ, ㅍ'가 다시 'ㅈ, ㅊ, ㅋ, ㅌ, ㅍ'로 바뀐 것이다.

그러나 『사성통고』<범례>에는 "우리나라 치음 ㅅ, ㅈ, ㅊ음은 치두와 정치의 중간이다. 훈민정음에서 치두와 정치로 나누지 않았으나 이제 치두음은 ^, ^, ^으로 표기하도록 하고我國齒音ㅅㅈㅊ在齒頭整齒之間。於訓民正音。無

---

3) 서체의 변개 가운데 특히 'ᆞ'의 글자체가 둥근 점에서 단자체나 합자체 모두 둥근점에서 차츰 변개가 되었다. 『훈민정음』 해례와 『동국정운』에서는 모두 원점으로 사용되다가 『용비어천가』, 『석보상절』, 『월인천강지곡』, 『사리영응기』에서는 단자체 'ᆞ'와 합자체 'ㅣ'만 원점으로 그 밖의 합자체에는 방획으로 자체의 변형이 이루어졌다. 훈민정음 언해본 이후부터는 단자체나 합자체 모두 점획으로 바뀌었다.

齒頭整齒之別。今以齒頭爲ᄼ, ᄽ, ᄾ。整齒爲ᄉᄌᄎ以別之。"하여 한 곳도 아니요, 세 곳
씩이나 'ᄉ' 자를 'ᄌ' 자의 위로 끌어 올렸다. 이로 보아서 이미 발표 직
후 초성자의 순서를 변동한 것으로『훈몽자회』의 순서도 결코 최세진 그
개인의 개정은 아닌 것이라고 보인다.

2. 중성자

예의나 해례에는 중성자의 순서를 'ㆍ, ㅡ, ㅣ, ㅗ, ㅏ, ㅜ, ㅓ, ㅛ, ㅑ,
ㅠ, ㅕ'와 같이 벌려 놓았는데『훈몽자회』에는 그 순서 역시 'ㅏ, ㅑ, ㅓ,
ㅕ, ㅗ, ㅛ, ㅜ, ㅠ, ㅡ, ㅣ, ㆍ'와 같이 개정하였다.『삼운성휘』4)나 세간에
통행되는 것이나 모두『훈몽자회』와 동일하다. 그러나『사성통고』<범
례>에는 "대저 우리말의 음은 가볍고 얕으며 한어의 음은 무겁고 같은데
지금 훈민정음은 우리말의 음을 바탕으로 하여 만든 것이라. 만일에 한음
을 나타내는데 쓰려면 반드시 변화시켜서 써야지 곧 제대로 쓰일 수 있
다. 예를 들면 중성 가운데 'ㅏ, ㅑ, ㅓ, ㅕ' 등 장구음(평순음, 입술을 길게 벌려
내는 음)을 나타내는 모음 글자는 초성을 발음한 때의 입이 변하지 않고 ㅗ

---

4) 조선 영조 때 문신 홍계희(洪啓禧 : 1703~71)가 지은 운서. 3책. 목판본.『삼운통고(三韻
通考)』,『사성통해(四聲通解)』,『홍무정운(洪武正韻)』등의 운서를 참고로 했다. 음운학에
밝은 정충언(鄭忠彦)이 편찬을 도왔다.『삼운통고』와 같은 체재로 평성, 상성, 거성의 한
자를 한꺼번에 배열하는 3단체재이나, 우리나라 한자음을 존중하여 자모순으로 배열했다.
한자음 표기는 한글로 했으며 우리나라 한자음을 먼저 기록하고 중국음은 그 밑에 기록
했다. 중국 본토음은『사성통해』의 음을 따랐다. <범례>에는 한글자모 초성, 중성, 종성
을 그림으로 설명하고 입성은 부록으로 책 끝에 실었다. 자모는 일일이『훈민정음』예의
에 있는 한자를 들어 초·중성을 설명했고, 8종성은『훈몽자회』<범례>의 '초성종성통
용팔자'(初聲終聲通用八字)에 나온 한자를 들어 설명했다. 이 그림에서는 한글 자모의 배
열순서를 지금과 같은 'ㄱㄴㄷㄹㅁㅂㅅㅇㅈㅊㅋㅌㅍㅎㅏㅑㅓㅕㅗㅛㅜㅠㅡㅣ'로 놓았
고, 다른 모음과 결합하여 중모음을 만드는 'ㅣ'를 중중성(重中聲)이라고 했다. 영조가 명하
여 비각(秘閣)에서 간행되었다.

ㅛ ㅜ ㅠ 등 축구음(원순음, 입을 오므리고 내는 음)을 나타내는 모음 글자는 초성을 발음할 때 혀가 변하지 않으므로 한어 자음이 중성이 ㅏ일 때에는 ㅏ와 ·음 사이처럼 읽고(발음하고), ㅑ일 때는 ㅑ와 ·음 사이처럼 읽고, ㅓ면 ㅓ ㅡ 사이로, ㅕ면 ㅕ ㅡ 사이로, ㅛ면 ㅛ · 사이로, ㅜ면 ㅜ ㅡ 사이로, ㅠ면 ㅜ ㅡ 사이로, ·면 · ㅡ 사이로, ㅡ면 ㅡ · 사이로, ㅣ면 ㅣ ㅡ 사이로 읽어야 거의 한음에 맞게 된다.大抵本國之音輕而淺。中國之音重而深。今訓民正音出於本國之音。若用於漢音則必變而通之。乃得無礙。如中聲ㅏㅑㅓㅕ張口之子。初聲所發之口不發。ㅗㅛㅜㅠ縮口之字。則初聲所發之舌不發。故中聲爲ㅏ之字則讀如ㅏ·之間。爲ㅑ之字則讀如ㅑ·之間。ㅓ則ㅓㅡ之間。ㅕ則ㅕㅡ之間。ㅛ則ㅛ·之間。ㅜ則ㅜㅡ之間。ㅠ則ㅠㅡ之間。·則ㅡ之間。ㅡ則ㅡ·之間。ㅣ則ㅣㅡ之間。後然庶合中國之音矣。"라고 하여 오직 '·'가 'ㅡ, ㅣ'의 위로 올라 가있는 이외 완전 『훈몽자회』와 같은 순서를 취하였다. 이로 보아서 중성자의 순서도 그 당시 이미 개정된 것이 아주 명확한 터로 최세진은 오직 옛 순서를 쫓은 것에 지나지 않는 것이다.

제3절 한자음

1. 'ㄹ' 종성의 처리

해례 종성해에는 "입성인 별彆자와 같은 것도 종성에 마땅히 ㄷ을 써야 하나 속간의 습속으로는 ㄹ로 읽는데如入聲之彆字。終聲當用ㄷ。而俗習讀爲ㄹ。"이라고 하고 또 "ㄷ如볃爲彆。이라고 하였다. 즉 동음의 'ㄹ' 종성은 'ㄷ'의 잘못이라고 보아서 'ㄹ' 종성의 동음을 전부 'ㄷ' 종성으로 고쳐버리려고까지 하였던 모양이다.

그러나 『동국정운』 서문에는 "質(질)운 勿(물)운 등은 마땅히 단모 ㄷ으로 종성을 삼아야 하는데 습속으로 래모 ㄹ로 종성을 삼고 있으니 그 음이 느려져서 입성으로 마땅치 않으니 質勿緒韻宜以端母爲終聲。而俗用來母。其聲徐緩。不宜入聲。"라고 하고 또 "또 質(질)운과 勿(물)운과 같은 운미는 영모(ㆆ)로 래來(ㄹ)모를 보충하는 습속을 바탕으로 해서 바로 잡으니. 又於質勿諸韻。以影補來。因俗歸正。"라고 하였다. 즉 'ㄹ' 종성은 물론 'ㄷ' 종성의 잘못이나 속습을 다시 참작하여 'ㄹ' 종성 옆에 'ㆆ'로써 보충한다는 말이다. 전일 'ㄷ' 종성으로 전부 고치려든 것보다는 'ㄹㆆ'의 병서도 훨씬 완화한 수단이다. 병인 9월에서 정묘 9월까지 만 1년 동안에 이만한 변개가 생긴 것이다.

2. 'ㅇ' 종성의 생략

본래 우리말의 표기는 편법 자체를 쫓아서 'ㅇ' 종성을 생략하지만은 한자의 주음은 원칙 자체를 쫓아서 그것을 생략하지 않는다. 그 당시의 문헌에서 꼭 그렇다고 설명하여 놓은 것은 아니지만 『월인석보』 등의 용례 자체가 스스로 증거를 들어 주는 바다.

그러나 『사성통고』 <범례>에는 "무릇 자음은 반드시 종성이 있어야 하니, 예를 들면 평성의 支(지), 齊(제), 魚(어), 模(모), 皆(개), 灰(회)운들의 글자는 마땅히 후음이 ㅇ으로 종성을 삼아야 하는데 지금 그렇게 하지 않는 것은 아, 설, 순음으로 된 종성(-p, -t, -k)처럼 뚜렷하게 되지 않기 때문이며, 또 비록 ㅇ으로 보충하지 않더라도 저절로 음을 이루기 때문이다. 상, 거성의 여러 운도 마찬가지이다. 凡字音必有終聲。如平聲支齊魚模皆灰等韻之字。當以喉音ㅇ爲終聲。而今不爾者。以其非如牙舌脣終之爲明白。且雖不以ㅇ補之。而自成音爾。上去諸韻同。"라고 하였다. 이 <범례>대로 되었을 『사성통고』는 한자음에도 불구하고 'ㅇ' 종성이 우리말이나 마찬가지로 생략되었을 것임에 틀림이 없다. 물론 『월인석보』 등은 동음(우리음)임에 대하여 『사성통고』는 한음에 관한 것이므로 다소 차이가 없지 않지만 동음에 원칙 자체가 사용됨에 미루어 애초에는 한음에도 원칙 자체를 사용하려고 하였던 것 같다. 우리말에는 벌써부터 'ㅇ' 종성을 생략한 것을 새삼스럽게 거기에 대하여 설명하는 것만 보더라도 본래의 용법을 변개한 까닭이 아닐까 한다.

제4절 문자

1. 우리말

예의에는 초성 17자와 중성 11자로 합하여 28자다. 그 이외는 오직 초성자나 중성자의 병서와 연서로 문자를 만들었다.

그런데 중성에는 있어 'ㅣ'의 기음起音으로 된 자는 애초부터 'ㅛ, ㅑ, ㅠ, ㅖ'와 같이 따로 제자 되어 보통의 합용으로 간고하지 아니하였으니 그 자체 그러한 중성에 대하여는 오직 'ㅛ, ㅑ, ㅠ, ㅕ'의 넉자로 제자한 것임에 틀림이 없다. 또 연서란 오직 초성의 특례일 뿐이 아니라 순경 그 한 음의 특례로서 아무 데나 적용하여 새로운 문자를 만드려는 것이냐 하면 결코 그런 것은 아니다.

그러나 해례 합자해에는 "ㅣ에서 일어나는 ·와 ― 의 소리는 우리말에 쓰이지 않는다. 그러나 아이들 말이나 변두리 말에 간혹 있으며 이 경우에는 두 글자를 합하여 쓰는데 'ㄱ'와 'ㄱ' 따위와 같다. 이들 글자를 적을 때 먼저 세로로 그은 다음 가로로 긋는 것은 다른 글자와 다르다. ·起ㅣ聲。於國語無用。兒童之言邊野之語或有之。當合二字而用。如ㄱㄱ之類。其先縱後橫與他不同。"라고 하여 'ㅣ'의 기음으로 된 두 개의 중성을 완전 파격적으로 만들기에 이르렀다.

또 동 합자해에는 "반설음은 가볍고 무거운 두 가지 소리가 있다. 그러나 『운회』의 자모에는 반설음이 오직 하나이고 또 우리말에서도 비록 가벼움과 무거움輕重을 구분하지 않더라도 모두 소리를 이룰 수가 있다. 만일 우리말에 가벼운 반설음과 무거운 반설음을 갖추어 쓰려면 순경음의 예에 따라서 ㅇ을 ㄹ의 연서 아래에 이어서 쓰면 반설경음 ᄛ이 되는데 이를 소리 낼 때에는 혀가 윗입천장에 잠깐 닿는다.半舌有輕重二音。 然韻書字母唯一。且國語雖不分輕重。皆得聲音。若欲備用。則依脣輕例。連書ㄹ下爲半舌輕音。舌乍附上腭。"라고 하여 연서 초성의 또 하나를 늘였다. 물론 그 모든 자는 실용의 가치가 없다고 하여 오직 그 음을 갖추어 두는 데 지나지 않지만 확실히 예의가 발표된 후 일종 문자가 증가된 것이다. 그 물론 28자 중의 글자를 다시 병서나 연서로 만든 것이라 하더라도 보통의 합용병서와는 근본적으로 다르다.

2. 한자음

『동국정운』 서문에서는 설두·설상, 순중·순경, 치두·정치의 구별이 동음(우리나라 한자음)으로서 전부 필요치 않다고 하였는데 예의에는 순경음이 들어 있다. 그것은 그 당시 우리말에 'ㅸ' 초성이 필요한 관계도 있었으려니와 '蕭(소), 肴(효), 豪(호), 尤(우)' 등의 한자음에는 'ㅱ' 종성이 필요한 관계로 있었으리라고 추측된다. 그러나 순경음은 실지 사용된 것으로 오직 상기의 2자 뿐이다. 'ㆄ, ㅹ'는 쓰는 것인지 안 쓰는 것인지가 명백치 못 하다.

그 후 『사성통고』 <범례>에서 치음자의 좌장우장을 가져 치두와 정치를 구별한다고 하였으며, 또 『홍무정운역훈』 서문에서 설상 4모와 순경의 차청 1모만을 쓰지 않는다고 하여 'ㅹ'의 일음도 실용권 안으로 들어 왔다. 즉 한음으로 인하여 치음의 4자와 순경의 1자가 늘어난 것이나 실상 우리의 치음과 한음의 양 종 치음으로 치음을 합하면 3종이 되어 결국 9자가 늘어난 셈이다.[5]

5) 『훈민정음』 해례에서 우리말과 한자음을 포함한 외래어 표기에 사용될 수 있는 초성을 40여 자 제시하였으나 예의에서는 제한된 17자만을 제한적 음소문자로 규정하였다.

제6장 실용을 위한 여러 정책

제1절 언문청과 정음청

1. 언문청의 기록

『세종실록』28년(1446) 병인 11월에_{114권 18장}에 "『태조실록』을 내전에 들여오기를 명하고, 드디어 언문청을 설치하여 사적을 상고해서 용비시龍飛詩를 첨입하게 하니, 춘추관에서 아뢰기를, 『실록』은 사관이 아니면 볼 수가 없는 것이며, 또 언문청은 얕아서 드러나게 되고 외부 사람의 출입이 무상하니, 신 등은 매우 옳지 못하다고 여긴다고 하였다. 임금이 즉시 명령하여 내전에 들여오게 하는 것을 중단하고, 춘추관 기주관 어효첨魚孝瞻, 1405~1475과 기사관 양성지梁誠之, 1415~1482로 하여금 초록하여 바치게 하였다.命太祖實錄入于內。遂置諺文廳。考事迹。添入龍飛詩。春秋館啓。實錄非史官不得見。且諺文廳淺露。外人出入無常。臣等深以爲不可。上卽命還入內。令春秋館記注官魚孝瞻，記注官梁誠之。抄錄以進。" 라고 하였고 동 실록 세종 29년(1447) 정묘 7월에_{117권 1장}에 "의정부에 전지하기를, 언문청과 『의방찬집醫方撰集』 서사인, 별시위, 충순위, 내직원, 사준원은 서찰에 공로가 있으므로 별도로 주고자 하는데 어떠할까. 각 관아의

이전으로서 이러한 자에게는 별사를 주는 것이 전례이다.傳旨議政府。諺文廳及

醫方撰集書寫別侍衛忠順衛司直司尊院有勞於書札。欲給別到何如。各司吏典之如此者。其給別仕例也。"

라고 하였는데 『용재총화』권7에도 "세종이 언문청을 설치하였다世宗設諺文

廳"라고 하여 실록의 기록과 부합된다. 이로 본다면 세종은 훈민정음을

발표한 후에 다시 언문청을 설치하고 훈민정음에 대한 사업을 진행하였

던 것이라고 추측된다.

강희맹의 <최항묘지>『태허정집』에서는 "세종이 서문을 창제하신 후에

궁중에 기관을 설치하여世宗創制諺文。開局禁中"라고 하였는데 임원준의 『보한

재집』 서문에도 똑같은 문구를 썼고 또 그가 신숙주의 행장에서는 "세종

이 언문 자모 28자를 창제하신 후 궁중에 기관을 설치하여 문신을 뽑아

언문 관계 서적을 편찬할 때 공이 임금의 재가를 받았다.御製諺文字二十八字。

設局於禁中。擇文臣撰定。公實承睿裁"라고 하였는데 이파李坡, 1434~1486의 신숙주 묘

지명과 이승소李承召, 1422~1484의 신숙주 비명 등에도 대동소이한 말을 하였

다. 이로 본다면 세종이 궁궐 안禁內에 언문청을 설치하고 최항, 신숙주

등으로 하여금 그 일을 맡아 보게 한 것이라고 추측된다.

그렇다면 『세종실록』 세종 26년(1444) 갑자 2월에 최항, 박팽년, 신숙주,

이선로, 이개, 강희안에게 명하여 의사청議事廳에 나가서 『운회』를 언문으

로 번역하게 한 것이 곧 언문청 설치에 대한 기록일 것이다. 의사청은 물

론 금내禁內요, 또 최항, 신숙주 등이 바로 그 사람들이다. 『세종실록』 31

년(1449) 3월에123권 27장 세종의 하교 중에 "내가 본디 현로를 알지 못하였

는데, 언문청을 처음 실시할 때에 현로도 참여하여 비로소 알았다.予本不知

賢老。初置諺文廳時。賢老亦與焉。乃始知之"라고 한 구절이 있다. 여기의 현로는 이

현로李善老, ?~1453로 곧 상기 나의 논증에 대한 한 방증이다. 단지 동 실록

세종 26년(1444) 갑자 8월에는 "동궁이 의사청議事廳에 나와서 김종서, 이숙

치, 정인지 등을 인견하고 공법과 수세의 많고 적음을 의논하니東宮出議事

廳。引見李叔時鄭麟趾。議貢法收稅多寡。"라고 하여 의사청은 의사청대로 여전히 나타나고 있다. 의사청의 간각間閣이 많아서 그 일부만을 언문청으로 사용한 것인지 처음에는 의사청을 임시로 쓰다가 딴 청사로 옮긴 것인지 도무지 알 수 없다. 아니 그보다도 언문청의 관제나 장임掌任한 바나 또는 그 하회下回에 대해서 완전 기록된 것이 없다. 자못 괴이한 일이다.

2. 정음청의 기록

『문종실록』4권 34청의 문종 2년(1450) 경오 10월에는 도승지 이계전李季甸, 1404~1459 좌승지 정이한鄭而漢, ?~1453과 문답 중 "좌우의 세력이 커졌다고 함은 무엇을 이름인가"하니 대답하기를 "따로 정음청을 설치하여 환관으로 하여금 맡아보게 하고何謂左右勢張。對曰別設正音廳。使宦官掌之。"라고 하였고 또 동 년 12월에는5권 19장에 "임금이 승정원에 이르기를, 근일에 정음청에서 『소학』을 인쇄하기를 마쳤으니, 그 주자는 마땅히 주자소에 내려 주어야 한다. 그러나 들으니 본소가 좁아서 갈무리할 만한 곳이 없다고 하니, 그대로 정음청에 두고 주자소의 관리로 하여금 왕래하면서 감독하고 맡아 보게 하는 것이 어떠하겠는가하니, 도승지 이계전이 말하기를, 한 곳에 합하여 두는 것이 마땅하며, 두 곳에 나누어 두고 왕래하면서 이를 맡아보게 할 수는 없습니다고 하니, 우승지 정창손이 가서 편한지 편하지 않은지를 살펴보고, 마침내 주자소에 다 돌려주었다.上謂承政院曰。近日正音廳。畢印『小學』。其鑄字當下鑄字所。然聞本所窄狹。無可藏之處。仍置正音廳。令鑄字所官吏往來監掌。何如。都承旨李季甸對曰。宜合置一處。不可分兩所。往來掌之。右承旨鄭昌孫。往審便否。竟盡還鑄字所。"라고 하고 또 같은 달에는 "상의원 제조 정분과 군기감 제조 이사임에게 명하여 공장工匠을 거느리고 정음청에서 중국 체제의 갑옷을 만드는 것을 감독하게 하였다命尙衣院提調鄭苯。軍器監提調李思任。領工匠。造唐體甲于正音廳。"라고 하고 또 같은 달에 참찬관 이계전 계사 중 "정음청의 일은 대간에서 이를 말하였고, 대신도 또한 이를 말하였습니다. 이제 곧 이를 혁파하여 주자 소에 내보내니 사람들이 모두 기뻐합니다. 그러나 사람들이 말하기를, 정음청의 간각間閣이 많고 또 견고하니, 무용의 장소를 만들지 말고 이곳에다 다른 일을 다시 시작하는 것이 마땅하다고 합니다. 이제 과연 상의원과 군기감으로 하여금 여기에 모이게 하여 갑옷을 만든다면, 신은 생각건대 국가에서 비록 무사한 날을 당하더라도 병기와 갑옷은 정련하지 아니할 수 없는 것인데, 하물며 대적이 국경에 임한다는 보고가 있으니 병기와 갑옷 만드는 일을 늦출 수가 있겠습니까?正音廳之事。臺諫已言之。大臣亦言之。今乃罷之。出諸鑄字所。人皆喜焉。然人言曰正音廳間閣多。且牢堅。終不爲無用之地。行當復起他事於此矣。今果令尙衣院軍器監聚合於此造甲云云。"라고 하였다. 이로써 정음청이란 것이 있었고 거기서 『소학』을 인간하였고 또 그 뒤 갑의甲衣의 제조처로 바뀐 것만은 알 수 있다.

『소학』은 물론 한적의 『소학』임에 틀림이 없으나 하필 어째서 정음청에서 『소학』을 인간하였던지 모를 일이다. 만약에 주자소나 마찬가지로 활자를 두어 서적이나 인간하는 곳이라면 왜 하필 정음청이라고 이름 지었을지 그 역시 모를 일이다.

그런데 서거정의 <최항비명>에는『태허정집』 "영능(세종)의 명을 받은 신하 김문, 김구, 공 등은 『소학』과 오경 구결을 찬정하였다.英陵命臣金汶金鉤及公等。定小學四書五經口訣。"라고 하였다. 혹 그 『소학』이 훈민정음으로 구결을 단 소학인가고도 의심이 든다.

또 『정종실록』 정종 원(1399)년 기묘 10월 설장수偰長壽, 1341~1399의 이야기 2권 14장에 "찬술한 『직해소학』이 세상에 간행되었고所著直解小學行于世"라고 하고 『세종실록』 세종 16년(1434) 갑인 4월에 "요동인이 소학직해를 보고 찬탄하며 다른 책들과 바꾸려고 하는 자가 많았다遼東人見小學直解。嘆美。欲以他

書換之者多矣"라고 하여『직해소학』을 '소학직해'로 썼는데『세종실록』세종 23년(1441) 신유 8월 민광의閔光義 등의 상언에는 "판삼사 설장수가 화어華語로써 소학을 해석하고 이름하기를 직해라 하여 후세에 전하였는데判三司偰長壽乃以華語解釋小學。名曰直解。以傳諸後。"라고 하고『성종실록』성종 14년(1483) 계묘 9월에는 "두목 갈귀葛貴가『직해소학』을 보고 말하기를, 반역反譯이 매우 좋으나 간혹 고어가 있어서 시용時用에 맞지 아니하고, 또 관화官話가 아니므로 알아듣는 사람이 없을 것이니, 위의 소학 한 건을 부사에게 보내어 나로 하여금 개정하게 하면, 내가 마땅히 연경에 가지고 가서 질문하여 보내겠다.頭目葛貴見直解小學曰。反譯甚好。而間有古語。不合時用。且不是官話。無人認聽。右小學一件送副使處。令我改正。"라고 하여 그 책을 다시 직해 또는 소학으로 약칭하였다. 혹 그『소학』이 훈민정음으로 주음한『직해소학』인가고도 의심이 든다.

하여튼 그 당시에 정음이라고 이름지은 것을 보건덴 훈민정음과 관련이 완전 없을 것 같지는 않다. 주자를 두었다는 것으로써 혹 주자소와 같은 것으로도 생각되겠지만 그것은 최만리 등의 반대 상소에 "공장 수십 인을 모아서 이를 새겨 급히 널리 세상에 퍼뜨리려하고 있으니聚工匠數十人劇欲刻之。劇欲廣布"라는 말을 들어서 언문청에도 따로 인각의 시설을 가졌던 것으로 정음청에서도 그와 같이 따로 주자의 시설을 가졌다고 볼 수 없지 않다.[1] 그런데『단종실록』문종 2년(1452) 임신 5월에는 "사약司鑰 가운수可雲秀가 승직陞職이 되지 못한 것을 불평 불만하여 세조를 가리켜 헐뜯고, 정음청을 비난하였다. 서원 김여산金麗山이 듣고 정원에 고하니, 의금부에 계하啓下하여 국문하고 장 1백 대를 때리고 유배 이천 리를 속贖받았다.司鑰可雲秀以不得陞職快快。指斥世祖。謗訕正音廳。金麗山聞之。告于政院。啓下義禁府鞫之。杖一

---

1) 이숭녕,『혁신국어학사』, 박영사, 17~40쪽 참조. 1976. "세종의 비밀 유지 사설기관", "정음청은 과연 한글 연구의 아카데미기관인가?" 두 편을 참조.

百贖流二千里”라고 하고 동 년 11월에는 “정음청을 파했다罷正音廳”라고 하였다. 이미 전전년에 갑의의 제조처로 되어 버린 정음청을 또다시 혁파하였다니 주자를 시설하였던 일부만을 당의唐衣 제조처로 만들었고 정음청은 그대로 남아 있는 것인지 또 본래의 정음청이 아니요 그곳 갑옷 만드는 곳甲衣製造處을 가리키는 것인지 모든 것이 불분명하다.

그러나 전일의 정음청에서 갑의를 만든다고 하기로 그 혁파를 “정음청을 혁파하다罷正音廳”라고 기록하였을리는 만무하다. 후자보다 전자로 추정하는 편이 타당할 것으로 보인다.

3. 집현전과의 관계

본래 세종 26년(1444) 갑자 2월 의사청에 『운회』를 번역하러 모인 여러 신하 가운데 오직 강희안이 돈녕주부인 외에는 전부 집현전의 관원들이요, 정인지의 서문으로 보아 병인1446년 9월 해례가 만들어질 때까지도 그들의 관직은 교리였던 최항이 응교로 되고 부수찬 신숙주가 부교리로 된 것이 다를 뿐이지 역시 마찬가지다. 요컨댄 언문청이란 집현전과 같은 관아는 아니다. 오직 집현전의 직함을 가진 일부의 사람을 중심 삼아 일청을 구성한 것에 지나지 않는다.

서거정의 『필원잡기』2)1권에는 세종 때의 이야기로 “유신에게 명하여 부서를 나누어 여러 책을 편찬하게 하였으니, 『고려사』, 『치평요람』, 『병요』, 『언문』, 『운서』, 『오례의』, 『사서오경음해』 등이 동시에 편찬되었는데, 모두 왕의 재결을 거쳐서 이룩되었다.命儒臣分局撰次諸書。曰高麗史。曰治平要

---

2) 성종 18년(1487)) 서거정(徐居正)이 역사에 누락된 사실과 조야(朝野)의 한담(閑譚)을 소재로 서술한 수필집. 2권 1책. 조선 초기의 인정과 풍물을 파악하는 데 귀중한 자료가 되며, 『태평한화골계전(太平閑話滑稽傳)』과 함께 설화문학의 훌륭한 작품으로 평가받고 있다.

覽。曰兵要。曰諺文。曰韻書。曰五禮儀。曰四書五經音解。同時撰修。皆經睿裁成書。"라고 하였으니 언문청이란 것도 그 분국의 하나인 증거다.

『세조실록』 세조 원(1456)년 병자 정월에는 "집현전에 전교하기를, 이제 명나라 사신이 오면 국가에 일이 많으니, 『명황계감』3)은 본전에 나아가 주를 내되 별도로 개국하지 말며傅于集賢殿曰。今明使出來。國家多事。明皇誠鑑就本殿出註。勿別開局。"라고 하였으니 그 당시 한 서적을 편찬할 때는 집현전을 중심으로 별국을 설치하였던 증거다. 본래 언문청을 강희맹 등으로 하여금 설명하라면 '개국開局'이나 '설국設局'이다. 서거정이 여러 서적 찬수에 대하여 분국分局라고 말하고 세조가 『명황계감』의 출주出注에 대하여 "별도로 개국하지 말라勿別開局"라고 말씀한 것보다 더 다른 성질의 것이 아니다.

『중종실록』 원년(1506) 병인 12월에 대사헌 이계맹李繼孟, 1458~1523, 집의 성윤조成允祖, 1459~1503, 장령 김언평金彦平, ?~1514, 지평 송흠宋欽, 1459~1547 등의 계사 중에 "대저 도감이라 일컬으면 1품 아문이 되므로 반드시 첩정이라는 공문으로 통지하고 청이라 일컬으면 1품 아문이 아니므로 관자로써 서로 통하게 되어 있기 때문에 일찍이 관자로 통지하였으며大抵稱都監。則爲一品衙門。必牒呈相通。稱廳。則非一品衙門。以關字相通。"라는 말이 있다. 즉 청廳은 도감과 같이 흔히 임시 설치한 관아를 일컫는 말로서 단지 도감보다 품위가 낮은 아문인 것이다. 또 『연산일기』 연산 5년(1499) 기미 2월에 "홍귀달이 아뢰기를, 『국조보감』은 선왕의 가언嘉言과 선정을 기록한 책인데, 문종 이상은 찬술되었지만 성종 이상은 아직 찬집되지 못하였으므로 신이 전일 이러한 뜻으로써 주달하였더니 전교하기를 실록의 일을 마친 후에 시작하라고 하셨습니다. 지금 실록을 이미 마쳤사오니 청컨대 홍문관으로

---

3) 세종(世宗)이 당명황(唐明皇)의 고사(故事)를 책으로 엮은 것으로 성종 18년(1477)에 언해가 완성되어 간행하였다. 현재 전하지는 않고 〈동문선(東文選)〉 권95에 실린 서문으로 그 내용을 짐작할 수 있다.

하여금 실록청에서 사용하고 남은 종이로서 초록하여 『국조보감』을 속편하도록 하심이 어떠하옵니까라고 하니, 전교하기를 가하다 하였다.洪貴達啓。國朝寶鑑載先王之嘉言善政也。而文宗以上已撰。而成宗已上時末撰集。臣前以此言啓之。傳曰實錄事畢後爲之。今則實錄已畢。請令弘文館實錄廳。用竹紙出草。以續國朝寶鑑何如。傳曰可。"라는 말이 있다. 즉 실록을 편찬하기 위하여 임시로 설치한 관아와 같은 것을 청廳으로 일컫는 등의 예이다. 그러나 『필원잡기』에는 "세종은 문치에 힘을 쏟고 경자년에 집현전을 설치하여 문사 18인을 선발하였으며 후에 30명으로 증원하고 또 20인으로 개정하였으며 18인과 경연을 하였다世宗勵精文治。歲庚子始置集賢殿。選文士十八充之。後增三十員。又改二十員。十八帶經筵。十八帶書筵。"라고 하였고 『동국여지승람』 <홍문관> 항권2 아래는 성종 때의 이야기로 "별도로 옛 서연청에 예문관을 설치하였다.別置藝文館於古書筵廳。"라고 하였고 『용제총화』에는 세조 때의 이야기로 "경연청에 동궁이 들게 하였다經廳入處東宮。"라고 하였다. 경연이나 서연이 열리던 청사도 청廳으로 일컫은 것이니 의사청의 청도 물론 그러한 의미라고 추측된다. 본래 『세종실록』 갑자 2월의 기록으로 보아서는 최항 등에게 명하여 언문으로 『운회』를 번역시키는데 동궁 이하 진양, 안평의 양 대군으로 하여금 그 일을 감장케 하였다. 다른 서적을 찬수하는 곳과 달리 거기는 동궁이 담당하고 있으므로 드디어 청이라고 잃컬었던지도 모른다. 하여튼 언문청이 집현전을 중심 삼아서 별개로 개국한 것임은 틀림이 없다. 정음청도 필시 세종 말년 문종 초년에 있어 그러한 개국 중의 하나였을 것으로 오직 그것은 유신이 아니요, 환관들로 담당시켰던 것인듯 하다.

4. 연산의 언문청

『중종실록』 중종 원년(1506) 병인 9월에는 "언문청을 혁파하다.革諺文廳"의 넉자가 쓰이어 있다. 이 기록으로 미루어서는 언문청의 문종, 단종, 세조, 예종, 성종, 연산군의 6왕대를 거쳐 중종 때 비로소 없어진 것으로 볼 수밖에 없다. 그러나 이정형李廷馨, 1549~1607의 『동각잡기』에는 연산주에 대하여 "연산군이 마음대로 음탕과 포학을 자행할 때에 어떤 사람이 언문諺文으로 연산군의 죄악을 거리에 방을 붙였다. 어떤 사람이 고하니, 연산군이 그것은 당시에 죄를 입은 자의 친당들의 소행이라고 지목하여 귀양 간 사람들을 다 체포하여 고문이 혹독하였고 또 서울과 시골에 언문을 배우고 익히는 것을 금지하였다.主方肆淫虐。有人以諺文書其惡貼于街路。主指爲其時被罪者親黨所爲。盡逮捕竄配之人。栲椋慘酷。且禁中外毋習諺文。"라고 하였다. 성균관, 사간원, 홍문관 등을 일절로 철폐하여 버린 연산주로서 더구나 중외中外의 학습을 금하였는데 언문에 대해서만 하나의 청廳의 엄연한 기관을 그대로 존치하였을 까닭이 없다.

또 설사 요행으로 연산주 대를 무사히 지내 왔다고 한들 중종이 반정 벽두부터 혁파하였다는 것은 확실히 불가사의한 일이다. 인심 수습상 연산주의 황폐한 정사를 교정하고 그와 관련된 모든 시설을 없앴다는 것은 모르거니와 선 왕조로부터 전래한 언문청을 없애기가 그렇게 급할 까닭은 없다.

상기 두 가지의 이유에 따라서 이 언문청의 정체는 모르나마 오직 옛 언문청이 아닐 것만은 명백하다. 중종이 반정 후 흥청興淸, 운평運平 등의 제도와 함께 없앤 것으로만 보건댄 혹시 그 황폐한 정사의 한 시설이 아니었을까 한다.

언문 : 여기서 언문이라고 말한 것은 찬차 제서의 의미로 미루어 언문에 대한 저서로 즉 해례를 가리키는 것이지 결코 문자 그 자체를 가리키는 것은 아닐 것이다.

2 『고려사』<백관지>에 "또 도감각색(都監各色)을 일로 인하여 배치하니, 일이 이미 끝나면 파했는데, 간혹 일이 이루어 졌더라도 파하지 않은 경우도 있다.(且都監各色因事而置° 事已則罷° 或遂置而不罷。)"라고 하였다.

제2절 각종 서적의 편찬

1. 현존의 서적

1)『훈민정음』

3종의 『훈민정음』 중 곧 해례를 지적하는 것으로서 '훈민정음'이 발표된 이후 제일 먼저 세간에 나온 책이요, 또 거기에 대해 해석한 저서다. 어느 점으로 보든지 귀중한 문헌이다. 그러나 무오간 『예부운략』[4]에서 정인지 등의 해례가 있음을 명기하였음에 불구하고 훈민정음에 대한 해설이 해례를 완전 알지 못 한 사람의 말이니 결국 그것이 있는 줄만 알았지 얻어 본 것은 아니다. 이 『예부운략』의 부록은 최석정의 손으로 된 것이라고 추정되는데 그 이후로 신경준申景濬, 1712~1781, 박성원朴聖源, 1697~1787, 홍계희洪啓禧, 1703~1771 등의 여러 학자들은 행여 그 존재까지도 몰랐던 것

---

4) 『예부운략(禮部韻略)』: 중국 송나라 정도(丁度)가 지은 『배자예부운략』이 우리나라에는 고려 때부터 애용되었으며 조선 중기 이후에는 이 『배자예부운략』의 체재를 개편한 『삼운통고』도 널리 애용되었으나 이를 중국 자음과 한국 자음을 한글로 표기하여 보완한 박성원의 『화동정음통석운고』(1747)가 생겨날 정도로 큰 영향을 주었다. 국내판으로 가장 오랜 것은 세조 10년(1464)의 간기를 가진 복각본이다. 이 복각본에 있는 '大德庚子'(고려 충렬왕 26년(1300)는 원나라 판이다. 이 밖에 중종 19년(1524) 등 많은 중간본들이 현존하고 있다. 이들 중에는 옥편을 덧붙여 『신간배자예부운략옥편』이라 한 책도 있다.

으로 보인다.

이렇게 실전된 지 오랜 귀중한 문헌이 출현되었다는 것은 실로 흔쾌한 일이다.5)

2) 『용비어천가』

『세종실록』세종 27년(1445) 을축 4월(108권 5장)에 권제, 정인지, 안지 등이 『용비어천가』10권을 바쳤다고 하였고 동 년 부 정인지의 서문에는 "삼 가 세상 사람들이 칭송하는 말을 모아서 125장의 시를 찬하니 먼저 옛 제왕들의 자취를 쓰고 다음에 우리나라 왕실 조상의 일을 기술했습니다. 태조, 태종께서 즉위한 이후의 어질고 착한 정치에 대해서는 말하지 않았 습니다. 다만 임금이 되기 이전에 덕행과 일을 모아 여러 성인들이 나라 의 기틀을 닦음이 오래 되었다는 그 근본을 캐어 추구해보고 또 그 진실 한 덕을 가리켜 보이고 반복하여 읊어서 왕업의 어려움을 드러내 보이려 고 했습니다. 이렇게 하여 그 노래를 풀어서 해설한 시를 지으니謹採民俗稱 頌之言。撰歌詩一百二十五章。先敍古昔帝王之迹。次述我朝祖宗之事。而太祖太宗卽位以後。深仁善政 則莫罄名言。只撮潛邸時得行事業。推本列聖肇基之遠。指陳實德。反複詠歎。以著王業之艱難。仍繹其 歌。以作解詩。"라고 하였다. 이로 미루어 그 책의 주요한 저자와 내용을 함 께 알 수가 있을 것이다. 그런데 『세종실록』세종 28년(1446) 병인 11월에 는 『태조실록』을 들려다가 언문청에 두고 그 사적을 상고해서 용비시에 첨입한다고 하였을 뿐 아니라 권말에는 세종 29년(1447) 정묘에 쓴 최항의 발이 붙어 있다. 이로 미루어 을축(1445)에 일단 탈고된 것을 다시 병인, 정 묘 두 해 동안 언문청으로 하여금 수정하게 한 것이 사실이다.

---

5) 정동유(鄭東愈, 1744~1808)『주영편(晝永編)』<여족재좌사선지서>에 정동유의 아들인 정우용이 "나는 여러 해 동안 『훈민정음』을 찾아서 굶주리고 목마른 이보다 훨씬 더 심 하게 헤맸으나 끝내 찾지 못하였네"라는 기록도 있다.

『세종실록』 29년(1447) 정묘 10월에 "『용비어천가』 550본을 군신들에게 나누어 주었다賜龍飛御天歌五百五十本于群臣。"라고 하였다. 최항崔沆, ?~1257이 발을 쓴 바로 그 해에야 비로소 인간되었던 것이다. 혹 『용비어천가』를 을축에 나온 것으로 속단하여 『훈민정음』보다도 먼저 발표되었다고 말하나 그것은 이중의 착오다. 첫째, 을축(1445)에 완성되었다고 하더라도 계해(1443)보다는 2년 후요, 둘째, 실상은 정묘(1447)에 완성된 것이므로 해례보다도 1년 후다.

3) 『석보상절』

수양군의 『석보상절』 서문에는 "추천을 위해 여러 경전에서 발췌하여 별도의 한 책을 만들어 이름을 『석보상절』이라 하였다.頃因追薦。爰采諸經。別爲一書。名之曰釋譜詳節。"라 하고 『세조어제월인석보』 서문에는 "옛날 병인(1466)년에 있어 소헌왕후가 갑자기 영양榮養을 버리셨으니(돌아가셨으니) 서러워 슬퍼함에 있어 할 바를 알지 못하였더니, 세종께서 나에게 추천을 올리는데 불경 전경(사경)보다 더 나은 것이 없으니, 네가 석보를 만들어 해석함이 마땅하다고 이르셨다. 내가 인자한 명을 받들어 더욱 생각이 넓어져, 승우僧祐와 도선道宣과 두 율사가 각각 만든 석보를 읽어보았더니, 상세함과 간략함이 같지 않아 이에 두 책을 아울러서 『석보상절』을 이루어 편찬하였다. 昔在丙寅。昭憲王后。奄棄榮養。痛言在疚。罔知攸措。世宗謂予。薦拔無如轉經。汝宜撰譯釋譜。予受慈命。盆用覃思。得見祐宣二律師。各有編譜。而詳略不同。爰合兩書。撰成釋譜詳節。"라고 하였다. 이 책은 곧 세종 병인에 소헌왕후가 승하한 후 세종의 어명 아래 그 당시 수양대군인 세조가 그 모후의 천발薦拔을 위하여 석가의 전기를 편찬한 것이다.

『세종실록』111권 13장 세종 28년(1446) 병인 3월에는 세종이 승정원 여러 신하들과 문답한 말씀 중에 지금 중궁이 세상을 떠났는데, 아이들이 그를 위하여 불경을 만들려고 함으로, 내가 이를 허락하고 정부에 의논하니,

모두 말하기를, 옳다고 하였다. 내가 생각하건대, 우리나라가 해마다 흉년이 들어서 백성들이 먹고 살 수가 없으니, 공적으로 출판할 수가 없으나, 아이들이 사사로 저축한 것과 본궁의 저축한 것으로 이를 하려고 한다. 또한 동궁은 책임이 중함으로 이미 대군으로 하여금 이를 감독하게 했는데, 하지 않으면 그뿐이겠지만, 한다면 마땅히 일을 주관할 사람을 가려서 그 임무를 관장하도록 해야 할 것이다. 내가 듣건대, 정효강鄭孝康이 불교를 좋아하면서 재주와 덕행이 있다고 하는데, 그의 문학은 어떠한가 하니, 여러 승지들이 모두 아뢰기를, 좋습니다만, 다만 중궁께서 병환이 계셨을 때에 내전에 설법을 정근히 함으로, 신 등이 마음속으로 미안하게 여겼사오나, 다만 사정이 급한 이유 때문에 아뢰지 못하였습니다. 부처가 만약 영험이 있다면 반드시 감통한 점이 있었을 것이온데, 지금에 와서도 더욱 거짓만 더하게 되니 믿을 것이 못됩니다. 위에서 좋아하는 사람이 있으면 아래에서는 반드시 심하게 되오니, 원하옵건대 이를 하지 마옵소서라고 하였다. 임금이 말하기를, 그대들은 불경을 만드는 것을 그르게 여기는데, 어버이를 위하여 불사를 하지 않는 사람이 누구인가.今中官卽世。兒子輩爲成佛經。予許之。議于議政府。皆曰可。予惟我國連年飢荒。民不聊生。未可公辦。因兒輩私蓄與本官所儲爲之。且東宮任重。己令大君監之。不爲則己。己爲則當選幹事者。使掌其任。予聞鄭孝康好佛。而有才行。其文學何如。諸承旨皆曰可矣。但中官未寧之時。精勤內殿。臣等心以爲未安。只緣情迫。未得以聞。佛若有靈。必有感通。至于今益加妄誕。不足信也。上有好者。下必甚焉。願勿爲之。上曰爾等以造佛經爲非。爲親不作佛事者誰。"라고 하였다.

여기서 세종이 불경이라고 말씀한 것은 대개 『석보상절』을 가리키는 것이라고 보인다. 『단종실록』 단종 원년(1453) 계유 6월에 우승지 노숙동盧叔仝, 1403~1463이 경연에서 아뢰기를, 전날 의정부에서 책방冊房을 혁파하도록 청하니, 가부를 다시 의논하도록 하였습니다. 지금 의정부에서 또 이르기를, 책방은 선왕께서 혁파하고자 하였으나, 시행하지 못했던 것이니,

모름지기 이를 혁파하는 것이 마땅합니다고 하니 노산군이 말하기를, 책방은 혁파할 수가 없지 않느냐 세종의 초기에 설치한 것은 무슨 뜻이었는가라고 하였다. 우의정 정분鄭苯이 나아가서 아뢰기를, 세종께서 책방, 묵방墨房, 화빈방火鑌房, 조각방雕刻房을 금내에 설치한 것은 특별히 일시적인 일이었을 뿐이었습니다. 문종 조에 신 등이 모두 이를 혁파하도록 청하였으나, 문종께서 조각방, 화빈방, 묵방을 혁파하여 상의원尙衣院에 합하였으며, 또 책방을 혁파하여 주자소에 합하고자 하였으나, 일이 아직 끝나지 않는 것이 있었기 때문에 즉시 혁파하지 못하고, 별좌 2인을 뽑아서 주자의 일에 구임久任시킬 자로 삼았으며, 책방을 주자에 합하여 성효成効를 책임지우려고 하였습니다. 신 등이 생각건대, 이미 주자소가 있고 또 책방을 설치하여 공장工匠을 나누어 역사시키니, 실로 폐단이 있게 됩니다. 이것은 선왕께서 혁파하고자 한 바이니, 신 등이 감히 청하는 것입니다라고 하고, 지경연사 이사철李思哲, 1405~1456은 아뢰기를, 신이 도승지가 되었을 때에도 또한 선왕께서 책방을 혁파하고자 하였습니다라고 하니, 노산군이 한참 동안 있다가 말하기를, 나의 뜻으로는 책방은 길이 혁파할 수가 없다고 생각한다고 하고, 이어서 노숙동盧叔仝, 1403~1463에게 이르기를, 책방의 현임 서원은 모두 주자소로 돌려보내고, 이미 거관去官한 자에게는 그대로 책방의 일을 맡기도록 하라고 하였다. 좌승지 박중손朴仲孫, 1412~1466, 동부승지 신숙주 등이 아뢰기를, 하나의 주자소만으로도 서책의 일을 족히 감당할 수 있으니, 청컨대 책방을 혁파하여 이를 주자소에 귀속시키소서 하니, 노산군이 말하기를, 이미 알고 있다고 하였다.右承旨盧叔仝於經議筵啓曰。前日

議政府請罷冊房。令更議可否。今議政府又云。冊房先王欲罷而未行者。須當罷之。魯山曰冊房無乃有不

可罷乎。世宗之初置何意也。右議政府鄭苯進曰。世宗置冊房。墨房火燎房彫刻房於禁內。特一時事耳。

文宗朝臣請皆罷之。文宗罷彫刻火燎墨房。合於尙衣院。又欲罷冊房。合於鑄字所。以事有未畢者。未卽

罷。而擇別坐二人爲鑄字久任者。欲合冊房於鑄字所而責成也。臣等以爲。旣有鑄字所。又設冊房。分役

工匠。實爲有弊。此先王之所欲罷。臣等之所敢請也。知經筵李思哲啓曰。臣爲都承旨時。亦聞先王欲罷冊房。魯山良久曰予意以謂冊房不可永罷也。仍謂叔仝曰冊房見任官皆還鑄字所。其己去官者仍任冊房。左承旨朴仲孫。同副承旨申叔舟等啓曰。鑄字所足以當書冊之事。請罷冊房。魯山曰己知之矣。”라고 하고 같은 달에 시독관 성삼문의 계사 중에 “책방에서 인판 장인이 있고 장책 서원이 있는 등 공장이 많이 있으므로 그 폐단이 매우 번거롭습니다. 처음에 세종께서 불경을 장정하고자 하였으나, 외인의 말을 혐의스럽게 여겨 드디어 궐내에 책방을 따로 두었던 것은 궐내에 사용하기에 편하게 하려는 때문이리라 생각됩니다. 그리고 궁방도 또한 그러하였습니다. 冊房有印板匠人。有粧冊書員。多畜工匠。其弊甚煩。世宗欲粧佛經。嫌於外人之言。遂乃置冊房於內。思欲以便於內用。而弓房亦然。”라고 하였다. 여기서 세종 만년에 『석보상절』 등 불경서를 인간코자 대규모의 시설을 차렸고, 또 그 승하 후 제신들이 그 시설을 없애고자 일치 협력한 것을 엿볼 수 있다. 하여튼 병인(1446)년 3월에 시작되었을 그 책이 『석보상절』 서문의 년월로 미루어 그 이듬해 정묘(1447)년 7월에 이미 완성되었다고 추측된다. 아니 『세종실록』 28년(1446) 병인 10월에 “부사직 김수온金守溫, 1410~1481에게 『석가보』를 증수하도록 명했다命副司直金守溫增修釋迦譜。”라고 한 기록을 보아서는 병인 그해에 초고만은 어느 정도까지 완성된 것이 아닌가 한다. 그런데 『석보상절』의 편찬에 있어서 세조가 직접 간여하고 나중에 김수온이 증수한 것만은 의심이 없이 『월인석보』 서문 중에 “이에 옛 책에서 힘써 강론하고 정밀하게 연구하여 잘못된 것을 바로잡고 고치고 첨가하여 새로 편집하였다. 12부의 수다라修多羅에서 넣고 빼되 일찍이 같은 내용의 두 구절은 버리고 가려서 취하고, 온 마음을 다하여 의심 되는 부분이 있으면 반드시 현명하고 박식한 사람에게 자문하였다.乃講劘研精於舊編。隱括更添於新編。出入十二部之修多羅。曾麼遺力。增減一兩句之去取。期致盡心。有所疑處。必賢博問。”라고 하고 그 아래 언주에 “자문한 사람은 혜각존자 신미와 판선종사 수미와 판교종사 설준과 연경사주지 홍준과 전 회암사주지 효운과 전 대자사주지 지해와 전 소요사주지 해초와 대선사 사지와 학열과 학조와 가정대부동지중추원사 김수온 등이다.(慧覺尊者信眉, 判禪宗事守眉, 判禪宗事雪梭, 衍慶住持弘睿, 衍慶住持弘濬, 前檜菴住持曉雲, 前大慈住持海雲, 前逍遙住持海超, 大禪師斯智, 學悅, 學祖, 嘉靖大夫同知中樞院事金守溫)"라고 하였으되 이 자문의 십승일속十僧 一俗은 서문에 후일하여 증수의 때요, 맨처음 편찬의 때가 아니다.

그러나 김수온의 성명이 들어 있는 것으로 본다면 그 중의 대부분이 결국 맨 처음 편찬할 때에도 관계하였든지 모르겠다. 『연려실기술』에서 『소문쇄록』을 인용한 중 "세종이 말년에 불경을 좋아하더니 그때에 준화상이 가장 경률에 이름이 높았으므로 만기의 여가에 친히 강론하기가 어려워서 세조와 안평대군으로 하여금 가서 배워 가지고 들어와 여쭙게 하였다. 그리하여 안평과 세조가 깊이 불경에 통하였다.世宗末年好釋典. 時俊和尙最名經律. 以萬機之暇難於親講. 使上及安平往受而入啓. 由是安平與上深通內典."라고 하였는데 이 물론 『석보상절』을 편찬할 때의 일이었을 것으로 준화상도 곧 이 십승 중의 어느 한 사람이 아니었을까라고 생각하나 그 이외의 관계자에 이르러는 일체로 불분명하다.

세조 즉위 후 다시 이 『석보상절』을 『월인천강지곡』과 합간하였다. 그 곧 『월인석보』이다. 『석보상절』의 최고판이라고 추정되는 것은 국립도서관의 장본인데 체재는 『월인석보』와 비슷한 중 일행 15자, 일장 16행으로 되어있다. 『월인석보』는 회방사의 판목 외에도 논산 쌍계사에 융경 3년 간인 제21권의 판목이 있으며 또 각종 판의 잔질 각권이 세간에 유포되어 있다.6)

---

6) 천명희, 「광흥사 복장 유물의 현황과 월인석보의 성격」, 55~56쪽, 『훈민정음 해례본과 학가산 광흥사』, 안동시, 광흥사 주최 학술회의, 2014. 「월인석보」권21 초간본이 광흥사 복장 유물에서 발굴되었다.

4) 『월인천강지곡』

『월인석보』 서에 "이에 진상하였더니 보아주시고는 문득 찬송하시며 지어주시기를 『월인천강』이라 이름하셨다.乃進。賜覽。輒製讚頌。名曰月印千江。"라고 하였다. 이 책은 곧 세종이 『석보상절』을 보고 친히 석가에 대한 송가를 지은 것이다.

국립도서관에는 『월인천강지곡』의 고판도 있는데 장행은 『석보상절』과 같고 오직 한자와 그 음이 뒤바뀐 것이 특이하다. 처음에는 『월인석보』에 합간된 이외 간행되지 못한 것으로 추측하였더니 근래 이본이 나타남에 따라서 일찍이 『석보상절』과 함께 따로 간행됨을 판명키에 이른 것이다.

5) 『동국정운』

『세종실록』 세종 29년(1447) 정묘 9월의 기록으로 인하여 동 년에 이 책이 이루고 또 전부 6권임을 알 수 있으며, 또 신숙주의 서로 인하여 정인지 외의 해례 저자 7인과 승문원 관원의 조변안, 김증 두 사람이 찬수한 것이요, 또 동음 본위의 운서임을 알 수 있다. 최근 제1, 제6의 두 권이 해례와 동시에 출현되고 오직 중간의 4권이 전하지 못 하되 다행히 제일권의 운부표로써 그 전모를 추정하기에 충분하다.7)

---

7) 『동국정운』은 조선 세종 때 신숙주, 최항, 박평년 등이 왕명으로 편찬하여 1448년에 간행한 우리나라 최초의 운서로 6권 6책 활자본이다. 신숙주가 쓴 서문만이 전해 오다가 1940년 경상북도 안동에서 첫째 권과 여섯째 권의 두 책이 발견되었는데 현재 국보 제71호(간송문고본, 권1, 6)로 지정되었으며, 이어 강원도 강릉에서 1972년 완질이 발견되어 국보 제142호(건국대학교 도서관 소장본, 완질)로 지정되었다.

2. 실전의 서적

1)『홍무정운역훈』

신숙주의 서에 "우리나라가 대대로 중화와 사귀어 왔으나 음운이 통하지 않아 반드시 통사에게 의지해야만 하는 사실을 비추어 보시고 먼저『홍무정운』을 번역하라고 아래 사람들에게 명하시었다. 즉 현 예조참의 성삼문成三問, 1418~1456, 전농소윤 조변안曹變安, 금산군지사 김증金曾, 金澹 1413~ 1456, 전행 통례문 봉례랑 손수산孫壽山, 신숙주申叔舟, 1417~1475 등으로 하여금 옛 문헌을 상고하여 널리 살펴 증명하게 하시고, 수양대군과 계양군 증은 서무와 출납을 감독하도록 하시되 모두 친히 간여하여 문제를 해결하시어以吾東國。世事中華。而語音不通。必賴傳譯。首命譯洪武正韻。令今禮曹參議臣成三問。典農少尹臣曹變安。知金山郡事臣金曾。奉禮郎臣孫壽山。及臣叔舟等。稽古證閱。首陽大君譯。桂陽君臣璔監掌出納。而親任課定。"라고 한 것을 보아서 그 곧『홍무정운』의 한음을 역훈한 것이요, 성삼문 등 다섯 사람이 찬수한 것이다. 신숙주의 서가 경태 6년 중춘 즉 단종 3년(1455) 을해에 썼음으로 동 년에 완성된 것으로 보인다.[8]

---

8)『홍무정운역훈(洪武正韻譯訓)』은 16권 8책, 낙질 1, 2권 1책, 현전 14권 7책. 보물 제417호. 한글과 한자 큰 글자는 목활자를 사용하고 작은 글자는 갑인자로 간행되었다. 고려대학교 소장본이 현전 유일판본이다. 이 책은 그 서문만이 신숙주(申叔舟)의『보한재집(保閑齋集)』권15와『동문선』등에 전하여오다가, 1959년『진단학보』제20호에 발표된 이숭녕(李崇寧)의「홍무정운역훈(洪武正韻譯訓)의 연구」에 의하여, 처음으로 그 전래가 세상에 알려지게 되었다. 각권이 표제(表題), 운목(韻目), 자모(字母), 역음(譯音), 자운(字韻) 등은 대자(大字)로 표시되어 있고, 반절(反切), 속음(俗音), 발음설명, 석의(釋義) 등은 소자로 표시되어 있다. 편찬목적은, 첫째, 정확한 중국발음을 쉽게 습득하고, 둘째, 속음의 현실성을 불가부지한 것으로 보고 이를 표시하였으며, 셋째,『홍무정운』을 중국표준음으로 정하고자 한 것이며, 넷째, 세종의 어문정책 전반에 관한 소망성취 등으로 요약할 수 있다. 참여한 인물은 감장자(監掌者)로 수양대군(首陽大君), 계양군(桂陽君)이며, 편찬자는 신숙주, 성삼문(成三問), 조변안(曹變安), 김증(金曾), 손수산(孫壽山)이며, 수교자(讎校者)는 노삼(魯參), 권인(權引), 임원준(任元濬)이다. 간행시기는 신숙주의 서문에 '景泰六年仲春旣望'이라 하여 단종 3년(1455)을 기록하고 있으므로 이를 간행시기로 볼 수 있고, 서문 중간에 '凡謄十餘藁 辛勤反復 竟八載之久'라 하였으므로 세종 30년(1448)경에 착수된 것이라 할 수 있다. 이 책은 당초의 목적과는 달리 표준운서로서의 가치보다는 오히려 자료로서의 큰

2) 『사성통고』

『홍무정운』서에는 다시 "세종께서 정하신 『사성통고』를 따로 첫머리에 붙이고 다시 <범례>를 실어서 기준이 되도록 하였다且以世宗所定四聲通攷。別附之頭面。復著凡例爲之指南。"라고 한 것을 보아서 세종 소정의 『사성통고』가 있고 그것이 『홍무정운역훈』 첫머리에 덧붙여 간행된 것이 사실이다. 세종 소정이라고 하였을 제는 적어도 경오(1450)년 이전임으로 『홍무정운역훈』보다 실로 6~7년 전의 저작이다.

그런데 최세진의 『사성통해』서에는 "세종이 『홍무정운』을 번역하라고 명하시고 또 고령부원군 신숙주 여러 들자를 가려 뽑아 유로 나눈 뒤에 이를 모아 한 책으로 만들어 언어로 머리에 올려 사성으로 배열하고 모두 청탁으로 갈래를 지우고 자모로 체계를 삼아 『사성통고』라 이름하였다.命譯洪武正韻。又慮其浩穰難閱。而覽者病焉。乃命高靈府院君申叔舟類粹諸字。會爲一書。冠以諺音。序以四聲。諧之以淸濁。系之以字母。賜名曰四聲通攷。"라고 하였는데 정동유의 『주영편』9)에는 "『사성통고』는 근세에는 전해진 것이 없다. 일찍 서울과 시골에 다 찾아보았으나 마침내 발견하지 못하였다. 혹은 비부의 장서 속에서 나 있는지 그렇다면 후인이 자음에 대하여 고증의 대상으로 할 사람은 오직 최세진 한 사람뿐이다. 최세진은 중종 때 사람이다. 최가 『사성통고』에 대하여 그 글자의 뜻을 풀이하여 『사성통해』라고 하여 스스로 서문을 써서 말하기를 세종대왕께서 고령부원군 신숙주에게 명하여 한 책을 짓

가치를 가진다. 한자음의 전통적 표시방법은 반절이나 운도(韻圖) 등에 의지하는데, 이들은 한글표기의 정확성에 미치지 못하므로 이 책의 한글 표기는 아주 훌륭한 자료가 된다. [네이버 지식백과]

9) 순조 5년(1805)에서 1806년에 걸쳐 학자 정동유(鄭東愈, 1744~1808)가 천문, 역상, 풍속, 제도, 언어, 문학, 풍습, 물산 등 여러 분야에 대해 고증, 비판하여 엮은 만필집(漫筆集). 4권 4책. 특히 하권 제1장부터 제12장 사이에는 훈민정음과 국어의 음운 등에 관하여 언급하고 있다.

게 하고 책 이름을 『사성통고』라 하였다고 하였다. 세종 때에 신공이 어찌 고령이라는 호가 있을 수 있겠는가. 이것은 이미 그 잘못을 깨닫지 못한 결과이다.四聲通攷近世無傳焉. 嘗求之京外. 終未得. 抑秘府藏書中或有之耶. 然則後人之於字書. 所以攷信者惟崔世珍一人也. 崔卽中廟時人也. 崔就四聲通攷. 解其字義. 爲四聲通解. 夫世宗時申公安得有高靈之號乎. 此已不覺其紕繆矣."라고 하였다. 즉 정동유는 최세진이 신숙주를 고령부원군으로 일컬었으니 세종 때 그가 무슨 고령부원군이었느냐고 논박하였지만은 『용제총화』7권에도 "세종이 언문청을 설치하고 고령 성삼문 등에게 언문을 창제하도록 명했다世宗設諺文廳. 命申高靈成三問等製諺文"라고 하였거니와 후일의 관작을 가져 그 관작을 받기 전에 그를 부르는 것은 오히려 상례의 일이 아닐까 한다.

단지 신숙주 자신은 세종 소정이라고 하였음에 불구하고 최세진이 신숙주의 봉교편찬奉敎編纂으로 말한 것이 문제다. 물론 신숙주도 소정이라고 하였고 어제라 아니하였지만은 그렇다고 꼭 그 자신이 세종이 정한대로 그 편찬에 종사하였다는 설명은 없다.

하여튼 『사성통해』 서에는 그 아래 "『사성통고』의 각운 제자는 1모의 사성은 언음에서는 각각 평성 무점, 상성 2점 거성과 입성은 1점通攷諸字有音無釋."이라고 하고 또 그 <범례>에는 "『사성통고』의 각 운 제자에 일모 사성을 언음으로 각각 지으니 평성 무점, 상성 두점, 거성, 입성 한 점四聲通攷各韻諸字. 一每四聲各著諺音. 平聲無點. 上聲二點. 去聲入聲一點."라고 하였다. 결국 『사성통고』란 훈민정음으로 음을 표시하고 동일음의 한자를 한 데 유취한 한자음 일람표와 비슷한 것으로 의훈義訓은 없고 사성은 다시 방점으로 구별되게 만든 것이다.

또 『사성통해』 권말에 붙은 『사성통고』 <범례>에는 순경음의 부敷모가 비非모와 합치고 치음이 치두와 정치로 나뉘어 『홍무정운역훈』 서에 붙은 설상 4모와 순경 차청 1모만은 쓰지 않는다는 그 31모와 일치할뿐더러 『홍무정운』을 본운으로 부르고 있어 그와의 밀접한 관계를 자증한

다. 요컨대 『사성통고』란 『홍무정운역훈』의 그 한자음을 일람키에 편하
도록 음을 따라 글자를 유취한 것에 벗어나지 않는다.

『주영편』에서 정동유鄭東愈, 1744~1808는 "대체로 세종이 『훈민정음』을 지
은 뒤에 정음의 자모로 여러 글자를 유취하여 사성의 차례로 배열하고
이를 이름하여 『사성통고』라고 하였다. 이것은 운서에 불과한 것이다. 이
책은 본래부터 세종이 제술한 것으로서 그 글은 곧 정음으로 쓴 글이다.盖
世宗製訓民正音。後以正音之字。類彙諸字。序以四聲。名之曰四聲通攷。此不過韻書也。此固世宗所
製。而其文卽正音之文也。若崔世珍所見四聲通攷。卽申高靈所述。而非正音之文也。"라고 하여 세
종의 『사성통고』와 신숙주의 『사성통고』가 따로 있는 것으로 가상하고
다시 그 이유로서 "그렇다는 것을 알게 된 것은 일찍이 신공의 『사성통
고』 서문을 보니 이렇게 말한 것이 있다. 『홍무정운』을 예전 그대로 자모
의 여러 운에 나누어 넣고 각 글자의 머리에 훈민정음을 사용하여 반절
에 대신하였으며 또 세종이 제정한 『사성통고』를 따로 머리에 붙이고 다
시 <범례>를 붙여서 가리켜 지남으로 삼았다고 하였다. 또 말하기를 칠
음이 36자모가 되는 것인데 설상 4모(知)(지), 徹(철), 澄(증), 孃(양)와 순경음인 차청
의 1모 敷(부)는 세상에서 사용하지 않음이 이미 오래며 또 선배가 이미
변경한 것이 있으니 구태여 존치하여 옛것에 구애될 까닭이 없다고도 하
였다. 이것을 가지고 본다면 신 공의 이 저서는 세종이 재위할 때의 것이
아님을 알 수 있다. 그리고 세종이 정한 『사성통고』가 본래 방대한 책이
아닌 것도 또한 알 수 있다. 그가 다시 <범례>를 붙였다고 말한 것은 그
책이 세종이 제정한 원본과 같지 않은 데가 있음을 말한 것이다. 그런 까
닭에 반드시 따로 <범례>를 붙인 것이다. 그리고 아래의 설상음 4개의
자모와 순경음인 1개 자모는 구태여 존치하여 옛것에 구애될 필요가 없
다고 한 것은 곧 그 같지 않은 것의 세목으로 <범례>의 내용이 되는 것
이다. 그렇다면 신공의 책이 비록 예전에 그대로 『사성통고』라고 이름 하

였으나 실은 자기가 증보한 것이 많은 책인 것이다. 최세진이 부연하여『통해』라고 말한 것은 바로 신 공이 증보한 책이고 세종이 제정한 원본이 아닌 것은 분명하다. 知其然者. 甞見申公通攷序. 有曰洪武正韻仍其舊而分入字母於諸韻各字之首. 用訓民正音以代反切. 且以世宗所定四聲通攷. 別附之頭面. 復著凡例. 爲之指南. 又曰七音爲三十六字母. 而舌上四母(知, 徹, 澄, 孃)脣輕次淸一母世之不用已久. 且前輩己有變之者. 不可强存而泥古也. 以此見之. 申公此書不在世宗在宥之時可知. 而謂付世宗所定四聲通攷於其書之頭面. 則四聲通攷本非巨秩亦可知也. 其所云復著凡例者. 謂其書與世宗所定原本有不同. 故必別著凡例. 而下所云舌上四母脣輕一母不可强存而泥古者. 卽其不同之目. 而爲凡例中事也. 然則申公之書雖仍名四聲通攷. 而實多自家之增補. 崔世珍所以修潤而爲通解者. 卽申公所增之本. 非世宗原本明矣."라고 설명하였다. 정동유가 든 이유 중 첫째로『홍무정운』권두에『사성통고』를 덧붙여 간행한 때는 이미 세종이 살아계신 때가 아니라고 하였으나 세종이 살아계신 때가 아닌 것은 세종 '소정'이라는 그 묘호가 증명하는 바요, 둘째로『사성통고』가 거질이 아니라고 하였으니 그 거질이 될 수 없는 내용은『사성통해』의 서와 <범례>가 증명하고, 셋째로 <범례>를 만든 것이 세종 소정의『사성통고』와 다른 내용을 밝히기 위한 것이라고 논단하였으나 신숙주 서의 문의가 세종 소정의『사성통고』를 위하여 지남의 <범례>를 만든다는 뜻일 뿐 아니라 그 <범례> 자체에 일언도 자가의 증보를 말하지 아니하였고, 넷째, 설상 4모와 순경 1모가 세종 소정의『사성통고』와 다른 내용이리라고 억측하였으나 그것은『홍무정운』의 자모가 고래의 자모와 다른 것을 설명한 것으로 어느 의미에 있어 세종 소정인『사성통고』의 자모를 고래의 자모와 비교한 것일 망정 자가의 임의로『사성통고』의 자모를 변경한다는 뜻은 될 수 없다.[10)]

본래 신숙주의 서에는 세종 소정으로 말하고 최세진은 신숙주의 편찬으

10)『홍무정운』이후의 한자음을 보면 '知'는 '照(ㅈ)'에 합병되고, '徹'은 '穿(ㅊ)'에 합병되고, '澄'은 '牀(ㅉ)'에 합병되고, '敷'는 '非(ㅸ)'에 합병되었다." 그러므로,『사성통해』에서도 또한 이에 따라 다섯 자모(知, 徹, 孃, 敷)를 제거하였는데 이는 일반인의 발음에서는 설상음을 말할 수 없으므로 마침내 병합하여 폐지한 것이다.

로 말한 데서 정동유의 착각이 발단되고 다시『사성통해』의 원고의 바탕이
된底稿가 된『사성통고』는 필시 거질임에 대하여 세종 소정은 거질이 아닐
것이라는 데서 그의 착각은 드디어 굳어지게 되고 말았다. 맨 처음 발단에
서는 최세진 자신이 책임을 저야 하겠지만 나중에 있어서는 최세진이 서와
<범례>로 그 거질이 아님을 이미 암시하였던 것으로 전혀 정동유가 세밀
히 보지 못 한 책임이다. 더구나 최세진은 그 권말에 통고의 <범례>를 덧
붙여 간행하였는데 정동유는 그 <범례>도 마치 오해한 것 같다. 설상 4모
와 순경 차청에 대한 것이 <범례>의 일항인 것은 사실이나, <범례> 그 자
체가 신숙주 자가의 증보에 관한 규례를 설명한 것은 결코 아니다.

그러나 첫째, 최세진은『사성통해』서에서『홍무정운역훈』과 아울러서
『사성통고』를 말한 것이 역훈 권두에 붙은 그 통고인 것이요, 둘째, 또
서와 <범례>에 보인 통고의 내용도 역훈 권두에 붙은 그 통고인 것이요,
또『사성통해』덧붙여 간행의 통고 <범례>도 역훈 권두에 붙은 그 통고
인 것이다. 단지 세종의 소정을 신숙주의 편찬으로 친 것이 다르나 역시
소정이란 말은 어제란 말과 다른 동시에 이 어느 정도까지 세종의 예재
가 포함된 것을 부인하는 것이며 "이에 고령부원군高靈府院君 신숙주에게
명하여……乃命高靈府院君申叔舟云云"도 아니다.

그런데『사성통고』가『홍무정운역훈』권두에 덧붙여 간행되고 또 <범
례>까지 만들어진 것으로 본다면 신숙주 개인의 편찬이라기보다『홍무
정운역훈』의 편찬자가 함께 편찬한 것이 아닐까 한다. 신숙주 서에도『사
성통고』를 그 머리에 붙이고 또 <범례>를 만드는 등 자기의 단독적 의
견으로 명기한 것이 아닌 이상 그 역시 편찬의 일종으로 오직 성삼문 이
하 여러 편찬자의 의견을 대변한 것이라고 보아야 옳을 것이다.

물론 성삼문은 중종 때 까지도 역신逆臣이요, 그 이하는 모두 무명인이
다. 최세진이 고령 부원군만을 든 것도 결코 무리는 아니다.

3) 『직해동자습』

성삼문의 서에는 "이에 『홍무정운』을 번역하여 화음을 바르게 하고 또 『직해동자습역훈평화』는 곧 화어를 배우는 문(입문)이라고 하시어 지금의 우부승지 신숙주와 겸 승문원 교리 조변안, 행 예조좌랑 김증, 행사성 손수산에게 명하시어 훈민정음으로 훈을 번역하여 가는 글씨를 각 글자마다 아래에 써 넣게 하고 또 방언(우리말)을 써서 그 뜻을 풀이하도록 하셨다. 그리고 이어서 화의군 영과 계양군 증으로 하여금 그 일을 감장하게 하고 동지중추부사 김하金何, ?~1462와 경창부윤 이변李邊, 1391~ 1473에게는 그 의심나는 곳을 증명하여 이를 두 가지로 표기하도록 하시었는데 음과 뜻이 밝고 분명하여 마치 손바닥을 가리키는 것과 같았으나 쓰리고 한탄스러운 바는 책이 겨우 다 이루어질 무렵 궁검을 이어서 버리신 일이다.(세종이 승하하시고 뒤이어 문종께서 승하하심) 공손히 생각하건대 주상(단종)께서 왕위를 이어서시자마자 선왕의 뜻을 좇으시어 빨리 간행하도록 명하시고 또 삼문이 역시 일찍이 참여하였다고 하여 서문을 짓도록 명하시었다於是。譯洪武正韻。以正華音。又以直解童子習譯訓評話乃學華語之門戶。命令右副承旨臣申叔舟。兼承文院校理臣曹變安。行禮曹佐郎臣金曾。行司正臣孫壽山。以正音譯漢訓。細書逐字之下。又用方言。以解其義。仍命和義君臣瓔。桂陽君臣璔監掌其事。同知中樞府事臣金何。慶昌府尹臣李邊證其義而二書之。音義昭晰。若指諸掌。所痛恨著。書僅成編。弓劒繼遺。恭惟主上嗣位之初。遹追先志。亟令刊行。又以臣亦嘗參校。命爲之序。"라고 하였다. 『직해동자습역훈평화直解童子習譯訓平話』란 것은 책명으로 너무 길어서 마치 두 책처럼 같아 보일 뿐이 아니라 『동문선』에는 제목을 『동자습서』라고만 하고 『성근보선생집』에는 서문 내의 '역훈평화'를 '훈세평화'라고 한 등 구구 불일하나 서문에 비추어 보아서는 일종 한어의 학습서로서 『직해소학』의 직해와 같은 뜻이요, 또 축자 주음이 있음으로 역훈이요 다시 석의가 있음으로 평화로서 신숙주, 성삼문 등이 『직해동자습』에 다시 그 역훈 평화를 가한 것이니 결코 '직해동자습'과 '역훈평화'가 별개의 책명이 아닐 것 같다. 이 서문에서 신숙주의 직어職御을 우부승지로 썼는데 그가 우부승지로 있은 것은 단종 원년(1453) 계유의 일이다. 서문 중에는 『홍무정운』을 번역해서 한음을 바로잡고 또 이 책을 만든다고 하였지만은 편저의 차서지 실상 세간에 나오기는 이 책이 『홍무정운역훈』보다도 2~3년 앞섰을 것이다.

본시 그 유래가 불분명하나마 『동자습』이란 책이 있다. 현존본으로 보아서 전부 사친, 사장事長 등에 관한 장구를 모은 것으로 전문 한문에 훈민정음으로 구결을 단 것이다. 그 책명이 동일한 것만으로 생각한다면 현존의 『동자습』과 같은 내용을 『직해소학』의 예에 쫓아서 누가 한어로 다시 해석한 것인지도 모르겠다. 『세종실록』 세종 12년(1430) 경술 1월에는 "여러 학사의 취재에 있어 경서와 여러 기예의 수목數目에 대하여 아뢴 기록 중에서 『동자습노걸대』와 『박통사』 등諸學取才經書諸藝數目中 童子習老乞大 朴通事等"과 함께 열거되어 있으니 이 『동자습』은 아마 이미 한어로 해석된 것이리라고 보인다.

4) 농서와 잠서

『증보문헌비고』[11]권224에는 "중종 13년(1518)에 김안국金安國, 1478~1543이 영남을 안찰按察하던 때에 『여씨향약呂氏鄕約』, 『정속正俗』 등의 책을 구해서 그 언서를 상세히 만들어 책을 간행하였습니다. 세종 조에 번역 간행했던 농서와 잠서를 구했는데, 신이 또 별도로 언해를 편찬하여 간행하였습니다라고 아뢰었다.中宗十三年。金安國言。臣按嶺南。得呂氏相約正俗等書。詳其諺解。繙以諺。書而刊行。得農書蠶書。世宗朝所翻譯開刊者。臣又別撰諺解而刊行。"라고 하였으니 세종 때 번역된 농서와 잠서를 김안국이 다시 고쳐 번역하였다는 의미로 그 당시 그러한 서적이 간행된 것은 김안국의 증언으로 들어서 거의 의심 없는 바다.

---

11) 1903년부터 1908년 사이에 칙명(勅命)으로 편찬, 간행된 장고(掌故 : 典禮와 故事) 집성의 유서(類書). 16고(考) 250권.

3. 미완성의 서적

1) 유경류

『세종실록』세종 30년(1448) 무진 4월에는 "상주사 김구金鉤를 역마로 부르다. 구는 상주사가 된 지 반년도 못되었는데, 집현전에서 어명을 받들어 언문으로 『사서』를 번역하게 하였다. 직제학 김문金汶이 이를 맡아 했었으나, 문이 (도중에) 죽었으므로, 집현전에서 김구를 천거하기에 특명으로 부른 것이며, 곧 판종부사를 제수하였다.驛召尙州使金鉤。 鉤爲尙州未半年。 時集賢殿奉教以諺文譯四書。 直提學金汶主之。 汶死, 集賢殿爲鉤。 故特召之。 尋判宗簿寺。라고 하였다. 이로 보아서는 사서의 번역이 세종조 당시에 진행되고 있는 것만은 틀림이 없다.

서거정의 <최항비명>에는 김문, 김구 등이 『소학』, 『사서오경』의 구결을 정하였다고 말하고 동인의 『필원잡기』에는 『사서오경』 음해를 분국찬차하였다. 구결과 음해란 동일한 내용인지 모르거니와 그 모두 번역의 전제였을 것만은 추측하기 어렵지 않다. 그러나 <최항비명>에는 다시 그 아래에 계속하여 "광릉은 일찍이 동방 학자의 음운이 바르지 못하고 구두가 분명치 않다. 비록 권근, 정몽주의 구결이 있으나 오류가 아직도 많은데, 부유腐儒 속사俗士가 잘못되게 받아들이고 전하였다며, 드디어 신 정인지, 신숙주, 구종직, 김예몽, 한계회 및 공과 신 서거정 등에게 오경 사서를 나누어 주며, 옛 것을 상고하고 현재를 증험하여 구결을 정하여 올리도록 명하였다.光陵嘗嘆東方學者。 語音不正。 句讀不明。 雖權近, 鄭夢周口訣。 紕繆尙多。 腐儒俗士傳訛承誤。 乃命臣鄭麟趾。 申叔舟。 丘從直。 金禮蒙。 韓繼禧及公與臣居正等。 分授五經四書。 考考古證今。 定口訣以進。"라고 하였다. 동일한 구결을 세종 때 정하고 또 세조 때 정하며 동일한 글에서 아무 말이 없이 그 두 사실을 계속하여 쓴 지라, 필시 세종 때 끝나지 못한 것을 세조 때 완성시킨 것으로 실상 사서의 번역은 구결을 정하는 중도에서 세종이 승하한 것이나 아닐까 한다.

그 후 세조 때는 오직 사서오경에 대하여 구결을 정하였다는 이외 더 다른 기록이 없다. 그 번역은 세종 승하 후 드디어 중단된 것임에 벗어나지 않는 것이다. 『연려실기술』 별집에서 『미암일기』[12]를 인용한 "경서의 언해는 류숭조로부터 시작되었다.經書之諺解 自柳宗祖始"라고 하였는데 류숭조柳崇祖, 1452~1512는 성종 기유에 등과하고 중종 임신에 서거한 사람이다. 류숭조로써 시초를 삼는다고 하더라도 유경의 번역은 성종 이후 비로소 완성된 셈이다. 그러나 『사서율곡언해』의 홍계희洪啓禧, 1703~1771의 발에는 "경서에는 언해가 있으니, 그것이 오래되어서 여러 사람들이 서로 다름이 있으니, 퇴계 이황 선생이 그것을 합하여 의심되는 것을 풀어서 바로잡은데 이르렀으나, 오히려 아직 크게 갖추어 지지는 못하였다. 만력 병자년(1576)에 선조께서 미암眉岩 유희춘柳希春의 말을 들으시고 선생(율곡)께 사서와 오경의 언해를 상정하라고 명하셨는데, 이보다 앞서 선생께서 대학토석大學吐釋을 상정하시고, 이에 명을 받들어 『중용』과 『맹자』를 차례대로 이어 완성하였으나, 오경에는 미치지 못하여서 임금께 올리지는 못했으니, 사림들이 한스럽게 생각했다. 곧 지금 현행되고 있는 관본 언해는 대개 그 이후에 나왔으며, 또 누차 글을 고치고 바꾸면서 선생께서 상정한 바를 간혹 채택하였으니, 원본이 간행되지 않았다.經書之有諺解。厥惟久矣。而諸家互有異同。至退溪李先生。合成釋疑而乃定。猶未大備。萬曆丙子宣朝因眉岩柳公希春言。命先生詳定四書五經諺解。先是先生有所定大學吐釋。乃承命。中庸孟以次續成。而未及於經。不果進禦御。士林恨之。即今現行官本諺解蓋出于其後。而又屢經竄易。先生所定或有採入。而原本不行焉。"라고 하였다. 현행의 언해가 류숭조의 것이 아님은 물론이요, 퇴계의 석의釋疑와 율곡의 토석吐釋을 거친 것으로 퇴계, 율곡 이후의 것이다. 『지봉유설』 군도부 권3

---

12) 조선 중기 때의 학자인 유희춘(柳希春)의 일기초(日記草). 11책. 1567년(선조 즉위년) 10월 1일부터 1577년 5월 13일 그가 죽기 전일까지의 약 10년 동안의 친필로 쓴 일기로서 명종 말부터 선조 초의 여러 가지 사건, 관아의 기능, 관리들의 내면생활, 관직을 역임하면서 겪은 사실들을 비롯하여 당시의 정치, 사회, 경제상태와 풍속 등을 기록하였다.

에는 "선왕이 왕위를 이어받은 초에 학문에 마음을 둠에 날마다 경연을 열어서 사현四賢을 표창하여 관직을 줌에 예를 존숭하는 유학자로 명성이 높았다. 퇴계선생께서 『성학십도』를 진상하고, 노소재盧蘇齋께서 『숙흥야매잠주小夙興夜寐箴註疏』를 진상하고, 이율곡께서 『성학집요』를 진상하니, 특별히 여기셔서 칭찬과 상을 더해주시고, 아울러 간행하여 반포하라 하셨다. 또 유신에게 시경, 서경, 사서, 소학 등의 언해를 쉽게 편찬하여 후학들의 뜻을 끌도록 명하셨다. 아! 그 성심이여. 이러한 까닭으로 일시에 사방의 선비들이 향하여 빛나게 배출되었다. 거의 염락13)의 풍조가 수십 년을 못 가서 세상의 도가 점차 하락하니, 오늘날에 이르러 크게 변하였다.先王嗣服之初。留心學問。日御經筵。褒贈四賢。尊禮名儒。退溪先生進聖學十圖。盧蘇齋進夙興夜寐箴註疏。李栗谷進聖學輯要。特加稱賞。竝令刊布。又命儒臣撰易。詩書四書小學等諺解。其引誘後學之意。吁其盛矣。是故一時向方之士彬彬輩出。庶幾濂洛之風。不數十年。世道漸降。至今日則大變矣。"라고 하였다. 이미 율곡이 사서의 언해를 완성한 것은 윗 글로 알았거니와 다시 이에 의하여 그것을 개정하고 또 삼경의 언해를 완성한 것은 율곡이 서거한 직후로 임진 전임을 알 수 있다.

2) 불경류

『영가대사증도가남명천선사계송永嘉大師證道歌南明泉禪師繼頌』의 한계희韓繼禧, 1423~1482 발에 "지난날 세종 장헌대왕이 일찍 국어로 금강경오가해의 야부송을 번역한 것이 본보기가 되어 증도가남명계송의 통설을 얻게 되었으며 석가보를 들여서 문종대왕께 명하여 세종대왕이 함께 찬하고 친히 예제하셨다. 이에 야부, 종경 두 해석을 통설로 이미 초서로 되어 있었으

---

13) 염(濂)은 염계(濂溪)의 주돈이(周敦頤)를 가리키고 낙(洛)은 낙양(洛陽)의 정호(程顥)·정이(程頤) 형제를 가리키는데, 모두 송대의 저명한 성리학자이다. 염락의 사람이란 그들의 학통을 이어 유학을 집대성한 주희(朱熹)를 가리킨다.

나 교정이 이루어지지 않았다. 남명이 20여 수를 번역하고 그 차례가 갖추어지지 않았는데 문종과 세조께서 명하였으나 문종이 일찍 승하하시어 세조가 이어받아 유교를 받드시었다. 먼저 『석보상절』을 간판으로 인간하여 유포하시었고 친히 언론에 전질을 구하여 강독하시게 하고 또 능엄경, 법화경, 육조해, 금강경, 원각경, 영가집 등의 경전을 먼저 번역하여 인간하여 중외에 널리 베풀어 신령한 뜻을 잇도록 하였다. 昔世宗莊憲大王嘗於以國語。翻譯金剛經五家解之冶父頌。宗鏡提綱。得通說誼及正道歌南明繼頌。以入釋譜。命文宗大王及世宗大王共撰之。而親加睿裁焉。于時冶父宗鏡二解得通說誼叢書已成。而未暇校定。南明翻譯二十余首。俱未就緒。遺命文宗世祖終事。文宗享國日淺。世祖繼之。尊奉遺教。首先釋譜刊版流通。又印施。親購得中朝證道歌彦琪注與宏德祖庭註並金剛經五家解及諸經。第以諸佛性宗如來。心印深妙難思。不可識識。智知。文全。言論。又以遺囑重大。不可草草。故先譯楞嚴經。法華經。六祖解。金剛經。圓覺經，永嘉集等經。印施中外亦無非靈承遺意。"라고 하였다. 이로 보아 세종은 금내에 책방 등 시설을 갖추고 석보 이외에도 속불경의 번역을 간행할 계획이었는데 불행히 그 계획을 이루지 못하고 승하한 것이다.

신숙주의 <제경발>『보한재집』에는 "오직 우리 왕세자 저하께서는 타고난 자질이 뛰어나시고 품성이 인자하고 효성스러우시며, 학문의 도량이 크고 넓으시고, 도의가 깊으셨다. 태자의 명망이 바야흐로 높거늘 슬하의 기쁨을 두고 갑자기 떠나시니, 별 앞의 빛을 가리고, 소해에 먼지가 날려14) 일국에 애통함이 분주히 일어나서 어쩔 줄을 몰랐다. 상께서 불교로써 명복을 비는 것이 가하다 하셔서 『금강경金剛經』 수사본을 만들고, <증도가證道歌>에 주해를 찬집하게 하여 선왕의 유지를 끝마치시니, 노사신盧思愼에게 해석하기를 명하시고, 여러 경전을 사경으로 인간印寫하여 교감하고 찬정하기를 극진히 쓰지 않음이 없었다. 惟我王世子邸下天資岐嶷。稟性仁孝。學問

---

14) 前星掩耀 小海飛塵 : 전성(前星)과 소해(小海)는 모두 태자를 뜻하는 말로 태자께서 돌아가심을 이르는 말이다.

碩博。道義淵泓。國儲之望方隆。遠離膝下之懽。前星掩耀。小海飛塵。擧一國慟惜。罔知攸爲。上以佛教可資冥福。手寫金剛經。撰集證道歌註解。以先王遺意。命釋老儒士。印寫諸經。勘校纂定。無所不用其極。"라고 하였다. 이로 보아서 후일 세조가 각종의 불경언해를 간행한데는 무엇보다도 자경세자 즉 덕종의 명복을 빌기 위한 것이지만은 역시 세종의 유교도 봉행하는 의미가 없지 아니한 것이다. 서거정의 <남원군가승기南原君家乘記>『눌제집』 권6에 "세조께서 안팎으로 전적을 크게 갖추고자 하시어 간경도감刊經都監15)을 설치하시고 구치관具致寬 등으로 하여금 관장하게 하셨다.世祖欲大備內外典籍。設刊經都監。使具致寬等掌之。"라고 한 것을 본다면 세조가 도감까지 설치하고 불경언해를 간행하기에 전력을 기울였던 것으로 보인다. 세조는 유교 경전의 번역을 중단시킴에 불구하고 불경에 대한 한 오히려 세종 당시보다도 일층 큰 규모로 확장하여 법화, 금강, 원각, 심경, 육조해, 영가집 등 언해를 간행한 것이다.

4. 불확실한 서적

1)『삼강행실』

『세종실록』세종 26년(1444) 갑자 2월 최만리 등이 반대 상소를 올렸을 때 세종의 하교 중에 "정창손鄭昌孫은 말하기를,『삼강행실』을 반포한 후에 충신・효자・열녀의 무리가 나옴을 볼 수 없는 것은, 사람이 행하고 행하지 않는 것이 사람의 자질 여하에 달려 있기 때문입니다. 어찌 꼭 언문으로 번역한 후에야 사람이 모두 본받을 것입니까라고 하였으니, 이따위 말이 어찌 선비의 이치를 아는 말이겠느냐. 아무짝에도 쓸 데 없는 용속庸俗한 선비이다又鄭昌孫曰。頒布三綱行實之後。未見有忠臣孝子烈女輩出。人之行不行。只在人

---

15) 조선 시대 세조가 불경을 언해하여 간행하기 위하여 1461년에 설치(設置)했던 기관(機關).

之資質如何耳。何必以諺文譯之。而後人皆效之。此等之言。豈儒者識理之言乎。甚無用之俗儒也。"라고 하였는데 그 아래에 "먼젓번에 임금이 정창손에게 하교하기를, 내가 만일 언문으로 『삼강행실』을 번역하여 민간에 반포하면 어리석은 남녀가 모두 쉽게 깨달아서 충신, 효자, 열녀가 반드시 무리로 나올 것이다라고 하였는데, 창손이 이 말로 계달한 때문에 이제 이러한 하교가 있은 것이었다上教昌孫曰。予若以諺文譯三綱行實。頒諸民間,。則愚夫愚婦,。皆得易曉。忠臣孝子烈,。必輩出矣。昌孫乃以此啓達。故今有是教。"라고 하였다. 만약 세종이 정창손에게 하신 말씀으로 들어서는 『삼강행실』의 번역이 무엇보다도 일찍 시작되었으련만 거기에 대한 기록이 완전 없다. 남이南袞의 『속삼강행실도』의 서문에 "선덕 때에 세종 장헌대왕께서 유신 계순契循에게 명하시어 고금의 충신, 효자, 열녀의 행실이 모범이 될 만한 자들의 초상을 그리고 사적을 기록하여 시를 뽑아 실어 책을 만드니, 이름을 하사하시어 『삼강행실』이라 하시고, 중외에 인쇄 반포하셨다. 성종 강정대왕에 이르러서는 또 서국書局을 이름하시니, 제가 찬한 바 중요한 훈해訓解를 더하여 언문으로 해석하였다.宣德中。世宗莊憲大王命儒臣契循。集古今忠臣孝子烈女之行可爲模範者。圖形記事。采以詩質。賜名曰三綱行實。印頒中外。至于成宗康靖大王。又名書局。卽契循所撰而重加訓解。譯以諺字。"라고 하였다. 남의 말로는 성종 때에 비로소 언역이 되었다고 하니 세종 당시는 마침내 번역이 되지 못하였던 것인지 모르겠다.

2) 『두시언해』

"『용제총화』권7에 사문斯文 류휴복柳休復은 그 종제 류윤겸柳允謙, 1420~?, 형 수형叟(윤경의 아들)와 더불어 두보의 시를 숙독하여 한때 비할 사람이 없었는데, 모두 태재泰齋 선생에게 공부를 배웠다. 비록 선생이 문장으로 이름이 났으나, 아버지의 죄에 연좌되어 종신토록 금고되니 사문도 또한 과거에 나가지 못하였다. 일찍이 세종께서 집현전 학자들에게 명하여 두시에 주를 달 때 사문도 또한 백의로써 참석하여 사람들이 모두 영광으로 여겼다. 그 뒤에 모두 다 벼슬길이 트이어 사문은 경진년의 과거에 급제하여 벼슬이 교리에 이르렀고斯文柳休復與其從弟柳允謙亨叟。精熟杜詩。一時無比。皆受業於泰齋先生。先生雖以文章著名。而緣父之罪。禁錮終身。斯文亦不得赴試。世宗嘗命集賢殿諸儒。撰註杜詩。而斯文亦以白衣往參。人皆榮之。其後皆通仕途。斯文登庚辰科。官至校理。"라고 하였다. 여기서 찬주撰註라는 말은 반드시 언해를 가리키는 것은 아니나 첫째, 류휴복이 세조 경진에 등과임을 미루어 그 찬주도 세종 만년의 일이요 그 다음 세종 만년의 편찬쟁업編纂爭業은 거의 훈민정음과 관련되지 않음이 없었음을 미루어 그 역시 훈민정음에 관련이 있지 않을까 추정한다. 그 후 성종 때 이르러 류휴복의 종제인 류윤겸 등으로 하여금『두시언해』를 완성시켰다. 성종은 훈민정음 사업에서 비교적 냉담하던 임금으로서 오직『삼강행실언해』와『두시언해』등을 이룬 데 대하여는 특히 주의를 끄는 점이다.

풀이 1 태제(泰齊)는 류방선(柳方善)의 별호니 류휴복의 삼촌이요. 류윤겸의 부친이다. "<영가대사증도가남명천선사계송(永嘉大師證道歌南明泉禪師繼頌)>의 한계희(韓繼禧) 발문(永嘉大師證道歌南明泉禪師繼頌 韓繼禧跋)"은 소창진평씨『증정조선학사』로부터 인용한다. 단지 장 헌(憲)의 헌(獻)으로 되었으나 오자일 듯하여 정정하였다.

제3절 한자음의 정리

1. 동음

1)『운회』의 번역

『세종실록』세종 26년(1444) 갑자 2월에는 "집현전 교리 최항, 부교리 박팽년, 부수찬 신숙주, 이선로, 이개, 돈녕부 주부 강희안 등에게 명하여 의사청에 나아가 언문으로 『운회』를 번역하게 하고命集賢殿校理崔恒。副校理朴彭年。副修撰申叔舟・李善老・李塏。敦寧注簿姜希顔等。詣議事廳。以諺文譯『韻會』。"라고 하여 『운회』의 언문 번역이 명백히 기록되어 있다. 최만리 등의 반대 상소에서 "또한 옛 사람이 이미 만든 운서를 가벼이 고쳐 황당무계한 언문을 붙이려 하십니다.又輕改古人已成之韻書。附會無稽之諺文。"라고 말한 것이다. 세종이 그들에게 대하여 "또 네가 운서를 아느냐? 사성 칠음에 자모가 몇이나 있느냐? 만일 내가 그 운서를 바로잡지 않으면 누가 이를 바로잡을 것이냐?且汝等知韻書乎。四聲七音字母有幾乎。若非予正其韻書。伊誰正之。"라고 말씀한 것이나 모두 『운회』의 언문 번역을 가리키는 것이다. 그러나 최만리 등이 말한 개改자를 세종이 말씀한 정正자로 미루어 『운회』 그대로의 번역보다는 다소의 교정조차 가해진 것이 아닌가 한다. 번역이라고 말한 것은 그 대체를 거론한데 지나지 아니할 것이다. 본래 『세종실록』 세종 원년(1418) 12월에는 "상왕이 조말생趙末生, 1370~1447과 원숙元肅, ?~1425을 불러서 말하기를, 근일에 부엉이가 와서 우는데, 내가 괴이하다고는 생각지 않지마는, 궁을 떠나 피해 있는 것은 옛부터 있는 일이다. 또 『운회』에 유鵂자를 풀이하기를, '유'는 새 이름인데, 울면 흉하다고 하였으니, 나는 피해 있고자 한다.上王召趙末生元肅語曰。近日鵂鶹來鳴。吾以爲怪。然離宮避居自古而然。韻會釋鵂字。明則兇。吾欲避之。"라고 말하였고 동 24년 2월(95권 23장)에는 "의정부에 의거하여 예조의 계문에 운회를 글자의 석문을 위해 황제는 소왕과 황후에게 가르치라議政府據禮曹呈啓, 謹按韻會釋數字帝日詔王及后日敎"고 하는 등으로 보아서 그 당시 한자의 운서로서 『운회』가 거의 대표가 되었던 것을 알 수 있다.

그 이후 최세진 저 『운회옥편』16) 인引에는 "지금 친히 만든 『운회』라는

---

16) 『운회옥편(韻會玉篇)』 : 문헌 시대 조선 성격 옥편 편저자 최세진으로 제작시기 중종 36년(1536) 권수/책수 2권 목차정의 내용 정의 중종 31년(1536)년 최세진이 편찬한 옥편.

것은 찾아서 책을 만들었으니, 마치 아버지에게 자랑하러 동해로 달려가는 듯하고 큰 가뭄에 구름과 무지개가 낀 것과 같습니다. 신이 이미 그 폐단을 보았으니 또한 『운회』를 취하여 글자를 거두어 정리하여 옥편을 만드니 음해를 만들지 않고 다만 운모를 이었으니 후학들로 하여금 운과 글자를 깊이 찾아서 손바닥 위를 가리키듯이 밝게 알게 하기 위함입니다.今之親韻會者。其爲索篇如夸父之奔東海。大旱之望雲霓也。臣旣見其弊。又迫衆求。只取韻會所收之字。彙成玉篇。不著音解。獨系韻母。使後學尋韻索字了如指掌。"라고 하여 『운회』를 위한 무음의 옥편까지 만들고 이식李植의 복각 『운회』 발에는 "고금의 자서에 이르기까지 『운회』는 크게 갖추어져 있어 음운에서 훈의에 이르기까지 널리 살펴 정밀하게 수집하여 만들었기 때문에 세월이 흘러서도 정전正典이 된다.古今字書至韻會而大備。其於音韻訓義。廣搜而精輯。粹然爲垂世正典。"라고 하여 『운회』의 가치를 높이 평가하였다. 과연 번역이 어떤 정도의 번역이요 또 교정이 어떤 종류인지는 모르거니와 그 표준을 『운회』로 정한 것만은 조금도 의심할 것이 없는 바다. 더구나 『운회』와 『오음집운』은 종래의 다른 운서와 달라서 각자의 자모가 명기되어 있음으로 그 초성을 판정하기 극히 용이하다. 가령 동東운의 제1자에는 "공 궁반절公 沽紅切, 각 청음角淸音"이라고 주가 있어 각 즉 아음角卽 牙요 아牙의 청음淸音 곧 '見ㄱ'이 되는 예다.

또 『운회』는 『오음집운』보다도 달리 그 권두에 "<칠음삼십육자모통고七音三十六母通攷>"가 덧붙여 간행되어 있음으로 초성은 물론이요. 매 운 내의 상이한 중성과 각 운의 서로 같은 중성도 변별하는 것이 가능하다.

가령 동東운에는

내용 상하 2권. 원나라의 웅충(熊忠)이 찬수한 『고금운회거요』에 부수되는 옥편이며, 『사성통해(四聲通解)』의 보조편으로 엮어진 것이다. 부수의 종류나 분류법은 중국의 자서(字書)들과는 다른 독특한 것이다. 판본으로는 서울대학교 도서관본, 규장각본, 일본 궁내성 즈쇼료본(圖書寮本), 도요문고본(東洋文庫本) 등이 있다

公(見公), 空(溪公), 東(端公), 通(透公), 同(定公), 濃(泥公), 蓬(並公), 蒙(明公),
風(非公), 豐(敷公), 馮(奉公), 曾(微公), 兜(精公), 忽(淸公), 叢(從公), 中(知公),
終(知公), 充(徹公), 忡(徹公), 崇(澄公), 翁(影公), 烘(曉公), 洪(合公), 籠(來公),
弓(見弓), 窮(群弓), 嵩(心弓), 蟲(澄公), 融(喩弓), 隆(來弓), 戎(日弓), 雄(匣弓)

과 같이 되고 또 동冬운에는

攻(見公), 冬(端公), 肜(定公), 農(泥公), 封(非公), 丰(敷公), 逢(逢公), 宗(精公),
崧(心公), 賨(從公), 鐘(知公), 衝(徹公), 踵(徹公), 春(審公), 醲(娘公), 鱅(禪公),
碹(匣公), 佟(合公), 礱(來公), 恭(見公), 蛩(溪公), 蛰(群弓), 顒(魚弓), 從(精公),
從(淸弓), 從(從公), 松(邪弓), 重(澄弓), 邕(影弓), 胸(曉弓), 容(喩弓), 龍(來弓),
茸(日弓)

와 같이 되어서 동동東冬 2운 내에는 똑같이 공궁公弓 양 자의 중성 즉 두
중성이 포함되어 있는 예이다. 만일 훈민정음으로 번역 또는 교정하려고
할 것 같으면 실로 이『운회』를 제외해 놓고 더 좋은 운서를 찾기 어려웠
으리라고 생각된다.

　　그러나『운회』는 운회대로의 독특한 자모와 운부가 있다. 그것을 먼저
밝히지 아니하면 그 당시의 진상을 추찰하기 곤란하다.

2) 운회의 자모

『사성통해』권두에 붙은『운회』자모도는

운해 35자모도									
	角	徵	宮	次宮	商	次商	羽	商徵半	商宮半
全淸	見	端	幇	非	精	知	影		
次淸	溪	透	滂	敷	淸	徹	曉		

全濁	羣	定	竝	奉	從	澄	匣		
次濁	疑	泥	明	微		孃	喻	來	日
次清次					心	審	厶		
次濁次					邪	禪			

이와 같으나 실상 『운회』에서는 불청불탁을 차탁라고 하고 魚(어)를 차탁차음이라고 한다. 그보다도 『사성통해』는 『운회』의 자모를 전부 35모로 첫는데 전기 동운자모표東韻字母表 중 合公(합공)의 洪(홍)이나 또 동운자모표冬韻字母表中 合公(합공)의 降(강)과 같이 후차 독차음의 합모가 하나 더 있는 것으로 36자모라야 맞는다. 하여튼 『운회』의 자모를 『훈민정음』과 비교한다면 각현합角玄合의 3모와 知(지), 撤(철), 澄(증), 娘(량), 番(번), 禪(선)의 6모 등 9모가 넘치고 있다.

물론 나중에는 『훈민정음』에서도 치두와 정치를 구별하였지만은 후년의 그 구별이 갑자 2월의 『운회』 번역에 있어서는 하등 관계가 없었을 것이다.

여기서 『훈민정음』을 가져 『운회』를 꼭 그대로 번역한다는 것은 거의 불가능한 사업이다. 아무래도 자모의 일부에 대하여 교정이 필요하였을 것으로 보인다.

3) 『운회』의 운부

『운회』에는 동同운의 이중성異中聲과 이異운의 동同중성을 권두에 일람을 요연하게 표시를 해놓았다고는 하되 중성은 초성과 같이 간단하지 않다. 초성은 見(견), 溪(계), 群(군), 疑(의)에 따라서 훈민정음의 초성으로 고치는 것으로 충분하나 중성은 公(공)이 과연 무슨 중성을 대표하고 弓(궁)이 무슨 중성을 대표하느냐에 대하여 자못 분명하지 못한 것이 사실이다.

그뿐이 아니라 『사성통고』 <범례>에서는 "황공소黃公紹의 『운회』에서도 입성 가운데 質(질)운의 栗(율), 卒(졸) 등은 屬(속)운의 匊(국)자모 아래에 소속시키고 합운合韻의 閤(합), 榼(합) 등은 갈榼운의 갈 자모 아래에 소속시키는 따위와 같은 것이어서 아, 설, 순 들의 종성이 뒤섞여 구별이 없으니黃公紹韻會入聲。如以質韻甋卒等屬韻匊字母。以合韻閤榼等字屬韻萬字母之類。牙舌脣之音混而不別。"라고 한 것과 같이 입성운의 ㄱ, ㄹ, ㅂ 세 종성이 혼동되어 있다. 입성의 종성이 이미 없어진 한인에게 있어서는 그 혼동이 상관이 없더라도 그 종성 전부 구별하는 조선에 이르러는 실로 승인할 수 없는 오류다.

여기서 훈민정음을 가지고 『운회』 꼭 그대로 번역하는 데는 또 한 가지 중대한 난관에 봉착하게 된다. 이 난관을 벗어나기 위하여는 운부 일부의 변동도 물론 부득이하였을 것이다.

4) 『동국정운』의 정체

『운회』의 번역을 시작한 기록뿐이요 결과의 기록이 없다. 그것은 그럴 것이 『운회』의 자체 성질상 『훈민정음』으로 번역 불가능하다라기보다도 차라리 불필요하다. 그런데 시작에는 일언반구도 없었음에 불구하고 세종 29년(1447) 정묘 9월 돌연 『동국정운』 6권 완성되었다고 한다. 그도 그럴 것이 『동국정운』이란 『운회』에 의한 동음(우리나라 한자음)의 교정이요 동음에 의한 『운회』의 교정이라. 전번의 『운회』 번역이란 곧 『동국정운』의 이름이 생기기 전에 그 편찬을 가리켰던 것이다.

『동국정운』 서에는 "설두·설상음과 순중·순경음과 치두·정치음과 같은 것은 우리나라 한자음에서는 이를 구별할 수 없으니 역시 마땅히 그 자연스러움을 바탕으로 한 것이지 어찌 반드시 36자모에 사로잡힐 필요가 있겠는가.如舌頭舌上脣重脣輕齒頭正齒之類。於我字音。未可分辨。何必泥於三十六字乎。"라고 하였는 바 이것은 자모와 함께 『운회』의 36자모를 우리의 자음 즉 동음에 따라 개편한 것이다. "이에 사성으로 조정하고 91운과 23자모로 기준을 삼은 다음에 어제 훈민정음을 가지고 그 음(한자음)을 정하였으며於是調以四聲。定爲九十一韻。二十三字母。以御制訓民正音定其音。"고 하였는 바 이것은 자모와 함께 『운회』의 107운을 동음에 따라 개편한 것이다. 그러나 동 서에는 "가령 아음으로 말한다면 계溪모에 속하는 글자들의 거의 견見모로 발음되니 이것은 자모가 변한 것이다. 계모에 속하는 자음 가운데 간혹 효曉모로 발음하는 것이 있으니 이것은 칠음 즉 조음 위치가 변한 것이다. 우리나라 음운도 그 청탁 구별됨은 중국 자음과 다른 바가 없거늘 우리나라 한자음에 있어서만 홀로 탁음이 없으니 어찌 이럴 수가 있겠는가? 이것은 청탁의 변화이다若以牙音言之。溪母之字太半入于見母。此字母之變也。溪母之字或入于曉母。此七音之變也。我國語音。其清濁之變與中國无異。而於字音獨無濁聲。豈有此理。此清濁之變也。"라고 하고 또 "또 질質운과 물勿운 같은 운들의 운은 영影(ㆆ)모로 래來(ㄹ)모를 보충하여 습속 운을 바탕으로 하여 바로 잡으며 옛 습속의 잘못됨이 이에 이르러 모두 고쳤다又於質勿諸韻。以影報來。因俗之正。"라고 하였다. 이것은 『운회』의 자모 표시를 주장삼고 그 외의 방면도 참작해서 다시 동음의 초종성을 교정한 그 개요다. 물론 초종성만은 아닐 것이다. 중성에 있어서도 그만한 교정이 가하여야 할 것으로 추측키 어렵지 않다.

결국 이렇게 되고 보니 그 내용은 자모 운부의 어느 방면으로나 전혀 독특하게 되었을 것임에 틀림이 없는 것이라. 이름부터 『동국정운』이라고 전혀 새롭게 지은 것이다. 『세종실록』 세종 30년(1448) 무진 10월에 "『동국정운』을 여러 도와 성균관, 사부 학당에 반사하고, 인하여 하교하기를, 본국의 인민들이 속운을 익혀서 익숙하게 된 지가 오래 되었으므로, 갑자기 고칠 수 없으니, 억지로 가르치지 말고 배우는 자로 하여금 의사에 따라 하게 하라고 하였다頒東國正韻于諸道及成均館四部學堂。仍教日本國人民。習熟俗韻已久。不可猝變。勿强教。使學者隨意爲之。"라고 한 것만 보더라도 그 교정된 음이 그 당시의 통용음과 얼마나 많이 달랐는가를 짐작하게 한다.

2. 한음

1)『홍무정운역훈』의 준비

『홍무정운역훈』은 세종 승하 후에도 6년이나 지나서 단종 을해(1455)에 겨우 나왔으나 실상『동국정운』과 서로 선후하여 그 준비에 착수되었던 것이라고 보인다. 그 서에는 "무릇 원고를 열 몇 차례 되풀이 하여 애써 고치어 마침내 8년 만에 바르게 잡았으니 이지러짐이 없다는 것이 더욱 의심없게 되었다. 문종 공순대왕께서 세자로 계실 때부터 세종대왕은 보필하여 성운 관계 사업에 참여하시더니 즉위 하신 뒤로는 신 등과 전판관 노삼과 현 감찰 권인과 또 부사직 임원준에게 다시 수정하도록 명하시였다凡膽十餘稿。辛勤反覆。竟八載之久。而向之正無缺者似益無疑。文宗恭順大王自在東宮。以聖輔聖。叅定音韻。及嗣寶位。命臣等及前判官臣魯叅,　今監察臣權引,　副司直臣元濬重加讎校。"라고 하였으니 문종이 쌍교雙校를 명하기까지 이미 8년으로 곧 세종 26년(1444) 갑자나 세종 27년(1445) 을축에 해당하게 되는 것이다.

본래『동국정운』은 우리의 음을 교정한 것임에 대하여『홍무정운역훈』은 한인의 음을 옮기는 것이요『동국정운』의 표준이 된『운회』에는 자모나 중성 등이 표시되어 있음에 대하여『홍무정운』은 오직 옛 운서나 마찬가지로 한자의 반절뿐이다. 남의 음을 정확히 표시한다는 것도 어렵거늘 하물며『홍무정운』이 표시한 음을 정확히 알기란 더욱 곤란하였을 것임에 틀임이 없다.

그러므로 혹은 요동도 가고 혹은 사신 온 사람도 만나서 8년간 고심한 바가 실로 적지 아니하였던 것 같다. 정통 을축(1445)의 년월이 있는 박팽년의 <무본제시권> 서에 "금년 봄 신 범옹과 성 납옹 두 군자가 요동으로 가서 황 한림을 뵙고 중화의 정음을 얻었다.今春申泛翁與成訥翁二君子。之遼東。謁黃翰林瓉。得中華之正音。"라고 하였으니 역훈 서에서 "이에 신 등에게 중국의 선생이나 학사에게 물어보아 바로 잡도록 하라고 명하시어 왕래를 7~8번에 이르렀고命臣等。就正中國之先生學士。往來至于七八。『홍무정운역훈』 <서문>"라고 한 말과 일치하고 또 『세종실록』 세종 32년(1450) 경오 1월에는 중국의 사신으로 예겸, 사마순 등이 온데 대하여 "직 집현전 성삼문, 응교 신숙주, 봉례랑 손수산에게 명하여 운서를 사신에게 묻게 하였는데命直集賢殿成三問, 應教申叔舟。奉禮郎孫壽山問韻書于使臣。"라고 하였으니 역훈 서에서 "또 중국 사신이 우리나라에 왔을 때 유학자이었으니 곧 또 정확한 것을 취하여且天子之使至國而儒者。則又就而正焉。"라고 한 말과 일치한다.

이 두 기록으로만 보더라도 을축(1445)으로부터 경오년(1450)까지 6년간 『홍무운역훈』에 대한 준비가 줄곧 계속된 것이 사실이다. 『문종실록』 세종 32년(1450) 경오년 10월에 "사헌 장령 신숙주가 음운을 질문할 사목과 중국의 교장형제教場刑制를 가지고 아뢰니, 임금이 말하기를, 음운은 예겸이 왔을 적에 이미 질문하도록 하였다. 비록 중국에서도 예겸 같은 자가 드물겠지마는, 이제 성삼문이 입조하니, 만약 예겸보다 뛰어난 자를 만나거든 물어보고, 그렇지 않으면 반드시 물을 것도 없다. 교장의 사목은 병조에 내려 상량 확정하여서 아뢰어라司憲掌令申叔舟齎音韻質問事目, 及中朝教場形制, 以啓。上曰 音韻。倪謙來時。已令質問。雖中朝罕有如倪謙者。今成三問入朝。如遇勝於倪謙者。問之。否則不必問也。教場事目。下兵曹。商確以啓。"라고 하여 예겸에게 질문함으로써 일단락을 지은 것도 사실이거니와 그 이후로도 역시 좀 더 정확히 하고자 계속 노력한 것도 사실이다.

2) 『홍무정운역훈』과 『사성통고』의 정체

『홍무정운역훈』 서에는 "대저 『홍무정운』은 운을 가지고 합하고 나눈 것이 다 바르게 되었으나 유독 성모만은 그 순서가 맞지 않는다. 그러나 감히 가벼이 변경할 수 없어서 그것만 그대로 두고 운을 표시하는 글자 위에 성모를 나타내는 자모를 분류하여 기입하고 훈민정음으로 반절을 대신하여 음을 표시하였으며 그 속음과 정음 두 가지음이 있는데 꼭 알아야 할 것은 해당 글자 아래에 기입하였다夫洪武正韻。用韻併析悉就於正。而獨七音先後不由其序。然不敢輕有變更。但因其舊。而分入字母於諸韻各字之首。用訓民正音以代反切。其俗音及兩用之音。又不可以不知。則分注本字之下。若又有難通者。則略加註釋。以示其例。"라고 하였다. 여기서 "칠음의 앞과 뒤의 그 순서가 있다七音先後不有其序"란 말은 『운회』 안의 각 글자를 "見(군), 溪(계), 群(군), 疑(의)" 등 자모의 순서대로 배열한 데 대하여 『홍무정운』은 옛날 운서의 순서와 같이 동東운에는 동東자를 먼저 배치하고 '견見모'의 '공公' 자를 그 아래에 배치하는 등의 예를 지적한 것이다. 하여튼 『홍무정운』과 역훈이 다른 점은

ㄱ) 『운회』의 예를 따라서 동음각자의 맨 첫 글자 아래 자모를 기입한 것.

ㄴ) 한자의 반절 대신으로 직접 훈민정음을 가지고 음을 표시한 것.

ㄷ) 혹 두 가지로 나는 음이나 속용의 다른 음이 있을 때는 그 글자 아래 기입한 것.

ㄹ) 양용음과 속음을 알기 어려운 때는 간략한 주석을 가한 것.

등의 네 항목이다. 칠음의 순서를 가벼이 고치지 못 한다고 하였을 때는 그 의석義釋의 방면은 더구나 건드리지도 않았음은 분명하다. 그런데 그 권두에는 『사성통고』의 일편이 붙어 있는데 그것은 순연히 동 역훈의 음을 따라 사성의 동음자를 한데 모은 것이다. 이미 고증한 바와 같이 사성

은 다시 표점으로 구별되고 의석은 완전 없다.

실상 『홍무정운역훈』이나 『사성통고』는 특히 『사성통고』는 실전됨에 불구하고 그 내용을 어느 정도까지 재현하기는 불가능한 것이 결코 아니다. 그렇다고 말하는 것은 최세진의 『사성통해』가 있는 까닭이다.

『사성통해』 서를 보면 "이 시점에서 처음 화어를 배우려는 초학자들은 먼저 『노걸대』와 『박통사』를 읽어 어학의 기초를 굳힌 다음에는 반드시 『사성통고』를 익혀 한음의 정음과 속음을 정확하게 알도록 했다. 그러나 앞에 두 책은 훈을 달고 해석한 것이 잘못이 다시 잘못을 생산하고 이 잘못이 바로 후대로 이어지는 폐단이 생겼으며 『사성통고』에 수록된 여러 글자는 자음은 기록되어 있는데 의석이 없는 체계이다. 잘못이 잘못을 낳는 이 잘못이 후대로 이어진다면 아무리 숙달한 통역이라도 바로 잡을 수가 없을 것이고 자음만 있고 의석이 없다면 한 글자가 두 번 되풀이되어 쓰일 때 무슨 뜻으로 어떻게 쓸 것인지 방향을 알지 못하게 된다. 신이 이 『노걸대』, 『박통사』 두 책을 한글로 풀어 번역하고 그 책에 나오는 고어 따위를 모아 집람으로 만들어 간행하여 누구나 이 책으로 참고서로 삼아 익히도록 할 것을 청하였다. 이제 『사성통고』를 조정에서 임금께 알려 고운古韻은 근거로 하여 이를 증명하고 자음과 해석을 베껴 이를 근거로 하여 지었다. 밤낮을 가리지 않고 이 저작에 몰두하여 그 초고를 일곱 번이나 다시 쓴 끝에 이를 다시 고치고 다듬는데 4년이 걸리어 완성하여 상하 2권으로 만들어 그 책 이름을 『사성통해』라고 하였다. 이것으로 이 방면에 뜻을 두고 새로 공부하는 사람에게 익히면 검열하는 데도 편리할 뿐 아니라 자음의 연원이나 해석의 근거가 아주 분명하게 이해되고 한 글자의 자음이 여럿으로 갈린 경우도 훤하게 떠올라 잘못이나 불분명한 구절이 없이 분명하게 이해될 것이다夫始肄華語者。先讀老乞大朴通事二書。以爲學語之階梯。初學二書者。必觀四聲通攷。以識漢音之正俗。然其二書訓解承訛傳僞。通考諸字有音無釋。承訛

傳僞。則雖經老譯莫能就正。有音無釋。則一字重出無所適從。臣卽將二書諺解音義書中古語。裒成輯覽。陳乞刊行。人便閱習。今將通攷一書亦己轉聞于朝。證據古韻。抄著音解。焚膏繼晷。膽藥七易。迄合四載。方克就緒。釐之爲上下二卷。各曰四聲通解。庶令新學。便於檢閱。音釋源委開卷瞭然。一字數音不室誤用矣。"라고 하였다. 즉『박통사』,『노걸대』의 두 책이 주음이 없음으로 그 결함을 보충하여 집람을 만들었는데『사성통고』가 의석이 없음으로 또 그 결함을 보충하여『사성통해』를 만들었다는 말이다.

혹『사성통고』에 덧붙어 있는『홍무정운역훈』서에는『홍무정운』원본의 석의가 있지 않을까 의심할 것이나『사성통해』<범례>는 거기에 대하여 "홍무정운의 수록자와 주해는 오로지 모황毛晃이 편찬한『예부운략』에 바탕을 둔 것이나, 모毛 씨 결점을 그대로 따라서 일찍이 고쳐서 바로 잡지 못하였기 때문에 지금 따로 취하지 않았다.洪武韻入字及註解。一依毛晃韻。而循用毛氏之失。不曾規祉。故今不取也。"라고 하였다. 즉『홍무정운』원본의 석의는 모황의 착오를 그대로 수용하였다고 하여 취하지 않은 것이다.

사실상 첫째로는『사성통해』란 이름부터『사성통고』에 석의를 가한다는 뜻으로 해석되고, 둘째로는 사성의 동음자를 한데 모은 체재가『사성통고』의 내용으로 그 자신이 설명한 바와 일치하고, 셋째로 설상의 4모 순경脣輕, 차청次淸의 1모를 제외한 31자모도『홍무정운역훈』서나『사성통고』<범례>에서 말한 자모와 공통되는 등이다. 더구나『사성통해』<범례>에는 "주에서 다만 속음라고 한 것은 곧 통고에서 원래 속음라고 기록했던 것이고, 금속음이라 한 것은 신(최세진)이 이번에 기록한 속음이다.註內只曰俗音者。卽通攷元著俗音也。曰今俗音者。臣今所著俗音也。"라고 하여『사성통고』의 속음까지도 그대로 보존시켰을 뿐이 아니라 동 <범례>에는 "통고에서 속음의 입성운미를 모두 影(ㆆ)모로 나타내되 다만 약藥운은 그 발음이 효效, -au운과 비슷하여 몽고시대의 운서의 자음에는 '묭'으로 표시하고『사성통고』의 속음에는 '뵹'으로 표시하였는데 이번의『사성통해』에서도 역

시 『사성통고』와 같이 '벙'으로 표시하였다.通攷於諸韻入聲。皆加影母爲字。唯樂藥韻
則其呼似乎効韻之音。故蒙韻加ㅸ爲字。通攷加ㅸ。爲字。今亦從通攷加ㅸ爲字。"라고 하고 "입성
의 여러 글자는 『사성통고』에서 기록한 속음을 취하여, 곧 『사성통고』 대
로 글자를 만들어서 영影, ㆆ을 아래에 붙이고, 만일에 금속음과 고운(고운
서)의 음을 기록할 때에는 다만 초성과 중성 글자만 가지고 글자를 만들되
영影, ㆆ모자를 붙이지 않았으며入聲諸者取通攷所著音。則依通攷作字加影母於下。若著今俗
音及古韻之音。則只取初中聲作字。不加影母。"라고 하여 통고의 원자형까지도 많이 보
존시킨 것이다.

물론 본음에 대한 한 통고에서 영影, ㆆ모 종성을 취하던 입성 자도 그
종성을 폐지하는 등 『사성통해』에서 독자적으로 변경한 것이 적지 아니
할 것이나 그런 것은 그다지 중대한 문제가 아니다. 『사성통고』의 <범
례>가 어느 정도까지 그 원형을 설명한 것이요, 또 『사성통해』의 26조나
되는 <범례>가 태반 『사성통고』와의 같고 다름을 밝힌 것이라. 두 <범
례>를 통하여 『사성통고』의 옛 면모를 찾을 수 있다.

『사성통고』를 재현시키는 이상 『홍무정운역훈』의 재현은 문제가 아니
다. 그것은 『홍무정운』의 순서와 석의를 그대로 두고 오직 자모의 표시,
반절 대신의 훈민정음, 또 각자의 속음 등을 분입시키는 그것뿐인 것이다.

풀이 1 모황이 증수한 『예부운략』을 이름이다.

2 『사성통해』 <범례>에는 "『몽고운략』은 원대에 편찬된 것이다. 호원이 중
국에 들어가 국자(파스파)로 한자의 발음을 표기하여 운서를 만들고 그 나
라 사람들은을 가르쳤다.(蒙古韻略°元朝所撰也°胡元入主中國°乃以國字飜
漢字之音°作書°以敎國人者也。)"

제4절 일상 사용의 실적

1. 세종시대

최만리 등의 반대 상소에 이배 10인으로 하여금 훈습케 하였다는 말로 들어서는 발표 직후 적의한 사람들을 뽑아 '훈민정음'의 강습도 시켰던 것이다. 신숙주의 <강경순등제유서姜景醇登第諭書序>에 정묘년 강희맹이 등 제하였을 때, 세조가 잠저로부터 언문 유서를 보냈다는 말로 들어서는 그 후 상당히 서찰과 같은데 사용되었던 것이다.

물론 그만한 사실도 오직 그 두 기록에 의해서 겨우 추정하여 관찰하게 되는 터로 거기 대하여 모든 것이 불확실하거니와 다시 실록의 단편적 기록을 보더라도 일상 사용에 노력한 자취만은 엿보기에 충분하다.

『세종실록』세종 28년(1446) 10월에는 "임금이 대간의 죄를 일일이 들어 언문으로 써서, 환관 김득상에게 명하여 의금부와 승정원에 보이게 하였다上數垎諫之罪。以諺文書之。命宦官金得祥。示諸義禁府承政院。"라고 하고 또 그 아래 우의정 하연, 우찬성 김종서, 좌참찬 정분이 아뢰기를, 신 등은 생각하기를 사헌부에서 계한 뜻이 좋으니 너그러이 용서하시기를 청합니다고 하니, 수양 대군에게 명하여 대간의 죄를 일일이 들어 책망한 언문서 몇 장을 가져와서 보이며 경 등이 내 뜻을 알지 못하고서 왔으니, 만약 이 글을 자세히 본다면 알 수 있을 것입니다.右議政河演。右贊成金宗瑞。左參贊鄭苯啓。臣等以爲憲府所啓之意美矣。請賜優容。命首陽大君持數垎諫之罪諺文書數張示之曰。卿等未知予意而來。若詳觀此書則可知矣。"라고 하였고 또 세종 30년(1448) 무진 8월에는 "좌의정 하연 등을 빈청에 불러, 환관 김득상과 최읍으로 하여금 언문서 두어 장을 가지고 오게 한 뒤, 사신을 물리치고 비밀히 의논하였다.召左議政河演等于賓廳。令宦官金得祥。崔浥。持諺文書數紙。辟史臣密議。"라고 하였다. 대신과 중신들을 상대해서도 종종 언문을 공용한 것을 보다면 그 이외의 경우에도 많이 더불어 사용되었으리라고 추측된다.

또 세종 28년(1446) 병인 12월에는 이조에 전지하기를, "금후로는 이과와 이전의 취재 때에는 훈민정음도 아울러 시험해 뽑게 하되, 비록 의리는 통하지 못하더라도 능히 글자를 합할 줄 아는 사람을 뽑게 하라傳旨吏曹。今後吏科及吏典取才時。訓民正音並令試取。雖不通義理。能合字者取之。"라고 하였고 또 세종 29년(1447) 정묘 4월에는 역시 사조에 대한 전교로 "이제부터는 함길도 자제로서 관리 시험에 응시하는 자는 다른 도의 예에 따라 6재六才를 시험하되 점수를 갑절로 주도록 하고, 다음 식년부터 시작하되, 먼저 훈민정음을 시험하여 입격한 자에게만 다른 시험을 보게 할 것이며, 각 관아의 관리 시험에도 모두 훈민정음을 시험하도록 하라自今咸吉道子弟試吏科者。依他例試六才。倍給分數。後式年爲始。先試訓民正音。入格者許試他才。各司吏典取才者。並試訓民正音。"고 하였다. 나중의 전교는 훈민정음 취재에 합격한 자에 한해서 타재의 수험을 허락하는 것이다. 훈민정음을 이해하지 못 하는 사람에게 서리 종사를 금하는 것이나 다름이 없다.

2. 단종시대

단종 원년(1453) 계유 4월에는 "시녀들 가운데 수강궁에 머무르는 자가 있었는데, 한 시녀가 언문으로 아지阿之(시속에서 궁내의 유모를 '아지'라고 부른다)의 안부를 써서 혜빈에게 보내니, 혜빈이 내전에 상달하였다. 언문을 승정원에 내렸는데, 그 사연에 이르기를, 묘단이 말하기를, 방자인 자금, 중비, 가지 등이 별감과 사통하고자 한다고 하니, 즉시 의정부 사인 이예장을 불러서 당상에 의논하게 하였다侍女等有留壽康宮者。一侍女以諺文書阿之安否。俗稱內乳媼爲阿之。送于惠嬪。惠嬪達于內。下諺文于承政院。其辭云 卯丹言。房子者今。重非。加知等欲通別監。

卽召議政府舍人李禮長。議于堂上。"고 하였다. 궁중의 여자들 사이에 훈민정음이 통용된 증거다.[17]

3. 세조시대

세조 원년(1456) 병자 4월에는 "예조에서 아뢰기를, 역어는 사대의 선무이니 관계됨이 가볍지 않습니다. 계축(1433)년에 세종대왕께서 자제를 보내어 입학할 것을 청하였으나, 준청을 얻지 못하여 선정하여 입학시키려던 문신과 아울러 의관 자제 30인을 강예관으로 삼아 사역원에 모아서 한어를 익힌 지 지금 20여 년이어서 역어에 정통한 자도 자못 많습니다. 그러나 성품이 상근하지 못하여 노망하여 진취하지 못한 자도 또한 많습니다. 진실로 법이 오래 되면 해이해져서 술업에 부지런하지 않으니, 이제 누차에 걸쳐 권과하는 조건을 거듭 밝혀 거행하소서. 그 전업하여 게을리 하지 않고 현저하게 공효가 있는 자에게는 특별히 장려를 더하고, 그 진보가 없는 자는 파거하며, 사역원에 소속되기를 원하는 자는 들어주었습니다. 본조는 의정부, 사역원 제조와 더불어 다소 연소한 문신과 의관 자제를 선정하여 원액에 충당하고 한음과 자양을 익히려 하니, 청컨대 언문으로 증입한 『홍무정운』을 으뜸으로 삼아 배우게 하소서.禮曹啓。譯語事大先務。關係非輕。歲癸丑世宗大王請遣子弟入學。未蒙准請。以所選入學文臣幷衣冠子弟三十人爲講隷官。聚司譯院習漢語。至今二十餘年。譯語精通者頗有之。而性不相近鹵莽不進者亦多。良由法久凌夷。術業不勤。累次明降勸課條件。申明擧行。其專業不怠。有顯效者。特加奬異。其不進步者罷去。願屬司譯院者聽。本曹與議政府。司譯院提調更選年少文臣及衣冠子弟。以充元額。所習漢音字樣。請以增諺文。洪武

---

17) 훈민정음이 창제되었음에도 그 주된 사용 계층은 주로 궁녀나 부녀자와 일반 백성들이었다고 알고 있지만 실제 통용문자로 용인되지 않았을 따름이지 사대부 남성들은 한자 학습을 위해서도 한글의 학습은 불가피한 것이었다. 그러다가 왕실과 간경도감을 중심으로 불교경전을 펴냄으로써 16세 이래 한글 보급이 전국적으로 확대되기 시작하였다.

正韻爲宗肄習。從之。"하니 이로 미루어 한어를 배우는 데 훈민정음이 필수의 과정으로 편입되기에 이른 것이다.[18]

세조 5년(1460) 경진 9월에는 "예조禮曹에서 아뢰기를, 청컨대 전조의 범에 의하여 국학에 구재를 두고 <중략> 매년 강경할 때를 당하거든 4서를 강하고, 아울러 『훈민정음』, 『동국정운』, 『홍무정운』, 『이문』禮曹啓。請依前朝之法。於國學置九齊。<中略> 每當式年講四書。并試訓民正音。東國正韻。洪武正韻。吏文。", "예조에서 성균관의 구재의 법을 참정하고 <중략> 또 식년에 거자에게 사서삼경을 강하게 할 때 다른 경서를 강하고자 자원하는 자와, 『좌전』, 『강목』, 『송원절요』, 『역대병요』, 『훈민정음』, 『동국정음』을 강하고자 하는 자도 들어주소서禮曹參定成均館九齊之法啓。每季月禮曹堂上坮省省官會省成均館講三處。句讀精熟。義理旁通。十分盡頭者升次齊。稱某粗生。至易齊三通者。每式年直赴會試。又於式年講擧子四書三經。自願講他經者及欲講左傳。綱目。宋元節要。歷代兵要。訓民正音。東國正音者聽。"라고 하였고 세조 11년(1465) 을유 10월에는 "예조에서 아뢰기를, 청컨대 전조의 법에 의하여 국학에 구재인 대학재, 논어재, 맹자재, 중용재, 예기재, 춘추재, 시재, 주역재를 두어 대학재에서 주역재에 이르기까지 차례로 올라가게 하되, 매양 한 책 읽기를 끝마쳐도 그 내용의 뜻을 훤하게 통할 때까지 기다리게 하소서. 본조의 월강에 때로 성균관 당상 학관, 대간과 더불어 글을 따라서 강하고 구명하여 반드시 가까이 통하고 구독을 정하게 익힌 다음에라야 바야흐로 다음 재에 오르게 하고 뛰어넘지 못하게 하여, 올라가서 주역재에 이르러 이미 능통한 자는 동반, 서반에서 재주를 헤아려 서용하

---

18) '훈민정음'이 사대부층에서는 한자와 한문 학습을 위한 '매개문자'로 중인과 하층인과 사대부가 여성들에게 '소통문자'로 사용되다가 조선 후기에 들어서서는 차츰 사대부층에서도 '소통문자'로 확대된다. 하지만 훈민정음 창제 이후에도 여전히 국가의 모든 공문서는 한문이나 이두문으로 작성되었고, 한글로 된 문서는 국가의 공식문서로 인정을 받지 못하다가 한글로 된 문서가 국가의 공식 문서로 인정을 받기 시작한 것은 갑오경장 때부터이다.

게 하였다가 매 식년에 회시에 바로 나가게 하며, 합격하지 못한 뒤에라도 식년에 또한 바로 나가도록 하시면 다행하겠습니다. 사서에 통하여 예기재에 올라가 이미 능통한 자는 생원, 진사, 유학임을 논하지 말고 나이의 차례대로 하며, 글을 따라서 강하고 구명할 때 만약 사정을 끼고 모람하는 폐단이 있다면 식년에 시취할 때의 예로서 논하소서. 매 식년의 강경할 때를 당하거든 4서를 강하고, 아울러『훈민정음』,『동국정운』,『홍무정운』, 이문과 또 5경 여러 사서를 시험하되 자년, 오년, 묘년, 유년으로 나누어서 자년에는『예기』,『좌전』을 강하고, 오년에는『서경』,『춘추』,『송원절요』를 강하고, 묘년에는『시경』,『강목』을 강하고 유년에는『주역』,『역대병요』를 강하고, 그중에서 5경과 여러 사서를 아울러 강하도록 자원하는 자는 들어주고, 예에 의하여 분수를 주되, 별시의 강경인 경우에는 시기에 임하여 취지하게 하소서라 하였다.禮曹啓。請依前朝之法。於國學置九齋。大學齋。論語齋。孟子齋。中庸齋。禮記齋。春秋齋。詩齋。書齋。周易齋。自『大學』至『周易』。以次而升。每畢讀一書。候融貫旨趣。本曹月講時。與成均館。堂上學官。臺諫逐文講究。必義理傍通。句讀精熟。然後方升次齋。不得踰越。升至周易齋已通者。於東西班量才敍用。每式年直赴會試。幸而不中。後式年亦令直赴。通四書。升禮記齋已通者。勿論生員。進士。幼學。序齒逐文。講時時。如有陜私冒濫之弊。則論以式年試取時例。每當式年講經時。講四書。幷試『訓民正音』。『東國正韻』。『洪武正韻』。吏文。且五經諸史。分於子午卯酉。而子年講『禮記』。『左傳』。午年講『書』。『春秋』。『宋元節要』。卯年講『詩』。『綱目』。酉年講『周易』。『歷代兵要』。其中五經諸史自願立講者聽。依例給分。別試講經。則臨時取旨。" 하니, 그대로 따랐다고 하였다. 이로 미루어 비록 수의隨意나마 훈민정음이 성균관 유생들의 한 과정으로까지 의논된 것이다.

4. 성종시대

『연려실기술』에서 <파수편坡睡編>을 인용한 중에 "윤씨가 폐위된 후에 임금은 항상 언문으로 그 죄를 써서 내시와 승지를 보내어 날마다 장막을 사이에 두고 읽어 그가 허물을 고치고 중궁에 복위되기를 바랐으나 윤씨가 끝내 허물을 고치지 않으므로 마침내 사약을 내려 죽게 하였다. 尹氏之廢。上常以諺書其罪。遣中官及承旨逐日隔窓諷讀。冀其改過。而復壺位。尹氏終不改。竟賜死。燕山嗣位。盡殺其時承旨。而蔡壽以不解諺文獨免死。"라고 하고 동서 <채수항蔡壽項>에서 『용제집』을 인용한 중에 "갑자년의 옥사가 일어나자 공이 일찍이 승지로 있을 때 대비가 언서로 써서 내린 폐비의 죄상을 번역하여 사관에게 내려주라고 청하였던 것을 추궁 당하여 매를 맞고 단성으로 귀양갔다. 甲子獄追論公嘗爲承旨時。講繙大妃所下諺書廢妃罪狀。宣付史官。杖配丹城。"라고 하였다. 언문을 몰라서 죽지 않고 언문의 수죄문을 번역하라고 청하다가 귀양을 가게 된 채수19)의 이야기를 통하여

---

19) 채수(세종 31년(1449)~중종 10년(1515))는 조선 중기의 문신이며 중종반정 공신이다. 본관은 인천(仁川). 자는 기지(耆之), 호는 나재(懶齋). 영(泳)의 증손으로, 할아버지는 필선 윤(綸)이고, 아버지는 남양부사 신보(申保)이다. 어머니는 유승순(柳承順)의 딸이다. 세조 14년(1468) 생원시에 합격하고, 예종 1년(1469) 식년문과에 장원하여 사헌부감찰이 되었다. 성종 1년(1470) 예문관수찬이 된 뒤, 홍문관교리, 지평, 이조정랑 등을 역임하면서 『세조실록』, 『예종실록』의 편찬에 관계하였다.
1477년 응교가 되어 임사홍(任士洪)의 비행을 탄핵했으며, 승지를 거쳐 대사헌으로 있을 때 폐비 윤씨(廢妃尹氏 : 연산군 생모)를 받들어 휼양할 것을 청하다가 왕의 노여움을 사서 벼슬에서 물러났다. 1485년 비로소 서용되어 충청도관찰사가 되었다가 하정사(賀正使)·성절사(聖節使)로서 명나라에 다녀온 뒤 성균대사성 등을 거쳐 호조참판이 되었다. 그러나 연산군이 왕위에 오른 이후 줄곧 외직을 구하여 무오사화를 피하였다. 연산군 5년(1499) 이후 예조참판·형조참판·평안도관찰사 등에 임명되었으나 병을 핑계로 나아가지 않았다. 갑자사화 때는 앞서 정희대비(貞熹大妃)가 언서로 적은 폐비 윤씨의 죄상을 사관(史官)에게 넘겨준 것이 죄가 되어 경상도 단성으로 장배(杖配)되었다가 얼마 후 풀려났다. 1506년 중종반정이 일어나자 여기에 가담, 분의정국공신(奮義靖國功臣) 4등에 녹훈되고 인천군(仁川君)에 봉군되었다. 그 뒤 후배들과 함께 조정에 벼슬하는 것을 부끄럽게 여겨 벼슬을 버리고 경상도 함창(咸昌 : 지금의 경상북도 상주)에 쾌재정(快哉亭)을 짓고 은거하며 독서와 풍류로 여생을 보냈다. 사람됨이 총명하고 박람강기하여 천하의 서적과 산경(山經)·지지(地誌)·패관소설(稗官小說)에까지 해박하였다. 음악에도 조예가 깊었으며, 시문에는 특히 뛰어나 어려서부터 문예로 이름을 얻을 정도로 당대의 재사였

그 당시 궁중과 민간에 이미 그 보급이 상당하였던 것을 추측하게 한다.

다. 그러나 성격이 경망되고 행동이 거칠고 경솔하여 독실한 유학자는 못 된 데다가, 중종 6년(1511) <설공찬전(薛公贊傳)>이라는 패관소설을 지어 윤회화복을 말하다가 사림의 비난을 받아 불태워지기까지 하였다. 김종직(金宗直)에게 종유(從遊)하고, 특히 성현(成俔)과 교제가 깊었다. 사신으로 북경을 내왕하는 길에 요동의 명사였던 소규(邵圭)와도 친교를 맺었으나, 당시 새로이 등장하던 사류(士類)와는 잘 화합하지 못하였다. 숙종 29년(1703) 함창의 사림에 의하여 그의 고장에 임호서원(臨湖書院)이 건립되고 표연말(表沿沫)·홍귀달(洪貴達) 등과 함께 제향되었다. 저서로 『나재집』 2권이 있다. 좌찬성에 추증되고, 시호는 양정(襄靖)이다.

제7장 제작과 소술

제1절 세종대왕

1. 훈민정음의 친제

1) 문구의 오역

『세종실록』 세종 25년(1443) 계해 12월에는 "이달 임금께서 언문 28자를 친제하시고是月上親製諺文二十八字。"라고 하여 세종 친히 제작했음을 명기하였거니와 정인지의 서문에도 "계해년 겨울에 우리 전하께서 정음 28자를 창제하시고癸亥冬我殿下創制正音二十八字。"라고 하고 그 아래 "공손히 생각하건대 오직 우리 전하께서는 하늘이 내리신 성인으로 지으신 법도와 시행하는 업적이 백왕을 초월하여 정음을 지으신 것도 앞 선 사람들의 설을 이어받은 것이 아닌 자연으로 이룩하신 것입니다. 참으로 그 지극한 이치가 있지 아니한 바가 없으며 인위의 사사로움이 아닌 것입니다恭惟我殿下天樅之聖。制度施爲超越百王。正音之作無所祖述。成於自然。豈以其至理之無所不在。而非人爲之私也。"라고 하여 세종의 친제임을 말하였고, 신숙주의 『홍무정운역훈』 서문에도 "우리 장헌대왕께서 운학에 뜻을 두고 깊이 연구하시어 훈민정음 약간의 글자를 창제하시어我莊憲大王留心韻學窮研底蘊。創制訓民正音若干字。"라고 하여 그 역시 세종의 친제임을 말하였다.

　그 이후 강희맹의 <최항 묘지명>이나 임원준의 『보한집』 서 등에는 단지 "세종이 언문을 창제하시고世宗創制諺文"라고만 썼고 『국조보감』이나 강희맹의 <신숙주 행장> 등에는 단지 "임금께서 언문 28자를 창제하시고御製諺文二十八字"라고만 썼는데 물론 그 모두 친제설임에 틀림이 없는 것이다.

　오직 서거정의 『필원잡기』권1에 "유신에게 명하여 부서를 나누어 여러 책을 편찬하게 하였으니, 『고려사』, 『치평요람』, 『병요』, 『언문』, 『운서』, 『오례의』, 『사서오경음해』 등이命儒臣分局撰次諸書。曰高麗史。曰治平要覽。曰兵要。曰諺文云云。"라고 하여 마치 훈민정음도 『고려사』나 『치평요람』과 같이 분국찬차에 속하는 것처럼 적어 놓았다. 서거정은 이 글에 한하는 한, 비친제설의 주장으로 오해 받기 쉬울 것이다. 그러나 그의 <최항비명>『태허정집』에는 "영릉(세종) 초에 언문을 창제하셨는데 신의 예지로 백왕의 으뜸이다. 집현전의 여러 선비들이 그것(언문)은 불가하다고 사퇴하거나 진정, 항의하는 소를 올리는 지경에 이르렀으나 영릉은 신 문충공에게 그 일을 장악하도록 명하여 『훈민정음』과 『동국정운』 등의 운서를 지었다.英陵初制諺文。神思睿知專出百王。集賢諸儒會辭陳其不可。至有抗疏極論者。英陵命公及申文忠公叔舟掌其事。作訓民正音。東國正韻等書。"라고 하여 친제설을 말한 것은 앞에서 기술한 여러 사람과 조금도 다름이 없다. 실상 『필원잡기』의 그 뜻도 『고려사』나 『치평요람』과 같은 저서를 가리키는 것으로 문자 자체를 의미하는 것이 아니고 그 문자에 대한 저서를 의미하는 모양이었다.

　그보다도 성현의 『용재총화』권7에는 "세종이 언문청을 설치하고 신 고령 성삼문 등에게 언문을 만들게 하였다. <중략> 비록 무지한 부인이라도 환하게 깨우치지 않은 이가 없다. 성인이 사물을 창안하는 지혜를 평범한 지력으로 따라 갈 수 없는 것이 있다世宗設諺文廳。命申高靈成三問等。製諺文。

<中略>雖無學婦人。無不曉然易知。聖人創物之智。有非人力之所及也。"라고 하여 훈민정음을 신숙주, 성삼문 등의 제작으로 설명하였다. 그 당시의 사람들이 전부 친제로 말함에 불구하고 유독 성현만이 비친제설을 주장한 것은 실로 괴이한 일이다. 그러나 『용재총화』에는 첫째, 언문이 생기기 전에 언문청이 설치되었다고 하고, 둘째, 신숙주, 성삼문이 제작하였다면서 성인의 지혜로 지은 것創物之智으로 예찬하였으니 일종의 자체 모순을 가지고 있는 기록이 아닐까 한다. 만일 이러한 모순의 말을 썼을리가 없다고 생각한다면 그 '製'자를 <최항 비명>에서 '영릉초제언문英陵初制諺文'이라는 '制'자로 해석하지 않고 "『훈민정음』, 『동국정운』 등의 책을 지었다.作訓民正音。東國正韻等書。"라는 '作'자로 해석할 수밖에 없는 것이다. 강희맹의 <최항 묘지명>에는 "세종이 언문을 창제하기 위해 궁중에 국을 열어 친히 명유 8인을 가려내어 훈민정음, 동국정운 등 운서를 창제를 이끌었다世宗創制諺文。開局禁中。親簡名儒八員。掌制訓民正音。東國正韻等書。"라고 하여 서거정의 '作'자에 해당한 곳에 '制'자를 쓴 례도 없지 않다. 사실상 『용재총화』도 그러한 뜻으로 제制자를 썼으리라는 것은 그 중간의 설명이 전청, 차청, 전탁, 불청불탁 등 해례의 내용을 일부분 소개하고 있는 것으로 보아서 더 일층 의심없이 생각된다.

요컨댄 문자의 명칭이 언문 곧 훈민정음이라 해례의 명칭을 '훈민정음' 곧 '언문'으로 쓴 그것뿐이다. 서거정은 물론이오 성현도 마치 비친제설의 논자로 돌리기는 어려울 것 같다.[1]

---

1) 훈민정음 창제자에 대한 지금까지 제기된 학설은 매우 다양하다.
  ① 친제설 : 훈민정음은 세종이 친히 창제하였다는 '세종 친제설'(방종현 : 1947. 이기문 : 1974)
  ② 왕실 협력설 : 왕실 협력설은 다시 세분하여 '대군 협력설'(임홍빈, 2006 : 1385), '정의 공주 협력설'(이가원 : 1994, 정광 : 2006)이 있으며,
  ③ 집현전 학사 협찬설 : 집현전 학사 협찬설(이숭녕 : 1958, 김민수 : 1964, 허웅 : 1974, 김진우 : 1988, Albertine Gaur : 1995)
  ④ 세종 친제 협찬설 : 세종 친제와 함께 해례본은 집현전 신하와 협찬설(강신항 : 2003,

2) 사실의 순서

강희맹의 <신숙주행장>『보한재집』에는 "임금께서 우리나라 음운이 화어와 비록 다르나 그 아, 설, 순, 치, 후와 청, 탁, 고, 하가 한어와 마찬가지로 다 갖추고 있어야 하고 여러 나라가 모두 제 나라의 어음을 나타낼 글자를 가지고 있어서 제 언어를 기록하고 있으나 홀로 우리나라만이 글자

안병희 : 2004)

⑤ 세종 창제 명령설 : 세종의 명찬에 의해 이루어졌다는 세종 창제 명령설(이기문 : 1997)

등 매우 다양한 학설이 제기 되어 있다. 이 가운데 세종 친제설에 대한 비판적인 시각에 대해 먼저 살펴보자. 이숭녕(1976 : 85) 교수는 "훈민정음을 제정할 때의 세종의 건강 상태는 말이 아니었다. 특히 기억력의 쇠퇴와 안질로 정사 자체도 세자에게 맡길 정도이어서, 세종은 훈민정음 제정에선 집현전 학사에게 오직 원칙을 제시하고 방향만을 설정했을 따름이고 문제점을 상의했을 정도요, 세목의 연구에는 관계하지 않았을 것이라고 본다. <중략> 국어학사의 연구에서 구체적인 실증 자료를 갖지 못하고, 함부로 조작설을 근거도 없이 내 세운다는 것은 학문을 타락시키는 것이라고 본다. 그것은 심한 예가 세종대왕이 한글을 지으시다가 과로의 결과로 안질을 얻었다는 설은 허위와 조작의 산물임을 이상의 사실 규명으로 단정할 수 있다."는 견해는 한글 창제자가 결국 세종의 친제가 아니라는 논의로 연결될 수 있다.

임금 건강에 관한 기록은 실록에 매우 상세하게 기록될 수밖에 없는 당연한 처사이다. 그러한 세세한 기록을 다 모은 것을 실증주의적 근거로 삼은 주장이 오히려 전체적 맥락을 제대로 해독하지 못한 전형적인 사례가 될 수 있을 것이다. 이러한 논의는 급기야 강규선 · 황경수(2006 : 75)는 "세종의 건강은 전술한 것처럼 안질, 소갈증, 부종, 임질, 요배견통, 수전, 언어 곤란, 각통 등으로 세종 29년부터 세자 섭정 문제가 세종 자신의 주장으로 되풀이 된다. 또 온천 요양 차 자주 도성을 떠나는 날이 많았다. 안질 같은 병은 사물을 분간하기 어려운 지경이었다. 왕의 대행을 스스로 주장하던 세종이 연구생활을 했다는 것은 상상할 수 없는 일이다"라는 식으로 확대 재생산이 된다.

최근 친제설에 대한 반론으로 정광(2006 : 8) 교수는 "훈민정음이란 신문자를 세종이 친히 지은 것을 강조하여 문자의 권위와 그로 인한 어떠한 부작용도 제왕의 그늘 속에 묻어버리려는 뜻이 있을 것이지만 그래도 세종이 신문자 28자를 직접 제작했다는 실록의 기사는 어느 정도 신빙성이 있는 기사다."라고 하면서도 정의공주 협찬설을 주장한다. 영향력 있는 학자가 한 이 논의가 엘버틴 가울(Albertin Gaur)(1995)는 외국 학자에게까지 영향력을 미쳐 "세종은 새로운 문자를 손수 발명한 공로자로 종종 묘사되지만 이런 헌사는 대개 예우와 새로운 관습에 새로운 권위를 부여하기 위한 정치적인 술수가 섞인 것이다."라고 하여 세종 친제설에 대해 부정적인 입장을 보여주고 있다. 물론 이러한 비판도 필요하지만 어떤 실증적 근거 없는 논의는 도리어 문제의 핵심을 벗어나게 할 수 있다는 점을 잘 알아야 할 것이다.

가 없다고 하셔서 언문 자모 28자를 만드시고 궁중 안에 기관을 설치하여 문신을 뽑아 언문 관계 서적을 편찬할 때 공이 직접 임금의 제가를 받들었다. 우리나라 음운이 그릇되어 정운이 제대로 전해지지 않았는데 때마침 명나라 한림학사 황찬이 죄를 지어 요동에 귀양와 있었으므로 세종 27년(1445) 을축 봄에 공에게 중국에 가는 사신을 따라 요동에 가서 황찬을 만나 음운을 물어보라고 명하시어 공이 언자로 화음을 옮겨서 묻는 대로 척척 깨달아 조금도 틀림이 없으니 황찬이 이를 크게 기이하게 여겼다. 이로부터 요동을 다녀오기를 무릇 열세 차례였다. 上以本國音韻與華語雖殊。其牙舌脣齒喉淸濁高下未嘗不與中國同。列國皆有國音之文。以記國語。獨我國無之。御製諺文二十八字。設局於禁中。擇文臣選定。公實承睿裁。本國語音註誤。正韻失傳。時翰林學士黃瓚以罪配遼東。乙丑春命公隨入朝使臣到遼東。見瓚質問音韻。公以諺字飜華音。隨音輒解。不差毫釐。瓚大奇之。自是

왕실 협력설 가운데 먼저 세종과 문종 협력설의 논거가 되어온 기록이 있다. 『직해동자습』서문에 "우리 세종과 문종대왕은 이에 탄식하는 마음을 가져 이미 만든 훈민정음이 천하의 모든 소리를 나타내지 못하는 것이 전혀 없어"라는 2차 사료에 근거하거나 『운회』 번역 등의 각종 사업에 왕자나 세자에게 일을 감독하도록 명한 내용을 들어 대군 협력설을 주장하기도 한다. 그리고 『몽유야담』<창조문자>에 "우리나라 언서는 세종 조에 연창공주가 지은 것이다."와 『죽산안씨대동보』에서 "세종이 방언이 한자와 서로 통달하지 않음을 안타깝게 생각하여 비로소 훈민정음을 지었는데 변음과 토착은 오히려 다 연구하지 못하여 여러 대군으로 하여금 풀게 하였으나 모두 하지 못하였다. 드디어 공주에게 내려 보냈다. 공주는 곧 풀어 바쳤다."라고 하는 전거를 들어 정의공주 협력설이 제기되었다. 야담 소설이나 족보에 실린 2차 사료가 국가 기록물인 실록보다 실증적 우위를 차지하기는 쉽지 않다고 본다.

집현전 학사 협찬설의 논거로는 『청장관전서』권54권 <앙엽기 1>에 "장헌대왕이 일찍이 변소에서 막대기를 가지고 배열해 보다가 문득 깨닫고 성삼문 등에게 명하여 창제하였다."는 기록이나 병와 이형상이 지은 『악학편고』권1 <성기원류>에 "정 하동 인지 신 고령 숙주 성 승지 삼문 등에게 명하여 언문 28자를 지었으니" 등 다수의 부정확한 조선 후기의 2차 사료들이 있다.

세종 친제설을 입증할 수 있는 신뢰할만한 사료는 매우 많이 있다. 『세종실록』세종 25년(1443) 계해 12월 30일 기사에는 "이달에 임금이 친히 언문(諺文) 28자를 지었는데"를 비롯해서 『임하필기』제38권 <해동악부>에 "세종대왕이 자모 28자를 창제하여 이름을 언문이라 하였는데", 『정음통석』서문에 "우리 세종대왕께서 창제한 언서로 중국 반절음을 풀이하면 맞지 않는 것이 없으니", 『홍재전서』제9권 <서인(序引)>에 "우리 세종대왕께서 창제하신 언서(諺書)로 중국의 반절음을 풀이하면 맞지 않는 것이 없으니"라고 하여 세종 친제설의 근거가 된다.

往返遼東凡十三度。"라고 하였으니 맨 처음 세종이 훈민정음을 만들고 그 다음 궁중에 국을 설치하고 찬정케 하고 또 그 다음 정운실전正韻失傳으로 인하여 황찬에게 음운을 질문한 것이다.

이파의 <신숙주 비명>『보한재집』에는 "세종께서 여러 나라가 각기 글자를 만들어 제 언어를 기록하는데 오직 우리나라만 글자가 없다고 하여 자모 28자를 창제하여 언문이라 이름 지으시고 궁중에 기관을 설치하여 문신을 뽑아 여러 서적을 짓게 할 때 공은 홀로 대전에 드나들며 임금의 재가를 직접 받아서 오음의 청탁 구별과 성모와 운모의 법을 정하고 다른 학자들은 완성된 결과를 받을 따름이었다. 세종이 또 언문으로 화음을 옮기려고 할 때 한림학사 황찬이 죄를 지어 요동에 귀양 왔다는 말을 듣고 공에게 중국으로 가는 사신을 따라 요동으로 가서 황찬에게 질문하라고 명하시니 공이 황찬의 말을 듣고 빨리 깨달아 조금도 틀리지 않으니 황찬이 이를 크게 기이하게 여겼다. 이로부터 요동에 다녀오기를 무려 열세 차례였다.世宗以諸國名製字。以記國語。獨我國無之。御製字母二十八字。名曰諺文。開局禁中。擇文臣撰定。公獨出入內殿。親承睿裁。定其五音淸濁之辨。紐字諧聲之法。諸儒受成而已。世宗又欲以諺字飜華音。聞翰林學士黃瓚以罪配遼東。命公隨朝京使入遼東。見瓚質問。公問言輒解。不差毫釐。瓚大奇之。自是往返遼東凡十三。"라고 하였으니, 결국 문신을 뽑아서 찬정시킨 것이란 오음 청탁의 변별과 紐신자 解諧성의 방법에 지나지 아니하며 황찬에게 질문한 것이란 화음 즉 한음에 대한 것에 벗어나지 않는다.

그런데 이파의 <신숙주 묘지>『보한재집』에는 "세종이 우리나라 음운이 화어와 비록 다르지만 그 오음, 청탁, 고하가 중국과 마찬가지로 다 갖추고 있어야 하고 여러 나라가 모두 제 나라 음운을 나타낼 글자가 있어서 제 언어를 기록하고 있으나 유독 우리나라만 글자가 없다고 하시며 언문 자모 28자를 만드시고 또 궁중에 기관을 설치하고 문신을 뽑아 공이 실지로 임금의 재가를 받들었다. 그때 한림학사 황찬이 죄를 지어 요동에 유배를 와 있던 을축 봄에 공에게 중국으로 가는 사신을 따라 요동에 가서 황차에게 음운을 물어 보라고 명하시어 공이 언자로 화음을 옮겨 묻는 대로 척척 깨달아 조금도 틀림이 없으니 황찬이 크게 기이하게 여겼다. 이로부터 요동을 다녀오기 무릇 열세 차례였다世宗以本國音韻與華語雖殊。其五音淸濁高下未嘗不與中國同。而列國皆有國字。以記國語。獨我國無之。御製諺文字母二十八字。設局於禁中。擇文臣撰定。公實承睿裁。時適翰林學士黃瓚以罪配遼東。乙丑春命公隨入朝使臣到遼東。見瓚質問音韻。公諺字飜華音。隨問輒解不差毫釐。大奇之。自是往返遼東凡十三度。"라고 하여 앞에서 기술한 두 사람에 비해서 결코 사실의 순서를 물론 틀리는 게 한 것은 아니로되, 황찬에게 음운을 질문한 그 목적을 완전 빼버려 후인의 의혹를 초치하게 한 혐의가 없지 않다.

과연 이정형李廷馨, 1549~1607의 『동각잡기』에는 "세종이, 다른 여러 나라는 자기 국어로 된 문자가 있어 그 나라의 말을 기록하건만 유독 우리나라만이 없다고 생각했다. 그리하여, 본국의 음운이 비록 화어와 다르나 아음, 설음, 순음, 치음, 후음의 청탁과 고저가 중국과 다른 것이 아니라고 하여, 대궐 안에 국을 설치하여 어제인 언문 자모 28자를 성삼문, 최항, 신숙주 등을 시켜 찬정케 하였다. 이때에 한림학사 황찬이 죄를 지어 요동에 귀양가 있었는데, 삼문, 숙주로 하여금 북경으로 가는 사신을 따라가 요동에 가서 찬을 보고 음운을 질문하게 하였다. 그리하여 요동에 왕래하기를 13번이나 하였다世宗以列國皆有國音之文。以記其國之語。而獨我國無之。本國音韻雖與華語有殊。而其牙舌唇齒喉淸濁高下未嘗不與中國同。御製諺文字母二十八字。設局禁中。使成三問, 崔恒, 申叔舟等撰定之。時翰林學士黃瓚以罪謫遼東。命三問叔舟。隨入朝使臣往遼東。見瓚問音韻。凡往返十三度。"라고 하여 그들의 글을 초록하였는데 이파의 전철을 밟아서 황찬에게 음운 질문한 그 목적을 완전 삭제하여 버린 것이다.

『동각잡기』의 저자조차 황찬을 훈민정음 제작에 관련한 것같이 착각하였는지 알 수 없는 일이다. 단지 그러한 착각이 『동각잡기』에서 일어나게 된 것만이 사실이다.

3) 비친제의 제설

『해동명신록』<성삼문 항>권3에는 "임금께서 언문청을 설치하고 공과 성삼문, 신숙주에게 언문 창제를 명하였는데 언문 문자는 실로 두루 꿰고 막힘이 없었다.上設諺文廳。命公及申叔舟製諺文。文字所不能記者悉通無礙。"라고 하여 『용재총화』로부터 약간의 자구를 인용하였다. 중간의 설명과 최종의 찬사 등을 전부 빼고 이 부분만 인용한 것이다. 그 저자 자신은 확실히 『용재총화』를 오해하여 훈민정음을 곧 성삼문, 신숙주 등의 제작으로 인정한 것이 아닌가 한다.

그 후 『성호사설』에는 "우리나라에서 언문을 처음 지을 때에는 궁중에 국局을 차리고 정인지, 성삼문, 신숙주 등에게 명하여 찬정하게 하였다. 이때에 명 나라의 학사 황찬이 죄를 짓고 요동으로 귀양왔는데, 성삼문 등을 시켜 찾아가 질문하게 했으니 왕복이 무릇 13차에 이르렀다는 것이다. 그러나 추측해 본다면 지금 언문이 중국의 문자와 판이하게 다른데 황찬과 무슨 관련이 있었겠는가? 이때에 원 나라가 멸망한 지 겨우 79년이었으니 몽고의 문자가 반드시 남아 있었을 것이며, 황찬이 우리에게 전한 바는 아마도 이 밖에 다른 것은 없었을 것이다我國之始制也。設局禁中。命鄭麟趾·成三問·申叔舟等撰定。時皇明翰林學士黃瓚罪謫遼東。使三問等往質。往返凡十三度云。以意臆之。今諺文與中國字絶異。瓚何與焉。是時元亡七十九年。此事必有未泯者。瓚之傳於我者。抑恐外此。更無其物。"라고 하고 『언문지』에는 "우리나라 세종대왕이 사신에게 명하여 몽고자의 모습에 의지하여 지은 것으로 명 나라 학사인 황찬에게 질문하여 제작한 것이다我世宗大王命詞臣。依蒙古存樣。質問黃瓚以製。"라고 하여 신숙주, 성삼문 외에 다시 황찬까지 등장시켰다.

『앙엽기盎葉記』『청장관전서靑莊館全書』에는 "세속에 전하기를 장헌대왕이 일찍이 변소에서 막대기를 가지고 배열해 보다가 문득 깨닫고 성삼문 등에게 명하여 창제하였다고 한다.世傳莊憲大王嘗御圊。以厠籌排列。忽悟。命成三問等創製云。"

라고 하고 『오주연문장전산고』에는 "언문은 곧 우리 세종조에 성의聖意로부터 나왔는데 변소에서 종횡으로 생각하다 글자를 만드니 이에 신숙주에게 명하여 요동으로 들어가게 하였다. 살펴보건대 명나라 한림학사 황찬黃瓚이 요동으로 가서, 신숙주가 13차례 왕래하며 질문하였다. 그 자모 및 초성, 중성, 종성의 사성을 정하고 만물의 형용하기 어려운 음을 번역하였다.諺文卽我世宗朝。出自聖意。以厠籌縱橫作字。命申叔舟入遼東。按皇明翰林學士黃瓚誦遼東。申相叔舟十三度往來質問。定其字母及初中終與四聲。以翻萬物之音。"라고 하여 자형에 대한 부분만 겨우 세종의 창제로 떨어뜨렸다.

　『연려실기술』권3에는 "옛날 신라 때 설총이 처음 이두를 지어서 관가나 민간에서 사용하다가 이제가지 행하여 왔으나 모두 글자를 빌려 만들었으므로 더러는 난삽하기도 하고 가다가는 통하지 않기도 하고 야비하고 근거가 없기도 하였다. 임금이 생각하기를 모든 나라가 각기 제 나라의 글자를 지어서 그 나라의 말을 기록하는데 유독 우리나라에만 그것이 없다고 하여 친히 자모 28자를 창제하여 언문라고 이름지어 궁중에 언문청을 설치하고 신숙주, 성삼문, 최항 등에게 명하여 편찬시켜 『훈민정음』이라 이름하였다. 초종성이 여덟 글자이니, 'ㄱ, ㄴ, ㄷ, ㄹ, ㅁ, ㅂ, ㅅ, ㅇ'이요, 초성이 아홉 글자이니 'ㅈ, ㅊ, ㅌ, ㅋ, ㅍ, ㅎ, ㆆ, ㅿ, ㅇ'이요, 중성이 열한 글자이니 'ㅏ, ㅑ, ㅓ, ㅕ, ㅗ, ㅛ, ㅜ, ㅠ, ㅡ, ㅣ, ·'였다. 그 글자에는 옛 전자와 범자를 모방하여 만들었다. 그리하여 모든 말소리나 한문자로서 기록할 수 없는 것을 막힘없이 통달하게 하였고, 『홍무정운』에 실린 모든 글자를 역시 언문으로 쓰게 되었다. 드디어 오음로 나누어 구별지었으니 곧 아음, 설음, 순음, 치음, 후음이었다. 순음에는 가볍고 무거운 것이 다름이 있고, 설음에는 정과 반의 구별이 있으며, 글자 중에도 역시 전청, 차청, 전탁, 차탁, 불청불탁 등의 차이가 있어 비록 무식한 여인이라도 분명하게 알지 못하는 이가 없었다. 중국 한림학사 황찬이 때마침 요동에 귀양을 와 있어 성삼문 등에게 명하여 황찬을 찾아가 음운에 관한 것을 질문하게 하였다. 그리하여 요동에 왕복하기를 무릇 열세 차례나 하였다.昔新羅薛聰始作吏讀。官府民間至今行之。然皆假字而用。或澁或窒。非段鄙陋無稽而已。上以爲諸國各製字而記國語。獨我國無之。御製字母二十八字。名曰諺文。設廳禁中。命申叔舟, 成三問, 崔恒等選定。名曰訓民正音。初終聲八字ㄱㄴㄷㄹㅁㅂㅅㆁ。初聲九字ㅈㅊㅋㅌㅍㅎㆆㅿㅇ。中聲十一字。ㅏㅑㅓㅕㅗㅛㅜㅠㅡㅣ·。其字體倣古篆梵字爲之。諸語音文字所不能記者悉通無礙。洪武正韻諸字亦皆以諺文書之。遂分五音而別之。曰牙舌脣齒喉。脣音有輕重之殊。舌音有正反之別。字亦有全淸次淸全濁次濁不淸不濁之差。雖無知婦人無不瞭然曉之。中朝翰林學士黃瓚時謫遼東。命三問等見瓚質問音韻。凡往返十三度。"라고 한 바 이 기록은 스스로 밝힌 바와 같이 『용재총화』와 『동각잡기』를 한데 합해 버린 것이나 맨 처음 이두에 대한 일절은 곧 정인지의 서문이라 결국 세 사람의 글을 임의에 따라서 취사 배열해 놓은 모양이다. 고전의 기원과 범자의 기원을 절충해서 고전범자설를 만들고 불청불탁 곧 차탁에 해당한 것임을 몰라서 차탁을 추가하는 등, 오직 위에 기술한 세 가지 글을 취사하여 배열함에 그치지 않고 어느 정도의 독자적 단안까지 내려져 있으니 그중에도 세종대왕이 만든 것은 언문이요, 신숙주, 성삼문 등이 만든 것은 훈민정음라고 하여 두 가지 이름이 같은 문자를 다른 이름의 다른 것으로 분리시키기에 이르렀다.

또 『증보문헌비고』권245에는 "상이 이르시기를 모든 나라는 각자의 글자를 만들어 그 나라의 방언을 적는데 오직 우리나라에만 없다고 하시고 드디어 28글자를 만들어 언문이라 이름하였다. 궐내에 국을 열어 정인지, 신숙주, 성삼문, 최항등 에게 명하여 이를 찬정하게 하였다. 대체로 고전을 본떴으며, 초성, 중성, 종성으로 나누었고 무릇 문자가 통할 수 없는 것이라도 기초가 없이도 모두 통하였다. 중조 한림학사 황찬 때에 요동으로 가서 음운을 질문하니 무릇 규칙을 12번 바꾸어 완성하였다.上以爲諸國各製字。以記其國之方言。獨我國無之。遂製字母二十八字。名曰諺文。開局禁中。命鄭麟趾申叔舟成三問

崔恒等選定。盖倣古篆。分爲初中終聲。凡文字所不能通者悉通無礎。中朝翰林學士黃瓚時謫遼東。質問音韻。凡往返十二度及成。"라고 하였으니 그 비록 스스로 표명하지는 않았지만 그 내용을 분해하여 보면 『동각잡기』를 인용하고 그 사이에 『용재총화』와 『국조보감』 등의 문구를 삽입시킨 것임에 틀림이 없다. 오직 『연려실기술』과 같이 훈민정음과 언문을 분신分身시키지 아니하고 최종에 '내성乃成' 양자를 더하여 세종이 이미 만든 언문의 28자로 하여금 성삼문, 신숙주 등의 찬정 아래 두 번째 만들어 졌다는 결론으로 돌아가 버리게 된 것이다.

4) 친제의 여러 증거

비친제설은 물론 『필원잡기』나 『용재총화』의 문구를 잘못 해석하고 또 강희맹, 이파, 이승소 등이 서술한 사실을 전도시킨 데서 기인하는 것이지만은 실상 훈민정음을 병인(1446)에 발표된 것으로 오인하는 까닭에 다시 그러한 패해가 파생된 것이다. 만일 병인설을 전제할 것 같으면 그 이전에 설치된 언문청이나 또 요동의 내왕도 당연히 그 제작에 관련되는 것으로 해석하지 않을 수 없다. 그러나 병인설이 깨어짐에 따라서 비친제설도 또 다시 문제될 것이 아니다. 오직 병인설의 오인임을 더 한 번 분명하게 밝히기 위하여 친제에 대한 몇 가지의 증거를 들어둔다.

ㄱ) 그 당시의 사람은 거의 입을 모아서 친제를 말할 뿐이 아니라 일부에서 창제자로 떠받드는 정인지, 신숙주조차도 친제를 말하고 있다. 설사 그들 전부가 세종에게 공을 돌리기 위한 것이라고 하더라도 그들의 말보다 더 정확한 증거가 없기 전에는 그들의 말을 신빙할 수 밖에 없다.

ㄴ) 세종은 예의에서 "내가 이를 어엿비 여겨 새로 스무 여덟자를 만드

니予爲此憫然。新製二十八字。"라고 하여고 또 최만리 등에 대해서 너희들이 설총이 한 일은 옳다고 하고 그대들의 임금이 한 일을 옳지 않다고 하는 것은 무슨 까닭이냐汝等以薛聰爲是。而非其君上之事何哉。"라고 하여 스스로 자기의 친제임을 말하였다. 군신이 그에게 공을 돌린다는 것은 모르되 그가 신하의 공을 횡령할 수는 없는 일이다.

ㄷ) 최만리 등의 반대 상소 벽두에는 "신 등이 언문 제작하시는 것을 엎드려 뵈옵건데 대단히 신묘하여 사리를 밝히고 지혜를 드러냄이 저멀리 아득한 옛것으로부터 나온 것임을 알겠습니다臣等伏覩諺文製作。至爲神妙。創物運智。復出千古云云。"라고 하여 도리어 어제에 대한 형식의 찬양을 갖추었을 뿐이 아니라 전문을 통하여 어제가 아닌데 대한 일언반구의 지적을 발견하지 못한다. 만일 사실로 신숙주나 성삼문의 제작이었을 것같으면 집현전의 같은 동료로서 그들이 몰랐을 까닭이 없고 또 그 반대 상소의 거친 기세로서 그들이 거기까지 언급하지 않았을 리가 없다.

2. 세종의 개인적 면모

1) 휘호와 생졸

태종의 제3자로서 아휘는 막동莫同이요 휘는 도裪요, 자는 원정元正이다. 처음에 태종은 장자 제禔를 세자로 책봉하고 세종은 충녕대군으로 봉하였다가 태조 18년(1418) 무술에 세자 제禔를 폐하여 양녕대군으로 강봉하면서 세종을 세자로 책봉하였는데 동 년 8월 드디어 세자인 세종에서 선위한 것이다. 태조 6년(1397) 정축 4월 10일에 탄생하였으니 왕위에 이를 때 겨우 22세며 경오 2월 27일에 승하하였으니 재위 32년이요, 정수 54세다.

묘호는 세종이나 혹 익호를 장헌대왕으로 일컬었고 또 혹 묘호를 영릉이라고 한다.

2) 호학의 벽

『국조보감』권4에는 "상은 잠저潛邸에 있을 때부터 배우기를 좋아하여 게으리 하지 않았으며, 경미한 병으로 앓을 때에도 오히려 독서를 그만두지 않았다. 태종이 젊은 환관을 시켜 책을 모두 가져가게 하고 『구소수간歐蘇手簡』만 곁에 두게 하였는데 그것마저 다 읽었다. 즉위하고 나서도 손에서 책을 놓지 않았으며, 수라를 들 때에도 반드시 책을 좌우에다 펴 놓았다. 간혹 늦은 밤까지 시간 가는 줄도 모르고 책을 보곤 하였다. 일찍이 근신에게 이르기를, 내가 궁중에 있으면서 손을 놀리고 한가롭게 앉아 있을 때가 없었다고 하고, 또 이르기를, 나는 어떤 책이든 보고 나면 잊어버리지 않는다고 하였으니, 그 총명하고 배우기를 좋아한 것은 천성이 그러하였던 것이다上自在潛邸。好學不倦。嘗有微恙。猶且讀書不已。太宗使小宦盡取書秩。唯歐蘇手簡在側。乃取盡閱。及卽位手不釋卷。雖在進膳時。必開卷置諸左右。惑至宵分。亹亹不厭。嘗謂近臣曰。予左宮中。無有斂手閑坐之時。又曰予於書史。過眼則不忘。其聰明好學天性然也。"라고 하였다. 다소의 과장이 있을 것으로 잡더라도 임금으로서는 무든히 학문을 좋아했던 분이다.

또 『국조보감』권5에는 "상이 윤회尹淮, 1380~1436, 권도權踏, 설순偰循, ?~1436에게 명하여 문신 40여 인을 집현전에 모이게 하고 『자치통감훈의』를 찬술하게 하였다. 상이 친히 교정을 보기도 하였는데, 간혹 깊은 밤까지 이른 적도 있었다. 윤회에게 이르기를, 요즘 이 책을 읽노라면 자못 유익하다는 것을 알겠다. 총명은 날로 더해지고 수면도 훨씬 줄었다.上命尹淮。權踏。偰循。聚文臣四十餘人于集賢殿。選賓治通鑑調義。上親加釐正。或至夜分。謂淮曰。近日看得此書。頗覺讀書有益。聰明日增。睡眼頓減也。"라고 하였다. 이러한 이야기를 들어도 그 자신 학문에 대한 기호가 없이는 안 될 일이다.

최만리 등이 반대 상소를 올린 가운데 "옛것을 싫어하고 새것을 좋아함厭舊喜新이란 말을 쓴 데 대하여 또 상소문에 말하기를 새롭고 신기한 하나의 재주라 했는데 내가 늙어서 소일하기가 어려워 책을 벗삼고 있을 뿐이지 어찌 옛것을 싫어하고 새것을 좋아해서 이 일을 하고 있겠는가? 그리고 사냥하는 일과는 다를 터인데 그대들의 말은 자못 지나친 바가 있다고 할 것이다.且疏云新奇一藝。予老來難以消日。以書籍爲友耳。豈厭舊喜新而爲之。且非田獵放鷹之例也。汝等之言頗有過越。"라고 말씀한 것을 듣는다면 일생을 통하여 독서를 쉬지 아니한 것이 사실이다.

『필원잡기』권1에 "왕위에 오르자 날마다 경연에 나가서 읽지 않은 책이 없었으니, 밝고 부지런한 공이 백왕에서 뛰어나셨다. 일찍이 가까운 신하에게 말하기를, 글을 읽는 것은 유익한 일이나 글씨 쓰고 글 짓는 것과 같은 일은 임금으로 유의할 필요가 없다.及卽位。日御經筵。緝熙時敏之功。高出百王。嘗語近臣曰。讀書有益。如寫字製作人君不必留意也。"라고 하여 본래부터 제작을 피한 것이나 다행히 임금이 지으신 예의와 『월인천강지곡』이 있어 후인으로 하여금 존귀한 기념을 이루게 하는 바다. 그런데 『세종실록』 세종 16년1434 갑인 4월64권 3장에는 "첨지사역원사僉知司譯院事 이변李邊과 이조 정랑 김하金何 등이 『직해소학』을 질문하기 위하여 요동으로 가니始令僉知承文院事李邊。吏曹正郎金何等。進講直解小學"라고 하였으니 『직해소학』은 설장수偰長壽가 한어로 소학을 해석한 책이다. 이변, 김하의 두 사람은 그 당대 굴지의 한어학자로 세종이 한어까지도 섭렵한 것이 의심없다.

또 동 실록에는 그 아래 "이변, 이조 정랑 김하 등에게 『직해소학』을 진강하게 하였다.李邊金何隔二日進講直解小學以爲常。"라고 하였으니 일시 상당히 열심으로 한어 연구를 계속하였을 것으로 보인다. 『세종실록』 세종 3년 (1421) 11월에는14권 39장 "정사를 보고 경연에 나아갔다. 또 판승문원사 조숭덕을 불러『대학어록』을 강하게 하였다. 숭덕은 중국 본토의 음을 아는 사람이었다.視事經筵。又召判承文院事曺崇德。講大學語錄。崇德知漢音者也。"라고 하였다. 세종이 한음에 유의한 것은 오히려 이 보다도 훨씬 이전의 일이다. 연구로 미루어서는 후일 그가 훈민정음을 제작하고 한자음을 정리하는데 이미 그 방면으로 학문상 기초가 있었음을 알 수 있다. 본래 최만리 등에 대하여 4성 7음에 자모가 몇이냐고 하문한 것으로 보더라도 한자 음운에 대한 조애가 실로 얕지 않았던 것 같다.

3) 과단의 성격

그와 같이 학문을 좋아하는 임금임에 불구하고 처사에 있어서는 다시 결단의 힘이 적지 않았던 것 같다.『연려실기술』에서 아악 창제에 대하여『국조보감』을 인용한 중권3에 "임금이 이르기를 창제라는 것은 예로부터 어려운 것이니 임금이 하고자 하는 것을 혹 신하가 저지하기도 하려니와 신하가 하고자 하는 것을 혹 임금이 듣지 않기도 하고 또 임금과 신하가 모두 하고자 하더라도 시운이 불리할 수도 있는데 이제 내가 뜻을 먼저 정하였고 국가의 큰 일이 없으니上曰創製自古爲難。君所欲爲。臣或沮之。臣所欲爲。君或不聽。雖上下皆欲。而時運不利也。我志完定。國家無事。宜盡心焉。"라고 하였는 바 비단 아악만이 아니라 모든 새로운 시설에 있어서 그는 그러한 태도로 임한 것이다.

『연려실기술』권3에서 6진 개척에 대하여『명신록』을 인용한 중 "처음에 임금이 김종서에게 명하여 4진을 설치하려 할 때 조정의 의논이 분분하였으나 김종서가 힘껏 그 일을 주장하였다. 의논하는 자의 말인 즉 종서가 한계가 있는 사람의 힘으로써 이룩하지 못할 일을 시작했으니 그 죄는 죽여야 마땅합니다라는 것이었다. 세종이 이르기를 비록 내가 있으니 만일 종서가 없다면 족히 이 일을 주장하지 못했을 것이다. 그 결정

에 대해 흔들리지 않았다.初上命宗瑞置四鎭。朝議多有異同。宗瑞力主其事。議者謂宗瑞以有
限之人力開不可成之役。罪可誅也。上曰。雖有寡人。若無宗瑞。不足以辦此事。雖無宗瑞。若無寡人。
不足以主此事。固執不回。"라고 한 것과 같이 비단 문화 방면만이 아니요 실제
정치에 이르러도 그는 중의를 물리치고 능히 자기의 주장을 관철하였던
것이다.

훈민정음을 제작하는 데 대해서도 최만리 등 일부의 반대가 강경하였
건만 세종은 그들의 반대로써 그 사업을 결코 좌절시키지 않았다.

4) 사상의 경향

그가 좋아하였다는 학문은 대개 한적임으로 거기에 따라 모화와 숭유
를 면치 못하였으나 모화도 후인과 같이 무조건의 사대는 아니었던 것
같고 숭유는 그 만년에 도리어 불교를 독신함으로 보아서 역시 사기 진
작의 한 정책이었다고도 보인다.

『국조보감』권5에는 세종 5년(1423)에 "상이 유관柳觀과 윤회尹淮에게 명하
여 『고려사』를 개수하게 하였다. 처음에 정도전鄭道傳과 정총鄭摠 등이 『고
려사』를 편수하면서 이색李穡과 이인복李仁復이 지은 『금경록金鏡錄』에 의거
하여 찬술하였다. 정도전은 원왕元王 이하의 일에 참람한 부분이 많다는
이유로 종宗이라고 칭한 것을 왕王이라고 쓰고, 절일節日이라고 칭한 것을
생일生日이라고 썼으며, 짐朕자는 여予자로 쓰고 조詔자는 교敎자로 쓰는 등
많은 부분을 바꾸어 써서 사실을 인멸시켰으니, 옳고 그른 것은 정도전의
감정에서 나왔고 제사된 선과 악은 구사舊史의 내용과 달랐다. 하륜河崙이
조정에 헌의하여 구사를 상고해서 첨삭을 가하려고 했으나 착수하지 못
하고 세상을 떠났다. 처음에 상이 유관과 변계량에게 명하여 바로잡도록
하였는데, 유관은 주자朱子의 『강목綱目』을 모방하여 엮으려 하고 변계량은
정도전 등이 고친 것을 그대로 두려 하여 당시의 사실과 아주 다르게 되

었다. 사관 이선제李先齊 등이 아뢰기를, 관호官號가 아무리 참람하더라도 모두 당시의 제도입니다. 제制라고 칭했거나 칙勅이라고 칭했거나 사실을 인멸해서는 안 됩니다. 명분을 바로 세우기 위한 것이라 하더라도,「춘추」의 교체郊禘, 대우大雩와 같이 후세에 전하여 감계鑑戒가 되도록 하여야 합니다. 어찌 다시 고칠 것이 있겠습니까 하였는데, 변계량은 그렇지 않다고 여겼다. 윤회가 이 사실을 아뢰니, 상이 이르기를, 공자의『춘추』는 제왕의 권위를 의탁하여 왕법을 이룩한 것이므로 오吳 나라와 초楚 나라가 참람하게 왕王이라 하였기 때문에 깍아 내려서 자子로 썼으며 성풍成風의 장사에 부의賻儀를 예의에 어긋나게 하였다 하여 왕王을 천왕天王이라고 칭하지 않았으니, 쓸 것은 쓰고 삭제할 것은 삭제한 것과, 주고 빼앗고 한 것을 성인의 마음으로 결정하였던 것이다. 그러나 좌씨左氏가 전傳을 지을 때만 해도 형荊·오吳·초楚·월越에 대하여 그들이 칭한 대로 따라서 왕王으로 쓰고 고치지 않았으며, 주자朱子가 쓴『강목綱目』도 비록『춘추』의 서법을 기본으로 했다고는 하나 그 분주分註를 보면 참람하게 반역을 한 나라가 이름을 훔친 것도 다 사실대로 기록하였으니, 이는 기사의 규례 상 그렇게 할 수밖에 없었던 것이 아니겠는가. 오늘날 사필史筆을 잡은 자가 이미 성인이 쓸 것은 쓰고 삭제할 것은 삭제한 취지를 파악하지 못할 바엔 다만 사실대로 정직하게 써서 잘잘못이 그대로 드러나게 한다면 미더움이 후세에 전해지게 될 것이다. 반드시 전대의 임금을 위하여 잘못을 엄폐하려 하거나 경솔하게 고쳐서 사실을 인멸시켜서는 안 된다. 종宗을 고쳐 왕이라고 칭한 것은 사실대로 기록하도록 하고, 묘호廟號와 시호도 사실을 인멸시키지 말도록 하라. 범례凡例를 고친 것도 이것을 기준으로 하라고 하고, 유관과 윤회에게 명하여 다 구사舊史를 따르도록 하였다.

命柳觀尹淮下季良等改修高麗史。因李穡。李仁復所撰金鏡錄撰之。道傳以元王以下事多僭擬。稱宗者書王。節日書生日。朕書予。詔書教。多更改沒實。是非出於愛惡。河崙獻議。稽舊史筆削。未就而卒。至

是上命觀等改修史官李先齋等曰當時之制雖僭。不可沒實更改。季良不以爲然。上曰孔子春秋托南面之權。故筆削與奪裁自聖心。左氏傳則僭王一從自稱。未嘗有改。朱子綱目雖本春秋書法。而竊名號者亦皆因實而錄之。記事之例不容不爾。今之秉筆者。不能窺聖人筆削之旨。則但當據事直書。褒貶自見。乃命悉從舊史。"라고 하였다. 이 한마디의 말씀에서 명절한 논변과 아울러서 무조건의 사대주의가 아니었음을 엿보기에는 충분하다.

『세종실록』125권 11장 세종 31년(1449) 기사 8월에 "염불하는 향도는 그 유래가 이미 십수 년 전에 들었던 것이니 이제 헌부에서 나의 불당을 헐 수 없으므로 법을 지키는 것처럼 하여 소민들의 불당을 헐려고 하니, 헌사에서 기강을 진작시킴이 어찌 인망에 족하겠는가.念佛香徒其來久矣。今憲府不能毁予佛堂。佯爲守法。亦欲毁小民佛堂。憲司之振綱。豈滿於人意乎。"라고 하였다. 이 한마디의 말씀에서 불교에 대한 독신은 물론 옛습속을 덮어놓고 혁파하려는 한화주의가 아니었음을 엿보기에는 충분하다.

최만리 등이 한문 보급에 지장될 것이라고 생각하여 이적의 일로 비방하고 비리무계鄙俚無稽로 타매打罵하는 그 훈민정음을 제작한데서 무엇보다 그의 사상을 잘 간취할 수 있지 아니할까 한다.

3. 문화 공적

1) 역상

『국조보감』권7에는 세종 20년(1439)에 "상이 일찍이 여러 의상을 제작하도록 명하였다. 대소 간의, 혼의, 혼상, 앙부일구, 일성, 정시, 규표, 금루 등의 기구가 모두 매우 정교하였는데, 그 규모와 제도는 모두 성상이 구상한 것이었다.上嘗命制諸儀象。若大小簡儀。渾儀。渾象。仰釜。日晷。日星。定時表。禁漏等器。皆極精巧。其規模制度皆出睿裁。"라고 하고 『필원잡기』권1에는 세종은 또 자격루, 간의대, 흠경각, 앙부일구 등을 제작하였는데, 만든 것이 극히 정치하였으며, 모두가 왕의 뜻에서 나온 것이었다. 유호군 장영실이 임금의 예지를 추앙하며 잘 이어받아서 신기하고 정교하여 맞지 않은 것이 없어 왕이 지극히 중하게 여겼다.世宗又制自擊漏。簡儀臺。欽敬閣。仰釜。日晷。制作極爲精緻。皆出宸衷。雖百工匠無能副上意者。唯護軍蔣英實仰承睿智。運奇聘巧。無不吻合。上甚重之。”라고 하였다. 『연려실기술』권3에는 “예문관 제학 정인지 등에게 『칠정산내외편』을 편찬하게 하였다.命藝文館提學鄭麟趾等撰七政算內外篇。”라고 하였고 『세종실록』 세종 27년(1445) 을축 3월에는 “『제가역상집諸家曆象集』이 이루어졌다. 모두 4권이다.諸家曆象集成。凡四卷。”라고 하였고 『세종실록』 끝에는 천행력天行曆 8권 8책이 덧붙여 간행되었다.

2) 음악

『국조보감』권6에는 세종 15년에 “태조 고황제와 태종 문황제도 다 악기를 하사하였으나 소리가 율격에 맞지 않았다. 제악은 팔음을 구비하지 못하여 제사를 지낼 때에는 경磬은 와경瓦磬을 쓰고 종鐘도 잡다하게 매달아 쓴데다 그 숫자도 구비하지 못하였다. 그러다가 을사년 가을에 검은 기장이 해주에서 나오고 병오년 봄에 경을 만들 수 있는 돌이 남양에서 생산되니, 상이 옛것을 바꾸어 새로 만들 뜻을 갖게 되었다. 이에 박연朴堧에게 명하여 편경을 만들게 하니 중략 경이 완성되고 나자, 박연에게 명하여 악기 제작하는 일을 전적으로 담당하게 하였다. 그리하여 조제朝祭의 음악이 처음으로 완비되었다.太祖高皇帝。太宗文皇帝皆賜樂器。然聲不中律。祭樂八音未備。當祭。磬用瓦磬。鐘亦雜懸。不具其數。乙巳秋秬黍生於海州。丙午春磬石産於南陽。上慨然有革古更新之志。乃命朴瑛造編磬。(中略) 磬成之後。命堧專掌之朝祭之樂始備。”라고 하였고 『필원잡기』 권1에는 “세종이 처음 아악을 제정함에 중추中樞 박연이 도와서 이룩하였다. 박연은 앉으나 누우나 매양 가슴에 손을 얹고 악기 치는 시늉을 하며, 입으로는 휘파람을 불어 음률의 소리를 내어가며 10여 년의 공을 쌓아

비로소 이룩하니, 세종이 매우 중하게 여겼다.世宗始制雅樂。朴中樞堧贊成之。每坐
臥。手於心胸之間。爲憂擊形。嘯於口吻之中。爲律呂聲。積十餘年乃成。世宗深倚重之。"라고 하였
다. 『세종실록』 끝에 <아악보> 3권 1책, <발상지무악發祥之舞樂> 3권 1책
등이 덧붙여 간행되어 있다.

3) 예의

『연려실기술』에서 역대 총목을 인용한 중에 "임금이 오례가 미비한 것
을 걱정하여 허조許稠, 강석덕姜碩德 등에게 명하여, 명나라 태조의 옛 제도
와 우리나라의 의례를 채택하여 덜고 첨가하되, 성상의 재량에 따라서 하
여 『오례의五禮儀』라 이름하였다.上慮五禮之未備。命許稠。姜碩德等.採洪武舊制及東國儀禮。
參酌損益。裁自聖衷。名曰五禮儀。"라고 하였다. 『세종실록』 끝에는 『의례』 3권 3
책, 『고례의식古禮儀式』 1권 1책, 『가례의식』 1권 1책, 『흉례』 1권 1책, 『흉
례의식』 1권 1책이 덧붙여 간행되어 있다.

4) 농경

『국조보감』 권6에는 세종 11년(1430)에 "상이, 오방의 풍토가 같지 않고
심는 것도 각각 적합한 것이 있어서 다 고서대로 할 수가 없다 하여, 이
에 여러 도의 관찰사에게 명하여 경험 많은 농부들에게 이미 경험한 것
을 물어서 보고하게 하고, 총제 정초鄭招에게 명하여 편찬하도록 하였다.
책이 완성되자, 『농사직설』로 이름을 정하고 중외에 반포하였다.上以五方風
土不同。樹藝各有其宜。不可盡同古書。乃命諸道觀察使。逮訪老農已驗之說。以聞。命摠制鄭招就加詮
次。名曰農事直說。"라고 하였다. 이 『농사직설』 이외에도 송시열의 『신간구황
촬요』 서문에는 "서원 현감 신공속申公洬이 세종대왕께서 편집한 『구황촬
요』 1편을 급히 가져다가 보유를 첨부하여 간행했다.西原縣監申公洬亟取世宗大王
所輯救荒撮要一編。附以補遺而剞劂之。"라고 하고 동 서 신속申洬의 발에는 "옛날에

우리 세종대왕께서 항상 백성들이 흉년으로 끼니를 거르는 것을 생각하셔서, 구휼하고자 하였으나 계책이 없었다. 마침내 『구황벽곡방救荒辟穀方』을 저술하여 백성들에게 보이셨다.昔我世宗大王。嘗以爲民飢闕食。救之無術。遂錄救荒辟穀方。以示民。"라고 하여 구황벽곡에 관한 서적을 간포하였던 모양이다.

5) 의약

『세종실록』 세종 27년(1445) 을축 10월에는 "집현전 부교리 저작랑 유성원柳誠源, ?~1456, 사직 민보화閔普和 등에게 명하여 여러 방서를 수집해서 분문류취分門類聚하여 합해 한 책을 만들게 하고, 뒤에 또 집현전 직제학 김문?~1448, 신석조1407~1459, 부교리 이예1419~1459, 승문원 교리 김수온1410~ 1481에게 명하여 의관 전순의, 최윤, 김유지 등을 모아서 편집하게 하고, 안평대군 이용과 도승지 이사순, 첨지중추부 노중례로 하여금 감수하게 하여 3년을 거쳐 완성하였으니, 무릇 3백 65권이었다. 이름을 『의방유취醫方類聚』라고 하사하였다.命集賢殿副校理著作郎柳誠源。司直閔普和等聚諸方。分門類聚。合爲一書。後又命集賢殿直提學金汶。辛碩祖。副校理李芮。承文院校理金守溫。聚醫官全循義。崔閏。金有智等編集之。令安平大君瑢。都承旨李思純。僉知中樞府盧仲禮監之。歷三歲而成。凡三百六十五卷。賜名曰醫方類聚。"라고 하여 권 수로서만 들어도 실로 거대한 의서를 간행하였다. 또『향약채취월령』4)의 윤회尹淮, 1380~1436의 발에는 "이에 오직 주상 전하께서 정사에 바쁘신 중에도 특별히 유의하시어 중국에 사신으로 가는 자가 있을 때마다 반드시 국의가 따라가서 예부를 통하여 황제에게 아뢰어 태의원에 가서 질정하게 하였는데, 황제도 약재를 특별히 보내어 약의 진위를 변별할 수 있게 하였습니다. 전하께서는 이에 직접 직제학 신 유효통과 전의감 정 신 노중례盧重禮, ?~1452, 부정자 박윤덕朴允德에게 명하여 토산약재를 두루

---

4) 세종 13년(1431)에 왕명으로 유효통(兪孝通)·노중례(盧重禮)·박윤덕(朴允德) 등이 간행한 의약서. 1권 1책.

고찰하게 하였습니다. 무릇 수백여 종으로서 먼저 향명을 쓰고 다음에 약미(㕦)와 성분, 그리고 봄 가을의 채취 시기와 햇볕과 그늘에 말리는 데에 대한 좋고 나쁜 점을 본초 제서에 의거하여 빠짐없이 간추려내어 『향약채취월령』 한 편을 지어서 정밀한 교정을 거쳐 인쇄한 뒤 반출하게 되었습니다.殿下於是命。集賢殿直提學。臣兪孝通。及典醫監正。臣盧仲禮。副正臣朴允德。徧考土産藥材。凡數百餘種。首注鄕名。次以時若性。春秋採取之早晩。陰陽乾曝之善惡。悉據本艸諸書。搜括無遺。修成鄕藥採取月令一篇。精加校正。印出頒行。"라고 하고 『향약집성방』의 권채의 서문에는 "선덕 신해년 가을에 집현전 직제학 신 유효통, 전의 감정 신 노중례, 부정 신 박윤덕 등에게 명하여 다시 향약방에 대하여 여러 책에서 빠짐없이 찾아내고 종류를 나누고 더 보태어 한 해를 지나서 완성하였다. <중략> 이름을 『향약집성방』이라 하고 간행하여 널리 전하였다.宣德辛亥秋。乃命集賢殿直提學臣兪孝通。典醫監正臣盧重禮。副正臣朴允德等。更取鄕藥方。編會諸書。搜檢無遺。分類增添。歲餘而訖。<中略> 名曰鄕藥集成方。刊行廣布。"라고 하여 특히 토산의 약재와 및 의방의 보급을 노력한 그 점에서도 민중의 질환을 우려했던 마음이 나타나고 있다.

6) 역사지리

『세종실록』 끝에 <지리지> 8권 8책도 덧붙여 간행되어 있으니 그 권두에는 "우리나라 지지地志가 대략 『삼국사』에 있고, 다른 데에는 상고할 만한 것이 없더니, 우리 세종대왕이 윤회尹淮, 1380~1436, 신장申檣, 1382~1433 등에게 명하여 주군의 연혁을 상고하여 이 글을 짓게 해서, 임자(1432)년에 이루어졌는데, 그 뒤 주군이 갈라지고 합쳐진 것이 한결같지 아니하다. 특히 양계에 새로 설치한 주, 진을 들어 그 도의 끝에 붙인다.東國地志略在三國史。他無可稽。我世宗大王命尹淮。申檣等。考州郡沿革。撰是書。壬子書成。厥後離合不一。特擧兩界新設州鎭。附于其道之末云。"라고 하였고 정인지의 『고려사』도 결국 세종의 어명에 의하여 편찬된 것이니 정인지의 <진고려사전>에는 "세종 장헌대왕께서 선대의 정책을 따르시어 문화를 선양하시면서, 역사를 만들자면 두루 갖추어져야 한다고 하시고, 다시 사국史局을 열어 두 번째 손을 거치게 하였는데, 그래도 기재한 것이 정밀하지 못하고 역시 누락된 것이 많았으니, 하물며 편년체는 기紀, 전傳 표表, 지志와 다른 점이 있어서, 일을 서술하는 데 본本, 말末과 시始, 종終을 다하지 못했기에, 다시 용렬하고 어리석은 신들에게 명하여 편찬을 맡게 하시므로, <범례>는 다 사마천의 『사기』에서 본받고, 대의는 모두 성재聖裁에 문의하였다.世宗莊獻大王。適追先猷。載宣文化。謂修史要須該備。復開局再令編摩。尙紀載之非精。且脫漏者亦夥。況編年有異於紀傳表志。而叙事未實其本末始終。更命庸愚。俾任纂述。凡例皆法於遷史。大義悉禀於聖裁。"라고 하였다.

7) 각종 문헌

『국조보감』 권6에는 세종 23년(1442)에 "상이 이르기를, 옛사람이 당 나라의 명황과 양귀비의 일을 그림으로 그려둔 것이 매우 많았다. 그러나 이는 놀이를 하기 위한 자료로 삼은 것에 불과하다. 나는 개원과 천보 시대의 성공하고 실패한 사적을 채집하여 그림으로 그려두고 보고자 한다. <중략> 이에 유신에게 명하여 이것을 편집하도록 하였다. 그림을 그리고 사실을 기록한 다음, 간간이 선유들의 시로 된 논평을 붙이게 하고 책명을 『명황계감』이라고 하였다.上曰。古人圖唐明皇楊貴妃之事者頗多。然不過以爲戲玩之資耳。予欲採開元天寶成敗之迹。圖書以觀。<中略> 乃命儒臣編纂。圖形紀實。間附以先儒之詩論。各曰明皇誡鑑。"라고 하여 『명황계감』을 편찬하였다. 동 서권6에는 세종 27년에 "상이 정인지에게 이르기를, 대체로 정치를 잘하려면 반드시 앞 시대의 치란治亂의 발자취를 귀감으로 삼아야 한다. 주周 나라 이후로 각 시대마다 역사 기록이 있다. 그러나 분량이 너무 많아서 두루 살펴보기가 쉽지 않다. 대체로 사람이 학문에 대하여 박람博覽한다는 것은 어려운 일이다. 더구나 임금이 정사를 보는 여가에 박람을 할 수가 있겠는가. 경은 역사

서적을 열람하여, 권선징악의 자료가 될 만한 것을 편찬, 책으로 만들어서 후세 자손들의 영원한 귀감이 되게 하되, 우리 동방의 흥하고 망했던 사적까지 아울러 편찬하도록 하라고 하였다. 그리하여 문학에 능한 선비 수십 인을 집현전에 모아놓고 과목을 나누어 책을 만들게 하는 한편, 금상今上 – 세조에게 명하여 감독하게 하였다. 책이 완성되자, 『치평요람』이란 책명을 하사하였다.上謂鄭麟趾曰凡欲爲治。必觀前代治亂之跡。自周以降。代各有史。然簡編浩穰。未易遍考。大抵人之於學。傳覽爲難。況於人君政之暇。其能傳觀乎。卿其考閱史籍。其善惡之可爲勸懲者。撰次成書。以爲後世子孫之永鑑。吾東方興廢存亡並編次。於是聚文學之士數十人于集賢殿。分科責成。命令上監之。書成。賜名曰治平要覽。"라고 하여 『치평요람』을 편찬하였다.

이 이외에도 『자치통감사정전훈의』, 『삼강행실』, 『역대병요』 등 세종 당시에 편찬된 문헌이 많다. 훈민정음과 관련된 기성 미성의 모든 서적을 합하여 실로 조선 문화 사상 황금시대였다.

풀이 1 태종실록 3권 7장 전엽의 '今上兒諱'란 세주 참조.

4. 세종 문화의 4대 요소

1) 주자鑄字

『고려사』권7-16 <백관지>에는 '서적점'이라는 아래 "문종 때에 녹사錄事[5] 2명, 병과의 임시 아전 기사 2명, 기관 2명, 서기 2명을 정하였다. 충선왕께서 한림원에 합하였다가, 후에 다시 두었는데, 공양왕 3년에 없어졌다가 4년에 서적원에 주자하여 서적을 인쇄하는 일을 관장하는 승상을

---

5) 고려(高麗) 도평의사사(都評議使司)·삼군 도총제부(三軍都摠制府)·상서사(尙瑞司)·영송도감(迎送都監)·전목사(典牧司) 등(等) 제사 도감각색(諸司都監各色)의 한 벼슬.

두었다.文宗定錄事二人。丙科權務吏屬記事二人。記官二人。書者二人。忠宣倂於翰林院。後復置。恭讓王三年罷。四年置書籍院。掌鑄字印書籍。有令丞。"라고 하였으니 주자가 생기기는 고려 때부터였던 것이 의심없는 사실이다.

『태종실록』19권 11장 태종 10년(1410) 경인 2월에는 "비로소 주자소에 명하여 서적을 인쇄해 팔게 하였다始令鑄字所。印書籍。鬻之。"라고 하였으니 태종 때에는 주자로 서적을 인간하는 것은 물론이요 일반에게 판매까지 하였던 모양이다.

그런데 『필원잡기』권1에는 "태종이 일찍이 주자를 만들었는데, 모양이 썩 좋지는 못하였다. 경자년에 세종이 이천에게 명하여 중국의 좋은 글자 모양으로 고쳤는데, 이전 것에 비해서 더욱 정교하였으며 이를 경자자라 한다. 갑인년에 세종이 명하여 좋은 음양자의 모양으로 다시 주조하였는데, 극히 정교하였으며 이를 갑인자라 한다. 경자자는 작고 갑인자는 컸는데 인쇄한 서책이 매우 아름답다. 세종 말년에 안평대군 이용이 쓴 글자 모양과 강희안의 쓴 글자 모양으로 다시 주조하였는데, 인쇄한 서책이 점차 예전만 못하여졌다. 지금에 동활자는 다 공장들이 훔쳐갔기 때문에 목활자를 겸하여 사용하므로 글자의 크고 작은 것과, 새 것과 헌 것이 같지 아니하며 글줄이 고르지 못하니, 옛날 인쇄한 책에 비하여 크게 뒤떨어진다.太宗始作鑄字。模樣有未盡善。歲庚子世宗命李蕆。以中國善書字樣改鑄。比舊尤精。是謂庚子字。甲寅世宗命爲善陰騭字樣改鑄。極爲精緻。是謂甲寅字。庚子字小而甲寅字大。其所印書冊極好。世宗末年用瑢所書及姜希顔所書改鑄。其所印書冊漸不如舊。今則銅字盡爲工匠所盜。而兼用木字。字之大小生熟不同。行列不齊。視舊印冊本逈然不侔矣。"라고 하고 『용재총화』권7에는 "태종이 영락 원년(1403)에 좌우의 신하들에게 이르기를 나라의 정치를 하는데 반드시 전적을 널리 읽혀야 할 것인데 우리나라는 바다 밖에 있어서(중국과 멀리 떨어져 있어서) 중국의 서적을 좀처럼 구하기 힘들고 나무에 새겨 놓은 판목은 쉽게 이지러지며, 또 천하의 온갖 전적을 모두 목판에 새기는 일이 어렵다. 내가 구리쇠를 부어서 활자를 만들어 책을 얻는대로 인쇄하고자한다. 그리하여 널리 전파한다면 진실로 무궁한 이로움이 될 것이다라고 하시고는 드디어 『고주시서古註詩書』와 『좌씨전』을 가져다가 그 글자를 주조하였다. 이것이 주자 창설의 유래이다. 이때의 주자를 정해자라고 한다.

또 세종께서 주조한 글자가 크고 바르지 못하므로 경자(1420)년에 다시 주조하니 그 모양이 작고 바르게 되었다. 이로 말미암아 인쇄하지 않은 책이없으니 이것을 경자자라 이름하였다. 갑인년에 또 『위선음즐』의 자를 써서주조하니 경자자에 비하면 조금 크고 자체가 아주 좋았다. 또 당시 수양대군인 세조에게 명하여 『강목』의 큰 글자를 쓰게 하시고 드디어 구리를 부어 글자를 만들어 이로써 『강목』을 인쇄하니 곧 지금의 이른바 『훈의』이다. 임신년에 문종께서 안평대군에게 다시 경자자를 녹여서 쓰게 하시니이것이 임신자이다. 을해년에 세조께서 강희안에게 명하여 임신자를 고쳐주조하여 쓰게 하시니 이것이 을해자. 지금까지도 이를 쓰고 있다. 그 뒤을유년에 『원각경』을 인쇄하고자 하여 정난종에게 명하여 쓰시게 하였는데 자체가 고르지 못하였으며 이를 을유자라 하였다. 성종께서 신묘년에형공 완안석의 『구양공집』의 글자를 사용하여 주자하니 그 자체가 경자자보다 더욱 정묘하여 신묘자라 이름하고 또 중국의 신판 강목자를 얻어 주조하여 이를 계축자라 하였다.太宗於永樂元年。謂左右曰。凡爲治。必須博觀典籍。吾東方在海外。中國之書罕至。板刻易以剜缺。且難盡刻天下之書。予欲範銅爲字。隨所得而印之。以廣其傳。誠爲無窮之理。遂用古註詩書左氏傳字鑄之。此鑄字所由設也。名曰丁亥字。 世宗又以庚子。以所鑄之字大而不整。改鑄之。其樣小而得正。由是無書不印。名曰庚子字。甲寅年又用爲善陰騭字鑄之。比庚子字差大。而字體甚好。又命世祖書綱目大字。世祖時爲首陽大君。遂範銅爲字。以印綱目。卽今所謂訓義也。壬申年間文宗更鎔庚子字。命安平書之。名曰壬申字。乙亥年世祖改鎔壬申字。命姜希顔書之。名曰乙亥字。至今用之。乙酉年欲印圓覺經。命鄭蘭宗書之。字體不整。名曰乙酉字。成宗於辛卯年。用王莉公歐陽公集字鑄之。其體小於庚子而尤精。名曰辛卯字。又得中朝新板綱目字鑄之。名曰癸丑字。"라고 하였다. 『용재총화』에서 년대와 글자 이름을 분명히 기록한 것으로 보아서 『필원잡기』에서 태종이 처음 만들었다는 주자는 정묘자를 가르키는 것이요 세종 말년에 안평대군과 강희안의 글씨로 만들었다는 주자는 문종 때의 임신자와 세조 때의 을해자를 잘못 기억한 것이려니와 하여튼 세종 때에 이르러서 비로소 주자가 정밀히 되었다는 데만은 양 서가 꼭 같이 일치한다.

세종 당시는 언문청에도 인각 공장을 모았고 정음청에도 주자가 있었으니 『용비어천가』는 특별히 궁중에서 침재鋟梓하기를 명하였고 불경은 따로 책방을 두는 등 거의 곳곳에 인쇄 설비를 차리다시피 하였다. 편찬된 문헌과 인간된 서적이 그만큼 방대한 양에 이르는 것으로 보아서 그역 당연한 현상이다.

그러나 태종의 말씀과 같이 판각은 용이치 못하여 각종의 서적을 전부 판각하기 어려웠을 것이다. 그 인간이 어려움에 따라서 편찬 사업도 활발히 진행되었을 수는 없다. 여기서 편찬된 문헌이 많기 때문에 주자가 필요하였다고 보기보다는 주자가 발달되기 때문에 각종 문헌의 편찬이 촉성된 것이라고 보는 편이 오히려 타당치 아니할까 한다.

그뿐이 아니라『삼강행실』, 『농사직설』 등을 인간할 때에 세종이 문맹의 우민들을 위하여 새로운 문자의 필요를 느꼈을 것이라는 점은 이미 앞서 설명한 바와 같다. 이로 보면 주자의 발달이 훈민정음과도 중대한 관계를 가지는 것이라고 보인다.

2) 집현전

『필원잡기』권1에는 "세종은 문치에 힘씀이 만고에 뛰어나서 경자년에 처음으로 집현전을 설치하여 문사 열 사람을 뽑아서 채웠으며, 뒤에 30명으로 증원하였다가, 또 20명으로 고쳐서 열 사람은 경연經筵의 일을 맡고, 열 사람은 서연書筵을 겸직하였다. 오로지 문한文翰을 맡아서, 고금의 일을 토론하고 아침저녁으로 연구하니, 문장 하는 선비가 성대히 배출되어 인재를 많이 얻게 되었다.世宗勵精文治。高出萬古。歲庚子始置集賢殿。選文士十人充之。後增三十員。又改二十員。十人帶經筵。十人帶書筵。專任文翰。討論今古。朝夕論思。文章之士彬彬輩出。得人甚盛。”라고 하고 또 동 서권1에는 “세종이 집현전을 설치하고 문학하는 선비를 모아서 수십 년 동안을 양성하여 인재가 많이 나왔으나, 오히려 아침에는 관청에 나가고 저녁에는 숙직하여 공부에 전념하지 못할까 염려하여, 나이가 젊고 재주와 덕행이 있는 몇 사람을 뽑아서 휴가를 주어 산에 들어가 글을 읽게 하고, 관청에서 그 비용을 공급하여 경사와 백가, 천문과 지리, 의약과 복서卜筮 등을 마음껏 연구하여 학문이 깊고 넓어 통하지 못하는 것이 없게 함으로써 장차 크게 쓰일 기초가 되게 하였다.世宗設集賢殿。聚文學之士。培養數十年。人材輩出。尙慮朝衙夕直。不專意講讀。選年少有才行者。許暇遊山讀書。官給供直。肆意於經史百子天文地理醫藥卜筮。淹貫該博無所不通。將爲大用之地。”『필원잡기』제1권라고 하였다. 즉 집현전은 세종 2년 즉 즉위 후 3년에 곧 설치한 것인데 한편으로 각 부문의 전문적 인재를 양성하는 곳이요, 다른 한편으로 문치를 자문하는 기관이다.

『용재총화』권2에도 “세종이 집현전을 설치하고 글 잘하는 이름 있는 선비 20명을 뽑아 두었다. 경연관도 겸직시켜서 모든 문한의 일을 다 맡겼다. 아침에 일찍 출근하고 저녁에 늦게 퇴근하였으니 일관이 때를 일린 뒤에야 나갈 수 있게 하였다. 아침, 저녁 식사 때에는 내관들로서 그들의 대객이 되게 하였다. 그들을 융숭하게 대우하는 뜻이 지극하였다. 이러므로 다투어 서로 권면하게 되어 웅재거사雄才鉅士(뛰어난 학자)가 많이 배출되게 되었다. 정하동鄭河東, 정봉원鄭蓬原, 최영성崔寧城, 이연성李延城, 신고령申高靈, 서달성徐達城, 강진산姜晉山, 두 이양성李陽城, 두 성하산成夏山, 김복창金福昌, 임서하任西河, 노선성盧宣城, 이광성李廣城, 홍익성洪益城, 이연안李延安, 양남원梁南

原, 성삼문成三問, 박팽년朴彭年, 이개李塏, 하위지河緯地와 같은 이는 다 뛰어난 자들이고 그 밖의 문원에 이름 난 자들은 이루 셀 수 없다.世宗設集賢殿。揀文士有名者二十人。兼帶經筵。凡諸文翰之事悉委任之。早仕晚罷。日官奏時。然後乃得出。朝夕飯時。以內官爲對客。其隆待之意至矣。由是爭相勸勉。雄才鉅士多出。如崔河東。鄭蓬原。崔寧城。李延城。申高靈。徐達城。姜晋山。兩李陽城。兩成夏山。金福昌。任西河。盧宜城。李廣城。洪益城。李延安。梁南原及成三問。朴彭年。李塏。河緯地。皆傑然者也。其餘有名於文苑者。不可勝數。"라고 하였다. 세종이 집현전의 관원을 얼마나 우악優渥하게 대우하고 또 그들이 얼마나 근면하게 정진하였는가도 이 한 가지 글로 추측할 수 있는 동시에 이곳 세종문화의 대본영이던 것을 그 출신의 열거한 명관으로 단정할 수 있다.

세종 일대의 문화는 결코 집현전을 빼놓고 생각할 수 없는 것이다. 세종 문화를 곧 집현전 문화로 보아도 조금도 부당한 말이 아니다.

언문청의 여러 학사가 결국 집현전에 속하였던 관원들이요 따라서 언문청이 일종 그 중심의 별개 개국일 것은 이미 규명한 바와 같다. 이로써 훈민정음과 집현전의 관계가 밀접하다는 것은 두 번 다시 이야기할 것도 없는 것이다.

3) 성리대전

세종문화의 4대 요소 중 『성리대전』을 하나로 드는 데는 놀라 이상하게 생각할 사람이 없지 않을 것이나 사실은 어디까지 사실대로 서술하는 수밖에 없다. 오직 세종 문화의 전부를 이와 관련시키는 것이 아니라 그 중요한 여러 부문에 있어 이로부터 받은 영향을 지적하는 것뿐이다.

물론 『성리대전』은 영락 13년(1415) 즉 태종 15년 을미에 된 책으로 세종 즉위 전 겨우 3년이다. 우선 년대로 보아서 그 책의 수입 여부를 의심하지 아니할 수 없을 것이다.

그러나 『세종실록』 세종 15년(1433) 계축에는 명나라로 유학생 파견을 청한 결과 명나라의 회답에 "다만 산천이 멀리 막히고 기후가 같지 아니하여, 자제들이 와도 오래도록 객지에 편안히 있기 어려울 것이며, 혹은 아버지와 아들이 서로 생각하고 그리워하는 정을 양쪽이 다 이기지 못하게 될 것이 염려된다. 본국 내에서 취학하여 편의하게 하는 것만 같지 못할 것이니, 지금 왕에게 『오경사서대전』 1책, 『성리대전』 1책, 『통감강목』 2벌을 보내니, 자제 교육에 쓰게 하여 왕은 나의 지성스러운 마음을 본받으라但念山川脩遠。氣候不同。子弟之來。或不能久安客外。或父子思憶之情兩不能已。不若就本國中務學之便也。今賜王五經四書大全一部。性理大全一部。通鑑綱目二部。以爲敎子弟之用。王其體朕至懷。"고 하였으니 세종 15년(1433)에 그 책이 이미 조선에 들어 온 것이 분명하다.

그보다도 『국조보감』에는 세종 10년(1428)에 "상이 『성리대전』을 예람하고 집현전 응교 김구金鉤에게 이르기를, 내가 시험 삼아 읽어보니 의리가 정미精微하여 쉽사리 탐구하여 볼 수가 없다. 너는 유념하고 보아서 고문에 대비하도록 하라 하였다.上覽性理大全。謂集賢殿應敎金鉤曰。予試讀之。義理甚精。未易究觀。爾可刻意觀之。以備顧問。"라고 하였으니 실상 명나라에서 보내주기 6~7년 전에 이미 구해 왔고 또 호학의 세종은 그 책을 가장 흥미 있게 연구한 것이 사실이다.

『세종실록』6권 10장 세종 원년(1418) 12월에 경녕군 비裶가 명나라에 사신으로 갔다가 『성리대전』을 얻어 가지고 온 기록이 있고, 동 7년 10월에 각도에 퍼뜨려 『성리대전』를 인간하려한 기록이 있다. 그로 보아서는 명나라서 『성리대전』을 인행한지 불과 5~6년에 조선으로 들어 왔고 또 불과 10여 년에 복간된 것 같다.[6]

본래 『성리대전』이란 맨 첫머리에는 주돈이周敦頤, 1017~1073의 『태극도설』과 『통서』, 장재張載, 1020~1070의 『서명西銘』과 『정몽正夢』, 소옹邵雍, 1011~1077의 『황극경세서』, 주희1130~1200의 『역학계몽』과 『가례』, 채원정 『율려신서』,

---

6) 심소희, 『한자 정음관의 통시적 연구』, 이화여자대학교출판부, 2013.

채침의 『홍범황극내편』에 대하여 여러 학사의 주석을 찬집하여 놓고 그 다음에는 이기, 성리, 도통, 여러 학사, 학, 제자, 역대, 군도, 치도, 시문 등 항목을 구별하여 송유의 말을 유취하여 놓은 것이다. 호광胡廣, 양영楊榮, 김유자金幼孜 등이 영락제의 명을 받아 편찬한 것으로 그 어제 서문에 "또한 선대 유학자들의 완성한 책과 그들이 의논한 격언을 모아서 오경과 사서를 보익해서 유교의 도에 도움이 되니 종류대로 편집하여 질을 이루어서 『성리대전』이라 이름하였다. 서적의 편집이 완성되자 와서 진상하니 총 229권이다. 짐이 간간히 살펴봄에 광대하게 모두 갖추어진 것이 강하의 근원이 있는 것과 같고 산천에 조리가 있는 것과 같으니, 이에 성현의 도가 찬연히 다시 밝아졌다.又輯先儒成書。及其論議格言 輔翼五經四書。有神於斯道者 類篇爲帙。名曰性理大全。書編成。來進。總二百二十九卷。朕間閱之。廣大悉備。如江河之有源委。山川之有條理。於是聖賢之道燦然復明。"라고 하여 자찬을 마지 않았음에도 불구하고 그 내용이 심히 박잡하여 실상 영락제의 자찬과 상부하지 못하는 느낌이다.

그러나 세종 당시에 있어서는 확실히 최신의 양서임이 분명하다. 세종이 자기 스스로 탐독하고 또 김구에게 연구를 명한 것도 무리가 아니다.

지금 세종 문화를 『성리대전』과 대비한다면 역상은 이기현의 『역법』과 관련이 있고, 아악은 『율려신서』와 관련이 있고, 『오예의』는 가례와 관련이 있고, 『치평요람』은 군도, 치도 등의 편과 관련이 있다. 훈민정음도 결코 그 예외가 되는 것은 아니니 해례의 성음 이론이 어느 부분에 있어서는 『황극경세서』와 공통되는 사실은 양자의 관련이 없지 않은 증거다.

『연려실기술』권3에서 『국조보감』를 인용한 중 에 "임금이 경연에서 채씨의 『율려신서』를 강하다가 그 법도가 매우 정연하고 존비의 순서가 있음에 감탄하여 황종을 갑자기 얻기 어려워 곧 예문관 대제학 유사눌柳思訥, 1375~1440, 집현전 대제학 정인지, 봉상판관 박연朴堧, 경사주부 정양 등에게 명하여 구악을 정비하게 하고 또 의례상정소를 두어 영의정 황희1363~

1452, 우의정 맹사성孟思誠, 1360~1438, 찬성 허조許稠, 1369~1437, 총제 정초鄭招, ?~1434, 신상申商, 1372~1435, 권진權軫, 1357~1435 등으로써 제도를 삼아 악률을 의논하게 하였다.上御經筵。講蔡氏律呂新書。歎其法度甚精。而以黃鍾未易遽得。乃命藝文館大提學柳思訥。集賢殿大提學鄭麟趾。奉常判官朴堧。京市主簿鄭穰等。釐正舊樂。又置儀禮詳定所。以領議政黃喜。右議政孟思誠。贊成許稠。摠制鄭招。申商。權軫等爲提調。講義樂律。"라고 하였다. 아악 창제에 있어 채원정의 『율려신서』가 얼마마한 관련을 가진다는 것은 무엇보다도 이 기록이 증거하는 바라고 생각한다. 또 신숙주의 『동국정운』 서문에는 "심약과 육법언 등에 이르러 한자음을 휘로 나누고 유로 보아 성을 고르게 하고 운을 맞추어 성운학에 관한 이론이 처음으로 일어났다. 운서를 편찬한 이들이 줄을 이었으나 각각 제 주장을 하였으므로 논의는 많아졌으나 잘못도 또한 많아졌다. 이에 송나라 때에 와서 사마온공이 운도를 짓고 소강절이 성음도 수리론으로 밝혀서 깊은 이치를 캐고 심오한 이치까지 연구함으로써 여러 가지 학설을 하나로 통일하였다.及至沈陸諸子。彙分類集。諧聲協韻。而聲韻之說始興。作者相繼。各出機杼。論議旣衆。舛誤亦多。於是溫公著之於圖。康節明之於數。探賾鉤深。以一諸說。"라고 하였다. 훈민정음의 제작에 있어서 소씨의 성음수가 참고된 것은 신숙주의 이 말로 증언을 삼을 수 있을 것 같다.

그 이외 『오예의』, 『역상』 등도 그 내용으로 미루어 『성리대전』과 관련이 없지 않은 것을 증명하기에 다 각각 상당한 근거를 들기 결코 불가능한 것이 아니다. 오직 번거로운 것을 꺼려서 그칠 뿐이다.

4) 훈민정음

물론 전기의 3요소에 의하여 이 제작이 촉진된 것이나 다시 그 3요소와 함께 세종 문화의 한 요소를 이루고 있다. 세종 문화는 계해(1443)년을 전후로 양분된다고 볼 수 있는데 후기는 오직 훈민정음을 중심삼는 점이 전기와 구별되는 특징이다.

정하동(鄭河東)은 정인지(鄭麟趾, 1396~1478), 정봉원(鄭蓬原)은 정창손(鄭昌孫, 1420~1487), 최영성(崔寧城)은 최항(崔恒, 1409~1474), 이정연(李延城)은 이석형(李石亨, 1415~1477), 신고령(申高靈)은 신숙주(申叔舟, 1417~1475), 서달성(徐達城)은 서거정(徐居正, 1420~1488)은 강진산(姜晉山)은 강희맹(姜希孟, 1424~1483), 양 이양성(李楊城)은 이승소(李承召, 1422~1484)와 이예(李芮, 1419~1480), 양 성하산(成夏山)은 성임(成任, 1421~1484)과 성간(成侃, 1427~1456), 김복창(金福昌)은 김수령(金壽寧, 1436~1473), 임서하(任西河)는 임원준(任元濬, 1423~1500), 노선성(盧宣城)은 이광성(李廣城)은 리극심(李克楳), 홍익성(洪益城)은 홍응(洪應, 1428~1492), 양남원(梁南源)은 양성지(梁城之, 1415~1482)요 리연안(李延安)만은 불확실.

2 『향약채취월령』 발과 『향약집성방』 서는 오쿠라신페이(小倉進平) 씨의 『증정조선어학사(增訂朝鮮語學史)』로부터 인용한다.

제2절 후대의 여러 왕

1. 문종

1) 휘호와 생졸

세종의 장자로서 휘는 향珦이요 자는 휘지輝之다. 태종 14년(1414) 갑오 10월 3일에 탄생하여 세종 3년(1421) 신축에 왕세자로 책봉되고 동 을축27년에 부왕을 대리하고, 동 세종 32년(1450) 경오에 부왕이 승하함에 따라서 왕위에 올랐다가 임신(1452) 5월 14일에 승하하였다. 재위 겨우 2년이요 향수 39세다. 시호는 공순대왕이요 능호는 현릉이다.

2) 학문의 조예

『국조보감』8권(문종조 즉위년, 경오 1450)에는 "성품이 너그럽고 입이 무거웠으며, 효성과 우애가 있고, 공손하고 검소하였다. 성색과 놀이를 좋아하지 않고 성리에 관한 학문에 전심하였다.性寬仁簡默。孝友恭儉。不喜聲色戲玩。潛心於性理之學."라고 하고 또 "상은 이미 성리학을 통달하였으므로 문장에 표현할 때면 종이를 잡고 곧바로 쓰고 골똘히 생각하지 아니한 적이 없었다. 또 조자앙趙子昻 조맹부趙孟頫의 서법을 좋아하여 간혹 등불 아래에서 글을 써도 그 정밀함이 신의 경지에 들었다.上旣通性理之學。發爲文章。立書未嘗凝思。又好趙子昻書法。或於燈下臨之。精妙入神."라고 하였다.

김안로金安老, 1481~1537의 <용천담적기>에 "현묘顯廟(문종대왕)가 오래도록 세자承華(승휘)로 있을 때, 춘추가 점점 높아가면서 학문에 빠져 낮과 밤을 게을리 하지 않았다. 달이 밝고 인적이 고요할 때 혹은 손에 책 한 권을 들고 집현전 숙직실에 가서 그들과 어려운 것을 물었다. 그때 성삼문 등이 숙직을 하면서 갓과 띠를 밤에도 감히 풀어놓지 못하였다. 하루는 야반이 될 무렵에 세자가 나오지 않을 것이라 생각하고 옷을 벗고 누우려 하는데, 홀연히 문밖에 신발소리가 들리더니 근보성삼문의 자를 부르며 들어오므로 성삼문이 놀라 일어나 얼떨결에 맞아 절을 하였다.顯廟久在承華。春秋向高。而沉潛學問。晝夜靡解。每月明人靜。或手携一卷。步至集賢直廬。與之問難。時成三問等直殿。夜不輒解衣帶。一日宵刻將半。意鶴駕不出。脫衣欲臥。忽聞戶外履聲。呼謹甫而至。三問驚皇顚倒而拜."라고 한 것으로 보아 그 역시 부왕과 같이 호학애사하던 임금으로서『국조보감』의 찬양도 한갓 빈말은 아닌 것이다.

3) 동궁 시대의 협찬

성삼문의『직해동자습』서문에는 "세종과 문종께서 이에 탄식하는 마음으로 이미 만든 훈민정음이 천하의 천하의 모든 소리를 나타내지 못하는 것이 거의 없어서世宗文宗慨然念於此。旣作訓民正音。天下之聲。始無不可盡矣."라고 하여 한자음을 정리하는데도 마치 양 대 왕의 공동 제작처럼 말하고 또 신숙주의『홍무정운역훈』서문에는 "문종 공순대왕께서 세자로 계실 때부터 세종대왕의 성운 연구에 보필하였으니 文宗恭順大王自在東邸。以聖輔聖。參定音韻。" 라고 하여 한자음을 정리하는데 마치 양 대왕이 협력한 것같이 말하였다.

최만리 등의 반대 상소에 "옛 유학자가 이르기를 모든 신기하고 보기 좋은 일들이 학문하는 사람들의 뜻을 빼앗는다고 하고 글 쓰기를 유학자에게 가장 가까운 일이나 오로지 그 일에 사로잡히면 역시 스스로 뜻을 잃게 된다고 하였는데 이제 동궁이 비록 덕성이 함양 되었다고 하더라도 아직 마땅히 성학 공부에 깊이 마음을 써 모자라는 점을 더욱 닦아야 합니다. 先儒云。凡百玩好皆奪志。至於書札。於儒者最近。然一向好着亦自喪志。今東宮雖德性成就。猶當潛心聖學。益求其未至也。諺文縱日有益。特文士六藝之一耳。況萬萬無一利於治道。而研精費思。竟日移時。實有損於時敏之學也。"라고 함에 대하여 세종은 "또 내가 나이가 들어 국가의 서무는 세자가 도맡아서 비록 작은 일이더라도 마땅히 참여하여 결정하고 있는데 하물며 언문은 말하여 무엇하겠느냐 만일 세자로 하여금 늘 동궁에만 있도록 한다면 환관이 일을 맡아서 해야 되겠느냐? 且予老年。國家庶務世子專掌。雖細事因當參決。況諺文乎。若使世子常在東宮。則宦官任事乎。"라고 말씀하였으니 제작 후는 물론이요 제작 전에도 참여하여 간여되지 않았는가 의심된다. 『세종실록』 세종 29년(1447) 정묘 11월 좌필선 이석형李石亨, 1415~1477의 상소에는287권 "신 등은 생각하건대, 동궁은 천성이 배우기를 좋아하며 날마다 서연을 보아 부지런하여 게을리 하지 않고, 경서에도 강마하지 않은 것이 없어서 학문이 이미 높아졌고, 『예기』한 글에 있어서는 강구하기를 두세 번이나 하였으니, 참으로 정밀하게 무르익어졌는데 오히려 지극하지 못 하였는가 염려하여 또 신 등으로 하여금 진독하게 하였으니, 이른바 이미 정밀해지고도 더욱 그 정밀함을 구하는 것이니, 더욱 천박한 자가 감내할 바가 아닙니다. 지금 서연관 언문과 의서를 제하면 겨우 신 등의 여섯 사람이 돌아가며 차례대로 진강하옵는데竊惟東宮天性好學。日視書筵。孜孜不倦。其於經書。靡不講。學問已高。而於禮記一書。講至再三。因爲精熟矣。猶慮未至。又令臣等

進讀。所謂已精而益求其精也。尤非淺薄所能堪也。今書筵官除諺文醫書。僅有臣等六人輪次進講。"라
고 하였다. 이로보아 서연관에 훈민정음 전문가를 두고 연구를 계속한 것
으로 보인다.

　박팽년의 <송청보지한산시送淸甫之韓山詩>『육선생유고』 권1 서문에는 "상께서
서원에 주필駐驛하셨을 때에 우리 여섯 사람이 배종하였다. 청보가 선영이
한산에 있다는 이유로 성묘하고 올 것을 청하자, 상께서 역마를 타고 다
녀오도록 허락하고, 또 본군으로 하여금 전례를 치를 수 있게 해 주었으
니, 이 얼마나 영광스러운 일인가. 청보는 일찍이 부친을 여의어 상재에
대한 생각이 세월이 갈수록 더욱 깊었다. 금원에 있을 때에도 남쪽을 바
라보고 슬픈 생각을 가졌는데, 매번 우리들과 말할 때면 반드시 언급하곤
하였다. 게다가 최근에는 방묘에 대한 걱정이 있어서 가려고 했지만 뜻을
이루지 못한지가 오래되었다. 이번에 대가를 호종하여 남쪽으로 왔는데
절기가 마침 청명절이어서 그리운 마음이 더욱 간절할 것이다. 그러나 이
번에 온 것은 날마다 동궁을 모시고 책을 펴놓고 토론하여 운학을 찬정
하기 위한 것이니, 그 직임이 막중하고 크다고 하겠다. 그런데 상께서 특
별한 은총으로 영광을 내리시니, 낮에 입은 비단 옷의 화려한 문채가 봄
바람에 비치는 격이라 하겠다. 금강을 건너 용산을 지나 기린봉에 이르는
동안 마을에서는 서로들 구경을 하였고 산천도 환영하는 기색을 띠었다.
上之駐驛西原也。吾儕六人者徒。謁告上塚。上許馳駒以往。且令本郡備禮以奠。吁其榮矣。淸甫早違嚴
顔。桑梓之念。日復日深。其在禁垣也。南望悵懷。每與我輩言必及之。且近有防墓之虞。欲往而未逮者
久矣。今玆扈駕南來也。時適淸明。尤有望焉。然今之來也。日侍東宮。橫經討論。撰定音韻。其爲仕也
重矣大矣。而上特賜寵光。書錦文彩榮映春風。渡錦江。過龍山。以致于麒麟峰。里閭爲之聳觀。山川爲
之動色。"라고 하였다. 이로 보아 한자음에 있어서는 세종이 동궁으로 하여
금 여러 선비를 거느리고 직접 정리하게 한 것이 아닌가 한다.

4) 재위 중의 사업

『단종실록』 단종 2년(1452) 임신 5월에는 "처음에 문종이 세조에게 명하여 병서의 음주를 편찬하게 하니, 교리 권남權擥, 1416~1465이 참여하여 도왔다.初文宗命世祖。撰兵書音註。校理權擥參侍。"라고 하였는데 이것이 『역대병요』의 음주音註인지 또는 다른 병서의 음주인지 불확실하다. 불과 재위 2년으로 워낙 단기간이라 이 『병서음주』 이외에는 다른 사업에 착수한 기록이 도무지 없다.

2. 단종

1) 휘호와 생졸

문종의 장자로서 휘는 홍위弘暐다. 세종 23년(1441) 신유 7월 23일에 탄생하여 세종 30년(1448) 무진에 왕세손으로 책봉되었고 문종이 즉위 후 경오 7월에 왕세자로 책봉되었고 문종 2년(1452) 임신에 부왕이 승하함에 따라 즉위하였고 을해3년 윤 6월 16일에 세조에게 손위하게 되는 동시에 태상왕이 되었고 세조 3년(1457) 정축에 어산군으로 강봉되었고 동 년 10월 24일 영월 배소에서 세조의 명으로 세상을 떠났다. 왕위에 오를 때 불과 12세요 승하한 때도 겨우 27세인데 재위 3년이요, 상왕으로 있은 지 2년이다. 숙종 14년(1688)에 이르러서야 비로소 복위되고 단종의 묘호와 장릉의 능호가 추상된 것이다.

2) 재위 중의 사업

왕의 나이가 본래 어린 데다가 처음에는 수양, 안평 양 대군의 길항으로 정치 상황이 어지러웠고 단종 2년(1453) 계유 4월 안평 일파가 죽고 쫓겨 난 후도 인심이 여전히 불안하여 상하가 모두 문화 방면에 생각이 미칠 수 없었으나 대체에 있어서 세종과 문종의 규모를 바꾸지 아니한 것만은 사실이다. 조신들이 입을 모아서 혁파를 청했던 책방도 왕이 잘 응하지 아니하였을 뿐이 아니라 양 대를 통하여 계속되어 온『홍무정운역훈』과『직해동자습』등의 편찬도 왕의 재위 중에 드디어 완성되어 인간을 보기에 이르렀던 것 같다.

3. 세조

1) 휘호와 생졸

세종의 둘째 아들의 휘는 유珤요 자는 수지粹之다. 태종 17년(1417) 정유 9월 29일 탄생하여 처음 진평대군으로 봉하고 뒤에 진양대군으로 고치고 또 뒤에 수양대군으로 고쳤다. 단종 3년(1455) 을해 9월에 단종을 손위시키고 왕위에 오르고 무자 9월 8일에 승하하였다. 재위 12년이요 향수 50이세다. 시호는 혜장대왕이요 능호는 광릉이다.

2) 학문의 조예

세종의 명으로『역대병요』,『치평요람』등을 감수하고 또 문종의 명으로『병서음주』도 찬집하였다.『세조실록』세조 10년(1464) 갑신 2월에는 "임금이 속리사와 복천사에 행행하여, 복천사에 쌀 3백 석, 노비 30구, 전지 2백 결을, 속리사에 쌀, 콩 아울러 30석을 하사하고 신시3~5시에 행궁으로 돌아왔다.命校書館印御制兵家三說。分賜宣傳官, 都鎭撫衛將, 鎭撫部將等。"라고 하고 또 세조 7년(1461) 임오년 2월에는 "이보다 앞서 임금이『병장설兵將說』을 친히 지었는데 처음 이름은『병경兵鏡』이라 하였는데, 뒤에『병장설』로 고쳤다.

先是上親製兵將說(初名兵鏡。後改兵將說)。"라고 하여 특히 병서에 대해서는 친저의 서적조차 많았던 모양이다.

『연려실기술』5권에는 "임금이 일찍이 당시의 학사들이 학문의 계통이 밝지 못하여 사람마다 각기 의견이 다른 것을 걱정하여 마침 여러 유생을 모아 오경의 해설이 같고 다른 곳을 논란하게 하고 친히 결정을 지었으니 모든 의심나는 것이 어름처럼 사라졌으며, 또『역학계몽요해』를 지어서 학자들을 계몽하였다.上嘗患學者師授不明。人各有見。會諸儒論難五經同異。親自決定。群疑冰釋。又著易學啓蒙要解。以牖學者。"라고 하고 『세조실록』 세조 4년(1458) 무인 10월에는 "임금이 판한성부사 이순지李純之, ?~1465를 불러 잠저 때 찬술한 『기정도보』와 외편을 내어 보이면서 말하기를, "편중의 과명課命의 법은 단지 공부하는 방법만 지시하고 그 묘처는 말하지 아니하였으니, 그대가 최호원崔灝元과 더불어 찬집하여 초학자로 하여금 알기 쉽게 하라."고 하였다. 이에 이순지 등이 찬집하여 올리니, 임금이 친히 이를 필삭하여 정하고는 명칭하기를『기정도보속편』이라 하였으니, 지금 3편이 세상에 반행頒行되어 있다.上召判漢城府事李純之。出示潛邸時所撰奇正圖譜與外篇曰。篇中課命之法引而不發。爾與崔灝元撰。令初學易知也。於是純之等纂集以進。上親筆削定之。名曰奇正圖譜續篇。今三篇行于世。"라고 하였다. 세종과 문종에 비해서는 친저가 많은 중에 특히 병서의 방면이 많은 것은 주의할 점이다.

나중에『불경언해』의 간행에 있어서도 그 대부분이 세조의 친정 구결에 의한 것이라고 한다. 이로써 불경 방면에 상당한 소양이 많았음을 알 수가 있다.

3) 잠저 시대의 협찬

세종 26년(1444) 갑자 2월에 처음으로『운회』의 언문 번역을 행하는 데는 진양대군으로서 동궁 및 안평과 함께 그 일을 관리 감독하였고 세종 병인 3월에 불서를 편찬하는 데도 수양대군으로서 누구보다도 그 일을 주장하였다. 『석보상절』과 『월인석보』의 양 서로 보든지 한계희의 『영가대사증도가남명천복사계송』 발로 보든지 『석보상절』은 세조 자신이 직접 편찬까지 한 것으로 해석되는 바 『석보상절』의 하나만으로도 부왕을 협찬한 그 공덕이 결코 적다고 할 수 없다.

4) 재위 중의 사업

단종 원년(1453) 계유 4월 정난 때 세종의 구신들을 많이 죽이고 세조 원년(1456) 병자 6월에 다시 성삼문, 박팽년, 이개 등 상왕 모복의 일당을 죽였고, 상왕 모복의 일당이 대부분 집현전을 중심 삼은데 분노하여 집현전까지 혁파하여 버렸다. 집현전에서 진행하던 사업이 계속되었는지 명시되지 아니한 이상 집현전과 함께 모두 중단된 것임에 틀림이 없다. 세종 2년(1420) 경자에 설립된 집현전은 세조 2년(1456) 병자까지 37년이다. 지난 자취 번화함에 비추어 종말은 극히 비극적이었다.

그런데 이 점으로 보아 세조는 세종 문화의 한 파괴자가 됨을 면치 못하나 첫째, 부왕 시대의 문견이 있고, 둘째, 자기의 학문이 있고, 셋째, 부왕을 협찬하여 일찍이 문화 방면에 공헌한 과거의 역사가 있다. 아무래도 문화에 대한 애착이 없지 않았던 모양으로 신하에게 명하고 또 혹 자기가 직접 참섭하여 각종 문헌을 편찬한 것은 물론이고 의경세자(덕종)의 참상 이후 불교에 대한 신념이 더욱 두터워져 부왕의 유교와 아들의 명복을 함께 위하는 의미로 『월인석보』를 간행하고 뒤이어 간경도감을 설치하여 불경 언해의 대규모적 인간을 결행한 것이다.

불경언해의 한가지로도 훈민정음과 불교 양 방에 대하여는 세종 문화의 파괴라기보다도 차라리 훌륭한 소술이다. 그와 동시에 만일 세종 문화를 집현전 문화라고 말한다면 세조 문화는 간경도감 문화라고 말할 수 있다.

① 불교 관계의 문헌

ㄱ) 『월인석보』

이미 설명한 바와 같이 『월인천강지곡』과 『석보상절』의 합간으로 『석보상절』은 다소 수정된 것 같고 또 그 수정에는 신미, 수미 등 거승 10인과 김수온에게 자문한 사실이 명기되어 있다. 그 서문이 천순 3년 기묘 즉 세조 5년(1459) 기묘의 7월 7일로 된 것을 미루어 동 년에 그 수정 편찬이 끝난 것으로 추측된다. 그 역시 이미 설명한 바와 같이 그 권두에는 예의의 언해가 덧붙여 간행되어 있는 터로 곧 훈민정음의 3고전의 하나다. 모든 점을 종합해서 그 언해는 『월인석보』와 함께 찬수된 것이 아닌가 추정한다.

ㄴ) 『능엄경언해』

권1 첫머리에 인각의 관계자 계양군 증, 윤사로尹師老, 1423~1463, 황수신黃守身, 1407~1469, 박원형朴元亨, 1411~1469, 조석문曹錫文, 1413~1477, 윤자운尹子雲, 1416~1478, 이극감李克堪, 1427~1465, 원효연元孝然, ?~1466, 성임成任, 1421~1482, 한계희韓繼禧, 1423~1482, 홍응洪應, 1428~1492, 이문형李文炯, ?~1466, 노사신盧思愼, 1427~1499, 강희맹姜希孟, 1424~1483, 윤찬 등의 성명이 부각되어 있다. 고관의 관계를 미루어 물론 간경도감의 간행이요 천순 7년간의 법화경에는 간경도감 도제조의 수위 윤사로尹師路, 1423~1463로 된 것을 미루어 확실히 법화경 전의 간행이려니와 일본一本에는 권십 맨끝에 천순 6년세조 7년(1461) 8월 20일에 올린 도제조 계양군 증의 전문의 일부분이 붙어 있다고 한다. 10권.

ㄷ) 『법화경언해』

간경도감도 제조 윤사로가 천순 7년세조 8년(1462) 9월 초2일에 올린 전문과 윤사로 이하 황수신黃守身, 1407~1467, 박원형, 조석문曹錫文, 1413~1479, 윤자운, 김수온, 원효연元孝然, ?~1466, 성임, 한적희, 강희맹, 노사신, 윤찬 등 관계자의 성명이 덧붙여 간행되어 있다.

ㄹ) 『영가집언해』

천순 7년세조 8년(1462) 11월에 쓴 효령대군의 발에 "또한 친히 구결을 정하여 판교종사 해초海超와 전 진관사 주지 대선사 혜통惠通과 전 속리사 주지 대사 연희演熙와 보臣補에게 각각의 문하에 의거해서 과정에 따라서 교정을 하고 한번 임금께 보고하고 이어서 본떠서 인쇄하도록 명하셨다.又親定口訣。命判敎宗事臣海超,。前津寬寺住持大禪師臣惠通,。前俗離寺住持大師臣演熙及臣補。依門逐科參讐校。一稟睿裁。隨卽模印。"라고 하였으니 그 관계자로 보아 역시 간경도감의 간행임에 틀림이 없다.

ㅁ) 『금강경언해』

『세조실록』에는 "공조 판서 김수온, 인순부윤 한계희, 도승지 노사신 등에게 명하여 『금강경』을 번역하게 하였다.命工曹判書金守溫。仁順府尹韓繼禧。都承旨盧思愼等譯金剛經.『세조실록』32권(세조 10년(1464) 2월 8일)라고 하였고 만력판 『금강경언해』에는 천순 8세조 9(1464)년에 된 간경도감 도제조 황수신의 <진금강경심경전>, 효령대군, 홍덕사 주지 해초, 김수온, 노사신 등의 발이 덧붙여 간행된 중 김수온의 발에 "상께서 친히 구결을 정해주고 명하시어 인순부윤 한계희는 번역을 하고, 효령대군 보補와 판교종사 해초海超, 회암사 주지 홍일凐—, 전 진관사 주지 명신名臣, 전 속리사 주지 연희演熙, 만덕사

주지 정심正心 등은 교정하도록 하셨다.上親定口訣。命仁順府尹臣韓繼禧翻譯。孝寧大君 臣補及判教宗事臣海超。檜岩寺住持臣弘一。前津寬寺住持臣明臣,。前俗離寺住持臣演熙。前萬德寺住持 臣正心等校定。"라고 하였다. 일권.

ㅂ)『심경언해』

간경도감도 제조 황수신의 <진금강경심경전>에 "삼가 금강경 1권과 심경 1권을 새로이 판각하고, 섞인 것을 단장하여 올렸다.謹將新雕印金剛經一卷 心經一卷粧橫投進。"라고 하였고 한계희의 발에 "상께서 효령대군 보에게 명하 셔서 계희를 거느리고 나아가 번역을 하도록 하셨다.上命孝寧大君臣補。率臣繼 禧。就爲宣譯。"라고 하였다. 일권.

ㅅ)『불설아미타경언해』

건륭乾隆 18년(1753) 대구 동화사간본 권두에 "어제역해御製譯解"라 하고 또 권말에 "천순天順 8년(1464) 갑신 조선국의 간경도감에서 새겨 만들라는 명 을 받들었다.天順八年甲申歲朝鮮國刊經都監奉敎雕造。"라고 하였으니 간경도감의 옛 간본을 복각한 것으로 추정된다.

ㅇ)『원각경언해』

간경도감 도제조 황수신이 성화 원(세조 10년) 1465년 3월 19일에 올린 진전문과 황수신 이하 박원형, 김수온, 윤자운, 김국광金國光, 1415~1480, 원효 연, 한계희, 성임, 강희맹, 윤찬 등 관계자의 성명이 덧붙여 간행되어 있 다. 십권.

ㅊ) 『목우자수심결언해』

권수 하부에 "드러내놓고 구결을 합하지 않고 혜각존자7)가 번역하였다.不顯闕口訣。慧覺尊者譯。"라고 하고 권말에 "성화 3년(1467) 정해 조선국의 간경도감에서 새겨 만들라는 명을 받들었다.成化三年丁亥朝鮮國刊經都監奉敎雕造。"라고 하였다.

ㅋ) 『육조해』

<영가대사증도가남명천복사계송>의 한계희 발에는 능엄, 법화경과 함께 육조해가 역간됨을 기록하였다.

ㅌ) 『법어』

권두 일부에 "혜각존자역결慧覺尊者譯訣"이 새겨 있음으로 신미의 역결인 동시에 그 당시의 간행라고 보인다.

② 기타 문헌

ㄱ) 『초학자회언주』

『세조실록』 세조 4년(1458) 무인 10월에는14권 12장 "승정원에 전교하기를, 지난번에 판서 최항과 참의 한계희가 언문으로 『초학자회』의 주를 달다가, 일이 끝나기 전에 두 사람이 모두 부모의 상을 당하였다. 지금 문신들을 모아 하루 안에 그 일을 마치려고 하니, 문신을 속히 뽑아 나의 친교를 듣게 하라 하니, 동부승지 이극감이 아뢰기를, 무릇 일을 속히 하고자 하면 반드시 정하지가 못합니다. 신의 생각으로는 언문을 해득한 자

---

7) 조선 세조 때의 승려로 불경(佛經) 번역에 공이 컸던 신미(信眉)의 사호(賜號). 존자(尊者)는 학문과 덕행이 뛰어난 부처님의 제자를 높여 부르는 이름임.

10여 명을 택하여 기일을 정하고 이를 시키면, 공력을 쉬 이룰 수 있고, 일도 또한 정할 것입니다 하니, 중추 김구와 참의 이승소에게 명하여 우보덕, 최선복 등 12인을 거느리고 찬하게 하였다傳于承政院曰。頃者判書崔恒。參議韓繼禧以諺文註初學字會。事未就。而二人俱丁憂。今欲聚文臣等。一日內訖功。其速選文臣。聽予親教。同副承旨李克堪啓。凡事欲速。則必不精。臣意擇解諺文者十餘輩。刻期爲之。則功易就而事亦精矣。命中樞金鉤。參議李承召率右輔德崔善復等十二人撰之。"라고 하였다.

ㄴ)『명황계감언해』

『세조실록』세조 7년(1461) 신사 8월에는25권 12장 "예문관 제학 이승소, 행 상호군 양성지, 송처관, 김예몽, 예조참의 서거정, 첨지중추원사 임원준 등을 불러 언문으로 『명황계감』을 번역하게 하였다.召藝文提學李承召。行上護軍梁誠之。宋處寬。金禮蒙。禮曹參議徐居正。僉知中樞院事任元濬等以諺文譯明皇誡鑑。"라고 하였고 그보다 1년 전인 임오 5월에는 "또 중추원사 최항崔恒, 예문제학 이승소李承召, 직예문관 이영은李永根, 성균 박사 박시형朴始亨 등에게 명하여 『명황계감』의 가사를 번역하게 하였다.又命中樞院使崔恒。藝文提學李承召。藝文館李永垠。成均博士朴始亨等。譯明皇誡鑑歌。"라고 하였다.

이 이외 훈민정음과 관련이 있는지 없는지 불확실한 것으로는 정인지, 신숙주, 최항 등을 거느리고 친정하였다는 『사서오경』의 구결이 있고 훈민정음과 완전 관련이 없는 바로는 신숙주 등에게 명찬한 『국조보감』 및 『동국통감』과 최항 등에게 명찬한 『경국대전』 등이 있다. 세조 일대를 통하여 훈민정음 방면의 문헌이 가장 주력된 것은 물론이다.

4. 예종

1) 휘호와 생졸

세조의 둘째 아들로서 휘는 황晄이요 자는 처음 평보이었다가 나중에 명조로 고쳤다. 세종 32년(1450) 경오 정월 초 1일에 탄생하여 처음 해양대 군으로 봉하고 의경세자가 요서함에 따라서 세자로 책봉되고 세조 13년 (1468) 무자 9월에 왕위에 오르고 그 이듬해 기축(1469) 11월에 승하하였다. 재위 1년이요 향수 20세다. 시호는 양도이요 능호는 창릉이다.

2) 재위 중 사업

『연려실기술』6권에는 "임금이 정사를 보살피는 여가에 옛글을 공부하여 옛날 정치의 잘 잘못을 관찰하여 친히 『역대세기』를 지었으며 또 문신들 에게 명하여 『국조무정보감國朝武定寶鑑』을 편찬하게 하였다.上聽政之餘。留意墳 典。觀前古治亂之跡。親撰歷代世紀。又命文臣撰國朝武定寶鑑。"라고 하였다. 이로 보아서 는 왕도 또한 문화에 대 술작을 뜻한 것이나 재위 겨우 1년임으로 별다 른 사업에 착수할 겨를이 없었다.

5. 성종

1) 휘호와 생졸

세조의 맏아들인 의경세자 즉 덕종의 둘째 아들로서 휘는 혈娎이다. 세 조 2년(1457) 정축 7월 30일에 탄생하여 처음 자산군으로 봉하고 나중에 자을산군으로 개봉하고 예종 원년(1469) 기축 11월에 대통을 입승하고 갑 인(1494) 12월 24일에 승하하였다. 재위 25년이요 향수 38세다. 익호는 강 정康靖이고 익호는 선능이다.

2) 학문의 조예

『용재총화』2권에는 "성묘는 학문에 뜻이 독실하였다. 삼시로 글을 강론하고 밤에도 또 옥당에 입직한 선비를 불러서 함께 강론하곤 하였다. 강론이 끝나면 술을 하사하고 종일 고금에 잘 다스렸던 일, 어지러웠던 일들과 민간에 대한 이익이 되고 병이 되었던 일들을 물었다. 편복으로 서로 대했으며 전각 안에 오직 촛불 한 개를 켰을 뿐이었다. 어떤 때에는 밤 중에 이르러 크게 취하여 나오게 되는데 어전에 있는 촛불을 내려 보내 주어서 원(한림원)으로 돌아가게 하였다. 곧 금련거金蓮炬(임금 어전에 사용하는 황금 촛대)의 남긴 뜻이었다.成廟篤志於學。三時講書。乘夜又引玉堂入直之士。與之講論。講畢賜酒。從容問古今治亂民間利病。便服相對。閣中只張一燭而已。或至夜分。大醉而出。賜御前燭送歸院。卽金蓮炬之遺意也"라고 하여 성종은 세종과 같이 호학애사하던 임금이나 세종과 달리 술을 즐기고 시를 좋아하여 일면으로 시인의 풍도를 가진 임금이다. 차천로車天輅, 1566~1615의 『오산설림』에는 "성종이 큰 술잔 기울이기를 즐기었다. 옥잔 하나가 있었는데, 맑기가 물 같았다. 임금이 매양 술을 두고 술이 거나해지면, 문득 이 술잔을 가지고 사람에게 술을 권했다. 어떤 종실이 있었는데, 임금이 특별히 은혜를 내렸다. 어느 날 또 이 잔으로 권하였는데, 그 사람이 마신 뒤 곧 옷소매에 넣고 춤을 추다가 거짓 땅에 엎어져 잔을 깨뜨렸다. 아마 성종을 풍자하여 간하려 함이리라. 임금도 이것을 허물로 여기지 아니하였다.成廟喜傾大白。有一玉杯淸瑩如水。上每置酒。酒酣。輒用此杯命飮者。有一宗室。上特垂恩紀。一日又命此杯。其人飮後便袖之。因起舞伴仆地。杯盡碎矣。盖諷成廟以諫也。上亦不之過。라고 하고 또 "성묘가 독한 술을 마시는 것을 좋아하였다. 감독하는 늙은 내시가 있어, 임금이 상할까 염려하여 약간 물을 타 그 맛을 묽게 하였다. 임금이 마시고 나서 싱겁다 하시고, 그 환관에게 그 까닭을 물으니, 그가 사실대로 대답하였다. 임금이 명하여 내쫓았다.成廟喜進烈酒。老宦官有監者。恐其傷之。稍下水和其味。上飮而薄之。問其宦者。以實對。

上命黜之."라고 하였으니 술을 여간 즐긴 것이 아니며 『지봉유설』에는 문장부 권10 "성묘成廟=成宗는 하루에 세 번 왕대비에게 문안드리고 하루에 세 번 경연에 나아갔는데, 매번 월산대군8)과 함께 들어와 대내에서 연회를 하였고, 그가 나가면 편지로 시를 주고 받으며 비는 날이 없었다. 과瓜씨를 하사하여 말씀하시기를 새로 난 참외 처음 먹어보니 수정처럼 시원한데, 형제간에 정이 친하니 차마 나 홀로 보랴라고 하였다. 대체로 그 우애가 지극한 천성임을 글자 사이에서 생각해 볼 수 있다.成廟曰三朝王大妃。日三御經筵。而每引月山大君入內曲宴。出則簡札酬唱無虛日。有賜瓜詩曰。新瓜初嚼水晶精。兄弟情親忍獨看。盖其友愛天至。想見於文字間矣."라고 하였고 『연려실기술』에서 『소문쇄록』을 인용한 중 "궁인의 상자 속에 들었던 휴지 조각을 내 보이는 이가 있는데 종이와 필체가 보통 것과 달랐다. 그 종이에 쓰이기를, 깊숙한 정자는 흐르는 물을 내려다보고, 높은 나무는 잔잔한 물을 굽어본다, 화류驊騮(준마)는 푸른 풀밭에서 우니, 봄이 푸른 산기슭에 있구나 하고, 또 깎아 세운 듯한 절벽은 천 길이나 섰는데, 솔바람은 불어 그치지 않네, 난간에 기대선 무한한 뜻에, 고향의 가을이 어렴풋하네 하고, 또 묻노니 형은 무슨 일로 세월을 보내는가, 상상하건대 거문고와 노래하겠지 하고, 또 친척들을 모으고 아름다운 기생을 부르니 의리는 비록 군신이지마는 은혜는 곧 형제이다고 하였다. 이것을 보건대, 임금의 평상시 희필戱筆임을 알겠다.有出宮人箱篋收貯截紙。札翰異常云。幽亭瞰流水。高樹俯潺湲。驊騮嘶青艸。春在翠微間。又曰絶壁立千仞。松風鳴未休。憑欄無限意。依約故山秋。又曰問兄何事送義娥。遲想洋琴與渭歌。又曰期會親戚。聘招佳妓。義雖君臣。恩則兄弟云云。知爲上常時戱筆.라고 하고 또 『오산설림』에는 "성묘께서 왕자 한 사람을 특별히 사랑하여 심히 과벽한 일이 있어 오부(어사대의 별명)에서 이것을 논하였다. 임금이 성상소에 들어온 장령 아무에게 불

---

8) 월산대군(月山大君) : 1454-1488. 조선 전기의 종실. 호는 풍월정(風月亭). 추존왕 덕종(德宗)의 맏아들이다.

러 입알하도록 명하고 앞으로 나오라고 한 다음, 시 한 구를 써서 내려 주기를, 세상 사람은 다 같이 서리 온 뒤 국화를 사랑하나니, 이 꽃이 핀 뒤에 다시 꽃이 없기 때문이로다 하였다. 그 사람이 눈물을 닦으며 나왔는데, 얼마 안 되어 임금이 세상을 떠났다.成廟鍾愛王子一人殊甚。多有過僻之事。鳥府論之。上命召城上所掌令人謁。上使之前。逢書一句而賜之曰。世人共愛霜後菊。此花開後更無花。其人拭淚而出。爲幾上登遐。라고 하였으니 시도 상당히 좋아한 것이다.

『소문쇄록』에는 "월산대군 정婷의 자는 자미子美이고 호는 풍월정風月亭인데, 술을 즐기고 문사를 좋아하였다. 성화 을사(1485), 병오(1486)년 무렵에 여러번 시를 짓고 술을 마시는 자리에 모셨는데, 일찍이 나에게 주는 시에, 신은 풍류객이요, 시명 또한 뛰어나도다 홀로 능히 고시를 겸하였으니, 어찌 아름다운 구슬이 아니랴, 시 속의 생각이 무궁무진하여, 한가로운 기망 있음을 기뻐하노라, 서로 만나 한 통 술을 마시며, 담소하니 흥취가 진진하도다 하였다. 시의 품격이 높고 깊어서 예사 시인으로서는 도저히 따를 수가 없다.月山大君婷字子美。號風月亭。喜酒好文雅。成化乙巳丙午間屢陪詩酒。嘗贈予詩曰。伸也風騷客。詩名又一奇。獨能兼古律。不奈是珠璣。吟裏思無登。閑中喜有期。相逢一楢酒。談笑興遲遲。句格高遠深穩。尋常業詩者所不能及矣。"라고 하였다. 그 형제분이 다함께 시를 좋아하고 술을 즐겼던 것으로 보인다. 『오산설림』에는 "유호인 공이 옥당에 있을 때 성묘께서 특별히 남다른 은혜로 돌보아 주어 다른 학사는 비길 수 없다. 달밤마다 벼슬아치宦者 몇 사람을 거느리고 경회루에서 놀 때, 연못 가운데 작은 배는 겨우 5 · 6명을 태울 수 있는데, 홀로 호인만을 따르게 한 것은 당 나라 현종이 이적선 이태백의 별호을 대우함과 같다 하겠다. <중략> 성종이 호인의 시제를 사랑하여 혜총이 날로 높아졌으나 끝내 대관에 이르지 못하였음은, 아마 성종께서 그의 그릇이 재상의 직책을 감당하지 못할 것을 살폈기 때문이리라. 당시 사람들이 이로써 임금이 사람을 씀에 각각 그 재주에 따라 쓰는 데 탄복했다.俞公好仁在玉

堂。成廟恩顧特優。學士無比。每月夜從宦者數人游慶會樓。池中小舟僅受五六人。獨命好仁從之。有若唐玄宗之待李謫仙也。<中略> 上愛好仁之詩才。恩寵日隆。終不致大官。盖察其器不堪爲宰輔也。時人以是服上之用人各因其才也。"라고 하고『소문쇄록』에는 "매계공의 자는 태허 혹은, 대허로도 쓴다. 어렸을 때부터 총명하여 사람들이 모두 학문에 조예가 깊을 것을 기대하였다. 과연 벼슬자리에 오르자 성종의 지우知遇와 특별한 사랑을 받았다. 어버이를 위하여 군수가 되기를 청하였더니, 4품으로 한 계급 더 벼슬을 올려 함양 군수로 임명하였다. <중략> 공이 글을 올려 감사하였다. 이보다 앞서 연말에 지은 시를 임금께 올리게 하였더니, 임금의 마음에 들었으므로 그 부모에게 곡식을 내려주게 하였다. 군수로 있을 때, 임기가 다할 무렵에 어버이의 상을 당하니 또한 부의와 제사지낼 곡식을 내렸는데, 지방관에게 부의의 특전을 내린 것은 전에 없었던 일이다.梅溪公字太虛。自童稚時。人皆期以遠到。旣筮仕。大被成廟之知。獎愛特甚。爲親乞郡。特賜一級。陞四品。守咸陽。<中略> 令上歲抄所製詩。稱旨。命賜父母米豆。在郡秩滿而丁憂。又賜賻祭米豆。外郡賻典前所無也。"『소문쇄록』<조신찬>라고 하였다. 자기가 시를 좋아한 까닭에 시인 신하에 대해서 총우가 극히 융숭하였던 모양이다.

3) 재위 중의 사업

『동국여지승람』2권 <홍문관 항> 아래는 "우리 전하 원년에 예문관에 명하시어 집현전에 의거해서 관료를 두게 하시니 문한, 경연, 기주 등의 일을 한결같이 집현전의 옛 일처럼 하고, 홍문관과 비서관도 또한 예문장서각으로 옮겼다. 10년에 또한 대신이 의견을 아뢴 것에 인하여 홍문관으로 개칭하고 옛 서연청에 별도로 예문관을 두어 다만 사명의 일만 관장하게 하였다.我殿下元年。命於藝文館。依集賢殿置官僚。凡文翰經筵記注等事一如集賢古例。於是。弘文秘書。亦移于藝文之藏書閣。十年。又因大臣建白。改稱弘文館。而別置藝文館於古書筵廳。止掌辭命之事。"라고 하여 성종은 세종 문화를 추모하여 즉위 후 곧 예문관을 집현전과 같이 설치했던 것이며, 다시 그 후 홍문관으로 개칭하는 동시에 예문관을 따로 만들었던 것이다. 본래 양성지의 <홍문관 서>에는 『성제집』 권5 세조 계미8년에 자기의 진의로 "여러 책을 보관한 내각은 홍문관이라 이름하고, 대제학, 직제학 등 관직을 두되 예문관에 겸차하여 출납을 관장하게 하였다.諸書所藏內閣名曰弘文館。置大提學。直提學等官。以藝文館兼差。俾掌出納。"라고 청하였고 그 결과 "세조께서 그 말을 따르셔서 명하시어 비장 서적들을 옛 동궁의 동쪽의 작은 방에 보관하고 홍문관이라 부르도록 하였다. 예문봉교 이하의 박사들은 정자를 관장하여 저작을 겸직하였다.世祖從之。命藏秘書于舊東官之東偏小室。號弘文館。以藝文奉教以下帶兼博士著作正字以掌之。"라고 하여 홍문관은 이미 세조 계미에 생긴 것이 사실이지만 세조의 홍문관은 불과시 일개의 장서각으로 성종의 홍문관과는 전연 같은 이름이지만 달랐다.

홍문관이 집현전의 옛례를 쫓은 그 사실로만 미루어도 곧 그 당시 문화의 본진이었음을 짐작할 수 있다. 세종의 문화가 집현전 문화요, 세조의 문화가 간경도감 문화임에 대하여 성종의 문화는 정히 홍문관 문화다.

그런데 『용재총화』권2에는 "성종께서는 학문이 깊으시고 문사에 예스런 운치가 있어서 글하는 선비에게 명하여 『동문선』, 『여지요람』, 『동국통감』을 편찬하게 하시고 또 관에 명하여 간행하지 않은 책이 없었다. 『사기』, 『좌전』, 『사전춘추』, 『전후한서』, 『진서』, 『당서』, 『송사』, 『원사』, 『강목』, 『통감』, 『동국통감』, 『대학연의』, 『고문선』, 『문한유선』, 『사문유취』, 『구소문집』, 『서경강의』, 『천원발미』, 『주자성서』, 『자경편』, 『두시』, 『왕형공집』, 『진간재집』과 같은 것은 내가 기억하는 책이다. 그 밖에 간행된 서적 또한 많았고 또 서거정의 『사가집』, 김수온의 『보한재집』을 모았는데 오직 이윤보와 우리 문안공의 시문만 잃어버려서 인간하지 못한 것이 한서러운 일이다.成廟學問淵博。文辭灝譚。命文士撰東文選。與地勝覽。東國通鑑。又命校書館無書不印。如史記。左轉。四傳。春秋。前後漢書。晋書。唐書。宋史。元史。綱目。通鑑。東國通鑑。大

學衍義。古文選。文翰類選。事文類聚。歐蘇文集。書經講義。天元發微。朱子成書。自警篇。杜詩。王 荊公集。陳簡齊集。此余之所記者。其餘所印書亦多。又聚徐剛中四佳集。金文良拭扰集。姜景醇私淑齊 集。申泛翁保閒齊集。惟李胤保及我文安公詩文逸失未印。可恨也。"『용재총화』권2라고 하였다. 이 로 보아서는 성종 때 인간물은 우리의 문헌보다 한적의 복각이 성하였고 또 우리의 문헌도 독특한 편찬보다는 명공거경들의 개인문집이 성하였던 것이다.

애초부터 성종은 시문을 좋아함에 따라서 절대의 숭유요, 또 절대의 한화주의라 간행물은 결국 그것을 반영한 것이라고 보인다. 이 점에 있어 서 즉위 후 간경도감을 혁파한 것은 물론이요, 훈민정음 방면도 특별히 주력된 것은 아니나 세조 때는 거의 불경언해에 치우치다 싶이 됨에 비 하여 성종 때는 각 부문으로 훈민정음이 이용되었다.

ㄱ) 『두시언해』

조위曺偉, 1454~1503의 서문에 "성화 신축 가을에 상께서 홍문관 전한 유 윤겸柳允謙 등에게 명하시기를 두시는 제가들의 주석이 상세하나, 회전會箋 =左傳은 번잡하여 오류에 빠지는 실수를 범하였고, 수계須溪=孟浩然는 간이 하여 너무 생략한 실수를 하였다. 여러 설이 떠들썩하니, 연구하여 하나 로 그것을 모으지 않을 수 없으니, 이에 널리 모은 여러 주석들을 번잡한 것을 빼고 잘못된 것을 개정하여 지리, 인물, 자의의 난해한 것들을 마디 를 빼고 주석을 간략히 하여 보기에 편하도록 하였다. 또한 속담을 그 뜻 에 맞게 번역하여 지난날 이른바 간삽艱澁한 글들을 한번 보면 명백히 알 수 있게 하였다.成化辛丑秋。上命弘文館典翰臣柳允謙等曰杜詩。諸家之註詳矣。然會箋繁而失 之謬。須溪簡而失之略。衆說紛紜。互相牴牾。硏覈而一。爾其纂之。於是廣撫諸註。芟繁釐正。地里人 物字義之難解者。逐節略疏。以便考閱。又以諺語譯其旨。向之所謂艱澁者一覽瞭然"라고 하였다.

ㄴ)『황산곡집언해』

『성종실록』 성종 14년(1483) 계묘 7월에는 서거정徐居正, 1420~1488, 노사신盧思愼, 1429~1498, 허종許琮, 1434~1494, 어세겸魚世謙, 1430~1500, 유윤겸柳允謙, 1420~?에게 『연주시격』 및 『황산곡집』을 언문으로 번역하도록 명하였다.命徐居正。盧思愼。許琮。魚世謙。柳允謙。以諺文翻譯聯珠詩格及黃山谷集。라고 하였다.

ㄷ)『연주시격언해』

상동

ㄹ)『악학괘범』

성종 24년(1493) 계축에 쓴 성현의 서문에는 "무령군 유자광과 성현, 주부 신말평申未平, 1452~1509, 전악 박곤, 김복근에 명하여 다시 교정하게 하였는데 먼저 율관을 만드는 원리를 말하고 다음에 율을 쓰는 법을 말하였으며 악기와 의물의 형체와 제작하는 방법과 무도의 철조와 진퇴의 절차에 이르기까지 모두 기재하였다. 이 책을 이루어 『악학괘범』이라 이름 하였다.爰命臣武靈君柳子光暨臣俔與主簿臣申末平。典樂臣朴棍。臣金福根等。更加讐核。先言作律之原。次言用律之方。及夫樂器儀物形體製作之事舞蹈綴兆進退之節。無不滿載。書成。名曰樂學軌範。" 『악학괘범』 <서문>라고 하였다.

ㅁ)『몽한운요』

『성종실록』 성종 8년(1477) 정유 9월에는 "우의정 윤자운尹子雲이 찬차한 『몽한운요』 한 권을 올리어 인쇄하여 반행할 것을 청하고, 이어서 아뢰기를, 이 책은 몽고어, 한어 갖추어 싣고 우리 글로 번역하였으므로, 만일 중국에서 보면 우리가 야인野人과 교통한다고 할 것이니, 의주義州에는 반

행하지 않는 것이 좋습니다라 하니, 전교하기를, 그리하라.右議政尹子雲進所撰
蒙漢韻要一卷。請印頒。仍啓曰。此書具載蒙古漢語。而譯以諺文。若中國見之。以我爲交通野人。不宜
頒於義州。傳曰可。"라고 하였다.

ㅂ『역어지남』

성종 9년(1478) 무술에 쓴 서거정의 서문에는 "승문원과 사역원 강례관
을 설치하여 오로지 화음을 익히게 하였다. 그들이 익히는 책은, 『직해소
학』, 『한서』와 『후한서』, 『노걸대』, 『박통사』, 『동자습』 등이다. 그러나
그 책들은 모두 그 언어와 문자를 번역한 것일 뿐, 천문, 지리, 초목, 금
수, 명물 같은 것들은 전혀 번역하지 않았으니, 학자들이 이것을 병통으
로 여겼다. 우리 성상께서 역학 유념하시어, 판중추부사 이극배李克培, 이
조 참의 김자정金自貞, 행사과 장유성張有誠과 황중黃中 등에게 중국의 명물
등에 대한 단어를 모아 우리나라의 언자로 번역하도록 명하셨다. 이에 그
들은 승문원 관원 이간李幹, 지달하池達河와 역관 김허의金許義, 민장閔墻, 당
효량唐孝良, 김저金渚, 한현韓顯, 권관權寬 등과 함께 널리 채집하고 두루 의논
하여, 종류별로 구분하고 같은 것끼리 모아서 61조항으로 편찬하여 올렸
다. 성상께서 『역어지남』이라 이름을 붙이셨다.設承文院司譯院講隸官專習華音。其所
習則曰直解小學。曰前後漢書。曰老乞大。曰朴通事。曰童子習等書。然皆譯其言語文字而已。如天文地
理草木禽獸名物之類。未嘗有譯。學者病之。我聖上留意譯學。命判中樞府事臣李克培。吏曹參議臣金自
貞。行司果臣張有誠。臣黃中等。集中國名物等語。譯以本國諺字。於是與承文院官臣李幹。臣池達可。
譯官臣金許義。臣閔墻。臣唐孝良。臣金渚臣韓顯。臣權寬。博採廣議。分門類聚。袞爲六十一條。編成
以進。賜名曰譯語指南。"라고 하였다.

ㅅ)『내훈』

권말 조상의曹尙儀 발에 "삼가 생각건대 우리 인수대비 전하께서는 세조

대왕의 잠저 시절부터 양 궁을 받들어 모셨다. 빈으로 책봉되심에 더욱 부인의 도를 삼가고 손수 찬을 만들어 올리며 좌우를 떠나지 않았다. <중략> 장락궁[9]의 여유로움을 기쁘게 받들었다. 부녀자들의 무지함을 근심하여, 부지런히 가르치고 훈계하여서 『열녀』, 『여교』, 『명감』, 『소학』 등의 책을 권과 질로 만들었으나, 초학자들이 광대하여 번거로운 것을 병통으로 여겨 친히 스스로 예단하셔서 그 긴요한 것을 취하여 총 7장을 만드셔서 『내훈』이라 이름하셨다. 이어서 언해를 만들어 쉽게 깨우치게끔 하셨다.恭惟我仁粹王大王妃殿下。自在世祖大王潛邸。承事兩宮。晝夜靡懈。及冊爲嬪。尤謹婦道。躬執御饌。不離左右。<中略>。承歡長樂之餘。患女婦之無知。孜孜訓誨。然烈女女敎明鑑小學等書。卷帙浩繁。初學病焉。親自睿斷。撮其切要。摠成七章。名曰內訓。繼以諺譯。使之易曉。"라고 하였다.

○)『영가대사증도가남명천계송언해』

성종 임종18년에 쓴 한계회 발에 "삼가 생각건대 우리 자성대왕대비 전하께서는 자비롭고 광대하시고 효성이 지극하시어 불조의 법도가 막히고 어두워져 세 성인의 서원[10]을 펼치지 못할까 두려워하셔서, 이에 선덕 학조學祖에게 명하여 『금강삼가해역』을 교정하고 『남명』을 번역하게 하였다. 번역이 이미 끝남에 『삼가해』 300본과 『남명』 500본을 찍어내어 여러 사찰에 널리 배포하도록 명하였다.恭維我慈聖大王大妃殿下慈悲廣大。誠孝罔極。懼佛祖之法印堙晦。三聖之誓願未伸。乃命禪德學祖。更校金剛三解譯及續譯南明。旣訖。命印三家解三百本,。南明五百本。廣施諸剎。"라고 하였다.

---

9) 한(漢) 나라 때 장안(長安)에 있던 궁전의 이름으로 미앙궁(未央宮)의 동쪽에 있었다. 혜제 (惠帝) 이후 황제는 미앙궁에 거처하고 장락궁에는 태후(太后)를 모셨으므로, 후세에는 태후의 궁을 지칭하는 말로 쓰이게 되었다.

10) 불교 용어. 보살(菩薩)이 수행(修行)의 목적인 원망(願望)을 밝히고 그 달성을 맹세하는 일. 보살의 공통된 사홍서원(四弘誓願), 아미타(阿彌陀)의 사십팔원(四十八願), 석가(釋迦) 의 오백대원(五百大願)이 있다.

ㅈ) 『오대진언』

성종 16년(1485) 을사에 쓴 학조의 발에 "삼가 생각건대 우리 인수왕후
대비전하께서 백성들의 도가 박한 것을 근심하고, 시류의 급박함을 느슨하
게 하여, 시대에 절실하고 사람에게 이로운 바의 것을 생각하였는데, 『오대
진언』을 다 갖추지 못하니, 선정禪定11)을 일삼지 않고, 의리를 탐구하지도
않아서, 다만 령지令池를 암송하고, 복을 얻을 것을 한결같이 경에서 말하
는 것과 같이 했다. 말세에 사람을 이롭게 하는 방법이 이것이 가장 최고
가 됨 만함이 없다. 그러나 이 범한梵漢으로 된 경은 기이하고 깊숙하여
독자들이 병통으로 여겼다. 이에 당본을 얻어 주해를 달아 중간하고, 찍
어 베풀었다. 서리들이 외우고 익히기에 쉬웠지만, 영리함과 어리석음의
차이가 없고, 관패를 지키는 데 안일하여 귀천의 다름이 없었다.我仁粹王后
大妃殿下愍民道之薄。緩時流之急。思所以切於時而利於人者。無偕於五大眞言。不專禪定。不
探義理。而但令持誦。則獲福一如經說。叔世利人之方莫斯爲最也。然此經梵漢奇奧。讀者病
之。於是。求得唐本。注諺重刊。印而施之。庶使便於誦習。而無利鈍之差。逸於佩守。而莫貴
賤之異。"라고 하였다.

ㅊ) 『불정심다라니경』

그 발문에는 "삼가 생각건대 우리 인수왕대비전하께서는 주상전하의
예산睿算12)이 유구히 이어지고, 마魔의 원망이 소진消殄되도록 하기 위해서,
이에 공인工人에게 명하여 당본을 본받아서 상세하고 정밀히 도모하여, 글
자를 바르게 베껴써서, 새겨서 간행하여 오래도록 전하게 하셨다.我仁粹王大
妃殿下。爲主上殿下睿算靈長。消殄魔怨。爰命工人效唐本。詳密而圖之。楷正而寫之。鏤而刊之。以壽
其傳。"라고 하였다.

---

11) 선승(禪僧)이 마음을 한 경계에 정하고 고요히 명상에 잠기는 참선(參禪)을 말한다.
12) 임금의 계획, 계산, 슬기로운 계획.

ㅋ) 『삼강행실언해』, 『속삼강행실도續三綱行實圖』

남이南袞의 서문에는 성종이 『삼강행실』의 언해를 찬수하게 한 사실이 기록되어 있다.

이 이외에 훈민정음과 완전 관련이 없는 것으로는 『동국여지승람』, 『동문선』, 『삼국사절요』, 『제왕명감』, 『후비명감』과 신숙주의 『해동제국기』와 이변의 『훈세평화』 등이 있다. 대체로 편찬 사업은 집현전 시대보다 왕성하지 못 한 것이 사실인 중에도 더구나 불경류는 겨우 인수대비의 힘으로 3-4종이 인각됨에 지나지 못 하여 간경도감 시대보다 격감된 것이 사실이다. 그런데 한가지 의심나는 것은 유희춘이 경서언해의 개조로 말한 유숭조와 이 시대의 관계다. 즉 유숭조가 성종 때 등과한 사람으로서 그 경서언해도 이 시대에 속할 것인가 아닌가 의문되는 그 점이다.

하여튼 간경도감 시대의 사업이 불경 중심인 것은 더 말 할 것이 없거니와 그렇게 대비하여 집현전 시대의 특질은 운서요, 홍문관 시대의 특질은 시가일 것이다. 집현전 시대의 가장 중요한 사업으로 『동국정운』, 『홍무정운역훈』을 드는 데는 오히려 무리가 있을지 모르나 홍문관 시대의 가장 중요한 사업으로 『두시언해』와 『악학궤범』을 드는 데는 아무도 이의가 없을 것이다.

6. 연산주의 금난

연산주 재위 20년간 문화 사업이란 거의 전멸되어 있으니까 훈민정음의 방면만이 예외될 수는 없는 일이다. 더구나 연산은 신하를 사랑하고 학문을 좋아한 부왕의 좋은 일면은 닮지 못 한 반면에 한시에 많은 흥미를 가지고 놀기를 즐기는 나쁜 일면만은 배웠음으로 훈민정음과 같은 것은 본시 대단케 보았을 까닭이 없다.[13]

그런데 연산 10년(1540) 7월에 언문익명서 사건이 일어났다. 그러한 임금으로서 그 금지를 명하는 것은 오히려 당연한 귀결이다.

『연산일기』54권 31장 10년(1540) 갑자 7월에는 "전교하기를, 傳曰。其召昨日諸闕政府禁府堂上。且今後諺文勿敎勿學。已學者亦令不得行用。凡知諺文者。令漢城五部摘告。"라고 하였고 그 또 며칠 뒤54권 32장 "전교하기를, 언문을 쓰는 자는 기훼제서율棄毁制書律[14])로, 알고도 고하지 않는 자는 제서유위율制書有違律[15])로 논단論斷하고, 조사朝士의 집에 있는 언문으로 구결口訣단 책은 다 불사르되, 한어漢語를 언문으로 번역한 따위는 금하지 말라고 하셨다.傳曰。諺文行用者。以棄毁制書律。知而不告者。以有違制書論斷。朝士家所藏諺文口訣書冊皆焚之。如飜譯漢語之類勿禁。"라고 하였다. 이로 본다면 오직 한어 번역 서적 이외 훈민정음의 문헌은 연산 당시 많이 불에 없어졌을 것으로 추측된다. 그뿐이 아니라 이미 말한 바와같이 연산의 어머니 윤씨가 폐비되고 사사되는데도 언문이 많이 사용된 사실이 있다. 이 역시 연산으로 하여금 훈민정음에 대한 감정을 결코 좋게 하는 것이 아니었다.

『연산일기』 11년(1505) 을축 7월에는 "이창신李昌臣, 1449~?이 언문을 번역

---

13) 소위 연산군의 언문 탄압에 대한 김윤경(1954 : 299~253), 최현배(1946 : 83~46), 홍기문(1947 : 162~164), 이희승(1955 : 38~39) 교수를 비롯하여 방종현 교수도 연산군이 한글을 탄압한 군주로 다루어 왔으나 이숭녕(1956 : 245~247) 교수와 강신항(2008 : 420) 교수는 이에 반론을 제기했듯이 언문 탄압은 언문 익명사건의 범인 색출을 위한 잠정적인 조치였음을 강신항(2008 : 359~419) 교수는 밀도 있는 실증적 자료를 제시하여 종래 정설화 되었던 연산군의 언문 탄압에 대한 수정 견해를 제시하고 있다. 여기에 덧붙여서 광해군 2(1611)년 3월 『내훈』을 인간하여 널리 배포하라는 전교가 있던 것을 근거로하면 강신항 교수의 수정 견해가 타당하다고 판단된다.

14) 『대명률(大明律)』 이율(吏律)의 하나. 제서(制書), 성지(聖旨), 부험(符驗), 인신(印信), 순패(巡牌)를 버리어 훼손(毁損)하는 자는 참형(斬刑)에서 장(仗) 1백 대까지의 벌을 과했음. 다만 모르고 저지른 죄는 3등(等)을 감하였음.

15) 제서는 국가에서 공포한 공식적인 문서로 제서유위율은 제서를 시행함에 있어 위반한 것에 대한 형률을 말한다. 『대명률(大明律)』 <이율(吏律) 제서유위(制書有違)>에 "제서(制書)를 봉행할 때 어기는 자는 장(杖) 100에 처하고, 황태자(皇太子)의 영지(令旨)를 어기는 자는 같은 처벌을 하고, 친왕(親王)의 영지를 어기는 자는 장 90에 처하며, 명령의 뜻을 잘못 판단한 자는 각각 3등을 감한다."라고 되어 있다.

한 데에 대한 단자를 계하하며 이르기를, 이는 비록 작은 일이나, 관계된 일이 크니, 해외에 이배하도록 하라고 하였다. 윤씨가 폐위 당하던 때에, 정희왕후가 언문으로 윤 씨의 죄상을 써서 조정에 보였는데, 창신이 명을 받고 번역하였다.下李昌臣諺文飜譯單子曰。此雖小事。然所干事大。可於海外移配。尹氏被廢時。貞熹王后以諺文書尹氏之罪狀。以示于朝。昌臣承命飜譯。"라는 어명에 못 이겨 번역한 사람도 죄 줄 때에는 거기 사용된 훈민정음도 단연 금지하지 않을 수 없었을 것이다. 그러나 동 10년(1504) 12월에는56권 27장 "병조 정랑 조계형曹備衡을 명하여 언문으로 역서를 번역하도록 하였다.命兵曹正郎曹備衡。以諺文飜譯曆書。"라고 하고 동 11년 9월에는59권 15장 "전교하기를, 이번에 죽은 궁인의 제문은 언문으로 번역하여 의녀를 시켜 읽게 하라.傳曰。今卒宮人祭文。以諺文飜譯。令醫女讀之。"고 하였고 동 12년 5월에는62권 15장 "전교하기를, 공, 사천公私賤 또는 양녀良女를 막론하고 언문을 아는 여자를 각원에서 2사람씩 뽑아들이라.傳曰。能解諺文女。勿論公私賤良女。各院選入五人。"라고 하였다. 그러니까 연산도 민간의 사용을 금지한 것뿐이지 궁중에서는 의연히 사용하여 온 것이 사실이다.

그뿐이 아니라 연산의 금란이 있은 지 불과 3년에 중종반정으로 인하여 다시 그 사용이 허락되었다 실상 그 금난은 극히 짧은 기간에 불과함으로 서적을 불살라 버린 외에 별로 큰 영향은 끼치기에는 이르지 못 하였으리라고 추측된다.

세종 계해(1443)에서 연산 갑자(1504)까지는 겨우 62년이요 중종 병인(1506)까지도 불과 64년이다. 60여 년밖에 되지 않는 그동안 훈민정음은 발달의 한 계단의 금을 긋지 않을 수 없다.

풀이 1 『두시언해』 서는 소창진평씨 『증정조선어학사』로부터 인용한다.

제1절 언문청의 학사

1. 여러 학사의 협찬 정도

1) 언문 여덟 학사

임원준의 『보한재집』 서문에 "세종께서 언문을 창제하여 궁중에서 국을 열어 친히 뛰어난 선비에게 간하여 해례를 지으시어 사람마다 쉽게 깨치도록 하였는데 공도 역시 미리 선발되어 매일 친히 접견하여 규모에 대해 명을 받았다. 일찍이 문종께서 공에게 이르기를 언문 관련 여러 학사들은 재주를 겸비한 경제자로서 숙주 그는 과연 국사(나라의 기둥)라고 할 만하다.世宗創製諺文。開局禁中。親揀名儒。著爲解例。使人易曉。公亦預選。日賜晉接。親授規模。 嘗囑公於文宗曰。諺文諸儒才兼經濟者唯叔舟。他日可畀國事。"라고 하였으니 언문청에 모은 사람들은 그 당시 세종부터 언문 8제유로써 일컬었던 모양이다. 강희맹의 <최항묘지>『태허정집』에는 "세종께서 친히 언문을 창제하시어 궁중에 국을 열어 친히 뛰어난 여덟자 학사들의 간언을 받아 『훈민정음』을 지었으며 『동국정운』 등의 책도 지었다. 고령군 신공은 예지로 많은 것을

찬정한 바가 있다.世宗創製諺文。開局禁中。親揀名儒八員。掌制訓民正音。東國正韻等書。今高
靈申公曁公。實稟睿旨。多所贊定。"라고 하였으니 결국 세종이 언문 제유로 일컫는
사람은 전부 8인에 지나지 못했던 것이라고 보인다.

지금 정인지의 서문에서 해례의 편찬에 관여한 사람을 따져 본다면 최
항1409~1474, 박팽년1417~1456, 신숙주1417~1475, 성삼문1418~1456, 강희맹1417~
1464, 이계1417~1456, 이선로2~1453의 7인에 다시 서의 작자(정인지) 1인을 합하
여 정히 여덟 사람의 수와 부합된다. 결국 언문 여덟 학사란 별다른 사람
이 아니라 곧 해례를 편찬한 그들에서 벗어나지 않는 것이다.

그런데 『동국정운』의 편찬자로는 조변안曺變安, 1413~1473과 김증金曾, 1431~
1456 두 사람이 더 참가한 대신으로 정인지 한 사람이 빠졌다. 정인지는
그때 이미 고관이었음으로 조정의 일이 바빴을 것이다. 또 『고려사』, 『용
비어천가』 등의 편찬도 거의 동시임으로 그 방면의 관계에서도 혹 『동국
정운』에만은 참여하지 아니한 것이 아닐까 생각된다.

그러나 맨 처음 갑자(1444) 2월에 의사청에 모여 『운회』의 언문 번역을
시작하는 데도 오직 최항 외 다섯 사람만 배열되어 있어 정인지와 함께
성삼문의 이름조차 보이지 않는다. 정인지가 빠진 것은 앞에서 기술한 바
의 이유로써 해석한다고 하더라도 성삼문이 빠진 것은 또 무슨 까닭이었
는지 자못 의심스러운 일이다.

하여튼 언문 여덟 자 학사로서 직접 『훈민정음』의 제작에 있어서는 누
가 그 얼마만한 협찬을 하였는지 모르거니와 문적에 나타난 바는 오직
해례와 『동국정운』의 편찬에 그칠 뿐이다. 해례의 이름이 역시 『훈민정음』
임으로 거기다가 찬撰, 제製 또 혹은 찬정撰定 등의 말을 얹어서 '훈민정음'
이 곧 그들에 의해서 찬정된 것같이 오인되었으되 임원준의 『보한재집』
서문에는 애초부터 해례로 명기하였고 이파의 <신숙주 비명>에는 불과 오
음 청탁의 변별과 뉴자紐字[1) 해성諧聲의 방법임을 구체적으로 설명하였다.

물론 이미 제작된 그 문자에 대하여 이론의 체계를 세우고 또 그로써 우리말의 표기나 한자의 주음에 옮기는 데는 그들이 협찬이 실로 매우 컸다. 이만한 의미에서도 훈민정음에 대한 언문 여덟자 학사의 공로를 무시할 수는 없을 것이다.

2) 오제吾儕의 여섯 사람

박팽년의 <송청보지한산시送淸甫之韓山詩> 서문에는『박선생유고』권1 "임금이 서원에 머무시는 동안 6인이 따랐다.之駐驛西原也。吾儕六人者從"고 하였으니 그 본래 동궁을 모시고 음운을 찬정하고자 수행한 것으로 음운 찬정에 대하여는 여덟 선비 중에서도 다시 여섯 사람이 중요하였음을 알 수가 있다.

『연려실기술』에는 <성삼문 항>에서『추강집秋江集』을 인용한 중에 "세종이 만년에 병이 있어서 여러 번 온천에 거둥하였는데 항상 삼문과 이개를 편복을 입혀 대가 앞에 있으면서 고문에 응하게 하니 한 때에 영광으로 여겼다.世宗末年有疾。屢幸溫泉。常令三問及李塏等。便服在駕前。備顧問。一時榮之。"라고 하고『장릉지莊陵志』에는 "임금이 온천에 행차하심에 박팽년, 신숙주, 최항, 이개는 편복 차림으로 어가를 수행하면서 고문에 응하는 일을 영애로 여겼다.上幸溫泉。與朴彭年。申叔舟。崔恒。李塏便服在駕前。備顧問。一時榮之。"라 하였으니 그 여섯 사람 중에 성삼문, 박팽년, 이개, 최항, 신숙주가 드는 것은 명확하고 오직 이선로와 강희안 중에 누가 들고 그 누가 빠졌는지 불확실하다.

그러나 그 당시 이선로는 상기의 다섯 사람과 같이 집현전에 있었음에 비하여 강희안만은 돈령주부로 있었다. 이러한 점을 미루어서는 이선로가

---

1) 번뉴(翻紐)는 반절의 벼리, 즉 요점을 말하는 것으로, 뉴(紐)는 음운학상의 음을 말하는 것인데, 예를 들어 '강(江)'에 대하여 말하자면 'ㄱ'은 음이고 뉴이며, 'ㅏ'은 운인 것이다"라고 설명하고 있다.

들고 강희안이 빠지지 않았을까 추정한다.

3) 중추원의 두 사람

『해동잡록』권4 <성삼문 항>에는 김수온의 <독서암한완讀書庵閒玩> 서를 인용한 중에 "을축년 봄에 임금께서 성운聲韻을 크게 바로잡을 뜻을 가지고, 마침 중국의 한림학사 황찬이 학문이 높았는데 요양으로 귀양왔다는 말을 듣고 신숙주에게 가서 교정받아 오라 명령하였는데, 성 선생 역시 함께 갔다. 그 해 가을 박연이 천자의 생일을 축하하러 북경에 가는데 신 선생, 성 선생이 또 요양으로 갔다.乙丑春。上有意大正聲韻。聞中朝翰林黃瓚有文學謫遼陽。命申先生叔舟往取正。成先生亦得與爲。其年秋。朴堧以賀聖節赴京。申先生成先生又行。"라고 하였으니 다시 그 여섯 사람 중에서도 신숙주, 성삼문 두 사람은 음운의 질정을 위하여 중국을 왕래하는 등 가장 많이 활동한 것으로 추측된다. 『세종실록』 세종 32년(1450) 경오 2월에는 "직 집현전 성삼문, 응교 신숙주, 봉례랑 손수산에게 명하여 운서를 사신에게 묻게 하였는데命直集賢殿成三問。應敎申叔舟。奉禮郞孫壽山問韻書于使臣"라고 하였으니 경오년 사신은 예겸倪謙에게 음운을 물을 때도 역시 신숙주, 성삼문 두 사람만이 활동하고 있은 것이다.

본래 『홍무정운역훈』이나 『직해동자습』에 이르러는 오직 그 두 사람만이 관계된 터라 황찬이나 예겸에게 음운을 자문한 것도 궁극적으로 그 편찬을 위한 것으로 언문청과는 완전 별개의 문제였던지 모른다. 또 물론 상기의 양서는 한음을 주장삼았던 것인 즉 소위 오제吾儕의 여섯 사람 가운데서도 한어의 소양이 완전 없는 사람으로는 참섭치 못 하였을 것은 당연한 사실이다.

그러나 세종이 훈민정음을 제작한 뒤 그 이론의 체계를 세우고 동음과 한음 등 한자음을 정리하는 데 처음부터 끝까지 일관하여 협찬해 온 사람은 오직 신숙주와 성삼문이다. 더구나 한음의 관계로 훈민정음에 대한 일부분의 수정을 생각해서는 그 두 사람의 영향은 동료 가운데 누구보다도 지극히 중요함을 인정하지 않을 수 없다.

이렇게 보아서 언문 여덟 학사의 중심은 결국 신숙주와 성삼문 두 사람이라고 말하여도 결코 과언이 아니다. 『용재총화』 이하 여러 문헌에서 여덟 학사의 대표로 그 두 사람의 이름을 든 것은 이미 그와 같은 견지를 표명한 것이나 다름이 없는 바다.

그 이외에 그 두 사람은 오직 한어뿐이 아니라 한자 음운에 있어서도 상당한 전문가이다. 『동국정운』과 『홍무정역훈』과 『직해동자습』 등의 책으로써 충분히 그러한 사실을 증명할 수 있겠지만 요동에서 두 사람이 창화한 시에서도 그러한 사실을 엿볼 수 있다. 이하 『보한재집』으로부터 그 가운데 몇 수를 초록한다. 『성근보선생집』, 『육선생유고』 등에도 수록되어 있다.

ㄱ) 차근보용공부운견시(次謹甫用工部韻見示)
범옹이 차운한 시에 부치다 (附泛翁次韻)

그대의 재주와 명성 중국 천지 흔들어서	吾子才名動神州
중화인도 벌써 보통 인물이 아닌 것을 아네	華人已識非凡流
시상과 글씨는 대적할 이 없고	詩腸筆陣莫如敵
인품은 노성하였으나 연세는 젊었어라	器宇雖老富春秋
사방을 경영할 장한 뜻 어릴 적부터 품고 있으니	桑弧壯志自齠齔
가슴에 어찌 이별의 슬픔 있을 건가	胸中肯遣生離愁
객창에서도 책을 손에서 놓은 적 없으니	客窓卷帙手不釋
요순 같은 군신 되려 항상 근심을 품네	堯舜君臣常懷憂
청운의 발걸음 하늘 길 트여 있고	靑雲步武天路遠
전해오는 가업을 계속하여 이어오네	家業人道傳箕裘
음운을 탐구함이 뉘 가장 앞섰던가	探音究韻誰最先

먼 것도 따오고 깊은 것도 찾아낸다	遠亦摘之深亦鉤
스스로 궁과 달은 운명이 있다고 말하니	自言窮達天有命
궁하면 자신을 지키고, 달하면 정치하네	窮來自守達聞政
원하노니 이제부터 그대 더욱 노력하여	願子從今更努力
공업을 청사에 크게 적게 하라	功業書之靑史盛

근보시(謹甫詩)

삼한 서북땅은 의주인데	三韓西北是義州
긴 강이 만고토록 성 아래 흐르누나	長江萬古城下流
청춘에 이곳을 지나는 것 벌써 두 번인데	靑春過此已云再
다음 세 번째는 가을에 갈 것 같다	第三行色如在秋
그대 이 걸음이 응당 잦을 것이니	君之此行應頻頻
이 걸음 잦은 것을 그대 근심말지어다	此行頻頻君莫愁
하루아침의 근심이 어찌 군자의 근심이리오	一朝患豈君子患
종신의 근심이 장부의 근심이라	終身憂是丈夫憂
입으로는 주공 공자의 말을 하며 손에는 시서를 놓지 않고	
	口談周孔手詩書
행차에는 살찐 말이 있고 추위에 가벼운 갖옷이라	行有肥馬寒輕裘
마음가짐 그대는 쇠같이 굳건하니	操心君可堅似鐵
일을 만나면 그대는 갈쿠리같이 굽지 말라	遇事君休曲如鉤
곤궁하여도 마음을 편히하여 천명을 즐길 것이요	窮也慰慰樂天命
나아가면 마음 넉넉하여 나라의 정사를 펼 것이다	達則優優敷國政
독선과 겸선은 궁과 달을 따르시니	獨善兼善隨窮達
군자의 한결같은 덕이 어찌 성하지 않는가	君子一德豈不盛

ㄴ) 차공부운시근보(次工部韻示謹甫)

두보 시운을 써서 범옹과 자후에게 보이다.(用工部韻示泛翁子厚)

| 요양으로 돌아갈 길 바라보니 아득한데 | 遼陽歸路望中遙 |

가는 말에 채찍 치며 성스러운 조정 기원한다 策馬行行願聖朝

흐르는 물결이 번쩍이는데 짧은 젓대 불고 流水波翻吹短篴

먼 하늘에 처절한 저 소리는 구슬픈 통소로다 遠天聲切動悲簫

다행히 이 시대 세상이 통일됨을 만났으니 幸逢今日車同軌

고려 사람 부질없이 다리 놓은 것 웃었노라 閑笑麗人浪作橋

이곳은 삼한의 서북 끝 此是三韓西北極

백성들 나무하며 희희낙락 즐거워함을 기쁘게 여긴다 喜看楄戶樂蘇樵

근보견차(謹甫見次)

범옹이 두보의 시운을 써서 지은 시에 차운한 시(次泛翁用工部韻)

나그네 혼이 어찌 어둑한 듯 녹아날까 客魂那用黯然銷

모이고 흩어지는 구름 바람에 떠간다 聚散雲在風中漂

좌중에 오랑캐 장사치 돈을 자랑하며 座上商胡弄緡錢

나를 꼬이고 나에게 오만 부리며 말에 교만함이 많구나

그중에도 한 둘은 문자를 알아 財我傲我言多驕

나를 좋아하여 술 사들고 찾아온다 中有一二識文字

창자 채울 것으로는 싣고 온 쌀이 있고 愛我携酒來相要

땔나무도 좋아서 객중에 걱정 없다 撑腸只有駄來米

험하고 평탄한 것 만남을 따라 자리 정하면서 薪桂客中難蘇樵

자유스럽게 휘파람 길게 불며 여사에 누웠구나 險夷隨遇爲之所

10년 한학 무슨 소용된단 말인가 偃蹇長嘯臥逆旅

지금에야 겨우 한두 마디 얻었노라 十年漢學知何用

고향에 돌아갈 제는 은·근 두 글자 변별하리니 今來只得二三語

형제와 붕우들이 허락하여 주리라 還鄕應辨銀根二

아서라 천운이 이와 같으니 弟兄朋友許相許

술 더 내고 안주 들자 已哉天運苟如此

且添罇酒添魚煮

ㄷ) 차근보용공부운견시(次謹甫用工部韻見示)

범옹이 차운한 시를 부록하다(附泛翁次韻)

인생 만사 쉬는 것만 못하나니　　　　　　　　　　　人生萬事莫如休

세상의 무슨 일이 근심 없을쏘냐　　　　　　　　　　世間何事無愁憂

광음은 흘러 동으로 흐르는 물과 같고　　　　　　　　光陰倏忽東流水

태양은 어찌 날 위하여 머물겠는가　　　　　　　　　白日爲我寧淹留

나이는 삼십인데 살쩍은 반백이요　　　　　　　　　年來三十鬢毛班

단약(신선이 되는 약)을 찾으려도 단구를 찾을 길 없네

　　　　　　　　　　　　　　　　　　　　　　還丹無處尋丹丘

객중에 찌푸린 눈썹 누구와 펴볼꺼나　　　　　　　客中雙眉誰與伸

다행히 하산(성(成)씨의 본관)이 있어 그으한 정 읊어보네

　　　　　　　　　　　　　　　　　　　　　　幸有夏山吟淸幽

거칠고 졸렬한 내 재주로 기이한 칼날과 맞서보니　欲將荒拙當奇鋒

천균(1균은 30근)같이 무거워서 아홉 소를 돌리는 듯　千鈞撞回九牛

하산의 재주 본시 대적할 이 없어서　　　　　　　夏山才調木無敵

천 수의 시를 지어 왕후라도 경멸하네　　　　　　詩成千首輕王侯

여사로 시를 지어 심오하게 달통하였는데　　　　餘事聲韻通幾微

부끄럽다 내 재주 거칠어서 부질없이 이렁저렁　愧余魯莽空悠悠

다만 술잔 있어 즐거울 수 있으니　　　　　　　只有杯樽可爲樂

요양의 봄 술을 돈피(제일 좋은 모피(毛皮)) 갖옷으로 바꾼다

　　　　　　　　　　　　　　　　　　　　遼陽春酒捐貂裘

명성이 중화에 떨치는 것 어찌 나의 힘이겠는가　名動中華豈我力

예의의 우리 나라에 힘입었네　　　　　　　　　禮義每賴吾王國

태평 세월 떳떳하여 남과 북이 따로 없어　　　太平有常無南北

객창에서 너와 함께 여전히 만족하려 하네　　客裏與爾還自得

근보시(謹甫詩)

두보의 시운 써서 범옹에게 보이다(用工部韻示泛翁)

산 것은 뜬 구름 같고 죽으면 그만인데 生也如浮死也休
인생 백년을 어찌하여 오래 오래 근심하리 百年何必長愁憂
요동의 여관에는 아무런 할 일 없어 遼東館裏一事無
며칠을 술 주전자와 서로 머뭇거리누나 數日罇酒相奄留
인생이 이쯤 되면 저절로 즐거우니 人生如此自有樂
무엇하러 방외(세상밖)의 단구(신선)를 구할건가 不用方外求丹丘
마른 웅어 거친 밥이 내 허기 채워주는데 脩鱻疏糲飽我飢
항차 도서가 있어 맑고 아담한 것 제공하네 況有圖書供淸幽
하늘과 땅은 넓고 이 몸은 작은 것이 乾坤納納此身小
마치 아홉 소에 한 털이라 正如一毛傳九牛
귀한 것도 운명이요 천한 것도 운명이니 貴也命也賤也命
귀하다는 것 반드시 왕후로 봉함을 받는 것 아니리라 所貴未必封王侯
옛 성현과 통달한 선비 지금 어디 있나 古來賢達今何處
긴 노래 한 곡조에 마음만 유유하다 長歌一曲心悠悠
간 곳마다 주인이 날 취하게 하니 在在主人能醉我
누가 나그네 설움 알겠는가 誰知客裏悲貂裘
요순 같은 군신 내 힘으로 안 되는 것 堯舜君民非我力
빛나는 좋은 선비들 왕국에 가득 찼다 藹藹吉士多王國
내 몸 춥지 않고 배마저 안 고프니 吾身不寒腹不飢
성대의 포난이 이만하면 만족하지 聖代飽煖亦自得

ㄹ) 차공부운시근보(次工部韻示謹甫)
범옹의 원시를 부록하다(附泛翁元韻)

국사가 나라 일을 견고하게 아니할 수 없는데 王事固靡鹽
소신이 어찌 편안할 것 생각하리 小臣敢懷安
작은 몸을 이미 맡겼으니 日已委微質
눈앞에 험하고 어려운 것 없다 眼前無險難
고향집은 동남쪽으로 멀고 故業東南遠

요동 하늘은 서북으로 넓혀 있다	遼天西北寬
속음의 정·변도 모르면서	俗音昧正變
재주 생각 않고 거센 파도 돌리려 하네	不量回驚瀾
사람만 만나면 빈번히 물었어도	逢人煩問訊
흉내 내려니 이빨만 차가워진다	欲效牙齒寒
덮어두고 말하지 말자	置之不必道
다시 술잔이나 대할 것을	且復臨杯盤
옷은 취하면 젖고	衣裳醉時濕
목구멍은 깨면 마르는 것	咽喉醒後乾
멀리 유람하니 쉬 감상이 일어나네	遠遊易感人
언제 풍찬(야숙(野宿)하는 것)을 그칠 건가	何日休風食

근보견차(謹甫見次)

범옹이 두보의 시운으로 지은 시에 차운하다(次泛翁用工部韻)

이 몸은 붙어 사는 것 같을 뿐	此身如寄耳
운명이라면 스스로 편안할 것을	若命當自安
마음이 이미 이러하니	寸心已如此
생사를 그 뉘가 어렵게 하리오	生死誰避難
인생에 누가 근심 없으리	人生孰無憂
근심은 술만이 풀 수 있네	憂來酒可寬
예림에 이미 말 달렸고	藝林曾掉鞅
학해에서 이미 파도도 보았노라	學海嘗觀瀾
농사짓지 않아도 아내 배곯지 않고	不耕妻不飢
누에치지 않아도 아이 춥지 않네	不蠶兒不寒
평생의 뜻 사방에 있으니	平生志弧矢
가는 곳마다 술상 있구나	到處有杯盤
다만 팽택(도연명)같이 취하기 바랄 뿐	但成彭澤醉
어찌 문원의 마른 것 걱정하리	肯患文園乾

술 깨어 비로소 눈뜨니 酒醒始張目

노복(奴僕)이 밥먹기 권하네 僕夫勸飯湌

ㅁ) 차경락제공송행운시근보(次京洛諸公送行韻示謹甫)
범옹의 원시를 부록하다(附泛翁元韻)

치·설·아·순의 음이 아직 정밀치 못한데 齒舌牙唇尙未精

중원에 쓸데없이 질문하러 가는구나 中原虛作問奇行

삼경에 새 달은 고향 꿈꾸게 하고 三更新月生鄕夢

한 침대 훈훈한 바람 나그네 마음 움직이네 一榻薰風動客情

먼지 이는 요동 하늘 아득히 멀었고 塵起遼天迷遠大

구름 걷힌 골령엔 푸른빛이 드러난다 雲收骨嶺露餘靑

소매 안의 여러 공의 지은 시 때때로 내어 보며 袖中時見諸公子

되는 대로 읊어보니 이별 시름 솟아난다 信口吟來別恨生

근보견차(謹甫見次)
범옹이 서울 제공들의 송별시 운으로 지은 시에 차운하다(次泛翁用京洛諸公送行韻)

나의 학문이 그대처럼 정밀치 못함이 부끄러운데 慙余學未似君精

요양의 만리 길을 서로 같이 동행하네 同作遼陽萬里行

침대 위에서 오랑캐 장사치 우리와 무릎 같이하고 榻上賈胡連我膝

하늘 끝 나그네 인정을 애석해 하네 天涯遠客惜人情

꿈속에서 가는 고향 참으로 가는 것 못 되고 夢中鄕國非眞到

봄 지난 동산 숲은 푸르기만 하구나 春後園林只是靑

시구마다 짓는 것이 모두 백설이라 句句吟成皆白雪

화답하려 하니 내 어찌 수심을 면할쏘냐 和來能免百愁生

2. 여러 학사의 인물

1) 정인지

『해동명신록』권4에는 "공의 자는 백휴伯睢이고, 호는 학역재學易齋이며, 하동 사람이다. 고려 찬성사첨의 정지연鄭芝衍의 5세손이다. 아버지 정흥인 鄭興仁은 정도전에게 가르침을 받았는데, 여러 번 과거를 보았지만 합격하지 못하였다. 정흥인은 내시별감에 재직할 때 소격전昭格殿 곁에 살았는데, 집 또한 근방에 있었다. 묵묵히 기도하기를 나는 이미 성공하지 못하였으니, 바라건대 집을 일으킬 아들을 낳게 하여 주십시오라고 하였는데, 홍무 병자년에 태어났다. 공이 태어났는데 보통 아이보다 뛰어나게 달랐기 때문에 할아버지와 아버지가 모두 재상을 기약하였다.公字伯睢。號學易齋。河東人。高麗贊成事選部芝衍之玄孫。父興仁受學於鄭道傳。屢擧不中。屬內侍別監。直昭格殿。家亦在殿傍。默禱曰。吾旣無成。願生起家之子。洪武丙子生。公生而秀異。異於凡兒。父老皆以卿相期之。"라고 하였다. 병자생이니까 세종보다도 한 살 위로 훈민정음이 발표되던 계해년(1443)에 48팔세다. 상왕 모복사건이 일어나던 병자에 바로 환갑이며, 그 부친의 집이 소격전 근처에 있었다고 하니까 그는 경성 태생임이 분명하다.

또 『해동명신록』에는 "나이 19세에 문과에 장원으로 합격하였고 <중략> 정미년에 또 중시에 장원 급제하였는데, 어머니의 상을 당하였다. 무신년에 집현전 부제학으로 승진하였고, 경신년에는 형조판서로 승진하였으며, 대제학을 겸직하였다.年十九中文科第一。<中略>。丁未又中重試第一。丁母憂。戊申特起公集賢殿副提學。庚申陞判書。兼大提學。"고 하였다. 세종 28년(1445) 을축에 쓴 『용비어천가』 서까지도 권근이 집현전 대제학이고 그 다음해 9월에 쓴 해례의 서부터 그 자신이 집현전 대제학임으로 그가 대제학을 겸한 것은 실상 을축(1445), 병인(1446) 양 년 간의 일이다.

『연려실기술』권4에서 『대동운부군옥』을 인용한데는 "수상 정인지가 백관을 거느리고 노산(단종)을 제거하자고 청하였는데, 사람들이 지금까지 분하게 여긴다.首相鄭麟趾率百官請除魯山。人心至憤之。"라고 하였고 또 <축수록>을 인용한데는 "말하는 자가 이르기를, 정인지가 곧은 절개는 있다고 하여, 『필원잡기』 같은 데서는 그 사람됨을 대단히 칭찬하였으나, 노산이 상왕으로 별궁에 있을 때에 정인지가 소를 올려 청하기를, 일찍 노산 죽이기를 도모하여 후환을 막자고 하였다. 조금 있다가 영월로 옮기게 하고 뒤이어 처형을 행하였으니 참으로 간흉의 우두머리라 하겠다.說者謂麟趾有直節。如筆苑雜記盛稱其爲人。然魯山以上王居別宮。麟趾乃上疏。請早圖魯山。以防後患。俄遷于寧越。尋害之。則固是奸凶之尤者也。"라고 하였다. 그는 세조 편에 가담하여 그 초년에 영상으로 있었을 뿐 아니라 다시 단종을 해하는데 우두머리의 임무를 다하였던 모양이다.

그러나 『세조실록』 세조 6년(1460) 경진 11월에는 "인하여 송도 및 연희궁, 한양 도읍의 형세를 논하며 서로 칭찬하고 헐뜯고 하였다. 정인지가 대답하기를, 평양은 수세는 비록 좋다고 하더라도 주산이 미약하여 궁실을 세우는 데 불가하고, 송도는 주산이 기복의 본말은 있으나 남산이 너무 멀어서 한양만 같지 못합니다. 만일 지리의 심오한 것을 논한다면 주상께서는 실로 알지 못할 것이라고 하였다. 또 공물을 대납하는 간사승幹事僧(일을 맡아서 주관하는 중을 말함)의 침어하는 폐단을 말하므로, 임금이 물으니 정인지가 너무 취하여 조목조목 진달하지 못하고 다만 말하기를, "불가합니다. 불가합니다."하니, 임금이 노하여 말하기를, 술을 마시며 이야기를 나누는데, 정인지가 문득 나를 욕하였으니, 정인지가 무슨 소견所見이 남보다 월등하게 나은 것이 있기에 교만하여 남을 깔보고 사람을 업신여기는 것이 여기에 이르는가? 경박하기가 당시에 제일이다. 정인지가 세종조에 있어서 대단한 총애를 받아 문종에게 보도의 구의가 있으니, 나는 다만 구로로서 대접할 뿐이다. 그러나 또한 나에게는 훈로도 없다. 스스로 소년등과하여 일찍이 뜻을 이루어서 그 폐단이 여기에 이른 것이다. 유사에 붙여서 죄를 다스려야 하겠으나, 돌아보건대 노인이고 또 취중에 실수한 것이므로 수죄할 것도 못되니, 내가 죄를 가하지 않겠다.因論松都及衍禧宮。漢陽都邑形勢。互相稱詆。麟趾對曰。平壤水勢雖佳。主山微弱。不可以建宮室。松都主山有起伏源委。南山過闊。無如漢陽。若論地理底蘊。則上實不知。又言貢物代納幹事僧侵漁之弊。上問之。麟趾醉甚。不能條陳。但言不可不可。上怒曰。杯酒談論。麟趾輒辱。麟趾有何所見超邁於人。傲物輕人至此乎。輕薄當時第一。在世宗朝甚見寵。於文宗有輔導之舊。予則只以舊老待之。然亦無勳勞於我。自以少年登科早自得志。其弊乃至於此。可付攸司治罪。顧以老人。且酒失不足數也。予不加罪。"라고 하였다. 이로 보아서는 세조 즉위 후 얼마 안 되어서부터 세조의 총우를 잃은 것으로서 그 또한 만년에 있어서는 실세의 생활을 면하지 못한 것 같다.

『해동명신록』에는 "기묘년 유교와 불교의 시비를 논하는데, 임금의 뜻을 거역하여 부여로 귀양을 보내져 몇 개월 뒤에 돌아왔다.己卯論儒釋是非。忤旨。貶流扶餘。數月還。"라고 하였으나『세조실록』세조 5년(1459) 을묘 10월에는 "임금이 사정전에서 공신 중삭연회를 베풀었는데 <중략> 인지는 상하에 이르러 임금이 계월 주자소에서 법화경 등 제 경서 수백 권을 인출하고 또 대장경 50건을 인출하라고 명하였다. 또 이제 석보를 간행하라고 하자 신하 인지가 불가하다고 하자 임금이 노하여 연회를 파했다.御思政殿。設功臣仲朔宴。<中略> 麟趾就御床下。啓曰。上於鑄字所。印法華等諸經數百件。又印大藏五十件。且今刊釋譜。臣竊以爲未可。上怒罷宴。"라고 하고 또 좌의정 정창손, 우의정 강맹경, 우찬성 황수신, 참찬 박중손 등이 계월 정인지가 임금에게 무례하여 그 죄가 막대하니 대죄로 다스리기를 청하니 상이 계양군 증에게 전하여 이르되 정인지는 낚시를 좋아하는 사람에 불가하니 고신를 되돌려 주고 복직하라 명하였다. 창손 등이 다시 계문을 올리되 인지는 수상의 자리에 있는 자가 임금에게 무례하게 항명한 것은 법에 의하지 않더라도 가당찮은

죄에 해당하니 지금 복직을 명한 것이 불가하나이다. 실로 비신 등이 개청하는 뜻입니다라고 하였다. <중략> 전하여 말씀하시기를 인지는 비록 다른 마음이 없었던 것이니 경들의 말은 옳다만 다시 복직시키는 것이 옳다고 하였다.左議政鄭昌孫, 右議政姜孟卿, 右贊成黃守身。參贊朴仲孫等啓曰鄭麟趾無禮於上。罪莫大焉。請論大罪。命桂陽君璔傳曰麟趾不過釣名好勝之人也。其還給告身復職。昌孫等更啓。麟趾位居首相。抗上無禮。不可不依法罪之。今命復職。實非臣等啓請之意也。<中略> 傳曰麟趾雖無他心。卿等之言是。其物令復任。"라고 하여 유학자와 중들의 시비 문제儒釋是非로 파직만 되었지 유배까지 된 것은 아니다.

다시 세조를 태상으로 일컫다가 부여에 유배된 일이 있는데 『해동명신록』에서는 두 사건을 혼동하여 부여 유배의 이유를 유학자와 중들의 시비에 인한 오지仟旨로 잘못 기록한 것이 아닌지 추정된다. 여하튼 정인지는 극단의 배불논자였던 모양이니 숭불의 세조와 뜻이 맞지 못 했을 것은 필연한 일이다. 거기서부터 군신의 사이가 벌어졌던 것인 만큼 후일의 선비들 사이에도 거기에 대해서만은 그의 곧은 절개를 높이 평가하였을지 모른다.

『동국여지승람』권31에는 "대각 여러 관직을 두루 지냈고 오랫동안 문형을 맡았다. 여러번 공거(과거)를 맡아 그의 문하에서 당대 명사가 많이 배출되었다. 정난, 좌익, 익대, 좌리라는 네 가지 공신이 되어 벼슬이 영의정에 이르렀다. 83세까지 향수했으며 시호는 문성이다.遍歷垿閣。久典文衡。屢知貢擧。一時名士多出其門。爲靖難。佐翼。翊載。佐理四功臣。官領議政。享年八十三。諡文成。"라고 하였다. 세조로부터 소외되었음에도 불구하고 능히 무사하여 83세의 상수上壽로 성종 무술년에 졸한 것이다.

집현전은 훈민정음의 발표를 기점으로 전, 후의 2기로 나눌 수 있는데 정인지는 그 두 기간을 통하여 지속적으로 중요한 지위를 유지한 것으로 보인다. 그의 활동은 세종의 문화적 건설과 같이 실로 다방면이어서 역상, 음악 어디나 참여하였고 또 『용비어천가』, 『치평요람』, 『고려사』 등 중요한 문헌은 대부분 그의 손을 거쳐 나왔다. 세조 후의 정치적으로 공신이기보다 세종대의 문화적으로 더 큰 공신이다. 나중의 공으로 후인의 분노를 사서 먼저의 공조차 작게 평가되기 쉬운 것은 애석한 일이다.

어디서인지는 잊었지만 그가 훈민정음 구결을 지었다는 기록을 본 것만이 기억된다. 그 기억에 착오가 없다면 구결이란 해례의 결을 잃컸는 것으로서 곧 그의 작품일 것이라고 생각된다. 『학이제집學易齊集』이 있다고 하나 아직 소장된 곳을 알지 못 한다. 『용재총화』가운데 성종 때 인간한 문집을 열거하는 데 빠진 것으로 본다면 아마 그 이후의 간행인 듯도 하다.

2) 최항崔恒

서거정 『태허정집』의 그 비명에는 "공의 휘는 항恒이고, 자는 정부貞父이며, 삭녕사람이다. 황증조 휘 충忠이 윤문潤文을 낳고, 윤문이 사유士柔를 낳으니, 공에게 증조부가 된다. <중략> 영락永樂 기축년(1409) 12월 임진일에 공을 낳았다. 公諱恒。字貞父。朔寧人。皇曾祖諱忠生潤文。潤文生士柔。於公爲皇考。<中略> 以永樂己丑十二月壬辰生公。"라고 하였다. 을축생이니까 계해(1443)에 35세이다. 병자(1456)에 48세인데, 태생은 알 수 없으나 삭령 최씨의 계보가 겨우 그의 고조로부터 시작되고 또 그의 아버지 흥조興祖도 벼슬(仕宦)에 종사했던 것을 미루어 그 관향 부근이나 경성으로 추측된다.

또 그 비명에는 "선덕宣德 갑인년(1434, 세종16)에 영릉英陵이 태학太學에 친림하여 선비에게 시험을 보였는데, 공을 제1등으로 뽑아 선덕랑宣德郎 집현전 부수찬지제고경연사경集賢殿副修撰知製誥經筵司經을 제수하고, 『자치강목』과 『통감훈의』를 편수하는 작업에 참여하도록 하였다. 지재止齋 권 문경공權文景公이 마음 깊이 큰 그릇으로 여겨 누이의 딸을 아내로 삼게 해 주었다. <중략> 영릉이 사국을 열고 정인지 등에게 명하여 『고려사』를 편찬하도록 하였는데, 공도 편수에 참여하였다. 宣德甲寅。英陵臨雍策士。擢公第一。授宣教郎。集賢殿副修撰。

知製誥。經筵司經。與修資治通鑑訓義。權文景公深器之。以姊子妻之。<中略> 英陵開史局。命臣鄭麟趾等。撰高麗史。公亦與修"라고 하였다. 권 문경공은 곧『용비어천가』의 편찬자인 권지權趾로 권근權近, 1352~1409의 아들이다. 세조의 공신인 권람權擥, 1416~1465의 아버지이니 그의 자姊子란 비명을 지은 서거정 자신의 누님이다.

또 그 비명에는 "영릉이 처음으로 언문을 창제하니, 신이한 생각과 밝은 지혜는 그 어느 왕보다도 뛰어났다. 그러나 집현전의 여러 유자들이 합사로 불가함을 아뢰고, 심지어 항소하여 극단적인 논쟁을 하는 자가 있기까지 하였다. 영릉이 공과 및 문충공 신숙주에게 명하여 그 일을 담당하게 하여『훈민정음』,『동국정운』 등의 책을 지으니, 우리 동방의 어음語音이 비로소 정해졌다. 비록 규모와 조치는 모두 세종의 뜻을 여쭈어 정하였으나 공이 협찬한 것도 많았다. 정묘년에 복시覆試에 제5명이 입격하였다. <중략> 영릉이 김문金汶과 김구金鉤 및 공에게 명하여『소학』과 사서와 오경의 구결을 정하도록 하였다.英陵初制諺文。神思睿智。高出百王。集賢諸儒合辭陳其不可。至有抗疏極論者。英陵命公及申文忠公叔舟等掌其事。作訓民正音，東國正韻等書。吾東方語音始正。雖規模措置皆稟睿旨。而公之協贊亦多。丁卯中覆試第五名。<中略> 英陵命臣金汶。金鉤及公等。定小學四書五經口訣"라고 하였다. 해례와『동국정운』이 끝난 뒤 신숙주, 성삼문의 두 사람은『홍무정운역훈』의 편찬을 계속함에 대하여 그는 김문, 김구 등과 함께 사서의 번역을 준비하고 있은 것으로 추측된다.

또 그 비명에는 "계유년에 광릉光陵이 화란의 기미를 밝혀 난을 안정시킬 때 공이 마침 궁궐 안에서 숙직하고 있었는데, 협찬한 공이 역시 많았다. 이에 지위가 올라 도승지가 되었고, 얼마 안 되어 수충위사협찬정난공신輸忠衛社協贊靖難功臣의 호를 하사받았다. <중략> 광릉이 즉위하고, 좌익공신佐翼功臣의 호를 하사받았다. <중략> 광릉은 일찍부터 동방의 배우는 자들이 어음語音도 바르지 않고 구두도 분명하지 않으며, 비록 권근과 정몽주의 구결이 있긴 해도 잘못된 곳이 오히려 많아 부유腐儒와 속사俗士가 잘못된 것을 그대로 전하고 이어받는 것을 탄식해 왔다. 마침내 정인지, 신숙주, 구종직丘從直, 김예몽金禮蒙, 한계희韓繼禧 및 공과 나에게 오경과 사서를 나누어 주면서 고금을 참고하여 구결을 정해 올리라고 명하였다. <중략> 정해년에 우상을 사직하고 영의정에 올랐다. <중략> 광릉이 공에게 『경국대전』을 편찬하라고 명하여 <형전>과 <호전>은 이미 편찬하여 올렸고, <사전>은 미처 완성하지 못하였는데, 이때에 이르러 다 편찬하여 올렸다. 창릉이 훌륭하게 여기고, 간행하여 반포하라고 명하였다. <중략> 갑오년 여름 4월에 공은 건강이 조금 좋지 않았는데, 28일 임오일에 관복을 갖추어 입고 관아에 나가려다가 갑작스러운 발병으로 쓰러졌다. 상이 내의를 파견하여 약물을 가지고 가 치료하도록 하였으나 효험을 보지 못하고 마침내 돌아가시니, 향년이 66세이다. 상이 매우 슬퍼하여 부의를 규정보다 더 많이 내렸다. 태상시에서 시호를 문정이라고 하였다. 癸酉。光陵炳幾靖難。公適直禁內。協贊之功亦多。陞爲都承旨。尋賜輸忠衛社協贊靖難功臣之號。 <中略> 光陵卽位。賜佐翼功臣之號。<中略> 光陵嘗嘆東方學者語音不正。句讀不明。雖有權近鄭夢周口訣。紕繆尙多。腐儒俗士。傳訛承誤。遂命臣鄭麟趾。申叔舟。丘從直。金禮蒙。韓繼禧及公與臣等。分授五經四書。考古證今。定口訣以進。<中略> 丁亥拜右相。陞領議政。<中略> 光陵命公撰經國大典。刑戶二典已撰進。四典未克告成。至是畢撰而進。昌陵嘉之。命刊頒。<中略> 甲午夏四月。公稍違和。二十八日具冠帶將赴衙。暴疾。上遣內醫。賷藥餌治療。不效遂卒。享年六十六。上震悼。贈賻有加。太常諡曰文靖。"라고 하였다. 정인지나 신숙주와 같이 직접 세조를 위하여 큰 공을 세운 바는 없으나 하여튼 세조로부터 공신호를 받고 또 그에 의하여 벼슬이 영상에까지 이르렀다가 성종 5년(1474) 갑오에 졸한 것이다.

서거정의 『태허정집』 서문에는 "태허정은 그의 호이다.太虛亭其號也"라고 하고 또 『연려실기술』 <최항 항>에는권5 "호는 동양 혹은 태허정이다.號㡊梁又號太虛亭"라고 하였다. 그 당시는 관향의 고호를 마치 별호처럼 부르는 것이 한 관례로 신숙주의 시에서 성삼문을 하산夏山으로 일컬은 것도 그

중의 한 예인데 동양幢梁은 곧 삭령의 고호이다. 그의 별호는 아닌 것으로 그 당시의 관례를 몰라서 오인한 것이 아닐까 한다.

『태허정집』 2권 1책이 전한다. 숭정 기원 후 80년 정해의 중간본에는 "융경 3년 기사 2월일 경상우도 수영 개간隆慶三年己巳二月。日慶尙右道水營改刊"의 옛 간기가 새겨져 있다.

3) 박팽년朴彭年

『연려실기술』권4 <박팽년 항>에는 "박팽년은 자가 인수이며, 호는 취금헌인데 본관은 순천이다. 세종 갑인에 문과에 오르고 정묘에 중시에 뽑혔다. 병자에 형조 참판으로 아버지 중림과 아우 네 사람, 아들 헌과 함께 모두 사사당하였다. 숙종 때 시호를 충정이라 내려주고 영조 무인에 이조판서로 추증되었다.字仁叟。號醉琴軒。順天人。世宗甲寅文科。丁卯重試。丙子以刑曹參判與父仲林。弟四人, 子憲等皆死。肅宗贈謚忠正。英廟戊寅贈吏曹判書。"라고 하였다. 그는 세상에서 일컫는 이른 바 사육신의 한 사람으로서 세조 병자에 단종 복위를 도모하다가 일문이 혹형를 당하였다. 그런데『육선생유고』<범례>에는 "박 선생의 호라고 한다. 우공 복룡禹公伏龍이, 선생이 쓴『천자문』에 발문을 쓰면서도 역시 취금헌을 선생의 호라고 하였다. 그러나 취금헌이란 글자가 문적에 보이지 않기 때문에 근거로 삼을 수가 없다. 지금 선생이 친필로 쓴『천자문』의 책머리와 책 끝에 모두 두 개의 도장을 찍어 놓았는데, 그중 하나는 '취금지헌영풍醉琴之軒永豐'이라는 여섯 글자이고 또 다른 하나는 '영풍永豐'이라는 두 글자이다. 이는 왕자 영풍군永豐君이 선생의 사위였으므로 필시 선생이 영풍을 자호로 삼지는 않았을 것이다. 아마도 선생이『천자문』을 써서 영풍군에게 주자, 영풍군이 직접 자기의 도장을 책머리와 책 끝에 찍어 놓은 것을 후세 사람들이 선생의 호라고 오인한 듯하다. 더구나 지금 세상에 전하는 선생의 친필로 된 시편에 다 낙관이 있는데 단지 성명과 자와 관향만 써 놓았고 취금헌이라는 글자는 없는 것으로 보아서 선생의 헌호軒號가 아닌 듯하다. 지금 이 유고 중에서는 감히 취금으로 일컫지 않았다.朴先生號禹公伏龍。跋先生千字文。亦以是爲稱。但醉琴軒字。不見於文籍。無可據。今攷先生親筆千字文。卷首卷尾。皆着圖署各二。其一曰醉琴之軒永豐六字。其一只曰永豐二字。蓋王子永豐君。是先生女壻。先生必不以永豐自號。意先生寫千字文贈永豐。而永豐自着圖署於卷首尾。後人誤認爲先生軒號也。況今世所傳先生親筆詩篇。皆有圖署。而只書姓名若字若鄕貫。而無醉琴軒字。似非先生軒號。今此遺稿中。不敢以醉琴稱之。"라고 하였다.『육선생유고』편자의 이 말로 들어서는 취금헌이 꼭 그의 별호라고 인정하기 어려울 듯하다.

생년 월일에 대해서는『육선생유고』권3에도 알 수 없다고 하였으나『용재총화』권4에서 "세종이 처음으로 집현전을 설립하고 문학으로 이름 난 선비들을 불러 모으고 아침 저녁으로 친히 맞이하고 방문하였다. 그리고도 오히려 문학이 뒤떨어질 것을 우려하여 다시 그들 중에서 나이가 젊고 총명한 자들을 뽑아 절에 올라가 독서를 하게 했으며 그들에 대한 공궤(이받이)를 매우 후하게 하였다.正統壬戌。平陽朴仁叟。高麗申泛翁。韓山李淸甫,昌寧成謹甫, 赤村河仲章, 延安李白玉受命讀書于三角山津寬寺。做業甚勤。酬唱不倦。世宗始設集賢殿。招聚文學之士。朝夕延訪。猶慮文學未振。更選其中年少聰敏者。上寺讀書。供饋甚豐。"라고 한 것으로 미루어 신숙주, 성삼문, 이석형 등과 연배인 것만은 명확하다. 신숙주는 정유(1417)생, 성삼문은 무술(1418)생, 이석형은 을미(1415)생으로 많으면 최년장인 이석형보다 1~2세가 많고 적어도 최연소인 성삼문보다 1~2세가 적을 것인데 그가 갑인에 이미 등과하였음으로 아마 적은 편보다는 많은 편에 속하리라고 보인다.

『연려실기술』권4에는 "세거지는 회덕인데 후에 전의全義로 옮겼으며 지금까지 박동이 옛거주지이다.世居懷德 後徙全義。至今有朴洞遺址。"라고 하였고 그의 문집 중에도 전의로 옮겨갔다는 이야기가 있다. 회덕이 태생지요 전의는 그 후에 옮겨간 곳인 듯하다. 박숭고朴崇古가 지은『육선생유고』중 제1

권에는 그의 흩어진 저작이 수집되어 있다. 박숭고의 말로 "박선생 숭고는 7대조이다. 아, 이제 육선생이 돌아가신지 200여 년이 흘렀구나.朴先生崇古七代祖也 又 噫今去六先生二百有餘年" 등의 말이 있다.

4) 신숙주申叔舟

강희맹이 쓴 그 행장『보한재집』에는 "공의 휘는 숙주叔舟, 자는 범옹泛翁, 호는 희현당希賢堂, 또는 보한재保閒齋라 하며, 고령현 사람이다. 신씨는 대대로 현향리에서 태어나 살았다. <중략> 어머니는 참판 지성주사 정유鄭有의 딸로 영락 정유년 6월 정유에 공을 낳았다.公諱叔舟。字泛翁。號希賢堂。又號保閒齋。高靈縣人。申氏系出本縣鄕吏。<中略>參判娶知成州事鄭有之女。以永樂丁酉生公。"라고 하였다. 여기서 참판이란 곧 윤회와 함께 『지리지』를 편찬한 신장申檣이니 신장은 나주에 퇴거하였다고 함으로 혹 그도 거기서 태생하였거나 생장하였을 것이며, 정유생인 즉 계해에 겨우 27세요, 병자에도 만 40밖에 되지 않는다.

또 그 행장에는 "기미년 가을에 세종이 선비들에게 대책을 물었는데, 최경신崔敬身이 합격하고, 신숙주는 을과에서 3등을 하였다. <중략> 당시 나라에서 일본국에 방문하려고 하였으나, 그 나라의 풍속이 사장을 즐겨 하므로 서장관을 선택하는데, 그 임무에 알맞은 사람을 고르기란 매우 어려웠다. 또한 풍랑이 험악하므로 사람들이 모두 가기를 꺼려하여 그래서 두세 차례 교체하던 끝에 결국 공으로서 확정되었다. <중략> 국경을 출발해서부터 환국하기까지 대체로 9개월이 걸렸다. 이보다 앞서 통신사로 갔던 이들은 이처럼 완전하고 또 빠른 적이 없었다. <중략> 상께서 본국의 어음이 비록 화어와 다르나 아음, 설음, 순음, 치음, 후음의 청탁과 고저가 중국과 같지 않은 것이 아니라고 하셨다. 여러 나라가 모두 제 나라의 어음을 나타낼 글자를 가지고 있어서 제 언어를 기록하고 있으나 홀로 우리나라만이 글자가 없다고 하셔서 언문 자모 28자를 만드시고 궁중 안에 기관을 설치하여 문신을 뽑아 언문 관계 서적을 편찬할 때 공이 직접 임금의 제가를 받들었다. 우리나라 어음이 그릇되어 정운이 제대로 전해지지 않았는데 때마침 명나라 한림학사 황찬이 죄를 지어 요동에 귀양와 있었으므로 세종 27년(1445) 을축 봄에 공에게 중국에 가는 사신을 따라 요동에 가서 황찬을 만나 음운을 물어보라고 명하시어 공이 언자로 화음을 옮겨서 묻는 대로 척척 깨달아 조금도 틀림이 없으니 황찬이 이를 크게 기이하게 여겼다. <중략> 경오(1450)년 봄 한림 시강 예겸倪謙과 사마순司馬恂이 조서를 가져와 우리나라에 이르니, 상께서 유학자들 중 문장에 능한 자들을 가려 뽑아 함께하도록 하시니, 공이 앞에서 모셨다.己未秋世宗策士。崔敬身榜中乙科第三人。<中略> 其國俗喜詞章。擬書狀官。而難其人。且風濤險惡。人皆憚行。再三見遞。竟以公爲定。<中略> 自發國境。暨于還國凡九箇月。前此通信使之行。未有若此之完且速者。<中略> 上以本國音韻與華語雖殊。而其牙舌脣齒喉淸濁高下。未嘗不與中國同。列國皆有國音之文。以記國語。獨我國無之。御製字母二十八字。設局於禁中。擇文臣撰定。公實承睿裁。本國語音詿僞。正韻失傳。時適翰林學士黃瓚以罪謫遼東。乙丑春。命公隨入朝使臣到遼東。見瓚質問音韻。公以諺字翻華音。隨問輒解。瓚大奇之。自是往還遼東凡十三度。<中略> 庚午春。翰林侍待講倪謙。司馬詢賚詔到國。上選文士之能文者從遊。公首與選。"라고 하였다. 계해(1443)에 서상관으로 다녀 온 이후 경오(1450)까지 7년간 그는 오직 훈민정음에 관한 사업을 위하여 시종일관 활동한 것을 알 수가 있다.

『해동명신록』에는 "계유년(1453) 동부전석승지에 올랐다. 세조 정난 때에 공이 일찍이 비밀스러운 모의에 참여하여 공신의 호를 받았다. 을해년(1455) 세조께서 즉위하시자 매번 큰 일이 있으면 침실로 들이셨으며, 옷을 벗어서 입혀주는데 이르니, 좌익공신의 호를 하사받고, 자헌에 올랐으며, 대제학을 제수하고 사은사가 되어 중국의 국경으로 갔다. 병자년(1456) 정헌대부로 가자되었고 병조판서를 제수하였다. 무인년(1458) 상께서 북벌에 뜻이 있으시니 공에게 명하여 황해 평안도 예찰사로 삼고, 겨울에는 우의정에 제수하고, 고령부원군에 봉하였다. 또 명하여 공을 함길도 도체찰사로 삼고 겨울에는 좌의정에 올랐다. <중략> 임오년(1462)에는 영의정에 올랐다. <중략> 무자년(1468) 세조께서 승하하시고 공이 원상이 되고, 익대공신의 호를 하사받았다. 예종께서 즉위하시고 좌리공신의 호를 하사받았다. <중략> 그 해 을미년(1475) 6월 돌아가시니 나이가 59세였고, 시호는 문충이다.

癸酉陞同副轉石承旨。時世祖靖難。公以夙參密謀。賜功臣號。乙亥世祖卽位。每有大事。引入臥內。至解衣衣之。賜佐翼功臣號。陞貳憲。拜大提學。以謝恩使赴京。丙子加正憲。拜兵曹判書。戊寅上有意北征。命公爲黃海平安都體察使。冬拜右議政。封高靈府院君。又命公爲咸吉道都體察使。冬陞左議政。<中略> 壬午陞領河政。<中略> 戊子世祖昇遐。公爲院相。賜翊戴功臣之號。成宗卽位。賜佐理功臣之號。<中略> 是年乙未六月卒。年五十九。諡文忠。"라고 하였다. 그는 세조에 가담하여 그 동료인 박팽년, 성삼문, 이개 등의 상왕 모복 일파와 대립하였고 세조 즉위 후 한 달음으로 영달하여 출장 입상의 혁혁한 훈업을 세운 뒤 성종 을미에 졸한 것이다. 심광세沈光世의 『해동악부』에는 "문충공 신숙주가 젊었을 때에 성삼문과 박팽년 등과 더불어 이름을 나란히 하고, 옥당에 있으면서 함께 문종의 탁고托孤의 분부를 받았다. 세조가 왕위를 물려받자 성삼문과 박팽년 등은 충절을 다하고, 두 마음을 갖지 않았기 때문에 극형을 받았으나, 문충공은 세조의 왕실에 힘을 바쳐 벼슬이 상상上相(영의정)에 있었다. 나이 56세로 임종하자 한숨지으며 탄식하기를, 인생이란 마침내 이렇게 죽고 마는 것이구나라 하였으니, 아마 뉘우치는 마음이 싹터서 그러는 것이리라.申

文忠公叔舟。少與成三問。朴彭年諸公齊名。同在玉堂。俱受顯陵托孤之敎。光祖受禪。成朴諸公盡節不貳。皆被極刑。文忠宣力王室。位在上相。年五十六。臨沒喟然曰。人生會當至此而死矣。盖悔心之萌云。"고 하였다. 그가 정인지와 같이 단종을 해치자고 적극적으로 나서지는 않았다고 하더라도 절의가 부족함으로 인하여 후세의 공의가 좋지 못했던 것이 이 일편의 전설로서도 짐작하기에 충분하다.

『성종실록』 성종 6년(1475) 을미 6월에 그의 졸을 기록하면서 "정음을 알고 한어에 능통하여 『홍무정운』을 번역하였으며 한어학을 배우는 다수자가 도움을 입었다.解正音。通漢語。飜譯洪武正韻。學漢語者多賴之。"라고 하였으니 '解正音'은 해례의 편찬을 이름이요 번역 『홍무정운』은 그 역훈의 편찬을 이름인 듯하다.

『동국여지승람』권29에는 "세종의 명을 받들어 요동에 가서 명 나라의 전 한림학사 황찬에게 정운에 대해 질문하기 위해 내용하기를 무릇 13차례나 하여 『홍무운통고』를 지었다.後奉命往遼東。與大明前翰林學士黃瓚質問音韻。往還凡十三度。因撰洪武韻通攷。"라고 하였으니 『홍무운통고』란 곧 『사성통고』를 가리키는 것일 것이다. 신숙주와 성삼문의 두 사람이 여덟 학사 중에서도 중추적 활동을 하였다는 것은 이미 설명한 바와 같거니와 그중에서도 신숙주가 성삼문보다 좀더 우월하게 활동한 것이 아닐까 한다. 그렇다고 보는 이유는 첫째로 『동국정운』이나 『홍무정운역훈』과 같은 중요한 서적의 서문을 항상 신숙주가 썼고, 둘째로 황찬이나 예겸倪謙과 음운을 논의하는 데도 항상 신숙주가 전면에 나서고 있는 까닭이다. 물론 성삼문은 역신으로 몰려 죽은 이후 정식으로 그들을 칭양치 못하고 그의 저작도 많이 흩어지고 잃어버린 관계가 있겠지만은 『동국정운』의 서는 세종이 살아 있을 때요, 또 황찬과 예겸의 기록은 본래 거기에 구애되었을 것이 아니다. 그 당시의 기록은 기휘忌諱로 인하여 흔히 성삼문의 공을 말살하고 훨씬 뒤의 기록은 성삼문에 대한 동정을 따라서 도리어 신숙주의 위로 끌어 올리는 경향이 없지 않았는데 그 두 사람은 세종이 살아 있을 때 일심 합력으로 활동한 것이 사실이요 그 중에서 신숙주가 좀 더 중요하게 활동한 것이 사실이리라고 인정된다.

『보한재집』 17권이 전한다. 초간은 성종 때 되고 중간에는 이식李植의 발이 붙어 있다.

5) 성삼문成三問

『연려실기술』 성삼문 항에는 "자는 근보 호는 매죽헌이며 창령인이다. 세종대 무오년에 문과에 급제하고 정묘년 괴시에 거듭 등과하였으며 병자년 승지로 아버지와 동생 3인이 함께 죽었다. 숙종 대에 익충문공으로 영조 대에 이조판서를 증직하였다.字謹甫。號梅竹軒。昌寧人。世宗戊午文科。丁卯重試魁。丙子以承旨與父勝弟三人皆死。肅宗贈諡忠文。英廟戊亥贈吏曹判書。"라고 하였다. 그는 박팽년과 함께 상왕 모복사건으로 인하여 일문의 화를 면치 못한 육신의 한 사람인 것이다. 송시열의 <홍주성선생유허비문洪洲成先生遺墟碑文>에는 "영락(명 성종의 연호) 무술년에 홍주의 적동리에서 태어났는데, 고을 사람들이 그 집을 존숭하여, 지금까지 들보와 기둥이 아무 탈 없이 보존되어 있다. 마당에는 늙은 오동나무가 있는데 세속에서 전하기를 선생이 등제하여 영광스럽게 돌아와서 잔치를 베풀 때에 그 가지에 악기를 매달았다고 한다.以永樂戊戌生於洪州之赤洞里。邑人尙其第宅。至今梁棟無恙。庭有老梧。世傳先生登第榮歸設宴時。縣樂於樛枝云爾。"라고 하였다. 무술생이라면 신숙주보다 나이 한살 아래이나 무오 등과는 오히려 그보다도 한 해 먼저며 홍주서 나고 또 등과 후 영예스럽게 돌아와 연회까지 베풀었다 하니 태생은 물론이요 생장도 그곳이었으리라고 보인다.

그러나 『연려실기술』권4에서 효종 정유에 찬선贊善 송준길의 계사를 인용한 중에는 "삼문은 일찍이 연산으로 떠나고, 팽년은 일찍이 회덕으로 떠났다.三問曾居連山。彭年曾居懷德。"라고 하고 또 그의 실기『성근보선생립』권3에는 "홍주의 적동리에 있는 외조부 박공의 집에서 태어났다.生于洪洲赤洞里外祖朴公家。"라고 하였다. 살상 홍주는 그의 외가로 나기만 거기서 났지 그 아버지와 할아버지의 고향은 연산이었던 것으로 해석된다.

박팽년의 <무본재시권서務本齋詩券序>에는 "금년 봄에 신 범옹泛翁과 성

눌옹訥翁 두 군자와 함께 요동에 갔다.今年春。申泛翁與成訥翁二君子。之遼東。"라고
하였으니 근보라는 자는 이전에 눌옹이란 자와 병용한 것 같다.『성근보
선생집』권3에는 "『대동운옥』에서 이르기를 선성생의 호는 독서암이다. 아
마도 이는 어릴 때부터 칭한 듯하다.大東韻玉云。成先生號讀書庵。恐是少時所稱也。"라
고 하였으나 『해동취록』권4에서 김수온의 『독서암문완서』를 인용한 데는
"성선생이 이것을 모아 책 한 권을 만들어 노경에 한가하게 읽으려고 『독
서암한완』이라 이름하였다.成先生乃裒集爲一卷。以備老境閒覽。因名之曰讀書庵閒玩。"라
고 한 말로 들어서 오히려 그 만년의 호가 아니었을까 한다.

을축년 요동에서 신숙주와 주고받은 시 중에는 "청춘에 이곳을 지나는
것 벌써 두 번째인데, 다음 세 번째는 가을에 갈 것 같다.青春過此己云再。第三
行色知在秋。"라고 하였는데『독서암한완』서문에는 그는 임술 여름에 이변李
邊을 따라 중국에 갔다고 하였으므로 을축 봄에는 제2차가 될 수밖에 없
다. 이로 본다면 중국 왕래는 신숙주보다도 먼저 시작한 것이 사실이다.

『문종실록』문종 즉위년(1450) 경오 10월에 "사헌장령 신숙주가 음운을
질문할 사목과 중국의 교장 형제를 가지고 아뢰니, 임금이 말하기를, 음
운은 예겸이 왔을 적에 이미 질문하도록 하였다. 비록 중국에서도 예겸
같은 자가 드물겠지마는, 이제 성삼문이 입조하니, 만약 예겸보다 뛰어난
자를 만나거든 물어보고, 그렇지 않으면 반드시 물을 것도 없다.司憲掌令申叔
舟賚音質問事目及中朝敎場形制以啓。上曰。音韻倪謙來時已令質問。雖中朝罕有如倪謙者。今成三問入
朝。如過勝於倪謙者。問之。否則不必問也。"라고 하였는데『성근보선생집』권1에서 <전
후 조천>이라는 시고 제목 아래 "을축에 선생이 연경으로 갔다. 정묘 경
오에 선생의 할아버지 총관공 연이부사가 중국에 갈 때 선생이 함께 따
라가서 한운漢韻을 질문하라는 조정의 명령이 있었다.乙丑先生赴燕。丁卯庚午先生
考摠管公連以副使朝天。先生皆隨行。似爲質漢韻。有朝命也。"라고 하였다. 이로 본다면 오
직 을축의 두 차례 이외에는 음운 질문을 위한 중국의 내왕은 거의 그 혼

자서 전담하다시피 한 것이 사실이다. 또 요동에서 창화한 시 중에 십년 동안 익힌 중국말 어디에 쓴단 말인가. 이제서야 겨우 두서너 마디 얻었도다. 고향에 돌아가도 은銀과 근根을 구별 못할테니 형제나 친구들 어느 누가 알아줄까.十年漢學知何用。今來只得一二語。遠鄕應未辨銀根。弟兄朋友誰相許。"라고 하여 그 자신이 어려서부터 한어를 공부하였음을 고백하였다. 그 본래 군수 김잉의 사위요 김잉은 곧 세종 당대 유명한 한어학자인 김하金何의 형님으로 일찍이 그 처삼촌을 좇아서 한어를 공부하였던 것이다.

하여튼 경오까지는 신숙주의 활동을 적은 기록이 곧 그의 활동을 적은 기록으로 볼 수 없지 않으며, 그 이외도 단종 재위 중까지는 음운에 관한 한 역시 두 사람이 협의하였을 것으로 보인다. 세종 때 어정에 따라『사성통고』를 편찬하는 것은 물론이요, 세종 승하 후 그 <범례>를 만든 것도 어느 일 개인의 단독적 저술로 단언하기는 어려운 것이다. 최세진의『사성통해』서문에서 신숙주만을 든 것은 완전 문제가 되지 않는다. 최항의 <행장비명>의 신숙주의 <행장비명> 등에서 성삼문의 성명을 말살하여 버린 것이나 마찬가지로 그 오직 기휘를 인함에 지나지 안할 것이다.

『용재총화』에는 "성근보가 살아있을 때 우리나라 사람의 글을 엮어 『문보文寶』라 이름하였는데, 완성하지 못한 채 죽고, 김효온金孝醞이 뒤를 좇아 완성하여 『동문수』成謹甫在時。編東人之文。名曰文寶。未成而死。金孝醞踵而成之。名曰東文粹。"라고 하였다.『동문수』가『문보』의 옛 면모를 다소 영향을 받았는지 또는 그 뜻만을 계승한 것인지 그것은 불확실하다.

『성근보선생집』2권이 전하고 또『육선생유고』제2권도 그의 저작으로 되어 있다.『육선생유고』<범례>에는 "성생의 유고는 만력 중에 윤공 유후가 일찍 간행하였다.成先生遺稿。在萬曆中。尹公裕後嘗刊行。"라고 하고 또『성근보선생집』<윤유후 발>에는 "성선생의 유고 1권을 베낀 책이 집안에서 오래도록 전해져 내려오니, 누가 모았는지 알 수 없다. 유후裕後가 삼가 이 원고로 인하여 여러 서적 및 『동문선』, 예씨와 사마씨의 『황화집』, 조선의 『풍아』, 『동문수』, 『용재총화』, 『도원도기』, 『대동시림』을 수집하고, 유록 및 우리나라 왕들의 책문을 수집하여 중복되는 것은 버리고, 없는 것은 취하여 7~8편을 얻었다.成先生遺稿寫本一卷家傳久矣。不知何人所集。裕後謹因此稿。搜諸書。若東文選。倪馬皇華集。靑丘風雅。東文粹。慵齋叢話。桃源圖記。大東詩林。搜遺錄。以及東人殿策。去其疊而取其無。得七八篇。”라고 하였으니 현행의 『성근보선생집』에는 송시열, 박태보와 같은 이의 기록 등이 부각되어 만력의 원본을 다시 중간한 것으로 보인다.

6) 강희안姜希顔

김수녕金壽寧, 1436~1473의 그 행장 『진선세고』에는 "공의 휘는 희안希顔이며 자는 경우景愚 호는 인제仁齋로 대민공戴愍公의 맏아들이다. 공은 태어나면서부터 지식이 남들보다 뛰어났는데, 태어나 두어 살 때부터 담장과 바람벽에 손가는 대로 글씨를 쓰거나 혹은 그림을 그렸는데 법에 맞지 않는 것이 없었으며, 자라서는 문장으로 명성을 크게 떨쳤다. 무오년 신설된 시부 진사시에 공이 거듭 합격하였다. 신유년 이석형과 등제하였다. <중략> 세종이 보옥을 얻어, 명 나라에서 보내온 체천목민 영창후사體天牧民永昌後嗣의 여덟 자 옥새를 만들기로 하였으나, 그것을 전자로 쓰는 것이 힘든 일이었는데 조정에서 공을 추천하여 쓰게 하였다. <중략> 을유년 겨울에 세상을 떠났으니, 향년 48세였다.公諱希顔。字景愚。號仁齋。戴愍公之長子也。公生而智識過人。生甫數歲。或於墻壁間。隨手揮灑。或書或畵無不中法。及長文名大振。歲戊午新設詩賦進士試。公一擧輒中。辛酉李石亨榜登第。<中略> 世宗得寶玉。欲用欽賜體天牧民永昌後嗣八字爲寶。難其書篆者。廷議薦公。以禮官務劇。薦公爲敦寧注薄。<中略> 乙酉冬卒。享年四十八。”라고 하였다. 을유에 48세라 성삼문과 동갑인 무술생이요, 태생지는 불확실하나 그 조부인 통형 강회백姜淮伯, 1459~1402이나 그의 부친인 완역재玩易齋 강석덕

姜碩德, 1395~1439(즉 재민 공)이나 모두 사환에 종사한 것으로 보아서는 서울서 생장하였기가 쉽다.

『연려실기술』권4 <모후상왕>의 항에는 "성삼문에게 공모한 자를 물으니 대답하기를, 박팽년 등과 우리 아버지뿐이라고 하였다. 다시 물으니, 대답하기를, 우리 아버지도 숨기지 않는데, 하물며 다른 사람이라고 하였다. 그때에 제학 강희안이 이에 관련되어 고문하였으나 불복하였다. 세조가 성삼문에게 묻기를, 강희안이 그 역모를 아느냐고 하니, 성삼문이 대답하기를, 실지로 알지 못한다. 선조의 명사를 다 죽이고 이 사람만 남았는데, 모의에 참여하지 않았으니, 아직 남겨 두어서 쓰게 하라며 이 사람은 진실로 어진 사람이다고 하여, 강희안은 마침내 죄를 면하였다.問其黨與於三問。曰朴彭年等及吾父耳。更問。吾父尙不諱。況他人乎。時提學姜希顔辭連。栲訊不服。世祖以問三問曰希顔知其謀乎。三問曰進賜盡殺先朝名士。而獨有此人語謀。姑留用之。此實賢人也。希顔逐得免。" 라고 하였다. 그는 박팽년, 성삼문과 함께 적극적으로 단종 복위를 주책치는 못 하였으나, 결코 세조의 당은 아니었던 것이다.

『필원잡기』권1에는 "대민공 강석덕은 성품이 예스러움을 좋아하여, 풍류와 문아함은 근대에 비길 데가 없으며, 시품이 매우 고고하고 서화도 절묘하였으니, 그 시호를 민敏으로 한 것은 적당한 칭호라고 할 것이다. 시법에, 옛것을 좋아하고 게으르지 않음을 민敏이라 한다고 하였으니, 이는 원나라 학사 조문민趙文敏의 민과 같은 것이다. 세상 사람이 공이 과거에 오르지 못한 것으로 그를 가볍게 여김은 아주 잘못이다. <중략> 아들부윤 희안의 자는 경우景愚인데, 그림, 시, 글씨 세 가지에 절묘하여 당대에 독보적인 존재였다. 시는 위응물韋應物, 737~804, 유종원柳宗元, 773~819과 같고 그림은 유송로劉松老, 곽희郭熙, 1023~1085와 같으며 글씨는 왕희지307~365, 조맹부를 겸하여 재주와 덕을 구비하였으니, 참으로 대인군자이다. 그러나 그것을 크게 쓰지 못하였으니, 애석하다.姜戴敏公碩德性好古。風流文雄。近代無

比。作詩最高古。書畫亦妙絕。<中略> 子府尹希顔字景恩。畫詩書三絕。獨步一時。詩似韋柳。畫似劉郭。書兼王趙。爲人有才有德。眞大人君子也。不大厥施。惜哉。라고 하였다. 성삼문의 증언으로 다행으로 죽음은 면하였으나 그 이후 불우하여 결국 벼슬도 부윤에서 더 올라 가지 못한 것이다. 『세종실록』 세종 28년(1446) 병인 3월에는 "집현전 수찬 이영서李永瑞, ?~1450와 돈녕부 주부 강희안姜希顔 등에게 명하여 성녕 대군 집에서 불경을 금자로 쓰게 하고, 또 인순부 소윤 정효강鄭孝康. ?~1418에게 명하여 그 일을 주관하게 하였다.命集賢殿修撰李永瑞.敦寧府注簿姜希顔等, 金書佛經于成寧大君第.又命仁順府少尹鄭孝康主之。"라고 하고『용재총화』권6에는 "세조가 내경청을 설치하여 선비들을 모아 사경을 하였다. 백씨와 더불어 홍익성, 강인제, 정동래, 조치규, 이기수 무리와 관에 있기를 금하고 부득이 바깥에서 유람하였다.世祖設內經廳。聚朝士寫經。伯氏與洪益城。姜仁齊。鄭東萊。趙稚圭。李期叟輩。常在官禁。不得出外浪游。"라고 하였으니 세종 때로부터 세조 때까지 그는 항상 불경을 베끼는 데 참여하였다. 또『용제화총』권7에는 "을해년에 세조께서 강희안에게 명하여 임신자를 개주하여 쓰게 하시니, 이것이 을해자인데世祖改壬申字。命姜希顔書之。名曰乙亥字。"라고 하였으니 그 역시 글씨를 취한 것임에 지나지 않는다. 그의 소저인 『인재집』과 『양화소록』이 함께 <진산세고> 중에 수록되어 있다. <진산세고>란 본래 그 아우의 사숙재 강희맹이 할아버지, 아버지, 형의 저작을 합간한 것이다.

7) 이개李塏

『연려실기술』<이개> 항에는 "자는 백고 또는 청보이며, 본관은 한산이니, 목은 색穡의 증손이요, 종선種善의 손자이다. 나서부터 문장에 능하였다. 세종 병진에 문과에 오르고 정묘 중시에 뽑혀 직제학까지 지내다가 병자년(1456)에 죽었다. 시호는 충간공이요, 영조 무인년(1758)에 이조 판서를 추증했다.字伯高。一字淸甫。韓山人。牧隱墻之曾孫。種善之孫。生而能文。世宗丙辰文科。丁卯重

試。丙子以直提學死。忠簡公。英廟贈吏曹判書。”라고 하였다. 그는 단종을 위하여 화를 입은 육신의 한 사람이다. 생년 월일은 불확실하나 박팽년과 마찬가지로 결국 신숙주, 성삼문의 연배라고 추정된다. 태생지는 사환가인 점에서 서울이었거나 그의 친산이 관향에 있은 점에서 한산이었거나 두 곳 가운데 한 곳에서 벗어나지 않을 것이다.

『용재총화』권1에는 “백고는 맑고 뛰어나 영발英發하고 시도 정절하였다.伯高淸穎英發。詩亦精學。”라고 하고 『필원잡기』에는 “시와 문이 뛰어나 세상에서 중망을 받았다.詩文淸絶。爲世所重。”라고 하였으니 특히 시에 대한 성가가 높았던 모양이다. 무슨 까닭인지는 모르되 육신 중에서도 그에 대한 기록이 제일 많지 않다. 『육선생유고』제3권에 그의 시문 약간 편이 들어 있다. 시로서 이름이 높았음에 불구하고 시조차 전하는 것이 적다.

8) 이선로李善老

『세종실록』에는 세종 26년(1444) 갑자에 “이때 집현전 수찬 이선로李善老가 청하기를, 궁성 서쪽에 저수지를 파서 영제교로 물을 끌어넣을 것이며, 또 개천 물에는 더럽고 냄새나는 물건을 버리지 못하도록 금지하여, 물이 늘 깨끗하도록 해야 하겠나이다.時集賢殿修撰李善老請於宮城西。鑿貯水池。引入永濟橋。又於開川之水。禁投臭穢之物。令水淸潔。”라고 하였다. 이 두 기록으로 미루어 이선로와 이현로는 동일인이니 『동국정운』의 편찬자 이현로는 곧 해례 편찬자인 이선로다.

“마침 풍수하는 자가 궁을 막고 성 북쪽으로 길을 내고 성 안에 조산을 만듦으로써 지맥을 비보할 것을 청하였다. 집현전 수찬 이현로 또한 풍수설로써 도성 안에 거랑에는 오물을 던지는 것을 금하여 명당의 물을 맑도록 할 것을 청하였다“時風水者請塞宮城北路。城內造假山。以補地脉。集賢殿修撰李賢老亦以風水之說。請於都內川渠。禁投穢物。以淸明堂之水。”라 하였다. 이 두 기록으로 미루어 이선노와 이현노는 동일인이니 『동국정운』의 편찬자 이현로는 곧 해례의 편찬자 이선로다.

『장릉사보』[2]권3에 이현로라는 성명 아래 "세종 무오 문과"라고 하였고, 동서 <보유>에 '강흥인'라고 하였다. 그 이외에는 그 계보라든지 또 그의 자호와 출생이라든지 모든 것을 알 길이 없다.

그러나 『보한재집』권10에는 <아유이편 송이광후지평안도구신지我有二篇 送李光後之平安道求新地>라는 시가 있는데 『세종실록』에는 이선로가 새로운 땅을 찾으러 나갔던 기록이 있으니 광후光後란 곧 그의 자임에 틀림이 없을 것이다.

또 『보한재집』권10에는 <송이광후지애주배소送李光後之哀州拜掃>라는 제목 아래 "출중한 강양자江陽子, 명을 받고 단지丹墀[3]에서 물러나왔네. 내려주신 은혜가 무덤에 미치니, 이미 송추松楸[4]에 보내어주심을 알겠네. 돌아와서 바로 뜻을 얻으니, 초수楚岫[5]에 따스한 바람이 부네.擧擧江陽子。拜命辭丹墀。恩光及丘壟上。已遣松楸知。歸來正得意。楚岫薰風吹。"라고 하였는데 본래 군의 고호 중 강흥이란 곳은 없고 또 이 시의 강양자는 당시의 관례를 따라서 관경을 잃컬른 것이다. 강흥은 혹 강양의 합천 고호의 오기가 아니었을까 한다.

또 『세종실록』123권 27장 세종 31년(1449) 3월에 "현로의 아비 이효지孝之는 나의 원종공신이다.上曰 賢老之父孝之。予原從也"라고 하였다. 이로 보아서 그의 아버지 이름이 효지요. 또 원종공신이었던 것은 의심이 없다.

그런데 『세종실록』106권 25장에는 세종 26년(1444) 갑자 11월에 "사헌부에서 예조 좌랑 이선로李善老의 고신告身을 서경署經하지 아니하니 선로가 사

---

2) 조선 제6대 왕인 단종의 사적에 대한 내용을 모은 책. 9권 3책. 1791년(정조 15) 단종 신하들의 배향에 대한 제도를 정하는 것을 계기로 사관(史官)을 시켜 단종에 대한 시말을 고찰하게 하였으나 완성하지 못하였다가 1796년 이서구(李書九)가 앞의 것을 토대로 수정, 증보하여 간행하였다.
3) 붉은 칠을 한 궁전의 뜰.
4) 산소(山所) 둘레에 심는 나무의 통틀어 일컬음. 주로 소나무와 가래나무를 심음.
5) 정읍(井邑)의 옛 이름.

직하는 글을 올리기를, 신이 용렬한 자질로 물의에 맞지 못하오니 낯부끄럽게 벼슬 자리에 있을 수 없나이다. 청하옵건대, 신의 관직을 파면하여 주소서라 하고, 곧 내수를 통하여 비밀히 아뢰기를, 신이 왕명을 받들어 지리서를 보옵는데 사헌부에서 비웃고 있으니, 고신을 서경하지 아니함은 이 때문입니다고 하니, 임금이 노하여 승정원에 전지하기를, 이선로가 말하기를, 그 고신을 서경하지 아니함은 지리서를 보는 때문이라고 하니, 선로는 나의 명령을 받아서 그것을 보고 있는 것인데, 사헌부에서 비난하는 것은 옳지 못한 일이 아니냐, <중략> 다만 선로의 사직서를 도로 내어주라고 명하고, 또 사헌부에 명하여 속히 서경하게 하였다. 선로가 집현전 수찬이 되었을 때 풍수설로 상서하여 개천 물을 맑게 하기를 청하여 유자의 지조를 잃었고, 또 일찍이 주서로 있을 때에 상의원의 계집종을 대궐 안에서 간통하여 사람들이 떠들썩하였다. 그러므로, 대간이 고신에 서경하지 아니한 것인데, 운운司憲府不署禮曹佐郎李善老告身。善老上書辭職曰。臣以庸貲。物議不孚。不宜覥面在官。請罷臣職。因內竪密啓曰。臣受命觀地理書。憲司非笑之。不署告身爲此。上怒。傳旨承政院曰。善老言不署告身爲觀地理書也。善老承予命以觀。憲司非之。無乃不可乎。<中略> 但命還給善老辭狀。又命憲府速署之。善老爲集賢殿修撰。以風水之說。請淸澄開川之水。失儒者志操。又嘗爲注書。奸尙衣院婢於禁內。士林喧騰。故坮諫不署告身。云云。"라고 하고 또 『세종실록』112권 7장 세종 28년(1446) 병인 4월에는 "사헌부에 전지하기를, 문맹검이 이선로와 더불어 처음부터 함께 산릉의 일을 맡았는데, 지금 개인적인 분노로 인하여 선로더러 임식도 통하지 못한다고 청탁하여, 함부로 사실 아닌 계달을 하였으니, 맹검의 직첩을 회수하고, 가두어 추문하라고 하였다. 선로가 유사로서 겸하여 술수를 공부하여 맹검과 더불어 능한 것을 다투어 서로 모함하니, 사림들이 비웃었다.傳旨司憲府。文孟儉與李善老自始俱任山陵之事。今因私憤。托以善老爲不通壬式。妄冒啓達。其收孟儉職牒。禁身推問。善老以儒士兼治術數。與孟儉爭能。互相傾軋。士林譏之。"라고 하였다. 그는 본래 어명에 의하여 풍수를 연구하던 사람으로 사람됨이 다소 가벼워 세평이 좋지 못하였던 것 같다.

『세종실록』112권 18장 세종 30년(1448) 무진 12월에는 "병조 정랑 이현로李賢老, 좌랑 윤배尹培, 환관 최읍崔浥을 의금부에 내리고下兵曹正郞李賢老。吏曹佐郞尹培。宦官崔浥于義禁府。"라고 하였다. 그는 마침내 병조정랑으로서 여러 차례 죄에 걸려 하옥까지 되었던 것이다.

『단종실록』3권 14장 문종 2년(1452) 임신 9월에는 "세조가 이용, 황보인黃甫仁, ?~1453, 김종서金宗瑞, 1383~1453, 강맹경姜孟卿, 1401~1461과 더불어 가서 산릉역사를 살폈다. 환관 엄자치를 보내어 선온을 가지고 가서 위로하게 하고, 아울러 군인에게 술과 고기를 하사하였다. 이때 이현로가 산릉도감 장무가 되었는데 이용, 황보인, 김종서 등에게는 모든 행동에 있어서 아첨을 다하고 세조에게는 보이지 않게 태도가 거만하며 방약무인하였다. 스스로 세조가 그 뜻을 깨닫지 못한다고 생각하였으나, 세조가 이용과 함께 먼저 돌아와서 이현로를 불러 그 무례함을 꾸짖고, 종자로 하여금 매를 치게 하고 꾸짖어 말하기를, 네가 망령되게 화복을 말하고 안평에게 아부하니 그 죄가 하나이고, 몰래 혀를 놀려 우리 골육을 이간하였으니 죄가 둘이다. 네 죄가 지극히 크니 죽여도 아깝지 아니하다. 예전에 문종께서 네가 예정된 운수로서 사람들을 미혹하게 함을 알고 의논하여 법에 두려고 하였는데, 나의 영구營救를 힘입어 죄를 면함을 얻었으나, 나의 사은은 아니며, 오늘 너를 치는 것도 나의 사사로운 노여움이 아니다. 조사朝士는 비록 작은 예일지라도 욕보일 수 없는 것인데 너는 안평의 집 마졸이다. 내가 이런 까닭으로 매를 친다 하고, 채찍으로 수십 번을 쳐서 돌려보내고 김종서에게 말하기를, 이현로가 망령되게 화복을 말하고 안평에게 아부하였기 때문에 매질한 것이니 머물러 둘 수가 없다라고 하였다. 이날 비가 내렸는데, 이현로가 옷을 적셔 더럽혀 역소에 돌아가서 평상시와 같이 일을 보살피며 태연히 웃으면서 말하기를, 내가 왕자에게 매를 맞았으니 무슨 부끄러울 것이 있겠는가 하였다. 사람들이 말하기를, 이현로 같은 자는 비록 연옹지치吮癰舐痔라도 못할 바가 없다 하였다. 이현로의 사람됨이 경솔하고 행실이 천박하며 재주를 믿고 교만하고 뽐내며 무릇 기예에는 모두 남의 밑에 있지 아니하려고 하였다. 지리, 복서의 글을 강구하지 아니함이 없었고, 더욱 시귀와 글씨를 가지고 자부하였다. 처음에 이용은 시문과 서화를 좋아하고 소예에 능한 것이 많았으며, 세종조에서부터 권세 있는 사람을 초대하고 베풀기를 좋아하여 간사한 소인들이 많이 이에 아부하였는데, 이현로가 곧 으뜸인 자였다. 무릇 문사로 유명한 자를 모두 불러 들여서 서로 사귐을 맺고 선물을 주니, 사람들이 모두 이용이 선비를 좋아한다고 생각하였다. 문종이 즉위하자 황보인, 김종서 등이 정사를 천단하게 되니 이용이 이를 인연하여 뇌물을 주고 바라지 못할 것을 엿보고 있는데, 이현로가 술수로서 요사한 말을 꾸며 그 사이를 왕래하면서 공공연하게 꾀를 쓰니, 유식한 자는 분해서 이를 갈지 않는 자가 없었다. 일찍이 병조 정랑이 되어 남에게 뇌물을 많이 받고 함부로 관직을 주었는데, 일이 발각되어 저죄하게 되니 남쪽 지방으로 달아났다가 유사有赦를 만나 서울로 돌아왔다. 경오년 가을에 달단韃靼의 성식이 있으므로 김종서를 보내어 방어하게 하였는데, 김종서가 데리고 가니 이로부터 벼슬을 얻었다. 처음 산릉도감 판관이 되지 못하여서 말하기를, 만약 술자를 쓴다면 내가 아니고 그 누구겠는가라 하였는데, 마침내 이용에게 아부하여 판관이 되었다. 그 사람됨이 대개 이와 같았다. 이보다 먼저 예문관 제학 정창손이 동료들과 말하기를, 옛사람이 소인의 무상한 태도를 논한 것이 많았는데 이현로는 온몸에 갖추어 이를 가지고 있다라 하니, 판서 정인지도 또한 말하기를, 고금 천하에 이런 사람들은 없을 수 없으니, 이는 곧 기수 관계로 생긴 사람이다.”고 하였다.世祖與瑢。皇甫仁。金宗瑞。姜孟卿往審山陵之後。遣宦官嚴自治賚宣醞往慰。幷賜軍人酒肉。時李賢老爲山陵都監掌務。於瑢。

仁。宗瑞等。進退周旋曲爲詔佞。於世祖蔑然。容態倨傲。傍若無人。自以爲世祖不覺其情。世祖與瑢先還。呼賢老。責其無禮。令從者鞭之曰。爾姿媚禍福。阿附安平。罪一也。潛掉饒舌。離間我骨肉。罪二也。爾罪極大。殺之無傷。昔文宗知汝以豫定數惑人。擬欲置法。賴我營救得免。非我私恩也。今日鞭汝。亦非我私怒。朝士雖微。禮不可辱。汝則安平家馬卒也。我故鞭鞭數十而還。金語宗瑞曰。賢老妄說禍福。阿附安平。故鞭之也。不可留之。是日雨。賢老沾汚。還役所。治事如常。怡然而笑曰。我受杖於王子。何愧之有。有人曰。若賢老者。雖吮癰舐痔。無所不爲矣。賢老爲人輕佻薄行。恃才驕矜。凡其技藝皆不欲下人。地理卜筮之書無不講究。以詩句書字自負。初瑢喜詩文書畫。多能小藝。自在世宗朝。招權好施。憸小多附之。賢老乃其尤者也。凡文士之有名者。莫不招致。交結賂遺。人皆以瑢爲好士。及文宗卽世。皇甫仁。金宗瑞等擅權。瑢夤緣賂遺。覬覦非望。賢老以術數構爲邪說。往來其間。公然肆謀。有識者莫不切齒。嘗爲兵曹正郎。多受人賂。濫授官職。事覺抵罪。遷諸南。方會赦還。庚午秋有釁諠聲息。遣宗瑞禦之。宗瑞帶行。自是得職。初未嘗以山陵都監判官。乃曰。若使術者。則非我其誰。竟附瑢爲判官。其爲人大槪類此。先是藝文提學鄭昌孫與僚友言。古人論小人無狀之態者多矣。賢老一身具有之。判書鄭麟趾亦曰天下不能無此等人。此乃關係氣數之人也。"라고 하였다. 세조를 변명하기 위하여 이 기록은 물론 편벽된 붙임에 틀림이 없을 것이나 하여튼 첫째, 그가 여러 차례 남천되고, 둘째, 유환有還된 후 김종서의 알선으로 다시 벼슬에 붙고, 셋째, 세조와 안평이 대립 길항할 때 안평파의 중요한 사람으로 활동하고, 넷째, 술수를 가져 화복을 떠든 것 등은 사실일 것이다.

『단종실록』에는 그 며칠 뒤에 "세조가 예궐하여 아뢰기를, 이현로의 간사하고 무상한 것은 온 나라가 아는 바입니다. 그러나 신에게는 본래 혐의와 틈이 없었으니 어찌 일시의 작은 노여움을 가지고 갑자기 조사朝士를 욕보이겠습니까? <중략> 이현로는 본래 장리로 문종 조 때 음양, 화복의 불경한 사술로써 인심을 현혹시키므로 집현전 여러 유신이 그 죄를 계청하여 문종께서 신과 의논하여 죽이려고 하였으나 실행하지 못하였는데, 요즘 또 신에게 말하기를, 백악산 뒤에 궁을 짓지 아니하면 정룡이 쇠하고 방룡이 발한다. 태종과 세종은 모두 방룡으로서 임금이 되었고 문종은 정룡이라서 일찍 세상을 떠났다고 하기에, 신이 이르기를, 내가 풍

수학을 관계하지 아니하니 어떻게 이런 일을 알겠는가? 네가 어찌 정부
에 아뢰든지 상서하지 아니하는가? 만약 참으로 그러하면 작은 일이 아
니다고 하니, 이현로가 안평을 돌아보면서 대신들과 함께 말하려고 하니,
안평이 이를 말렸습니다. 이튿날 신이 금성 대군, 화의군, 계양군에게 말
하기를, 이현로는 반드시 장차 일을 일으킬 것이므로 내가 심히 염려한
다. 너희들은 이를 알아라고 하였더니, 이로 말미암아 미워하기를 더욱
심히 하며 분개하기를 그치지 아니하니 이것이 어찌 신의 한 몸의 계책
이겠습니까? <중략> 또 이현로는 비록 조사(조정의 선비)라고 할지라도 실
은 안평의 가노입니다.世祖詣闕桂曰。賢老奸詐無狀。通國所知。然於臣。本無嫌隙。豈以一時
小怒遽辱乎。<中略>賢老本贓吏。在文宗朝。以陰陽禍福不經邪術眩惑人心。集賢諸儒啓請其罪。文宗與
臣議。欲殺之而未果。近者又語臣曰不作宮白啓山後。正龍衰而傍龍發。太宗世宗皆以傍龍而王。文宗正
龍而早世。臣云吾不管風水學。何得知此事。子何不白政府若上書乎。若實然則非小事也。賢老顧安平。
欲同語大臣。安平止之。翌日臣語錦城。和義。桂陽曰。賢老必將生事。吾甚濾焉。汝等知之。由是疾之
益甚。憤憤不已。豈是臣一身之計乎。<中略>且賢老雖爲朝士。實安平家奴也。”『단종실록』3권, 즉위
(1452)년 임신 윤 9월 8일라고 하였다. 세조의 이 말씀은 이현로와 함께 안평조
차 못마땅히 여긴 것으로 임신 9월 그 일장의 풍파는 세조와 안평의 감
정을 더 일층 악화시켰을 것이니 이현로는 이 풍파의 장본이 된 점만으
로도 양 대군의 길항의 이면에 있어서 중요한 인물임을 알 수가 있다.

『단종실록』원년(1453) 계유 4월에는 “세조가 이미 연경에서 돌아온 뒤
에 이현로가 세조에게 아부하여 섬기려고 생각하여 이때 이르러 틈을 봐
서 알현하니, 세조가 꾸짖으면서 말하기를, 내가 포박하여 사헌부에 보내
고자 한다고 하니, 듣는 자들이 이를 비루하게 여기지 아니하는 자가 없
었다.世祖旣回自燕京。李賢老欲媚事。至是乘間往謁。世祖叱之曰。吾欲縛送憲府。聞者莫不鄙之。”
라고 하였으니 그에 대한 세조 감정은 극히 험악하였던 것이다. 또 동 년
10월에는 그의 피주를 기록한 끝에 그 동료 강희안이 자제를 경계하여

말하기를, 이 녀석을 가까이 하지 말라. 마침내 제 집안에서 죽을 자가 못된다. 내가 일찍이 이 녀석의 골통을 보니, 피에 얼룩진 형상인데, 어떻게 생긴 노파가 이 녀석을 길러냈을까라 하였다.其僚友姜希顔戒子弟曰。勿近此子。終非得死牖下者。吾嘗見此子髑髏有血糢糊之狀。何物老媼卵育此子歟。”고 하였으니 그에 대한 세조 일파의 증오는 그를 죽이고 난 후에까지도 오히려 부족하여 한 동료의 사사로운 악평으로써 그의 인신공격에 인용한 것이다.

그러나 강희안은 조금도 그를 까닭이 없다. 그 말이 진정한 그의 말임을 보장하는 한 어느 정도까지 공정하지 안할까 생각한다.

3. 여러 선비들의 사상

1) 사대事大

정인지의 <진고려사전>에는 "생각하건대 왕씨가 맨처음 일어났을 때 태봉으로부터 시작되어 신라를 항복받고 백제를 멸하여 삼한을 합쳐 한 나라로 만들었고, 요를 버리고 당을 섬겨 중국을 존대하여 동토를 보전하였습니다.惟王氏之肇興。自泰封以崛起。降羅滅濟。合三韓而爲一家。舍遼事唐。齊中國而保東土。" 라고 하였는 바 이 몇 마디의 말에도 사대사상가인 그의 면모가 분명하게 드러난다. 신숙주의 『송의주역학훈도送義州譯學訓導』라는 시 『보한재집』에는 "기가 있으면 반드시 형이 있고 형이 있으면 반드시 소리가 있으니 음양이 서로 삐걱거리며 부딪치니 이로서 성음이 이루어지나니. 서와 북은 음으로 무거워 소리가 후설에 따라 생성되며 동남은 양의 자리라 소리는 순치에 따라 가벼우니 성음이 한결같이 마땅히 장소에 따라 움직인다. 이러한 구분이 중화와 오랑캐로 반드시 구분할 필요가 없으며, 우리 왕의 중요한 옛 뜻이니 예악 문물이 옹희984년에 피어나고 지성으로 사대를 하기에 이르러 높은 벼슬아치가 타던, 말 네 마리가 끌던 수레나 사람이나 수레의 왕래가 끊이지 않았으며 용만(중국 저장성 원저우溫州에 있는 구區)이 우리나라의 문호이니 항상 환영하며 오고가니 모름지기 장차 마땅히 음운의 양의가 서로 소통하여 곱고 작으며 오묘한 뜻이 마땅히 알 수 이어야 하니 내 자식이 발탁되어 좋은 충고를 행이하여 눈 내리는 엄동 정월에 멀리 바라보게 되었도다. 말을 타고 찬바람을 맞으며 되돌아오는 길 압록 강물은 다시 파도가 일도다. 요양산을 한 번 바라보니 끝없이 이어져 있도다. 어찌 마땅히 상국을 관람하고 자식과 함께 비통히 눈썹을 적시며 강물을 마시누나.有氣必有形。有形必有聲。陰陽相軋拍。聲音因而成。西北陰之重。音從喉舌生。東南陽之輕。音從唇齒輕。聲音固宜隨處移。不必持此分華夷。吾王重古義。禮樂文物開雍熙。至誠事大國。冠盖絡繹相追隨。龍灣是我國門戶。迎來送往常交馳。須將語音通兩意。妍微奧妙宜當知。吾子應高選。行矣圖良規。獵雪正彌望。歸騎寒風吹。鴨水更息波。一望遼陽山倭。何當觀上國。與子痛飮江之湄。"라고 하고 하였다.

성삼문의 <인준도명인>『성근보 선생집』에는 "오직 우리 태조 강헌 대왕께서 성인이 천 년에 한 번 태어나는 시기에 맞추었고 상성의 자질까지 받으셨으니, 실로 하늘이 낳은 덕이요 신과 함께 모의하신 것입니다. 한번 크게 노하여 몹쓸 중신돈辛旽을 가리킴을 몰아내어 사직은 빈터가 되지 않았으며, 만전의 계획을 세워 홍건적을 섬멸하니 종묘는 예전 모습대로 되었습니다. 나하추納哈出를 내몰고 올라兀剌를 정벌한 때는 태산으로 계란을 누르듯이 쉬웠고 (왜적과) 지리산에서 싸우고 운봉에서 승첩하였으니 거센 바람이 어찌 낙엽을 쓸기 어려웠겠습니까. 토동兎洞에 말안장을 푸니 해로운 기운은 바다 밖으로 사라지고 압록강에서 말 고삐를 돌리니 대의가 해와 별보다 빛났습니다.惟我太祖康獻至仁啓運聖文神武大王。應千齡之期。挺上聖之資。實天生德與神爲謀。赫一怒驅擘僧而社稷不墟。出萬全殲紅賊而宗廟如故。走納氏征兀剌。泰山固宜壓卵。戰智異捷雲峰。疾風詎易掃葉。兎洞解鞍。害氣霽於海巓。鴨江回轡。大義昭於日月云云。"라고 하였으니 그 두 사람도 사대사상에 있어서 정인지나 조금도 다를 것이 없는 것이다. 『연려실기술』 <박팽년 항>에서 <치재일기>를 인용한 중 "공은 천성적으로 타고난 충성심이 있어 명나라의 천순 황제가 오랑캐에게 잡혔을 때에는 정침에서 자지 않고 항상 지게문 밖에 짚자리를 깔고 있었다. 어떤 사람이 물으니 답하기를, 천자가 오랑캐 나라에 있어, 천하가 당황하니, 내가 비록 배신陪臣이니 차마 마음이 편치 못하기 때문이라고 하였다.公忠誠出天。天順皇帝陷虜時不宿正寢。常籍草薦于戶外。人或問之。曰天皇在虜。天下遑遑。我雖陪臣。不忍安心故耳。" 라 하고 그 아래 그 저자의 주로 "『무인기문』에는 이것을 하위지의 말이라 하였고, 혹은 두 공이 다 행하였다 한다.戊寅記聞以此爲河緯地事。或云兩公皆行之。"라고 하였다. 이것이 마치 박팽년의 일이냐 아니냐는 의심이 없지 않다 하더라도 그 당시 집현전에 미만한 사대사상을 엿보기에는 충분한 이야기다. 그러한 점에 있어서 그들은 그 동료인 양성지도 비록 노골적으로 사대를 반대하지 못 하였으나 곳곳에 거기에 대한 불평이 발로되어 있다.

세조 을해 7월에 올린 『논군도이십사』의 진의에는 "대개 작은 나라가 큰 나라를 섬기는 것은 예법의 상도로서, 예로부터 다 그러했습니다. 우리 나라는 실로 동방에 위치한 황복荒服의 땅입니다. 멀리 해 뜨는 해변에 위치해 있고 또 산과 계곡의 천험의 지리를 가지고 있어서 수·당의 창성함으로도 오리려 신하로 삼지 못하였으며, 요나라는 인국鄰國의 예로 대하였고, 금나라는 부모의 나라로 일컬었으며, 송나라는 빈례賓禮로 대하였고, 원나라는 혼인을 서로 통하였습니다. 그러나 원나라는 전쟁을 일으킨 지 수십 년에 마침내 신하로 복속케 하였고 비록 생구甥舅로 일컬었으나, 동국의 모든 일은 옛날과 아주 달라졌던 것입니다. 우리 고황제께서 즉위하시고 군병을 일으키려 하자 천하가 비로소 평정하여졌으니, 이 군병을 일으키지 않으면 위엄을 보일 것이 없어 행인을 구속하여 욕을 보이기도 하고, 세폐歲幣를 늘려 어려움을 주기도 하다가 그 뒤 무진년에 이르러 황제의 위엄과 노여움이 비로소 그쳤고, 번국蕃國으로 봉하는 일도 정하여졌던 것인데, 번국의 사세는 기내畿內의 사세와 다르니, 큰 나라를 섬기는 예법을 다하지 않을 수도 없고, 또한 자주 할 수도 없는 것입니다. 전조에서는 종宗이라 일컫고 개원改元하였는데, 오늘에 있어서 소소한 절차를 반드시 전례에 구애받을 것은 없고 다만 그 성의를 다할 따름입니다. 이제부터는 상례의 은공에 표문을 붙여 차사하고 사명을 번거롭게 하지 말며, 평안한 백성을 좀 휴식케 하시면서 사대의 체통을 유지하게 하시면 다행하겠습니다. 蓋以小事大。禮之常也。自古皆然。我國家實東方荒服之地也。邈處日出之濱。且有山谿之險。隋唐之盛。猶不得臣。遼用隣國之禮。金稱父母之邦。宋以賓禮。元通婚媾。然元則用兵數十年。卒以臣服。雖稱甥舅。東海之事。與昔日不同矣。我高皇帝卽位欲加兵。則天下初定。不加之則無以示威。拘行人以辱之。增歲幣以困之。後至戊辰。天威始霽。而蕃國之封定。蕃國之勢。與畿內之勢異。事大之禮。不可不盡。而又不可以數也。前朝則稱宗改元。在今日小小節次。不必拘例。但盡其誠意而已。今後例恩附表以謝。勿煩使命。以休平安之民。以存事大之體。幸甚"라고 하였고 또 성종 6년 경인 정월에 올린 주의奏議(『눌재집訥齋集』 권4) "신은 그윽이 생각하건대, 교린과 사대6)는 모두 국가의 중요한 일입니다. 그러나 왜인과 야인이 한 번 오고 한 번 감에 교류는 많았으나 예는 아직 접하지 못했습니다. 명나라 사신이 오는 것을 오래도록 기다렸으니, 연회를 베푸는 비용을 구하여 청하는 일은 굳이 논할 필요가 없습니다. 이른바 진상이라는 것은 곧 교역이니, 토포 수만 필을 살펴 내는데 나라의 관리들이 대체를 알지 못함이 많고, 또 우수하고 좋은 것을 극진히 가려 뽑아 줍니다. 옛날에 진상은 수십 필에 불과했고, 옛날의 회봉回奉7)은 또한 수백 필에 불과했습니다. 근래에는 천 필에서 만 필에 이르러 장차 십만 필에 이릅니다. 재력이 고갈되어 지탱할 수 없으니, 이는 곧 통사의 과실이고, 관리들의 과

---

6) 큰 나라를 섬기고 이웃 나라를 사귐. 곧 지금의 외교(外交)라는 뜻과 비슷한 말. 중국과 사귀는 것을 사대라 하고, 일본 등과 사귀는 것을 교린이라 한다.
7) 이웃 나라에서 보내온 예물에 대하여 답례로 그 값을 치르던 일.

실입니다. 지금 이후로 따라서 마땅히 기다려 일이 생기지 않는다면 다행입니다.臣竊惟。交隣事大皆國家重事也。然倭人野人一往一來。接之多未如禮。而明使之來。則待之過優。其筵宴之費。求請之事。未必論也。如所謂進上者。卽互市也。土布數萬匹。督之使納。國之官吏多不識大體。又極擇精好者給之。昔之進上不過數十匹。昔之回奉亦不過數百匹。近日則千匹至於萬匹。將至十萬匹。則財殫力竭。不能支矣。此則通事之過也。官吏之過也。今後隨宜待之。不生事。幸甚。"라고 하였다. 그뿐이 아니라 김수온의 <남원군정안기南原君政案記>『눌세집』 권6에는 양성지가 세조에게 상계한 말로 "전일 대명나라에서 소칙이 내려오니 혹 왕으로 칭하다가 혹 경으로 칭하니 경태 이후로 너희들이 신은 몰래 분하도다. 이러한 뜻을 예부에 전달하였다.前日大明降詔本國。或稱王。或稱卿。自景泰以後爾汝之。臣竊憤焉。願以此意轉達禮部。라고 하였다.

언문 여러 선비의 대부분이 평범한 사대사상가다. 양성지와 같은 사상을 가진 사람은 한 사람도 없었던 것 같다.

2) 숭한崇漢

정인지의 서문에서 『훈민정음』의 공효를 드는데 "이 글자로써 글을 풀면 그 뜻을 알 수 있고 이 글자로 송사를 하더라도 그 실정을 알 수 있게되었다.以是解書。可以知其義。以是聽訟。可以得其情。"라고 하였다. 훈민정음으로써 한자를 구축하려고 생각하기는커녕 오히려 그를 빌어서 한문 보급의 한 방편을 삼으려고 한 것이다. 신숙주의 『동국정운』에는 "하물며 서계(중국 태고의 문자)가 만들어지기 전에는 성인의 도가 천지에 붙어있고 성인의 도가 여러 가지 책에 실리게 되었으니 성인의 도를 밝히고자 하면 마땅히 글의 뜻을 먼저 알아야 하고 글의 뜻의 요점을 알고자 하면 마땅히 성운부터 알아야 하니 성운은 곧 도를 배우는 시초가 되나 또 어찌 이를 쉽게 깨칠 수 있겠는가 이것이 우리 성상께서 성운에 뜻을 두고 고금을 취사선택하여 지침이 될 만한 것을 만드신 것으로 수억 년에 걸친 여러 어리

석은 자들을 깨우치게 한 까닭이다.書契未作。聖人之道寓於天地。書契旣作。聖人之道載

諸方策。欲究聖人之道。當先文義。欲知文義之要。當自聲韻。聲韻乃學道之權輿也。而亦旣易能哉。此

我聖上所以留心聲韻。斟酌古今。作爲指南。以開其億載之群蒙者也。"라고 하였고 성삼문의 『직

해동자습』 서문에는 "배우는 사람이 진실로 먼저 훈민정음 몇 글자를 배

우고 이에 이를 수만 있다면 열흘 동안에 한어도 통할 수 있고 운학에도

밝아질 수 있을 것이니 사대에 관해서도 능히 잘 할 수 있을 것이다.學者苟

能先學正音若干字。次及於斯。則浹旬之間。漢語可通。韻學可明。而事大之能事畢矣。"라고 하였다.

두 사람도 한자 내지 한자의 음운을 밝히기 위한 한 가지 방편으로써 훈

민정음을 설명하고 있는 것이다.

언문 학사의 그 누구나 개인 저술에는 훈민정음을 사용치 아니한 것만

보더라도 그에 대한 그들의 평가를 짐작하기 어렵지 않다. 혹 훈민정음을

가지고 저술한 것이 후세에 전하지 못한 것도 있을지 모르지만은 결국

여기로 한 것에 지나지 못할 것이 사실이다.

양성지1415~1482의 <논군도십이사論君道十二事>의 주고 중에는 "삼가 신은

서하(11~13세기에 중국 서북부의 오르도스(Ordos)와 간쑤(甘肅) 지역에서 티베트 계통의 탕구트족이

세운 나라)는 국속이 변하지 않음을 들은 지 백여 년이 지나 원호元昊는 영웅

이라. 그의 말에 가로되 비단옷과 기름진 음식도 소변에 번지지 않으니

금나라 세종이 또한 매번 상경의 풍속을 그리워하다가 몸이 다할 때까지

잊지 않고 요나라의 남북 부에서 머물렀다. 원호는 원래 몽골의 한인 관

료였는데 원나라 사람이 곧 근본을 중하게 여기니 고로 중원을 잊게 되

어 사막의 이북을 고향으로 여겼다. 우리 동방은 요나라가 세거하던 동쪽

이라, 소위 만리지국으로 삼면이 바다에 닿았고 한 면은 산을 지고 있으

니 구역은 저절로 이루어졌고 풍속과 기운은 독특하여 단군 이래로 관을

설치하여 주를 두었고 스스로 가르침의 소리 높으니 전조의 태조가 서장

의 문서를 지어 나랏 사람을 가르치니 의관과 언어가 모두 본래의 습속

을 이끌었다. 만약 의관과 언어가 중국과 다르지 않았다면 곧 민심을 정할 수 없었고 중화에 흡수됨을 비유 제齊와 같이 노魯에 이르게 되었을 것이다. 전조(고려)에 몽골에 이르자 달갑지 않은 무리와 서로 이어져 나라가 변화되게 되어 심히 편지 않게 되니 의관과 조복 외 여러 가지를 구걸하니 중화의 제도를 정성껏 따를 필요가 없게 되었으나 언어 곧 통사 외에는 옛습속에서 바꿀 필요가 없었다. 그러나 등척석燈擲石은 또한 옛 풍속을 따르니 불가함이 없도다.蓋臣聞。西夏以不變國俗。維持數百年。元昊亦英雄也。其言曰錦衣玉食非蕃性所便。金世宗亦每念上京風俗。終身不忘。遼有南北府。元有蒙漢官。而元人則以根本爲重。故雖失中原。沙漠以北如故也。吾東方世居遼水之東。號爲萬里之國。三面阻海。一面負山。區域自分。風氣亦殊。檀君以來。設官置州。自爲聲教。前朝太祖作信書。教國人衣冠言語悉導本邊。若衣冠言語與中國不異。則民心無定。如齊適魯。前朝之於蒙古。不逞之徒相繼投化於國家。甚爲未便。乞衣冠則朝服外不必盡從華制。言語則通事外不必欲變舊俗。雖然燈擲石亦從古俗。無不可也。"라고 하였다. 양성지의 이 이론을 한 걸음 더 나아가 문자에까지 적용할 때는 한자를 전폐하는 것은 몰라도 일부 전문가의 사용쯤으로 제한하는 반면에 사사로운 간찰은 물론이요 관공문서조차 모조리 훈민정음으로 쓰자고 주장하기에 이르지 아니할 수 없을 것이다. 그러나 그 자신도 거기까지 논급한 것이 아닐 뿐 아니라 그 역시 한문을 상용한 사람임에만은 언문학사나 꼭 마찬가지다. 그가 광의의 숭한 즉 한화를 반대하는 데는 틀림이 없지만 협의의 숭한 즉 한문 상용은 반대여부를 확단하기 자못 곤란하다.

단지 언문학사에는 양성지와 같은 한문 반대의 의논조차 한 사람이 없다. 훈민정음을 오직 한문 보급의 한 방편으로써 예찬하고 있는 것도 결코 무리가 아니다.

3) 척불斥佛

『해동잡록』권6 <황희 항>에서 <유선록儒先錄>을 인용한 중 "세종 말년에 내불당을 지었다. 대신들이 짓지 못하게 간언해도 듣지 않았다. 집현전 학사들도 강력하게 간언하였으나 듣지 않으므로 모두 각자의 집으로 돌아가버려서 집현전이 텅 비었다. 그러자 세종은 눈물을 흘리며 황희를 불러 이르기를, 집현전 제생이 나를 버리고 가버렸으니 장차 어떻게 해야 하겠소라고 했다. 황희는, 신이 가서 달래보겠습니다라 하고, 드디어 학사들의 집을 두루 다니며 간곡히 청하여 왔다.世宗晚年造內佛堂。大臣諫之而不聽。集賢殿學士亦極諫而不聽。皆退歸其家。集賢殿爲之一空。於是世宗墮淚。招黃喜謂曰。集賢諸生棄我而去。將若之何。黃喜曰臣請往誘。遂遍往學士家。懇請而來。"라고 하였는데 이 내불당 반대에는 언문 학사의 대부분이 참가한 것이 아닐까 추측한다. 정인지는 나중 세조 때 유석시비를 논의하다가 세조에게 문책까지 당한 것으로 미루어 그 반대에 당연히 협력하였을 듯하고 신숙주와 성삼문도 단종 때 책방을 혁파하는 것으로 미루어 그 반대에 빠졌을 것 같지 않다.

여하튼 병인(1446)에 『석보상절』을 편찬하는 데도 언문 학사는 관계가 없었고 세조때 간경도감에도 정인지, 최항, 신숙주의 세 사람은 완전 관계가 없었다. 그 중의 강희안만이 전후 두 차례 불경을 베끼는 데 종사한 모양이지만 그로써 곧 그가 불교를 신봉하였다는 증거로 들 수는 없는 일이다.

그러므로 훈민정음의 사업은 병자 이후로 이미 양분되어 언문 학사와는 하등의 관련이 없이 『석보상절』의 편찬이 진행되었고 간경도감의 설치에 따라서 언문 학사의 잔존한 사람조자 아주 뒤로 물러서고 오직 불경 관계자의 독천장을 이루었던 것이다. 물론 세조 때도 『초학자회』(1458)의 언주나 『명황계일감』의 언역 등에는 최항과 신숙주가 관계되어 있으나 겨우 그 몇 종의 서적을 가지고서 간경도감의 거대한 사업과 비교를 삼을 수는 없는 일이다.

그 당시에 있어서 소위 유신으로서 대표될만한 배불 사상가는 그들의 여러 무리 중 김수온이요. 그들의 후진 중 한계희, 노사신 등 결국 『석보상절』과 모든 불경의 언해는 그 몇 사람과 다시 신미, 해초, 학조 등 몇몇 거승을 중심삼아 이루어 진 것이라고 보인다.[8]

그러나 임보신任輔臣, ?~1558의 <병진 정사록>『대동야승』에는 "김괴애金乖崖 문량공이 청한자清寒子에게 보낸 시에 이르기를,

유가를 버리고 묵가로 돌아감은 이 무슨 마음인고	舍儒歸墨是何心
이 길은 본래 물외(物外)에서 찾을 것이 아니로다	此道元非物外尋
유·묵 두 문의 단적인 뜻을 알고자 하면	欲識兩門端的意
청하건대 『논어』에서 자세히 찾아보라	請看論語細參尋

하였더니, 청한자가 그 운에 의하여 답시를 쓰기를,

갈림길은 다르나 양심은 하나이니	岐路雖殊只養心
양심은 부질없이 밖에서 찾을 것이 아니로다	養心不必漫他尋
일함에 있어 혼연히 거리낌 없으니	但於事上渾無礙
찌꺼기를 어찌 역력히 찾으리오	糟粕何須歷歷尋

하였는데, 절구시에서 같은 글자로 압운한 것은 옛 법도가 아니다. 이제 보건대, 청한자가 감개한 일을 만나 마침내 법의를 입고 중이 되어 산수에 방랑하였는데, 그가 중이 된 것은 그 자신이 뜻이 아닐 것이니, 어찌 그의 허물이겠는가. 문량공이 점잖은 재상으로서 그의 어머니를 화장하려는 것은 선비의 이름으로 묵자의 도를 행하는 것이 아니겠는가. 이 어찌 남을 책망하기는 쉽되 자신을 책망하기는 어려움이 아니겠는가.金乖崖文良公。贈清寒子詩曰。舍儒歸墨是何心。此道元非物外尋。欲識兩門端的意。請看論語細參尋。清寒子依韻答

---

8) 박해진, 『훈민정음의 길, 혜각존자 신미 평전』, 나녹, 2015.

之日。岐路雖殊只養心。養心不必漫他尋。但於事上渾無碍。糟粕何須歷歷尋。絶句之達押一韻非古也。
以今觀之。淸寒子遇感慨之事。逢染緇爲僧。放浪山水。潔身亂倫。盖非其志。豈□過之者乎。文良以衣
冠宰相。至欲燒葬其母。非儒名而墨行者耶。是何責人易責己難也。라고 하였다. 김수온의 시
는 임보신의 책망을 들어 싸거니와 그로써 그 당시 유신 간에 척불사상
이 상당히 성하였던 것과 김수온도 거기 눌려 표면으로는 감히 배불을
공언하지 못 한 것 등을 엿보기에 충분한 이야기다.

4. 여러 학사들의 공적

1) 이론의 정비

초성자나 중성자의 상형으로 미루어 훈민정음의 제작자가 애초부터 일
정한 성음 이론 아래에서 그것을 제작한 것만은 사실이지만은 그렇다고
해례에 포함된 모든 이론을 먼저 구성하여 놓고 그 이론에 그대로 들어
맞추었다고는 생각되지 않는다. 즉 그 이론의 기본적인 부분은 물론 훈민
정음의 제작보다 선행되었겠지만 그 지엽적인 부분은 차라리 훈민정음이
발표된 후, 부연된 것이 아닐까 하는 말이다.

우선 해례의 제자해에는 "ㅗ는 하늘에서 처음 나왔는데 하늘의 수로는
일이며 물水을 낳는 자리이다. ㅏ는 그 다음인데 하늘이 수로는 삼이며
나무木를 낳는 자리이다. ㅜ는 땅地에서 처음 나왔는데 땅의 수地數로 이이
며 불火을 낳은 자리이다. ㅓ는 그 다음인데 땅의 수로는 사이며 쇠金을
이루는 수이다. ㅠ는 땅에서 다시 나왔는데 땅의 수로는 구이며 쇠金를
낳은 자리이다. ㅛ는 하늘에서 다시 나왔는데 하늘의 수로는 칠이며 불火
을 이루는 수이다. ㅑ는 그 다음인데 하늘의 수로는 구이며 쇠金를 이루
는 수이다. ㅠ는 땅에서 다시 나왔는데 땅의 수로는 육이며 물水을 이루
는 수이다. ㅕ는 그 다음인데 땅의 수로는 팔이며 나무木를 이루는 수이

다. ㅕ는 그 다음인데 땅의 수로는 팔이며 나무木를 이루는 수이다.

　물과 불은 기에서 떠나지 못하고 음과 양은 사귀어 어울어지는 시초이
므로 합闔(닫음)이다. 나무와 쇠는 음과 양이 바탕을 정하는 것이므로 벽闢
(닫음)이다. ·는 하늘의 수로 오이며 땅을 낳는 자리이다. ㅡ는 땅의 수로
는 십이며 땅의 수를 이루는 것이다. ㅣ만 홀로 자리와 수가 없는 것은
대개 사람이면 무극의 참과 이오의 정(精)이 묘하게 어울리고合 엉기어서凝
진실로 자리를 정하고 수를 이루는 것을 논할 수 없기 때문이다. 그러므
로 중성에도 역시 자체적으로 음양과 오행과 방위의 수가 있는 것이다.ㅗ
初生於天。天一生水之位也。ㅏ次之。天三生木之位也。ㅜ初生於地。地二生火之位也。ㅓ次之。地四金
之位也。ㅛ再生於天。天七成火之數也。ㅑ次之。天九成金之數也。ㅠ再生於地。地六成水之數也。ㅕ次
之。地八成木之數也。水火未離乎氣。陰陽交合之初。闔。木金陰陽之定質。故闢。·天五生土之位也。
ㅡ地十成土之數也。ㅣ獨無位數者。盖以人則無極之眞二五之精妙合而凝。固未可以定位成數論也。"라
고 하였으니 11자의 중성을 역易의 대연수에 배합시키기 위하여 부득이
'ㅣ'의 한 자를 위수의 범주로부터 제외하여 버린 것이다. 그들은 무극의
진과 이기오행의 정이 묘하게 합하여 엉겼다는 주돈이의 말을 빌어 사람
에 해당한 ㅣ가 위수의 범주로부터 제외되는 이유를 삼았음에 불구하고
아무래도 견강의 자취가 없지 않다.

　또 동 제자해에는 초중 양성에 대하여 "초성을 중성에 대비하여 말한
다. 음과 양은 하늘의 도이다. 강과 유는 땅의 도리이다. 중성은 그 소리
가 하나가 심深이면 하나는 천淺이고 하나가 합闔이면 하나는 벽闢이다. 이
는 음과 양이 나뉘어서 오행의 기가 갖추어진 것이니, 곧 하늘의 쓰임用
이다. 초성은 어떤 것(후음)은 허虛하며 어떤牙音 것은 실實하며, 어떤 것은舌
音 양颺(날림)하며 어떤 것은齒音 체滯(막힘)하며 어떤 것脣音은 중重하거나 경輕
하다. 이는 강剛과 유柔가 드러나서 오행의 바탕을 이루는 것이니 곧 땅의
공功이다.以初聲對中聲言之。陰陽天道也。剛柔地道也。中聲者一深一闔一闢。是則陰陽合而五行之氣

具篤。天之用也。初聲者或虛或實或颺或滯重或輕。是則剛柔著而五行之質成焉。地之功也。"라고 하고 또 초중종 삼성에 대하여 "초성에는 발동의 뜻이 있으니 이는 하늘의 일이다. 종성에는 지정止定(멈추어서 정착함)의 뜻이 있으니 이는 땅의 일이다. 중성은 초성의 생겨남을 이어서 종성의 이룸을 이어주니 이는 사람의 일이다.初聲有發動之義。天之事也。終聲有止定之義。地之事也。中聲承初之生。接終之成。人之事也。"라고 하였으니 초중 양성의 관계에 있어서는 하늘天이든 중성과 땅地이든 초성이 초중종 삼성의 관계에 있어서는 하늘天이 사람人으로 변하고 땅地이 하늘天로 변하는 것이다. 양의에 배합되던 것을 다시 삼재로 고치어 배합함에 따라서 그 변동은 오히려 당연하다고 하려니와 그 역시 아무래도 제작에 선행된 이론이 아니요, 추후에 부연된 이론으로 보인다.

해례란 결국 훈민정음의 전체를 한 체계의 이론으로 정비한 것인 바 먼저 그 점에 있어서 언문 학사들의 공적을 들지 않을 수 없다. 물론 그 또한 세종의 예재가 아닌 것은 아니나 그 편찬자들의 노력도 무시하지는 못할 것이다.

2) 용법의 상정

예의의 설명이 우리말의 표기와 한자의 주음이나 또는 원칙과 편법이나 어디나 구애되지 않도록 한 것으로 미루어 훈민정음의 제작자가 발표 전에 어느 정도까지 그 모든 조건을 고려한 것은 사실이지만 그렇다고 용법의 세세한 부분을 전부 작정하여 놓고 비로소 발표하였겠느냐는 자못 의문이다. 또 설사 용법의 그 전부가 발표 전에 이미 작정된 것이라고 하더라도 오직 해례를 통하여 그 설명을 듣는 이상 해례 편찬자의 공적을 부인하기 어렵다.

3) 어법의 연구

새로 만든 그 문자를 가지고 우리의 어음을 표기하는 거기도 여러 가지의 복잡한 문제가 있어서 그렇게 용이한 것은 아니다. 첫째, 동일한 한 말이 여러 가지의 음으로 내는 경우에는 그것을 선택해야 하고, 둘째, 각개의 음이 서로 혼동되는 경우에는 그것을 구별하여야 하고, 셋째, 일정한 용법을 전제하는 이상 전체를 그 용법 아래 통일해야 한다. 요컨댄 어느 정도의 어법 연구가 없이는 그 표기의 방법이 혼란함을 면치 못 할 것이지만 그 당시의 문헌에는 다소의 예외를 제외하고 대체로 조금도 그러한 혼란을 볼 수 없다. 그것을 우연한 현상으로 돌리지 않는다면 그들은 그 표기의 방법을 위하여 어느 정도의 어법 연구를 행한 것이라고 추정하지 아니할 수 없다.

그런데 우리말에 대한 저술로는 『용비어천가』가 맨 먼저 나온 것인 동시에 그 이후에 나온 『석보상절』이나 『월인천강지곡』 등의 표기 방법도 『용비어천가』와 대동소이하다. 그러니까 결국 어법의 연구는 이 『용비어천가』를 중심 삼아서 진행된 것이라고 추측한다. 본래 그 당시 집현전 대제학의 정부 우찬성인 권제權踶를 위시하여 예조판서인 정인지 예조참판인 안지 등 고관이 찬수한 『용비어천가』를 다시 언문청에 내려 증수하였다는 점이 자못 주목되는 바이다. 실재로 애초에는 표기 방법쯤을 교정하기 위한데 지나지 못했던 것으로 그 교정에 따라서 내용의 일부를 증수하기에 이른 것이나 아닐까 한다.

그러나 언문청의 교정을 떠나서도 『용비어천가』의 편찬에는 언문청의 최고관인 정인지가 중심이 되었던 것이다. 그 표기 방법이 혼란되지 않는 공적을 언문청의 여러 학사에게로 돌리는데 하등의 이의가 있을 이유가 없다.

4) 동음의 정리

동음 즉 한자의 우리 음을 정리한 것은 물론 언문청 여러 학사의 공적에 속한다. 그중에서도 주장으로 박팽년이 이른바 '오제육인吾儕六人'의 공적일 것이다. 그런데 세종 29년(1447) 정유 9월『동국정운』이 나오기 전에 편찬된『용비어천가』에는 아직 훈민정음으로 주음하지 못하고 한자의 반절을 그대로 쓰고 있다. 그것은 곧『동국정운』의 완성을 기다리어서 비로소 훈민정음으로 한자 주음을 시작한 증거다.

5) 한음의 정리

한음 즉 한자의 중국음을 정리한 것은 언문청과 떨어져 오직 신숙주, 성삼문 두 사람의 활동이었던 모양이나 그 두 사람도 결국 언문청의 여러 학사 가운데 한 사람임에 틀림이 없다. 언문청 여러 학사의 공적으로 그것을 함께 들더라도 아무 상관이 없을 것이다.

6) 발표 후의 변개

이상을 종합하여 언문청의 여러 학사가 과연『훈민정음』의 제작에까지는 협찬하였을지는 몰라도 그 이론을 정리하고 그 용법을 상정하고 또 그것을 우리말의 표기나 한자의 주음 등 실용에 옮기는 데는 어디까지나 협찬한 것이 명백하다. 그중에서도 실용에 옮기는 문제는 제작에 다음가는 중요한 문제라 따라서 그들의 협찬한 공적도 결코 적은 것이 아니다.

더구나 '훈민정음'은 그 실용으로 옮김에 따라서 자형, 순서 등 여러 가지의 변개를 부득이 하게 된 바 적어도 이 변개에만은 언문청 여러 학사의 협찬이 없지 않았을 것으로 보인다. 만일 이러한 점을 생각한다면 그들의 협찬이 제작의 범주에까지도 미쳤다는 것은 사실이다.

그런데 발표 후의 변개는 오직 자형 중 ' · ·'의 단체만이 세조 때요 그 이외는 전부 세종 때로 추정된다. 즉 『훈민정음』은 언문청 여러 학사의 협찬 아래 모든 규정이 완성된 것으로서 그 이후의 사람들은 단지 그 규정을 충실히 지하기어 간 것뿐이다.

풀이

1 銀은 眞운의 疑모자로 '卽ᅙᅳᆫ'이요 근은 元韻의 見모자로 즉 '근'인데 초성과 중성이 상사하여 혼동되기 쉬움을 이름인 듯 하다.

2 하중장은 하위지(河緯地), 이백옥(李白玉)은 이석형(李石亨)이다.

3 김수온(金守溫)의 익는 문평(文平)이요 자가 文良인데, 혹은 이 저자가 그의 자를 익로 한 것인지 또 혹은 오자인지 불확실하다.

제2절 기타의 협찬자

1. 담당의 왕자

1) 안평대군

세종의 셋째 아들로서 이름은 용瑢이요 자는 청지淸之이다. 『장릉사보莊陵史補』3권에는 "자호가 낭우거사이고 세종 시에 당호 편액을 받았으며 학문을 좋아하고 긴 시를 짓고 서화도 즐겼다. 계유난정 때 무이정사를 지어 김종서와 내왕하다가 강화에 엎드려 지내다가 양사에서는 용의 악행을 논하였고 청안법에 따라 사사되었다.自號琅玗居士。世宗賜堂扁匪懈。好學。長於詩。又工書畵。癸酉靖難以瑢異志築武夷精舍。與金宗瑞相往來。竊江華。兩司論瑢惡。請按法。遂賜死。"라고 하였다. 문종과 세조와 함께 언문청의 사무를 담당한 외에 『의방유취』의 편찬도 담당한 일이 있다. 세조와 그가 준화상俊和尙에게 가서 석전에 대한 것을 물었다는 『소문쇄록』9)의 기록으로 미루어서는 『석보상절』의 편찬에도 참섭되었을 법 하나 도무지 그러한 증거 기록이 보이지 않는다.

2) 화의군和義君

세종의 후궁 소생인 첫째 아들이요 그 어머니는 영빈 강씨로서 이름은 영瓔이요 자는 양지良之이다.

『장릉사보』에는 3권에 "을해년 빈청에 계문을 올려 최영손崔泳孫, ?~1455과 김옥겸 등과 집에서 활쏘기를 하며 숨어 있었는데 고신을 받고 영은 청산보다 더 깊은 연안으로 이거하였다. 상왕이 위를 물려주자 영은 독거하며 울다 병자년 금산에 안치 되었다가 죽었다.乙亥賓廳啓。瓔與崔泳孫。金王謙等。會瑜家謀射。而匿之。收瑜告身。付處瓔于靑山尋移延安。上王遜位。瓔常獨居涕泣。丙子安置錦山。死焉。"라고 하였다. 계양군과 함께 『직해동자습』의 편찬을 담당한 일이 있다. 그 이외의 사업에는 그의 이름이 별로 나타나지 않는다.

3) 계양군桂楊君

세종의 후궁 소생인 둘째 아들이요 그 어머니는 신빈 김씨로서 이름은 증璔이요 자는 현지顯之다. 『세조실록』 세조 10년(1464) 갑신 8월에 그의 서거를 기록하면서 "증은 학문을 좋아하여 책을 덮지 않았고 글을 잘 썼으며 임금이 즉위하였을 때 좌익공이 되었고 임금이 거듭 조정의 비밀출납

---

9) 이 책의 일부가 『대동야승』에 24조(條)로 채록되어 있다. 『시화총림(詩話叢林)』에 54조가 수록되어 있다. 『소문쇄록』은 『연려실기술』 별집 야사류(野史類)에 이 책의 이름이 보인다. 『해동야언(海東野言)』의 인용 서목에도 중요한 채집본으로 되어 있다. 그러나 여기에 인용된 것은 『대동야승』의 것과는 일치되지 않는 것이 더러 있다. 따라서 이본이 전해진 것이라 짐작된다. 정본으로 볼 수 있는 원래의 『소문쇄록』은 발견되지 않았다. 『소문쇄록』은 자잘한 이야기나 사건을 듣고 기록하였다는 뜻으로 책명을 붙인 것 같다. 내용은 고려 말기에서 조선 초기에 이르는 기간에 활동했던 문인 지식층의 동향과 시화가 그 주를 이루고 있다.

서무를 맡겼는데 은혜를 되돌아보며 융성함을 더했다. 증이 병이 들자 임금이 내의원을 보내 치료하였으니 효험이 없었다.瑠好學不倦。工書。上之卽位也。有佐翼功。上重之。俾出納庶務。恩顧益隆。瑠疾。上遣內醫治之。無所不至。竟莫能効。"라고 하였다. 세조와 함께『홍무정운역훈』의 편찬을 담당하고 화의군과 함께『직해동자습』의 편찬을 담당한 일이 있다. 세조 때에 이르러는 간경도감에도 일시 관계되어 있을 것 같다.

2. 양 운서의 보좌자

1) 조변안曹變安

창녕 조씨로 조상치의 아들이요 조변융의 아우다.『연려실기술』<조상치 항>권4에는 "단종조 관은 부제학, 세조대 선을 계수받고 마원(영천빙촌)으로 물러나 은거하였다. 종신 동안 서향하여 좌불하였는데 일찍 돌 하나를 얻어 그 면에 새기기를 노산조 부제학 보인 조모의 묘지 운운端宗朝官副提學。世祖受禪。退居麻丹(永川滄水村名)。終身坐不西向。嘗得一頑石。不雕不餙。題其面而刻之曰。魯山朝副提學逋人曹某之墓云云。"라고 하고 또 동서 <조변륭 항>에는권4에 "상치가 영남에 돌아가 숨던 때에 그의 아들인 변륭은 어버이가 영남에 있으므로 벼슬에 종사할 형편이 못된다며 드디어 같이 돌아갔다. 뒤에 발탁되어 예조 참의에 이르렀으나, 사양하고 응하지 않았다. 자손에게 유언하여 노릉조 부지괴원정자라 묘석에 표하고 참의 직함은 쓰지 말라 하였다.當尙治遯跡之日。以親在嶺外。無從宦之勢。遂同歸。後擢至禮曹參議。辭不應命。遺誡貝以魯陵朝副知槐院正字表墓石。勿書參議啣。"라고 하였다. 세조 이후 조변안도 그다지 현달치는 못하였으나『보한재집』에 조참의 변안에게 주는 시가 있는 것으로 미루어서 그 부형과 같이 은퇴하지 않고 여전히 사환에 종사한 것만은 사실이다.『동국정운』,『홍무정운역훈』,『직해동자습』 등의 편찬에 전부 참가하고 있다.

2) 김증金曾

『동국여지승람』 <영천(영주) 항>에는 권25에 김담을 증曾의 아우라고
하였다. 김증金曾, 1413~1456은 곧 김담의 형님인 김회의 일명이다.

동 서 <김산항>에는 권29에 "김증은 경태 말엽에 군을 맡아 다스렸는
데 정치가 인자하고 자상하였으며 공명하고 과단성이 있었다. 관에서 죽
으니 아전과 백성들이 슬퍼하기를 부모를 잃은 듯이 하였다.金曾。景泰末知
部。爲政慈詳名斷。及卒于官。吏民哀之如父母。"라고 하였다. 조변안과 함께 상기 3서
의 편찬에 전부 참가하였다.

3) 손수산孫壽山

『세종실록』 세종 27년(1445) 을유 정월에 "집현전 부수찬 신숙주와 성균
관 주부 성삼문과 행 사용司勇 손수산을 요동에 보내서 운서를 질문하고
돌아 오게 하였다.遣集賢殿副修撰申叔舟。成均注簿成三問。行司勇孫壽山于遼東。質問韻書。"라
고 하였고 동 실록 경오(1450)년 1월에는 "집현전 성삼문 응교 신숙주 봉례
랑 손수산에게 명하여 운서를 사신에게 묻게 하였는데 삼문 등이 관반을
따라 보이니 사신이 말하기를 이 분들은 무슨 벼슬을 하는 사람입니까라
고 하니 김하가 말하기를 모두 승문원 관원이고 직책은 부지승문입니다. 수
산을 가리켜 통사라 하였다.命直集賢殿成三問。應教申叔舟。奉禮郎孫壽山問韻書于使臣。三
問等因館伴以見。使臣曰是何官也。金何曰皆承文院官員。職則副知承文院事也。指壽山曰此通事也。"라
고 하였다. 이 두 기록만으로 보아도 신숙주, 성삼문의 두 사람이 음운
관계로 외국인을 접촉할 때는 반드시 그가 동반하였다고 추측되지만 그
의 성명은 그 두 사람과 함께 오르지 못하고 있다. 아마 그것은 김하金何,
?~1462의 소개와 마찬가지로 통사通詞(통역관)로 관계였는지도 모른다. 『홍무
정운역훈』과 『직해동자습』의 편찬에 참가하였다.

제3절 자문한 외국인

1. 황찬黃瓚

1) 자문 사항

『해동잡록』<성삼문 항>권4에서 에 김수온의 <독서암한완서>를 인용한 가운데에 "을축년 봄에 임금께서 성운聲韻을 크게 바로 잡을 뜻을 가지고, 마침 학문이 있는 중국의 한림학사 황찬黃瓚이 요양으로 귀양을 왔다는 말을 듣고 신숙주에게 가서 교정을 받아 오라 명령하였는데, 성 선생 역시 함께 갔다.乙丑春。上有意大正聲韻。聞中朝翰林學士黃瓚有文學謫遼陽。命申先生叔舟往取正。成先生亦得與爲。"라고 하고 을축에 쓴 박팽년의 <희현당시후서>에는 "금년 봄 요동으로 봉행하여 왕조의 한림 황찬과 운학을 논하였고今年春。奉使遼東。與皇朝黃翰林瓚論韻學。"라고 하였다. 이 물론『세종실록』세종 27년(1445) 을축 정월에 "집현전 부수찬 신숙주와 성균관 주부 성삼문과 행사용 손수산을 요동을 보내어 운서를 질문하여 오게 하였다.遣集賢殿副修撰申叔舟。成均注簿成三問。行司勇孫壽山于遼東。質問韻書。"라고 한 것과 부합되는 말이다.

그런데 이승소의 <신숙주비명>에는『보한재집』 "세종이 또 언문으로 화음을 옮기려고 할 때 한림학사 황찬이 죄를 지어 요동에 귀양 왔다는 말을 듣고 공에게 중국으로 가는 사신을 따라 요동에 가서 황찬을 만나 질문을 하라고 명하시니 공이 황찬을 만나 질문하였다.世宗又欲以諺字翻華音。聞翰林學士黃瓚以罪配遼東。命公隨朝京使入遼東。見瓚質問。"라고 하였으니 그 자문은 순연히 화음華音에 대한 것이었던 모양이다. 그 역시 을축에 쓴 박팽년의 <무본재시권> 서문에는 "금년 봄 신 범옹과 성 눌옹은 두 사람이 요동으로 가 한림 황찬을 배알하여 홍무운 강론을 듣고 중화의 정음을 터득하였다.今年春。申泛翁與成訥翁二君子之遼東。謁黃翰林瓚。講論洪武韻。得中華之正音。"라고 하였으니 그 운서란 곧 『홍무정운』으로 역훈의 편찬을 준비한데 지나지 않는 것이다.

2) 그 외 인물

황찬이 <희현당> 서 끝에『보한재집』 "황찬은 정통 10년 을축 맹하 8월 진사 출신이며 전한림원 서길사승직당 형부주사를 지냈으며 길수인이다. 正統十年乙丑孟夏八月賜進士出身。前翰林院庶吉士承直郎刑部主事吉水黃瓚。"라고 하였으니 그 는 길수인吉水人이요, 형부주사刑部主事로 요동에 유배와 있던 사람이다. 『중국인명사전』에는(상무인서관 발행) "황찬은 의진인으로 자는 공헌 성화 년간 에 진사가 되었다. 강서 관에서 정사를 맡았고 영왕신호의 불법을 여러 관리들이 많이 제지하였지만 찬은 홀로 굽히지 않았다. 다스리는 첫 걸음 이 응천부윤이고 무산동을 순찰하였으며 관직은 남경 우시장에 마쳤다. 『석주집』이 있다. 黃瓚儀眞人。字公獻。成化進士。累官江西布政。寧王宸濠不法。諸司多爲所制。瓚獨 不屈。以治行第一普應天府尹。巡撫山東。官終南京右侍郎。有雪洲集。"라고 하였으나 요동에 적거해 있던 황찬은 정통 때 이미 한림인 바 이 황찬은 성화 진사요, 또 전자는 길수 즉 강서 길안 사람인 바 후자는 의진 즉 강소江蘇 의징儀徵인 으로 서로 틀리니 아마 같은 성명의 다른 사람인 모양이다. 우리가 알고 싶어 하는 황찬은 어떤 기록에도 나타나 있지 않다. 결국 후세에 그 이름 이 전할만 한 인물이 못 되었던 것으로 추정된다.

그러니까 그가 음운학이나 자학의 특별한 전문가도 아니었을 것이다. 오직 진사 출신으로서 비교적 가까운 곳에 마침 적거하여 있던 까닭에 그에게 가서 자문한 것뿐이다.

3) 요동의 왕래

『홍무정운역훈』 서문에는 "왕래하기를 7~8회이 이르렀다往來至于七八"라 고 하였는데 『동국여지승람』 <고령현 항>권29에는 신숙주에 대하여 "세종의 명을 받들어 요동에 가서 명나라의 전 한림학사 황찬에게 정운에 대해 질문하기 위해 내왕하기를 무릇 13차례나 하여後奉命往遼東。與大明翰林學士黃瓚質問正韻。往還凡十三度。"라고 하였고, 신숙주의 행장, 묘지, 비명 등 전부 13도로 명기하였다. 7~8 차례 왕복을 왕往과 반返으로 각각 치면 15차례가 될 수 있을 것이다. 그 숫자의 차이는 오히려 이상할 것이 없는 일이다. 그런데 갔다 반드시 돌아왔다면 그 도수는 12나 14의 우수로 떨어지는 것이지 결코 13의 기수로 떨어질 이유가 없다. 그러한 상식적 추단을 가져 임의로 교정한 것인지는 모르지만은 『증보문헌비고』에는 유독 12차례로 되어 있는 것이다. 그러나 『통문관지』[10)권8에 "신 문충 숙주공은 성삼문과 더불어 승정원에서 화어를 학습하라는 명을 받고 요동에 1년에 3차례 왕래하였다.申文忠叔舟與成三問。承命學華語于遼東。一年三往。"라고 하였고 황찬의 <희현당시> 서문에는『보한재집』 "이미 헤어진지 달을 넘은지 거듭되어 旣而別去。越月餘復至。"라고 하였다. 모든 기록을 종합하여 을축년에 봄, 가을로 두 번 중국을 간 가운데 첫 번은 요동까지요, 둘째 번은 북경까지였는데 월여만에 다시 왔다는 것은 시일로 계산해서 국경에서 어명을 받고 다시 되돌아선 것이 아닌가 의심이 되며, 또 모든 기록을 종합해서 신숙주와 성삼문의 두 사람이 동반한 것은 을축년뿐이요, 을축년은 봄 가을 두 차례인데 중로에서 다시 되돌아 선 그것을 넣어서 1년 3차례 왕래라고 말한 것이 아닌가 의심된다. 만일 이상의 추측이 맞다면 13 차례는 숫자에 하등 의심을 품을 필요가 없다. 왜 그런가 하면 가는 것만 계산하고 돌아오는 것을 계산하지 아니할 수 없는 때문이다.

단지 『홍무정운역훈』 서문에는 "이에 신 등에게 중국의 선생이나 학사

---

10) 1720년 김지남(金指南)이 아들 경문(慶門)과 함께 사역원(司譯院)의 연혁과 사적을 엮은 책. 12권 6책. 역관으로 사신을 수행하면서 보고들은 사실들을 참고로 하여 사대와 교린에 관한 연혁·역사·행사·제도 등을 체계화하였다.

한테 물어보아 바로 잡도록 하라고 명시하시어 왕래가 7~8차에 이르렀고 물어 본 사람이 여러 사람이나 된다. 연경은 만국이 회동하는 곳으로서 먼 길을 오갈 때에 일찍이 교섭해서 밝혀보려고 한 사람이 또 적지 않고 변방이나 이역의 사신과 일반 평민에 이르기까지 만나 보지 않은 사람이 없으며 이래서 정正과 속俗과 다르고 같게 변한 것을 다 밝히려고 하였다.乃命臣等。就正中國之先生學士。往來至于七八。所與質之者若干人。燕都爲萬國會同之地。而其往返道途之遠。所嘗與周旋講明者又爲不少。以至殊方異域之使。釋老卒伍之微。莫不與之相接。以盡正俗異同之變。"라고 하였으니 을축 봄에 한 차례 외에는 반드시 요동을 목적하고 간 것도 아니요, 또 반드시 황찬에게 물으러 간 것도 아닌 것이 분명하다. 우연히 제1차가 요동까지였고 그 중에 비교적 이름있는 사람이 황찬이었음에 드디어 그 이후 자문의 사행까지도 전부 요동의 황찬과 관련이 있는 것처럼 잘못 전해진 것 같다.

그뿐이 아니라 경오(1450)에도 성삼문이 중국을 가는데 신숙주가 동반하지 않았거니와 을축(1445) 이후 성삼문은 부사인 그 부친 성승을 수행하여 중국에 자주 다녔던 증적이 있건만은 신숙주는 자못 불분명하다. 13차의 내왕이란 그 두 사람이 사행을 합한 것이나 차라리 성삼문의 사행을 가리키는 것일망정 신숙주 그 자신의 일만은 결코 아닐 것이다.

4) 뒷사람들의 오측

『동각잡기』의 저자가 의식적이든지 무의식적이든지 간에 훈민정음의 제작에 마치 황찬이 관련된 것처럼 만들어 놓은 뒤 이익은 드디어 원나라의 관계를 미루어 황찬이 몽고자를 알 것이라고 전제하고 다시 그가 몽고자를 우리에게 전수하여 주었다고 추측하여 몽고자 기원설까지 주창하였으나 첫째, 황찬에게 물은 것은 『홍무정운』의 화음이요 훈민정음이 아니며 둘째, 원나라 이후 근 백년 뒤이며 더구나 강서의 진사 출신인 황찬이 그들 소위 몽고 글인 '호자胡字'를 알 까닭이 없다. 또 『언문지』의 저자(유희)는 『운회』 아래 "明黃瓚著"라고 하여 중대한 사실의 착오를 저질렀는데 첫째, 『운회』는 원나라 때의 운서이지 명나라 때의 운서가 아니며, 둘째 그 저자는 황공소黃公紹이지 황찬이 아니다.

『홍무정운역훈』 서문에는 다시 "중국을 오고가며 바로 잡은 것이 이미 많으나 마침내 운학에 정통한 사람을 만나서 성모와 운모 등을 고르게 분별하는 요령을 터득하지 못했으며, 다만 말과 책 읽는 틈에 성모(청탁)과 운모(개합)의 근원을 거슬러 올라가 이른바 가장 어려운 운학의 이치를 밝히고자 하니 이것이 곧 여러 해 고생하며 노력했으나 겨우 얼마밖에 얻지 못한 까닭이다.往復就正旣多。而竟未得一遇精通韻學者。以辨諧紐攝之妙。特因其言語讀誦之餘。溯求淸獨開闔之源。而欲精夫所謂最難者。此所以辛勤歷久而僅得者也。"라고 하였으니 황찬은 물론이요, 그 후의 예겸까지도 운학에 정통치 못하여 화음의 자문조차 이편의 만족을 얻지 못하였던 것이 사실이다. 오직 중조의 한림학사라고 떠들고 또 일부러 요동까지 보내어 음운을 질문하였다고 하니까 여러 방면으로 부회되어 사실 이상으로 그를 평가한 혐의가 없지 않다.

2. 예겸倪謙

1) 자문의 사항

『세종실록』 세종 32년(1450) 경오 1월에는 "직 집현전 성삼문, 응교 신숙주, 봉례랑 손수산에게 명하여 운서를 사신에게 묻게 하였는데, 삼문三問 등이 관반館伴을 따라 뵈니, 사신이 말하기를, 이분들은 무슨 벼슬을 하는 사람입니까라고 하니, 김하가 말하기를, 모두 승문원 관원이고, 직책은 부지승문원사입니다라고, 수산을 가리키면서, 통사입니다고 하였다. 정인지가 말하기를, 소방이 멀리 해외에 있어서 바른 음을 질정하려 하여도 스승이 없어 배울 수 없고, 본국의 음은 처음에 쌍기雙冀 학사에게서 배웠는데, 기冀 역시 복건주 사람입니다라 한즉, 사신이 말하기를, 복건 땅의 음이 정히 이 나라와 같으니 이로써 하는 것이 좋겠소라고 하였다. 하가 말하기를, 이 두 사람이 대인에게서 바른 음을 배우고자 하니, 대인은 가르쳐 주기를 바랍니다라고 하였다. 삼문과 숙주가 『홍무운洪武韻』을 가지고 한참 동안 강론하였다.命直集賢殿成三問, 應敎申叔舟, 奉禮郎孫壽山。問韻書于使臣。三問等因館伴以見。使臣曰是何官也。金何曰皆承文院官員。職卽副知承文院事也。指壽山曰此通事也。鄭麟趾曰小邦遠在海州。欲質正音。無師可學。本國之音初學於雙冀學士。冀亦福建州人也。使臣曰福建之音正與此國同。良有以也。何曰此人欲從大人學正音。願大人敎之。三問叔舟將洪武韻講論。”라고 하고 또 같은 달에 “성삼문 등이 운서에 관한 질문을 하였으며 가지에 이르기까지 이 나라에서는 연줄기를 뭐라고 합니까? 옛날 장건張騫이 서역에 사행을 갔을 때 포도 종을 얻어와 지금 중국에 전해졌으니 우리들이 또한 연줄기를 구하고자 하는데 중국에서도 가능합니까?成三問等質問韻書。至茄字。使臣曰此國茄子何似。昔張騫使西域。得葡萄種。至今傳之中國。吾等亦欲得茄種以傳中國可也。”라고 하였다. 을축(1445) 이후 자주 중국을 가서 황찬 이하 몇 사람에게 『홍무정운』의 화음을 자문하였건만 만족한 해답을 얻지 못하였던 모양이다. 마침 진사 출신의 예겸倪謙이 사신으로 온 것을 기회로 삼아서 그것을 다시 한 번 자문한 것으로 보인다.

그러나 『문종실록』 문종 원년(1450) 경오 10월에 “사헌장령 신숙주가 음운을 질문할 사목과 중국의 교장 형제刑制를 가지고 아뢰니, 임금이 말하기를, 음운은 예겸倪謙(세종 때 사신으로 왔던 명나라의 학자)이 왔을 적에 이미 질문하도록 하였다. 비록 중국에서도 예겸 같은 자가 드물겠지마는, 이제 성삼문이 입조하니, 만약 예겸보다 뛰어난 자를 만나거든 물어보고, 그렇지 않으면 반드시 물을 것도 없다. 교장의 사목은 병조에 내려 상량 확정하여서 아뢰어라.司憲掌令申叔舟賚音韻質問事目及中朝敎場形制以啓。上曰音韻倪謙來時已令質問。雖中朝罕有

如倪謙者。今成三問入朝。如過勝於倪謙者。問之。否則不必問也。教場事目下兵曹。商確以啓。"하였다. 예겸倪謙에게 자문한 결과는 그 전 날의 누구보다도 가장 좋은 성적이었음에 불구하고 여전히 이편으로서는 어느 정도 남은 의혹을 면치 못한 듯하다.

2) 그의 인물

『중국인명사전』에는 "예겸은 상원인이며 자는 극양克讓이다. 정통(1449)에 진사가 되어 조선에 사신으로 봉해졌는데 풍채가 매우 위엄있다. 명나라 영종 초에 관직을 자주 옮겼는데, 정성스레 동궁을 모셨다. 시험을 주관함에 천리를 잘 따라서 예겸은 상원上元 사람으로서 자는 극양이다. 정통 연간에 진사가 되어 조선 사신으로 왔는데 풍채가 늠름하였다. 천순 초에 여러 자리를 거쳐 학사가 되고 동궁을 모시면서 훈도하는 관직이 되었다. 주임시험관이 되어 권세가의 자식을 내쳤다가 무고를 입어 변방인 개평開平으로 유배되어 관노살이를 했다. 헌종의 명에 따라 옛 관직에 복직되었다. 여러 자리를 옮겨 남경예부상서를 하고 물러났다. 죽어 '문희文僖'라는 시호를 받았고, 저술로는 『조선기사朝鮮紀事』와 『예문희집倪文僖集』이 있다.倪謙上元人。字克讓。正統進士。奉使朝鮮。風采凜然。天順初屢遷學士。簡侍東宮。主考順天。黜權貴之子。遂誣構以罪。謫戍開平。憲宗詔復舊職。累遷南禮部尙書。致仕。卒謚文僖。有朝鮮紀事。倪文僖集。"라고 하였다. 상원은 나중에 강녕과 합하였고 강녕은 곧 현재의 난징南京으로 그는 강소 사람인 바 후일에 비교적 현달한 사람이다.

3) 조선 표류기와 시

『기록휘편』제65에 그의 조선 표류기가 실려 있는데 본래 간단한 일기체의 기록이다. 그 중에서 신숙주, 성삼문의 두 사람과 관계된 부분만 뽑아 보면 다음과 같다. "경태景泰 원년(1450) 정월 정축 초하루 병술일에 요동에서 출발하니, 윤정월 병오 초하루에 벽제를 출발하여 40리를 가서 관찰사가 작은 잔치를 베풀었다. 날이 밝아 모화관에 이르렀다. 경술일에 국왕이 파견한 우승지 이사순李師純, 이조 판서 이견기李堅基가 와서 문안하고 작은 잔치를 베풀었다. <답정공조시>를 지었다. 승지 부지원사 신숙주와 성삼문이 칼을 보내 주었기에 시를 지어서 보답하였다. 신해일에 <답숙주삼문시>를 지었다. 임자일에 <답숙주삼문시>를 지었다. 갑인일로 부터 매일 밥을 먹은 뒤에 신숙주가 병서를 책상 위에 펴 놓고 음운의 의의를 교정하였다. 기미일에 이어 파견한 예조 참판 이변이 와서 한강 루각에서 유람하기를 청하였다. 이에 사마 황문司馬黃門과 함께 말을 타고 남쪽 성 밖으로 나갔다. 배행한 사람은 공조 판서 정인지, 한성 부윤 김하, 지원 신숙주, 성삼문 및 영접도감의 여러 관원들이었다. 신유일에 신숙주가 지필묵을 보내왔기에 시를 지어 보답하였다. 을축일에 출발하여 교외로 나와 모화관에 이르렀다. 국왕과 세자는 병으로 인해 전송하지 못하였으며, 수양군이 여러 왕자들과 함께 미리 관중에 송별하는 자리를 마련해 놓았다. <중략> 저녁에 벽제관에 이르니, 국왕이 미리 파견한 좌의정 황보인, 예조 판서 허후, 우부승지 김완지, 도승지 이사철, 예조 참판 이변이 송별하는 자리를 마련해 놓았는데, 배행한 자는 김하, 신숙주, 성삼문이었다. 임신일에 숙녕관을 출발하여 안주의 안흥관에 이르니, 국왕이 미리 파견한 공조 판서 정인지가 잔치를 베풀었는데, 시연한 자는 안주 목사 박이령朴以寧이었다. 공조 판서가 시를 지어 작별하기에 즉석에서 화답하였으며, 신숙주와 성삼문 역시 화답시를 지어 보냈기에 다시 화답시를 짓고, 그곳에서 묵었다. 계유일에 안주를 출발하였는데, 정인지와 박이령이 모두 배에 올라서 전송하였다. 살수를 지나니 배 안에 술상을 차려 놓았다. 시를 읊어서 작별하자 공조 판서가 화답하였으며, 강을 다 건너가서 작별하였다. 오후에 박천을 건넜는데, 성삼문이 다시 시를 지어 바쳤으므로 다시 화답시를 지었다. 정축일에 관소에 있었다. 조석강이 잔치를 베풀었으며, 요동의 군마에게 술과 음식 및 행량을 지급해 주었다. <유별김하숙주삼문시留別金何叔舟三問詩>를 지었는데, 왕복하면서 화답한 시가 몇 수나 되었다. 景泰元年正月丁丑朔戌遼東起程。閏正月丙午四更碧蹄館起程。四十里至接官廳。工曹觀察設小宴。遲明至慕華館。庚戌王遣右承旨李師純。吏曹判書李堅己來問安。小宴。有達鄭工曹詩。承旨副知院事申叔舟成三問惠刀。酬之以詩。辛亥有答叔舟三問詩。壬子有答叔舟三問詩。甲寅自此每日飯後申叔舟具書籍於案。講校音韻疑義。己未繼遣禮曹參判李邊來。請遊漢江。乃與司馬黃門乘馬。自南城出。陪行者工曹判書鄭麟趾。漢城府尹金和,。知院申叔舟。成三問及迎接都監衆官。辛酉申叔舟來送墨官。酬之以詩。乙丑起程。出郊至慕華館。王與世子病不能送。首陽偕諸王子預設館中。侯餞。席上賦詩一章留別。<中略> 晚至碧蹄館。王豫遣皇甫仍。禮曹判書許詡,。右副承旨金浣之,。都承旨李思哲,。參判李邊設宴候。陪行者金和,。申叔舟,。成三問。壬申肅寧起程。至安州興館。王豫遣工曹判書鄭麟趾。設宴待。宴者安州牧使朴以寧。工曹以詩留別。卽席和答。叔舟三問亦和以呈。復和答之宿。癸酉安州起程。麟趾以寧具叔舟送過隆水。舟中置酒賦詩留別。工曹和之。涉岸別。午濟博川。三問復和以呈。和答之。丁丑在館右崗設宴。給遼東軍馬酒飯中糧。有留別金和。叔舟。三問詩。往復和答數章。" 인명의 오기가 없지 아니 하니 아마 황보잉皇甫仍은 황보인皇甫仁이요, 이견기李堅己는 이견기李堅基요, 김화金和는 김하金何인듯 하다. 또 『세종실록』에는 신숙주, 성삼문의 두 사람이 무신일에 처음 예겸을 만나서 그날 곧 정음의 교수를 청하였다고 하는데 여기는 처음 만난 일은 없고 오직 갑인일부터 음운에 대한 강교를 기록하였다.

그런데 『보한재집』 가운데 <요해편>에는 그가 신숙주, 성삼문을 유별留別하였다는 시가 실려 있다. 그마저 아래에 들어 보이기도 한다. <유별신범옹>은

聚首東藩一月餘 동쪽 변방에서 한 달여 함께 지내보니
情孚道合有誰如 이처럼 정답고 도에 합치된 자 누가 있으리?
喜諧音律唫詩句 기쁘다네, 음율에 맞추어 시구 읊으니.
愛問形聲較韻書 형태와 소리를 운서에 견주어 사랑스레 물어보았네.
季札翰周才不溙 계찰11)은 주나라 음악을 비평하니 재주는 욕되지 않고

由余佐穆國寧虛 유여[12])는 목공을 도우니 나라 어찌 공허하리오?

別來尺素須頻寄 헤어진 뒤 편지 자주 보내니

可信人間足鯉魚 세상에 편지 전하기로는 잉어로도 만족하네[13])

과 <유별성근보留別成謹甫>는 "해상에서 만난 후로 오랜 친구가 되었다네. 한가한 담소로 매번 시간 가는 줄 모르고, 마음이 같아서 금란金蘭의 우의를 서로 맺고, 함께 마시니 옥수 같은 자질 몹시 어여쁘더라. 감히 양웅揚雄만이 글자를 많이 안다고 이를까. 자우子羽가 수사를 잘하는 것은 본디 믿었도다. 강가에서 하는 이별을 견딜 수 없어 동풍에 말 세우고 이별을 한하노라.海上相逢卽故知. 燕閒談笑每移時. 同心好結金蘭契. 共飮偏憐玉樹姿. 敢謂揚雄多識字. 雅信子羽善修辭. 不堪判袂臨江渚. 勒馬東風怨別離."로 성삼문에게 준 시의 첫 수로 보아서 성삼문과는 이미 그전부터 지면이 있었던 모양이다. 처음으로 사신을 오는 예겸에게 음운을 자문하기로 정한 것도 성삼문의 계달啓達로 인하여 거기 대한 그의 소양을 미리 짐작하고 있었던 때문일지 모른다.

4) 그에 대한 기록

『필원잡기』권2에는 "최근에 『요해편』을 얻어 보니, 한림 시강 예겸이 우리나라로 사명을 받들고 왔을 때 지은 것으로서, 우리나라 여러분들이 수작酬酢한 것과 증별시 등이 뒤에 붙었는데, 나같이 재주 없는 사람의 성

---

11) 계찰(季札) : 춘추 시대 오(吳)나라 공자(公子). 그가 노(魯)나라에 사신으로 가서 주대(周代)의 각국(各國) 음악을 들어 보고는 정확하게 비평한 고사가 있다.『춘추좌전』양공 29년.

12) 유여(由余) : 본래 진(晉) 나라 사람으로서 융(戎)에 들어갔는데 융왕(戎王)의 사신으로 진(秦) 나라에 왔다가 목공(繆公)에게 발탁되어 그의 정승이 된 뒤 서융(西戎)의 패자(覇者)가 되게 하였다.『사기』권5, 권110.

13) 족이어(足鯉魚) : 악부(樂府) 상화가사(相和歌辭) <음마장성굴행(飮馬長城窟行)>에 "손님이 원방으로부터 와서, 나에게 잉어 두 마리를 주길래, 아이 불러 두 잉어를 삶게 했더니, 뱃속에서 짤막한 서신이 나오네.(客從遠方來 遺我雙鯉魚 呼兒烹鯉魚 中有尺素書)"라고 한 데서 온 말이다.

명도 그 가운데 있었다. 포정사 참의 노옹盧雍이 서문을 쓰기를, 처음에 예 시강이 조선에 이르니, 그 나라에서 문학에 능한 신하들을 선택하여 관반으로 삼았었다. 공은 얼굴빛을 가식하여 굴종하니, 그 사람이 붓을 잡고 글을 쓰면서 얼굴에 극히 자부하는 빛이 있었으므로, 공은 마침내 기이한 문장을 지어 재능을 마음껏 발휘하였다. 시상이 샘솟듯 하여 붓 가는 대로 순식간에 지어놓았고, 별달리 마음을 쓰지 않아도 그 말과 뜻 이 뛰어나고 빼어나, 좌중을 내려보고 휘두르기를 곁에 사람이 없는 것같 이 하니, 일국의 사람들이 비로소 모두 놀라서 찬미하고 존경하여 마지않 았다라 하였다. 지금 그 당시 관반을 살펴보면 문성공 정인지인데, 자랑 하고 자부하는 것이 어찌 공이 할 바이겠는가. 한림 시강 오절吳節이 발문 을 쓰기를, 공이 그 나라에 갔을 때 그 나라에서 평소 시문에 능한 자를 널리 선택하여 관반을 맡게 하였다. 선생의 재주와 의사가 물이 솟고 산 이 나오는 것같이 민첩하여 붓 가는 대로 휘둘러 순식간에 글을 이루었 다. 그 나라 사람들이 혹 머리를 모아 칭찬하고 탄복하였으나 위축되어 감히 잘하는 바를 내놓지 못하였는데, 오직 정인지와 신숙주·성삼문 등 3명이 약간 재치 있는 소리를 할 줄 알아 능히 간혹 화답하니, 선생 또한 누차 권장을 가하였다라 하였다. 애석하다. 노옹과 오절 두 사람이 예 시 강만을 높이고, 우리 동국 여러분을 억누름이 너무 심하다. 이제 예 시강 의 『요해』 전편을 읽어보니, 다만 평평한 시문뿐이요, 크게 뛰어나거나 기이하고 위대한 말이 있는 것을 보지 못하겠다. 예 시강의 <설제등루부 雪霽登樓賦> 같은 것은 비록 아름답긴 하나, 신문충공(신숙주)이 차운한 사부 역시 문리가 순하고 구성이 알맞아서 초성과 같은 운치가 있으니, 역시 시강과 백중이라 할 만할 것이다. 어찌 쉽게 말하리오. 노옹과 오절 두 사람의 말은 실로 공정한 논평이 아니다.近得見遼海篇。乃翰林侍講倪謙奉使我邦所 作。附以我國諸賢酬酢贈別之作。如僕之不才。姓名亦在其中。布政司參議盧雍序之曰。初侍講到朝鮮。

其國擇文學之臣。以爲館伴。公假顏色。俯就之。其人操筆面肆矜眩者。公乃發舒。其奇思如湧泉。信筆立就。殊不經意。而辭旨超逸。睥睨驅御。旁若無人。擧國始皆駭愕。嘆仰無已。今考其詩。館伴則鄭文成公麟趾也。面肆矜眩豈公所爲耶。翰林侍講吳節跋之日。曁公至國。其國廣擇素能詩文者。以司館伴。先生才思敏捷。若水湧山出。肆筆揮洒。頃刻而就。國人或聚首稱嘆。斂縮不敢出所長。惟鄭麟趾。申叔舟。成三問三人稍知警策。間能屬和。先生亦屢加勸奬也。惜乎盧吳二子之尊崇侍講而屈抑我東賢者太甚。今讀侍講遼海全篇。只是平平之詩文耳。未見有洞盪發越奇偉橋橫絶之辭。如侍講雪霽登樓賦雖佳。而申文忠公次韻賦文從字順。翩翩有楚聲。亦可以伯仲侍講矣。何可易哉。盧吳二君子之言實非公論也。”『필원잡기』제2권라고 하였다. 또 『용재총화』권1에는 “경태 초년에 시강 예겸과 급사중 사마순이 우리나라에 왔다. 사마순은 시 짓기를 좋아하지 않았고 예겸은 비록 시에 능하였지만 처음에는 여행 도중에 시를 읊는 데에 마음을 두지 않다가 알성하는 날에 시를 짓기를,

많은 선비들은 좌우로 갈라섰고	濟濟靑襟分左右
울창한 푸른 잣나무는 열을 지어 뻗어 있다	森森翠栢列成行

하니 당시 집현전 유사 전성이 이 시를 보고, “참으로 어둡고 썩은 교관이 지은 것이다. 한쪽 어깨를 걷어 올리고도 이를 누를 수 있다”고 비웃었다. 예겸이 한강에서 놀 적에 시를 짓기를,

웅걸한 누각에 겨우 올라 기관을 보며	纔登傑構縱奇觀
누선을 노저어 푸른 물에 띄웠다	又棹樓船泛碧湍
비단 닻줄을 서서히 당겨 푸른 암벽을 돌며	錦纜徐牽緣翠壁,
옥호의 술을 자주 권하니 아롱진 난간이 막히는구나	玉壺頻送隔雕欄
강산은 천고에 그 빛을 잃지 않건만	江山千古不改色
주객은 일시에 즐거움을 다하네	賓主一時能盡歡
먼 훗날을 생각하니, 달은 밝고 사람은 떠난 뒤	遙想月明人去後
거울 같은 강물에 날아든 백구(白鷗)만이 차지하겠네	白鷗飛占鏡光寒

라고 하였다. 또 <설제등루부雪霽登樓賦>를 지었는데, 붓을 휘두르면 휘두를수록 더욱 좋은 글이 나오니 선비들이 이것을 보고 부지중에 무릎을 꿇었으며, 관반사 문성공 정인지도 대적하지 못했다. 세종께서 범옹 신숙주, 근보 성삼문에게 가서 함께 놀면서 한운을 질문하라고 명하였는데, 시강이 두 선비를 사랑하여 형제의 의를 맺고 서로 시를 주고받는 것이 그치지 않고, 일을 마치고 돌아가면서는 눈물을 닦으며 이별하였다.景泰初年。侍講倪謙。給事中司馬詢到國。詢不喜作詩。謙雖能詩。初於路上。不留意於題詠。至謁聖之日。謙有詩云。濟濟靑襟分左右。森森翠柏列成行。是時集賢儒士全盛。見詩哂之曰。眞迂腐敎官所作。可袒一肩而制之。及遊漢江。作詩云。纔登傑搆縱奇觀。又棹樓船泛碧端。錦纜徐牽綠翠壁。玉壺頻送隔雕欄。江山千古不改色。賓主一時能盡歡。遙想月明人去後。白鷗飛點鏡光寒。又作雪霽登樓賦。揮毫灑墨。愈出愈奇。儒士見之。不覺屈膝。館伴鄭文成公不能敵。世宗命申泛翁，成謹甫往與之遊。仍質漢韻。侍講愛二士。約爲兄弟。相與唱酬不綴。竣事還也。抆淚而別。"라고 하였다.

풀이 1　　『고려사』 <열전>에 (권 93) 쌍기는 후주인이다. 후주에서 무승군 절도순관 장사랑 시대리평사(武勝軍節度巡官將仕郎試大理評事)라는 관직에 있었는데, 광종 7년(956년)에 봉책사 설문우(薛文遇)를 따라왔다가 병으로 머물렀다. 병이 낫자 왕이 접견하고는 왕의 뜻에 맞아 광종이 그의 재주를 사랑하여 후주 황제에게 표를 올려 그를 관료로 삼겠다고 청한 후 마침내 발탁하여 등용하였다. 빠르게 원보(元甫)·한림학사(翰林學士)로 승진시켰는데, 한 해도 지나지 않아 문병을 맡기니 지나치게 중용한다는 여론이 일었다. 광종 9년(958년)에 과거제도를 설치할 것을 처음으로 건의하고, 지공거가 되어 시(詩)·부(賦)·송(頌)·책(策)을 시험과목으로 삼아 진사 갑과에 최섬(崔暹) 등 두 명, 명경업에 세 명, 복업에 두 명을 각각 선발했다. 그 후로부터 여러 차례 지공거를 맡아 후학을 장려하고 권면하니 비로소 학문을 숭상하는 기풍이 일어나게 되었다.(雙冀後周人。仕周爲武勝軍節度巡官將仕郎試大理評事。光宗七年從封册使薛文友遇來。以病留。及愈　引對稱旨。光宗愛其才。表請爲僚屬。遂擢用。驟遷元甫翰林學士。未逾歲授以文柄。時議以爲過重。九年始建議設科。遂知貢擧。以詩賦頌策取進士甲科崔暹等二人，明經三人，卜業二人，自後屢典貢擧。獎勸後學。文風始興云云)라고 하였다.

제4절 서적의 관계자

1. 세종시대

1) 권제權踶

『연려실기술』권3에 "초명은 도요, 자는 중안이며 호는 지재요, 본관은 안동이니 문충공 근의 아들이다. 태종 갑오년 문과 장원하여 벼슬이 집현전 대제학에 이르렀다. 시호는 문경공이다.初名蹈。字仲安。號止齋。安東人。文忠公近之子。太宗甲午文科壯元。累官至集賢殿大提學。文景公。"라고 하였다. 『해동잡록』권6에 "권제는 <세년가> 상하편을 지었는데 상편은 중조, 하편은 동국편이다.止齋作世年歌上下篇。上篇則中朝。下篇則東國。"라고 하고 또 "권제의 부자는 괴시에 지재止齋 부자가 서로 이어 대과에 장원하였는데, 손자 권건權健이 남은 글들을 모았는데, 서달성, 이름은 거정居正이 그 위에 제목하여 이르기를,『영가연괴집』이라 하고, 점필재가 그 끝에 서문을 썼다.止齋父子相繼大魁。孫健裒集遺文。徐達城題其上曰永嘉連魁集。佔俱齋序其尾。"라고 하였다. 일찍이 그가 집현전 대제학으로 있을 당시에 훈민정음이 발표되고 또 언문청이 설치된 것은 특기할 바다. 또 그 자신도 『용비어천가』의 저자 중 한 사람이다.

2) 안지安止

『연려실기술』권3에 "자는 자행이며 호는 고은이고 탐율인이다. 찬성 사종의 아들로 태종 갑오년 생원, 문과, 신년 증시로 급재하였으며 관은 영중추에 이르렀으며 문경공이다.字子行。號皐隱。耽津人。贊成士宗之子。太宗甲午生員文科。丙申重試。官至領中樞。文景公。"라고 하였다. 그 또한 『용비어천가』의 저자 중 한 사람이다.

3) 김문金汶

『연려실기술』권3에 "호는 서헌으로 언양인이다. 경자년에 문과 급제하여 관은 직제학에 이르렀으며 일찍 죽었다.號西軒。彦陽人。庚子文科。官至直提學。早卒。"라고 하였다. 사서의 번역을 주관하다가 완성치 못 한 채 세종 무진에 서거한 것이다.

4) 김구金鉤

『연려실기술』권3에 "자는 직이며 아산인으로 윤상의 문인이다. 태종 병신년에 문과 급제하여 관은 판중추 문장공이었는데 죄로 삭탈되었다가 죽은 후에 환급되었다字直之。牙山人。尹祥門人。太宗丙申文科。官至判中樞。文長公。以罪削。卒後還給。"라고 하였다. 김문을 대신하여 사서의 번역을 주관하였고 또 세조 때 『초학자회』의 언주에도 관계되어 있다.

5) 김하金何

연안 김씨로 김자지의 아들이요, 성삼문의 장인인 김잉의 아우다.『세종실록』세종 26년(1444) 갑자 12월에는 "김하는 중국말 통역을 잘해서 임금이 신임하여, 중국에 사신 보낼 일이 있으면 반드시 김하를 명하였는데, 거의 20여 번에 대개 다 뜻에 맞게 하므로 은총과 예우가 매우 두터웠고, 상을 준 것이 비할 데가 없었다.何善譯語。上信任之。凡中國有使事。必命何。幾二十餘度。率皆稱旨。恩禮甚厚。賞賜無比。"라고 하였다. 계묘에 등과하고 나중에 벼슬이 예조판서문에 이르고 익호는 정선공이다. 일찍이 세종께 『직해소학』을 진강한 일이 있고 또 『직해동자습』의 편찬에 관계되어 있다.

6) 이변李邊

덕수 이씨로 곧 이순신의 5세 조다. 『세종실록』세종 16년(1434) 갑인 정월에 "이변은 그 사람됨이 본래 둔鈍했는데, 나이 30이 넘어서 문과에 급제하여 승문원에 들어가 한어를 배웠다. 공효를 이루고 말리라 기필하고 밤을 새워 가며 강독하고, 한어를 잘한다는 자가 있다는 말만 들으면 반드시 그를 찾아 질문하여 바로 잡았으며, 집안 사람들과 서로 말할 때에도 언제나 한어를 썼고, 친구를 만나도 반드시 먼저 한어로 말을 접한 연후에야 본국의 말로 말하곤 하였는데, 이로 말미암아 한어에 능통하게 되었다.李邊爲人性鈍。三十餘登第。入承文院。學漢語。期於成效。徹夜講讀。自有能漢語者。則必尋訪質正。家人相語。常用漢語。遇朋友必先以漢語接language。然後言本國之言。由是能通漢語。"라고 하였다. 기해 등과요, 벼슬이 영중추에까지 이르렀고 성종 계사에 서거하였는데 향년 83세요 익諡는 정정공이다. 김하와 함께『직해소학』을 진강하고 또『직해동자습』의 편찬에 관계했을 뿐 아니라『성종실록』4년 계사에 "영중추부사 이변이『고금명현절사』를 찬집하였으며 한어로 번역하여 이름하여『훈세평화』라 하였다.領中樞府事李邊纂集古今名賢節事實。譯以漢語。名曰訓世評話以進。"라고 하여 나중『훈세평화』[14]를 저작한 사람이다.

7) 김수온金守溫

『해동잡록』권2에 "영산인으로 자는 문량 호는 괴애이며 세종조 등과하여 광해조 다시 과거 급재하였는데 관은 영중추부사에 이르렀으며 익호는 문평공이며 사람됨이 불교에 망령들린 듯 했다.永山人。字文良。號乖崖。世宗朝登第。光廟朝再捷科。官至領中樞府事。諡文平。人以佞佛議之。"라고 하고『용재총화』권8에는 "식우집 양질을 김수온이 지은 것이다.拭疣集兩帙金守溫所著。"라고 하였다.

---

14) 1473년에 고금의 명현(名賢)과 절부(節婦)의 행적을 한어로 번역한 책.

병인에 『석보상절』의 초고를 증수하였고 나중 『월인석보』로 간행될 때의 수정에도 관계하였으며 간경도감에서 간행되는 법화, 원각, 금강 등 여러 경전에 전부 참섭되어 있다.

2. 문종 시대

1) 노참魯參

『보한재집』 가운데 노참에게 주는 시는 아무런 관함이 없고 성명만을 썼으니 혹 그는 소위 '설인品人'으로 다소 계급적 경모를 의미하는 것이 아닐까 한다. 문종의 명으로 『홍무정운역훈』을 교수하였다.

2) 권인權引

『성종실록』 성종 12년(1481) 신축 10월에 "예조에서 황주 목사 권인의 진언에 의거하여 아뢰기를, 본국 정운은 선왕 때 여러 유신들에게 명하여 교정하였습니다. 한 사람의 편견으로 고칠 수는 없습니다라 하였는데, 명하여 한운을 아는 문신들에게 의논하게 하였다. 이명숭, 이춘경, 이창신이 의논하기를, 성운에는 칠음과 청탁이 있는데, 우리나라의 음은 치두齒頭와 정치正齒의 구분이 없으며, 또 순음脣音의 경중輕重의 차이가 없습니다. 그러므로 중국어를 배우는 자는 그 정교함을 얻을 수 없습니다. 먼저 우리나라의 음을 바르게 하면 운학을 밝힐 수 있습니다. 신 등이 『동국정운』을 살펴보니, 사私와 사思는 치두음이고, 사師와 사獅는 정치음이여서 합해서 하나의 음이 되고, 비卑와 비悲는 순중음이고, 비非와 비飛는 순경음이어서 합해서 하나의 음이 되며, 방㧯자는 전청음이고 방滂자는 차청음이지만 역시 혼돈되고 분별되지 않아서 권인의 말과 같습니다. 앞으로 본국정운본國正韻은 칠음을 나누고 청탁으로서 협운(어떤 운의 문자가 다른 운에 통용되게 함)이 되게 하여 초학자로 하여금 먼저 이 책을 익힌 후 홍무운을 배우게 하면 칠음 회성回聲이 입에서 저절로 구분되어 한음을 배우는 데 반드시 도움이 될 것입니다라 하였는데, 전교하기를, 그렇다고 하였다.禮曹據黃州牧使權引陳言啓。本國正韻先王朝命諸儒臣校正。不可以一人偏見更改。命議于知漢韻文臣李命崇, 李春景, 李昌臣。議聲韻有七音淸濁。本國之音無齒頭正齒之別。而又無脣音輕重之辨。故學華語者。鮮有得其精矣。苟能先正本國之音。則韻學可明也。臣等謹接東國正韻。私與思齒頭音也。師與獅正齒音也。而合爲一音。卑與悲脣重音也。非與飛脣輕音也。而合爲一音。芳字全淸音也。滂字次淸音也。而亦混而不辨。誠若權引所言者也。今將本國正音分以七音。叶以淸濁。使初學者先習。次學洪武正韻。則七音四聲隨口自分。未必無補矣。傳曰然。"라고 하였다. 즉 황주목사 권인이 순중, 순경과 치두, 정치 등의 구별이 없음을 들어 『동국정운』의 개정을 진언하였던 것이요, 예조는 거기 대하여 선 왕조의 소정을 이유로 반대하였던 것이다. 그래서 이명숭李命崇 등 세 사람에게 하의시킨 결과 권인의 의견이 옳으나 『동국정운』을 배운 후 다시 『홍무정운』을 배우게 하여 그 구별을 깨닫게 할 것이라고 결론지은 것이다.

이와 같이 한운의 지식을 가진 황주목사 권인은 곧 전일 문종의 명으로 『홍무정운역훈』을 수핵讎核하든 바로 그 권인權引이 아닐까 한다. 그에 대한 것도 이 이외에는 아직 더 상세한 것을 알 수가 없다.

3) 임원준任元濬

『연려실기술』권5에 "임원준은 자는 자심이며, 본관은 풍천이다. 세조 병자년에 문과에 장원하였고 정축년 중시와 중시와 병술년의 발영시에 우수한 성적으로 합격하였다. 좌리공신 서하군을 거쳐 벼슬이 숭록, 찬성에 이르렀다. 아들 사홍이 중종 반정 때 죽었기 때문에 습직이 끊어졌다.字子深。豊川人。世祖丙子文科。丁丑重試。丙戌拔英登俊。佐理功臣。西河君。官至崇祿贊成。子士洪靖國

^{時被誅襲除}"라고 하고 하였다. 노참 권인과 함께 문종의 명으로 『홍무정운
역훈』을 수교하였다.

3. 세조 시대

1) 이승소李承召

『해동잡록』_{권3}에 "양성인으로 자는 윤보 호는 삼탄으로 영조묘_(세종)에
등과하여 참좌리공을 지냈으며 양성군에 봉해졌다. 관은 예의판서에 이르
렀으며 문장이 뛰어나 세상에 문명을 날렸다. 익호는 문간공이며 뒤에 문
집을 간행하였다._{陽城人。字胤保。號三灘。英廟朝登文科。參佐理功。封陽城君。官至禮儀判書。}
_{以文章名世。諡文簡。有集行于世。}"라고 하였다. 『명황계감』의 번역 등에 관계되어
있다.

2) 양성지梁誠之

『연려실기술』_{권5}에 "양성지는 자는 순부이며 호는 눌재요, 본관은 남원
이다. 세종 신유년에 진사로 그 해 문과 3등에 급제하였고 경술년 반영시
를 거쳐 좌리공신 남원군이 되었으며, 문형을 맡아 벼슬이 숭정 이조판서
에 이르렀으며 시호는 문양공이다. 임인년에 죽으니 나이 63세였다._{字純夫。}
_{號訥齋。南原人。世宗辛酉進士。同年文科第三。丙戌拔英。佐理功臣。南原君。典文衡。官至崇政吏曹判}
_{書。文襄公。壬寅卒。年六十八。}"라고 하였다. 『명황계감』의 번역에 관계되어 있다.

3) 송처관宋處寬

『동국여지승람』<청풍항>권14에 명환에 있어 "송처관지군사_{宋處寬知郡事}"
라고 하고『성종실록』기유20년 11월에 "세종 조 이변, 김하, 손사성, 송처

관과 더불어 한어와 이문의 전임 사대의 일을 담당하였고 지금까지 그 일을 맡은 만한 사람이 없다._{在世宗朝。如李邊, 金何, 孫士誠, 宋處寬惑以漢語惑以吏文專任事大之事。今則無一人可任其事。}"라고 하였다. 『명황계감』의 번역에 관계되어 있다.

4) 김예몽金禮蒙

『해동잡록』_{권4}에 "광주인으로 자는 경보 영묘조_(세종)에 등과하여 관은 판서에 이르렀으며 문명을 떨쳤다. 일호는 문경공이다._{光州人。字敬甫。我英廟朝再登第。官至判書。有文名。諡文敬。}"라고 하였다. 송처관과 함께 『명황계감』의 번역에 관계되어 있다.

5) 서거정徐居正

『해동잡록』_{권4}에 "본관은 대구 달성으로, 자는 강중이며 옛날 자는 자원이고 호는 사가정이다. 세종 갑자년에 급제하고 세조 때에 또 중시, 발영시, 등준시 등 세과에서 발탁되었다. 시문에 아주 민첩하였으며 저술이 많았다. 다섯 임금을 섬겼으며 28년 동안 대제학을 맡았고, 경연에서 시종한지 45년이었다. 중국 사신 기순이 우리나라에 왔을 때 서거정이 원접사로 나갔는데 기순이 그의 재능에 탄복하고 칭찬하였다. 벼슬은 찬성사에 이르렀으며 시호는 문충이다. 문집이 세상에 전하고 저서로는 『대동시화』, 『필원잡기』, 『태평한화골계전』이 있다._{大丘人。字剛仲。舊字子元。號四佳亭。我英廟甲子登第。光廟久擢重試, 拔英試, 登俊試三科。爲詩文贍敏。多所著述。歷事五朝。主文衡二十六年。侍經輕四十五年。詔使祁順東來。居正爲遠接使。順嘆服稱能。官至贊成事。諡文忠。有集行于世。所著有大東詩話, 筆苑雜記, 大平閒話滑稽傳。}"라고 하였다. 이 이외에도 『여지승람』, 『동국통감』의 편찬에도 참섭하였고, 또 『동문선』, 『오행총괄』 등의 서적을 저술하였다. 권제의 생질이요 최항의 처남이다. 『명황계감』의 번역에 관계되어 있고 또 성종 때 『연주시격』₁₅₎과 『황산곡집』의 번역에도 관계되어 있다.

6) 박시형朴始亨

『여지승람』<안동항>권24에 명환에 "박시형, 김극 검구위부사朴始亨, 金克儉俱爲府使."라고 하였다. 『명황계감』의 번역에 관계되어 있다.

7) 이영근李永根

생몰 연대가 전연 불확실하다. 박시형과 함께 『명황계감』의 번역에 관계되어 있다.

8) 최선복崔善復

『국조인물지』 문종조권1에 "자는 자초이고 화순인으로 서령 원지의 손자이며 아버지 군사 자해가 중교장 윤지의 딸을 처로 맞이하여 선복을 낳았다. 참판 고려 신장의 딸을 처로 맞이 하였으며 세종 정묘에 진사가 되었고 문과 급제하여 승지에 이르렀다.字子初. 和順人. 署令元之孫. 父郡事自海娶中郊將尹之禮女. 生善復. 參判高靈申檣以女妻之. 世宗丁卯進士. 文科承旨."라고 하였다. 『초학자회初學字會』의 언주에 관계되어 있다.

9) 효령대군孝寧大君

처음에는 이름이 호이었다가 나중 보로 고쳤고 익호는 정효다. 『용재총화』권5에 "효령대군은 불법을 지나치게 깊이 믿었다. 매양 절에 도량을 마련하고 경건한 마음으로 정성껏 불공을 드렸다.孝寧大君酷信佛法。每設道場於山

---

15) 성종 13년(1482) 서거정(徐居正) · 노사신(盧思愼) · 유윤겸(柳允謙) · 유순(柳洵) · 허종(許琮) 등이 왕명으로 『연주시격(聯珠詩格)』을 한글로 번역하였다. 『연주시격』은 중국 원대의 칠언절구의 작시법에 관한 책이다.

寺。終日虔誠頂禮。"라고 하여 독실한 불교 신도라 간경도감 사업에 많이 관계되어 있었던 모양이다.

10) 윤사로尹師路

『국조인물지』<세종조>에 "자는 과옹이며 파평인이다. 곤증의 14세손으로 세종의 딸 정현공주를 맞이하여 영천부원군에 봉해졌으며 좌익공신에 봉해졌으며 좌찬성판리조사에 올랐으며 41세에 졸하였다.字果翁。坡平人。坤曾孫。年十四。尙世宗女貞顯公主。封鈴川府院君。錄佐翼功。拜左贊成判吏曹事。年四十一卒。"라고 하였다. 『법화경』<진전문>에 간경도감 도제조로 되어 있다.

11) 황수신黃守身

『연려실기술』권5에 "자는 계효 유부로 장수인이다. 익성공 희의 아들로 호안공 치신의 아우이다. 음직으로 좌익공신 남원부원군에 봉해졌으며 갑신에 승상에 재수되어 영의정에 올랐다. 정해년 61세로 졸했으며 열성공에 올랐다.字季孝。號懦夫。長水人。翼成公喜之子。胡安公致身之第。蔭仕。佐翼功臣。南原府院君。甲申拜相。至領議政。丁亥卒。年六十一。烈成公。"라고 하였다. 『원각경』, 『금강경』 등의 <진전문>에 간경도감 도제조로 되어 있다.

12) 박원형朴元亨

『연려실기술』권5에 "자는 지구요 호는 만절당이며 죽산이다. 세종 갑인에 문과 급제하여 좌익공신, 연성부원군을 지냈다. 병술년 승상에 재수되고 영의정에 이르렀다. 문충공에 봉해졌고 예종 기축에 졸하였다.字之衢。號晩節堂。竹山人。世宗甲寅文科。佐翼功臣。延城府院君。丙戌拜相。至領議政。文憲公。睿宗己丑卒。"라고 하였다. 『능엄경』, 『법화경』 등의 간행에 관계되어 있다.

13) 윤자운尹子雲

『연려실기술』권6에 "윤자운은 자는 지만이며, 본관은 무송이요, 호는 낙한헌이고 회의 손자이다. 세종 갑자년에 문과에 올라 좌익, 좌리 공신이 되고 무송부원군에 책봉하였다. 기축년에 정승에 올라 영의정에 이르렀다. 시호는 문헌공이다. 무술년에 죽었다.字之望。茂松人。號樂閑軒。准之孫。世宗甲子文科。佐翼佐理功臣。茂松府院君。己丑拜相。至領議政。文憲公。戊戌卒。"라고 하였다. 『능엄경』,『원각경』 등의 간행 관계되어 있다.

14) 구치관具致寬

『연려실기술』권5에 "구치관은 자는 이율(혹은 경율)이며 본관은 능주요, 부원군 예의 후예이다. 세종 갑인년 문과 급제하여 청백리에 녹선되고 좌익공신 능성부원군에 봉하였고 계미년에 정승이 되어 영의정에 이르렀다. 시호는 충렬공이다.字而栗。(一作景栗)綾州人。府院君藝後。世宗甲寅文科。清白吏。佐翼功臣。綾城府院君。癸未拜相。至領議政。"라고 하였다. 서거정의 <남원군가승기>『눌재집訥齋集』권6에 "세조가 내외 전적에 대비하기를 원하여 간경도감을 설치하여 구치관 증이 담당하도록 하였다.世祖欲大備內外典籍。設刊經都監。使具致寬等掌之。"라고 하여 그 역시 간경도감에 관계되어 있은 것이 사실이다.

15) 이극감李克堪

『동국여지승람』<광주항> 권6에 "이극배의 아우로 두 번 과거에 합격했다. 세조조에 좌익공신이 되어 광성군을 봉했으며 벼슬은 형조판서에 이르다.克培之第。再捷科第。世祖朝佐翼功臣。封廣城君。官至刑曹判書。有文名。諡文景。"라고 하였다. 『능엄경』의 간행에 관계되어 있고 나중에 성종 때 『역어지남』의 편찬에도 관계되어 있다.

16) 원효연元孝然

『동국여지승람』<원주항>권46에 "과거로 등과하였고 세조조 좌익공신에 관은 예조판서로 원성군에 봉해졌으며 익호는 순정공이다.登第。世祖朝佐翼功臣。官至禮曹判書。封原城君。諡文靖。"라고 하였다. 『능엄경』, 『법화경』 등의 간행에 관계되어 있다.

17) 성임成任

『연려실기술』권5에 "성임은 자는 중경이며 호는 인재요, 본관은 창녕이니 지중추 염조의 아들이다. 세종 정묘년에 문과를 거쳐 정축년 중시와 병술년 발영시에 합격하여 벼슬이 좌참찬에 이르렀으며 갑진년에 죽으니 나이가 64세였고 시호는 문안공이다.字重卿。號安齋。昌寧人。知中樞念祖之子。世宗丁卯文科。丁丑重試。丙戌拔英。官至左參贊。甲辰卒。年六十四。文安公。"라고 하였다. 『능엄경』, 『법화경』『원각경』 등의 간행에 관계되어 있다.

18) 김국광金國光

『연려실기술』권6에 "김국광은 자는 관경이며 본관은 광주이다. 세종 신유년에 문과에 올라 적개좌리공신이 되고 광산부원군에 책봉되었으며 기축년에 정승으로 임명되어 좌의정에 이르렀다. 시호는 정정공이고 경자년에 죽었으니 나이 66세였다.字觀卿。光州人。世宗辛酉文科。敵愾佐理功臣。光山府院君。己丑拜相。至左議政。貞靖公。庚子卒。年六十六。"라고 하였다. 『원각경』 등의 간행에 관계되어 있다.

19) 한계희韓繼禧

『연려실기술』권5에 "한계희는 자는 자순이며 본관은 청주이다. 세종 정묘년 문과에 올라 익대좌리공신 서평부원군이 되었고 벼슬이 좌찬성에 이르렀다. 시호는 문정공이다.字子順。清州人。世宗丁卯文科。翊戴佐理功臣。西平君。左贊成。文靖公。"라고 하였다. 『능엄경』, 『법화경』 『원각경』, 『금강경』 등의 여러 경전에 전부 관계되어 있는 것은 물론이요 원각, 금강 등은 그의 번역임이 명기되어 있다. 간경도감의 사업 자체가 거대한 까닭에 대소 관원이 많이 관계되어 있는 터로 그 전부가 물론 번역에 종사한 사람들은 아니다. 이 점에 있어서 간경도감에 관계한 그 많은 사람 중에서도 그의 공로만은 특별히 크게 치지 아니할 수 없다.

20) 조석문曹錫門

『연려실기술』권6에 "자는 순보요 창녕인으로 초명은 석문이다. 세조 갑인에 문과 급제하였으며 후에 개명하였다. 좌익적개익대좌리공신으로 창녕부원군에 봉해졌고 정해년에 영상에 올라 영의정에 이르렀고 무술년에 졸하였다. 향년 65세로 익호는 공한공이다.字順甫。昌寧人。初名碩門。世宗甲寅文科。後改名。佐翼敵愾翊戴佐理功臣。昌寧府院君。丁亥拜相。至領議政。戊戌卒。年六十五。恭簡公。"라고 하였다. 『능엄경』의 간행에 관계되어 있다.

21) 홍응洪應

『동국여지승람』<남양도호부 항>권9에 "신미년 과거에 장원하여 익대좌리공신에 참여하였고 벼슬이 의정부 좌의정에 이르러 익성부원군을 봉하였으며 시호는 충정이다. 문명이 있고 글씨를 잘 쓰고 단정하고 아담하여, 몸가짐이 법도가 있으니 사람들은 어진 정승이라 일컬었다. 성조 묘정에 배향하였다.辛未科壯元。參翊戴佐理功臣。官至議政府左議政。封益城府院君。諡忠貞。有文名。善書。風標端雅。操身有律。人以賢相稱之。配亨成宗廟庭。"라고 하였다. 그도 『능엄경』의 간행에 관계되어 있다.

22) 이문형李文炯

『동국여지승람』<경주 항>권21에 "과거에 급제하여 벼슬이 예조참판에
이르렀다. 풍도가 옥같이 아름다우며 문아하기로 유명하였다.登第。官至禮曹參
判。風姿玉裕。以文雅稱。"라고 하였다. 그도 『능엄경』의 간행에 관계되어 있다.

23) 노사신盧思愼

『연려실기술』권6에 "노사신은 자는 자반이며, 본관은 교하요, 좌의정 한
의 손자이다. 호는 천은당(혹은 보진재)이다. 단종 계유년에 문과에 오르고
발영시, 등중시에도 합격하였다. 익대, 좌리 공신이 되고 선성부원군으로
책봉되었다. 정미년에 정승으로 임명되어 영의정에 올랐다. 궤장을 하사
받았다.字子胖。交河人。左相閈孫。號天隱(堂作保眞齋)。端宗癸酉文科。拔英登俊試。翊戴佐理功
臣。宣城府院君。丁未拜相。至領議政。賜几杖。"라고 하였다. 『능엄경』, 『법화경』 등의
간행에 관계되어 있고 김수온, 한계희 등과 함께 『금강경』 번역의 명을
받은 기록이 있다.

24) 강희맹姜希孟

『해동잡록』권2에 "본관은 진주이며 자는 경순景醇이요, 호는 사숙재私淑齋
또는 운송거사雲松居士라 하고, 혹은 국오菊塢라고도 일컫는데 인재仁齋의 아
우다. 세종 때에 문과에 장원급제하였는데 시와 문장에 깊이가 있고 자세
하며, 온후하고 흥미가 진진하면서 매인 데가 없이 호탕하였다. 웅장 심
오하고 우아 건실함은 사마자장司馬子長(사마천으로 한 나라 때의 역사가)과 같고,
넓고 크고 뛰어나기는 한퇴지(한유)와 같으며, 간결하고 예스러우면서 정밀
하기는 유유주柳柳州(유종원)와 같았고, 빼어나고 자유분방하기로는 여릉盧陵

의 문충공文忠公(구양수)과 같아서 당시 선비들의 추앙을 받았다. 벼슬은 좌찬성左贊成에 이르렀으며 시호는 문양공文良公인데 세상에 간행된 문집이 있다.晋州人。字景醇。自號私淑齋又號雲松居士。惑稱菊塢。仁齋之弟。我英廟朝擢魁科。詩文醞籍精深。渾涵浸郁。大放以肆。雄深雅健似司馬子長。汗瀾卓犖似韓退之。簡古精密似柳柳州。俊邁奔放似廬陵文忠公。爲時所推。官至左贊成。諡文良公。有集行于世。"라고 하였다. 그는 곧 강희안의 아우다. 강희안은 상왕모복 사건 이후 불우하게 됨에 비하여 그는 능히 현달하였고 나중에는 익대와 좌리의 두 공신호를 받아서 진산군으로 봉하게까지 된 것이니 『능엄경』, 『법화경』, 『원각경』 등의 간행에 관계되어 있다.

25) 윤찬尹贊

아직 불확실한데 그 역시 『능엄경』, 『법화경』, 『원각경』 등의 간행에 관계되어 있다.

26) 신미信眉

『연려실기술』<김수온항>에는 "공의 형 석조釋祖가 중이 되었는데, 웅혼한 문장과 필체는 일시에 대적이 없었다. 속리산 성불사 복천암 부도에 그의 사리가 모셔져 있는데 가물면 그 비석에 빌었다.公兄釋祖爲和尙。雄文巨筆一時無敵。俗離山成佛。福泉菴藏舍利。旱則禱兩。"라고 하였는데 이 석조는 곧 신미를 가리킨 말이라고 한다. 『세종실록』에는 김수경이 사헌장령에 제수된데 대하여 김수경은 중 신미의 아우인데 문무에 뛰어난 재주가 없어 불교를 숭상하고 믿어서 이름은 속인이나 행동은 중이며 어미와 아내가 모두 비구가 되었다. 신미가 임금이 부처를 받들매 이에 의지하여 자주 짧은 편지로 임금께 아뢰어 아우와 조카가 벼슬에 제수되어 뜻과 같지 아니함이 있었는데 이에 김수경이 벼슬에 초배되니 인망에 맞지 아니하여 물의가

자자하였다.守經信眉弟也。無文武長才。崇信佛教。俗名僧行。母妻皆爲尼。眉恃上奉信。數以尺牘
通啓于上。弟姪授官無不如意。至是。守經以報恩縣監超拜是職。不副人望。物議籍籍。,『세조실록』 38
권 병술"라 하였으니 이 김수경은 아마 김수온의 아우였던 것 같다.『세종
실록』32(1450)년 경오 정월에는 "임금의 병환이 나았는데도 정근을 파하
지 않고 그대로 크게 불사를 일으켜, 중 신미를 불러 침실 안으로 맞아들
여 법사를 베풀게 하였는데, 높은 예절로써 대우하였다.上疾瘳。精勤猶不罷。仍
大作佛事。召僧信眉迎入寢內。說法席。待以高禮。"라고 하고『문종실록』즉위(1450)년 7
월에는 "또 중 신미를 선교종 도총섭 밀전정법 비지쌍운 우국이세 원융
무애 혜각 존자로 삼고, 금란지에 관교를 써서 자초폭으로 싸서 사람을
보내어 주었는데, 우리 국조 이래로 이러한 승직이 없었다. 임금이 이 직
을 주고자 하여 일찍이 정부에 의논하고, 정부에서 순종하여 이의가 없으
므로 마침내 봉작封爵하게 되었는데, 듣는 사람이 놀라지 않는 이가 없었
다.又以僧信眉爲禪宗都撰攝密傳正法悲智雙祐運祐國利世圓融慧覺尊者。以金鸞紙書官敎。裹以紫綃
幅。遣人就賜之。我朝以來無如此僧職。上欲授此職。嘗議于政府。順旨。無有異議。竟致封爵。問者莫
不驚駭。"라고 하였다. 신미는 세종 당시 이미 세종의 예우를 받았던 거승으
로 문종 즉위 초에 혜각존자로 봉하기에 이른 것인데 그 봉호에 대하여
박팽년 이하 집현전의 제학사들이 반대의 기세를 올리어 일시 조의가 비
등하였던 것으로 보인다.

그러나『예종실록』원년(1469) 기축 6월에는 "중 신미가, 임금이 중들에
게『금강경』과『법화경』을 강하여 시험해서 능하지 못한 자는 모두 환속
시키려고 한다는 말을 듣고, 언문으로 글을 써서 비밀히 아뢰기를, 중으
로서 경을 외는 자는 간혹 있으나, 만약에 강경을 하면 천 명이나 만 명
중에 겨우 한둘뿐일 것이니, 원컨대 다만 외는 것만으로 시험하게 하소서
라 하니, 임금이 중사를 보내어 묻기를, 이 법은 아직 세우지 않았는데,
어디서 이 말을 들었느냐? 내가 말한 자를 크게 징계하려고 한다고 하니,

신미가 두려워하며 대답하기를, 길에서 듣고 급히 아뢴 것이니, 노승에게 실로 죄가 있습니다라 하니, 임금이 신미를 이미 죽은 광평 대군의 집에 거처하게 하고, 병졸들로 하여금 문을 지키게 하여 사알을 금하게 하였다.僧信眉聞上欲試僧講金剛法華經。不能者並還俗。乃書諺文密啓曰。僧誦經者或有之。若講經則千萬中僅一二耳。只令試誦。上遣中使問曰此法未立。何從問此言。予欲大懲言者。眉皇恐對曰。道聽遽啓。老僧實有罪。上令眉處于卒廣平大君第。兵卒守門。禁私謁。"라고 하여 훈민정음에 대한 한 언문 여러 학사나 마찬가지로 절대의 지지자인 것을 알 수 있다. 그가 다른 중과 달러『목우자수심결』,『법어』등 그 자신이 직접 번역에 종사한 것도 그 방면의 상당한 소양이 있었음을 증명하는 것이라고 생각한다.

하여튼 상기 몇 가지의 기록으로 미루어 그는 세종 이후 세조 대까지 국사의 높은 지위에 있었고 특히 세조 대에는 숭불의 이면에 그의 영향이 컸던 것이나 예종 이후 그 세력이 다소 꺾여 졌던 것이다. 성종 초년까지도 살아 있었다고 보이는데 그 왕대에 이르러는 더구나 전일의 지우知遇를 받기 어려웠을 것이다.16)

27) 수미守眉

『세조실록』에는 "중 수미가 전라도에 있으면서 봉서하여 아뢰기를, 승인의 사장들이 혹은 원각사의 불유를 모연募緣(재물을 절에 기부하게 하여 선연을 맺게 함)한다 일컫고, 혹은 낙산사를 영건하는 화주라고 일컬어, 여러 고을의 민간에게 폐를 끼치는 자가 자못 많습니다라고 하니, 임금이 내섬시 정 손소를 보내어 가서 국문하게 하였다.僧守眉在全羅道奉書以啓曰。僧人社長等或稱募緣圓覺寺佛油。或稱營建洛山寺化主。貽弊諸邑民間者頗多。上遣內瞻寺正孫昭往鞫之。"『세조실록』46권(세조 14(1468)년 5월 4일)라고 하고 또 "어서로 유시하기를, 전 선종 판사 수미는 나의 잠

---

16) 정관효담, 『복천사지(福泉寺誌)』, 속리산 복천암, 2011.

저 때부터 구면으로 알고 지내는 사이다. 화려한 것을 싫어하고 조용한 곳을 찾아서 떠난 뒤로 음신音信이 서로 끊겼다. 지금 들으니, 도갑사를 중건한다고 하는데, 지금 여름철 안거와 경찬에 자기 스스로 비록 말하지 않는다 하더라도 어찌 부족한 바가 없을까 생각한다. 나의 옛날 아는 사람인 것을 생각하면 더욱 개탄이 앞선다. 감사가 나의 뜻을 몸받아 수시로 마땅히 연화緣化를 도와주라고 하였다. 그때 머리를 깎은 중의 무리들이 겉으로 연화를 한다고 내걸고서 민간을 크게 소란시켰는데, 심지어 가짜로 중의 모양을 하고서 실제 마음으로는 그렇지 않은 자들이 있어서 하지 못하는 짓이 없을 정도였으나, 공사 간에 능히 금지할 수가 없었다. 수미가 선종 판사가 되어서 상서하여 이 폐단을 금지하여 막을 조문을 아뢰니, 비록 시행은 되지 않았으나, 당시 모두가 그를 칭찬하였다. 얼마 아니되어 병으로 사양하고 도갑사로 돌아가니, 승인 가운데 조행이 있는 자라고 이를 만하였다.御書諭全羅道視察使成任曰。前禪宗判事守眉子潛邸舊知識也。厭華尋靜。音信相絶。今聞重營道岬寺。擬今夏安居慶讚。自雖不言。豈無所乏。念我舊識深增慨嘆。監司體予。隨宜助緣。時髡首之徒聲言緣化。大擾民間。至有僞爲僧形而心實不然者。無所不爲。公私莫能禁止。守眉爲禪宗判事。上書陳禁防之條。雖不施行。時皆稱之。未幾謝病歸道岬寺。可謂僧人之有操行者。"『세조실록』33권(세조10(1464)년 4월 13일)라고 하였다. 신미 이하 그 당시의 거승들이 유신의 미움을 당하여서 모조리 악평을 받는 중에도 오직 그만은 조행이 있다고 칭양되였는데 사실로 그는 신미와 같이 정치적 무대 위에 놀기를 싫어하여 항상 지방으로 내려 가 있었던 것으로 보인다.

28) 설준雪峻

『성종실록』 임진 성종 3년(1472) 12월에 "사간원에서 아뢰기를, 정인사의 주지 설준은 본래 음탕하고 방종하여 계행이 없었는데, 근자에는 여승과 부녀자를 맞아들이어 밤낮으로 섞여서 거처하고, 중으로 하여금 문을 지키게 하고서 비록 노복이라도 감히 그가 하는 바를 엿보지 못하게 하여 종적이 괴상하니, 청컨대 엄중하게 문초하고 통렬하게 징계하소서라 하였으나, 듣지 않았다. 사신이 논하기를, 설준은 사족의 아들로 젊어서 머리를 깎고 중이 되었다. 이용李瑢의 문하에서 교유하며 글을 배웠는데, 사경으로 인하여 마을에 출입하면서 계율을 범한 일이 또한 많았다. 간원에서 청한 것은 이로 인한 것이었다고 하였다.司諫院啓。正因寺佳持雪俊素汪縱無戒行。近者邀致尼僧婦女。晝夜混處。令僧人把門。雖奴僕不敢窺視。其所爲蹤跡詭秘。請窮推痛懲。史臣曰俊士族子。少爲髡。遊於瑢門學字。因寫經出入閭巷。犯戒亦多。練院之請以此也。"라고 하였고 그 이후 이 설준의 추국推鞫을 위하여 사헌부까지도 향응하였다. 유신의 붓으로 된 이 기록은 다소 참작하여 들을 수밖에 없지만은 배불의 기세가 그의 조행 문제로부터 더 일층 조장된 느낌이 없지 않다.

29) 홍준弘濬

이능화 씨의 『불교통사』에는 <소문쇄록䛵聞鎖錄>에서 말한 준화상을 홍준으로 단정하였으나 俊濬 두 글자는 자형으로서 너무나 거리가 멀다. 설준을 『성종실록』에서 '雪俊'으로 쓴 것으로 미루어서는 차라리 준화상 곧 '雪俊'이 아니었을까 의심된다. 그러나 안평에게 글씨를 배웠다는 일절로 보아서 설준이 준화상 아닌 것은 명백한지라 이 씨의 단정이 혹 근리치 아니할까 생각된다. 소위 유자들이란 모승의 관념이 깊어서 승명을 그다지 주의하지 아니한 관계인지 모르나 실록에 나오는 승명에도 함부로 동음이자를 쓴 예가 없지 않다.

30) 학열學悅

『예종실록』 원년(1469) 기축 5월에 "봉선사가 이루어지니, 중 학열과 학조에게 명하여 가서 제도의 공졸工拙(기교가 능란함과 서투름)을 살펴보고, 그대로 머물면서 감독하게 하였다. 학열과 학조가 봉선사를 살펴보고 말하기를, 모당은 기둥이 너무 높고, 모각은 재목을 다듬은 것이 정교하지 못하며, 모당은 장지가 질박하다고 하며, 당장 헐도록 하니, 동역 제조와 낭관이 서로 돌아보며 두 손을 모으고 한 마디 말도 하지 못하였다. 또 영전을 헐려고 하였는데, 영의정 한명회와 능성군 구치관이 도제조로 마침 가서 헐 수 없다고 고집하여, 왕복하기를 두세 번이나 한 연후에 그만두었다. 학열이 사람을 보내어 아뢰기를, 절을 마땅히 속히 지어야 하니 조치하는 것을 늦출 수 없습니다. 청컨대 도성사람과 수레를 써서 나무와 돌을 운반하게 하소서 하니, 임금이 부득이 좇아서, 수레가 5백여 냥兩에 이르렀다. 수일이 지나서 임금이 구치관에게 묻기를, 학열이 아뢰지도 않고 마음대로 승당을 헐었는데, 경은 어찌하여 저지하지 않았는가고 하니, 구치관이 대답하기를, 신이 절에 도착해 보니 이미 헐었습니다라고 하였다. 임금이 이로 인하여 기뻐하지 않으니, 학열이 병을 핑계하여 가버렸다. 학열은 간사幹事(일을 잘 주선함)를 잘 하여 누조에서 총애를 받아, 진관사와 대자사, 낙산사 등의 절을 맡아 영조하여, 민력을 모두 소모하였는데, 지금 또 이같이 백성들을 수고롭게 하고 재물을 손상시키고도 오히려 두려워하지 않으므로, 이때 사람들이 분하게 여기었다.奉先寺成。命僧學悅學祖往察制度工拙。仍留監之。悅祖見曰某堂柱太高。某閣練木不精。某堂障子質朴。立使毁之。董役提調郎官相顧歛手。莫措一辭。又欲壞影殿。領議政韓明澮。綾城君具致寬以都提調適往。固執不可壞。往復再三乃止。悅遣人啓曰。寺當速構。措置不可緩也。請用都人車輛輪運木石。上不得已從之。車至五百餘兩。後數日上問致寬曰。悅不啓而壇壞僧堂。卿何不止之。致寬對曰。臣到寺則已壞矣。上由是非悅。悅稱疾而去。悅以善幹事幸屢朝。掌津寬。大慈。洛山等寺。彈竭民力。今又如此勞民傷財猶恐不及。時人憤憤之。"라고 하였다. 이 한 기록으로 미루어 그는 학문보다도 실제 사무에 밝았던 것을 알 수 있고 능히 한명회韓明澮, 구치관具致寬과 길항하도록 그 세력이 높았던 것을 알 수 있고 또 봉선사승사의 천양擅壤로 인하여 예종의 눈 밖에 난 것도 알 수 있다. 실록에는 그와 학조를 신미 제자라고 하였다. 실록을 통해 보면 그 세 사람은 언제나 공동 행동을 취하고 있은 것이 사실이다.

31) 학조學祖

『성종실록』 세조 13년(1468) 무자 9월에 "이때 중 신미, 수미, 학열, 학조 등이 매양 빈전에서 법석을 파하면 물러가서 광연루, 부용각에 거처하였는데 공급이 매우 넉넉하였고, 무릇 불사가 있으면 승지가 혹시 왕래하여 묻기도 하였다. 중추부 지사 한계희도 볼일로 갔다가 인하여 담론하였는데, 학조가 말하기를, 강원도에 내가 머무는 절이 있는데 그 사전이 매우 메말라서 쓸 수 없으니, 전라도의 기름진 땅과 바꾸어 받고자 하는데, 어떻게 하면 상달하겠습니까? 지난번에 학열이 낙산사를 짓는 일로 계목을 지어 계달하였더니 그때 대신이 모두 비웃었습니다. 계목은 의정부와 육조의 일이고 우리가 감히 할 것이 아니므로 나를 위해 인도하면 다행하겠습니다라 하니, 한계희가 말하기를, 틈을 타서 단자로 계달하는 것만 못하다라 하여, 학조가 그 말을 따랐다. 한계희는 문학이 있는 대신으로서 치도緇徒(중의 무리)에게 붙으니, 시론이 비루하게 여겼다.時僧信眉。壽眉。學悅。學祖等每罷殯殿法席。則退處於廣延樓芙蓉閣。供給甚優。凡有佛事。承旨或往來問焉。中樞府知事韓繼禧亦以事往。因與談論。學祖曰江原道有吾住居寺。其賜田甚薄無用。欲啓受全羅沃饒之田。何以上達。曩者學悅以造洛山寺。作啓目以啓。其時大臣皆非笑之。若啓目則政府六曹之事。非吾敢爲。幸爲我導之。繼禧曰不如乘間用單字啓達。學祖從其言。繼禧以文學大臣而附緇徒。時論非之。"라고 하였다. 그는 신미, 학열과 함께 일시 정치적으로 거대한 세력을 형성했던 네 거승인 동시에 또 그 두 사람만 못지 않게 유신들의 미움을 받았던 중이다.

그러나 성종 즉위 후 신미, 학열이 모두 산으로 돌아감에 불구하고 그 혼자 불교문화를 위하여 『오대진언』, 『영가대사증도가남명천계송永嘉大師證

_{道歌南明泉繼頌}』 등의 간행에 진력하였다. 『소문쇄록』에 "연산군의 비는 정
승 신승선_{愼承善}의 딸이다. 연산군의 패역한 행위가 날로 심하여 항상 옳
은 말로 간하였으나 번번이 무리한 욕을 당하였다. 그때 숙의전 사내종들
이 사방에 흩어져 있으면서 재물을 빼앗고, 이익을 구하여 평민의 전지와
노비를 점령하였는데 빼앗아도 공사에서 감히 말하지 못하였다. 왕비는
항상 탄식하며 말하기를, 모든 궁인들이 국정을 어지럽게 하니, 나는 그
잘못을 본받을 수 없다라 하였다. 일찍이 내수사에게 간절히 경계하기를,
만일 본궁의 사내종이 횡포하면 반드시 먼저 때려 죽이라고 하니, 이로
인하여 본궁의 사내종들은 감히 그렇게 하지 못하였다. <중략> 등명사
학조가 직지사 있을 때, 절에 좋은 둥근감_{圓柿}이 있어서 항상 두 바리를
내전에 진상하였는데, 비밀리 아뢰기를, 우리 절이 서울에서 멀고 궁벽하
니, 원하건대 본궁의 사내종을 시켜서 해마다 와서 두 세 바리씩 실어 올
리게 하소서라 하니 왕비가 말을 내리기를, 이는 매우 쉬운 일이지만, 다
만 염려 되는 것은 나무의 실과는 혹 여는 해도 있고, 혹 열지 않는 해도
있는데, 만약 열지 않는 해에 궁노가 가서 거두어서 정한 수량대로 바리
에 실으면, 오래도록 무궁한 폐단이 될 것이다라 하였으니, 깊이 생각함
이 이와 같았다. 그 친척이 외군 수령으로 있으면서 홍람_{紅藍} 두어곡_斛과
목화 수십 근을 올리니, 왕비가 물리치며 이르기를, 백성들의 생활이 굶
주림을 벗어나지 못하는데, 이 물건이 어디서 나왔는고. 나는 차마 받아
두지 못하겠다고 하였다._{燕山君之妃愼相承善之女也。燕山荒悖日甚。每陳規諫。屢遭非理凌}
_{辱。<中略> 灯明師學祖在直指寺。有好圓柿。每進二駄于內殿。密啓曰弊寺距京都僻遠。願令本宮奴子歲}
_{來輸。兩三駄輸進。妃下懿旨曰此甚易事。但慮樹菓或實有不實。如值不實之年。而宮奴往徵。依數駄}
_{載。永爲無窮之弊矣。其長慮如是。}"라고 한 것으로 보아서는 연산 때까지도 의연
궁정 내와 연락을 가지고 있었던 것으로 추정된다.

그는 본래 안동 김씨로 선원 김상용_{金尙容}, 청음 김상헌_{金尙憲}의 백고조되

는 사람이다. 『소문쇄록』에서 정명사灯明師라고 한 것은 아마 그의 호인 정곡灯谷을 오기한 것이 아닌가 한다.

세조 대의 거승들은 혜각존자 신미를 위시하여 설준, 학조 등 모두 사족의 자제다. 그 당시 불교에 대하여 양반 계급의 일부분은 아직도 신념이 견고하였던 것을 추측케 한다.

32) 사지斯智

해초海超, 지해智海, 효설曉雪, 명신明臣, 정심正心, 홍일弘一, 인일印一, 혜통惠通, 연희演熙 등은 전부 불확실하다.

4. 성종 시대

1) 허종許琮

『연려실기술』권6에 "허종은 자는 종경이고 본관은 양천이요, 호는 상우당이다. 세조 병자년에 생원과에 올라 정축년에 문과에 급제하였다. 적개, 좌리 공신이 되고 양천부원군으로 봉한 바 되었으며 임자년에 우의정에 올랐다. 시호는 충정공이다.字宗卿。陽川人。號尚友堂。世祖丙子生員。丁丑文科。敵愾佐理功臣。陽川府院君。壬子拜右議政。忠貞公。"라고 하였다. 서거정, 노사신 등과 함께 『연주시격聯珠詩格』과 『황산곡집』 등의 번역에 관계되어 있다.

2) 어세겸魚世謙

『연려실기술』권6에 "어세겸은 자는 자익이며 본관은 함종이요, 효첨의 아들이다. 세조 병자년에 문과에 급제하여 문형을 맡고 익대공신으로 함종 부원군이 되었다. 을묘년에 정승이 되어 좌의정에 이르렀으며 궤장을 하사 받았다. 무오년에 사초일로 정승에서 파직당하고 71세에 죽었으며 시호는 문정공이다. 갑자년에 부관참시를 당하였다.字子益。咸從人。判中樞孝瞻之子。世祖丙子文科。文衡。翊戴功臣。咸從府院君。乙卯拜相。至左議政。賜几杖戊午以史事免相。庚申卒。年七十六。文貞公。甲子追禍。"라고 하였다. 그 역시 『연주시격』과 『황산곡집』 등의 번역에 관계되어 있다.

3) 유윤겸柳允謙

『동국여지승람』 <단산 항>권19에 "방선의 아들로 등과하여 관이 대사관에 이르렀으며 문명이 있었다.方善之子。登第。官至大司諫。有文名。"라고 하고, 『용재총화』권7에 사문 유휴복과 그 종제 윤겸 형수가 두 시에 정열을 두었는데 일시에 비할 바가 없었다.斯文柳休復與其從弟允謙亨叟。精熟杜詩。一時無比。"라고 하였다. 그는 『두시언해杜詩諺解』의 역자 중 가장 중요한 사람인데 『연주시격』과 『황산곡집』 등의 번역에도 관계되어 있는 터로 실상 그 번역의 실무로 그의 주장에 따라 되었을 것이라고 추측된다.

4) 의침義砧

『해동잡록』 <류방선 항>권4에 『소문쇄록』을 인용한 중에 "시승 의침에게 부치는 시에, 10년을 남과 북에서 괴롭도록 생각하니, 끝 있는 뜬 인생이 오래 이별하였구나, 어느날 다시금 방장회(중들이 기거하는 집)에 참가하여 향을 피워놓고 두보 시 자세히 읽어 볼까라고 하였으니 성종이 두시를 언해를 하라고 명령한 시승이다.寄詩僧義砧云。十年南北苦相思。有底浮生久別難。何日更參方丈會。焚香細讀杜陵詩。我成廟命諺解杜詩僧也。"라 하였다. 이로 보아 『두시언해』에는 시승詩僧 의첨義砧도 관계되어 있는 것 같다.

5) 성현成俔

『해동잡록』권4에 "창녕인으로 자는 형숙이며 자호는 용제로 공혜공 엽조의 아들이다. 우리 광조 때 등과하여 관은 예조판서에 이르렀으며 옛문형이며 익호는 문제로『용제총화』라는 저서와『허백당집』이 간행되었다.昌寧人。字馨叔。自號慵齋。恭惠公念祖之子。我光廟朝登第。官至禮曹判書。久典文衡。諡文戴。所著叢話, 虛白堂集行于世。"라고 하였다.『악학궤범』의 찬자 중의 한 사람이다.

6) 유자광柳子光

부윤 유규柳規의 서자로 이시애 난에 자원 출정하여 세조의 총우를 받았고 그 후 문과 장원에 올랐는데 예종 때는 남이南怡를 고발한 공으로 무령군武靈君이 되고 연산 때는 무오사화를 일으키고 중종반정에도 참훈되었다가 마침내 대간의 논핵으로 피찬된 인물이다. 성현과 함께『악학궤범』의 찬수하였다.

7) 신말평申末平

박곤朴棍, 김복근金福根의 세 사람은 모두『악학궤범』의 찬수에 관계되어 있으나 아직 그 인물에 대하여 상세한 것을 알지 못한다.

8) 김자정金自貞

『성종실록』13년(1482) 임인 4월에 성종의 전교로 "한어는 김자정과 지달하, 장유성, 황중 이외에는 사람이 없다. 그러나 장유성과 황중은 글자를 알지 못한다. 만약에 정성이 있어도 누가 능히 문자를 알아듣겠는가? 운운.漢語則。金自貞。池達河。張有誠, 黃中外無人焉。然有誠。黃中不知文字。云云。"이라고 한 것으로 미루어서 한어를 알던 문관이었던 모양이다.『역어지남』의 편찬에 관계되어 있다.

9) 장유성張有誠과 황중黃中

『성종실록』 7년(1476) 정유 12월에 "임금이 선정전의 서무西廡(정당 서쪽에 있
는 긴 회랑)에 나아가 역관 장유성, 황중, 이춘경을 인견하고, 서로 한어로
문답하고 다시 향어로 풀이하게 하였다.御宣政殿西廡。引見譯官張有誠。黃中。李春
景。令漢語相問答。復以鄕語解之。"라고 하였으니 그들은 역관 출신이었던 것이요.
또 동 실록 성종 11년(1480) 경자 5월에 "사헌부 대사헌 정괄 등과 사간원
대사간 김작 등이 상소하기를, 신 등은 생각건대, 관작으로 어진 이를 권
면하고, 상으로 공로를 갚는 것이니, 관작이 어질지 못한 사람에게 가하
여지면 어진 이를 권면하지 못하고, 상이 공로 없는 사람에게 미치면 공
로 있는 자가 게을러집니다. 황중, 장유성이 함께 역관으로서 다행히 대
신의 추천을 받아 당상관을 제수받았으니, 이미 분수에 넘은 것입니다.
그런데 지금 또 하루아침에 함께 2품에 승진하였으니, 신 등은 알지 못하
거니와司憲府大司憲鄭佸。司諫院大司諫院金碏等上疏曰。黃中。張有誠當初拜堂上。非以才能也。非
以功勞也。特緣使臣指請。睿宗勉從。而欲加之罪。賴大臣力救。得免已爲幸矣。今復陞二品之資。臣等
惑矣。"라고 하였으니 그들은 이품의 가자까지 한 사람들이다. 그런데 황중
에 대하여는 동 실록 동 년월에 "이덕숭이 아뢰기를, 황중黃中은 본래 여
진어를 본업으로 하고 한어를 익히지 않았으니, 2품에 뛰어 올리는 것은
매우 불가합니다. 청컨대 개정하소서라고 하니, 임금이 말하기를, 황중이
비록 처음에는 여진 말을 익혔으나 지금은 능히 중국 말을 전달하니, 탁
용할 만하다."고 하였다.德崇啓曰。黃中本業女眞語。不習漢語。而超陞二品甚不可。請改正。
上曰黃中雖初習女眞語。今則能傳華語。可擢用也。"『성종실록』 117권(성종 11(1480)년 5월 21일)라고
하였으니 본시 여진학의 출신으로서 나중 화어까지 통하게 된 것이라고
보인다. 『역어지남』에 관계되어 있다. 단지 문자를 모른다는 이야기로 들

어서 그들이 직접 그 찬수의 사무를 맡지 못하였을 것으로 추측된다.

풀이 1 이간, 지달가, 금허의, 민장, 당효량, 금저, 한현, 권관 등 여덟 사람은 『역어지남』의 관계자로 그 인물은 불확실하다.

2 해동잡록에서는 權蹈와 權을 각항으로 만들어 마치 별개의 인물로 오인한 것 같다.

3 각불경간행의 관계자는 이하로도 다수가 있으나 부제조이하는 성략한다. 또 실상 중요하게 활동하였다고 보이는 한계희 노사신 등도 그 이상에 들어 있는 것이다.

4 『해동잡록』에는 류정현의 아들로 되어 있다.

제9장 반대의 일파

제1절 최만리 등의 상소

1. 집현전 내의 대립

서거정의 <최항비명>『태허정집』에는 "영릉 세종께서 처음 언문을 창제하였는데 신이한 생각과 예지로서 백왕의 으뜸으로 집현전 여러 유신과 더불어 그 불가함을 아뢰고 심지어 항소를 올려 적극 반대한 사람들도 있었다.英陵初制諺文。神思睿智專出百王。集賢諸儒合辭陳其不可。至有抗疏極論者。"라고 하였다. 서거정의 이 증언으로 들어서는 최만리 등이 상소1)를 올리기 전에

---

1) 최만리의 반대 상소문에서 '반대'의 핵심이 무엇인가? '훈민정음'의 창제를 반대했는지 혹은 세종이 추진한 한자음 교정 정책을 반대한 것인지 규명할 필요가 있다. 먼저 훈민정음 창제 반대라는 설명은 적절하지 않다. 왜냐하면 최만리가 반대 상소문을 올린 날자가 세종 26년(1444) 2월 19일쯤 승정원에 제출한 것으로 보이고 20일에 세종이 친국을 한 내용이 실록에 실려 있다. 훈민정음 창제는 그 전해인 세종 25년(1443) 12월에 완료되었으니 반대 상소문을 올린 시기와 맞지 않는다. 이숭녕(1976 : 166~184) 교수는 훈민정음 반대 상소문이 아니라 2월 16일『운해』번역 사업에 반대한 것으로 규정하고 있다. 정광(2005 : 42) 교수는 "부제학 최만리를 중심으로 부제학 신석조 등 7인이 훈민정음 창제를 반대하는 상소를 올리게 된다"라고 하여 반대의 핵심을 훈민정음 창제에 두고 있으나 이미 훈민정음이 창제 된 이후의 지난 일에 반대를 한다는 것은 앞뒤의 사리가 맞지 않는다. 본 상소문에 "언문을 빌어서 일시의 용(쓰임)이라도 돕는다는 것은 오히려 가 할 듯하

먼저 말로써 반대의 뜻을 계달하였던 것으로 상소에 이름을 올린 사람보다도 훨씬 다수였던 것 같다.

그런데 언문의 여러 선비들도 집현전의 관원들이었음에 대하여 그 반대자들도 전부 집현전의 관원들이다. 이로써 훈민정음의 제작을 에워싸고 일시 집현전 내 양파의 대립을 추측할 수 있다.

그러나 『세종실록』에는 집현전 부제학 최만리 등의 상소만을 기록하였을 뿐이다. 그 상소에 이름이 오르지 않은 반대자들은 과연 누구였는지 알 길이 없다. 물론 반대의 이유는 최만리 등의 상소 이상 더 넘어 갈 것이 아닌 즉 대개 집현전 내의 완고한 부류들이었을 것임에 틀림이 없다.

2. 상소 원문(세종실록 권 103, 19장)의 해석

> 伏惟聖裁, 庚子。集賢殿副提學。崔萬理等。上疏曰。

세종 26년 갑자 2월 20일(경자)에 집현전 부제학 최만리 등이 다음과 같이 상소하였다.

> 臣等[2]伏覩諺文[3]制作。至爲神妙。創物運智[4]。復出千古。然以臣等區。

거니와"라는 내용에서 최만리 역시 전적으로 훈민정음 창제에 대해 반대하지 않은 듯도 하다. 다만 『운서』 번역 사업을 추진하기 위해 세종 26년(1444) 2월 16일에 의사청에서 왕세자와 하신들이 모인 것을 알고 있었던 최세진은 훈민정음 창제 자체가 중국의 사대모화에 어긋난다는 대의명분으로 훈민정음 사용을 원천 봉쇄하려는 의도로 보아야 할 것이다. 따라서 최만리의 상소는 '훈민정음 창제 반대'가 아닌 '훈민정음 사용 반대'라고 할 수 있다.

2) 신등(臣等) : 부제학 최만리, 직제학 신석조, 직전 김문, 응교 정창손, 부교리 하위지, 부수찬 송처검, 저작랑 조근 등이다. 이들이 올린 반대 상소문은 훈민정음 창제 과정을 살필

신 등이 엎드리어 살펴보건댄 언문의 제작은 지극히 신묘하여 창물운지創物運智(기물을 만들어 사물의 이치를 알아 밝히고 지혜를 나타냄)가 멀리 천고千古에 나왔으나 신 등의 구구한 관견으로 오히려 의심스러운 바가 있으므로 감히 위간危懇(위험한 직언)을 펴서 뒤에 조목을 드나이다. 엎드리어 생각하는 바는 거룩한 재단이옵나이다.

수 있는 매우 주요한 자료이다.

3) 언문(諺文) : 훈민정음이라는 명칭과 함께 사용되었다. 이 '언문'이라는 명칭을 "특히 훈민정음 제정에 반대하는 사람들은 언문이라는 말을 즐겨 사용하였다"(유창균, 1993 : 125)라고 하여 '언문'이라는 명칭이 마치 자기 비하적인 명칭으로 사용된 것처럼 해석하고 있으나 그러한 근거를 입증할만한 것이 전혀 없다. 특히 『조선왕조실록』의 기록에 '언문'이라는 명칭이 사용되고 있기 때문에 이러한 논의는 불필요한 논쟁의 불씨가 될 수 있다. '언문'은 28자의 음소 문자를 지칭하고 '훈민정음'은 우리말을 물론 한자음 표기를 위시하여 몽고, 여진, 일본 등의 말을 표음하는 바른 소리라는 뜻으로 사용된 것이다. '予若以諺文譯'에서 세종 스스로가 "내가 만일 언문으로서 번역한." 세종이 정창손에게 친국을 한 뒤 하교문 가운데 세종 스스로가 '언문'이라는 명칭을 사용하고 있다. 최만리의 반대 상소문과 임금의 하교문에서 26회에 걸쳐 '언문', '비언', '언자'라는 명칭이 나타난다. 그 가운데 '언문'은 세종이 3회, 최만리가 19회, 김문이 2회 사용하고 있으며, '비언'과 '언자'는 최만리가 각각 1회씩 사용하고 있다. '언문'이라는 용어가 사용상의 목적에 따라 '훈민정음'과 달리 불러진 이름이다. 곧 우리말 표기에 사용될 경우 '언문'으로 우리 한자음과 한음 및 외래어 표기에 사용될 경우 '훈민정음'으로 부른 것이 명확하다.

4) 창물운지(創物運智) : 기물을 만들어냄. 기물을 만든 다는 것은 "사물의 이치를 알아내어 밝힌다"는 뜻. 한글 창제의 창의성을 말한다.

1. 우리 조정이 조종조 이래로부터 지성으로 사대하여 한결같이 중화의 제도華制를 쫓아온 바, 이제 동문동궤同文同軌(같은 글로 같은 궤로)에 이른 때를 당하여 언문을 창작하심은 보고 들음에 놀라게 함이 있습니다. 만약 가로되 언문은 모두 옛글자를 근본 삼아서 만든 새로운 글자가 아니라고 하신다면 자형은 비록 옛 전문을 모방하였어도 용음 합자(소리로써 글자를 어우름)가 전혀 옛과 반대되어 실상 근거한 바 없습니다. 만약 중국에 흘러가서 혹시 비의非議(그러다고 말하다)하는 자가 있을 때는 어찌 사대모화에 부끄러움이 있지 않겠습니까?

一. 自古九州之內。風土雖異。未有因方言而別爲文字者。唯蒙古。西夏。女眞。日本。西蕃之類。各有其字。是皆夷狄事耳。無足道者。傳曰。用夏變夷。未聞變於夷者也。歷代中國。皆以我國有箕子遺風。文物禮樂。比擬中華。今別作諺文。捨中國而自同於夷狄[7]。是所謂棄蘇合之香。而取螗螂之丸也。豈非文明之大累哉。

---

1. 옛부터 구주[8]안에 풍토는 비록 다르오나 방언으로 인하여 따로 문

---

5) 즉자형수방고지전문(則字形雖倣古之篆文) : 곧 자형이 비록 옛날의 고전(古篆) 글에 의방(依倣, 모방하였을지 모르오나. 여기서 '자형(字形)'은 초성, 중성, 종성의 낱개 글자꼴을 뜻하는 것이 아니라 음절 구성이 이루어진 글자꼴을 뜻한다. 곧 고전(古篆)체와 같은 방패형(네모꼴)을 의미한다고 볼 수 있다. 거란이나 여진 글자의 구성 또한 고전(古篆)체와 같은 방패형(네모꼴)이었다.

6) 용음합자(用音合字) : 음에 따라 합하여 글자를 이룸. 곧 음소문자를 말한다.

7) 이적(夷狄) : 중화를 중심으로 동쪽으로 동이(東夷), 북쪽으로 북적(北狄), 서쪽으로 서융(西戎), 남쪽으로 남만(南蠻)을 가리킨다. 중국의 주변 국가나 종족을 폄하하여 오랑캐로 바라본 중화 중심주의적 용어이다.

8) 구주(九州) : 중국 고대에 전국을 나눈 9개의 주. 요순시대와 하나라 때에는 기(冀), 연(兗), 청(靑), 서(徐), 형(荊), 양(揚), 예(豫), 양(梁), 옹(雍)이며, 은나라 때에는 기, 예, 옹, 양, 형, 연, 서, 유(幽), 영(營)이고, 주나라 때에는 양, 형, 예, 청, 연, 옹, 유, 기, 병(幷)이다. 여기

자를 만든 일은 없었고 오직 몽고, 서하, 여진, 일본, 서번의 무리가 각기 그들의 문자를 가졌으나9) 그 모두 이적夷狄의 일이라 족히 바른 길이라 말稱道할 것이 없습니다. 전傳(중국 옛 성현의 글)에 가로되 오랑캐가 중하中夏로

서는 천하를 의미한다.

9) 몽고(蒙古)는 원래 달단(韃靼, Tatar)라고 했는데 당나라 시대부터 원나라 기까지 동몽고 지방에 살고 있던 몽고계 부족을 가리키거나, 시베리아 중부 일대에 걸쳐 고 있는 터어키 계 유목민의 총칭으로 사용되었다. 몽고 문자는 원나라 세조가 라마교의 고승 파스파 (Pagspha)를 초빙하여 서장문자(西藏文字)를 기초로 해서 1269년에 파스파(八思巴) 문자를 제정하였다. 보통 몽고 문자라고 불리는 것은 위굴(Uighur) 문자에서 발달된 것으로서 근 래까지 내몽고 지방에서 사용되고 있었다.

고창(高昌)은 현 중국 신강성 토로번현(吐魯番縣)의 투울판(Turfan, 敦煌) 분지에 10세기경 부터 14세기까지 존재했 위굴(回鶻, Uighur)인 국가를 말한다. 고창 굴(回鶻), 서주(西州) 위굴, 화주(和州) 위굴라고도 하며, 그들이 사용하던 문자를 Uighur 문자라고 한다.

회회(回回)는 아라비아(Arabia)를 말하는데 아라비아어는 셈족(語族)의 南셈어에 속하는 언어이다. 아라비아는 북부 아라비아어와 남부 아라비아어로 나뉘어져 있다. 그들이 사용 하던 아라비아문자는 나바테아(Nabataea) 문자의 초서체(草書體)로부터 발달되었다고 하 며, 우측으로부터 좌측으로 쓴다.

서번(西番)은 서번(西蕃)라고도 하며, 티벳(西藏, Tibet)을 말한다. 티벳문자는 인도의 문자 를 본받아 7세기경에 창제되었다.

여진(女眞)은 오늘의 만주지방에 아구다(阿骨打)가 요와 북송을 멸하고 1115년에 금나라를 세웠으나 120년만인 1234년에 원나라에 멸망하였다. 여진문자는 이 금나라 시대에 이루 어졌는데, 표의문자와 표음문자의 양종으로 구성되어 있다. 『금사』에 의하면 여진족은 처 음에는 자기 자신의 문자를 가지고 있지 않았으나 국세(國勢)가 날로 팽창함에 따라 거란 (契丹)문자를 사용하다가 금나라 태조가 완안 희이(完顔希伊)에게 여진문자를 찬정할 것을 명하여 희이(希伊)가 한자의 해서(楷書)를 모방하고 또 거란자(契丹字)에 의거하여 여진어 에 적합하도록 여진자(女眞字)를 만들어 천보(天輔) 3(1119)년에 태조가 이것을 광포(廣布) 했는데 이것을 여진대자라고 한다. 그 뒤 희종(熙宗)이 천권 원1138년에 자신이 만든 여 진자를 반포하고 황통 5(1145)년부터 사용되기 시작하였다. 이것을 여진소자(女眞小字)라 고 한다. 한자처럼 한 자씩 띄어 쓰며 위에서 아래로 종서(縱書)하여 행(行)은 우(右)에서 좌(左)로 옮아간다.

백이(百夷)는 버마(Burma)의 한 지방을 가리키는 것으로 보인다. 명나라 전고훈(錢古訓)이 찬(撰)한 『백이전(百夷傳)』이 있다고 한다.

면전(緬甸)은 버마(Burma)를 말한다. 그런데 버마에서 사용되는 언어는 수십종에 달하고 복잡하여 아직 공식어를 정하지 못하고 있다. 버마어의 문자와는 11세기의 파강조시대 불 교의 수입과 함께 타토온(Thaton)에 있는 타라잉(Talaing)인들로부터 인도계의 변체(變體) 인 타라잉어의 알파벳을 배워서 비롯되었다고 한다. 이상규, <"명왕신덕사이함빈"의 대역 여진어 분석>, 『언어과학연구』 63집, 2012.

변한다고는 하였지만은 중화가 오랑캐로 변했다는 말은 듣지 못 하였습니다. 역대로 중국에서 우리나라를 기자箕子의 유풍이 있고, 예악 문물이 중화에 비의比擬(견줄만함)하거늘 이제 따로 언문을 만들어 중국을 버리고 스스로 이적과 같아지니 이는 소위 소합蘇合의 향을 버리고 당랑螳螂의 환丸(쇠똥구리의 환약)을 취하는 것이라 어찌 문명의 큰 누累가 아니겠습니까.

一. 新羅薛聰史讀。雖爲鄙俚。然皆借中國通行之字。施於語助。與文字元不相離。故雖至胥吏僕隷之徒。必欲習之。先讀數書。粗知文字。然後乃用吏讀。用吏讀者。須憑文字。乃能達意。故因吏讀而知文字者頗多。亦興學之一助也。若我國元不知文字。如結繩之世。則姑借諺文。以資一時之用猶可。而執正議者 必曰與其行諺文以姑息。不若寧遲緩而習中國通行之文字。以爲久長之計也。而況吏讀行之數千年。而簿書期會等事。無有防礙者。何用改舊行無弊之文。別創鄙諺無益之字乎 若行諺文。則爲吏者專習諺字。不顧學問 文字吏員岐而爲二。苟爲吏者以諺文而宦達。則後進皆見其如此也, 以爲二十七字諺文,[10] 足以立身於世, 何須苦心勞思。窮性理之學哉。如此則數十年之後。知文字者必少。雖能以諺文而施於吏事。不知聖賢之文字。則不學墻面。昧於事理之是非。徒工於諺文。將何用哉。我國家積累右文之化。恐漸至掃地矣。前此吏讀。雖不外於文字。有識者尙且鄙之。思欲以吏文易之。況諺文與文字。暫不干涉。專用委巷俚語者乎。借使諺文自前朝有之,。以今日文明之治。變魯至道之意[11]。尙肯因循而襲之乎。必有更張之議者。此灼然可知之理也。厭舊喜新。古今通患。今此諺文。不過新奇一藝耳。於學有損。於治無益。反覆籌之。未見其可也。

---

10) 二十七字諺文 : 한글 창제는 28자였다는 실록의 기록과 차이를 보인다. 창제 당시에 'ㅎ'

1. 신라 설총의 이두는 비록 비루하다고 하여도 모두 중국에서 통용하는 글자를 빌어서 어조사에 사용함에 문자로 더불어 원래 서로 별개의 것이 아닌 까닭에 비록 서리 복예僕隷의 무리들도 반드시 배우자면 먼저 두어 가지의 책을 읽어서 약간의 문자를 안 연후에야 이에 이두를 쓰게 되고 이두를 쓰는 자는 모름지기 문자에 의지해서만 이에 뜻을 통달하는 까닭에 이두로 인하여 문자를 알게 되는 자가 자못 많으며, 또한 흥학(학문을 권장)의 일조입니다. 만약 우리나라에서 애초부터 문자를 몰라 결승하던 세상과 같다면 잠시 언문을 빌어서 일시적 사용으로 삼는 것이 오히려 가하다고 하겠지만 바른 의론을 가지는 자는 반드시 언문을 통행시키어 고식(잠시 변통)의 편함보다 차라리 느리더라도 중국 통행의 문자를 익히어 구장(오랜 계획)의 계책을 삼는 것만 같지 못하다고 할 것인데 하물며 이두가 통행한지 수천년에 부서기회(薄書期會(관청의 문서 기록)) 등의 일에 탈이 없는데 무엇 때문에 옛부터 통행되고 폐단이 없는 글을 고쳐서 따로 비언(비리하고 속되며)하고 유익이 없는 글자를 창작할 것입니까. 만약에 언문을 사용하면 이원吏員된 자가 오로지 언자만 익히고 학문을 돌아보지 않아 문자와 관원이 갈려서 둘이 될 것이고 진실로 관리가 된 자가 언문으로써 환달(벼슬에 오름)하오면 후진이 모두 그리하여 27자의 언문으로 족히 세상에 입신하거늘 왜 고심노사 하여 성리의 학문을 궁구하겠습니까. 이러 하온

를 제외한 27자로 창제하였다가 해례본을 만드는 기간동안 한 글자가 더 들어간 것으로 설명하기도 한다(이동림(1974), 「훈민정음 창제 경위에 대하여 - 언문자모 27자는 최초의 원안이다」, 『국어국문학과논문집』, 동국대학교). 예의에서 해례로 옮겨 가는 과정에서 변개도 있었겠지만 해례에서 역으로 세종의 창제 원안인 예의가 변개될 가능성 또한 배제할 수 없다고 볼 수 있다.

11) 변로지도지의(變魯至道之意) : '어로혼진(魚魯混眞)'과 같은 말로 '어(魚)'자와 '로(魯)'자의 혼동해서 서로 뒤섞어 쓰는 것을 말한다. 『포박자(抱朴子)』에 "언문에 이르기를 글씨를 세 번 베끼는 가운데 '魚'가 '魯'가 되고 '虙'가 '虎'가 되었다.(諺曰, 書三寫, 魚成魯, 虙成虎)"라고 한 말이 있다.

즉 수십 년 후에는 문자를 아는 자가 반드시 적어질 것이오니[12] 비록 언문으로써 서리들의 일에 사용한다고 한들 성현의 문자를 알지 못 함으로 배우지 못 한 것이 담을 대고 선 것과 같아서 사리의 시비는 어두울 것이오라 한갓 언문에만 공교로워서는 장차 무엇 하겠습니까.

　우리나라 우문의 풍화(학문을 존중하는 풍속)가 점차로 땅을 쓴 듯하기에 이릅니다. 앞서 이두는 비록 문자에 벗어나지 않아도 유식한 사람들은 항상 비루히 여기어 이문으로 바꾸고자 생각하거든 하물며 언문은 문자와는 조금도 상관이 없이 순연히 누항의 이어만을 쓰는 것이 아니겠습니까. 만일 언문이 전조 적부터 있었다고 하더라도 오늘날 문명한 정치와 노魯를 변하여 도道에 이르는 뜻으로(나라를 변화시켜 도가 행해지는 나라에 이르게 함) 즐겨 인순(옛 습관을 고치지 못해서)해서 습용할 것이겠습니까. 반드시 경장更張의 의론이 있을 것으로 이는 번연히 알 수 있는 이치입니다. 옛것을 싫어하고 새 것을 좋아함은 고금의 통환(폐단)이거니와 지금 이 언문도 불과시 신기한 하나의 재주일 뿐으로 학문에 손해가 되고 정치에 이익이 없으니 반복하여 헤아려도 그 덕이 되는 점을 보지 못하옵나이다.

　一. 若曰如刑殺獄辭。以吏讀文字書之。則不知文理之愚民。一字之差。容或致冤。今以諺文直書其言。讀使聽之。則雖至愚之人。悉皆易曉。而無抱屈者。然自古中國言與文同。獄訟之間。冤枉甚多。借以我國言之。獄囚之解吏讀者。親讀招辭。知其誣而不勝箠楚[13]。多有枉服者[14]。是非不知招辭之文意而被冤也 明矣。若然則雖用諺文。何異於此 是知刑獄之平不平。在於獄吏之如何。而不在於言與文之同不同也。欲以諺文而平獄事。臣等未見其可也。

---

12) 훈민정음 창제의 목적이 한자음 표기만을 위해 만든 것이 아님을 증명해 주는 내용이다.

1. 혹시 가로되 형살옥사와 같은 것도 이두(글 뜻)문자로 쓰면 한 글자의 차이로 용혹容或 원통케 되올 것도 이제 언문으로 곧 그 말을 쓰고서 읽어 드리면 비록 지극히 어리석은 사람도 다 쉽게 알아들어 억울함을 당하는 자가 없다고 할 것이오나 자고로 중국은 말이 글과 같아도 옥송 간에 원왕冤枉이 매우 많고 가령 우리나라로 말하여도 옥수의 이두를 해득하는 자가 친히 초사(판결문)를 읽어서 그 무고誣告임을 알면서도 고문에 못 이기어 왕복하는 자가 많이 있으니 이 곧 초사의 문의를 몰라서 원통하게 되는 것이 아님이 명백한 바입니다. 그러면 언문을 쓴들 무엇이 이와 다르겠습니까. 이로써 형옥의 공평과 불공평은 옥리의 여하에 있고 말이 글과 같고 않 같은데 있지 아니함을 알 수 있으니 언문으로 옥사를 공평히 하고자 하는 데는 신등이 그 신기한 점을 보지 못했습니다.

一. 凡立事功。不貴近速。國家比來措置。皆務速成15)。恐非爲治之體。儻曰諺文不得已而爲之16)。此變易風俗之大者。當謀及宰相下至百僚。國人皆曰可。猶先甲先庚17)。更加三思。質諸帝王而不悖。考諸中國而無愧。百世以後。聖人而不惑。然後乃可行也。今不博採群議。驟令吏輩十餘人訓習。又輕改古人已成之韻書。附會無稽之諺文。聚工匠數十人刻之。劇欲廣布其於天下。後世公議何如。且今淸州椒水之幸18)。特慮年歉。凡從諸事。務從簡約。比之前日。十減八九。至於啓達公務。亦委政府。若夫諺文。非國家緩急。不得已及期之事。何獨於行在。而汲汲爲之。以煩聖躬調爕之時乎。臣等。尤未見其可也。

---

13) 추초(棰楚) : 매를 치다.

14) 왕복자(枉服者) : 허리를 굽혀서 복종함.

15) 개무속성(皆務速成) : 모든 일을 너무 속성으로 추진한다는 말. 곧 훈민정음 창제 이후 『운서』의 번역과 『용비어천가』와 『석보상절』, 『월인천강지곡』 등 열런의 한글 보급을 위한

1. 무릇 일의 공을 세우는 데는 근속함을 귀하게 여기는 것이 아니거늘 국가의 근래 조치가 모두 속성을 힘쓰오니 두려옵건대 정사를 하는 체통이 아닙니다. 만약 언문을 부득이 (사용)해야 한다고 하오면 이는 풍속을 변역變易하는 큰 일이오라 마땅히 재상에게 상의하셔야 하고 아래로 백료(모든 관료)에까지 이르러야 하오며, 국인이 모두 가로되 가하다고 하더라도 선갑선경先甲先庚으로 삼사를 더하실 바로 제왕에 물어서 어그러지지 않고 중국에 상고하여 부끄러움이 없고 백세에 성인을 기다려서 혹함이 없을 것인 연후에야 이에 가히 행하실 일입니다. 이제 여럿의 의논도 듣지 아니하고서 갑자기 서리배 십 여인으로 하여금 훈습케 하시며 또 가볍게 고인의 이미 이룬 운서를 고치어 무계의 언문으로 부회하고 공장 수십 인을 모아서 인각해서는 급히 그것을 천하에 광포하고자 하시니 후세 공의가 어떻겠습니까.[19] 또 지금 청주 초수의 행행[20]에로 특히 건강

세종의 국정 조치가 너무 성급하게 서둘고 있다는 것을 말한다.

16) 당왈언문불득이이이위지(儻曰諺文不得已而爲之) : "만일 언문을 부득이하야 짓지 않을 수 없어서 지었다고 하면"이라는 뜻. 이 대목에서 훈민정음이 이미 창제 완료되었다는 사실을 확인할 수 있다. 최만리 등의 반대 상소문을 올린 이유가 훈민정음 창제에 대한 반대가 아니라 훈민정음을 이용하여 각종 운서를 새로 짓는 일이 한자음의 혼란을 야기시킬 수 있다는 측면에서 그리고 사대적 관점에서 한자가 있음에도 불구하고 언문이라는 새로운 문자의 사용의 부당성을 논한 것임을 알 수 있다.

17) 선갑선경(先甲先庚) : 『주역』에 "先甲三日, 後甲三日"이라는 대목을 활용하여 사용한 말. 곧 새로 만든 법령은 백성들이 잘 알지 못하기 때문에 반포하기 3일 전에 은근히 타이르고, 반포 이후 3일 이후에 시행한다는 뜻.

18) 且今淸州椒水之行 : 세종의 청주 초수 행행은 두 차례 있었다. 세종 26년(1447) 2월 28일부터 5월 6일까지와 동 년 7월 15일부터 9월 24일까지 갔는데 한재가 있었던 것은 두 번째 곧 세종 26년(1447) 7월의 일임에도 불구하고 청주 초수 행행 이전인 세종 26년(1447) 2월 16일에서 20일 사이에 최만리는 반대 상소문을 올리고 20일 날 세종께서 친국(親鞫)을 했다는 실록 기록의 내용을 비교하면 앞뒤가 맞지 않는다. 그러나 집현전 부제학의 위치에 있었던 최만리는 이미 며칠 뒤 임금의 행행을 미리 알고 있었기 때문에 "장차 청주에 초수로 행행하실 때도(且今淸州椒水之幸)"로 해석해야 옳을 것이다.

19) "널리 의논을 듣지 않고", "언문을 배우게 하고", "옛사람이 이루어 놓은 운서를 고쳐 황당한 언문을 억지로 붙이고" 등의 논의를 토대로 하여 본다면, 이 반대 상소의 핵심이 한글 창제에 대한 반대가 아닌 이미 한글 창제는 완성되었음을 전제로 하고 있다. 또한

이 좋지 아니함을 염려하여 호종의 모든 절차를 간약簡約하도록 힘씀에 전일에 비하여는 십의 칠팔이 감하신 터이며 또 계달啓達(임금에게 아룀)의 공무까지도 정부에 맡겼거늘 저 언문은 국가의 비상한 일로 부득이 댈 것도 아닌데 어째서 유독히 행재소에서 급급히 하셔서 성궁의 조변하옵실 때를 번거로이 하시나있가. 신 등이 더욱이 그 가한 점을 보지 못하옵니다.

一。先儒云。凡百玩好。皆奪志。至於吾札。於儒者事最近。然一向好著。亦自喪志。今東宮 雖德性成就。猶當潛心聖學。益求其未至也。諺文縱曰有益。特文士六藝21)之一耳。況萬萬無一利於治道。而乃研精費思。竟日移時。實有損於時敏之學也。臣等。俱以文墨末技。待罪侍從。心有所懷。不敢含默。謹罄肺腑。仰瀆聖聰。

널리 의견을 수렴하지는 않았으나 집현전 학사들은 한글 창제에 대한 과정을 이해하고 있었다는 반증이 된다. 따라서 지금까지 이 반대 상소를 한글 창제 반대 상소가 아닌 "한글 사용 반대 상소"라고 하는 것이 타당하며 한글 창제가 세종의 비밀 계획에 의해 이루어진 것이 아닌 넓지는 않지만 공개적인 사업이었다고 할 수 있다.

20) 이숭녕(1976 : 85) 교수는 세종의 훈민정음 창제 과정에 대해 전혀 다른 평가를 하고 있다. "훈민정음을 제정할 때의 세종의 건강 상태는 말이 아니었다. 특히 기억력의 쇠퇴와 안질로 정사 자체도 세자에게 맡길 정도이어서, 세종은 훈민정음 제정에선 집현전 학사에게 오직 원칙을 제시하고 방향만을 설정했을 따름이고 문제점을 상의했을 정도요, 세목의 연구에는 관계하지 않았을 것이라고 본다. <중략> 국어학사의 연구에서 구체적인 실증 자료를 갖지 못하고, 함부로 조작설을 근거도 없이 내세운다는 것은 학문을 타락시키는 것이라고 본다. 그것은 심한 예가 세종대왕이 한글을 지으시다가 과로의 결과로 안질을 얻으셨다는 설은 허위와 조작의 산물임을 이상의 사실 규명으로 단정할 수 있다"는 견해는 한글이 결국 세종의 친제가 아니라는 논의로 연결될 수 있다. 임금 건강에 관한 기록은 실록에 대단히 상세하게 기록될 수밖에 없다. 그러한 세세한 기록을 다 모은 것을 실증주의적 근거로 삼은 주장이 오히려 전체적 맥락을 제대로 해독하지 못할 수도 있다. 이러한 논의는 급기야 강규선・황경수(2006 : 75)의 『훈민정음연구』에서는 "세종의 건강은 전술한 것처럼 안질, 소갈증, 부종, 임질, 요배견통, 수전, 언어곤란, 각통 등으로 세종 29년부터 세자 섭정 문제가 세종 자신의 주장으로 되풀이 된다. 또 온천 요양차 자주 도성을 떠나는 날이 많았다. 안질 같은 병은 사물을 분간하기 어려운 지경이었다. 왕의 대행을 스스로 주장하던 세종이 연구 생활을 했다는 것은 상상할 수 없는 일이다"라는 식으로 확대 재생산이 된다.

1. 선유先儒가 이르기를 범백凡百(모든)의 완호玩好(귀한 노리개)가 모두 뜻을 빼앗는다고 하니 서찰에 이르는 유자의 일에 가장 가깝다고 하여도 줄곧 즐겨서는 또한 스스로 뜻을 상실케 되는 것입니다. 이제 동궁께오서 비록 덕성이 성취되었어도 아직 마땅히 성학에 잠심하셔서 더욱 그 이르지 못 하신 것을 구하셔야 할 것입니다. 언문이 비록 유익하다 하더라도 특히 문사육예의 하나일 뿐인데 하물며 치도治道(나라를 다스리는 도리)에는 만만 일리(하나의 이로움)가 없으므로 정신을 쓰시고 생각을 허비하심에 날이 마치고 때가 옮겨 실로 학문에 손이 되는 바입니다.

신 등은 다 함께 문묵文墨의 말기末技(변변치 못한 재주)를 가져 시종에 대사하옵는 터이오라 마음에 품은 바를 감히 함묵含黙치 못하옵고 삼가 폐부(마음속)를 다 하여 우러러 성총을 더럽힙니다.

3. 반대 이론적 근거

상기와 같이 반대 상소의 전문은 전부 6항으로 되었으니 훈민정음이 자형만은 고전古篆을 모방하였지만 용음과 합자는 전혀 옛 것과 반대되는 그러한 문자가 중국에 유입된다면 사대에 해됨이 있으리라는 것.

중국 내도 방언이 서로 다르지만은 문자를 따로 만든 곳은 없는데 몽고 서하西夏 등과 같이 한 문자를 가진다면 그것은 하가 오랑캐를 변하게 한用夏變夷 것과 반대로 오랑캐가 하나라를 변하게 한用夷變夏이라는 것.

이두는 한자에 어조사만을 추가하는 것이요 그 어조사도 한자를 차용함으로 오히려 한문 보급의 한 방편도 되거늘 훈민정음이 이두 대신 쓰이게 되는 때는 한문을 배우는 사람이 줄어들리라는 것.

---

21) 문사륙예(文士六藝) : 중국 주나라 시대에 '예(禮), 예론, 악(樂), 악론, 사(辭), 사부, 어(御), 수련, 서(書), 글쓰기, 수(數), 성수론'의 여섯 가지 국자의 교육 내용.

형옥의 공평과 불공평은 옥리의 여하에 있는 것이라 훈민정음을 이두 대신으로 쓴다고 해서 원왕의 옥사가 없어지지 않는다는 것.

재상 이하 백료에게까지 하의치 않고 곧 서리배에게 훈습시키시며 또 고인의 운서를 고치어 훈민정음을 집어넣는 등은 너무나 신중치 아니한데 더구나 성궁의 조변으로 초수에 행행하고 년사 관계로 행행의 절차를 감하는 이때 행재에까지 언문 여러 학사를 거느리고 가서 급급히 할 필요가 없다는 것.

동궁이 성학에나 잠심할 것이지 언문 같은 것으로 시일을 낭비할 필요가 없다는 것. 그 육 항의 큰 뜻은 이러하다. 그중에서 끝에 다섯째는 훈민정음의 발표 방법과 운서의 개정을 반대한 것이요. 여섯째는 동궁의 거기 대한 참섭을 반대한 것으로 결국 훈민정음 자체에 대한 반대는 위의 네 항목에 그치는데 첫째 항목은 사대주의와 배치된다는 것이요 둘째 항목은 광의의 숭한으로서 한인과 어디까지 동문동궤임을 필요하다는 것이요. 셋째 항목은 협의의 숭한으로서 훈민정음으로 말미암아 한문의 보급이 저해된다는 것이요. 넷째 항목은 옥송과 같은데 실용으로도 그다지 큰 효과가 없으리라는 것이다.

그러나 이미 밝힌 바와 같이 언문 여러 학사도 결코 사대숭한의 사상 이상 더 다른 사상을 가지지 못한 것이 사실이다. 그러니까 양편의 차이는 사대와 숭한이냐, 아니냐 하는 근본 사상에 있는 것이 아니요, 훈민정음이 사대숭한 상 어떠냐 하는 관점에 있는 것이라고 보인다.

결국 반대의 중요한 항목은 훈민정음으로 인하여 한자의 보급이 저해되리라는 염려와 또 옥송과 같은데 별로 큰 실효가 없으리라는 단정에 지나지 않는데 정인지의 서문은 "이 글자로서 글을 풀이하면 그 뜻을 알 수 있고 이 글자로 송사를 하더라도 그 실정을 알 수 있게 되었다.以上解書可以知其義。以是聽訟可以得其情。"라고 하여 그들과 아주 뒤쪽의 견해를 표시하고 있다. 첫째, 최만리 등의 염려는 반드시 기우만이 아니나 훈민정음은 겨우 언해 등에 이용되어 오히려 정인지의 견해와 부합되었고, 둘째, 그들의 단정은 추상의 독단이나 근세까지도 관공문서에서 이두가 상용되어 양편의 시비가 헛되게 된 것이다. 그런데 최만리 등의 상소는 마치 정인지의 상소를 반박하는 것과 같은 느낌을 주고 있다. 더구나 전문이 종왈, 왈, 약왈 등의 말로 전제된 것이 확실히 일정한 누구의 견해를 반박하는 것임에 틀림이 없는 것이다. 그러나 병인년 정인지의 서가 최만리 등의 상소를 반박하였을지는 몰라도 갑자년 최만리 등의 상소가 정인지의 서문을 미리 반박한 것은 아니다. 그것도 오직 시일로 보아서 후자보다 전자가 이치에 가깝다는 말뿐이지 최만리의 상소는 그 자체 이미 일정한 견해를 반박하는 태도인 동시에 또 정인지의 서문에서 하필 그들의 반박을 도모하였으리라 고도 생각할 수 없는 바다.

대개 훈민정음이 발표된 후 그 공효로 몇 가지의 항목이 들리었든 것이나 아닐까 한다. 최만리 등은 그 항목에 대한 논박을 열거하였음에 대하여 정인지는 다시 그 공효를 가지고 훈민정음을 예찬한 것이다.

하여튼 최만리 외 이 반대 상소에 이름을 올린 사람은 거기에 대한 세종 처치의 기록으로 인하여 직제학 신석조, 직전 김문, 응교 정창손, 부교리 하위지, 수찬 송처검, 저작랑 조근 등으로 추정되는 바 직전 김문은 나중에 사서의 번역을 주관한 사람이요 또 일찍이 세종께 향하여 훈민정음의 제작이 불가치안 한 뜻을 계달하였다는 사람이다. 김문과 같은 사람의 행동이 전후로 달라진 예를 미루어 생각한다면 실상 반대 상소에 이름을 올린 그 전부가 일정한 주장 아래에서 출발한 것이 아니요. 그 중의 몇몇은 불순한 동기로부터 움직인 것이 아닐까 한다.

『세종실록』 갑자 2월 의사청에 모여 운회의 언문 번역을 기록하는 끝에 "동궁과 진양 대군晉陽大君 이유李瑈, 안평 대군安平大君 이용李瑢으로 하여금 그 일을 관장하게 하였는데, 모두가 성품이 예단睿斷하므로 상賞을 거듭 내려 주고 공억供億하는 것을 넉넉하고 후하게 하였다.東宮與晉陽大君珛、安平大君瑢監掌其事 皆稟睿斷, 賞賜稠重, 供億優厚矣"라고 하였으니 이 족히 동료의 시기를 초치하였을 이례적인 사업이다. 더구나 소위 "5~6인吾六人"이 청주 행재에까지 수가隨駕한데는 '인개영지人皆榮之'라는 후인의 설명을 기다리지 않고라도 특수한 총우임을 상상할 수 없지 않다.

풀이

1   실록의 오자인지 최만리 등의 오기인지 불확실하다.

2   『역경』〈蠱卦〉에 "先甲三日後甲三日"이라 하였으니 갑은 창제의 법령으로 백성들이 아직 익히지 못한 까닭에 선령 전 3일을 히 이르고 선령 후 3일을 정녕히 이른다는 뜻이요. 또 卦에 "先庚三日後庚日"이라고 하였는데 庚은 법령을 신포하는 뜻으로 삼일 전에 먼저 신포하고 법령의 실시된 지 다시 삼일 후에야 비로소 법령대로 죄책을 가한다는 의미다.

제2절 세종의 처치

1. 반대 상소의 영향

세종이 학문을 좋아하고 선비를 사랑하는 반면에 과단한 성격을 가지고 있다는 것은 이미 설명한 바와 같거니와 뒷날 내불당으로 인하여 전 집현전의 학사들이 폐전廢殿 귀가하는 때도 눈물까지 흘렸음에도 불구하고 결코 자기의 소신만은 굽히지 아니한 임금이다. 전 집현전 인사들이 모두 반대하는데 그러하였거늘 일부의 반대 진언이나 또 그중에 몇몇 사람의 반대 상소로서 갑자기 이미 정한 사업이 변했을 리는 결코 없는 일이다. 더구나 그들이 상소를 올린 뒤에도 일체 잠잠하여 더 다른 말이 없으니 말썽을 좋아 하는 대간臺諫들조차도 그 문제에 대해서는 입을 떼지 않았다. 오직 세종의 마음을 움직이지 못하였을 뿐 아니라 조정의 물의를 일으키지도 못한 것으로 추측된다.

그런데 『세종실록』에는 최만리 등의 반대 상소를 뒤 어어 그 문제에 대한 세종의 처치가 상세히 기록되어 있다. 거기는 훈민정음과 한자 음운 등에 대한 세종 자신의 말씀이 들어 있어서 자못 귀중한 재료다.

2. 기록의 원문

상소에 대한 조치

上覽疏。謂萬理等曰。汝等云。用音合字。盡反於古。薛聰吏讀。亦非異音乎。且吏讀制作之本意。無乃爲其便民乎。如其便民也。則今之諺文22)。亦不爲便民乎。汝等。以薛聰爲是。而非其君上之事。何哉。且汝知韻書乎。四聲七音。字母有幾乎。若非予正其韻書。則伊誰正之乎。且疏云。新奇一藝。予老來難以消日。以書籍爲友耳。豈厭舊好新而爲之。且非田獵放鷹之例也。汝等之言。頗有過越。且予年老。國家庶務。世子專掌。雖細事。固當參決。況諺文乎。若使世子。常在東宮。則宦官任事乎。汝等以侍從之臣。灼知予意23)。而有是言可乎

---

22) 즉금지언문(則今之諺文) : 지금의 이 언문. 곧 훈민정음을 창제한 세종께서도 '훈민정음'이라는 말을 사용하지 않고 '언문'이라는 명칭을 사용하고 있다. 이 내용은 한글의 명칭을 규정하는 매우 중요한 논거이다. 최만리의 반대 상소문에 '언문'이라는 명칭이 모두 최만리의 말이 아니라 세종의 말도 포함되어 있는 것을 잘 헤아리지 못한 논의도 있다. 이 내용은 한글 창제가 이미 완료되었음을 분명히 밝힌 대목이면서 그 명칭을 세종도 '언문'라고 했다는 결정적인 근거 자료이다.

23) 여등이시종지신(汝等以侍從之臣), 작지여의(灼知予意) : 너희들의 시종하는 신하로써 뻔히 나의 의사를 알면서. 한글 창제를 마치 비밀 프로젝트라고 추론하는 경우도 있으나 이

萬理等對曰。薛聰吏讀。雖曰異音。然依音依釋。語助文字元不相離。今此諺文。合諸字而並書。變其音釋。而非字形也。且新奇一藝云者。特因文勢而爲此辭耳。非有意而然也。東宮於公事。雖細事不可不參決。若於不急之事。何竟日致慮乎。

上曰。前此金汶啓曰。制作諺文。未爲不可。今反以爲不可。又鄭昌孫曰。頒布三綱行實之後。未見有忠臣孝子烈女輩出。人之行不行。只在人之資質如何耳。何必以諺文譯之[24]。而後人皆效之。此等之言。豈儒者識理之言乎。甚無用之俗儒也。

前此。上教昌孫曰。予若以諺文譯三綱行實。頒諸民間。則愚夫愚婦。皆得易曉。忠臣孝子烈女。必輩出矣。昌孫乃以此啓達。故今有是教。

대목을 통하여 최만리 등 집현전의 주요 학사들도 이미 세종이 직접 한글 창제를 주도하고 있음을 다 알고 있었다는 증거이다. 이숭녕(1958 : 47~52), 이숭녕(1974 : 3~38)(정광, 2006)와 같은 추론에 근거하여 마치 훈민정음 창제를 궁중의 비밀 프로젝트인 것처럼 왜곡하거나 "세종이 가족을 동원하여"라는 등의 근거없는 논의들을 확대 재생산하는 일은 지양되어야 하지 않을까 판단한다. 한글 창제를 세종이 은밀하게 추진하였다는 주장에 대해 안병희(2007 : 129~130) 교수는 "세종이 한글을 공공연하게 나라의 대사로 선전하지 않고 비공개리에, 거의 주지의 비밀과도 같이 처리하여 관련된 기록이 적었다고 하고, 그 이유는 완고한 사류, 구체적으로 집현전 원로 학사들의 반대를 미리 차단하려는 세종의 조심성 있는 작전이라는 것이다. 그러나 널리 알려진 바와 같이 <중략> 한글 창제와 마찬가리로 그 사안들도 음밀하게 추진하였거나 예견되는 반대를 미리 차단하려고 미밀리에 추진한 사업이라고 보이지 않는다."라고 하였다. 곧 세종이 집현전 학사를 제쳐두고 한글을 비밀리에 창제하였다는 견해는 그 정당성을 확보하기 힘든 억측이라고 할 수 있다.

24) 하필이언문역지(何必以諺文譯之) : 어찌 반드시 언문으로써 이것을 번역한. '이언문역지(以諺文譯之)'에서 '언문'으로서 '한문'을 번역한의 의미이다. 한문으로 된『삼강행실』을 한글로 번역하였다는 뜻. 여기서도 세종이 직접 한글을 '언문(諺文)'으로 지칭하고 있다.

上又教曰。予召汝等。初非罪之也。但問疏內一二語耳。汝等不顧事理。變辭以對。汝等之罪。難以脫矣。遂下副提學崔萬理。直提學辛碩祖。直殿金汶。應教鄭昌孫。副校理河緯地。副修撰宋處儉。著作郎趙瑾于義禁府。翌日。命釋之。唯罷昌孫職。仍傳旨義禁府。金汶前後變辭啓達事由。其鞫以聞。(辛尹。義禁府劾啓。金汶律該對刻上書。詐不以實。杖一百徒三年。只贖杖一百。)

3. 기록의 번역

상이 소를 보시고 만리 등에게 일러 가로대 너희들이 말하기를 용음用音 합자가 모두 옛날과 반대된다고 하니 설총의 이두인들 또한 음이 달리 되지 않았느냐. 또 이두를 제작한 본뜻이 곧 백성을 편하게 하기 위한 것 아니냐. 백성을 편하게 하기로 말 하면 이제 언문도 또한 백성을 편하게 하기 위한 것이 아니냐. 너희들이 설총만 옳게 여기고 군상의 일은 그르게 여기니 어쩐 일이냐. 또 너희들이 운서를 아느냐. 사성과 칠음에 자모는 몇이나 있느냐. 만약에 내가 운서를 바로잡지 안 하면 그 누가 바로 잡을 것이냐. 또 소에 이르기를 신기한 하나의 기예라니 내가 늙은 나이에 소일消日하기 어려워서 서적으로 벗 삼을 뿐인데 어찌 옛것을 싫어하고 새것을 좋아해 한단 말이냐. 또 사냥이나 매사냥의 예가 아니니 너희들의 말은 너무 지나치다. 또 내 나이 늙어서 국가의 서무를 세자가 전부 관장하는 터에 적은 일이라도 마땅히 참결參決하는데 하물며 언문이겠느냐. 만약에 세자로 하여금 늘 동궁에만 있게 한다면 환관이 임사任事하라는 말이냐. 너희들이 시종의 신하로서 환히 내 뜻을 알 터인데 이런 말을 해서 되느냐.

만리 등이 대답하여 묻되 설총의 이두는 비록 음을 달리하였다 하여도 음에 따라 새김에 의하여 어조사와 문자가 원래 서로 떨어지지 않거늘 이제 언문은 여러 자를 합하여 병서하오니 그 음과 새김이 변하는데다가 자형도 아니되옵니다. 또 신기한 일예라 함은 특히 문세에 인하여 이런 말씀을 하온 것이지 뜻이 그런 것은 아니옵니다. 동궁께서 공사에야 적은 일에도 불가불 참결하셔야 하겠지만 급하지 아니한 일에 무엇 때문에 종일 정신을 쓰실 것입니까.

상이 말씀하시되 앞서 김문金汶은 언문을 제작함도 불가할 것이 없다고 계하더니 이제는 도리어 불가하다고 하는구나. 또 정창손은 말하기를 『삼강행실』을 반포한 후에도 충신, 효자, 열녀가 배출되는 것을 못 보았다고 사람의 행하고 행하지 아니함은 사람의 자질 여하에 있는 것이지 어찌 언문으로 번역한 뒤에 반드시 본받을 것이라고 하니 이런 말이 이치를 아는 선비의 말이랴. 심히 쓸 곳 없는 속된 바이다.

앞서 상이 창손에게 하교하기를 내가 만약에 언문으로 『삼강행실』을 번역해서 민간에 반포한다면 우부우부도 모두 쉽게 깨달아서 충신, 효자, 열녀가 배출하리라고 하심에 창손이 이 말로 계달하였더니 이제 이런 하교가 계신 것이니라.25)

상이 또 하교하시되 내가 너희들을 부른 것은 애초부터 죄를 주려는 것이 아니요, 단지 상소 안의 한 두 마디를 물어 보려는 것뿐이었으나

---

25) 이러한 상황을 통해 세종은 창제 이전부터 훈민정음 사용 반대 상소를 올린 집현전 학사들에게도 훈민정음 창제 과정을 비공개로 한 것이 아니라 공개적으로 자문했던 것이 확실하다. 따라서 훈민정음 창제 기밀 기획이라는 주장은 그 근거를 잃어버린 셈이다.

너희들이 사리를 돌아보지 않고 말을 바꾸어서 대답하니 너희들이 죄를 벗어나기 어렵다. 드디어 부제학 최만리, 직제학 신석조, 직전 김문, 응교 정창손, 부교리 하위지, 부수찬 송처검, 저작랑 조근 등을 의금부에 나리시니라. 이튼 날 석방을 명하시고 즉 창손의 벼슬만 파하시고, 인하여 의금부에 전지하셔서 김문이 전후로 말을 바꾸어 계달한 사유를 국문하여 올리라고 하시니라.

4. 추가로 힐문한 답변

세종은 먼저 상소문에 대하여 아래의 몇 항목을 힐문하였다.

ㄱ) 훈민정음의 용음만이 한자와 틀리는 것이 아니요 이두도 그러한데 만약 이두가 백성에게 편하도록 하기 위한 것이라면 훈민정음도 그렇다는 것.

ㄴ) 사성 칠음에 자모가 몇인지도 모르는 무리가 운서를 운운할 수 없을 뿐 아니라 세종 자신이 운서를 바로잡지 않고는 바로잡을 사람이 없다는 것.

ㄷ) 옛 것을 싫어하고 새 것을 좋아한다厭舊喜新고 말하지만은 고서를 탐독한 세종 자신에게는 해서는 안 될 말이라는 것.

ㄹ) 동궁이 작은 일에도 참결하지 않으면 안 될 터인데 더구나 훈민정음은 작은 일이 아니므로 참결해야 된다는 것.

세종의 이러한 힐문에 대하여 최만리 등은 다시 아래의 몇 항목을 답변하였다.

ㄱ) 이두는 용음이 한자와 틀린다고 하지만은 음역 내지 의역으로 한자와
서로서로 떨어지는 것이 아니므로 훈민정음은 용음만이 틀리는 것도
아니요, 합자병서로 말미암아 자형조차 한자와 틀리게 된다는 것.

ㄴ) 신기한 하나의 기예新奇一藝란 말은 문세文勢에 인하여 무의식으로 한
말이라는 것.

ㄷ) 다른 공무의 일公事은 적은 일이라도 동궁이 참결하겠지만은 훈민
정음이야 급하지도 아니한 것이라 정신을 쓸 필요가 없다는 것.

이와 같은 군신의 문답에서 직접 훈민정음 자체와 관계있는 것은 오직
세종이 힐문한 제1, 제2의 항목과 최만리 등이 답변한 제1항인데 최만리
등은 이론적으로도 세종께 물림을 면치 못한 것이라고 보인다. 운서의 1
항은 답변조차 없음으로 말할 것이 없고 이두와 훈민정음의 비교도 구경
훈민정음의 합자 병서가 이두보다도 한층 한자와 틀린다는 결론에 지나
지 못 하는 것이다.

하여튼 세종의 관대한 처치 아래 하룻밤 의금부에 갇혔다가 곧 석방되
었고 오직 정창손 한 사람 외에는 대개 벼슬까지도 그대로 두었던 것이
다. 변사의 죄를 다시 국문당한 김문도 상소문을 올린 지 7~8일 후 "의
금부義禁府에서 조사하여 아뢰기를 김문金汶은 율律이 대제상서사불이실對制
上書詐不以實에 해당하오니, 장杖 1백대에 도徒 3년을 처하소서라 하니 다만
장 1백대를 제물을 바치고 면제받게 하였다.義禁府刻啓 金汶律該對制上書詐不以實 杖
一百徒三年 只贖杖一百"라고 하여 비교적 가볍게 다스렸다.

5. 평해

　풍토가 지리의 산물이라면 언어는 풍토의 산물이다. 중화는 늘 조선의 문화적 주체였던 시기에 훈민정음은 '외국'의 문자였고 한어와 이문은 중화세계와 소통 가능한 도구라는 관점에서 최만리의 반대 상소문을 이해해야 하는가? 현재는 실현되지 못한 과거의 가능성이 지워진 결과물일 뿐이다. 훈민정음 창제를 둘러싼 조선조 중화에 대한 세계관의 미세한 변화의 흐름과 미래에는 또 어떻게 흘러갈 것인지 판단할 수 있는 지렛대로써 최만리의 반대 상소문을 이해해야 할 것이다.

참고문헌

강규선·황경수, 『훈민정음 연구』, 청운, 2006.

강신항, 「신경준의 기본적 국어학 연구 태도」, 『국어국문학』 20, 국어국문학회. 1959.

강신항, 『사성통해 연구』, 신아사, 1973.

강신항, 『운해 훈민정음』, 형설출판사, 1997.

강신항, 『한국의 운서』, 국어학회, 2000.

강신항, 『한한 음음사 연구』, 태학사, 2003.

강신항, 『훈민정음 연구』, 성균관대학교 출판부. 2003.

강신항, 『훈민정음 창제와 연구사』, 경진, 2009.

강주진, 『보한재 신숙주 평전』, 세광출판사, 1988.

구범진 역주, 『이문 역주』, (상), (중), (하), 세창출판사, 2012.

국립국어원, 『훈민정음』 영어판, 중국어판, 베트남판, 몽골판, 러시아판. 2008.

국립부여박물관, 『고대 목관 그리고 산성』, 2009.

국립중앙박물관, 『한국금속활자』, 국립박물관 소장 역사자료 총서 Ⅳ, 2006.

국립한글박물관, 『한글이 걸어온 길』, 2014

국립한글박물관, 『한글 편지 시대를 읽다』, 2015.

국립한글박물관, 『세종대왕, 한글 문화 시대를 열다』, 2014.

권덕규, 『조선어문경위』, 광문사, 1923.

권오성·김세종, 『역주 난계선생 유고』, 국립국악원. 31~33쪽. 1993.

권인한, 『조선관역어의 음운론적 연구』, 태학사, 1998.

권재선, 『훈민정음 해석 연구』, 우골탑, 1992.

권재선, 『훈민정음 이해』, 우골탑, 1998.

권종성, 『조선어정보론』, 사회과학출판사, 2005.

김광해, 「훈민정음의 우연들」, 서울대학교 대학신문, 1982.11.19.

김광해, 「훈민정음과 108」, 『주시경학보』 제4호, 1989.

김근수, 『훈몽자회 연구』, 청록출판사, 1998.

김동소, 『동문유해 만주 문어 어휘』, 효성여자대학교출판부, 1982.

김동소, 『중세 한국어 개설』, 한국문화사, 2003.

김무식, 『훈민정음 음운체계 연구』, 경북대학교 대학원 박사논문, 1993.

김무림, 『홍무정운 역훈 연구』, 월인, 1999.

김무봉, 「훈민정음 원본의 출판 문화재적 가치 연구」, 『한국사상과 문화』 제34집, 2006

김무봉, 『훈민정음, 그리고 불경언해』, 역락, 2016.

김민수, 『주해 훈민정음』, 통문관, 1957.

김병제, 「조선의 고유 문자 훈민정음」, 『조선어학』 1, 사회과학출판사.

김석득, 「『경세훈민정음도설』의 역리적 구조」, 『동방학지』 13, 연세대 동방학연구소, 1972.

김석득, 『우리말 연구사』, 태학사, 2009.

김슬옹, 『조선시대의 훈민정음 발달사』, 역락, 2012.

김슬옹, 『조선시대 언문의 제도적 사용 연구』, 한국문화사, 2005.

김슬옹, 『훈민정음』, 교보문고, 2015.

김영배, 「연구자료의 영인, 훈민정음의 경우」, 『새국어생활』 10-3. 국립국어연구원. 1994.

김영배, 『국어사 자료 연구』, 월인, 2000.

김영황, 『고구려의 언어 유산』, 역락, 2010.

김영황, 『조선어 방언학』, 역락, 2013.

김윤경, 『조선어문자급어학사』, 조선기념도서출판사, 1938.

김지용, 『경세훈민정음도설』 영인본, 연세대학교 『인문과학총서』 3, 연세대학교. 1968.

남성우, 「중국문학과 성리학이 훈민정음 창제에 미친 영향」, 『중국연구』 4, 외국어대학, 1979.

남풍현, 「훈민정음과 차자표기법과의 관계」, 『국어학논집』 9, 단국대학교, 1978.

남풍현, 『유가사지론 석독구결의 연구』, 태학사, 1999.

남풍현, 『이두연구』, 태학사, 2000.

노명호 외, 『한국 고대 중세 고문서 연구』, 서울대학교 출판문화원, 2000.

도수희, 『백제어 어휘 연구』, 제이앤씨, 2009.

동북아역사재단, 『고대 동아시아의 문자 교류와 소통』, 2011.

로버트 레인 그린 · 김한영 옮김, 『모든 언어를 꽃피게 하라』, 모멘토, 2013.

류 렬, 『원본 훈민정음 풀이』, 보신각, 영인본, 1947.

문화재청, 『훈민정음언해본 ─ 이본 조사 및 정본 제작 연구』, 2007.

박병채, 『고대국어의 연구』, 고려대학교출판부, 1971.

박병채, 『홍무정운역훈의 신연구』, 고려대학교 민족문화연구소, 1983.

박승빈, 「훈민정음 원서의 고구」, 훈민정음 영인부록, 1943.

박재민, 『신라 향가 변증』, 태학사, 2013.

박종국, 「세종대왕과 훈민정음」, 세종대왕기념사업회, 1984.

박종국, 『훈민정음 종합 연구』, 세종학연구원, 2006.

박지홍, 「원본 훈민정음의 월점에 대한 연구」, 『부산한글』 18, 1999.

박해진, 『훈민정음의 길』, 나녹, 2014.

박형우, 「훈민정음 상형이자방고전의 의미」, 『한민족어문학』 제53집.

방종현, 「훈민정음 해례 소개」, 조선일보, 1934.7.30.~8.4.

방종현 지음·이상규 주해, 『훈민정음』, 올재, 2014.

배우성, 『조선과 중화』, 돌베개, 2014.

서재극, 「훈민정음의 한자 사성 권표」, 『우리말의 연구』, 우골탑, 1994.

서재극, 『신라 향가의 어휘 연구』, 형설, 1995.

서종학, 『이두의 역사적 연구』, 영남대학교출판부, 1995.

세종대왕기념사업회, 『훈민정음』, 한글문헌자료 2, 세종대왕기념사업회, 2003.

소강절·노영균 옮김, 『황극경세서』, 대원출판사, 2002.

심소희, 「조선 후기 문인들의 서신을 통한 성운 인식 고찰-최석정과 정제두의 서신을
　　　중심으로-」, 『중국언어연구』 38, 한국중국언어학회, 2012.

안병희, 「숙종의 「훈민정음후서」」, 『훈민정음연구』, 서울대학교출판부, 2007.

안병희, 「중세국어 한글 자료에 대한 종합적 고찰」, 『규장각』 3집, 1979.

안병희, 「훈민정음 이본」, 『진단학보』 42집, 1976.

안병희, 「훈민정음 해례본 복원에 대하여」, 『국어학신연구』, 탑출판사, 1986.

안병희, 「훈민정음 해례본과 그 복제에 대하여」, 『진단학보』 84, 1997.

안병희, 『국어사 연구』, 문학과지성사, 1992.

안병희, 『국어사 자료 연구』, 문학과 지성사, 1992.

안병희, 『훈민정음 연구』, 서울대학교 출판부, 2007.

안춘근, 「훈민정음 해례본의 서지학적 고찰」, 『한국어 계통론, 훈민정음연구』, 집문당.
　　　1983.

양오진, 『한학서 연구』, 박문사, 2010.

양희철, 『향찰 연구 12제』, 보고사, 2008.

염종률·김영황, 『훈민정음에 대하여』, 김일성대학출판사, 1982.

오쿠라 심페이, 『조선어학사』, 도강서원, 1940.

왕하·류재원·최재영 역주, 〈역주 박통사언해〉, 학고방, 2012.

유창균, 「소강절(邵康節)의 〈경세사상체용지수도〉에 대하여」, 『우해 이병선 박사 화
　　　갑 기념 논총』, 1987.

유창균, 『동국정운』, 형설출판사, 1997.

유창균, 『몽고운략과 사성통고의 연구』, 형설출판사, 1981.

유창균, 『한국 고대 한자음의 연구1』, 계명대학교 출판부, 1980.

유창균, 『한국 고대 한자음의 연구2』, 계명대학교 출판부, 1983.

유창균, 『훈민정음 주석』, 형설, 1993.

이 청, 『합부 훈민정음』, 창란각. 석판본, 1946.

이가원, 「훈민정음에 대하여」, 『열상고완전구』 7집, 1994.

이근수, 『훈민정음 신연구』, 보고사, 1995.

이기문, 「훈민정음 창제에 관련된 몇 문제」, 『국어학』 2,

이기문, 『훈몽자회 연구』, 서울대학교출판부, 1971.

이돈주, 『훈몽자회 한자음에 대한 연구』, 홍문각, 1990.

이동림, 「훈민정음 창제 경위에 대하여-언문 자모 27자는 최초의 원안이다」, 『국어국
            문학과 논문집』, 동국대학교, 1974.

이상규 외, 『여진어와 문자』, 경진출판사, 2014.

이상규 외, 『명나라 시대의 여진인』, 경진출판사, 2014.

이상규 외, 『금나라 시대의 여진인』, 태학사, 2015.

이상규 외, 『사라진 여진문자』, 경진출판사, 2015.

이상규, 「Hangeul, The Greatest Letters」, 『Koreana』 Vol.21 No.3. 2007.

이상규, 「디지털 시대의 한글의 미래」, 『우리말연구』 25호, 우리말연구학회, 2009.

이상규, 「상주본『훈민정음』 해례본과 그 출처」, "훈민정음 해례본과 학가산 광흥사",
            주제 발표문, 21~22쪽, 2014.

이상규, 「잔본 상주본『훈민정음』」, 『한글』 제298집, 한글학회, 2012.

이상규, 「『세종실록』분석을 통한 한글 창제 과정의 재검토」, 『한민족어문학회』 제65
            집, 2013.

이상규, 「『훈민정음』 영인 이본의 권점 분석」, 『어문학』 100호. 한국어문학회, 2009.

이상규, 『한글공동체』, 박문사, 2015.

이상백, 『한글의 기원-훈민정음 해설-』, 통문관, 1957.

이상혁, 「조선후기 훈민정음 연구의 역사적 변천」, 고려대학교 박사학위 논문, 1999.

이성규, 『몽학삼서의 몽고어 연구』, 단국대학교출판부, 2002

이숭녕, 「세종의 언어정책에 관한 연구」, 『아세아연구』 1-2, 1958.

이숭녕, 『세종의 학문과 사상』 아세아문화사, 1981.

이승재 외, 『각필구별의 해독과 번역』, 태학사, 2009

이승재, 『고려시대 이두 연구』, 태학사, 1992.

이용현, 『한국 목간 기초 연구』, 신서원, 2006

이현희, 「훈민정음」, 『새국어생활』제7권 제4호, 1997.

이형상, 『악학편고』, 형설출판사, 1976.

이형상·김언종 역, 『역주 자학』, 푸른역사, 2008.

임용기, 「훈민정음의 한자음 표기와 관련한 몇 가지 문제」, 『인문과학』 제96집, 2012.

임홍빈, 「한글은 누가 만들었나」, 이병근선생퇴임기념논문집, 『국어학논총』, 태학사, 2006.

전몽수·홍기문, 『훈민정음 역해』, 조선어문연구회, 1949.

정경일, 『한국운서의 이해』, 아카넷, 2002.

정관 효담, 『복천사지(福泉寺誌)』, 속리산 복천암, 2011.

정 광·양오진, 『노박집람 역주』, 태학사, 2011.

정 광·윤세영, 『사역원 역학서 책판 연구』, 고려대학교출판부, 1988.

정 광·정승혜·양오진, 『이학지남』, 태학사, 2002.

정 광, 『역주 번역노걸대와 노걸대언해』, 신구문화사, 2006.

정 광, 『역학서 연구』, 제이앤씨, 2002.

정 광, 『훈민정음의 사람들』, 제이앤씨, 2006.

정 광, 『한글발명』, 시공사, 2015.

정 광, 『훈민정음과 파스파 문자』, 역락, 2012.

정병석 역주, 『주역』, 을유문화사, 2010.

정연찬, 「세종대의 한자 사성 표기법」, 『국어국문학』 49, 50호. 국어국문학회. 1970.

정연찬, 「해제 『월인석보』제1, 2」, 『월인석보영인본』, 서강대인문과학연구소. 1972.

정연찬, 『홍무정운역훈의 연구』, 일조각, 1977.

정우영, 「『월인천강지곡』의 국어사적 가치와 문헌 성격에 대한 재조명」, 『장서각』, 2014.

정우영, 「『훈민정음 언해』의 이본과 원본 재구에 관한 연구」, 『불교어문론집』 제5집, 2000.

정우영, 「『훈민정음』 한문본의 낙장 복원에 대한 재론」, 『국어국문학』 제129호. 국어
　　　국문학회. 2001.

정인보·정양완 옮김, 『담원문록』, 상, 중, 하, 태학사, 2006.

정인승, 「고본 훈민정음 연구」, 『한글』 82집, 1940.

정재호·장정수, 『송강가사』, 신구문화사, 2005.

조규태·정우영 외, 「훈민정음 언해본 이본 조사 및 정본 제작 연구」, 문화재청, 2007.

조규태, 『용비어천가』, 한국문화사, 2007.

조규태, 『훈민정음』, 형설출판사, 2008.

조선어학회, 『훈민정음』 영인본, 보진제, 1946.

채원정·이후영 역, 『율려신서』, 문진, 2011.

천명희, 「광흥사 복장 유물의 현황과 월인석보의 성격」, 『훈민정음 해례본과 학가산
　　　광흥사』, 광흥사 학술발표대회, 2015.

최범영, 『말의 무늬』, 종려나무, 2010.

최병수, 『조선어글자공학』, 사회과학출판사, 2005.

최세화, 『15세기 국어의 중모음 연구』, 동국대학교 박사학위 논문, 1975.

최세화, 「세종어제훈민정음 서문에 대하여」, 『어문연구』 17권 4호, 한국어문연구회, 1989.

최세화, 「『훈민정음』 낙장의 복원에 대하여」, 『국어학』 29호, 국어학회, 1997.

최현배, 『한글갈』, 정음사, 1942.

홍기문, 『훈민정음발달사』, 서울신문사출판국, 1946.

홍윤표, 「훈민정음의 '상형이자방고전'에 대하여」, 『국어학』46, 2005.

홍윤표, 『국어사 문헌자료 연구』, 태학사, 1993.

홍윤표, 『한글이야기』 1~2, 태학사, 2013.

H. B. Hulbert, 「The Korean Alphabert」, 『Korean Repository』 Vol.1, 1892.

I. Taylor, 「The Alphabert」, 1883.

J. S. Gale, 「Trans of the Korean Branch of the Royal Asiatic Society」, 1912.

G. Sampson, 「Writting Systems : A Linguistic introduction], London, Hatchinson Publishing Group.

G. K. Ledyard, 『The Korean Language Reform』, Univ. Microfilms International, 1966.

G. K. Ledyard, 「The Problem of the Imitiatio of Old seal」, 『훈민정음과 파스파 문자 국제학술 workshop 논문집』, 2008.

L. Rosny, 「Aperçu de Langue Coréene」, 1864.

M. Kiaproth, 「Apercu de l'origine dles diverse écritures de l'ancien monde」, 1832.

P. Andreas Eckardt, 「Der Ursprung der Koreanischen Schrift」, 1928.

Yi Ik Seup, 「The Alphabet(Panchul)」, 『Korean Repository』, Vol.1, October. 1892.

Albertine Gaur · 강동일 옮김, 『A history of writing』, 새날, 1995.

Christopher I. Beckwith, 『Koguryo : The Language of Japanes Continental Relatives』, Leiden Boston : Brill, 2004.

照那斯圖, 「訓民正音字母與八思巴字的關係」, 『훈민정음과 파스파 문자 국제학술 workshop 논문집』, 2008.

∥ [원저자] 홍기문 (1903~1992)은 국어학자로 호는 대산(袋山)이며 아버지는 벽초(碧初) 명희(命熹)이다. 1930년대에 조선일보 학예부장과 월간 『조광』 주간과 1940년 <조선일보> 기자, 1946년에 서울신문사 편집국장직을 수행하면서 『정음발달사』(서울신문사) 상, 하권을, 1947년 『조선문법연구』(서울신문사)를 펴내는 한편 1946년에는 『조선문화총화』(정음사)를 펴내기도 했다.

1949년에 『훈민정음역해』를 펴낸 것을 비롯하여 『향가해석』(1956), 『리두연구』(1957), 『조선어력서문법』(1966) 외 많은 논문과 저서를 발표하였다.

∥ [주해자] 이상규 는 한국정신문화연구원 방언조사연구원, 울산대학교 교수, 동경대학교 연구교수와 제7대 국립국어원장, 교육부 인문학육성위원을 역임했다. 현재 경북대학교 교수로 재직하고 있다.

저서 『한국어방언학』(2004), 『한글고문서연구』(2011)가 있다. 2008년에는 일석 학술장려상, 2004년에는 대통령 표창, 2011년에는 외솔문화상, 2012년에는 봉운학술상, 2014년에는 한글발전유공자상을 수상하였다.

∥ 천명희 는 방언학 및 문헌학을 연구하고 있으며 경북대 박사과정을 수료하였다. 「송자대전 목판의 현황과 특징」(2013), 「새로 발견된 광흥사 월인석보 권 21의 서지와 특성」(2014), 「광흥사 복장 유물의 현황과 월인석보의 성격」(2015), 『온주법』(2013, 공저) 등의 연구가 있다.

∥ 왕민(王民) 은 중국 지난대학교(濟南大學) 한국어학과 졸업한 뒤에 경북대학교 석사 및 박사과정에서 공부하고 있다. 역서로 『여진어와 문자』(2014), 『금나라 시대의 여진어』(2015)과 논문 「한중 입성장음의 언어지리적 분포와 분석」(2013) 등의 연구가 있다.

∥ 쨩쩐(張珍) 은 중국 옌타이대학교, 고려대학교 석사, 경북대 박사과정, 중국 웨이팡대학 한국어학과 강사. 「한중 의성어 대비」(2008), 공역 『금나라 시대의 여진어』(2015) 등이 있다.

증보정음발달사

초판1쇄 인쇄 2016년 4월 12일
초판1쇄 발행 2016년 4월 20일

원저자 홍기문
주해자 이상규 천명희 왕민 짱쩐
발행인 이대현
편   집 이소희 오정대
디자인 이홍주
발행처 도서출판 역락
　　　　서울 서초구 동광로 46길 6-6 문창빌딩 2층
　　　　전화 02-3409-2058(영업부), 2060(편집부)
　　　　팩시밀리 02-3409-2059
　　　　이메일 youkrack@hanmail.net
　　　　등록 1999년 4월 19일 제303-2002-000014호
　　　　역락 블로그 http://blog.naver.com/youkrack3888

ISBN 979-11-5686-274-1 93710
정 가 52,000원

* 파본은 구입처에서 교환해 드립니다.

이 도서의 국립중앙도서관 출판시도서목록(CIP)은 서지정보유통지원시스템 홈페이지(http://seoji.nl.go.kr)와 국가자료공동목록시스템(http://www.nl.go.kr/kolisnet)에서 이용하실 수 있습니다.(CIP제어번호: 2016009443)